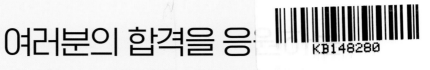

여러분의 합격을 응원하는
해커스공무원의 특별 혜택

📖 **무료** 공무원 상법 **동영상강의**

해커스공무원(gosi.Hackers.com) 접속 후 로그인 ▶ 상단의 [무료강좌] 클릭

🎟 해커스공무원 온라인 단과강의 **20% 할인쿠폰**

734F5F43A3D4EFT7

해커스공무원(gosi.Hackers.com) 접속 후 로그인 ▶ 상단의 [나의 강의실] 클릭 ▶
좌측의 [쿠폰등록] 클릭 ▶ 위 쿠폰번호 입력 후 이용

* 쿠폰 이용 기한: 2022년 12월 31일까지(등록 후 7일간 사용 가능)
* 쿠폰 이용 관련 문의: 1588-4055

📧 해커스 회독증강 콘텐츠 **5만원 할인쿠폰**

EDC984D833723HJF

해커스공무원(gosi.Hackers.com) 접속 후 로그인 ▶ 상단의 [나의 강의실] 클릭 ▶
좌측의 [쿠폰등록] 클릭 ▶ 위 쿠폰번호 입력 후 이용

* 쿠폰 이용 기한: 2022년 12월 31일까지(등록 후 7일간 사용 가능)
* 월간 학습지 회독증강 행정학/행정법총론 개별상품은 할인쿠폰 할인대상에서 제외

실무자가 전하는
상법 핵심비법!

최단시간 상법 끝장내기

공태용

구조화-체계화가 가능한
공태용선생님의 상법 커리큘럼

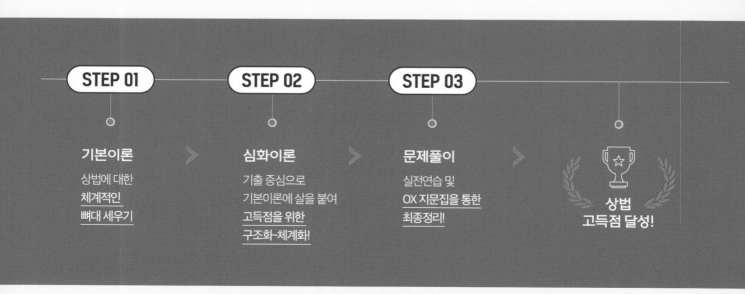

STEP 01
기본이론
상법에 대한
체계적인
뼈대 세우기

STEP 02
심화이론
기출 중심으로
기본이론에 살을 붙여
고득점을 위한
구조화-체계화!

STEP 03
문제풀이
실전연습 및
OX 지문집을 통한
최종정리!

**상법
고득점 달성!**

해커스법원직

공태용
상법의 맥 기본서

해커스공무원

공태용

약력

서울대학교 법과대학 졸업
제41회 사법시험 합격(사법연수원 제31기)

현 | 해커스공무원 민법, 상법 강의
현 | 합격의법학원 변호사시험 상법 전임
현 | 사법시험, 변호사시험 강의
현 | 법률사무소 민산 대표변호사
현 | 서울중앙지방법원 조정위원
현 | 서울시 계약심의위원장, 용인시 법률고문 등 공공기관 법률고문
현 | JYP엔터테인먼트 사외이사 및 감사위원
현 | 기타 상장회사와 비상장회사 법률고문
전 | 법무법인 광장 변호사(금융팀)
전 | 이화여대로스쿨 법률상담 및 법률구조 자문위원

저서

해커스법원직 공태용 상법의 맥, 해커스패스
해커스법원직 윤동환, 공태용 민법의 맥, 해커스패스
상법의 맥, 우리아카데미
핵심 상법의 맥, 우리아카데미
핵심 상법 기출의 맥, 우리아카데미
최근 3개년 상법 판례의 맥, 우리아카데미
핵심 정지문 상법의 맥, 우리아카데미
최근 1개년 민사법 판례의 맥(윤동환 공저), 우리아카데미
민사법 기록의 맥(윤동환 공저), 우리아카데미

공무원 시험
합격을 위한 필수 기본서!

공무원 공부, 어떻게 시작해야 할까?

『2022 해커스법원직 공태용 상법의 맥』은 법원직 시험에 최적화된 교재로, 다음과 같은 특징을 가지고 있습니다.

첫째, 핵심 위주의 효율적인 학습이 가능하도록 구성하였습니다.

수험을 위한 법학 공부에서 가장 중요한 것은 선택과 집중입니다. 『2022 해커스법원직 공태용 상법의 맥』은 상법총칙부터 회사법에 이르기까지 상법의 전반적인 내용을 망라하면서도 출제가능성이 높은 주요 쟁점을 엄선하여 수록함으로써 핵심 위주의 효율적인 학습이 가능하도록 하였습니다.

둘째, 조문과 판례의 유기적·체계적인 학습이 가능하도록 구성하였습니다.

쟁점 서두에 조문을 제시하여 수험생들이 별도로 법전을 찾아보지 않아도 상법의 중요 조문들을 충분히 파악할 수 있도록 하였습니다.

판례의 경우 출제포인트에 따라 두 가지 유형으로 분류하여, 결론만 파악하여도 충분한 판례는 결론 부분을 정리하여 수록하였고, 내용에 대한 이해가 요구되는 판례는 출제 가능한 판결 이유 부분을 정리하여 수록하였습니다. 이를 통해 조문과 판례에 대하여 유기적·체계적인 학습이 가능합니다.

셋째, 출제경향을 철저히 분석하여 반영하였고, 자기주도적 학습이 가능하도록 구성하였습니다.

수험생 스스로 중요도를 파악하고 학습의 강약을 조절할 수 있도록, 법원직 9급과 법무사 시험의 기출문제를 분석하여 본문에 기출 출처를 표시하였습니다.

빈출 지문은 O× 문제로 수록하여 이론 학습과 문제풀이가 동시에 가능하며, 수험생 여러분은 이를 통해 본문의 쟁점을 충분히 이해하였는지 스스로 확인할 수 있습니다. 또한, 본인의 약점을 파악함으로써 고득점을 위한 반복 학습이 가능합니다.

아무쪼록 『2022 해커스법원직 공태용 상법의 맥』을 통해 수험생들이 상법에 대한 부담을 줄이고, 효율적으로 수험 상법을 준비하여 원하는 결과를 얻는 데 도움이 되기를 간절히 소망합니다.

앞으로도 수험생 여러분들의 시행착오를 줄일 수 있는 수험서가 될 수 있도록 더욱 치열하게 연구하고, 강의하고, 집필할 것을 다짐합니다. 본서에 관한 의문이나 질문이 있으신 분은 namulaw@gmail.com으로 의견을 개진해 주시길 바랍니다.

공태용

목차

제2편 상행위

제3편 회사법

제1편

상법총칙

쟁점 01 상인의 의의와 종류

1. 상인의 의의

상인이란 상거래에서 발생하는 권리의무의 귀속주체이자 상행위를 영위하는 주체를 의미한다. 개인사업자의 경우 영업주가 상인이 되고 회사의 경우 회사 자체가 상인이 된다.

2. 당연상인

> **제4조 (상인 – 당연상인)** 자기명의로 상행위를 하는 자를 상인이라 한다.

(1) 자기명의

① 자기명의로 상행위를 하는 자를 당연상인이라고 한다.
② 자기명의란 권리의무의 귀속주체가 된다는 의미이다.
③ 당연상인은 '자기의 명의로' 상행위를 하는 자를 말하고, '자기의 계산으로' 할 것은 요건이 아니다.[법원직 13] 타인이 손해와 이익의 귀속주체가 되는 경우에도 무방하다.

(2) 실제 영업상의 주체

행정관청에 대한 인·허가 명의나 국세청에 신고한 사업자등록상의 명의와 실제 영업상의 주체가 다를 경우 실제 영업상의 주체가 상인이 된다(대판 2008.12.11. 2007다66590).[법원직 18,. 21, 법무사 09. 13. 16. 17. 18. 변호사 14]

3. 의제상인

> **제5조 (상인 – 의제상인)** ① 점포 기타 유사한 설비에 의하여 상인적 방법으로 영업을 하는 자는 상행위를 하지 아니하더라도 상인으로 본다.
> ② 회사는 상행위를 하지 아니하더라도 전항과 같다.

① 의제상인은 자기 명의로 기본적 상행위 이외의 행위를 영업으로 하는 자를 말한다.
② 상법은 의제상인으로 설비상인과 민사회사를 규정하고 있다.
③ 상행위에 관한 상법의 규정은 의제상인에 대해서도 준용된다.[변호사 14]

4. 설비상인

① 점포 기타 유사한 설비에 의하여 상인적 방법으로 영업을 하는 자는 상행위를 하지 아니하더라도 상인으로 본다.[법원직 16, 17, 변호사 14]
② '점포 기타 유사한 설비'란 사회통념상 상인적 설비에 해당하는 것을 의미하는데, 물적 설비(영업소, 상호 등)와 인적 설비(상업사용인)를 포함한다.

법원직 18, 21

1 상인은 자기 명의로 상행위를 하는 자를 의미하는데, 여기서 '자기 명의'란 상행위로부터 생기는 권리의무의 귀속주체로 된다는 뜻으로서 실질에 따라 판단하여야 하므로 행정관청에 대한 인·허가 명의나 국세청에 신고한 사업자등록상의 명의와 실제 영업상의 주체가 다를 경우에는 전자인 명의자를 상인으로 본다. (○, ×)

법무사 19

2 상인은 자기 명의로 상행위를 하는 자를 의미하므로, 행정관청에 대한 인·허가 명의자나 국세청에 신고한 사업자등록상의 명의자가 별도로 있다면 실제 영업상의 주체라도 상인이 되지 아니한다. (○, ×)

1 × **2** ×

③ '상인적 방법'이란 당연상인의 일반적인 영업방법과 동일한 방법을 말한다.

④ 계주가 여러 개의 낙찰계를 운영하여 얻은 수입으로 가계를 꾸려 왔다 할지라도 상인적 방법에 의한 영업으로 계를 운영한 것이 아니라면 의제상인에 해당한다고 할 수 없다(대판 1993.9.10. 93다21705). [법원직 13, 법무사 09]

5. 전문직의 상인성 여부

변호사는 상법 제5조 제1항에 규정된 상인적 방법에 의하여 영업을 하는 자로 볼 수 없으므로, 변호사는 의제상인에 해당하지 않는다(대결 2007.7.26. 2006마334). [법원직 09, 11, 13, 17, 20, 법무사 13, 16, 17]

6. 민사회사

① 회사는 상행위를 하지 아니하더라도 상인으로 본다. [법원직 11, 16, 17, 법무사 13, 16, 18]

② 상사회사란 기본적 상행위를 영업으로 하는 회사를 말한다.

③ 민사회사란 기본적 상행위 외의 행위를 영업으로 하는 회사를 말한다. 농업·축산업 등은 기본적 상행위에 해당하지 않으므로 이를 목적으로 하는 회사는 민사회사에 해당한다. [법무사 09]

④ 영리법인인 회사는 당연상인 또는 의제상인 중 하나에 해당하게 되므로 회사의 상인성은 언제나 인정되고, 설립등기 시점에 상인자격을 취득한다.

⑤ 회사가 상법에 의해 상인으로 의제된다고 하더라도 회사의 기관인 대표이사 개인이 상인이 되는 것은 아니다. [법원직 13, 20, 법무사 17]

7. 공공기관의 상인 여부

대한광업진흥공사, 새마을금고, 농업협동조합, 수산업협동조합과 같은 공공기관은 상인이 아니다.

8. 소상인

> 제9조 (소상인) 지배인, 상호, 상업장부와 상업등기에 관한 규정은 소상인에게 적용하지 아니한다.
> 상법 시행령 제2조 (소상인의 범위) 상법 제9조에 따른 소상인은 자본금액이 1천만 원에 미치지 못하는 상인으로서 회사가 아닌 자로 한다.

① 자본금액 1천만 원 미만의 상인으로서 회사가 아닌 자를 소상인이라 한다.

② 회사는 어느 경우에도 소상인이 될 수 없다. [법무사 11]

③ 소상인 여부의 판단기준이 되는 자본금은 회사법상의 자본금이 아니라 상인의 영업자산의 현재가치를 의미한다.

④ 지배인, 상호, 상업장부와 상업등기에 관한 규정은 소상인에게 적용하지 않는다. [법원직 08, 12, 법무사 06, 09, 13, 16, 17, 18, 변호사 12, 19]

⑤ 다만 소상인이 임의로 지배인, 상호, 상업장부와 상업등기를 이용하는 것은 가능하다.

⑥ 그 밖의 상인에 관한 규정은 소상인에게도 적용된다.

법원직 20

1 이른바 전문직업인 중 변호사는 의제상인에 해당하지 않으나 법무사는 의제상인에 해당한다. (O, X)

법원직 11, 13, 법무사 18

2 변호사는 상법 제5조 제1항이 규정하는 '상인적 방법에 의하여 영업을 하는 자'로서 의제상인에 해당한다. (O, X)

법원직 09, 법무사 16

3 변호사(법무사)는 상법 제5조 제1항이 규정하는 '점포 기타 유사한 설비에 의하여 상인적 방법으로 영업을 하는 자'로서 의제상인에 해당한다. (O, X)

법무사 09

4 민사회사는 상행위 이외의 행위를 영리의 목적으로 하는 회사로서 의제상인이고, 신용보증기금이 이에 해당한다. (O, X)

법무사 17

5 회사는 상법에 의해 상인으로 의제되므로, 대표이사 개인이 회사 자금으로 사용하기 위하여 자금을 차용한 경우 상행위에 해당하여 차용금채무를 상사채무로 볼 수 있다. (O, X)

법무사 11, 13

6 회사농업협동조합은 그 업무 수행시 조합원이나 회원을 위하여 최대한 봉사하여야 하고 설립취지에 반하여 영리나 투기를 목적으로 하는 업무를 하지 못하도록 농업협동조합법에서 규정하고 있으므로, 농업협동조합이 그 사업의 일환으로 조합원이 생산하는 물자의 판매사업을 한다 하여도 농업협동조합을 상인이라 할 수 없다. (O, X)

법무사 06

7 모든 상인은 회계장부 및 대차대조표를 작성하여야 한다. (O, X)

1 × 2 × 3 × 4 × 5 × 6 ○ 7 ×

9. 미성년자의 영업능력

> **제6조 (미성년자의 영업과 등기)** 미성년자가 법정대리인의 허락을 얻어 영업을 하는 때에는 등기를 하여야 한다.
>
> **제7조 (미성년자와 무한책임사원)** 미성년자가 법정대리인의 허락을 얻어 회사의 무한책임사원이 된 때에는 그 사원자격으로 인한 행위에는 능력자로 본다.
>
> **제8조 (법정대리인에 의한 영업의 대리)** ① 법정대리인이 미성년자, 피한정후견인 또는 피성년후견인을 위하여 영업을 하는 때에는 등기를 하여야 한다.
> ② 법정대리인의 대리권에 대한 제한은 선의의 제삼자에게 대항하지 못한다.

제2장 상업사용인

쟁점 01 지배인

1. 지배인의 자격, 선임 및 등기

> **제10조 (지배인의 선임)** 상인은 지배인을 선임하여 본점 또는 지점에서 영업을 하게 할 수 있다.
>
> **제13조 (지배인의 등기)** 상인은 지배인의 선임과 그 대리권의 소멸에 관하여 그 지배인을 둔 본점 또는 지점소재지에서 등기하여야 한다. 공동지배인의 선임과 그 변경도 같다.
>
> **제393조 (이사회의 권한)** ① 중요한 자산의 처분 및 양도, 대규모 재산의 차입, 지배인의 선임 또는 해임과 지점의 설치·이전 또는 폐지 등 회사의 업무집행은 이사회의 결의로 한다.

① 상인은 지배인을 선임하여 본점 또는 지점에서 영업을 하게 할 수 있으며 이 때 상인은 지배인의 선임과 그 대리권의 소멸에 관하여 그 지배인을 둔 본점 또는 지점소재지에서 등기하여야 한다. [법원직 11, 18]

② 지배인은 의사능력을 갖춘 자연인이어야 하고, 반드시 행위능력자임을 요하지 아니하며, 직무의 성질상 감사와의 겸임은 허용되지 않지만, 업무집행사원이나 이사는 지배인을 겸할 수 있다. [법원직 07, 법무사 05, 13, 16]

③ 반드시 지배인이라는 명칭을 사용하지 않고 지점장 또는 영업부장과 같은 명칭을 사용하더라도 지배인으로서의 대리권이 부여되어 있다면 지배인이 된다. [법무사 20]

④ 상인의 대리인도 지배인을 선임할 수 있다. 그러나 지배인은 다른 지배인을 선임할 수 없다 (제11조 제2항).

⑤ 지배인 관련 등기는 효력요건이 아니라 대항요건이므로(제37조 제1항), 지배인의 선임과 그 대리권의 소멸의 효력은 해당 사유 발생시점에 발생한다.

2. 공동지배인

> **제12조 (공동지배인)** ① 상인은 수인의 지배인에게 공동으로 대리권을 행사하게 할 수 있다.
> ② 공동지배인의 경우에 지배인 1인에 대한 의사표시는 영업주에 대하여 그 효력이 있다.
>
> **제13조 (지배인의 등기)** 상인은 공동지배인의 선임과 그 변경에 관하여 그 공동지배인을 둔 본점 또는 지점소재지에서 등기하여야 한다.

① 공동지배인이란 수인의 지배인들이 공동으로만 대리권을 행사할 수 있는 지배인을 말한다.

② 수인의 지배인이 선임된 경우 특별한 사정이 없는 한 수인의 지배인은 각자 독립하여 대리권을 행사할 수 있다. [법원직 17]

③ 상인은 수인의 지배인에게 공동으로 대리권을 행사하게 할 수 있고, 공동지배인 중 1인에 대한 의사표시는 영업주에 대하여 유효하다. [법원직 14, 17, 19, 법무사 04, 05, 08, 13, 14, 16]

④ 공동지배인의 선임과 그 대리권의 소멸에 관하여 그 공동지배인을 둔 본점 또는 지점소재지에서 등기하여야 한다.

⑤ 공동지배인이 단독으로 한 행위는 무권대리에 해당하여 본인에 대하여 효력이 없다.

⑥ 영업주가 공동지배인을 등기하지 않았다면 제37조 제1항에 의하여 선의의 제3자에게 대항할 수 없고, 표현지배인 규정에 따른 표현책임과 민법 제756조에 의한 사용자책임이 문제된다.
[법무사 15]

3. 지배인의 권한

> **제11조 (지배인의 대리권)** ① 지배인은 영업주에 갈음하여 그 영업에 관한 재판상 또는 재판 외의 모든 행위를 할 수 있다.
> ② 지배인은 지배인이 아닌 점원 기타 사용인을 선임 또는 해임할 수 있다.
> ③ 지배인의 대리권에 대한 제한은 선의의 제3자에게 대항하지 못한다.

(1) 재판상 또는 재판 외 모든 행위에 대한 포괄적 권한

① 지배인은 영업주에 갈음하여 그 영업에 관한 재판상 또는 재판외의 모든 행위를 할 수 있다.
[법원직 09, 16, 17, 20, 법무사 06, 08, 11, 13, 14]

② 지배인의 권한은 자금차입, 어음행위와 같은 보조적 상행위도 포함한다.

③ 지배인은 지배인이 아닌 점원 기타 사용인을 선임 또는 해임할 수 있다.

④ 영업에 관한 행위란 영업의 존속을 전제로 하므로 새로운 점포의 개설, 영업의 양도나 폐지는 지배인의 권한에 포함되지 않는다.

(2) 상인의 영업 범위에 속하는 행위

① 일반적으로 상업사용인은 상인의 영업 범위 내에 속하는 일에 관하여 그 상인을 대리할 수 있고 영업과 관계없는 일에 관하여는 특별한 수권이 없는 한 대리권이 없다.

② 상업사용인이 권한 없이 상인의 영업과 관계없는 일에 관하여 상인의 행위를 대행한 경우에 상업사용인이라는 이유만으로 대리권이 있는 것으로 믿을 만한 정당한 이유가 있다고 보기 어렵다(대판 1984.7.10. 84다카424, 84다카425).

③ 지배인의 행위가 영업주의 영업에 관한 것인가의 여부는 지배인의 행위 당시의 주관적인 의사와는 관계없이 그 행위의 객관적 성질에 따라 추상적으로 판단한다.[법원직 09, 20, 법무사 11]

④ 지배인이 영업주 명의로 한 어음행위는 객관적으로 영업에 관한 행위로서 지배인의 대리권의 범위에 속하는 행위라 할 것이므로 지배인이 개인적 목적을 위하여 어음행위를 한 경우에도 그 행위의 효력은 영업주에게 미친다. 이러한 법리는 표현지배인의 경우에도 동일하다.
[법무사 18, 변호사 15]

⑤ 제약회사의 지방 분실장이 자신의 개인적 목적을 위하여 권한 없이 대표이사의 배서를 위조하여 어음을 할인한 경우, 표현지배인의 성립이 인정된다(대판 1998.8.21. 97다6704).

(3) 권한의 정형성

지배인의 권한은 법 규정에 의하여 일률적으로 주어진다. 따라서 지배인과 거래하는 상대방은 지배인이라는 사실만 확인하면 대리권의 범위를 별도로 확인하지 않아도 된다.

(4) 수개의 영업과 지배인의 권한

개인 상인이 여러 상호로 여러 영업을 하는 경우, 지배인의 권한은 하나의 상호의 영업에만 미친다. 이 경우 상인은 수 개의 영업에 대한 지배권을 가진 지배인을 둘 수 있다.

법무사 14

1 지배인이 영업주에 갈음하여 그 영업에 관한 재판상의 행위를 함에 있어서는 영업주로부터 별도의 수권이 있어야 한다.
(O, ×)

법무사 06

2 상인이 선임한 지배인이라도 합의부가 심판하는 사건에서는 소송행위를 할 수 없다.
(O, ×)

법원직 14, 법무사 04, 05, 08

3 지배인은 지배인이 아닌 점원 기타 사용인을 선임 또는 해임할 수 있다. 다만, 지배인이 다른 지배인을 선임하거나 해임할 수는 없다. 따라서 본점의 총지배인도 지점의 지배인을 선임하거나 해임할 수 없다.
(O, ×)

법원직 20

4 지배인의 어떤 행위가 영업주의 영업에 관한 것인가의 여부는 지배인의 행위 당시의 주관적인 의사에 따라 결정될 수밖에 없다.
(O, ×)

1 × **2** × **3** ○ **4** ×

4. 지배인 권한의 내부적 제한

> **제11조 (지배인의 대리권)** ③ 지배인의 대리권에 대한 제한은 선의의 제3자에게 대항하지 못한다.

① 영업주가 지배인의 권한을 제한하더라도 선의의 제3자에게 대항할 수 없다.[법원직 18, 법무사 08]

② 제3자는 과실 있는 제3자도 선의의 제3자에 해당하나, 중과실 있는 제3자는 해당하지 않는다.

③ 제3자의 악의 또는 중과실은 영업주가 입증책임을 부담한다.

④ 지배인이 영업주가 정한 대리권에 관한 제한 규정에 위반하여 행위 한 경우 제3자가 대리권의 제한 사실을 알고 있었던 경우뿐만 아니라 알지 못한 데에 중대한 과실이 있는 경우에도 영업주는 그러한 사유를 들어 상대방에게 대항할 수 있고, 이러한 제3자의 악의 또는 중대한 과실에 대한 주장·입증책임은 영업주가 부담한다(대판 1997.8.26. 96다36753).[법원직 17, 19, 법무사 14, 18]

⑤ 제3자의 범위에는 그 지배인으로부터 직접 어음을 취득한 상대방뿐만 아니라 그로부터 어음을 다시 배서 양도 받은 제3취득자도 포함된다(대판 1997.8.26. 96다36753).

5. 지배권남용

① 지배권 남용이란 지배인이 자신이나 제3자의 이익을 위하여 권한을 행사한 경우를 말한다.

② ㉠ 지배인의 행위가 영업에 관한 것으로서 대리권한 범위 내의 행위라 하더라도 영업주 본인의 이익이나 의사에 반하여 자기 또는 제3자의 이익을 도모할 목적으로 그 권한을 행사한 경우에 상대방이 지배인의 진의를 알았거나 알 수 있었을 때에는 민법 제107조 제1항 단서의 유추해석상 그 지배인의 행위에 대하여 영업주 본인은 아무런 책임을 지지 않는다.[법원직 20, 법무사 11] ㉡ 이 경우 영업주 본인의 사용자책임도 성립되지 않는다(대판 1999.3.9. 97다7721,7738).

6. 표현지배인

> **제14조 (표현지배인)** ① 본점 또는 지점의 본부장, 지점장, 그 밖에 지배인으로 인정될 만한 명칭을 사용하는 자는 본점 또는 지점의 지배인과 동일한 권한이 있는 것으로 본다. 다만, 재판상 행위에 관하여는 그러하지 아니하다.[법원직 07, 09, 10, 16, 18, 법무사 04, 05, 08, 13, 18]
> ② 제1항은 상대방이 악의인 경우에는 적용하지 아니한다.

(1) 의의

표현지배인이란 지배인이 아님에도 본점 또는 지점의 본부장, 지점장 등 지배인으로 인정될 만한 명칭을 사용하는 자를 말한다.

(2) 요건

1) 외관의 존재

① 본점 또는 지점의 본부장, 지점장 등 지배인으로 인정될 만한 명칭을 사용하여야 한다.

② 지점차장, 지점장대리 등 명칭 자체에서 상위직이 존재한다는 것을 알 수 있는 경우에는 표현지배인에 해당 하지 않는다. 건설회사 현장소장, 보험회사 영업소장은 표현지배인으로 인정되는 명칭이 아니다.[법무사 18]

③ 표현지배인 조항을 적용하려면 당해 사용인의 근무 장소가 상법상의 영업소인 본점 또는 지점의 실체를 가지고 어느 정도 독립적으로 영업활동을 할 수 있어야 한다(대판 1978.12.13. 78다1567).[법무사 16, 18]

법무사 14

1 지배인의 대리권에 대한 제한은 악의의 제3자에게 대항할 수 있는데, 이 경우 상대방의 악의는 지배인이 증명하여야 한다. (○, ×)

법무사 11

2 지배인의 행위가 영업에 관한 것으로서 대리권한 범위 내의 것이라면 영업주 본인의 이익이나 의사에 반하는 경우라도 영업주 본인은 항상 책임을 부담한다. (○, ×)

법원직 18

3 본점 또는 지점의 본부장, 지점장, 그 밖에 지배인으로 인정될 만한 명칭을 사용하는 자는 재판상 행위에 관하여 본점 또는 지점의 지배인과 동일한 권한이 있는 것으로 본다. (○, ×)

법원직 07, 09, 10, 16, 법무사 08

4 본점 또는 지점의 본부장, 지점장, 그 밖에 지배인으로 인정될 만한 명칭을 사용하는 자는 본점 또는 지점의 재판상 행위 및 재판외의 행위에 대하여 지배인과 동일한 권한이 있는 것으로 본다. (○, ×)

법무사 18

5 본부장, 지점장 외에 지점차장도 표현지배인에 해당한다. (○, ×)

1 × **2** × **3** × **4** × **5** ×

④ 본·지점의 기본적인 업무를 독립하여 처리할 수 있는 것이 아니라 단순히 본·지점의 지휘 감독 아래 기계적으로 제한된 보조적 사무만을 처리하는 것으로밖에 볼 수 없는 경우, 상법 상의 영업소인 본점·지점에 준하는 영업장소라고 볼 수 없어 표현지배인이라고 볼 수 없다 (대판 1978.12.13. 78다1567).[법무사 16, 18]

⑤ 표현지배인은 지배인의 권한 범위 내의 행위를 하여야 한다.[법무사 08]

⑥ 표현지배인의 행위가 영업에 관한 것인지 여부는 개인적 목적이나 의도와 상관없이 행위의 객관적 성질에 따라 추상적으로 판단한다.

⑦ 재판상 행위에는 표현지배인이 성립하지 않는다.[법무사 18]

2) **외관의 부여 – 영업주의 명시적·묵시적 허락**

① 표현대표자의 행위에 대하여 회사가 책임을 지는 것은 회사가 표현대표자의 명칭 사용을 명 시적으로나 묵시적으로 승인할 경우에 한한다(대판 1995.11.21. 94다50908).

② 회사의 명칭 사용 승인 없이 임의로 명칭을 참칭한 자의 행위에 대하여는 비록 그 명칭 사용 을 알지 못하고 제지하지 못한 점에 있어 회사에게 과실이 있다고 할지라도 회사는 선의의 제3자에 대해서도 책임을 지지 않는다(대판 1995.11.21. 94다50908).

3) **외관의 신뢰**

① 상대방이 악의 또는 중과실인 경우에는 표현지배인이 성립하지 아니한다.

② 영업주가 표현지배인에게 지배인으로 믿을 만한 명칭사용을 허락한 경우 영업주는 선의의 제3자에게 대항할 수 없지만, 제3자에게 중과실이 있는 경우에는 대항할 수 있다.[법원직 07]

③ 표현대리행위가 성립하는 경우 본인은 전적인 책임을 져야 하고, 상대방에게 과실이 있다고 하더라도 과실상계의 법리를 유추적용 하여 본인의 책임을 감경할 수 없다(대판 1994.12.22. 94다 24985).

(3) **효과**

표현지배인은 진정한 지배인과 동일한 권한이 있는 것으로 의제되므로 표현지배인의 행위에 대 하여 영업주가 책임을 부담한다.

쟁점 02 기타 상업사용인

1. 부분적 포괄대리권을 가지 상업사용인

> **제15조 (부분적 포괄대리권을 가진 사용인)** ① 영업의 특정한 종류 또는 특정한 사항에 대한 위임을 받은 사용인은 이에 관한 재판 외의 모든 행위를 할 수 있다.[법원직 08, 09, 14, 법무사 20]
> ② 부분적 포괄대리권을 가진 사용인의 대리권에 대한 제한은 선의의 제3자에게 대항하지 못한다.

(1) **의의**

① 부분적 포괄대리권을 가진 상업사용인이란 영업의 특정한 종류 또는 특정한 사항에 대한 대 리권을 가진 사용인을 말한다.

② 주식회사의 기관인 상무이사도 상법 제15조 소정의 부분적 포괄대리권을 가지는 사용인을 겸임할 수 있다(대판 1996.8.23. 95다39472).[법원직 08]

③ 부분적 포괄대리권을 가진 사용인은 영업의 특정한 종류 또는 특정한 사항에 관한 재판 외의 모든 행위를 할 수 있는 대리권을 가진 상업사용인을 말하므로, 사용인의 업무 내용에 영업주를 대리하여 법률행위를 하는 것이 당연히 포함되어 있어야 한다(대판 2007.8.23. 2007다23425).[법무사 16, 20, 변호사 18]

④ 회사의 영업부장과 과장대리가 거래선 선정 및 계약체결, 담보설정, 어물구매, 어물판매, 어물재고의 관리 등의 업무에 종사하고 있었다면 비록 상무, 사장 등의 결재를 받아 그 업무를 시행하였더라도 그 업무에 관한 부분적 포괄대리권을 가진 사용인이다(대판 1989.8.8. 88다카23742).

⑤ 전산개발장비 구매와 관련된 실무를 총괄하는 상업사용인의 지위에 있는 자가 회사에 새로운 채무부담을 발생시키는 지급보증행위를 하는 것은 부분적 포괄대리권을 가진 상업사용인의 권한에 속하지 아니한다(대판 2006.6.15. 2006다13117).[법원직 08]

(2) 대리권의 범위

① 영업의 특정한 종류 또는 특정한 사항에 대하여 지배인과 같이 포괄적 대리권을 가지며, 획일적 정형적으로 대리권이 주어진다.

② 개개의 행위에 대하여 영업주로부터 별도의 수권을 받을 것이 요구되지 않는다.[법무사 18]

③ 소송행위는 대리권에서 제외된다.

④ 대리권에 대한 제한은 선의의 제3자에게 대항할 수 없다.

(3) 건설회사 현장소장의 권한(대판 1994.9.30. 94다20884)

① 건설회사 현장소장은 표현지배인이라고 할 수는 없고 부분적 포괄대리권을 가진 사용인에 해당한다.

② 건설회사 현장소장은 공사자재, 노무관리, 하도급계약 체결, 하도급공사대금 지급, 공사 중기의 임대차계약 체결과 임대료 지급에 관해 대리권이 있으나 아무리 소규모라 하더라도 새로운 수주활동과 같은 영업활동은 업무범위에 속하지 아니한다.

③ 일반적으로 건설회사 현장소장에게 회사의 부담으로 될 채무보증 또는 채무인수 등과 같은 행위를 할 권한이 회사로부터 위임되어 있다고 볼 수는 없다.

④ 건설회사 현장소장에게 중기임대료에 대한 보증행위를 할 권한은 위임하였다고 보는 것이 상당하고 거래상대방이 이를 신뢰하는데 정당한 이유가 있다고 보아야 한다.

(4) 표현책임의 성립여부

① 부분적 포괄대리권을 가진 사용인이 아닌 사용인이 그러한 사용인과 유사한 명칭을 사용하여 법률행위를 한 경우 그 거래상대방은 민법 제125조의 표현대리나 민법 제756조의 사용자책임 등의 규정에 의하여 보호될 수 있으므로, 부분적 포괄대리권을 가진 사용인의 경우에도 표현지배인에 관한 상법 제14조의 규정이 유추적용 되어야 한다고 할 수는 없다(대판 2007.8.23. 2007다23425).[법원직 08, 09, 19, 법무사 18, 변호사 15]

② 부분적 포괄대리권을 가진 상업사용인이 특정된 영업이나 특정된 사항에 속하지 아니하는 행위를 한 경우, 영업주가 책임을 지기 위하여는 민법상의 표현대리의 법리에 의하여 그 상업사용인과 거래한 상대방이 그 상업사용인에게 그 권한이 있다고 믿을 만한 정당한 이유가 있어야 한다(대판 2012.12.13. 2011다69770).[법원직 19, 법무사 18]

1 전산개발장비 구매와 관련된 실무를 총괄하는 상업사용인의 지위에 있는 자는 회사에 새로운 채무부담을 발생시키는 지급보증행위를 할 권한이 있다. (O, X)

2 영업의 특정한 종류 또는 특정한 사항에 대한 위임을 받은 사용인은 그 특정한 종류 또는 특정한 사항에 관하여 재판상 또는 재판외의 모든 행위를 할 수 있다. (O, X)

3 부분적 포괄대리권을 가진 상업사용인이 특정된 영업이나 특정된 사항에 속하지 아니하는 행위를 한 경우 표현지배인에 관한 상법 제14조가 유추적용된다. (O, X)

4 부분적 포괄대리권을 가진 상업사용인이 특정된 영업이나 특정된 사항에 속하지 아니하는 행위를 한 경우, 영업주가 책임을 지기 위하여는 민법상의 표현대리의 법리에 의하여 그 상업사용인과 거래한 상대방이 그 상업사용인에게 그 권한이 있다고 믿을 만한 정당한 이유가 있어야만 하는 것은 아니다. (O, X)

1 X **2** X **3** X **4** X

(5) 부분적 포괄대리권의 남용

    ① 부분적 포괄대리권을 가진 상업사용인이 그 범위 내에서 한 행위는 설사 상업사용인이 영업주 본인의 이익이나 의사에 반하여 자기 또는 제3자의 이익을 도모할 목적으로 그 권한을 남용한 것이라 할지라도 일단 영업주 본인의 행위로서 유효하다(대판 2008.7.10. 2006다43767).[법무사 18]

    ② 그러나 그 행위의 상대방이 상업사용인의 진의를 알았거나 알 수 있었을 때에는 민법 제107조 제1항 단서의 유추해석상 그 행위에 대하여 영업주 본인에 대하여 무효가 된다(대판 2008.7.10. 2006다43767).

2. 물건판매점포사용인

> **제16조 (물건판매점포의 사용인)** ① 물건을 판매하는 점포의 사용인은 그 판매에 관한 모든 권한이 있는 것으로 본다.[법원직 14, 16]
> ② 제1항은 상대방이 악의인 경우에는 적용하지 아니한다.[법원직 14, 16]

    ① 물건판매점포의 사용인에 대해서는 상법에 의하여 대리권이 주어지므로 영업주가 대리권을 부여하지 않은 경우에도 권한이 인정되고, 점포 내에서 물건을 판매할 권한이 있는 것 같은 외관이 존재하면 적용된다.

    ② 따라서 영업주 가족이 판매행위를 하는 경우처럼 고용계약이 없어도 권한이 인정된다.

    ③ 물건이 점포에 없더라도 점포에서 판매하는 물건에 관한 것이고 계약이 점포에서 이루어졌다면 권한이 인정된다. 점포 밖에서 이루어진 행위에 대해서는 적용되지 않는다. 백화점 지점의 외근사원은 물건판매점포 사용인에 해당하지 않는다.

    ④ 물건판매점포의 사용인에게는 점포 내에서의 판매대금 수령, 판매가격 할인, 물건 교환에 대한 권한이 인정된다.

    ⑤ 다만 점포 외에서의 대금 수령권한은 인정되지 않는다.

쟁점 03 | 상업사용인의 경업금지 및 겸직금지의무

1. 경업금지의무

> **제17조 (상업사용인의 의무)** ① 상업사용인은 영업주의 허락없이 자기 또는 제삼자의 계산으로 영업주의 영업부류에 속한 거래를 하거나 회사의 무한책임사원, 이사 또는 다른 상인의 사용인이 되지 못한다.

(1) 의의

    ① '계산'이란 경제적 효과인 이익의 귀속 주체를 의미하고 명의가 누구인지는 상관없다.

    ② '영업부류에 속한 거래'란 영업주의 기본적 상행위 또는 준상행위를 의미하고 보조적 상행위 및 영리적 성격이 없는 행위는 제외된다.

(2) 경업금지의무 위반의 효과

> **제17조 (상업사용인의 의무)** ② 상업사용인이 전항의 규정에 위반하여 거래를 한 경우에 그 거래가 자기의 계산으로 한 것인 때에는 영업주는 이를 영업주의 계산으로 한 것으로 볼 수 있고 제3자의 계산으로 한 것인 때에는 영업주는 사용인에 대하여 이로 인한 이득의 양도를 청구할 수 있다.
> ③ 전항의 규정은 영업주로부터 사용인에 대한 계약의 해지 또는 손해배상의 청구에 영향을 미치지 아니한다.
> ④ 제2항에 규정한 권리는 영업주가 그 거래를 안 날로부터 2주간을 경과하거나 그 거래가 있은 날로부터 1년을 경과하면 소멸한다.

① 영업주는 그 거래가 상업사용인의 계산으로 한 것인 때에는 이를 영업주의 계산으로 한 것으로 볼 수 있고 제3자의 계산으로 한 것인 때에는 영업주는 사용인에 대하여 이로 인한 이득의 양도를 청구할 수 있다.[법원직 07, 09, 법무사 03, 13, 14] 이러한 영업주의 권리를 개입권이라 한다.

② 개입권은 형성권으로 일방의 의사표시만으로 성립된다.

③ 개입권은 영업주가 거래를 안 날로부터 2주간, 거래가 있은 날로부터 1년의 제척기간이 적용된다.[법무사 03]

④ 영업주가 직접 거래 당사자가 되는 것은 아니며, 상업사용인은 거래로 인한 경제적 이익을 영업주에게 이전할 의무를 부담한다.

⑤ 영업주가 상업사용인에게 개입권 또는 이득양도청구권을 행사한 이후에도 영업주는 상업사용인과의 계약을 해지하거나 손해배상을 청구할 수 있다.[법무사 03, 16]

⑥ 경업금지의무 위반의 경우에도 상업사용인과 상대방 사이의 거래는 유효하다.

2. 겸직금지의무

① 상업사용인은 영업주의 허락 없이 회사의 무한책임사원, 이사 또는 다른 상인의 사용인이 되지 못한다.[법무사 14]

② 익명조합의 조합원, 합자조합의 유한책임조합원, 주식회사 주주, 합자회사의 유한책임사원, 유한회사와 유한책임회사의 사원이 되는 것은 허용된다.

③ 겸직금지의무의 취지는 상업사용인으로 하여금 영업주의 이익에 전념하라는 것이므로, 겸직 결과 상업사용인이 수행하는 영업이 영업주의 영업부류와 동종인지 여부를 불문한다.

④ 대리상, 합명회사의 사원, 주식회사 이사의 겸직금지는 동종 영업에 대해서만 적용된다.

⑤ 겸직금지의무 위반의 경우 영업주는 상업사용인과의 계약을 해지하거나 손해배상을 청구할 수 있다.

⑥ 겸직금지의 대상은 거래가 아니기 때문에 개입권은 인정되지 않는다.

쟁점 01 | 상호의 의의 및 선정

1. 상호의 의의

상호란 상인이 영업활동에 사용하는 명칭을 말한다. 상호는 문자로 표시되고 발음될 수 있는 것이어야 한다. 상호는 상인이 자신의 상품을 다른 상인의 상품과 구별하기 위하여 상품에 사용하는 기호, 문자, 도형, 소리, 이미지 등을 의미하는 상표와 구별된다.

2. 상호의 선정 [법원직 09, 14, 16 18, 법무사 05, 07, 15, 16, 17, 19]

> **제18조 (상호선정의 자유)** 상인은 그 성명 기타의 명칭으로 상호를 정할 수 있다.
>
> **제19조 (회사의 상호)** 회사의 상호에는 그 종류에 따라 합명회사, 합자회사, 유한책임회사, 주식회사 또는 유한회사의 문자를 사용하여야 한다.
>
> **제20조 (회사상호의 부당사용의 금지)** 회사가 아니면 상호에 회사임을 표시하는 문자를 사용하지 못한다. 회사의 영업을 양수한 경우에도 같다.

① 상인은 그 성명 기타의 명칭으로 상호를 정할 수 있다.
② 회사는 그 종류에 따라 회사의 상호에 합명회사, 합자회사, 유한책임회사, 주식회사 또는 유한회사의 문자를 사용하여야 한다.
③ 회사가 아니면 상호에 회사를 표시하는 문자를 사용하지 못한다.
④ 개인이 회사의 영업을 양수한 경우에도 개인은 회사가 아니므로 상호에 회사를 표시하는 문자를 사용하지 못한다.

3. 상호의 단일성

> **제21조 (상호의 단일성)** ① 동일한 영업에는 단일상호를 사용하여야 한다.
> ② 지점의 상호에는 본점과의 종속관계를 표시하여야 한다.

① 동일한 영업에는 단일상호를 사용하여야 하고, 지점의 상호에는 본점과의 종속관계를 표시하여야 한다. [법원직 12, 16, 법무사 07, 17]
② 회사의 상호는 회사 자체를 표시하므로, 회사는 여러 영업을 하더라도 하나의 상호만 사용해야 한다. [법원직 13, 법무사 05, 변호사 12, 17]
③ 개인은 독립된 영업별로 다른 상호를 사용하는 것이 가능하다. [법원직 13, 법무사 05]
④ 하나의 영업에 둘 이상 상호를 사용한 경우, 등기 여부를 불문하고 모두 상호로 보호되지 못한다.
⑤ 수개의 영업에 하나의 상호를 사용하는 것은 허용된다.

<!-- 여백 주석 -->
법원직 18

1 회사가 아니면 상호에 회사임을 표시하는 문자를 사용하지 못한다. 단, 회사의 영업을 양수한 경우에는 그러하지 아니하다.
(○, ×)

법무사 05

2 합명회사의 영업을 양수한 경우에는 비록 합명회사가 아니더라도 상호에 합명회사임을 표시하는 문자를 사용할 수 있다.
(○, ×)

1 × **2** ×

1. 상호의 등기

① 회사의 상호는 등기사항이다.

② 자연인의 상호는 등기가 강제되지 않으나, 자연인의 상호도 일단 등기되면 변경과 소멸은 등기되어야 한다.

2. 상호등기의 효과

> 제22조 (상호등기의 효력) 타인이 등기한 상호는 동일한 특별시·광역시·시·군에서 동종영업의 상호로 등기하지 못한다.
>
> 제23조 (주체를 오인시킬 상호의 사용금지) ④ 동일한 특별시·광역시·시·군에서 동종영업으로 타인이 등기한 상호를 사용하는 자는 부정한 목적으로 사용하는 것으로 추정한다.

① 타인이 등기한 상호는 동일한 특별시·광역시·시·군에서 동종영업의 상호로 등기하지 못한다.

② 동일상호에 대해서만 적용되고, 유사상호에 대해서는 적용되지 않는다.

③ 동일지역 내에서만 적용되고 인접지역에는 적용되지 않는다.

④ 동일한 특별시·광역시·시·군에서 동종영업으로 타인이 등기한 상호를 사용하는 자는 부정한 목적으로 사용하는 것으로 추정한다.

⑤ 상호의 요부가 동일한 경우 상호의 동일성을 인정되어 부정한 목적이 추정되나, 구체적인 사실관계를 바탕으로 부정한 목적이 존재하는 것으로 볼 수 없는 경우 이러한 추정이 부정된다(92다49492, 94다31365, 2001다72081).

⑥ 사업목적이 지주회사인 "대성홀딩스 주식회사"와 "주식회사 대성지주"는 상호가 전체적으로 관찰하여 유사하고, 각 회사의 주된 영업 목적이 지주사업으로 동일하므로 "주식회사 대성지주"는 "대성홀딩스 주식회사"의 영업으로 오인할 수 있는 상호에 해당하고, 이처럼 상호가 유사하여 일반인으로 하여금 오인·혼동을 일으킬 수 있다는 것을 충분히 알 수 있었음에도 "주식회사 대성지주"라는 상호를 사용한 경우 부정한 목적이 인정된다(대판 2016.1.28. 2013다76635).

⑦ 상호의 동일성 여부는 회사 표시 이외 부분을 기준으로 한다. 삼성 주식회사와 삼성 유한회사는 동일상호에 해당한다.

3. 상호가등기

> 제22조의2 (상호의 가등기) ① 유한책임회사, 주식회사 또는 유한회사를 설립하고자 할 때에는 본점의 소재지를 관할하는 등기소에 상호의 가등기를 신청할 수 있다.[법원직 10, 13, 19, 법무사 05, 08]
>
> ② 회사는 상호나 목적 또는 상호와 목적을 변경하고자 할 때에는 본점의 소재지를 관할하는 등기소에 상호의 가등기를 신청할 수 있다.[법원직 19, 법무사 08, 15, 16]
>
> ③ 회사는 본점을 이전하고자 할 때에는 이전할 곳을 관할하는 등기소에 상호의 가등기를 신청할 수 있다.[법원직 19]
>
> ④ 상호의 가등기는 제22조의 적용에 있어서는 상호의 등기로 본다.

1 합자회사를 설립하고자 할 때에는 본점의 소재지를 관할하는 등기소에 상호의 가등기를 신청할 수 있다. (○, ✕)

① 상호의 가등기는 본등기 이전에 상호등기의 보전을 위하여 미리 행하는 등기를 말한다.

② 상호의 가등기는 자연인에게는 허용되지 않는다. [변호사 17]

③ 설립시 상호가등기는 주식회사와 유한회사 및 유한책임회사만 가능하다. [변호사 13]

④ 설립 이후 상호와 목적사항 변경의 경우 모든 회사에 대하여 상호가등기가 허용된다. [변호사 17]

⑤ 설립 이후 본점을 이전하는 경우 모든 회사에 대하여 이전할 곳 관할 등기소에서의 상호가등기가 허용된다.

⑥ 타인이 가등기한 상호는 동일한 특별시 · 광역시 · 시 · 군에서 동종영업의 상호로 등기하지 못한다(제22조, 제22조의2 제4항). 즉 가등기상호에 대해서는 등기배척권이 인정된다.

⑦ 가등기상호의 경우 등기상호에 인정되는 상호폐지청구권(제23조)은 인정되지 않는다.

쟁점 03 상호폐지청구권

1. 의의

> **제23조 (주체를 오인시킬 상호의 사용금지)** ① 누구든지 부정한 목적으로 타인의 영업으로 오인할 수 있는 상호를 사용하지 못한다.
> ② 제1항의 규정에 위반하여 상호를 사용하는 자가 있는 경우에 이로 인하여 손해를 받을 염려가 있는 자 또는 상호를 등기한 자는 그 폐지를 청구할 수 있다. [법원직 09, 14, 18, 법무사 11, 15, 16, 19]
> ③ 제2항의 규정은 손해배상의 청구에 영향을 미치지 아니한다. [법원직 09, 14, 18, 법무사 11, 15, 16, 19]
> ④ 동일한 특별시 · 광역시 · 시 · 군에서 동종영업으로 타인이 등기한 상호를 사용하는 자는 부정한 목적으로 사용하는 것으로 추정한다.

① 부정한 목적으로 타인의 영업으로 오인할 수 있는 상호를 사용하는 자가 있는 경우 이로 인하여 손해를 받을 염려가 있는 자 또는 상호를 등기한 자는 폐지를 청구할 수 있다. 이를 상호전용권이라고 한다. [법원직 15]

② 상호폐지청구권은 ㉠ 등기상호가 아닌 경우에도 인정될 수 있고, ㉡ 지역 제한이 없으며, [법원직 15] ㉢ 두 영업주체가 밀접하게 관련된 것으로 일반인들이 오인할 가능성이 있으면 되고 영업의 동일성까지 요구되지는 않고, ㉣ 상호의 유사성이 요구될 뿐 상호의 동일성까지 요구되지는 않는다.

2. 요건

(1) 상호권자의 상호 선정 및 사용

① 상호권자는 자신의 상호를 적법하게 선정하여 사용하였어야 한다. 즉 상호폐지청구의 상대방보다 상호권자가 먼저 자신의 상호를 선정하여 사용하였을 것이 요구된다.

② 상호의 등기가 요구되지는 않는다.

(2) 부정한 목적

① 부정한 목적이란 어느 명칭을 자기의 상호로 사용함으로써 일반인으로 하여금 자신의 영업을 상호권자의 영업으로 오인하게 하여 부당한 이익을 얻으려거나 타인에게 손해를 가하려고 하는 등의 부정한 의도를 말한다(대판 2004.3.26. 2001다72081). [법원직 15, 20]

2 적법하게 선정한 상호의 경우 등기여부와 관계없이 타인의 방해를 받지 아니하고 사용할 수 있는 권리가 있으며, 부정한 목적으로 타인의 영업으로 오인할 수 있는 상호를 사용하는 자에 대한 손해배상청구권이 있다. (○, ✕)

3 적법하게 선정한 상호의 경우 등기가 되어야 비로소 부정한 목적으로 타인의 영업으로 오인할 수 있는 상호를 사용하는 자에 대하여 사용폐지청구권이 있다. (○, ✕)

1 ✕ **2** ○ **3** ✕

② 부정한 목적이 있는지는 상인의 명성이나 신용, 영업의 종류·규모·방법, 상호 사용의 경위 등 여러 가지 사정을 종합하여 판단하여야 한다(대판 2004.3.26. 2001다72081).[법원직 20]

③ 상호권자가 사용자의 부정한 목적을 입증하여야 한다.

④ 그런데 동일한 특별시·광역시·시·군에서 동종영업으로 타인이 등기한 상호를 사용하는 자는 부정한 목적으로 사용하는 것으로 추정된다.[법원직 11, 16, 법무사 05, 11, 17]

(3) 오인가능성

① 사용자가 사용한 상호가 상호권자의 상호와 유사하여 상호권자의 상호로 오인될 가능성이 있어야 한다.

② '상호의 유사성'은 중요부분에서 동일하면 인정된다.

③ 상호의 유사성은 영업의 종류, 규모, 지역성을 고려하여 결정하며, 상호가 반드시 동종영업일 것을 요건으로 하지는 않으나 최소한 두 영업주체가 밀접하게 관련되어 있을 것으로 일반인들이 오인할 정도는 되어야 한다.

④ '오인가능성'은 일반인의 입장에서 영업주체를 혼동할 우려가 있는지를 기준으로 판단한다.

⑤ 판례는 상법 제23조의 주체를 오인시킬 상호의 사용금지에서 말하는 '타인의 영업으로 오인할 수 있는 상호'를 그 타인의 영업과 동종영업에 사용되는 상호만으로 한정하고 있지 않다. [법원직 13, 15]

⑥ 대성홀딩스 주식회사와 주식회사 대성지주는 전체적으로 유사하고 영업이 지주사업으로 동일하여 오인가능성이 있다(대판 2016.1.28. 2013다76635).

⑦ 서울에 개설된 '보령약국'과 수원에 개설된 '수원보령약국'은 오인가능성이 없다(대판 1976.2.24. 73다1238).

⑧ 종합유선방송업자인 주식회사 파워콤과 전자제품 도소매업자인 파워콤 주식회사는 오인가능성이 없다(대판 2002.2.26. 2001다73879).

(4) 손해를 받을 염려 또는 등기상호

① 상호권자가 손해를 받을 염려가 있어야 한다. 다만 실제 손해가 발생해야 하는 것은 아니다.

② 미등기상호의 경우 상호권자가 손해를 받을 염려가 있음을 입증하여야 하나, 등기상호권자는 이를 입증할 필요 없이 유사상호의 폐지를 청구할 수 있다.

③ 가등기 상호의 경우 제23조의 적용에 있어서는 미등기 상호로 취급되고 따라서 손해를 받을 염려를 입증하여야 한다.

3. 효과

① 상호권자는 유사상호의 폐지 청구가 가능하며, 유사상호가 등기된 경우에는 등기의 말소를 청구할 수 있다.

② 상인이 아닌 자도 제23조의 유추적용에 의해 상호폐지청구권의 주체가 될 수 있다고 본다.

③ 상호권자는 부정한 목적으로 상호권자의 영업으로 오인할 수 있는 상호를 사용하는 자에 대하여 손해배상청구권을 가진다.

쟁점 04 선등기자의 등기배척권과 상호역혼동

1. 선등기자의 등기배척권

> **제22조 (상호등기의 효력)** 타인이 등기한 상호는 동일한 특별시·광역시·시·군에서 동종영업의 상호로 등기하지 못한다. [법원직 12, 법무사 06, 08, 11]

① 자신의 상호를 등기한 자는 동일한 특별시·광역시·시·군에서 다른 제3자가 자신의 상호와 동일한 상호를 동종영업의 상호로 등기하는 것을 배척할 수 있다.

② 등기배척권은 ㉠ 상호등기를 한 자에게만 인정되고, ㉡ 특·광·시·군의 지역적인 제한이 있으며, ㉢ 유사상호가 아닌 동일상호에 대해서만 적용되며, ㉣ 동종영업일 것이 요구된다는 점에서 상호폐지청구권과 구별된다.

③ 상법 제22조의 규정은 동일한 특별시·광역시·시 또는 군 내에서는 동일한 영업을 위하여 타인이 등기한 상호 또는 확연히 구별할 수 없는 상호의 등기를 금지하는 효력과 함께 그와 같은 상호가 등기된 경우에는 선등기자가 후등기자를 상대로 그와 같은 등기의 말소를 소로써 청구할 수 있다(대판 2004.3.26. 2001다72081). [법원직 10, 12]

2. 상호역혼동

① 상호의 역혼동이란 선사용자의 상호와 동일·유사한 상호를 나중에 사용한 후사용자의 상호가 선사용자의 상호보다 훨씬 저명해 진 경우, 선사용자가 자신의 상품의 출처가 후사용자인 것으로 소비자를 기망하였다는 오해를 받을 수 있게 되는 경우를 의미한다.

② 선사용자의 상호와 동일·유사한 상호를 사용하는 후사용자의 영업규모가 선사용자보다 크고 그 상호가 주지성을 획득한 경우, 후사용자의 상호사용으로 인하여 마치 선사용자가 후사용자의 명성이나 소비자 신용에 편승하여 선사용자의 상품의 출처가 후사용자인 것처럼 소비자를 기망한다는 오해를 받아 선사용자의 신용이 훼손된 때 등에 있어서는 이른바 역혼동에 의한 피해로 보아 후사용자의 선사용자에 대한 손해배상책임을 인정할 여지가 전혀 없지는 않다(대판 2002.2.26. 2001다73879).

쟁점 05 상호의 양도와 폐지

1. 상호의 양도

> **제25조 (상호의 양도)** ① 상호는 영업을 폐지하거나 영업과 함께 하는 경우에 한하여 이를 양도할 수 있다.
> ② 상호의 양도는 등기하지 아니하면 제3자에게 대항하지 못한다.

<법무사 08>

1 동일한 특별시·광역시·시·군에서는 부정한 목적으로 타인의 영업으로 오인할 수 있는 상호를 사용하지 못하므로, 행정구역이 동일하지 않은 경우에는 부정한 목적이 있다고 하더라도 그 사용을 배제할 수 없다.
(○, ×)

<법무사 06>

2 서울특별시 서초구에 본점을 둔 상인은 종로구에서 동종영업으로 타인이 등기한 상호를 사용하여도 아무런 문제가 없다.
(○, ×)

<법원직 09, 법무사 05>

3 상호는 영업과 함께 하는 경우에 한하여 이를 양도할 수 있으므로 영업을 폐지하는 경우에는 상호만 따로 양도할 수 없다.
(○, ×)

1 × **2** × **3** ×

① 상호는 영업을 폐지하거나 영업과 함께 하는 경우에 한하여 양도할 수 있다.[법원직 09, 13, 18, 법무사 05, 07, 17, 변호사 17]

② 영업의 폐지는 사실상의 영업 중단으로 충분하다.[법원직 09, 12]

③ 상호의 양도는 등기하지 아니하면 제3자(선의, 악의 불문)에게 대항하지 못한다.[법원직 09, 13, 18, 법무사 05, 07, 17, 변호사 17]

④ 그 결과 상호 이중양도의 경우, 양수인의 선악을 불문하고 선등기자가 우선한다.

⑤ 상호양도 등기의 대항력에 관한 제25조 제2항은 상업등기 효력에 관한 제37조의 예외규정이다.

2. 상호의 폐지

> **제26조 (상호 불사용의 효과)** 상호를 등기한 자가 정당한 사유 없이 2년간 상호를 사용하지 아니하는 때에는 이를 폐지한 것으로 본다.
>
> **제27조 (상호등기의 말소청구)** 상호를 변경 또는 폐지한 경우에 2주간 내에 그 상호를 등기한 자가 변경 또는 폐지의 등기를 하지 아니하는 때에는 이해관계인은 그 등기의 말소를 청구할 수 있다.

① 상호의 폐지란 상인이 상호권을 포기하여 절대적으로 소멸시키는 것을 의미한다.

② 상호를 등기한 자가 정당한 사유 없이 2년간 상호를 사용하지 않으면 폐지한 것으로 본다.
[법원직 10, 14, 20, 법무사 06, 07, 15, 16]

③ 상호권자가 상호의 변경 또는 폐지 시점으로부터 2주간 내에 변경 또는 폐지의 등기를 하지 않으면, 이해관계인은 그 등기의 말소를 청구할 수 있다.[법무사 08]

④ 상호의 변경, 폐지의 경우 당사자는 지체 없이 변경 또는 소멸의 등기를 하여야 한다(제40조).

쟁점 06 명의대여자의 책임

1. 의의

> **제24조 (명의대여자의 책임)** 타인에게 자기의 성명 또는 상호를 사용하여 영업을 할 것을 허락한 자는 자기를 영업주로 오인하여 거래한 제3자에 대하여 그 타인과 연대하여 변제할 책임이 있다.

① 타인에게 자기의 성명 또는 상호를 사용하여 영업을 할 것을 허락한 자는 자기를 영업주로 오인하여 거래한 제3자에 대하여 그 타인과 연대하여 변제할 책임이 있다.[법원직 07, 09, 16, 18, 법무사 13, 16, 19]

② 명의대여자의 책임은 금반언의 법리 및 외관주의의 법리에 따라 선의의 제3자를 보호하기 위한 것이다.

③ 명의대여자가 상인이 아니거나 명의차용자의 영업이 상행위가 아니라 하더라도 명의대여자 책임의 법리를 적용하는 데에 아무런 영향이 없다(대판 1987.3.24. 85다카2219).[법무사 09, 16, 변호사 14, 18, 20]

④ 인천광역시가 사단법인 한국병원관리연구소에게 인천직할시립병원이라는 명칭을 사용하여 병원업을 하는 것을 승낙한 경우, 인천광역시는 상법상 명의대여자에 해당한다(대판 1987.3.24. 85다카2219).

⑤ 공법인이 타인에게 자기의 성명 또는 상호를 사용하여 영업을 할 것을 허락한 경우에도 상법상 명의대여자의 책임을 부담한다.[법원직 14, 17]

2. 명의대여자 책임의 요건

(1) 외관의 존재

1) 명의 동일성

① 거래통념상 명의대여자의 영업으로 오인될 수 있는 명칭을 사용하여야 한다.

② 명의대여자의 상호에 지점, 출장소, 영업소 등의 명칭을 부가한 경우 명의의 동일성이 인정된다.

③ 타인의 상호 아래 대리점이란 명칭을 붙인 경우는 그 아래 지점, 영업소, 출장소 등을 붙인 경우와는 달리 타인의 영업을 종속적으로 표시하는 부가부분이라고 보기도 어렵기 때문에 제3자가 자기의 상호 아래 대리점이란 명칭을 붙여 사용하는 것을 허락하거나 묵인하였더라도 상법상 명의대여자로서의 책임을 물을 수는 없다(대판 1989.10.10. 88다카8354).[법무사 17]

2) 영업외관의 동일성

호텔 운영자가 자신의 명의로 된 나이트클럽을 다른 사람에게 임대하여 준 경우 다른 사람에게 자신의 영업허가 명의를 사용하여 영업을 하도록 허락한 이상 상법 제24조의 규정에 따라 명의대여자 책임을 진다(대판 1978.6.13. 78다236).

(2) 외관의 부여

① 명의사용의 허락은 명시적 허락과 묵시적 허락을 포함한다.[법원직 14]

② 명의대여자에게 상호사용을 관리할 의무가 있다고 볼 수 있는 경우 묵시적 허락이 인정되나 단순한 부작위만으로는 묵시적 허락이 있다고 보기 어렵다.[법원직 14]

③ 피고가 용당정미소라는 상호로 경영하던 정미소를 甲에게 임대하였는데, 甲이 같은 상호를 사용하여 그 정미소를 경영하면서 원고로부터 백미를 받은 경우, 원고가 피고를 용당정미소의 영업주로 오인하였다는 사실이 인정되면 피고는 백미보관으로 인한 책임을 면할 수 없다(대판 1967.10.25. 66다2362).[변호사 14]

④ 명의자가 타인과 동업계약을 체결하고 공동 명의로 사업자등록을 한 후 타인으로 하여금 사업을 운영하도록 허락하였고, 거래상대방도 명의자를 위 사업의 공동사업주로 오인하여 거래를 하여온 경우, 그 후 명의자가 동업관계에서 탈퇴하고 사업자등록을 타인 단독 명의로 변경했다 하더라도 이를 거래상대방에게 알리는 등의 조치를 취하지 아니하여 여전히 공동사업주로 오인하게 하였다면 명의자는 탈퇴 이후 타인과 거래상대방 사이에 이루어진 거래에 대하여도 명의대여자로서의 책임을 부담한다(대판 2008.1.24. 2006다21330).[변호사 16]

⑤ 영업주가 자기의 상점, 전화, 창고 등을 타인에게 사용하게 한 사실은 있으나 그 타인과 원고와의 거래를 위하여 영업주의 상호를 사용한 사실이 없는 경우에는 영업주가 자기의 상호를 타인에게 묵시적으로 대여하여 원고가 그 타인을 영업주로 오인하여 거래하였다고 단정하기에 미흡하다(대판 1982.12.28. 82다카887).

⑥ 명의대여가 명의대여를 금지한 법률에 위반하여 무효라고 하더라도, 명의대여자는 선의의 제3자에 대하여 상법상 명의대여자의 책임을 진다.[법무사 17]

⑦ 농약판매업자는 등록명의를 다른 사람에게 빌려 주는 것은 금지된다. 그러나 등록명의자가 등록명의를 대여하였다거나 그 명의로 등록할 것을 다른 사람에게 허락하였다면 농약판매업에 관하여 등록명의자 스스로 영업주라는 것을 나타낸 것이므로 명의대여자로서 농약거래로 인하여 생긴 채무를 변제할 책임이 있다(대판 1988.2.9. 87다카1304).[변호사 14]

⑧ 문화재수리업자의 명의대여 행위를 금지한 문화재수리법 제21조는 강행규정에 해당하고, 이를 위반한 명의대여 계약이나 이에 기초하여 대가를 정산하여 받기로 하는 이 사건 정산금 약정은 모두 무효라고 보아야 한다(대판 2020.11.12. 2017다228236).

(3) 외관의 신뢰

① 제3자가 명의대여자를 영업주로 오인하였어야 한다.

② 명의대여자책임이 인정되기 위해서는 오인과 피해 발생 사이에 인과관계가 있어야 한다(대판 1998.3.24. 97다55621).

③ 명의대여자의 책임은 명의자를 영업주로 오인하여 거래한 제3자를 보호하기 위한 것이므로 거래 상대방이 명의대여사실을 알았거나 모른 데 대하여 중대한 과실이 있는 때에는 책임을 지지 않는다. 상대방의 악의와 중과실은 면책을 주장하는 명의대여자들이 입증책임을 부담한다(대판 2001.4.13. 2000다10512). [법원직 14, 17, 20, 법무사 09, 13, 16, 17, 변호사 14, 20]

3. 명의대여자 책임의 효과

① 명의대여자는 명의차용자와 연대하여 책임을 부담한다.

② 명의대여자와 명의차용자의 연대책임의 법적 성질은 동일한 경제적 목적을 가진 채무로서 서로 중첩되는 부분에 관하여 일방의 채무가 변제 등으로 소멸하면 타방의 채무도 소멸하는 부진정연대책임이다. [변호사 14]

③ 부진정연대채무자 중 1인의 변제, 대물변제, 공탁, 상계는 다른 채무자에게 효력이 있다. [변호사 20]

④ 명의차용자에 대한 이행청구 등 소멸시효 중단이나 시효이익의 포기는 명의대여자에게 효력이 없다(대판 2011.4.14. 2010다91886). [법원직 17, 20, 법무사 13, 16, 17, 변호사 16, 18, 20]

⑤ 명의대여자가 변제한 경우 명의차용자에게 구상권을 행사할 수 있으나, 명의차용자가 변제한 경우 명의대여자에게 구상권을 행사할 수 없다.

⑥ 명의대여자와 명의차용자가 공동피고인 사건에서 명의대여자만 항소한 경우, 항소로 인한 확정차단의 효력은 명의대여자에 대해서만 발생하고 명의차용자에게는 발생하지 않는다. [변호사 20]

4. 적용범위

① 명의대여자는 자신이 허락한 영업범위 내의 채무에 대해서 책임을 부담하고, 이러한 허락의 범위를 넘는 영업거래로 인한 채무에 대해서는 책임을 부담하지 않는다. [법원직 14]

② 허락한 영업범위 내인지 여부는 명의대여자가 대여한 명의에서 객관적으로 추론되는 영업거래인지 여부를 기준으로 판단한다.

③ 명의대여 된 영업과 관련이 있는 이상 채무불이행으로 인한 손해배상채무 또는 계약해제로 인한 원상회복의무를 모두 포함한다.

④ 명의대여자의 책임은 명의의 사용을 허락받은 자의 행위에 한하고 명의차용자의 피용자의 행위에 대해서까지 미칠 수는 없다(대판 1989.9.12. 88다카26390). [법무사 09, 16, 변호사 18]

⑤ 불법행위의 경우에는 설령 피해자가 명의대여자를 영업주로 오인하고 있었더라도 그와 같은 오인과 피해의 발생 사이에 아무런 인과관계가 없으므로, 신뢰관계를 이유로 명의대여자에게 책임을 지워야 할 이유가 없다(대판 1998.3.24. 97다55621). [법원직 17, 법무사 09, 16, 17, 변호사 18]

⑥ 어음·수표상의 채무는 영업거래 채무로 인정될 수 있으므로 어음·수표행위에 명의대여자 책임이 인정된다.

1 상법 제24조의 규정에 의한 명의대여자의 책임을 주장하는 자, 즉 거래 상대방이 명의대여사실을 알았는지 또는 모른데 중대한 과실이 있었는지 여부에 관하여 그 증명책임을 부담한다. (○, ×)

2 명의대여자와 명의차용자의 책임은 동일한 경제적 목적을 가진 채무로서 서로 중첩되는 부분에 관하여 채무자 1인에 대한 이행청구 또는 채무자 1인이 행한 채무의 승인 등 소멸시효의 중단사유나 시효이익의 포기는 다른 채무자에 대하여 효력이 미친다. (○, ×)

3 명의대여자가 허락한 범위 내의 영업이 아니더라도 명의차용자의 거래로 인한 채무에 대해서는 명의대여자가 책임을 부담한다. (○, ×)

4 명의대여자의 책임은 명의자를 사업주로 오인하여 거래한 제3자를 보호하기 위한 것이므로 명의의 사용을 허락받은 자의 행위 뿐만 아니라 명의차용자의 피용자의 행위에 대해서까지 미친다. (○, ×)

5 명의차용자의 불법행위의 경우에도 명의대여자를 영업주로 오인한 피해자의 신뢰는 보호되어야 하므로 명의대여자는 상법 제24조의 책임을 부담한다. (○, ×)

1 × **2** × **3** × **4** × **5** ×

제4장 상업장부

제29조 (상업장부의 종류 · 작성원칙) ① 상인은 영업상의 재산 및 손익의 상황을 명백히 하기 위하여 회계장부 및 대차대조표를 작성하여야 한다.
② 상업장부의 작성에 관하여 이 법에 규정한 것을 제외하고는 일반적으로 공정 · 타당한 회계관행에 의한다.

제30조 (상업장부의 작성방법) ① 회계장부에는 거래와 기타 영업상의 재산에 영향이 있는 사항을 기재하여야 한다.
② 상인은 영업을 개시한 때와 매년 1회 이상 일정시기에, 회사는 성립한 때와 매 결산기에 회계장부에 의하여 대차대조표를 작성하고, 작성자가 이에 기명날인 또는 서명하여야 한다.

제33조 (상업장부의 보존) ① 상인은 10년간 상업장부와 영업에 관한 중요서류를 보존하여야 한다. 다만, 전표 또는 이와 유사한 서류는 5년간 이를 보존하여야 한다.

① 상인은 영업상의 재산 및 손익의 상황을 명백히 하기 위하여 회계장부 및 대차대조표를 작성하여야 한다.[법원직 10]

② 상인은 영업을 개시한 때와 매년 1회 이상 일정시기에, 회사는 성립한 때와 매 결산기에 회계장부에 의하여 대차대조표를 작성하고, 작성자가 이에 기명날인 또는 서명하여야 한다.[법원직 10]

③ 상인은 상업장부와 영업에 관한 중요서류를 10년간, 전표 또는 이와 유사한 서류를 5년간 보존하여야 한다.[법원직 07, 09, 10]

④ 개인상인은 상업장부 작성의무를 위반하더라도 사법상의 책임을 지지 아니하며, 상법에 이에 대한 제재규정도 없다.[법원직 07]

제5장 상업등기

쟁점 01 상업등기의 의의와 분류

1. 상업등기의 신청과 등기

> **제34조 (통칙)** 상법에 따라 등기할 사항은 당사자의 신청에 의하여 영업소의 소재지를 관할하는 법원의 상업등기부에 등기한다.
>
> **제35조 (지점소재지에서의 등기)** 본점의 소재지에서 등기할 사항은 다른 규정이 없으면 지점의 소재지에서도 등기하여야 한다.
>
> **제40조 (변경, 소멸의 등기)** 등기한 사항에 변경이 있거나 그 사항이 소멸한 때에는 당사자는 지체없이 변경 또는 소멸의 등기를 하여야 한다.
>
> **제635조 (과태료에 처할 행위)** ① 회사의 발기인, 이사 등이 상법 회사편에 규정된 등기를 게을리 한 경우에는 500만 원 이하의 과태료에 처한다.

① 상업등기란 상인에 관한 일정한 사항을 법원의 상업등기부에 하는 등기를 말한다.

② 선박등기는 상업등기가 아니다.[법원직 08] ☞ 선박등기는 선박등기법이 적용된다.

③ 상법에 따라 등기할 사항은 당사자의 신청에 의하여 영업소 소재지 관할법원의 상업등기부에 등기한다.[법무사 14, 16]

④ 본점의 소재지에서 등기할 사항은 다른 규정이 없으면 지점의 소재지에서도 등기하여야 한다.[법원직 08, 11, 법무사 06, 07, 13, 14, 18]

⑤ 본점을 다른 등기소의 관할 구역 내로 이전한 경우에 신본점 소재지에서 하는 등기의 신청은 구본점 소재지를 관할하는 등기소를 거쳐야 한다(상업등기법 제55조 제1항).[법원직 15]

⑥ 등기한 사항에 변경이 있거나 그 사항이 소멸한 때에는 당사자는 지체 없이 변경 또는 소멸의 등기를 하여야 한다.[법무사 07, 13, 14]

⑦ 회사의 등기사항에 변경이 있는 때에는 본점소재지에서는 2주간 내, 지점소재지에서는 3주간 내에 변경등기를 하여야 하는바, 본점소재지와 지점소재지의 관할 등기소가 동일하지 아니한 때에는 그 등기도 각각 신청하여야 하는 것이므로, 그 등기해태에 따른 과태료도 본점소재지와 지점소재지의 등기해태에 따라 각각 부과되는 것이다(대결 2009.4.23. 2009마20).[법원직 10, 19, 법무사 14]

⑧ 회사의 등기는 법령에 다른 규정이 있는 경우를 제외하고는 그 대표자가 신청의무를 부담하므로, 회사의 등기를 해태한 때에는 등기해태 당시 회사의 대표자가 과태료 부과대상자가 되고, 등기해태 기간이 지속되는 중에 대표자의 지위를 상실한 경우에는 대표자의 지위에 있으면서 등기를 해태한 기간에 대하여만 과태료 책임을 부담한다(대결 2009.4.23. 2009마20).[법원직 10]

법원직 15

1 상업등기는 원칙적으로 당사자의 신청 또는 관공서의 촉탁에 의하여 한다. (○, ×)

법무사 07, 18

2 본점의 소재지에서 등기할 사항은 다른 규정이 없으면 지점의 소재지에서도 등기할 필요는 없다. (○, ×)

법원직 15

3 2014년 상업등기법 개정으로 본점을 다른 등기소의 관할 구역 내로 이전한 경우에 신본점 소재지에서 하는 등기의 신청은 구본점 소재지를 관할하는 등기소를 거쳐야 하도록 하는 규정은 폐지되었다. (○, ×)

법무사 14

4 등기한 사항에 변경이 있거나 그 사항이 소멸한 때에는 당사자는 2월내에 변경 또는 소멸의 등기를 하여야 한다. (○, ×)

1 ○ **2** × **3** × **4** ×

2. 상업등기의 분류

(1) 절대적 등기사항과 상대적 등기사항

① '절대적 등기사항'이란 등기의무가 부여되어 등기가 요구되는 등기사항을 말한다.

② '상대적 등기사항'이란 당사자가 자유롭게 등기 여부를 선택할 수 있는 등기사항을 말한다. 상대적 등기사항도 일단 등기를 하면 그 변경 또는 소멸은 반드시 등기를 하여야 하므로 절대적 등기사항이 된다(제40조).[법무사 03]

(2) 창설적 등기사항과 보고적 등기사항

① '창설적 등기사항'이란 등기를 함으로써 효과가 생기는 등기사항을 말한다. 회사설립등기, 합병등기 등이 이에 해당한다.

② '보고적 등기사항'이란 이미 발생한 효과를 사후적으로 확인하는 의미의 등기사항을 말한다. 지배인 선임등기, 해임등기, 상호등기 등이 이에 해당한다.

쟁점 02 상업등기의 일반적 효력

1. 소극적 효력

> **제37조 (등기의 효력)** ① 등기할 사항은 이를 등기하지 아니하면 선의의 제3자에게 대항하지 못한다.
> ② 등기한 후라도 제3자가 정당한 사유로 인하여 이를 알지 못한 때에는 제1항과 같다.
>
> **제38조 (지점소재지에서의 등기의 효력)** 지점의 소재지에서 등기할 사항을 등기하지 아니한 때에는 전조의 규정은 그 지점의 거래에 한하여 적용한다.

① 상법에 의하여 등기할 사항은 이를 등기하지 아니하면 선의의 제3자에게 대항하지 못하나, 이를 등기한 경우에는 제3자가 등기된 사실을 알지 못한 데에 정당한 사유가 없는 한 선의의 제3자에게도 대항할 수 있다.[법원직 07, 11, 19, 법무사 06, 07, 08, 13, 16, 18]

② 지점의 소재지에서 등기할 사항을 등기하지 아니한 때에는 그 등기할 사항은 그 지점의 거래에 관하여 선의의 제3자에게 대항하지 못한다.[법원직 17]

③ 등기할 사항은 절대적 등기사항뿐만 아니라 상대적 등기사항도 포함한다.

④ 등기의무자의 귀책사유로 등기되지 않았을 것을 요건으로 하지 않는다. 등기공무원의 과실로 등기가 되지 않은 경우도 포함한다. 상업등기의 소극적 효력은 외관법리에 기초하지 않는다.

⑤ 제3자의 선의란 등기 대상인 사항에 대해 알지 못하는 것이며 등기 여부를 알지 못했다는 것이 아니다. 상대방은 선의, 무중과실이어야 한다.

⑥ 대항하지 못한다는 것은 등기신청권자가 제3자에게 등기할 사항에 따른 법률효과를 주장하지 못한다는 것이다. 제3자가 등기신청권자에게 등기할 사항에 따른 법률효과를 주장하는 것은 가능하다.

법무사 06

1 상대적 등기사항은 기업의 의사에 따라 등기할 것인지 여부를 결정할 수 있는 사항으로, 개인 기업의 상호등기 같은 것이 이에 해당한다. 그러나 상대적 등기사항이라도 일단 등기한 이상 그 사항의 변경·소멸은 절대적 등기사항이다. (○, ×)

법원직 07, 11, 12, 17, 법무사 16

2 등기한 사항은 이를 등기하지 아니하면 선의의 제3자에게 대항하지 못할 뿐만 아니라 등기한 후라도 제3자가 정당한 사유로 인하여 이를 알지 못한 때에는 그 제3자에게 대항할 수 없다. (○, ×)

법무사 06

3 등기할 사항을 등기하기 전에는 악의의 제3자에게는 대항할 수 있으나, 선의의 제3자에게는 대항할 수 없다. (○, ×)

법무사 06, 16

4 등기할 사항을 등기한 경우에는 제3자가 정당한 사유로 인하여 이를 알지 못한 경우에도 그에게 대항할 수 있다. (○, ×)

법원직 11

5 등기할 사항을 등기하지 않은 경우에는 선의의 제3자에게 대항하지 못하고, 등기한 경우에는 이를 알지 못한 데에 정당한 사유가 있는지를 불문하고 선의의 제3자에게 대항할 수 있다. (○, ×)

법원직 07

6 지배인을 해임하였으나 해임등기를 하지 않은 경우 영업주는 해임된 지배인이 선의의 제3자와 맺은 계약의 효력을 부정할 수 없다. (○, ×)

법원직 17

7 본점의 소재지에서 등기할 사항은 다른 규정이 없으면 지점의 소재지에서도 등기하여야 한다. 또한 지점의 소재지에서 등기할 사항을 등기하지 아니한 때에는 본점의 거래와 관련하여서도 선의의 제3자에게 대항하지 못한다. (○, ×)

1 ○ **2** ○ **3** ○ **4** × **5** × **6** ○ **7** ×

⑦ 합자회사의 무한책임사원으로 甲이 등재되어 있는 상태에서 총사원의 동의로 乙을 무한책임
사원으로 가입시키기로 합의하였으나 그에 관한 변경등기가 이루어지기 전에 甲이 등기부상
의 총사원의 동의를 얻어 제3자에게 자신의 지분 및 회사를 양도하고 사원 및 지분 변경등기
까지 마친 경우, 만약 제3자가 甲만이 유일한 무한책임사원이라고 믿은 데 대하여 선의라면,
회사나 乙로서는 제3자가 乙의 동의를 받지 아니하였음을 주장하여 그 지분양도계약이 효력
이 없다고 주장할 수 없다(대판 1996.10.29. 96다19321).

2. 적극적 효력

① 등기할 사항을 등기하면 선의의 제3자에게도 대항할 수 있다.
② 제37조 제2항은 등기한 후라도 제3자가 정당한 사유로 인하여 이를 알지 못한 때에는 그러
한 제3자에게 대항할 수 없다고 규정하고 있으나, 제3자에게 정당한 사유가 있었는지 여부를
판단함에 있어 제3자의 주관적인 사정(질병, 여행, 휴업 등)은 포함되지 않으므로 실제로 위
조항이 적용될 여지는 없다.
③ 주식회사의 이사가 퇴임하여 퇴임등기 및 공고를 한 경우에는 상법 37조의 해석상 제3자
는 악의로 의제되므로 민법 제129조의 표현대리가 성립될 수 없다(서울고등 1977.3.23. 76나2843).
[법원직 19]

3. 일반적 효력의 적용범위

① 창설적 등기사항은 등기가 없으면 그 법률관계 자체가 효력을 발생하지 않으므로 상업등기
의 창설적 효력은 제3자의 선의·악의를 묻지 아니하고 발생한다.[법원직 07, 법무사 03, 08, 11]
② 상호의 양도는 등기하지 않으면 악의의 제3자에게도 대항할 수 없다(제25조 제2항). 따라서
상호의 양도에도 등기의 일반적 효력 조항이 적용되지 않는다.[법원직 07]
③ 등기의 일반적 효력과 관련된 선의의 제3자란 대등한 지위에서 하는 보통의 거래관계의 상
대방을 말하므로, 조세권에 기하여 조세의 부과처분을 하는 경우의 국가는 동조 소정의 제3자
라 할 수 없다(대판 1978.12.26. 78누167).[법원직 17, 법무사 03, 11, 18]
④ 제3자란 거래상대방에 국한하지 않고 등기사항에 관해 정당한 이해관계를 갖는 모든 자를
포함한다.
⑤ 상법 제395조는 상업등기와는 다른 차원에서 회사의 표현책임을 인정한 규정이므로 제395
조를 적용함에 있어 상업등기가 있는지 여부는 고려대상이 아니다(대판 1979.2.13. 77다2436).
☞ 상업등기의 효력은 등기된 사항에 대한 신뢰보호를 위한 것이고, 표현책임은 등기와 상관
없이 외관에 대한 신뢰보호를 위한 것이다. 甲이 대표이사에서 해임된 이후 해임등기가
되지 않은 상태에서 乙과 회사 명의의 거래를 한 경우 乙은 상법 제395조의 표현대표이
사 책임과 상법 제37조에 따른 상업등기의 효력을 모두 주장할 수 있다.

쟁점 03 상업등기의 특수적 효력

1. 창설적 효력

설립등기(제172조)와 합병등기(제234조)와 같은 창설적 등기사항은 등기로써 효력이 발생한다.

2. 보완적 효력

① 보완적 효력이란 등기가 되는 경우 등기의 전제가 되는 법률관계에 존재하는 하자를 주장할 수 없게 되는 것을 말한다.
② 회사의 설립등기 후에는 주식인수의 무효나 취소를 주장할 수 없다.
③ 신주발행 변경등기일로부터 1년 이후에는 주식인수의 무효나 취소를 주장할 수 없다.

3. 해제적 효력

① 해제적 효력이란 등기에 의하여 일정한 행위에 대한 제한이 해제되거나 면책이 주어지는 것을 말한다.
② 회사설립 등기 후에는 주권발행 전 주식 양도도 회사에 대해 효력을 가진다.
③ 주식의 인수로 인한 권리의 양도도 주식회사 설립등기 이후에는 허용된다.
④ 합명회사 사원은 퇴사 등기 후 2년이 지나면 책임이 면제된다.

쟁점 04 부실등기

1. 의의

> **제39조 (부실의 등기)** 고의 또는 과실로 인하여 사실과 상위한 사항을 등기한 자는 그 상위를 선의의 제3자에게 대항하지 못한다.

① 고의 또는 과실로 사실과 다른 사항을 등기한 자는 등기가 사실과 다르다는 것을 선의의 제3자에게 대항하지 못한다. [법원직 10, 12, 17, 법무사 03, 06, 07, 13, 14, 15, 16, 변호사 18]
② 회사등기에는 공신력이 인정되지 아니하므로, 합자회사의 사원 지분등기가 부실등기인 경우 그 부실등기를 믿고 사원의 지분을 양수하였다 하여 그 지분을 양수한 것으로는 될 수 없다 (대판 1996.10.29. 96다19321). [법원직 07, 10, 19, 법무사 15]
③ 법인등기부에 이사 또는 감사로 등재되어 있는 경우에는 특단의 사정이 없는 한 정당한 절차에 의하여 선임된 적법한 이사 또는 감사로 추정된다(대판 1991.12.27. 91다4409, 91다4416). [법원직 07, 법무사 03, 05, 15, 18, 변호사 15]

법원직 12

1 사실과 상위한 사항을 등기한 자는 고의 또는 중대한 과실인 경우에 한하여 그 상위를 선의의 제3자에게 대항하지 못한다. (○, ×)

법무사 14

2 경과실로 인하여 사실과 다르게 등기를 한 자는 그 다른 것을 가지고 선의의 제3자에게 대항할 수 있다. (○, ×)

법무사 13

3 상업등기에는 일반적 공신력이 인정되지 않으므로 고의 또는 과실로 인하여 사실과 상위한 사항을 등기한 자라도 그 상위를 선의의 제3자에게 대항할 수 있다. (○, ×)

법원직 10

4 합자회사의 사원지분등기가 불실등기인 경우라도 공신력이 인정되므로 그 불실등기를 믿고 합자회사 사원의 지분을 양수한 이상 그 지분의 양수는 유효하다. (○, ×)

법원직 07

5 법인등기부에 이사 또는 감사로 등재되어 있다는 이유로 정당한 절차에 의하여 선임된 적법한 이사 또는 감사로 추정된다고는 할 수 없다는 것이 판례이다. (○, ×)

1 × **2** × **3** × **4** × **5** ×

2. 요건

(1) 외관의 존재

① 사실과 다른 등기가 존재하여야 한다.

② ㉠ 이사 선임의 주주총회결의에 대한 취소판결이 확정되어 그 결의가 소급하여 무효가 된다고 하더라도 그 선임 결의가 취소되는 대표이사와 거래한 상대방은 상법 제39조의 적용 내지 유추적용에 의하여 보호될 수 있다. ㉡ 주식회사의 법인등기의 등기신청권자는 회사 자체이므로 취소되는 주주총회결의에 의하여 이사로 선임된 대표이사가 마친 이사 선임 등기는 상법 제39조의 부실등기에 해당된다(대판 2004.2.27. 2002다19797).[변호사 15, 20]

(2) 외관의 부여

① 등기신청인의 고의, 과실이 존재해야 한다.[변호사 18]

② 등기신청인의 고의 또는 과실은 법인의 대표자를 기준으로 판단한다.

③ 합명회사에 있어서 부실등기에 대한 고의 과실의 유무는 대표사원을 기준으로 판정하여야 하고 대표사원의 유고로 회사정관에 따라 업무를 집행하는 사원이 있다고 하더라도 그 사원을 기준으로 판정하여서는 아니 된다(대판 1981.1.27. 79다1618,1619).[법무사 05, 15, 변호사 15, 18]

④ 등기공무원의 잘못으로 사실과 다른 등기가 된 경우에는 적용되지 않는다.[법원직 08]

⑤ ㉠ 등기신청권자 아닌 자가 주주총회의사록 등을 허위로 작성하여 대표이사 선임등기를 마친 경우, 주주총회의 개최와 결의가 존재하나 무효 또는 취소사유가 있는 경우와 달리, 대표이사 선임에 관한 회사 내부 의사결정은 존재하지 않아 등기신청권자인 회사가 그 등기에 관여할 수 없었을 것이므로, ㉡ 회사의 적법한 대표이사가 부실등기에 협조·묵인하는 등의 방법으로 관여했거나 회사가 부실등기의 존재를 알고 있음에도 시정하지 않고 방치하는 등 회사의 고의 또는 과실로 부실등기를 한 것과 동일시할 수 있는 특별한 사정이 없는 한, ㉢ 회사에게 상법 제39조에 의한 부실등기 책임을 물을 수 없고, ㉣ 이 경우 허위 주주총회결의 등의 외관을 만들어 부실등기를 마친 사람이 회사의 상당한 지분을 가진 주주이더라도 회사의 고의 또는 과실로 부실등기를 한 것과 동일시할 수는 없다(대판 2008.7.24. 2006다24100).[변호사 15, 18]

⑥ 소송에서 주식회사의 대표이사의 이사 자격이 부정되었음에도 불구하고 해당 회사가 이사 말소등기를 하지 않은 상태에서 그를 정당한 대표이사로 믿고 거래한 제3자에 대해서는 회사가 대표이사의 무자격을 주장하지 못한다(대판 1974.2.12. 73다1070).

⑦ 상법 제39조는 제3자의 문서위조 등의 방법으로 이루어진 부실등기에 있어서 등기신청권자에게 그 부실등기의 경료 및 존속에 있어서 그 정도가 어떠하건 과실이 있다는 사유만으로 회사가 선의의 제3자에게 대항할 수 없음을 규정한 취지가 아니다(대판 1975.5.27. 74다1366).[법무사 05, 15]

(3) 외관의 신뢰

제3자는 등기가 사실과 다르다는 것을 알지 못했어야 한다. 상거래에서 중과실은 악의와 동일시되므로 제3자는 선의, 무중과실이어야 하는 것으로 본다. 제37조 제1항의 선의의 제3자와 동일하다.

3. 효과

등기가 사실과 다르다는 것을 주장할 수 없고, 등기를 신뢰한 제3자에 대하여 책임을 진다.

법무사 15

1 등기신청인이 법인인 경우 그 대표자를 기준으로 고의를 판단하여야 하는 바, 합명회사인 경우 대표사원을 기준으로 판단해야 하지만, 만일 대표사원이 유고로 따로 업무를 집행하는 사원이 있다면 그 사원을 기준으로 판단해야 한다. (○, ×)

법원직 08

2 등기관의 착오로 인하여 사실과 상위한 사항이 등기된 경우에는 그 상위를 선의의 제3자에게 대항할 수 있다. (○, ×)

법무사 18

3 등기신청권자가 스스로 등기를 하지 아니하였다 하더라도 그의 책임 있는 사유로 그 등기가 이루어지는 데에 관여하거나 그 부실등기의 존재를 알고 있음에도 이를 시정하지 않고 방치하는 등 등기신청권자의 고의·과실로 부실등기를 한 것과 동일시할 수 있는 특별한 사정이 있는 경우에는, 그 등기신청권자에 대하여 상법 제39조에 의한 부실등기 책임을 물을 수 있다. (○, ×)

법무사 05

4 부실등기가 등기신청권자 아닌 제3자에 의하여 문서위조 등의 방법으로 이루어진 경우에도 등기신청권자에게 그 부실등기의 경료 및 존속에 과실이 있는 경우에는 상법 제39조에 의하여 선의의 제3자에게 대항할 수 없다. (○, ×)

법무사 06

5 부실의 등기를 한 자도 악의의 제3자에 대하여는 그 등기의 내용이 사실과 상위함을 주장할 수 있다. (○, ×)

1 × **2** ○ **3** ○ **4** × **5** ○

쟁점 01 영업양도의 의의

1. 영업양도의 개념

① 영업양도는 물건, 권리, 사실관계를 포함하는 조직적·기능적 재산으로서의 영업재산 일체를 영업의 동일성을 유지하면서 이전하기로 하는 채권계약을 의미한다. [법원직 09]

② 상법상 영업양도란 일정한 영업목적에 의하여 조직화된 총체 즉 물적·인적 조직을 그 동일성을 유지하면서 일체로서 이전하는 것으로서, 영업양도 당사자 사이의 명시적 또는 묵시적 계약이 있어야 한다(대판 1997.6.24. 96다2644).

③ 영업양도는 반드시 영업양도 당사자 사이의 명시적 계약에 의하여야 하는 것은 아니며 묵시적 계약에 의하여도 가능하다. [법무사 20]

④ 영업양도의 경우 별도의 등기가 필요하지 않을뿐더러, 그 계약서의 작성이나 기재사항도 상법에 규정되어 있지 않다. [법무사 20]

⑤ 영업이란 유기적으로 결합되고 조직화되어 있는 상인의 영업재산 전체를 의미한다.

⑥ 영업양도는 양수인이 유기적으로 조직화된 수익의 원천으로서의 기능적 재산을 이전받아 양도인과 같은 영업적 활동을 계속하고 있는지에 따라 판단되어야 한다(대판 2005.7.22. 2005다602).

⑦ 영업양수인이 영업양도인의 채권과 채무를 승계하는지 여부는 영업양도의 요건이 아니므로, 채권채무의 승계가 없더라도 영업목적을 위하여 조직화된 유기적 일체로서 기능적 재산이 그대로 이전되었다면 영업양도에 해당한다.

2. 영업양도인과 양수인

① 양도인은 상인이어야 하고 처분권한이 있어야 한다.

② 영업의 임차인과 경영위임을 받은 자는 처분권이 없으므로 영업양도인이 될 수 없다.

③ 양수인은 반드시 상인이어야 하는 것은 아니나, 영업양수로 인하여 상인자격을 취득하게 된다.

3. 영업자산의 개별적 이전

① 영업양도는 포괄승계가 아닌 특정승계이다.

② 영업양도는 채권계약이므로 양도인이 재산이전의무를 이행함에 있어서는 상속이나 회사의 합병과 같이 포괄적 승계가 인정되지 않고, 재산 각각에 대하여 개별적인 이전행위가 이루어져야 하고, 각 영업재산에 대한 개별적인 권리이전 요건을 갖추어야 한다(대판 1991.10.8. 91다22018,22025). [법원직 09, 법무사 05]

③ 영업양도의 경우 영업양도인은 영업재산이 영업양도 전후에 동일성이 유지되도록 포괄적으로 영업양수인에게 이전해야 하는데, 이 경우에는 등기나 인도 등 영업재산을 이루는 개개의 구성부분을 이전하는 이행행위(물권행위)도 함께 행해져야 한다(대판 1991.10.8. 91다22018,22025).

④ 채무자가 영업재산과 영업권이 유기적으로 결합된 일체로서의 영업을 양도함으로써 채무초과상태에 이르거나 이미 채무초과상태에 있는 것을 심화시킨 경우, 영업양도는 채권자취소권 행사의 대상이 된다(대판 2015.12.10. 2013다84162).

4. 영업조직의 이전

① 상법상의 영업양도는 종래의 영업조직이 유지되어 그 조직이 전부 또는 중요한 일부로서 기능할 수 있는가에 의하여 결정되어야 한다.

② 영업재산의 일부를 유보한 채 영업시설을 양도했어도 그 양도한 부분만으로도 종래의 조직이 유지되어 있다고 사회관념상 인정되면 영업의 양도에 해당한다. [법무사 18, 19, 20]

③ 영업 전부가 매각되었더라도 조직을 해체하여 양도하였다면 영업양도가 아니다(대판 2007.6.1. 2005다5812,5829,5836). [변호사 13]

④ 설비 등의 자산만 이전되고 영업조직이 이전되지 않은 경우에는 영업양도가 아니다.

⑤ 물적 시설 전부를 양수하면서 종업원의 상당수를 해고한 경우에도 영업양도가 아니다.

⑥ 甲 회사의 사업 부문 폐지에 따라 근로자 절반 정도는 다른 직장에 취업하고 나머지 절반 정도의 근로자들은 폐지되는 사업과 동일한 사업을 하고 있던 계열회사인 乙 회사에 입사한 경우, 乙 회사가 그 사업 부문에 속한 근로자 등 인적 조직과 장비 등의 물적 시설을 그대로 인수하지 아니하였으므로 乙 회사가 甲 회사의 사업 부문을 동일성을 유지한 채 포괄적으로 이전 받은 것으로 볼 수 없다(대판 1995.7.14. 94다20198).

• ⑦ 양도인이 영업의 물적 설비 일체를 양도하면서 종업원을 전원 해고한 경우 영업양도가 성립하지 않으므로 양도인은 경업금지의무를 부담하지 않는다(대판 1995.7.14. 94다20198).

5. 근로관계의 이전

① 영업양도의 경우 재산의 개별적인 이전과 달리 근로관계 등 인적 조직은 반대의 특약이 없는 한 동일성을 유지하며 포괄적으로 승계된다. [법원직 10, 17, 법무사 06, 10]

② 영업양도에 의해 승계되는 근로관계는 계약체결일 현재 실제로 그 영업부문에서 근무하고 있는 근로자와의 근로관계만을 의미하고, 계약체결일 이전에 해당 영업부문에서 근무하다 해고된 근로자로서 해고의 효력을 다투는 근로자와의 근로관계까지 승계되는 것은 아니다(대판 1996.5.31. 95다33238). [법무사 18, 20, 변호사 21]

③ 근로자가 영업양도일 이전에 정당한 이유 없이 해고된 경우 양도인과 근로자 사이의 근로관계는 여전히 유효하고, 해고 이후 영업 전부의 양도가 이루어진 경우, 영업양도 계약에 따라 영업의 전부를 동일성을 유지하면서 이전받는 양수인으로서는 양도인으로부터 정당한 이유 없이 해고된 근로자와의 근로관계를 원칙적으로 승계한다고 보아야 한다(대판 2020.11.5. 2018두54705).

④ ㉠ 영업 전부의 양도가 이루어진 경우 영업양도 당사자 사이에 정당한 이유 없이 해고된 근로자를 승계의 대상에서 제외하기로 하는 특약이 있는 경우에는 그에 따라 근로관계의 승계가 이루어지지 않을 수 있다. ㉡ 그러나 그러한 특약은 실질적으로 또 다른 해고나 다름이 없으므로, 마찬가지로 근로기준법에서 정한 정당한 이유가 있어야 유효하다. 영업양도 그 자체만으로 정당한 이유를 인정할 수 없다(대판 2020.11.5. 2018두54705).

법무사 18

1 상법 제7장의 영업양도가 있다고 볼 수 있는지 여부는 양수인이 유기적으로 조직화된 수익의 원천으로서의 기능적 재산을 이전받아 양도인이 하던 것과 같은 영업적 활동을 계속하고 있다고 볼 수 있는지에 따라 판단되어야 한다. (○, ×)

법원직 10

2 영업양도가 이루어진 경우 원칙적으로 해당 근로자들의 근로관계가 양수하는 기업에 포괄적으로 승계된다고 할 수 없다. (○, ×)

법무사 06

3 기업이 사업부문의 일부를 다른 기업에게 양도하면서 그 물적시설과 함께 양도하는 사업부문에 근무하는 근로자들의 소속을 변경시킨 경우에도 원칙적으로 해당근로자들의 근로관계가 양수하는 기업에게 승계되지는 않는다. (○, ×)

법무사 18

4 영업양도에 의하여 승계되는 근로관계는 계약체결일 현재 실제로 그 영업부문에서 근무하고 있는 근로자와의 근로관계뿐만이 아니라, 계약체결일 이전에 해당 영업부문에서 근무하다가 해고된 근로자로서 해고의 효력을 다투는 근로자와의 근로관계도 포함한다. (○, ×)

1 ○ **2** × **3** × **4** ×

⑤ 영업양도의 경우에 근로관계의 승계를 거부하는 근로자에 대하여는 근로관계가 양수하는 기업에 승계되지 아니하고 여전히 양도하는 기업과 사이에 존속되며, 원래의 사용자는 영업 일부의 양도로 인한 경영상의 필요에 따라 감원이 불가피하게 되는 사정이 있어 정리해고로 서의 정당한 요건이 갖추어져 있다면 그 절차에 따라 승계를 거부한 근로자를 해고할 수 있 다(대판 2010.9.30. 2010다41089).[변호사 13]

⑥ ⓐ 계약인수가 이루어지면 계약관계에서 이미 발생한 채권·채무도 이를 인수 대상에서 배제 하기로 하는 특약이 있는 등 특별한 사정이 없는 한 인수인에게 이전된다. ⓑ 계약인수는 개 별 채권·채무의 이전을 목적으로 하는 것이 아니라 다수의 채권·채무를 포함한 계약당사 자로서의 지위의 포괄적 이전을 목적으로 하는 것으로서 계약당사자 3인의 관여에 의해 비 로소 효력을 발생한다. ⓒ 따라서 채무자보호를 위해 개별 채권양도에서 요구되는 대항요건 은 계약인수에서는 요구되지 않는다. ⓓ 이러한 법리는 상법상 영업양도에 수반된 계약인수 에 대해서도 마찬가지로 적용된다(대판 2020.12.10. 2020다245958).

⑦ 甲 주식회사가 乙 주식회사와 항공권 발권대행 사업 부문에 관한 영업양도계약을 체결하면 서 丙을 포함한 근로자에 대한 사용자로서의 모든 권리의무를 乙 회사에 이전하기로 한 경 우, 乙 회사는 영업양도에 수반된 근로계약 인수의 효과로서 영업양도 이전에 발생한 甲 회 사의 丙에 대한 손해배상채권을 취득하였다고 볼 여지가 있다(대판 2020.12.10. 2020다245958).

6. 주식회사의 영업양도에 요구되는 절차

① 주식회사의 영업양도와 관련해서는, ⓐ 중요자산 처분에 대한 이사회결의, ⓑ 주주총회 특별 결의[법원직 09, 법무사 06] 및 ⓒ 반대주주의 주식매수청구권이 적용된다.

② 영업양수로 인하여 주식회사의 영업에 중대한 영향을 미치는 경우에도 주주총회 특별결의가 필요하다.

③ 주식회사가 영업의 전부 또는 중요한 일부를 양도한 후 주주총회의 특별결의가 없었다는 이 유를 들어 스스로 그 약정의 무효를 주장하더라도 주주 전원이 그와 같은 약정에 동의한 것 으로 볼 수 있는 등 특별한 사정이 인정되지 않는다면 위와 같은 무효 주장이 신의성실 원칙 에 반한다고 할 수는 없다(대판 2018.4.26. 2017다288757).[법무사 20, 변호사 20]

쟁점 02 영업양도인의 경업금지의무

1. 의의

제41조 (영업양도인의 경업금지) ① 영업을 양도한 경우에 다른 약정이 없으면 양도인은 10년간 동일 한 특별시·광역시·시·군과 인접 특별시·광역시·시·군에서 동종영업을 하지 못한다.
② 양도인이 동종영업을 하지 아니할 것을 약정한 때에는 동일한 특별시·광역시·시·군과 인접 특별시·광역시·시·군에 한하여 20년을 초과하지 아니한 범위 내에서 그 효력이 있다.

① 영업을 양도한 경우에 다른 약정이 없으면 양도인은 10년간 동일한 특별시·광역시·시·군과 인접 특별시·광역시·시·군에서 동종영업을 하지 못한다.[법원직 12. 15. 16. 법무사 04. 06. 08. 10. 13. 16. 18. 변호사 12. 13. 20]

② 양도인이 동종영업을 하지 아니할 것을 약정한 때에는 동일한 특별시·광역시·시·군과 인접 특별시·광역시·시·군에 한하여 20년을 초과하지 아니한 범위 내에서 그 효력이 있다. [법원직 10. 12. 17. 법무사 08. 16]

2. 적용범위

① 경업금지기간은 경업금지 약정이 없는 경우 10년, 약정이 있는 경우 20년 이내로 제한된다.

② 경업금지장소는 동일 및 인접 특별시·광역시·시·군으로 제한된다.

③ 경업금지지역으로서의 동일 지역 또는 인접 지역인지 여부는 양도된 물적 설비가 있던 지역이 아니라 영업양도인의 통상적인 영업활동이 이루어지던 지역을 기준으로 정하여야 한다(대판 2015.9.10. 2014다80440).[법원직 16. 17. 법무사 19]

④ 상법상의 영업양도에 관한 규정은 양도인이 상인이 아닌 경우에는 적용할 수 없고, 농업협동조합법상 농업협동조합을 상인이라 할 수 없으므로 동 조합이 도정공장을 양도하였다 하더라도 동 조합은 양수인에 대하여 상법 제41조에 의한 경업금지 의무는 없다(대판 1969.3.25. 68다1560).

⑤ 경업금지의무를 지는 자는 회사의 대표이사나 지배주주 또는 이들이 새로 설립한 회사를 모두 포함한다. 영업을 제3자 명의로 하더라도 양도인의 계산으로 하는 것은 허용되지 않는다.

3. 경업금지의무 위반의 효과

① 상법은 경업금지의무 위반의 효과에 대해서는 규정하고 있지 않다.

② 따라서 민법 채무불이행 원칙에 따라 양수인은 양도인에 대하여 영업의 폐지 청구, 손해배상 청구, 영업양도계약의 해제가 가능하다.

③ 영업양도인이 경업금지의무를 위반한 경우에는 그 영업을 타에 임대한다거나 양도한다고 하더라도 그 영업의 실체가 남아 있는 이상 의무위반 상태가 해소되는 것은 아니므로, 그 이행강제의 방법으로 영업양수인이 영업양도인을 상대로 영업양도인 본인의 영업 금지 외에 제3자에 대한 영업의 임대, 양도 기타 처분을 금지하는 것도 가능하다. 다만 위 가처분에 의하여 영업양도인의 제3자에 대한 임대, 양도 등 처분행위의 사법상 효력이 부인되는 것은 아니고, 영업양도인이 그 의무위반에 대한 제재를 받는 것에 불과하다(대판 1996.12.23. 96다37985).[법원직 10]

④ 개입권은 인정되지 않는다.

1. 의의

> **제42조 (상호를 속용하는 양수인의 책임)** ① 영업양수인이 양도인의 상호를 계속 사용하는 경우에는 양도인의 영업으로 인한 제3자의 채권에 대하여 양수인도 변제할 책임이 있다.
> ② 전항의 규정은 양수인이 영업양도를 받은 후 지체 없이 양도인의 채무에 대한 책임이 없음을 등기한 때에는 적용하지 아니한다. 양도인과 양수인이 지체 없이 제3자에 대하여 그 뜻을 통지한 경우에 그 통지를 받은 제3자에 대하여도 같다.
> **제44조 (채무인수를 광고한 양수인의 책임)** 영업양수인이 양도인의 상호를 계속사용하지 아니하는 경우에 양도인의 영업으로 인한 채무를 인수할 것을 광고한 때에는 양수인도 변제할 책임이 있다.

① 상법 제42조 제1항은 영업양수인이 양도인의 상호를 계속 사용하는 경우 양도인의 영업으로 인한 제3자의 채권에 대하여 양수인도 변제할 책임이 있다고 규정함으로써 양도인이 여전히 주채무자로서 채무를 부담하면서 양수인도 함께 변제책임을 지도록 하고 있다. [법원직 07, 16, 21, 법무사 04, 06, 08, 13, 16]

② 영업양수인이 양도인의 상호를 계속 사용하지 아니하더라도 양도인의 영업으로 인한 채무를 인수할 것을 광고한 때에는 양수인도 변제할 책임이 있으며, 이 경우 양수인의 제3자에 대한 채무는 광고 후 2년이 경과하면 소멸한다. [법원직 12, 16, 21, 법무사 04, 08, 10, 12, 13, 16, 20]

③ 외관법리에 기초한 채권자보호제도에 해당한다.

2. 요건

(1) 영업양도의 존재

(2) 양도인의 영업으로 인한 제3자의 채권

① 상법 제42조 제1항에 규정된 양도인의 영업으로 인한 채무란, 영업상의 활동에 관하여 발생한 채무를 말하는 것이다(대판 2002.6.28. 2000다5862).

② 영업양도인이 주식회사인 경우에는 회사에게 사적인 생활이 존재하지 아니한 관계로 주식회사의 명의로 한 행위는 반증이 없는 한 회사의 영업을 위하여 하는 행위로 추정되며, 그로 인하여 회사가 부담하는 채무도 영업으로 인한 채무로 추정된다(대판 2002.6.28. 2000다5862).

③ 영업활동과 관련성이 인정되면 채무불이행, 불법행위, 부당이득으로 인한 채권과 어음·수표와 같은 증권채권도 적용대상이 된다. [법원직 18, 법무사 15, 20]

④ 제3자의 채권은 영업양도 당시 변제기가 도래할 것이 요구되지는 않으나 영업양도 당시 발생한 것이어야 하고, 영업양도 당시로 보아 가까운 장래에 발생될 것이 확실한 채권은 양수인이 책임져야 한다고 볼 수 없다(대판 2020.2.6. 2019다270217). [법원직 21, 법무사 19, 변호사 21]

⑤ 상호를 속용하는 영업양수인이 변제책임을 지는 양도인의 제3자에 대한 채무는 양도인의 영업으로 인한 채무로서 영업양도 전에 발생한 것이면 족하고, 반드시 영업양도 당시의 상호를 사용하는 동안 발생한 채무에 한하는 것은 아니다(대판 2010.9.30. 2010다35138). [법원직 18, 법무사 12, 15]

(3) 양수인의 채무인수 부존재

법무사 04, 10

1 영업양수인이 양도인의 상호를 계속 사용하는 경우에는 양도인의 영업으로 인한 제3자에 대한 채무를 변제할 책임이 있고, 이 경우 양도인의 제3자에 대한 채무는 영업 양도 후 2년이 경과하면 소멸한다. (○, ×)

법무사 04

2 영업양수인이 양도인의 상호를 계속 사용하지 않는 경우에 양도인의 영업으로 인한 채무를 인수할 것을 광고한 때에는 양수인이 변제할 책임을 지고, 양도인의 책임은 위 광고한 때에 즉시 소멸한다. (○, ×)

법무사 15

3 A 회사의 대표이가 甲이 개인적인 목적으로 A 회사명의의 어음을 발행하고 A 회사가 B 회사에 영업양도를 한 경우, 이 어음채무가 양도인 A 회사의 영업활동과 전혀 무관하다면 어음의 소지인은 양수인 B회사에 책임을 물을 수 없다. (○, ×)

법원직 18

4 상호속용양수인이 변제할 책임을 부담하는 채무는 거래상 채무에 제한되므로 거래와 관련된 불법행위로 인한 손해배상채무는 포함되지 아니한다. (○, ×)

법원직 21, 법무사 19

5 영업양수인이 상법 제42조 제1항 규정에 따라 책임지는 제3자의 채권은 영업양도 당시 채무의 변제기가 도래할 필요까지는 없다고 하더라도 그 당시까지 발생한 것이어야 하는데, 영업양도 당시로 보아 가까운 장래에 발생될 것이 확실한 채권도 양수인이 책임져야 한다. (○, ×)

법원직 18, 법무사 12, 15

6 상호속용양수인이 변제책임을 지는 양도인의 제3자에 대한 채무는 양도인의 영업으로 인한 채무로서 영업양도 전에 발생한 것으로 영업양도 당시의 상호를 사용하는 동안 발생한 채무에 한한다. (○, ×)

1 ○ **2** × **3** ○ **4** × **5** × **6** ×

(4) 상호속용 또는 채무인수 광고

① 영업양수인이 양도인의 상호를 계속 사용하거나, 상호를 사용하지 않더라도 양도인의 영업으로 인한 채무를 인수할 것을 광고하는 외관이 존재하여야 한다.[변호사 21]

② 양도인의 채권자에 대하여 개별적으로 통지를 하는 방식으로 그 취지를 표시한 경우에도 제44조가 적용되어, 그 채권자와의 관계에서는 채무변제의 책임이 발생한다(대판 2008.4.11. 2007다89722).[법원직 15]

③ ㉠ 상호를 속용 하는 영업양수인에게 책임을 묻기 위해서는 상호속용의 원인관계가 무엇인지에 관하여 제한을 둘 필요는 없고 상호속용이라는 사실관계가 있으면 충분하다. ㉡ 상호의 양도 또는 사용허락이 있는 경우는 물론 그에 관한 합의가 무효 또는 취소된 경우라거나 상호를 무단 사용하는 경우도 상호속용에 포함된다(대판 2009.1.15. 2007다17123,17130).[법원직 10, 법무사 13]

④ 상호는 영업양도 전후에 사용된 상호가 주요 부분에서 공통되면 된다(대판 1989.12.26. 88다카10128).[법무사 04]

⑤ 판례는 ㉠ 삼정장여관과 삼정호텔, ㉡ 남성사와 남성정밀공업주식회사, ㉢ 협성산업과 주식회사 협성, ㉣ 주식회사 파주레미콘과 파주콘크리트 주식회사의 경우 상호 계속 사용에 해당한다고 본다.

⑥ 상호 자체가 아닌 옥호, 영업표지인 경우에도 영업주체를 나타내는 경우 유추적용 된다(대판 2010.9.30. 2010다35138).[법원직 15, 법무사 12, 19, 변호사 20]

(5) 채권자의 선의

① 채권자의 선의란 채무인수가 없었다는 사실에 대한 선의를 의미한다.

② 영업양도 사실을 알았더라도 채무인수가 없었다는 사실을 몰랐다면 선의의 제3자에 해당한다(대판 2009.1.15. 2007다17123,17130).[법무사 10]

③ ㉠ 영업양도에도 불구하고 채무승계의 사실 등이 없다는 것을 알고 있는 악의의 채권자가 아닌 한, 채권자가 비록 영업의 양도가 이루어진 것을 알고 있었다고 하더라도 그러한 사정만으로 보호의 적격이 없다고는 할 수 없다. ㉡ 이 경우 채권자가 악의라는 점에 대한 주장·증명 책임은 영업양수인에게 있다(대판 2009.1.15. 2007다17123,17130).[법원직 10]

3. 효과

① 양수인의 책임은 양수한 재산으로 제한되지 않고, 양수인은 무한책임을 부담한다.

② 상호속용양수인은 양도인의 영업상 채무를 인수하지 않았음을 증명하더라도 변제책임을 면하지 못한다.[법원직 18]

③ 양수인은 양도인의 항변사유를 주장할 수 있다.

④ 양수인은 양도인과 함께 부진정연대채무를 부담한다.

⑤ 상법 제42조 제1항의 상호속용 영업양수인의 책임에 관한 규정에 의하여 영업양수인은 양도인의 영업자금과 관련한 피보증인의 지위까지 승계하는 것으로 볼 수는 없다(대판 2020.2.6. 2019다270217).[법무사 05]

⑥ 따라서 영업양도인의 영업상 채무에 대하여 제3자가 보증을 한 경우, 보증인이 양도인의 채무를 변제하더라도 양수인에게 구상권을 행사할 수 없다(대판 2020.2.6. 2019다270217).[법무사 05]

법원직 10

1 상호의 양도가 있었으나 그에 관한 합의가 무효가 된 경우에도 상호를 속용하는 당해 영업양수인은 양도인의 영업으로 인한 제3자의 채권에 대하여 변제할 책임을 부담한다. (○, ×)

법무사 13

2 상호를 계속 사용하는 영업양수인에게 책임을 묻기 위해서는 상호의 양도 또는 사용허락이 있는 경우이어야 하고, 그에 관한 합의가 무효 또는 취소된 경우라거나 상호를 무단 사용하는 경우에는 적용되지 아니한다. (○, ×)

법무사 19

3 양수인에 의하여 속용되는 명칭이 상호 자체가 아닌 옥호 또는 영업표지인 때에는, 양수인은 특별한 사정이 없는 한 양도인의 영업으로 인한 제3자의 채권에 대하여 변제할 책임이 없다. (○, ×)

법무사 10

4 영업양도 사실을 알고 있는 채권자라고 하더라도 양도인의 상호를 계속 사용하고 있는 양수인에 대하여 양도인에 대한 영업상 채권을 추급할 수 있다. (○, ×)

법원직 10

5 영업양도에도 불구하고 채무승계의 사실 등이 없다는 것을 알지 못하는 선의의 채권자라면, 영업양수인에게 상호 속용으로 인한 책임을 물을 수 있는바, 당해 채권자가 선의라는 사실의 주장·증명책임은 영업양수인의 책임을 주장하는 채권자에게 있다. (○, ×)

1 ○ **2** × **3** × **4** ○ **5** ×

⑦ 채권자가 영업양도인에 대한 채권을 타인에게 양도하였다는 사정만으로 영업양수인에 대한 채권까지 당연히 함께 양도된 것이라고 단정할 수 없고, 함께 양도된 경우라도 채권양도의 대항요건은 채무자별로 갖추어야 한다(대판 2009.7.9. 2009다23696).

⑧ 양도인에 대한 판결의 효력이 양수인에게 당연히 미치는 것은 아니다. 따라서 채권자가 양수인의 재산에 대하여 강제집행을 하기 위해서는 양도인과 양수인 양자를 공동피고로 제소하여 각자에 대한 집행권원을 취득하여야 한다(대판 1967.10.31. 67다1102). [법무사 05]

4. 양도인 책임의 단기 제척기간

> **제45조 (영업양도인의 책임의 존속기간)** 영업양수인이 제42조 제1항 또는 전 조의 규정에 의하여 변제의 책임이 있는 경우에는 양도인의 제3자에 대한 채무는 영업양도 또는 광고 후 2년이 경과하면 소멸한다.

영업양도 또는 광고 후 2년이 경과하면 양도인의 책임은 소멸한다. [변호사 13]

5. 면책 등기와 면책 통지

① 양도인의 상호를 계속 사용하는 영업양수인이 영업양도를 받은 후 지체없이 양도인의 채무에 대한 책임이 없음을 등기한 경우에는, 양수인은 양도인의 영업으로 인한 제3자의 채권에 대하여 변제할 책임이 없다. [법원직 18, 법무사 13, 16, 변호사 12]

② 면책등기는 모든 채권자에게 효력이 미친다.

③ 양도인과 양수인이 지체 없이 제3자에 대하여 책임이 없음을 통지한 경우 통지받은 제3자에게는 양수인이 책임을 부담하지 않는다. [법원직 14, 법무사 13, 15, 16, 변호사 13]

④ 면책통지는 그 통지를 받은 채권자에 대하여만 효력이 있다.

6. 현물출자에의 유추적용

① 현물출자는 단체법적 설립행위라는 점에서 채권계약인 영업양도와 다르다. 다만 외관이 비슷하고 이해관계자에게 미치는 영향이 동일한 관계로 현물출자에 영업양도 규정이 유추적용된다.

② 영업의 전부를 출자하여 주식회사를 설립하고 그 상호를 계속 사용하는 경우에는 영업양도는 아니지만, 출자의 목적이 된 영업의 개념이 동일하고 법률행위에 의한 영업의 이전이란 점에서 영업의 양도와 유사하며, 채권자의 입장에서 볼 때는 외형상 양도와 출자를 구분하기 어려우므로 제42조 제1항의 유추적용에 의하여 새로 설립된 법인은 출자한 자의 영업상 채무를 변제할 책임이 있다(대판 1995.8.22. 95다12231). [법원직 15, 17, 법무사 10, 12, 15, 20]

③ 상법 제45조는 영업양수인이 상법 제42조 제1항의 규정에 의하여 변제의 책임이 있는 경우에는 양도인의 제3자에 대한 채무는 영업양도 후 2년이 경과하면 소멸한다고 규정하고 있는 바, 영업을 출자하여 주식회사를 설립하고 그 상호를 계속 사용함으로써 상법 제42조 제1항의 규정이 유추적용되는 경우에는 상법 제45조의 규정도 당연히 유추적용 된다(대판 2009.9.10. 2009다38827). [변호사 21]

법무사 05
1 영업양도인에 대한 채무명의로써 바로 양수인의 소유재산에 대하여 강제집행을 할 수는 없다. (○, ×)

법무사 05
2 영업양수인이 양도인의 상호를 계속 사용한 경우에는 양도인의 영업으로 인한 채권자가 양도인에 대한 소송에서 승소하여 얻은 집행권원을 가지고 양수인의 소유재산에 대해 강제집행 할 수 있다. (○, ×)

법원직 18
3 양수인이 영업양도를 받은 후 지체 없이 양도인의 채무에 대한 책임이 없음을 등기한 때에도 상호속용양수인은 양도인의 영업으로 인한 제3자의 채권에 대하여 변제할 책임을 진다. (○, ×)

법원직 14, 법무사 15
4 영업양수인이 양도인의 상호를 계속 사용하는 경우에는 양도인의 영업으로 인한 제3자의 채권에 대하여 양수인도 변제할 책임이 있다. 다만, 양도인 또는 양수인이 지체없이 제3자에 대하여 그 뜻을 통지한 경우에 그 통지를 받은 제3자에 대하여는 그러하지 아니하다. (○, ×)

법원직 15, 17, 법무사 10
5 상인이 영업을 출자하여 주식회사를 설립하고, 그 주식회사가 출자한 상인의 상호를 계속 사용하더라도 이는 영업양도에 해당하지 않으므로 그 주식회사는 출자한 상인의 영업으로 인한 제3자의 채권에 대하여 변제할 책임이 없다. (○, ×)

1 ○ **2** × **3** × **4** × **5** ×

7. 영업임대차에의 유추적용 여부

① 영업임대차의 경우에 제42조 제1항을 그대로 유추적용할 것은 아니다(대판 2016.8.24. 2014다9212).
[법원직 21, 법무사 19, 변호사 16, 20]

② 영업임대차의 종료로 영업을 반환하는 경우에도 제42조 제1항이 유추적용되지 않는다(대판 2017.4.7. 2016다47737).

쟁점 04 영업상 채무자의 보호

1. 의의

> **제43조 (영업양수인에 대한 변제)** 영업양수인이 양도인의 상호를 계속 사용하는 경우에는 양도인의 영업으로 인한 채권에 대하여 채무자가 선의이며 중대한 과실없이 양수인에게 변제한 때에는 그 효력이 있다.

① 양도인의 영업으로 인한 채권에 대하여 채무자가 선의이며 중대한 과실 없이 양도인의 상호를 계속하여 사용하는 양수인에게 변제한 때에는 그 효력이 있다. [법무사 06, 08, 12, 19, 변호사 21]

② 이는 이중변제의 위험으로부터 선의, 무중과실의 변제자를 보호하기 위한 것으로서 외관법리에 기초한 채무자보호제도이다.

③ 민법 제470조 채권의 준점유자에 대한 변제와 달리 단순한 과실이 있는 채무자도 보호된다.

2. 양수인에 대한 채무자 변제의 효력

① 양수인에게 변제한 채무자는 면책된다.

② 양도인과 양수인 사이에 채권이 양도되지 않았다면 양수인이 채무자로부터 수령한 급부는 부당이득으로 양도인에게 반환되어야 한다.

③ 양도인이 양수인에게 실제로 채권을 양도하였으나 채권양도에 대한 대항요건이 갖추어지지 않은 상황에서 채무자가 양수인에게 변제한 경우에는 제43조와 상관없이 변제가 유효하다.

3. 영업상 채권자보호와의 비교

① 영업상 채권자보호의 경우와 달리 영업상 채무자보호의 경우에는 채권양도 광고에 관한 규정이 존재하지 않는다. 따라서 채권양도 광고가 있는 경우에도 제43조가 적용되지 않는다.

② 그 결과 양수인이 상호를 속용하지 않는 경우에는 민법 제470조 채권의 준점유자에 대한 변제 규정이 적용된다. 채권의 준점유자에 대한 변제 요건이 인정되지 않으면 양수인에게 채무를 변제한 채무자는 변제의 효력을 주장할 수 없다.

법무사 06

1 영업양수인이 양도인의 상호를 계속 사용하는 경우, 영업양도 사실을 알지 못하는 채무자가 양도인의 영업으로 인한 채권에 대하여 양수인에게 변제한 때에는 언제나 변제의 효력이 있다. (○, ×)

1 ×

제2편

상행위

제1장 상행위 총칙

쟁점 01 상행위의 분류

Ⅰ. 기본적 상행위와 준상행위 및 보조적 상행위

1. 기본적 상행위

> **제46조 (기본적 상행위)** 영업으로 하는 다음의 행위를 상행위라 한다. 그러나 오로지 임금을 받을 목적으로 물건을 제조하거나 노무에 종사하는 자의 행위는 그러하지 아니하다.

① 기본적 상행위란 당연상인이 영업으로 하는 제46조에 규정된 행위를 말한다.
② 어느 행위가 상법 제46조 소정의 기본적 상행위에 해당하기 위하여는 영업으로 동조 각호 소정의 행위를 하는 경우이어야 하고, 여기서 영업으로 한다고 함은 영리를 목적으로 동종의 행위를 계속 반복적으로 하는 것을 의미한다. [법무사 04]
③ 상법상 상인이 영업으로 하지 아니하더라도 상행위로 보는 이른바 '절대적 상행위'는 존재하지 아니한다. [법원직 11]

2. 준상행위

> **제66조 (준상행위)** 상행위 통칙의 규정은 제5조의 규정에 의한 상인의 행위에 준용한다.
>
> **제5조 (상인 – 의제상인)** ① 점포 기타 유사한 설비에 의하여 상인적 방법으로 영업을 하는 자는 상행위를 하지 아니하더라도 상인으로 본다.
> ② 회사는 상행위를 하지 아니하더라도 전항과 같다.

준상행위란 제66조에 의하여 상인으로 의제되는 의제상인이 영업으로 하는 행위를 말한다.

3. 보조적 상행위

> **제47조 (보조적 상행위)** ① 상인이 영업을 위하여 하는 행위는 상행위로 본다.
> ② 상인의 행위는 영업을 위하여 하는 것으로 추정한다.

(1) 의의

① 보조적 상행위란 당연상인 또는 의제상인이 영업을 위하여 하는 행위를 말한다.
② 영업을 위하여 하는 행위인지 여부는 행위의 객관적 성질에 의하여 결정된다. 보조적 상행위의 예로는 어음·수표 발행, 영업자금 차입, 사무소 임대 등을 들 수 있다.
③ 보조적 상행위는 법률행위에 한하지 않고 준법률행위, 사실행위도 포함된다.
④ 다만 상행위는 거래에 관한 것이므로 불법행위는 보조적 상행위에 해당되지 않는다.

⑤ 상인의 행위는 영업을 위하여 하는 것으로 추정되므로, 상인이 한 어떤 행위를 보조적 상행위가 아니라고 주장하는 자가 증명책임을 진다.[법원직 15, 16, 법무사 04]

(2) 상인의 금전대여행위 등

① 음식점업을 영위하는 상인이 부동산중개업을 영위하는 상인에게 금원을 대여한 행위는 영업을 위하여 하는 것으로 추정되고, 그 금전대여행위가 상호 고율의 이자소득을 얻기 위한 목적으로 행해졌다는 사정만으로는 위 추정이 번복되지 않는다(대판 2008.12.11. 2006다54378).[변호사 14]

② 금전대여를 영업으로 하지 아니하는 상인이더라도 영업상의 이익 또는 편익을 위하여 금전을 대여하거나 영업자금의 여유가 있어 이자 취득을 목적으로 대여하는 경우가 있을 수 있으므로, 이러한 상인의 금전대여행위는 반증이 없는 한 영업을 위하여 하는 것으로 추정된다(대판 2008.12.11. 2006다54378).

③ 상인이 그 영업과 상관없이 개인자격에서 돈을 투자하는 행위는 상인의 기존 영업을 위한 보조적 상행위로 볼 수 없다(대판 2018.4.24. 2017다205127).[법원직 20]

④ 상인의 행위는 영업을 위하여 하는 것으로 추정되는바, 부동산 중개업자가 중개를 성사시키기 위하여 또는 중개에 대한 책임으로 매수인의 잔금채무를 보증한 경우, 그 보증행위는 영업을 위하여 한 것으로 추정되고, 그 추정을 번복할 만한 증거가 없는 한 상행위로 간주된다(대판 2008.12.11. 2007다66590).

Ⅱ. 자연인의 상인자격 취득 시점

1. 준비행위의 성질로 보아 영업의사를 상대방이 객관적으로 인식할 수 있는 경우

① 영업의 목적인 기본적 상행위의 개시 전에 영업을 위한 준비행위를 하는 자는 영업으로 상행위를 할 의사를 실현하는 것이므로 준비행위를 한 때 상인자격을 취득하고 개업준비행위는 영업을 위한 행위로서 최초의 보조적 상행위가 된다(대판 1999.1.29. 98다1584).[법원직 17, 법무사 09, 16, 17, 변호사 14, 19]

② 개업준비행위는 상호등기, 개업광고, 간판부착 등에 의해 영업의사를 일반적·대외적으로 표시할 필요는 없으나, 점포구입, 영업양수, 상업사용인의 고용 등 준비행위의 성질로 보아 영업의사를 상대방이 객관적으로 인식할 수 있으면 당해 준비행위는 보조적 상행위로서 상행위에 관한 상법 규정이 적용된다(대판 1999.1.29. 98다1584).[변호사 14, 19]

③ 부동산임대업 준비행위의 일환으로 같은 영업을 하고 있던 자로부터 건물을 매수한 경우, 위 매수행위는 보조적 상행위로서의 개업준비행위에 해당하므로 위 개업준비행위에 착수하였을 때 상인 자격을 취득한다(대판 1999.1.29. 98다1584).

2. 영업자금 차입행위

① 영업자금 차입 행위는 행위 자체의 성질로 보아서는 영업의 목적인 상행위를 준비하는 행위라고 할 수 없지만, 행위자의 주관적 의사가 영업을 위한 준비행위이었고 상대방도 행위자의 설명 등에 의하여 그 행위가 영업을 위한 준비행위라는 점을 인식하였던 경우에는 상행위에 관한 상법의 규정이 적용된다(대판 2012.4.13. 2011다104246).[법원직 21, 변호사 14, 19]

② 학원 설립과정에서 영업준비자금을 차입한 경우 대여자가 이러한 사정을 알았다면 차용 시점에 차용자는 상인자격을 취득하고 차용행위는 영업을 위한 행위로서 보조적 상행위가 되어 상법 제64조에서 정한 상사소멸시효가 적용된다(대판 2012.4.13. 2011다104246).

제2편

2022 해커스법원직 공태용 상법의 맥

1 상인이 영업을 위하여 하는 행위는 상행위로 보며, 상인의 행위는 영업을 위하여 하는 것으로 간주된다. (○, ×)

1 ×

3. 다른 상인의 영업을 위한 준비행위

① 영업을 준비하는 행위가 보조적 상행위로서 상법의 적용을 받기 위해서는 행위를 하는 자 스스로 상인자격을 취득하는 것을 당연한 전제로 하므로, 어떠한 자가 다른 상인의 영업을 위한 준비행위를 하는 경우, 그 행위는 행위를 한 자의 보조적 상행위가 될 수 없다(대판 2012.7.26. 2011다43594).[법원직 20, 법무사 18, 변호사 15, 18]

② 회사 설립을 위하여 개인이 한 행위는 그것이 설립 중 회사의 행위로 인정되어 장래 설립될 회사에 효력이 미쳐 회사의 보조적 상행위가 될 수 있는지는 별론으로 하고, 장래 설립될 회사가 상인이라는 이유만으로 당연히 개인의 상행위가 되어 상법 규정이 적용된다고 볼 수는 없다(대판 2012.7.26. 2011다43594).[변호사 15, 18]

③ 회사의 대표이사가 회사 설립 준비과정에서 향후 설립될 회사의 사업을 준비하기 위하여 대표이사 명의로 한 차용행위는 대표이사 개인의 보조적 상행위가 아니므로 대표이사 개인의 차용금채무에 대하여 5년의 상사시효가 적용되지 않는다.[법무사 13]

Ⅲ. 일방적 상행위와 쌍방적 상행위

1. 일방적 상행위

> **제3조 (일방적 상행위)** 당사자중 그 1인의 행위가 상행위인 때에는 전원에 대하여 본법을 적용한다.

① 일방적 상행위란 당사자 일방에게만 상행위인 경우를 말한다.
② 상법 제3조에 따라 당사자 중 1인의 행위가 상행위인 때에는 전원에 대하여 상법이 적용되므로, 당사자의 일방이 수인인 경우에 그중 1인에게만 상행위가 되더라도 전원에 대하여 상법이 적용된다고 해석된다(대판 2014.4.10. 2013다68207).[법원직 08, 14, 16, 법무사 15, 20]

2. 쌍방적 상행위

① 쌍방적 상행위란 상인 간의 상행위를 말한다.
② 상사유치권(제58조), 상사매매 특칙(제67조 이하)은 쌍방적 상행위에만 적용된다.

쟁점 02 민법총칙에 대한 특칙

Ⅰ. 대리

> **제48조 (대리의 방식)** 상행위의 대리인이 본인을 위한 것임을 표시하지 아니하여도 그 행위는 본인에 대하여 효력이 있다. 그러나 상대방이 본인을 위한 것임을 알지 못한 때에는 대리인에 대하여도 이행의 청구를 할 수 있다.
>
> **제49조 (위임)** 상행위의 위임을 받은 자는 위임의 본지에 반하지 아니한 범위 내에서 위임을 받지 아니한 행위를 할 수 있다.
>
> **제50조 (대리권의 존속)** 상인이 그 영업에 관하여 수여한 대리권은 본인의 사망으로 인하여 소멸하지 아니한다.

법무사 13

1 상인이 아닌 甲이 주식회사를 설립하기 위하여 상인이 아닌 乙로부터 금전을 차용하는 경우 장래 설립될 주식회사가 상법상 상인이어서 甲의 상행위가 되므로 乙의 甲에 대한 위 차용금채권은 5년의 상사소멸시효가 적용된다.　　(○, ×)

법원직 08

2 당사자 중 그 1인의 행위가 상행위인 때에는 그 1인에 대하여만 상법을 적용한다. (○, ×)

1 × 2 ×

1. 비현명주의

① 상법상 대리의 경우, 대리인이 본인을 위한 것임을 표시하지 아니하여도 그 행위는 본인에 대하여 효력이 있다. [법원직 14, 21, 법무사 04, 07, 08, 15, 20, 변호사 15, 18, 21]

② 조합대리에 있어서도 그 법률행위가 조합에게 상행위가 되는 경우에는 조합을 위한 것임을 표시하지 않았더라도 법률행위의 효력은 본인인 조합원 전원에게 미친다(대판 2009.1.30, 2008다79340).

법원직 14, 법무사 15

1 상행위의 대리인이 본인을 위한 것임을 표시하지 아니하면 그 행위는 본인에 대하여 효력이 없다. (○, ×)

2. 대리인에 대한 이행청구

① 상대방이 본인을 위한 것임을 알지 못한 경우 대리인에게도 이행을 청구할 수 있다. [법원직 14, 21, 법무사 04, 07, 08, 15, 20, 변호사 15, 18, 21]

② 이 경우에도 거래 자체는 본인과 상대방 사이에 성립한다.

③ 본인과 대리인은 부진정연대채무가 성립한다.

④ 상행위의 대리에 있어서 상대방의 악의 여부는 대리인에 대한 이행 청구가 가능한지 여부에 관계된다.

3. 상행위의 위임

상행위의 위임을 받은 자는 위임의 본지에 반하지 아니한 범위 내에서 위임을 받지 아니한 행위를 할 수 있다. [법원직 12, 14, 15, 법무사 15]

4. 본인의 사망과 대리권의 존속

민법상 본인이 사망하면 대리권이 소멸하지만, 상인이 영업에 관하여 수여한 대리권은 본인의 사망으로 소멸하지 아니한다. [법원직 08, 11, 12, 14, 16, 법무사 04, 07, 13, 15]

법원직 08, 12, 16, 법무사 04

2 상인이 그 영업에 관하여 수여한 대리권은 본인의 사망으로 인하여 소멸한다. (○, ×)

Ⅱ. 상사시효

> **제64조 (상사시효)** 상행위로 인한 채권은 본법에 다른 규정이 없는 때에는 5년간 행사하지 아니하면 소멸시효가 완성한다. 그러나 다른 법령에 이보다 단기의 시효의 규정이 있는 때에는 그 규정에 의한다.

1. 상사시효 및 적용

① 상행위로 인한 채권은 상법에 다른 규정이 있는 경우나 다른 법령에 이보다 짧은 시효기간을 정하고 있는 때를 제외하고는 5년간 행사하지 아니하면 소멸시효가 완성한다. [법원직 12, 법무사 04, 08]

② 당사자가 민법에 따른 소멸시효기간을 주장한 경우에도 법원은 직권으로 상법에 따른 소멸시효기간을 적용할 수 있다(대판 2017.3.22, 2016다258124). [변호사 20]

③ 이사회결의부존재에 따른 제3자의 부당이득반환청구권처럼 회사의 내부적인 법률관계가 개입되어 있어 청구권자가 권리의 발생 여부를 객관적으로 알기 어려운 상황에 있고 청구권자가 과실 없이 이를 알지 못한 경우에는 이사회결의부존재확인판결의 확정과 같이 객관적으로 청구권의 발생을 알 수 있게 된 때로부터 소멸시효가 진행된다(대판 2003.4.8, 2002다64957, 64964). [변호사 18]

1 × **2** ×

2. 민법상 3년의 단기소멸시효

① 이자, 부양료, 급료, 사용료 기타 1년 이내의 기간으로 정한 금전채권 등(민법 제163조 제1호)

② 수급인, 기사 기타 공사의 설계, 감독 등 공사에 관한 채권(민법 제163조 제3호)

③ 생산자 및 상인이 판매한 생산물 및 상품의 대가(민법 제163조 제6호)[법무사 05, 20]

3. 상사시효가 적용되는 경우

(1) 일방적 상행위와 보조적 상행위

① 당사자 쌍방에 대하여 모두 상행위가 되는 행위로 인한 채권뿐만 아니라 당사자 일방에 대하여만 상행위에 해당하는 행위로 인한 채권도 상법 제64조 소정의 5년의 소멸시효기간이 적용되는 상사채권에 해당하고, 그 상행위에는 상법 제46조 각 호에 해당하는 기본적 상행위뿐만 아니라, 상인이 영업을 위하여 하는 보조적 상행위도 포함된다(대판 2018.6.15. 2018다10920).
[법원직 09, 21, 법무사 10, 13, 16, 19, 20]

② 채권자나 채무자 중 일방이 상인이면 상사시효가 적용된다(대판 2014.4.10. 2013다68207).

③ 신용협동조합의 대출을 받은 회원이 상인으로서 그 영업을 위하여 대출을 받았다면 그 대출금채권은 상사채권이라고 보아야 한다(대판 2017.5.30. 2016다254658).

④ 새마을금고가 상인인 회원에게 자금을 대출한 경우, 그 대출금 채권은 상사채권으로서 5년의 소멸시효기간이 적용된다.[법원직 08, 13, 19, 법무사 12, 19]

⑤ 차용금채무의 연대보증인이 그 채권자인 주식회사의 금융기관에 대한 대출금을 변제함으로써 위 차용금채무를 변제한 것으로 하기로 채권자와 약정한 경우, 위 약정에 따른 채권이 상사채권에 해당한다(대판 2005.5.27. 2005다7863).[법무사 13, 20]

⑥ 상인이 제3자를 위한 계약의 수익자로서 수익의 의사표시를 하여 발생한 특허권의 전용실시권 설정등록절차 이행청구권은 상사채권으로서 5년의 소멸시효기간이 적용된다(대판 2002.9.24. 2002다6760,6777).[법원직 19]

⑦ 분양회사 甲이 건설회사 乙과 도급계약을 체결한 경우 乙의 담보책임에 기한 하자보수에 갈음하는 甲의 손해배상청구권에 대하여 5년의 상사소멸시효가 적용된다(대판 2011.12.8. 2009다25111).[법무사 13]

⑧ 음식점을 운영하던 乙이 종래부터 경영하여 오던 숙박업을 더욱 확장 경영하기 위하여 새로운 여관건물을 건축하면서 그에 필요한 돈을 마련하고자 甲으로부터 이 사건 금전을 빌렸고 실제 그 차용금을 여관 신축에 사용하였다면, 乙의 위 차용행위는 자신의 숙박업 영업을 위하여 한 이른바 보조적 상행위에 해당하고, 그로 인하여 발생한 甲의 대여금 채권은 상사채권에 해당하여 5년의 소멸시효기간이 적용된다.[법원직 12, 법무사 10]

⑨ 동업탈퇴로 인한 정산금채권을 소비대차의 목적으로 하기로 약정한 경우 새로이 발생한 채권은 상사채권으로서 5년의 상사시효의 적용을 받는다(대판 1989.6.27. 89다카2957).[법원직 12]

(2) 상행위에 준하는 채권

① 상행위로부터 생긴 채권뿐 아니라 이에 준하는 채권에도 상법 제64조가 적용되거나 유추적용 될 수 있다(대판 2014.7.24. 2013다214871).

② 은행으로부터 대출받으면서 근저당권설정비용을 부담한 채무자가 비용부담의 근거가 된 약관조항의 무효를 주장하면서 자신이 부담한 비용 등의 부당이득 반환을 구하는 경우, 그러한 부당이득반환채권에는 상사소멸시효가 적용된다(대판 2014.7.24. 2013다214871).[변호사 18]

(3) 상행위로 인한 채무의 불이행에 기한 손해배상채권

상사시효가 적용되는 채권은 직접 상행위로 인하여 생긴 채권뿐만 아니라 상행위로 인하여 생긴 채무의 불이행에 기하여 성립한 손해배상채권도 포함한다(대판 1997.8.26. 97다9260).[법원직 12. 17. 21. 법무사 09. 13. 16. 20]

(4) 상행위인 계약의 해제로 인한 원상회복청구권

상행위인 계약의 해제로 인한 원상회복청구권에도 상사시효가 적용된다(대판 1993.9.14. 93다21569).[법원직 12. 17. 21. 법무사 09. 13. 16. 20. 변호사 13]

(5) 면책적으로 인수된 상사채무

원래 채무가 상사시효 적용을 받았다면 면책적 채무인수로 인하여 채무자가 바뀌어도 상사시효가 적용된다(대판 1999.7.9. 99다12376).[법무사 10. 16. 20]

(6) 은행 대출금에 대한 변제기 이후의 지연손해금

은행이 그 영업행위로서 한 대출금에 대한 변제기 이후의 지연손해금은 민법 제163조 제1호 소정의 단기소멸시효의 대상인 이자채권이 아니고, 불법행위로 인한 손해배상 채권에 관한 민법 제766조 제1항 소정의 단기소멸시효의 대상도 아니고, 상행위로 인한 채권에 관하여 적용될 5년간의 소멸시효를 규정한 상법 제64조가 적용되어야 한다(대판 1979.11.13. 79다1453).[법무사 20. 변호사 15]

(7) 거래관계를 신속히 해결할 필요가 있는 경우

① 임대사업자가 일률적으로 정한 분양전환가격으로 분양계약을 체결한 자가 납부한 분양대금과 정당한 분양전환가격의 차액에 대한 부당이득반환채권은 거래관계를 신속하게 해결할 필요가 있으므로, 상법 제64조가 적용되어 5년의 소멸시효가 적용된다(대판 2015.9.15. 2015다210811).

② 상행위에 해당하는 보증보험계약에 기초한 급부가 이루어짐에 따라 발생한 부당이득반환청구권은 그 법률관계를 상거래 관계와 같은 정도로 신속하게 해결할 필요성이 있다고 보이므로, 5년의 상사소멸시효가 적용된다(대판 2007.5.31. 2006다63150).[법원직 08. 13. 17. 법무사 12. 17. 20]

③ 가맹점사업자가 가맹본부를 상대로 가맹계약상 근거를 찾을 수 없는 Administration Fee라는 항목으로 매장 매출액의 일정 비율로 지급받은 금액을 부당이득으로 반환청구 하는 경우, 그러한 부당이득반환채권은 상행위가 되는 가맹계약에 기초하여 발생한 것일 뿐만 아니라, 가맹본부가 수백 명에 달하는 가맹점사업자들에게 같은 내용의 부당이득반환채무를 부담하는 점 등 채권 발생의 경위나 원인 등에 비추어 볼 때 그로 인한 거래관계를 신속하게 해결할 필요가 있으므로, 상법 제64조에 따라 5년간 행사하지 않으면 소멸시효가 완성된다(대판 2018.6.15. 2017다248803,248810).

(8) 위탁자의 위탁매매인에 대한 이득상환청구권 등

위탁자의 위탁매매인에 대한 이득상환청구권 또는 이행담보책임 이행청구권은 민법 제163조 제6호의 상품의 대가가 아니므로 특별한 사정이 없는 한 상사시효 대상이 된다(대판 1996.1.23. 95다39854).

(9) 단체협약에 따른 유족의 위로금채권

근로협약이나 단체협약도 보조적 상행위이므로 단체협약에 따른 유족의 위로금채권도 상사시효가 적용된다(대판 2006.4.27. 2006다1381).[법원직 08. 13. 17. 19. 법무사 12. 13. 20]

(10) 주주의 배당금지급청구권

주식회사의 주주총회 또는 이사회가 이익배당의 결의를 한 경우, 주주의 배당금 지급청구권의 소멸시효기간은 5년이다(제464조의2 제2항).[변호사 13]

4. 상사시효가 적용되지 않는 경우

(1) 물상보증인의 채무자에 대한 구상권

① 물상보증인의 채무자에 대한 구상권의 소멸시효는 민법상 일반채권에 관한 규정이 적용된다.

② 물상보증은 채무자 아닌 사람이 채무자를 위하여 담보물권을 설정하는 행위이고 채무자를 대신해서 채무를 이행하는 사무의 처리를 위탁받는 것이 아니므로, 물상보증인이 변제 등에 의하여 채무자를 면책시키는 것은 위임사무의 처리가 아니고 법적 의미에서는 의무 없이 채무자를 위하여 사무를 관리한 것에 유사하다. 따라서 물상보증인의 채무자에 대한 구상권은 물상보증위탁계약의 법적 성질과 관계없이 그 소멸시효에 민법상 일반채권에 관한 규정이 적용된다(대판 2001.4.24. 2001다6237).

(2) 불법행위로 인한 손해배상채권

① 거래행위로 인한 채권에 한하므로 불법행위로 인한 손해배상채권에는 상사시효가 적용되지 않는다.

② 단기소멸시효의 규정은 운송인의 운송계약상의 채무불이행으로 인한 손해배상청구에만 적용되고 일반불법행위로 인한 손해배상청구에는 적용되지 아니하는 것이고, 또한 상법 제64조의 일반상사시효 역시 상행위로 인한 채권에만 준용되고 상행위 아닌 불법행위로 인한 손해배상채권에는 적용되지 아니 한다(대판 1985.5.28. 84다카966).

(3) 근로계약상 주의의무 위반으로 인한 손해배상청구권

근로자의 근로계약상의 주의의무 위반으로 인한 손해배상청구권은 상거래 관계에 있어서와 같이 정형적으로나 신속하게 해결할 필요가 있다고 볼 것은 아니므로 특별한 사정이 없는 한 10년의 민사 소멸시효기간이 적용된다(대판 2005.11.10. 2004다222742). [법원직 13. 17. 법무사 10. 13. 17]

(4) 임대차계약 종료 후 무단점유에 대한 부당이득 반환청구

임대인 주식회사와 임차인 주식회사 사이의 건물임대차계약이 종료된 뒤 임차인이 무단점유 사용한 경우 임차인에 대한 부당이득 반환청구는 특별한 사정이 없는 한 10년의 민사소멸시효가 적용된다(대판 2012.5.10. 2012다4633).

(5) 대표이사 개인의 차용금 채무

회사가 상법에 의해 상인으로 의제되더라도 대표이사 개인은 상인이 아니어서 대표이사 개인이 회사 자금으로 사용하기 위해서 차용하더라도 상행위에 해당하지 아니하여 차용금채무를 상사채무로 볼 수 없다. 따라서 회사 설립을 위하여 개인이 한 행위는 그것이 설립 중 회사의 행위로 인정되어 장래 설립될 회사에 효력이 미쳐 회사의 보조적 상행위가 될 수 있는지는 별론으로 하고, 장래 설립될 회사가 상인이라는 이유만으로 당연히 개인의 상행위가 되어 상법 규정이 적용된다고 볼 수는 없다(대판 2012.7.26. 2011다43594). [법무사 20. 변호사 18]

(6) 이사 또는 감사의 회사에 대한 임무해태로 인한 손해배상책임

주식회사의 이사 또는 감사의 회사에 대한 임무해태로 인한 손해배상책임은 일반불법행위 책임이 아니라 위임관계로 인한 채무불이행 책임이므로 그 소멸시효기간은 일반채무의 경우와 같이 10년이다(대판 1986.6.25. 84다카1954). [법원직 08. 19. 변호사 13]

법무사 17

1 상인이 그의 영업을 위하여 근로자와 체결하는 근로계약은 보조적 상행위에 해당한다고 하더라도, 근로자의 근로계약상의 주의의무 위반으로 인한 손해배상청구권은 특별한 사정이 없는 한 10년의 민사 소멸시효기간이 적용된다. (○, ×)

법원직 13. 17. 법무사 10. 13

2 상인이 그의 영업을 위하여 근로자와 체결하는 근로계약은 보조적 상행위에 해당하므로, 근로자의 근로계약상의 주의의무 위반으로 인한 손해배상청구권은 5년의 상사소멸시효가 적용된다. (○, ×)

법무사 20

3 회사는 상법에 의해 상인으로 의제되므로, 회사의 기관인 대표이사 개인이 회사 자금으로 사용하기 위하여 자금을 차용하는 행위 역시 상행위에 해당하여 위 대표이사에 대한 대여금채권은 상사채권으로서 5년의 소멸시효기간이 적용된다. (○, ×)

법원직 19

4 상법 제401조에 기하여 이사가 제3자에 대하여 손해배상 책임을 부담하는 경우, 그 손해배상채권은 5년의 소멸시효 기간이 적용된다. (○, ×)

1 ○ **2** × **3** × **4** ×

(7) 보험사업자의 피해자에 대한 부당이득반환청구권

교통사고 피해자가 가해차량이 가입한 책임보험의 보험자로부터 사고로 인한 보험금을 수령하였음에도 자동차손해배상 보장사업을 위탁받은 보험사업자로부터 또다시 피해보상금을 수령한 것을 원인으로 한 위 보험사업자의 피해자에 대한 부당이득반환청구권에 관하여는 상법 제64조가 적용되지 아니하고, 그 소멸시효기간은 민법에 따라 10년이라고 봄이 상당하다(대판 2010.10.14. 2010다32276). [법무직 21, 법무사 17]

(8) 거래관계를 신속히 해결할 필요성이 존재하지 않는 경우

① 부당이득반환청구권의 내용이 급부 자체의 반환을 구하는 것이 아니거나, 위와 같은 신속한 해결 필요성이 인정되지 아니하는 경우라면 특별한 사정이 없는 한 상법 제64조는 적용되지 아니하고 10년의 민사소멸시효기간이 적용된다(대판 2019.9.10. 2016다271257).

② 甲 주식회사가 대출금 채무자의 재산에 관한 경매사건 배당절차에서 가지는 권리를 乙 등이 침해하였다고 주장하며 乙 등이 수령한 배당금에 대하여 부당이득반환을 청구하는 경우, 이러한 부당이득반환청구권은 상행위에 해당하는 계약에 기초하여 이루어진 급부 자체의 반환을 구하는 것이 아니고, 甲 회사와 乙 등의 법률관계를 상거래 관계와 같은 정도로 신속하게 해결할 필요성이 없으므로 상법 제64조가 적용되지 아니하고 10년의 민사소멸시효기간이 적용되어야 한다(대판 2019.9.10. 2016다271257).

③ 주식회사인 부동산 매수인이 의료법인인 매도인과의 부동산매매계약의 이행으로서 그 매매대금을 매도인에게 지급하였으나, 매도인 법인을 대표하여 위 매매계약을 체결한 대표자의 선임에 관한 이사회결의가 부존재하는 것으로 확정됨에 따라 위 매매계약이 무효로 되었음을 이유로 민법의 규정에 따라 매도인에게 이미 지급하였던 매매대금 상당액의 반환을 구하는 부당이득반환청구의 경우, 거기에 상거래 관계와 같은 정도로 신속하게 해결할 필요성이 있다고 볼 만한 합리적인 근거도 없으므로 위 부당이득반환청구권에는 상법 제64조가 적용되지 아니하고, 그 소멸시효기간은 민법 제162조 제1항에 따라 10년이다(대판 2003.4.8. 2002다64957,64964). [법무직 21, 법무사 17]

(9) 사채의 상환청구권

① 금전채무에 대한 변제기 이후의 지연손해금은 금전채무의 이행을 지체함으로 인한 손해의 배상으로 지급되는 것이므로, 그 소멸시효기간은 원본채권의 그것과 같다(대판 2010.9.9. 2010다28031).

② 상법 제487조 제1항에 "사채의 상환청구권은 10년간 행사하지 아니하면 소멸시효가 완성한다.", 같은 조 제3항에 "사채의 이자와 전조 제2항의 청구권은 5년간 행사하지 아니하면 소멸시효가 완성한다."라고 규정하고 있고, 이미 발생한 이자에 관하여 채무자가 이행을 지체한 경우에는 그 이자에 대한 지연손해금을 청구할 수 있으므로, 사채의 상환청구권에 대한 지연손해금은 사채의 상환청구권과 마찬가지로 10년간 행사하지 아니하면 소멸시효가 완성하고, 사채의 이자에 대한 지연손해금은 사채의 이자와 마찬가지로 5년간 행사하지 아니하면 소멸시효가 완성한다(대판 2010.9.9. 2010다28031). [법원직 11, 21, 법무사 03, 08]

법무사 17

1 교통사고 피해자가 가해차량이 가입한 책임보험의 보험자로부터 사고로 인한 보험금을 수령하였음에도 자동차손해배상 보장사업을 위탁받은 보험사업자로부터 또다시 피해보상금을 수령한 것을 원인으로 한 위 보험사업자의 피해자에 대한 부당이득반환청구권의 소멸시효기간에 관하여는 상법 제64조가 적용된다. (○, ✕)

법원직 21

2 주식회사인 부동산 매수인이 의료법인인 매도인과의 부동산매매계약의 이행으로서 그 매매대금을 매도인에게 지급하였으나, 매도인 법인을 대표하여 위 매매계약을 체결한 대표자의 선임에 관한 이사회결의가 부존재하는 것으로 확정됨에 따라 위 매매계약이 무효로 되었음을 이유로 민법의 규정에 따라 매도인에게 이미 지급하였던 매매대금 상당액의 반환을 구하는 부당이득반환청구의 경우, 위 부동산이득반환청구권에는 민법 제162조 제1항이 적용되지 아니하고 그 소멸시효기간은 상법 제64조에 따라 5년이다. (○, ✕)

법원직 11

3 판례는 사채의 상환청구권에 대한 지연손해금은 10년간 행사하지 아니하면 소멸시효가 완성한다고 보고 있다. (○, ✕)

법원직 21

4 사채의 상환청구권은 5년간 행사하지 아니하면 소멸시효가 완성한다. (○, ✕)

1 ✕ **2** ✕ **3** ○ **4** ✕

5. 보증채무

① 보증채무는 주채무와는 별개의 독립한 채무이므로, 보증채무의 소멸시효기간은 보증채무의 성질에 따라 별개로 정해진다.

② 주채무자에 대한 확정판결에 의하여 단기소멸시효에 해당하는 주채무의 소멸시효기간이 10년으로 연장된 상태에서 주채무를 보증한 경우, 특별한 사정이 없는 한 보증채무에 대하여는 단기소멸시효가 적용될 여지가 없고, 성질에 따라 보증인에 대한 채권이 민사채권인 경우에는 10년, 상사채권인 경우에는 5년의 소멸시효기간이 적용된다(대판 2014.6.12. 2011다76105).[법무사 09, 17, 20, 변호사 18]

쟁점 03 **민법 물권에 대한 특칙**

Ⅰ. 일반상사유치권

> **제58조 (상사유치권)** 상인간의 상행위로 인한 채권이 변제기에 있는 때에는 채권자는 변제를 받을 때까지 그 채무자에 대한 상행위로 인하여 자기가 점유하고 있는 채무자소유의 물건 또는 유가증권을 유치할 수 있다. 그러나 당사자 간에 다른 약정이 있으면 그러하지 아니하다.

1. 의의

① 상인간의 상행위로 인한 채권이 변제기에 있는 때에는 채권자는 변제를 받을 때까지 그 채무자에 대한 상행위로 인하여 자기가 점유하고 있는 채무자소유의 물건 또는 유가증권을 유치할 수 있다.[법원직 07, 08, 12, 18, 법무사 07, 11]

② 그러나 당사자 간에 다른 약정이 있으면 그러하지 아니하다.[법무사 19]

③ 상법 제58조에서 정하는 상사유치권은 단지 상인 간의 상행위에 기하여 채권을 가지는 사람이 채무자와의 상행위(그 상행위가 채권 발생의 원인이 된 상행위일 것이 요구되지 아니한다)에 기하여 채무자 소유의 물건을 점유하는 것만으로 바로 성립하는 것으로서, 피담보채권의 보호가치라는 측면에서 보면 목적물과 피담보채권 사이의 이른바 견련관계를 요구하는 민사유치권보다 그 인정범위가 현저하게 광범위하다.[법원직 18]

2. 요건

(1) 당사자 쌍방 상인

① 채권자와 채무자 쌍방이 모두 상인이어야 한다.[법원직 18]

② 상사유치권의 성립을 위해서는 채권자와 채무자 모두 상인이어야 하며, 이러한 상인자격은 피담보채권 성립시점과 유치물 점유 개시시점에 갖추어져야 한다.[법원직 13, 법무사 03, 08, 11, 14, 19]

③ 유치권이 성립한 이후에는 상인자격을 상실해도 상사유치권은 유지된다.[법무사 14]

법무사 09

1 주채무가 민사채무이더라도 상행위에 의해 생긴 보증채무에 대해서는 상사시효가 적용된다.
(○, ×)

법무사 19

2 상법 제91조 대리상의 유치권은 피담보채권이 '목적물에 관하여' 생긴 것일 필요는 없고, 유치권의 대상이 되는 물건도 '채무자 소유'일 것으로 제한되지 않는다. 다만, 당사자 간의 약정으로 달리 정할 수 있다.
(○, ×)

법원직 18

3 상사유치권이 성립하기 위해서는 당사자 중 일방이 상인이면 충분하며, 민사유치권은 쌍방이 모두 상인이 아닌 경우에 한해서 성립한다. (○, ×)

법원직 08

4 상사유치권은 채권자와 채무자 중 일방이 상인인 경우에도 인정됨이 원칙이다. (○, ×)

법원직 13

5 상사유치권의 성립을 위해서는 채권자와 채무자 모두 상인일 것이 요구되고, 이러한 상인 자격은 피담보채권이 성립하는 시점과 유치권을 행사하는 시점까지 유지되어야 한다.
(○, ×)

법무사 14

6 유치권 성립 당시 당사자 쌍방이 상인이어야 하나, 유치권이 성립한 후에 상인자격을 상실하더라도 유치권은 그대로 존속한다. (○, ×)

법무사 03

7 유치권이 성립한 다음에 채무자가 목적물을 제3자에게 양도하더라도 유치권은 존속한다.
(○, ×)

1 ○ **2** ○ **3** × **4** × **5** × **6** ○ **7** ○

(2) 상행위로 인한 채권 및 변제기 도래 [변호사 14]

① 채권자와 채무자 쌍방에 상행위가 되는 행위로 발생하여야 하고, 변제기가 도래하여야 한다.

② 채권자가 제3자로부터 양수한 채권인 경우에는 상사유치권이 성립되지 않는다.

(3) 채무자 소유물

① 목적물은 채무자 소유 물건 또는 유가증권이어야 한다. [변호사 14]

② 유치권이 성립한 후 목적물의 소유권을 양도하더라도 유치권은 행사 할 수 있다.

③ 상사유치권의 대상이 되는 물건에는 부동산도 포함된다 (대판 2013.5.24. 2012다39769,39776). [법원직 20, 법무사 08, 14]

(4) 개별적 견련성 불요

① 피담보채권과 유치권의 개별적 견련성은 요구되지 않는다.

② 보통 상사유치권은 민사유치권과 달리 피담보채권이 '목적물에 관하여' 생긴 것일 필요는 없지만 상사유치권의 대상이 되는 물건은 '채무자 소유'일 것으로 제한되어 있다. 다만, 당사자 간의 약정으로 달리 정할 수 있다. [법원직 18, 20, 법무사 03, 08, 11, 14, 19, 변호사 13, 14]

(5) 반대특약의 부존재

① 당사자 간의 특약으로 상사유치권의 성립을 배제할 수 있다. [법원직 12, 20, 법무사 03, 11, 14, 19]

② 이러한 특약은 묵시적으로 할 수 있다 (대판 2012.9.27. 2012다37176). [변호사 14]

3. 효력

① 상법은 상사유치권의 효력에 대해서는 별도로 규정하고 있지 않으므로, 상사유치권의 효력에 대해서는 민법 규정이 적용된다.

② 채무자 소유의 부동산에 이미 선행저당권이 설정되어 있는 상태에서 상사유치권이 성립한 경우, 상사유치권자는 채무자 및 그 이후 채무자로부터 부동산을 양수하거나 제한물권을 설정받는 자에 대해서는 대항할 수 있지만, 선행저당권자 또는 선행저당권에 기한 임의경매절차에서 부동산을 취득한 매수인에 대한 관계에서는 상사유치권으로 대항할 수 없다 (대판 2013.2.28. 2010다57350). [법무사 19, 변호사 14, 21]

Ⅱ. 특별상사유치권 [변호사 13, 14]

대리상(제91조), 위탁매매인(제111조), 운송주선인(제120조), 운송인(제147조)에 대해서는 별도의 유치권 규정이 존재한다. 채무자 소유 여부 및 견련성에 관하여 정리하면 아래와 같다.

구분	일반 상사유치권	민사유치권	운송인, 운송주선인	대리상	위탁매매인
채무자소유	○	×	×	×	×
견련성	×	○	○	×	×

① 운송주선인은 운송물에 관하여 받을 보수, 운임, 기타 위탁자를 위한 체당금이나 선대금에 관하여서만 그 운송물을 유치할 수 있다. [법원직 15, 법무사 11]

② 운송주선인이나 운송인은 수하인 등으로부터 운송물에 관한 보수나 운임 등을 받기 전까지 그 운송물을 유치할 수 있는데, 이때 그 운송물은 수하인 등의 소유일 필요는 없다. [법원직 20]

법원직 15

1 채권자는 채무자에 대한 상행위로 인하여 목적물을 점유하여야 한다. (○, ×)

법원직 12, 18

2 일반상사유치권은 유치물과 피담보채권 사이에 개별적인 견련성이 요구되지 않으나, 유치목적물은 채무자 소유이어야 성립한다. (○, ×)

법원직 18

3 상사유치권의 피담보채권은 유치목적물에 관하여 생긴 채권이다. (○, ×)

법원직 12, 법무사 11

4 일반 상사유치권은 법정담보물권으로서 당사자 간의 특약으로 그 성립을 배제할 수는 없다. (○, ×)

법무사 19

5 채무자 소유의 부동산에 관하여 이미 선행 저당권이 설정되어 있는 상태에서 채권자의 상법 제58조의 일반상사유치권이 성립한 경우, 위 유치권자는 선행저당권에 기한 임의경매절차에서 부동산을 취득한 매수인에게 위 일반상사유치권으로 대항할 수 있다. (○, ×)

1 ○ 2 ○ 3 × 4 × 5 ×

③ 대리상은 거래의 대리 또는 중개로 인한 채권이 변제기에 있는 때에는 그 변제를 받을 때까지 본인을 위하여 점유하는 물건 또는 유가증권을 유치할 수 있다.[법원직 15]

④ 위탁매매인은 거래의 위탁매매로 인한 채권이 변제기에 있는 때에는 그 변제를 받을 때까지 본인을 위하여 점유하는 물건 또는 유가증권을 유치할 수 있다.[법원직 15]

Ⅲ. 유질계약

> **제59조 (유질계약의 허용)** 민법 제339조의 규정은 상행위로 인하여 생긴 채권을 담보하기 위하여 설정한 질권에는 적용하지 아니한다.
>
> **민법 제339조 (유질계약의 허용)** 질권설정자는 채무변제기전의 계약으로 질권자에게 변제에 갈음하여 질물의 소유권을 취득하게 하거나 법률에 정한 방법에 의하지 아니하고 질물을 처분할 것을 약정하지 못한다.

① 민법상 유질계약은 금지되나, 상법상 유질계약은 허용된다.

② 상사질권에서 민사질권과 달리 유질계약이 허용되는 것은 상인의 금융편의를 제공할 필요가 있는 한편, 채무자를 보호하기 위한 후견적 역할을 할 필요가 크지 않기 때문이다.[법원직 18]

③ 질권설정자는 상인이 아니어도 되나 최소한 채무자는 상인이어야 한다.

④ ㉠ 질권설정계약에 포함된 유질약정이 유효하기 위해서는 피담보채권이 상행위로 인해 생긴 채권이면 충분하고, 질권설정자가 상인이어야 하는 것은 아니다. ㉡ 또한 상법 제3조는 "당사자 중 그 1인의 행위가 상행위인 때에는 전원에 대하여 본법을 적용한다."라고 정하고 있으므로, 일방적 상행위로 생긴 채권을 담보하기 위한 질권에 대해서도 유질약정을 허용한 상법 제59조가 적용된다(대판 2017.7.18. 2017다207499).[법원직 18, 법무사 18, 20, 변호사 20]

⑤ 상행위 채권을 담보하기 위한 질권에 유질계약이 허용된다고 하여 모든 상사질권설정계약이 당연히 유질계약에 해당한다고 할 수는 없고, 상사질권설정계약에 있어서 유질계약의 성립이 인정되려면 그에 관하여 별도의 명시적 또는 묵시적인 약정이 성립되어야 한다(대판 2008.3.14. 2007다11996).[법원직 18, 법무사 18, 변호사 20]

쟁점 04 민법 채권에 대한 특칙

Ⅰ. 상사법정이율

> **제54조 (상사법정이율)** 상행위로 인한 채무의 법정이율은 연 6분으로 한다.

1. 상사법정이율의 적용

① 상행위로 인한 채무의 법정이율은 연 6%로 한다.

② 일방적 상행위의 경우에도 상사법정이율이 적용된다.[법원직 13, 법무사 05]

③ 상사법정이율은 상행위로 직접 생긴 채무뿐만 아니라 그와 동일성이 있거나 그 변형으로 인정되는 채무에도 적용된다(대판 2014.11.27. 2012다14562).

④ A가 B 회사의 C에 대한 운송계약상의 채무불이행을 원인으로 한 손해배상청구권을 대위행사 하는 경우 그 지연손해금은 민사법정이율이 아닌 상법 제54조가 정한 연 6%의 상사법정이율을 적용하여 산정하여야 한다(대판 2014.11.27. 2012다14562).

⑤ 상법 제54조의 상사법정이율이 적용되는 '상행위로 인한 채무'에는 상행위로 인하여 직접 생긴 채무뿐만 아니라 그와 동일성이 있는 채무 또는 변형으로 인정되는 채무도 포함되고, 당사자 쌍방에 대하여 모두 상행위가 되는 행위로 인한 채무 뿐만 아니라 당사자 일방에 대하여만 상행위에 해당하는 행위로 인한 채무도 포함된다.[법원직 18, 법무사 17]

⑥ 부당해고 기간 중의 미지급 임금은 상행위로 생긴 것이므로 그 변형으로 인정되는 지연손해금채무, 즉 채무불이행으로 인한 손해배상채무도 상사채무라 할 것이어서 상법이 정한 연 6%의 상사법정이율이 적용된다(대판 2014.8.26. 2014다28305).

⑦ 영리법인인 주택건설업자의 아파트 입주 지연에 따른 지체상금은 상행위인 분양계약의 불이행으로 인한 손해배상 채권으로서 그 지연손해금에 대하여도 상법 제54조의 상사법정이율을 적용하여야 한다.[법무사 17]

2. 상사법정이율이 적용되지 않는 경우

① 상행위가 아닌 불법행위로 인한 손해배상채무에는 상사법정이율이 적용되지 않는다(대판 1985.5.28. 84다카966).[법원직 13, 18, 법무사 17, 변호사 15, 21]

② 법률의 규정에 의하여 발생한 법정채무에도 상사법정이율이 적용되지 않는다(대판 2009.9.10. 2009다41786).

③ 고속국도 관리청이 송유관 매설자의 비용을 대신 부담함으로써 발생한 부당이득반환채무는 법률의 규정에 의한 법정채무일 뿐이므로, 그 지연손해금에 관하여 상사법정이율을 적용할 수 없다(대판 2009.9.10. 2009다41786).

Ⅱ. 법정이자청구권

제55조 (법정이자청구권) ① 상인이 그 영업에 관하여 금전을 대여한 경우에는 법정이자를 청구할 수 있다.
② 상인이 그 영업범위 내에서 타인을 위하여 금전을 체당하였을 때에는 체당한 날 이후의 법정이자를 청구할 수 있다.

1. 영업에 관한 금전대여에 대한 법정이자

① 상인이 영업에 관하여 금전을 대여한 경우에는 법정이자를 청구할 수 있다.

② 상인이 비상인에게 금전을 대여한 경우에도 적용된다. 상인과 비상인 사이에 이자의 약정이 없더라도 대주인 상인은 법정이자를 청구할 수 있다.

③ 대여는 영업에 관련된 것이면 충분하고 영업으로 해야 하는 것은 아니다.

④ 상인이 그 영업에 관하여 금전을 대여한 경우에는 법정이자를 청구할 수 있고, 상인 간에서 금전소비대차에 따른 약정이자를 구하는 청구에는 약정이자율이 인정되지 않더라도 상법 소정의 법정이자의 지급을 구하는 취지가 포함되어 있다(대판 2007.3.15. 2006다73072).[법원직 08, 12, 18, 19, 법무사 08, 17, 변호사 21]

2. 체당금에 대한 법정이자

① 상인이 그 영업범위 내에서 타인을 위하여 금전을 체당한 경우, 체당한 날 이후의 법정이자를 청구할 수 있다. [법원직 15, 법무사 05, 08]

② 체당이란 부동산중개인이 등기비용을 대신 납부하는 경우와 같이, 금전소비대차에 의하지 않고 타인을 위하여 금전을 지출하는 것을 말한다.

③ 민법상 사무관리의 경우 이자청구권이 인정되지 않으나(민법 제739조 제1항), 상법상 체당의 경우 법정이자를 청구할 수 있다.

Ⅲ. 보수청구권

> **제61조 (상인의 보수청구권)** 상인이 그 영업범위내에서 타인을 위하여 행위를 한 때에는 이에 대하여 상당한 보수를 청구할 수 있다.

① 상인이 그 영업범위 내에서 타인을 위하여 행위를 한 때에는 이에 대하여 상당한 보수를 청구할 수 있다. [법원직 12, 16, 법무사 04, 09, 10]

② 상인의 영업범위 내 행위에는 보조적 상행위도 포함된다.

③ 민법상 타인을 위하여 한 행위는 무상이 원칙이나, 상인이 그 영업의 범위 내에서 타인을 위하여 행위를 한 때에는 특약이 없어도 상당한 보수를 청구할 수 있다. [법무사 05, 08]

④ 타인을 위한다는 것은 경제적 관점에서 타인을 위한다는 것을 의미한다. 현실적으로 타인에게 이익이 발생하지 않아도 무방하다. 당사자 사이의 약정으로 보수청구권을 배제할 수 있다(대판 2007.9.20. 2006다15816).

Ⅳ. 상사임치

> **제62조 (임치를 받은 상인의 책임)** 상인이 그 영업범위 내에서 물건의 임치를 받은 경우에는 보수를 받지 아니하는 때에도 선량한 관리자의 주의를 하여야 한다.

① 상인이 그 영업범위 내에서 물건의 임치를 받은 경우에는 보수를 받지 않는 경우에도 선량한 관리자의 주의를 하여야 한다. [법원직 12, 16, 법무사 04 09, 10, 변호사 21]

② 임치가 보조적 상행위인 경우를 포함한다.

Ⅴ. 대화자간 청약의 구속력, 청약에 대한 낙부통지의무 등

> **제51조 (대화자간의 청약의 구속력)** 대화자간의 계약의 청약은 상대방이 즉시 승낙하지 아니한 때에는 그 효력을 잃는다.
>
> **제53조 (청약에 대한 낙부통지의무)** 상인이 상시 거래관계에 있는 자로부터 그 영업부류에 속한 계약의 청약을 받은 때에는 지체없이 낙부의 통지를 발송하여야 한다. 이를 해태한 때에는 승낙한 것으로 본다.
>
> **제60조 (물건보관의무)** 상인이 그 영업부류에 속한 계약의 청약을 받은 경우에 견품 기타의 물건을 받은 때에는 그 청약을 거절한 때에도 청약자의 비용으로 그 물건을 보관하여야 한다. 그러나 그 물건의 가액이 보관의 비용을 상환하기에 부족하거나 보관으로 인하여 손해를 받을 염려가 있는 때에는 그러하지 아니하다.

1. 대화자간 청약의 구속력

① 대화자간 계약의 청약은 상대방이 즉시 승낙하지 아니한 때에는 그 효력을 잃는다.[법원직 18, 법무사 13]

② 격지자간 계약의 청약은 상대방이 상당한 기간 내에 승낙 통지를 발송하지 않으면 효력을 상실한다는 종전 제52조 규정은 삭제되었다. → 격지자간 계약 청약에 대한 승낙도 도달주의가 적용된다.

2. 청약에 대한 낙부통지의무

① 상인이 상시 거래관계에 있는 자로부터 그 영업부류에 속한 계약의 청약을 받고 지체 없이 낙부의 통지를 발송하지 않으면 이를 승낙한 것으로 본다.[법원직 12, 15, 18, 법무사 09, 13, 변호사 16, 18]

② 청약을 받은 자는 상인이어야 한다.

③ 청약은 승낙기간을 정하지 않은 격지자 간의 청약을 의미한다.

④ 영업부류에 속한 계약과 관련하여 보조적 상행위는 이에 포함되지 않는다.

3. 청약 및 물건 수령자의 물건보관의무

① 상인이 그 영업부류에 속한 계약의 청약을 받고 견품 기타의 물건을 받은 때에는 그 청약을 거절한 때에도 청약자의 비용으로 그 물건을 보관하여야 한다.[법무사 07, 변호사 16]

② 물건의 가액이 보관비용보다 적거나 보관으로 인하여 손해를 받을 염려가 있는 때에는 보관의무를 지지 않는다.

③ 상법 제60조는 물건의 현상이나 가치를 반송할 때까지 계속 유지, 보존하는 보관비용의 상환에 관한 규정일 뿐 그 물건이 보관된 장소의 사용이익 상당의 손해의 배상에 관한 규정은 아니다(대판 1996.7.12. 95다41161,41178).

VI. 지점 거래의 채무이행장소

> **제56조 (지점거래의 채무이행장소)** 채권자의 지점에서의 거래로 인한 채무이행의 장소가 그 행위의 성질 또는 당사자의 의사표시에 의하여 특정되지 아니한 경우 특정물 인도 외의 채무이행은 그 지점을 이행장소로 본다.

① 채권자 지점에서의 거래로 인한 채무이행의 장소가 행위의 성질 또는 당사자의 의사표시에 의하여 특정되지 아니한 경우 특정물 인도 외의 채무이행은 그 지점을 이행장소로 본다.[법원직 16, 법무사 10, 15]

② 민법상 일반원칙과 비교할 때 채권자 지점을 이행장소로 규정한 지참채무의 의미를 가진다. 민법상 특정물인도의 이행장소는 채권 성립 당시 물건이 있던 장소이고, 특정물인도 이외에는 채권자의 현주소 또는 채무가 영업에 관한 것이면 채권자의 영업소가 이행장소가 된다(민법 제467조).

법무사 13

1 대화자간의 매매계약의 청약은 상대방이 상당한 기간 내에 승낙하지 아니한 때에는 그 효력을 잃는다. (○, ×)

법원직 15

2 상인이 상시 거래관계에 있는 자로부터 그 영업부류에 속한 계약을 청약을 받은 때 지체 없이 낙부의 통지를 발송하지 않은 경우 승낙한 것으로 추정한다. (○, ×)

법원직 12, 법무사 13

3 상인이 상시 거래관계에 있는 자로부터 그 영업부류에 속한 계약의 청약을 받은 때에 지체 없이 낙부의 통지를 발송하지 않으면 거절한 것으로 본다. (○, ×)

법무사 07

4 상인이 그 영업부류에 속한 계약의 청약을 받은 경우에 견품 기타의 물건을 받은 때에는 그 청약을 거절한 때에도 자신의 비용으로 그 물건을 보관하여야 한다. (○, ×)

1 × **2** × **3** × **4** ×

Ⅶ. 다수당사자의 연대책임 및 보증인의 연대책임

> **제57조 (다수채무자간 또는 채무자와 보증인의 연대)** ① 수인이 그 1인 또는 전원에게 상행위가 되는 행위로 인하여 채무를 부담한 때에는 연대하여 변제할 책임이 있다.
> ② 보증인이 있는 경우에 그 보증이 상행위이거나 주채무가 상행위로 인한 것인 때에는 주채무자와 보증인은 연대하여 변제할 책임이 있다.

1. 다수당사자의 연대책임

① 수인이 그 1인 또는 전원에게 상행위가 되는 행위로 인하여 채무를 부담하게 되는 경우 그러한 다수당사자가 연대하여 변제할 책임을 부담한다.[법무사 05, 변호사 19, 21]

② 채무자에게 상행위가 되어야 하나, 채무자 전원에게 상행위가 되어야 하는 것은 아니다.

③ 채권자는 상인이 아니어도 된다.

④ 하나의 공동행위로 수인이 채무를 부담하여야 한다.

⑤ 조달본부의 물품구매행위는 독립한 법인체인 계열회사들이 조달본부에 대행을 위임하거나 대리권을 수여한 행위이므로 각 거래는 계열회사와 물품공급회사 사이에 이루어진 것으로서 그 법률효과는 그 당사자에게만 미치고 다른 계열회사는 아무런 권리의무가 발생하지 않는 제3자의 지위에 있다. 따라서 조달본부에서 물품을 발주 구입하였다는 사실을 이유로 상법 제57조 제1항의 수인이 그 1인 또는 전원에게 상행위로 인하여 부담하는 공동구매라고 할 수 없다(대판 1987.6.23. 86다카633).

⑥ 공동수급체의 구성원들이 상인인 경우 탈퇴한 조합원에 대하여 잔존 조합원들이 탈퇴 조합원의 지분을 환급할 의무는 구성원 전원의 상행위에 따라 부담한 채무로서 잔존 조합원들은 연대하여 탈퇴한 조합원에게 지분환급의무를 이행할 책임이 있다(대판 2016.7.14. 2015다233098).

⑦ 조합의 채무는 조합원의 채무로서 특별한 사정이 없는 한 조합의 채권자는 각 조합원에 대하여 지분의 비율에 따라 또는 균일적으로 변제의 청구를 할 수 있을 뿐이나, 조합채무가 특히 조합원 전원을 위하여 상행위가 되는 행위로 인하여 부담하게 된 것이라면 상법 제57조 제1항을 적용하여 조합원들의 연대책임을 인정함이 타당하다(대판 2018.4.12. 2016다39897).[법무사 20, 변호사 19]

⑧ 영농조합법인에 계란을 공급하고 대금을 지급받지 못한 자가 조합원 일부를 상대로 물품대금을 청구한 경우 조합원은 연대책임을 부담하므로 조합원 일부에게 물품대금 전부를 청구할 수 있다(대판 2018.4.12. 2016다39897).

2. 보증인의 연대책임

① 보증인의 보증이 상행위이거나 주채무가 상행위로 인한 것인 경우 주채무자와 보증인은 연대하여 변제할 책임이 있다.[법원직 08, 13, 16]

② 보증인에게는 최고·검색의 항변권이 인정되지 않는다.[법무사 10]

쟁점 05 상사매매

Ⅰ. 의의

① 상법은 상사매매의 법률관계를 신속히 종결시키기 위해 양당사자가 상인인 매매에 적용되는 특칙을 규정하고 있다.

② 매매업을 하지 않아도 쌍방이 상인인 매매의 경우 관련 특칙이 적용된다.

③ 당사자 쌍방이 상인이어야 하고, 당사자 쌍방에게 매매계약이 모두 상행위여야 한다.

Ⅱ. 매도인의 목적물 공탁, 경매권

> **제67조 (매도인의 목적물의 공탁, 경매권)** ① 상인간의 매매에 있어서 매수인이 목적물의 수령을 거부하거나 이를 수령할 수 없는 때에는 매도인은 그 물건을 공탁하거나 상당한 기간을 정하여 최고한 후 경매할 수 있다. 이 경우에는 지체없이 매수인에 대하여 그 통지를 발송하여야 한다.
> ② 전항의 경우에 매수인에 대하여 최고를 할 수 없거나 목적물이 멸실 또는 훼손될 염려가 있는 때에는 최고없이 경매할 수 있다.
> ③ 전2항의 규정에 의하여 매도인이 그 목적물을 경매한 때에는 그 대금에서 경매비용을 공제한 잔액을 공탁하여야 한다. 그러나 그 전부나 일부를 매매대금에 충당할 수 있다.
>
> **민법 제490조 (자조매각금의 공탁)** 변제의 목적물이 공탁에 적당하지 아니하거나 멸실 또는 훼손될 염려가 있거나 공탁에 과다한 비용을 요하는 경우에는 변제자는 법원의 허가를 얻어 그 물건을 경매하거나 시가로 방매하여 대금을 공탁할 수 있다.

① 상인간의 매매에서 매수인이 목적물의 수령을 거부하거나 수령할 수 없는 경우 매도인은 그 물건을 공탁하거나 상당한 기간을 정하여 최고한 후 경매할 수 있다. [법원직 11, 16, 20, 21, 법무사 04, 10, 변호사 18]

② 매수인이 목적물의 수령을 거부하거나 이를 수령할 수 없어 매도인이 그 물건을 경매한 경우 그 경매대금의 전부 또는 일부를 매매대금에 충당할 수 있다. [법무사 10]

③ 상인간의 매매의 경우 매도인은 최고만으로 목적물 경매가 가능하다. 민법상 경매는 목적물이 공탁에 부적절하거나 멸실·훼손의 우려가 있는 경우, 공탁에 과다한 비용이 소요되는 경우 법원의 허가를 얻는 경우에 가능하다(민법 제490조).

Ⅲ. 확정기매매

> **제68조 (확정기매매의 해제)** 상인간의 매매에 있어서 매매의 성질 또는 당사자의 의사표시에 의하여 일정한 일시 또는 일정한 기간 내에 이행하지 아니하면 계약의 목적을 달성할 수 없는 경우에 당사자의 일방이 이행시기를 경과한 때에는 상대방은 즉시 그 이행을 청구하지 아니하면 계약을 해제한 것으로 본다.
>
> **민법 제545조 (정기행위와 해제)** 계약의 성질 또는 당사자의 의사표시에 의하여 일정한 시일 또는 일정한 기간내에 이행하지 아니하면 계약의 목적을 달성할 수 없을 경우에 당사자 일방이 그 시기에 이행하지 아니한 때에는 상대방은 전조의 최고를 하지 아니하고 계약을 해제할 수 있다.

법무사 04, 10

1 매수인이 목적물의 수령을 거부하거나 이를 수령할 수 없는 때에는 매도인은 그 물건을 공탁하거나 법원의 허가를 얻어 경매할 수 있다. (○, ×)

1 ×

① 상인간의 확정기매매의 경우 당사자의 일방이 이행시기를 경과한 때에는 상대방은 즉시 그 이행을 청구하지 아니하면 계약을 해제한 것으로 본다.[법원직 11, 16, 19, 20, 법무사 10, 19, 변호사 16, 18]

② 확정기매매란 매매의 성질 또는 당사자의 의사표시에 의하여 일정한 일시 또는 일정한 기간 내에 이행하지 아니하면 계약의 목적을 달성할 수 없는 매매를 의미한다.

③ 확정기매매의 이행기가 지나도록 매수인이 즉시 이행청구를 하지 않으면 매매계약이 해제된 것으로 간주되므로 매수인은 매도인에게 다시 이행청구를 할 수 없고, 채무불이행에 기한 손해배상청구만 할 수 있다. 매매계약에만 적용되므로 도급계약의 경우에는 민법 제545조가 적용된다.

④ 민법상 정기행위의 이행지체의 경우 최고 없이 계약을 해제할 수 있다(민법 제545조).

Ⅳ. 매수인의 목적물의 보관 및 공탁의무

> **제70조 (매수인의 목적물보관, 공탁의무)** ① 제69조의 경우에 매수인이 계약을 해제한 때에도 매도인의 비용으로 매매의 목적물을 보관 또는 공탁하여야 한다. 그러나 그 목적물이 멸실 또는 훼손될 염려가 있는 때에는 법원의 허가를 얻어 경매하여 그 대가를 보관 또는 공탁하여야 한다.
> ③ 제1항 및 제2항의 규정은 목적물의 인도장소가 매도인의 영업소 또는 주소와 동일한 특별시·광역시·시·군에 있는 때에는 이를 적용하지 아니한다.
>
> **제71조 (동전 – 수량초과 등의 경우)** 전조의 규정은 매도인으로부터 매수인에게 인도한 물건이 매매의 목적물과 상위하거나 수량이 초과한 경우에 그 상위 또는 초과한 부분에 대하여 준용한다.

① 상인간의 매매계약에서 매수인이 매매계약을 해제한 경우, 매수인은 매매목적물을 보관하거나 공탁해야 한다.

② 목적물이 멸실·훼손될 염려가 있는 경우, 매수인은 법원의 허가를 얻어 경매 후 대가를 보관 또는 공탁해야 한다.

③ 매수인의 목적물보관, 공탁의무 및 법원의 허가에 따른 경매 조항은 목적물의 인도장소가 매도인의 영업소 또는 주소와 동일한 특별시·광역시·시·군에 있는 때에는 적용되지 않는다.

④ 목적물의 하자 또는 수량부족을 이유로 한 해제뿐만 아니라 확정기매매의 해제에도 유추적용 되는 등 해제의 원인은 중요하지 않다.

⑤ 매도인이 해제의 원인에 대하여 악의인 경우에도 적용된다.

⑥ 매도인이 매수인에게 인도한 물건이 목적물과 다르거나 수량을 초과한 경우, 매수인은 상위 또는 초과한 부분에 대해 매도인의 비용으로 보관 또는 공탁해야 하고, 목적물이 멸실 또는 훼손될 염려가 있는 때에는 법원의 허가를 얻어 경매하여 그 대가를 보관 또는 공탁해야 한다.[법원직 20, 법무사 10, 19]

Ⅴ. 매수인의 검사통지의무

> **제69조 (매수인의 목적물의 검사와 하자통지의무)** ① 상인간의 매매에 있어서 매수인이 목적물을 수령한 때에는 지체없이 이를 검사하여야 하며 하자 또는 수량의 부족을 발견한 경우에는 즉시 매도인에게 그 통지를 발송하지 아니하면 이로 인한 계약해제, 대금감액 또는 손해배상을 청구하지 못한다. 매매의 목적물에 즉시 발견할 수 없는 하자가 있는 경우에 매수인이 6월내에 이를 발견한 때에도 같다.
> ② 전항의 규정은 매도인이 악의인 경우에는 적용하지 아니한다.

법원직 20

1 상인간의 매매에서 매수인은 매매 목적물 수령 후 하자를 이유로 적법하게 계약을 해제하였더라도 매도인에게 반환하기 전까지 자신의 비용으로 매매 목적물을 보관하여야 한다.

(○, ×)

1 ×

1. 의의

① 상인간의 매매에 있어서 매수인이 목적물을 수령한 때에는 지체 없이 이를 검사하여야 하며 하자 또는 수량의 부족을 발견한 경우에는 즉시 매도인에게 그 통지를 발송하지 아니하면 이로 인한 계약해제, 대금감액 또는 손해배상을 청구하지 못한다.

② 즉시 발견할 수 없는 하자는 6월내에 매도인에게 통지하여야 한다.

③ 6개월 제척기간의 기산점은 하자를 안 날이 아니라 목적물을 수령한 날이다.

2. 요건

(1) 양 당사자 모두 상인

매수인에게 즉시 목적물의 검사와 하자통지를 할 의무를 지우고 있는 상법 제69조의 규정은 상인간의 매매에 적용되는 것이며,[법원직 19] 매수인이 상인인 한 매도인이 상인인지 여부를 불문하고 위 규정이 적용되어야 하는 것은 아니다[대판 1993.6.11. 93다7174,7181(반소)].

(2) 매매

① 도급이나 임대차에는 적용되지 않는다.

② 부대체물 공급계약은 전매의 가능성이 거의 없다는 점에서 도급으로 보아 민법상 수급인의 담보책임(민법 제667조 ~ 제672조)이 적용된다.

③ 별도 주문에 의하여 생산되는 포장지나 승강기는 부대체제이어서 도급의 성질을 가진다.

④ 상사매매에 관한 상법 제69조는 상인간의 수량을 지정한 건물의 임대차계약에 준용될 수 없다(대판 1995.7.14. 94다38342).[법원직 11, 17, 21, 법무사 13, 20]

⑤ 대체물인 경우에는 매매에 관한 규정이 적용되나, 부대체물인 경우에는 물건의 공급과 함께 그 제작이 계약의 주목적이 되어 도급의 성질을 강하게 띠므로 이 경우에는 매매 관련 규정이 당연히 적용된다고 할 수 없다(대판 1987.7.21. 86다카2446).[변호사 18]

⑥ 甲 회사가 乙 회사와 승강기 제작·설치공사계약을 체결한 경우, 계약의 대상인 승강기가 乙 회사의 신축 건물에 맞추어 일정한 사양으로 특정되어 있으므로, 그 계약은 대체가 어렵거나 불가능한 제작물의 공급을 목적으로 하는 계약으로서 도급의 성질을 갖고 있다(대판 2010.11.25. 2010다56685).

(3) 매수인의 목적물 수령

① 매수인이 목적물을 현실적으로 수령해야 한다. 따라서 운송관계 서류만을 수령하는 경우는 해당하지 않는다.

② 매매의 목적물은 특정물과 불특정물 모두를 포함하며, 부동산도 대상이 된다.

(4) 목적물의 수량부족이나 하자

① 목적물의 하자 및 수량부족의 경우에만 적용된다.

② '권리의 하자 또는 경매'의 경우나 '목적물의 수량초과'나 '다른 물건'이 인도된 경우에는 상법상 검사통지의무가 적용되지 않는다.[법원직 17] ☞ 목적물 수량초과나 다른 물건이 인도된 경우에는 제71조에 의해서 제70조(매수인의 목적물 보관 공탁의무)가 적용된다.

(5) 매도인의 선의

매매 당시 매도인이 악의 또는 중과실인 경우에는 적용되지 않는다.[법무사 16, 변호사 14]

(6) 배제특약의 부존재

본 규정은 임의규정으로 당사자가 달리 정할 수 있다(대판 2008.5.15. 2008다3671).[법원직 20, 변호사 15]

법원직 19

1 상인 상법상 매매에 관한 특칙 규정은 상인간의 매매 즉, 당사자 쌍방에게 모두 상행위가 되는 매매에 적용된다. (○, ×)

법원직 21, 법무사 13, 20

2 상사매매에 관한 상법 제69조는, 민법의 매매에 관한 규정이 민법 제567조에 의하여 매매 이외의 유상계약에 준용되는 것과 마찬가지로 상인간의 수량을 지정한 건물의 임대차계약에 준용된다. (○, ×)

1 ○ **2** ×

3. 효과

(1) 매수인의 목적물 검사 및 통지의무

① 매수인은 목적물의 검사 및 통지의무를 부담한다. 위 의무 불이행시 매수인은 수량부족이나 하자를 주장할 수 없게 된다.

② 매수인은 ㉠ 목적물에 수량부족이나 하자가 존재한다는 사실, ㉡ 그로 인한 손해, ㉢ 검사 및 통지의무를 이행했다는 사실을 입증하여야 한다[대판 1990.12.21. 90다카28498,28504(반소)].[법원직 21. 법무사 20]

(2) 6개월 이내 발견할 수 없었던 하자

① 6개월 이후 하자가 발견된 경우, 매수인이 무과실이어도 매도인에게 담보책임을 물을 수 없다.

② 제69조는 상거래의 신속한 처리와 매도인의 보호를 위한 규정이므로, 설령 매매의 목적물에 상인에게 통상 요구되는 객관적인 주의의무를 다하여도 즉시 발견할 수 없는 하자가 있는 경우에도 매수인이 6월 내에 그 하자를 발견하여 지체 없이 이를 통지하지 아니하면 매수인은 과실의 유무를 불문하고 매도인에게 하자담보책임을 물을 수 없다(대판 1999.1.29. 98다1584).[법원직 11, 16, 17, 18, 법무사 04, 08, 10, 13, 16, 변호사 14, 18]

(3) 불완전이행으로 인한 손해배상청구와의 관계

① 매수인의 검사, 통지의무는 민법상 매도인의 담보책임에 대한 특칙이다. 따라서 채무불이행에 해당하는 불완전이행으로 인한 손해배상책임에는 적용되지 않는다(대판 2015.6.24. 2013다522).[법원직 16, 17, 19, 21, 법무사 16, 20]

② 甲 유한회사가 乙 주식회사로부터 토지를 인도받아 소유권이전등기를 마친 때로부터 6개월이 경과한 후에 토양 오염 등의 하자를 통지한 경우 하자담보책임에 기한 손해배상책임은 인정되지 않으나, 乙 회사가 오염된 토양을 정화하지 않은 채 토지를 인도한 것은 불완전이행에 해당하므로 그에 따라 오염된 토양을 정화하는 데 필요한 비용 상당의 손해배상책임은 인정된다.

쟁점 06 상호계산

1. 의의

> **제72조 (의의)** 상호계산은 상인간 또는 상인과 비상인간에 상시 거래관계가 있는 경우에 일정한 기간의 거래로 인한 채권채무의 총액에 관하여 상계하고 그 잔액을 지급할 것을 약정함으로써 그 효력이 생긴다.

① 상호계산이란 상인간 또는 상인과 비상인간에 상시 거래관계가 있는 경우 일정기간의 거래로 인한 채권채무의 총액에 관하여 상계하고 그 잔액을 지급할 것을 내용으로 하는 계약을 말한다.[법원직 07, 12, 법무사 14, 변호사 12, 17, 19]

② 상호계산은 영업을 위하여 이용되는 계약으로, 보조적 상행위에 해당한다.

③ 상호계산은 상거래 결제의 편리성 증대와 신용 부여 및 담보제공의 기능을 가진다.

2. 요건

① 적어도 일방 당사자는 상인이어야 한다.[변호사 12, 19]
② 계속적 거래관계가 존재하여야 한다. 채권과 채무가 상호 발생하는 거래가 예상되어야 한다.
③ 상호계산기간이란 채권채무 총액에 관한 상계의 단위가 되는 기간을 말한다. 상호계산기간은 상호계산의 존속기간과 구별된다.
④ 당사자가 상호계산기간을 정하지 않은 경우 그 기간은 6월로 한다.[법원직 11, 12, 19, 법무사 04, 14, 변호사 12]
⑤ 거래로 인한 금전채권채무만이 대상이 된다.
⑥ 어음·수표는 지급기일 등 일정한 시기에 일정한 방법으로 지급되는 것이 예정되어 있으므로 상호계산의 대상이 되지 않는다. 다만, 어음·수표 수수에 따른 대가채권은 상호계산 대상이 된다.
⑦ 예를 들어 甲이 丙이 발행한 액면금 1억 원의 약속어음을 乙로부터 9천만 원에 어음할인 받기로 하고, 약속어음을 乙에게 양도하는 경우 할인대금 9천만 원은 甲과 乙의 상호계산에 포함시킬 수 있다. 이와 관련하여 乙이 만기에 丙으로부터 위 약속어음금을 지급받지 못하게 된 경우 乙은 9천만 원의 채무를 상호계산에서 제외할 수 있다. 이는 甲에 대한 乙의 채권이 상계되는 것을 방지하기 위한 것이다. 이 경우 乙은 甲에게 상환청구권을 행사할 수 있고, 甲에게 할인대금 9천만 원을 지급할 채무를 부담한다.
⑧ 불법행위채권, 제3자로부터 양수한 채권 및 금전채권이 아닌 특정물의 인도를 목적으로 하는 채권은 제외된다.[변호사 19]

3. 소극적 효력

① 상호계산 중의 채권·채무는 독립성을 잃고 하나의 계산단위가 된다.
② 채권·채무의 효력은 정지되고 개별 채권·채무를 임의로 양도, 입질 등 처분할 수 없다.
③ 어음 기타의 상업증권으로 인한 채권채무를 상호계산에 포함시킨 경우에 그 증권채무자가 변제하지 아니한 때에는 그 채무의 항목을 상호계산에서 제거할 수 있다.[법원직 19, 변호사 19]
④ 편입된 채권과 관련해서는 이행지체와 소멸시효 진행이 발생하지 않고, 편입되지 않은 채권과 편입된 채권 사이의 상계가 허용되지 않는다.
⑤ 편입된 채권에 대한 이행의 소는 제기할 수 없으나, 확인의 소는 제기 할 수 있다.

4. 적극적 효력

(1) 잔액채권의 성립
① 상호계산기간이 만료되면 쌍방의 채권채무는 총액에서 상계된 후 잔액 채권이 성립된다.
② 상계 후 잔액에 대하여는 채권자는 계산폐쇄일 이후의 법정이자를 청구할 수 있고, 당사자는 각 항목을 상호계산에 계입한 날로부터 이자를 붙일 것을 약정할 수 있다.[법원직 12, 법무사 14]

(2) 계산서승인의 효과
① 각 당사자가 계산서를 승인하면 잔액채권이 확정되어 각 항목에 대하여 이의를 할 수 없다(제75조).[법원직 12] 이는 각 항목의 발생원인의 무효·취소 사유를 주장할 수 없다는 의미이다.
② 계산서 승인 행위 자체의 무효·취소를 다투는 것은 가능하다.
③ 어느 항목에 착오나 탈루가 있는 경우에는 다툴 수 있다.[변호사 17]
④ 확정된 잔액채권은 소멸시효가 진행된다.

1 각 당사자는 언제든지 상호계산을 해제할 수 있으며, 이 경우에는 해제한 날의 익일에 계산이 폐지되므로 그 때서야 잔액의 지급을 청구할 수 있다.

(○, ×)

5. 상호계산의 해지

각 당사자는 언제든지 상호계산을 해지할 수 있다. 이 경우에는 각 당사자는 즉시 계산을 폐쇄하고 잔액의 지급을 청구할 수 있다.[법원직 19, 법무사 14, 변호사 17]

쟁점 07 익명조합

Ⅰ. 의의

> **제78조 (의의)** 익명조합은 당사자의 일방이 상대방의 영업을 위하여 출자하고 상대방은 그 영업으로 인한 이익을 분배할 것을 약정함으로써 그 효력이 생긴다.

① 익명조합이란 익명조합원이 영업자의 영업을 위하여 출자하고, 영업자는 그 영업으로 인한 이익을 분배하기로 하는 계약이다.
② 영업자는 상인이어야 하나, 익명조합원은 상인이 아니어도 된다.[법원직 08, 13]

Ⅱ. 내부관계

1. 익명조합원의 출자의무

(1) 출자 목적물

① 출자 목적물은 금전 또는 현물에 한정된다(제86조, 제272조).[법원직 08, 13]
② 신용 또는 노무 출자는 허용되지 않는다.[법원직 08, 13]

(2) 출자한 재산의 귀속

> **제79조 (익명조합원의 출자)** 익명조합원이 출자한 금전 기타의 재산은 영업자의 재산으로 본다.

① 익명조합원이 출자한 금전 기타의 재산은 영업자의 재산으로 본다(제79조).[법원직 11, 17, 20, 법무사 04, 15, 변호사 17]
② 영업자가 영업재산 또는 영업이익금을 유용하더라도 영업자는 타인의 재물을 보관하는 자가 아니므로 횡령죄가 성립하지 않는다.

③ 익명조합의 익명조합원이 출자한 금전 기타의 재산은 영업자의 재산이 되므로 영업자는 타인의 재물을 보관하는 자의 지위에 있지 않고, 따라서 영업자가 영업이익금 등을 임의로 소비하였더라도 횡령죄가 성립할 수는 없다(대판 2011.11.24. 2010도5014).[법원직 17]

2. 이익분배약정

(1) 이익분배

① 익명조합은 이익분배를 본질적 요소로 하므로 이익분배를 하지 않는다는 특약이 있으면 상법상 익명조합에 해당하지 않는다.

② 영업 이익 여부와 상관없이 익명조합원이 일정 금원을 지급받는 경우 상법상 익명조합에 해당하지 않는다. 익명조합원이 매출액의 일정 비율을 지급받는 경우도 익명조합이 아니다.[법무사 13, 17, 법무사 15]

③ 이익분배비율에 대한 당사자 사이의 약정이 없으면 조합의 이익분배에 관한 민법 제711조를 유추적용 하여 출자가액에 비례하여 정한다.

④ 음식점시설제공자에게 이익여부에 관계없이 정기적으로 일정액을 지급하고, 대외적 거래관계는 경영자 단독으로 하여 권리의무가 그에게만 귀속되는 동업관계는 상법상 익명조합도 아니고 민법상 조합도 아니어서 대외적으로는 경영자만 권리를 취득하고 채무를 부담한다(대판 1983.5.10. 81다650).

(2) 이익배당과 손실분담

> **제82조 (이익배당과 손실분담)** ① 익명조합원의 출자가 손실로 인하여 감소된 때에는 그 손실을 전보한 후가 아니면 이익배당을 청구하지 못한다.
> ② 손실이 출자액을 초과한 경우에도 익명조합원은 이미 받은 이익의 반환 또는 증자할 의무가 없다.
> ③ 전2항의 규정은 당사자간에 다른 약정이 있으면 적용하지 아니한다.

① 손실분담은 본질적 요소가 아니다. 따라서 익명조합원이 전혀 손실을 부담하지 않는다는 약정도 유효하다.[법원직 13]

② 다만 익명조합원의 출자가 손실로 인하여 감소된 때에는 그 손실을 전보한 후가 아니면 이익배당을 청구하지 못한다.[법원직 20, 법무사 15, 변호사 12]

③ 손실이 출자액을 초과한 경우, 익명조합원은 이미 받은 이익의 반환 또는 증자할 의무가 없다.[법원직 16]

④ 당사자 간에 다른 약정이 있으면 손실을 전보하기 전에도 이익배당 청구가 가능하고, 익명조합원이 이익반환의무 또는 증자의무를 부담할 수 있다.[법원직 16]

3. 익명조합원의 감시권

익명조합원은 영업자의 회계장부·대차대조표 기타의 서류를 열람할 수 있고, 영업자의 업무와 재산 상태를 검사할 수 있다(제86조, 제277조).[법원직 16] 열람과 검사 이외에 추가 조치 권한은 없다.

4. 지위의 양도 제한

익명조합계약은 당사자 간의 인적 신뢰를 전제로 하는 것이므로, 각 당사자의 지위는 특약이 없는 이상 이를 양도할 수 없다.

Ⅲ. 외부관계

1. 영업자와 제3자의 관계

① 익명조합은 영업자의 단독기업이므로, 영업자만이 제3자와의 거래당사자가 된다.

② 대외적인 모든 책임은 영업자가 지고, 익명조합원은 책임을 지지 않는다. 따라서 영업자는 무한책임을 지고, 익명조합원은 유한책임을 진다.

③ 영업자의 채권자는 익명조합원이 출자한 재산에 압류할 수 있으나, 익명조합원의 채권자는 익명조합원이 출자한 재산에 대하여 압류할 수 없다.

2. 익명조합원과 제3자의 관계

> **제80조 (익명조합원의 대외관계)** 익명조합원은 영업자의 행위에 관하여서는 제3자에 대하여 권리나 의무가 없다.
>
> **제81조 (성명, 상호의 사용허락으로 인한 책임)** 익명조합원이 자기의 성명을 영업자의 상호 중에 사용하게 하거나 자기의 상호를 영업자의 상호로 사용할 것을 허락한 때에는 그 사용 이후의 채무에 대하여 영업자와 연대하여 변제할 책임이 있다.

① 익명조합원은 영업자의 행위에 관하여 제3자에 대하여 권리의무가 없다(제80조).[법원직 10, 변호사 12, 17]

② 익명조합원이 자기의 성명을 영업자의 상호 중에 사용하게 하거나 자기의 상호를 영업자의 상호로 사용할 것을 허락한 때에는 그 사용 이후의 채무에 대하여 영업자와 연대하여 변제할 책임을 부담한다(제81조).[법원직 10, 20, 법무사 15, 19] 제24조 명의대여자책임과 동일한 취지의 규정이다.

Ⅳ. 익명조합계약의 해지와 익명조합의 종료

1. 익명조합계약의 해지

① 조합계약으로 조합의 존속기간을 정하지 아니하거나 어느 당사자의 종신까지 존속할 것을 약정한 때에는 각 당사자는 6개월 전에 상대방에게 예고 후 영업연도 말에 계약을 해지할 수 있다.

② 조합의 존속기간의 약정의 유무에 불구하고 부득이한 사정이 있는 때에는 각 당사자는 언제든지 계약을 해지할 수 있다.

2. 익명조합계약의 종료

① 익명조합계약은 ㉠ 영업의 폐지 또는 양도, ㉡ 영업자의 사망 또는 성년후견개시시, ㉢ 영업자 또는 익명조합원의 파산으로 종료된다.[법원직 08, 20, 법무사 04, 15]

② 익명조합원의 사망, 성년후견개시는 종료사유가 아니다.[법원직 16]

③ 조합계약이 종료한 때에는 영업자는 익명조합원에게 그 출자 가액을 반환해야 한다. 출자가 손실로 인하여 감소된 때에는 그 잔액을 반환하면 된다.[법원직 10, 16]

Ⅴ. 합자회사 유한책임사원 규정의 준용

> **제272조 (유한책임사원의 출자)** 유한책임사원은 신용 또는 노무를 출자의 목적으로 하지 못한다.
>
> **제277조 (유한책임사원의 감시권)** ① 유한책임사원은 영업년도말에 있어서 영업시간 내에 한하여 회사의 회계장부·대차대조표 기타의 서류를 열람할 수 있고 회사의 업무와 재산상태를 검사할 수 있다.
> ② 중요한 사유가 있는 때에는 유한책임사원은 언제든지 법원의 허가를 얻어 제1항의 열람과 검사를 할 수 있다.
>
> **제278조 (유한책임사원의 업무집행, 회사대표의 금지)** 유한책임사원은 회사의 업무집행이나 대표행위를 하지 못한다.

익명조합원에 대해서는 합자회사의 유한책임사원 규정 일부가 준용된다(제86조). 익명조합원에 준용되는 유한책임사원 규정은 제272조(유한책임사원 출자), 제277조(유한책임사원 감시권), 제278조(유한책임사원업무집행, 회사대표금지)이다.

법원직 20

1 익명조합원이 자기의 성명을 영업자의 상호 중에 사용하게 하거나 자기의 상호를 영업자의 상호로 사용할 것을 허락한 때에는 그 사용 전후의 채무에 대하여 영업자와 연대하여 변제할 책임이 있다. (○, ×)

법무사 15

2 익명조합원의 파산은 익명조합계약의 종료사유에 해당하지 않지만, 영업자의 파산은 종료사유에 해당한다. (○, ×)

법원직 16

3 영업자가 사망한 경우 익명조합계약은 종료되나, 익명조합원이 사망한 경우에도 위와 같이 계약이 종료되는지에 대하여 상법에 명문의 규정이 없다. (○, ×)

법원직 10

4 조합계약이 종료하면 영업자는 익명조합원에게 손실여부와 무관히 출자한 가액을 반환하여야 한다. (○, ×)

1 × **2** × **3** ○ **4** ×

Ⅰ. 의의

> **제86조의2 (의의)** 합자조합은 조합의 업무집행자로서 조합의 채무에 대하여 무한책임을 지는 조합원과 출자가액을 한도로 하여 유한책임을 지는 조합원이 상호출자하여 공동사업을 경영할 것을 약정함으로써 그 효력이 생긴다.

① 합자조합이란 조합의 업무집행자로서 조합의 채무에 대하여 무한책임을 지는 조합원과 출자가액을 한도로 하여 유한책임을 지는 조합원이 상호 출자하여 공동사업을 경영할 것을 내용으로 하는 계약을 말한다.[법원직 14, 17, 법무사 14]

② 합자조합은 업무집행조합원 1인 이상과 유한책임조합원 1인 이상 사이의 조합계약 체결로 성립된다.

③ 회사는 제173조의 유추적용에 따라 업무집행조합원이 될 수 없다.

④ 출자의무이행은 합자조합의 성립요건이 아니다.

⑤ 등기는 합자조합의 실질이 기업조직이라는 점을 감안한 대외적 공시일 뿐 합자조합의 성립요건이 아니다.

⑥ 업무집행조합원은 합자조합 설립 후 2주 내에 조합의 주된 영업소 소재지에서 조합의 목적, 명칭, 업무집행조합원이 성명(상호), 주소 및 주민등록번호, 조합원의 출자의 목적, 재산출자의 경우 그 가액과 이행한 부분 등을 등기하여야 한다.[법원직 15]

Ⅱ. 내부관계

1. 조합원의 출자의무

① 모든 조합원이 출자의무를 부담한다. 출자된 재산은 민법 일반원칙에 따라 조합원의 합유가 된다.

② 업무집행조합원의 출자목적물에 제한이 없고, 신용, 노무 출자도 가능하다.

③ 유한책임조합원의 출자목적물은 금전 또는 현물로 한정되고, 신용, 노무 출자는 허용되지 않는다. 다만, 조합계약으로 유한책임조합원의 신용이나 노무 출자를 허용하는 경우 가능하다.

2. 업무집행조합원

(1) 각자 업무집행과 대리

① 업무집행조합원은 조합계약에 다른 규정이 없으면 각자가 업무를 집행하고 대리한다.[법무사 14]

② 둘 이상의 업무집행조합원이 있는 경우에 조합계약에 다른 정함이 없으면 각 업무집행조합원의 업무집행에 관한 행위에 대하여 다른 업무집행조합원의 이의가 있는 경우에는 그 행위를 중지하고 업무집행조합원 과반수의 결의에 따라야 한다.[법원직 14, 17, 법무사 14]

법원직 15
1 합자조합 설립 후 조합원의 출자의 목적을 등기하여야 한다. (O, X)

법원직 14
2 둘 이상의 업무집행조합원이 있는 경우에 조합계약에 다른 정함이 없으면 그 각 업무집행조합원의 업무집행에 관한 행위에 대하여 다른 업무집행조합원의 이의가 있는 경우에는 그 행위를 중지하고 총조합원 과반수의 결의에 따라야 한다. (O, X)

1 O **2** X

(2) 경업금지 및 자기거래금지 [변호사 17]

> **제86조의8 (준용규정)** ② 업무집행조합원에 대하여는 제183조의2(업무집행가처분등의 등기), 제198조(사원의 경업의 금지), 제199조(사원의 자기거래), 제200조의2(직무대행자의 권한), 제208조 제2항(제3자의 수인의 공동대표 중 1인에 대한 의사표시), 제209조(대표사원의 권한), 제212조(사원의 책임) 및 제287조(청산인)를 준용한다. 다만, 제198조와 제199조는 조합계약에 다른 규정이 있으면 그러하지 아니하다.

① 업무집행조합원에는 합명회사 일부 규정이 준용된다.

② 업무집행조합원은 다른 모든 조합원의 동의가 없으면 자기 또는 제3자의 계산으로 합자조합의 영업부류에 속하는 거래를 하지 못하며 동종영업을 목적으로 하는 다른 회사의 무한책임사원 또는 이사가 되지 못한다.

③ 경업금지 위반의 경우 개입권이 인정되고, 손해배상청구도 가능하다. 개입권은 다른 조합원 과반수의 결의가 요구되며, 다른 조합원 1인이 거래를 안 날로부터 2주가 지나거나 거래가 있은 날로부터 1년이 지나면 소멸한다.

④ 업무집행조합원은 다른 조합원 과반수의 결의가 있는 때에 한하여 자기 또는 제3자의 계산으로 합자조합과 거래를 할 수 있다.

⑤ 업무집행조합원의 경업금지, 자기거래금지는 조합계약으로 달리 정할 수 있다.

(3) 조합재산의 처분

판례는 민법상 조합재산의 처분변경행위는 조합의 특별사무에 해당하는 업무집행으로서 업무집행조합원의 과반수로써 결정할 수 있다고 본다(대판 2000.10.10. 2000다28506,28513).

3. 유한책임조합원

> **제86조의8 (준용규정)** ③ 조합계약에 다른 규정이 없으면 유한책임조합원에 대하여는 제199조(사원의 자기거래), 제272조(유한책임사원의 출자), 제275조(유한책임사원의 경업의 자유), 제277조(유한책임사원의 감시권), 제278조(유한책임사원의 업무집행, 회사대표의 금지), 제283조(유한책임사원의 사망) 및 제284조(유한책임사원의 성년후견개시)를 준용한다.

① 유한책임조합원에는 합자회사 유한책임사원의 일부 규정이 준용된다.

② 유한책임조합원은 업무집행권한이 없으나, 조합계약으로 달리 정할 수 있다. [법무사 14]

③ 유한책임조합원은 감시권을 가진다.

④ 유한책임조합원은 경업금지의무는 없으나, 자기거래금지의무는 부담한다. 조합계약에서 유한책임조합원에게 업무집행권을 부여한 경우 경업금지의무를 진다고 본다.

4. 손익분배

손익분배는 조합계약으로 정한다. 손익분배에 관해 정하지 않았더라도 조합계약이 무효가 되지는 않는다. 이 경우 민법에 따라 이익분배는 출자가액에 비례하고 손실분담은 이익분배비율에 따른다.

5. 조합원의 변동과 지분 양도

> **제86조의7 (조합원의 지분의 양도)** ① 업무집행조합원은 다른 조합원 전원의 동의를 받지 아니하면 그 지분의 전부 또는 일부를 타인에게 양도하지 못한다.
> ② 유한책임조합원의 지분은 조합계약에서 정하는 바에 따라 양도할 수 있다.
> ③ 유한책임조합원의 지분을 양수한 자는 양도인의 조합에 대한 권리·의무를 승계한다.

① 업무집행조합원의 지분 양도는 다른 조합원 전원의 동의가 요구된다.[법원직 14, 17, 법무사 14, 19]
② 유한책임조합원 지분은 조합계약에서 정하는 바에 따라 양도가능하다.[법원직 14, 17, 법무사 14, 19]
③ 유한책임조합원 지분의 양수인은 양도인의 조합에 대한 권리·의무를 승계한다.
④ 신규 조합원의 가입은 조합계약에서 달리 정하지 않는 한 조합원 전원 동의사항이다.
⑤ 조합원은 민법 제716조에 따라 탈퇴할 수 있고, 지분을 계산하여 반환할 수 있다.
⑥ 조합원 제명은 조합계약에서 달리 정하지 않는 한 조합원 전원 동의사항이다(민법 제718조).

Ⅲ. 외부관계

1. 업무집행조합원

① 업무집행조합원은 업무집행권한이 있는지 여부와 상관없이 직접·연대·무한책임을 부담한다.
② 연대책임이란 업무집행조합원들 간의 연대책임으로서 조합재산으로 조합채무를 완전히 변제할 수 없거나 조합재산에 대한 강제집행의 효력이 없을 경우에 지는 책임을 말한다.

2. 유한책임조합원

> **제86조의6 (유한책임조합원의 책임)** ① 유한책임조합원은 조합계약에서 정한 출자가액에서 이미 이행한 부분을 뺀 가액을 한도로 하여 조합채무를 변제할 책임이 있다.
> ② 제1항의 경우 합자조합에 이익이 없음에도 불구하고 배당을 받은 금액은 변제책임을 정할 때에 변제책임의 한도액에 더한다.

① 유한책임조합원은 직접·유한책임을 부담한다. 유한책임조합원은 조합계약에서 정한 출자가액에서 이미 이행한 부분을 뺀 가액을 한도로 하여 조합채무를 변제할 책임을 부담한다.[법원직 14, 17, 변호사 17]
② 그 경우 합자조합에 이익이 없음에도 불구하고 배당을 받은 금액은 변제책임을 정할 때에 변제책임의 한도액에 더한다.[법원직 14, 17]

Ⅳ. 합자조합의 종료

① 합자조합은 업무집행조합원 또는 유한책임조합원의 전원이 탈퇴한 경우 해산된다.
② 잔존한 업무집행조합원 또는 유한책임조합원은 전원의 동의로 새로 유한책임조합원 또는 업무집행조합원을 가입시켜서 합자조합을 계속할 수 있다.

제2장 상행위 각칙

쟁점 01 대리상

1. 의의

> **제87조 (의의)** 일정한 상인을 위하여 상업사용인이 아니면서 상시 그 영업부류에 속하는 거래의 대리 또는 중개를 영업으로 하는 자를 대리상이라 한다.

① 대리상이란 일정한 상인을 위하여 상업사용인이 아니면서 상시 그 영업부류에 속하는 거래의 대리(체약대리상) 또는 중개(중개대리상)를 영업으로 하는 자를 의미한다.[법원직 16, 21, 법무사 03, 20]

② 대리상의 본인은 반드시 상인이어야 한다.[변호사 12]

③ 대리상은 일정한 상인을 대리하므로 경업금지의무, 겸직금지의무 및 영업비밀유지의무가 부여되며, 경업금지의무 위반시 개입권이 인정한다.

④ 대리상은 일정한 상인의 영업만을 보조하고 상법상 경업금지의무를 부담하나, 중개인은 일정한 상인임을 요하지 아니하며, 경업금지의무 규정이 없다.[변호사 12]

⑤ 위탁매매인은 자신의 명의로 거래를 한다는 점에서 대리상과 구별된다.[변호사 12]

⑥ 대리상의 본인은 반드시 상인이어야 하나, 위탁매매인의 위탁자는 상인이 아니어도 된다. 가맹사업자도 자기의 명의와 자기의 계산으로 영업을 한다는 점에서 대리상과 구별된다.

2. 대리상의 의무

> **제88조 (통지의무)** 대리상이 거래의 대리 또는 중개를 한 때에는 지체없이 본인에게 그 통지를 발송하여야 한다.
>
> **제89조 (경업금지)** ① 대리상은 본인의 허락없이 자기나 제3자의 계산으로 본인의 영업부류에 속한 거래를 하거나 동종영업을 목적으로 하는 회사의 무한책임사원 또는 이사가 되지 못한다.
>
> **제92조의3 (대리상의 영업비밀준수의무)** 대리상은 계약의 종료후에도 계약과 관련하여 알게 된 본인의 영업상의 비밀을 준수하여야 한다.

① 대리상이 거래의 대리 또는 중개를 한 때에는 지체 없이 본인에게 통지를 발송하여야 한다. [법무사 03, 20] 대리상의 통지의무는 개별 거래의 대리 또는 중개시마다 발생한다.

② 대리상은 본인의 허락 없이 자기나 제3자의 계산으로 본인의 영업부류에 속한 거래를 하거나 동종영업을 목적으로 하는 회사의 무한책임사원 또는 이사가 되지 못한다.[법원직 08, 12, 21, 법무사 20]

③ 동종영업을 목적으로 하는 경우에만 금지된다는 점을 제외하고는 상업사용인과 동일하다.

④ 경업금지의무 위반의 경우 개입권, 해지권, 손해배상청구권이 인정되며,[법원직 14, 16] 겸직금지의무 위반의 경우 개입권은 인정되지 않는다.

법원직 16

1 일정한 상인을 위하여 상업사용인으로서 상시 그 영업부류에 속하는 거래의 대리 또는 중개를 영업으로 하는 자를 대리상이라 한다. (○, ×)

법무사 20

2 대리상은 본인 거래의 중개를 영업으로 할 수는 없다. (○, ×)

법원직 21

3 위탁매매인에는 경업금지의무가 있지만, 대리상은 이러한 의무가 없다. 이는 위탁매매인의 경우 특정한 상인을 보조하지만 대리상은 이에 한정되지 않기 때문이다. (○, ×)

1 × 2 × 3 ×

⑤ 대리상의 경우 특정 상인을 보조하므로 경업금지의무를 지지만, 중개인은 불특정상인을 보조하므로 경업금지의무를 지지 않는다.

⑥ 대리상은 계약 종료 후에도 계약과 관련하여 알게 된 본인의 영업비밀을 준수하여야 한다. [법원직 12, 16, 20, 법무사 03, 20]

3. 대리상의 권리

> **제61조 (상인의 보수청구권)** 상인이 그 영업범위 내에서 타인을 위하여 행위를 한 때에는 이에 대하여 상당한 보수를 청구할 수 있다.
>
> **제91조 (대리상의 유치권)** 대리상은 거래의 대리 또는 중개로 인한 채권이 변제기에 있는 때에는 그 변제를 받을 때까지 본인을 위하여 점유하는 물건 또는 유가증권을 유치할 수 있다. 그러나 당사자 간에 다른 약정이 있으면 그러하지 아니하다.
>
> **제92조의2 (대리상의 보상청구권)** ① 대리상의 활동으로 본인이 새로운 고객을 획득하거나 영업상의 거래가 현저하게 증가하고 이로 인하여 계약의 종료후에도 본인이 이익을 얻고 있는 경우에는 대리상은 본인에 대하여 상당한 보상을 청구할 수 있다. 다만, 계약의 종료가 대리상의 책임있는 사유로 인한 경우에는 그러하지 아니하다.
> ② 제1항의 규정에 의한 보상금액은 계약의 종료전 5년간의 평균년보수액을 초과할 수 없다. 계약의 존속기간이 5년 미만인 경우에는 그 기간의 평균년보수액을 기준으로 한다.
> ③ 제1항의 규정에 의한 보상청구권은 계약이 종료한 날부터 6월을 경과하면 소멸한다.
>
> **제90조 (통지를 받을 권한)** 물건의 판매나 그 중개의 위탁을 받은 대리상은 매매의 목적물의 하자 또는 수량부족 기타 매매의 이행에 관한 통지를 받을 권한이 있다.

(1) 보수청구권
대리상은 상인이므로 보수의 약정이 없더라도 상당한 보수를 청구할 수 있다.

(2) 특별상사유치권
1) 의의
대리상은 거래의 대리 또는 중개로 인한 채권이 변제기에 있는 때에는 그 변제를 받을 때까지 본인을 위하여 점유하는 물건 또는 유가증권에 대해 유치권을 행사할 수 있다. [법원직 08, 12, 14, 20, 법무사 03, 20, 변호사 12]

2) 요건 [변호사 21]
① 당사자 모두 상인이어야 한다.
② 피담보채권은 거래의 대리 또는 중개로 인한 채권에 한정된다.
③ 견련성을 요하지 않는다.
④ 본인을 위하여 점유하는 물건이면 본인 소유가 아니어도 된다.
⑤ 유치권 성립을 배제하는 반대약정이 없어야 한다.

(3) 보상청구권
① 대리상의 활동으로 본인이 새로운 고객을 획득하거나 영업상의 거래가 현저하게 증가하고 계약의 종료 후에도 본인이 이익을 얻고 있는 경우 대리상은 본인에 대하여 보상을 청구할 수 있다. [법원직 10, 12, 14, 20, 법무사 09, 20]
② 대리상계약이 종료되어야 한다. 대리상의 귀책으로 인하여 계약 종료의 경우 적용되지 않는다.
③ 대리상의 활동으로 인하여 영업상 거래가 증가하여야 한다.
④ 대리상계약 종료 이후에도 그로 인한 본인 이익이 현존하여야 한다.

법무사 03

1 대리상은 대리상 계약이 존속 중에는 계약과 관련하여 알게 된 본인의 영업상의 비밀을 준수하여야 하지만 대리상 계약이 종료된 후에는 비밀준수의무가 없어진다. (O, ×)

법원직 20, 법무사 20

2 대리상은 거래의 대리 또는 중개로 인한 채권이 변제기에 있는 때에는 그 변제를 받을 때까지 본인을 위하여 점유하는 물건 또는 유가증권을 유치할 수 있는데, 이때 본인 소유가 아닌 제3자 소유의 물건 또는 유가증권은 유치할 수 없다. (O, ×)

법원직 08

3 거래의 대리로 인한 채권이 변제기에 있다 하더라도 그 변제를 받을 때까지 대리상이 본인을 위하여 점유하는 물건을 유치하는 것은 위임의 본지에 반하므로 허용되지 아니한다. (O, ×)

1 × 2 × 3 ×

1 대리상의 활동으로 인한 이익
이 대리상계약의 종료 후에도
계속되는 경우에 대리상은 본
인에 대하여 상당한 보상을 청
구할 수 있다(제92조의2 제1항).
계약종료가 대리상의 책임있는
사유로 인한 경우에는 그러하
지 아니하다. (O, ✕)

3 대리상의 활동으로 본인이 새
로운 고객을 획득하거나 영업
상의 거래가 현저하게 증가하
고 이로 인하여 계약의 종료 후
에도 본인이 이익을 얻고 있는
경우에는 대리상은 계약이 종
료된 날로부터 1년 이내에 본인
에 대하여 상당한 보상을 청구
할 수 있다. (O, ✕)

⑤ 다수설은 보상청구권 포기 특약을 인정하고 있다.

⑥ 대리상은 본인에게 상당한 보상을 청구할 수 있다. 보상금액은 계약의 종료 전 5년간의 평균
연보수액 및 5년 미만 기간 평균 연보수액을 한도로 한다. 계약이 종료한 날부터 6개월이 지
나면 보상청구권은 소멸한다.[법원직 10, 12, 14, 20, 법무사 09, 20]

⑦ 제조자 등으로부터 제품을 구매하여 자기의 이름과 계산으로 판매하는 특약점이 대리상과
동일하거나 유사한 업무를 수행하고, 계약 종료 후 제조자나 공급자에게 고객관계를 이전할
의무를 부담하며, 계약 체결 경위, 투자한 자본, 회수 규모 및 영업현황 등에 비추어 대리상
과 마찬가지의 보호필요성이 인정되는 경우, 특약점에도 대리상의 보상청구권이 유추적용된
다(대판 2013.2.14. 2011다28342).

(4) 통지수령권

물건의 판매나 중개의 위탁을 받은 대리상은 매매의 목적물의 하자 또는 수량 부족 기타 매매의
이행에 관한 통지를 받을 권한이 있다.[법원직 08] 매매계약 무효, 취소, 해제 등의 통지 및 기타 계
약과 관련된 통지는 본인에게 직접 하여야 한다.

4. 대리상과 제3자의 관계

대리상의 외부관계는 민법에 의하여 해결된다. 그 결과 민법상 대리의 법리에 따라 거래의 효과
는 본인에게 귀속된다. 대리상은 원칙적으로 거래상의 책임을 부담하지 않는다.

5. 대리상계약의 종료와 해지

① 대리상계약의 존속기간을 약정하지 아니한 때에는 각 당사자는 2개월 전에 예고 후 해지할
수 있다. 부득이한 경우에는 예고 없이 언제든지 해지가 가능하다.[법원직 08, 14, 16, 법무사 03]

② 상법은 대리상계약의 종료사유에 대해서 별도로 규정하지 않고 있다. 따라서 대리상계약은
민법상 위임계약 종료 사유(민법 제690조)에 의하여 종료된다.

③ 대리상계약의 존속기간 만료, 영업의 폐지, 양도 또한 대리상계약의 종료사유이다.

④ 본인의 사망은 대리상계약의 종료원인이 아니다.

쟁점 02 중개업

1. 의의

> **제93조 (의의)** 타인간의 상행위의 중개를 영업으로 하는 자를 중개인이라 한다.

4 상법상 중개인은 타인간의 상
행위의 중개를 영업으로 하는
자이므로, 상행위가 아닌 법률
행위의 중개를 영업으로 하는
자는 상인에 해당하지 않는다.
(O, ✕)

① 중개인이란 타인간의 상행위의 중개를 영업으로 하는 자를 말한다.[법원직 15, 법무사 13]

② 중개의 대상이 상행위이므로 일방은 상인이어야 한다.

③ 중개인은 사실행위를 할 뿐이므로 법률관계에 드러나지 않는다.

④ 중개인은 불특정 다수를 중개한다는 점에서 특정 상인을 중개하는 중개대리상과 비교된다.
상행위가 아닌 결혼중매인, 공인중개사 등은 민사중개인에 해당한다. 민사중개인의 중개행위
도 제46조 제11호에 해당하므로 이를 영업으로 하는 경우 당연상인이 된다.

⑤ 중개업의 경우 당사자들이 직접 협상을 하지 않으므로 계약에 대한 증거를 남기는 것이 중요하다. 그 결과 중개인과 관련해서는 견품보관, 결약서, 일기장 작성에 관한 규정이 존재한다.

2. 중개인의 의무

> **제96조 (결약서 교부의무)** ① 당사자 간에 계약이 성립된 때에는 중개인은 지체없이 각 당사자의 성명 또는 상호, 계약년월일과 그 요령을 기재한 서면을 작성하여 기명날인 또는 서명한 후 각 당사자에게 교부하여야 한다.
> ② 당사자가 즉시 이행을 하여야 하는 경우를 제외하고 중개인은 각 당사자로 하여금 제1항의 서면에 기명날인 또는 서명하게 한 후 그 상대방에게 교부하여야 한다.
>
> **제98조 (성명, 상호 묵비의 의무)** 당사자가 그 성명 또는 상호를 상대방에게 표시하지 아니할 것을 중개인에게 요구한 때에는 중개인은 그 상대방에게 교부할 결약서와 일기장 등본에 이를 기재하지 못한다.
>
> **제99조 (중개인의 이행책임)** 중개인이 임의로 또는 전조의 규정에 의하여 당사자의 일방의 성명 또는 상호를 상대방에게 표시하지 아니한 때에는 상대방은 중개인에 대하여 이행을 청구할 수 있다.

(1) 선관주의의무
중개인은 수임인으로서 민법 제681조에 따라 선관주의의무를 부담한다. 중개인은 거래관계의 법적 당사자가 아니므로 제3자와의 외부관계는 문제되지 않는다.

(2) 견품보관의무
① 중개인이 중개행위에 관하여 견품을 받은 때에는 그 행위가 완료될 때까지 이를 보관하여야 한다. [법무사 07. 13]
② 행위가 완료된 때란 중개행위 완료나 계약이 이행된 때가 아니라 그 물건의 품질에 관한 분쟁이 발생하지 않을 것이 확실하게 된 때를 의미한다.

(3) 결약서 교부의무
① 중개 대상 계약이 성립되면 중개인은 지체 없이 각 당사자의 성명 또는 상호, 계약 연월일과 요령을 기재한 서면인 결약서를 작성하여 각 당사자에게 교부하여야 한다. [법원직 15, 법무사 19]
② 당사자가 즉시 이행해야 하는 경우를 제외하고 중개인은 각 당사자로 하여금 결약서에 기명날인 또는 서명하게 한 후 그 상대방에게 교부해야 한다. [법원직 15, 법무사 19]
③ 당사자의 일방이 결약서의 수령을 거부하거나 기명날인 또는 서명하지 않는 경우 중개인은 지체 없이 상대방에게 그 통지를 발송해야 한다.
④ 결약서는 계약서가 아닌 증거증권에 불과하다.

(4) 일기장 작성의무 및 일기장 등본 교부 의무
① 중개인은 중개행위의 요령을 기재한 장부인 일기장을 작성하여야 한다.
② 중개인은 당사자가 청구하는 경우 일기장의 등본을 교부하여야 한다.
③ 자신의 영업 관련 회계를 기록하는 상업장부와 달리 일기장은 타인 간의 상거래에 관한 기록이다.

(5) 성명 · 상호 묵비의무
당사자가 성명 또는 상호를 상대방에게 표시하지 않도록 중개인에게 요구한 경우 중개인은 상대방에게 교부할 결약서와 일기장 등본(일기장에는 가능)에 이를 기재할 수 없다. [법무사 19]

법무사 19
1 중개인은 당사자 간에 계약이 성립된 때에 각 당사자의 성명 또는 상호, 계약 년월일과 그 요령을 기재한 서면을 작성하여 기명날인 또는 서명한 후 각 당사자에게 교부하여야 한다. 이 경우 거래의 명확성을 위하여 당사자가 요구하는 경우에도 그 성명 또는 상호의 기재는 생략할 수 없다. (O, ×)

법원직 13
2 상법 제98조에 의하여 중개인에 대하여 성명 · 상호를 표시하지 아니할 것을 요구할 수 있는 당사자에는 중개를 위탁한 당사자뿐만 아니라 그 상대방도 포함된다. (O, ×)

1 × **2** ○

(6) 개입의무

① 중개인이 임의로 또는 어느 당사자의 요구에 의하여 당사자의 일방의 성명 또는 상호를 상대방에게 표시하지 아니한 경우 상대방은 중개인에 대하여 이행을 청구할 수 있다.[법원직 12, 15, 법무사 07]

② 개입의무 때문에 일방 당사자입장에서는 상대방의 성명이나 상호를 모르더라도 중개인에게 이행청구 할 수 있다는 점에서 안심하고 거래에 임할 수 있게 된다.

③ 개입의무가 발생하기 위해서는 중개인의 임의 또는 일방 당사자의 성명, 상호 묵비 요구가 있어야 하며, 중개인이 타방 당사자의 성명이나 상호를 묵비하여야 하고, 상대방이 중개인에게 이행을 청구하여야 한다.

④ 중개인의 개입의무 발생 이후, 중개인이 당사자의 성명 또는 상호를 밝히더라도 중개인에 대한 이행청구권은 소멸하지 않는다.[법원직 13]

⑤ 개입의무가 성립하더라도 중개인이 거래당사자가 되는 것은 아니며, 거래는 당사자들 사이에 성립한다. 위탁매매인의 개입권 행사시 위탁매매인이 당사자가 되는 것과 구별된다.

3. 중개인의 권리

> **제94조 (중개인의 급여수령대리권)** 중개인은 그 중개한 행위에 관하여 당사자를 위하여 지급 기타의 이행을 받지 못한다. 그러나 다른 약정이나 관습이 있으면 그러하지 아니하다.
>
> **제100조 (보수청구권)** ① 중개인은 제96조(결약서 교부의무)의 절차를 종료하지 아니하면 보수를 청구하지 못한다.
> ② 중개인의 보수는 당사자쌍방이 균분하여 부담한다.

① 중개인은 결약서를 작성하여 교부한 경우 보수를 청구할 수 있다.[법무사 07, 13]

② 중개인의 보수는 당사자 쌍방이 균분하여 부담한다.[법무사 07]

③ 결약서는 당사자 간의 계약 체결을 전제로 하므로, 중개인의 보수는 중개행위만으로 인정되지 않고 계약이 유효하게 성립되어야 인정된다.[법원직 13]

④ 중개인은 그 중개한 행위에 관하여 당사자를 위하여 지급 기타의 이행을 받지 못한다. 다른 약정이나 관습이 있으면 지급 기타의 이행을 받을 수 있다.[법원직 13, 15, 법무사 07, 13]

⑤ 중개인의 개입의무와 관련하여 당사자가 중개인에게 성명 또는 상호의 묵비를 요구한 경우 중개인에게 급부수령권까지 인정하는 묵시적 합의를 하였다고 보는 것이 통설이다. 이 경우에도 중개인은 거래당사자가 아니므로 상대방에게 이행을 청구할 수는 없다. 중개인은 개입의무만 있을 뿐, 개입권이 인정되지 않는다.

⑥ 중개인의 견품보관의무에도 불구하고 비용청구권에 관한 규정이 없으므로 중개인의 비용청구권은 인정되지 않는다.

⑦ 중개인에게는 특별상사유치권이 인정되지 않는다.

1. 의의

> **제101조 (의의)** 자기명의로써 타인의 계산으로 물건 또는 유가증권의 매매를 영업으로 하는 자를 위탁매매인이라 한다.

① 위탁매매인이란 자기명의로 타인의 계산으로 물건 또는 유가증권의 매매를 영업으로 하는 자를 말한다.

② 위탁매매란 자기의 명의로 타인의 계산으로 물품을 매수 또는 매도하고 보수를 받는 것으로서 명의와 계산의 분리를 본질로 한다. '자기명의'란 자신이 법률행위의 당사자가 되는 것을 말하고, '타인의 계산'이란 법률행위의 경제적 효과를 타인에게 귀속시킨다는 것을 말한다.

③ 어떤 계약이 일반 매매계약인지 위탁매매계약인지는 계약의 명칭 또는 형식적인 문언을 떠나 실질에 따라 판단하여야 한다. 자기 명의로 타인의 계산으로 매매 아닌 행위를 영업으로 하는 준위탁매매의 경우에도 마찬가지이다(대판 2011.7.14. 2011다31645).

④ 자기 명의로 타인의 계산으로 법률행위를 하는 것을 일반적으로 주선행위라 한다.

⑤ 위탁매매는 매매를 주선하는 것인데 위탁매매인의 영업적 상행위는 제46조 제12호에 규정된 주선행위의 인수이며, 매매 그 자체는 보조적 상행위에 해당한다.

⑥ 위탁자는 불특정다수인이며, 상인이 아니어도 된다.[법무사 11]

⑦ 위탁자와 위탁매매인 사이에는 위탁계약이 체결되고, 위탁매매인과 거래상대방 사이에는 매매계약이 체결된다. 위탁자와 거래상대방 사이에는 직접적인 법률관계가 존재하지 않는다.

2. 위탁매매인의 의무

(1) 선관주의의무

위탁매매인은 수임인으로서 민법 제681조에 따라 선관주의의무를 부담한다. 중개인과 마찬가지로 불특정상인을 위해 거래를 보조하므로 경업금지의무를 부담하지 않는다.[법원직 21, 법무사 06]

(2) 통지의무 및 계산서 제출의무

위탁매매인이 위탁받은 매매를 한 경우 지체 없이 위탁자에게 계약의 요령과 상대방의 주소, 성명을 통지하고 계산서를 제출하여야 한다(제104조).[법무사 04, 07]

(3) 위탁매매 목적물 관련 통지의무

① 위탁매매인이 위탁매매의 목적물을 인도받은 후에 그 물건의 훼손 또는 하자를 발견하거나 그 물건이 부패할 염려가 있는 때 또는 가격 저락의 상황을 안 경우 지체 없이 위탁자에게 통지하여야 한다(제108조 제1항).

② 위탁자의 지시를 받을 수 없거나 그 지시가 지연되는 때에는 위탁매매인은 위탁자의 이익을 위하여 적당한 처분을 할 수 있다(제108조 제2항).

(4) 지정가격준수의무

> **제106조 (지정가액준수의무)** ① 위탁자가 지정한 가액보다 염가로 매도하거나 고가로 매수한 경우에도 위탁매매인이 그 차액을 부담한 때에는 그 매매는 위탁자에 대하여 효력이 있다.
> ② 위탁자가 지정한 가액보다 고가로 매도하거나 염가로 매수한 경우에는 그 차액은 다른 약정이 없으면 위탁자의 이익으로 한다.

법무사 07

1 위탁매매인이란 타인의 계산 및 명의로 물건 또는 유가증권의 매매를 영업으로 하는 자를 말한다. (○, ×)

법무사 12

2 위탁매매라 함은 자기의 명의로 타인의 계산에 의하여 물품을 구입 또는 판매하고 보수를 받는 것으로서 명의와 계산이 분리되는 것을 본질로 하는 것이므로, 그 명확성을 위하여 어떠한 계약이 일반 매매계약인지 위탁매매계약인지는 계약의 명칭 내지 형식적인 문언에 따라 판단하여야 한다. (○, ×)

법무사 06

3 위탁매매인은 위탁자와의 사이에 위임관계에 따라서 수임인으로서 위탁자를 위하여 선량한 관리자의 주의로써 그 위임사무를 처리하여야 할 의무를 부담한다. (○, ×)

법원직 21

4 위탁매매인에는 경업금지의무가 있지만, 대리상은 이러한 의무가 없다. 이는 위탁매매인의 경우 특정한 상인을 보조하지만 대리상은 이에 한정되지 않기 때문이다. (○, ×)

1 × 2 × 3 ○ 4 ×

① 위탁매매인은 위탁자가 지정한 가액을 준수하여야 한다.

② 위탁자가 지정한 가액보다 염가로 매도하거나 고가로 매수한 경우 위탁매매인이 체결한 매매계약은 유효하나, 경제적 효과를 위탁자에게 귀속시킬 수 없다. 이 경우 위탁매매인은 매매계약 체결에 대한 보수를 청구할 수 없다. [법원직 17, 법무사 07, 16, 19]

③ 위탁매매인이 그 차액을 부담하면 그 매매는 위탁자에 대하여 효력이 있다(제106조 제1항). 또한 위탁매매인은 위탁자에게 보수를 청구할 수 있다. [법원직 17, 법무사 07, 16, 19]

④ 위탁자가 지정한 가액보다 고가로 매도하거나 염가로 매수한 경우에는 차액은 다른 약정이 없으면 위탁자의 이익으로 한다. [법원직 08, 11, 13, 16, 법무사 04, 11, 16, 변호사 13, 16]

(5) 이행담보책임

> **제105조 (위탁매매인의 이행담보책임)** 위탁매매인은 위탁자를 위한 매매에 관하여 상대방이 채무를 이행하지 아니하는 경우에는 위탁자에 대하여 이를 이행할 책임이 있다. 그러나 다른 약정이나 관습이 있으면 그러하지 아니하다.

① 위탁자를 위한 매매의 상대방이 채무를 이행하지 아니하는 경우, 위탁매매인은 위탁자에 대하여 이를 이행할 책임이 있다. [법원직 13, 21, 법무사 04, 07, 12, 19, 변호사 13, 16]

② 위탁자를 보호하기 위한 법정책임으로서의 무과실 이행담보책임이다.

③ 이행담보책임은 ㉠ 위탁매매 상대방이 채무를 이행하지 않을 것, ㉡ 채무의 급부가 대체이행이 가능한 것일 것, ㉢ 이행담보책임을 배제하는 특약이나 관습이 없을 것을 요건으로 한다.

④ 위탁매매인이 부담하는 책임은 상대방이 이행하여야 하는 채무와 동일하다.

⑤ 위탁매매인은 상대방의 항변권 행사가 가능하다.

⑥ 이행담보책임의 소멸시효는 5년이다. 상대방 채무의 시효와 무관하다.

⑦ 위탁매매는 상법상 전형적 상행위이며 위탁매매인은 당연한 상인이고 위탁자도 통상 상인일 것이므로, 위탁자의 위탁매매인에 대한 매매 위탁으로 인한 채권은 다른 특별한 사정이 없는 한 통상 상행위로 인하여 발생한 채권이어서 5년의 상사소멸시효의 대상이 된다(대판 1996.1.23. 95다39854). [법원직 19, 법무사 18, 19]

3. 위탁매매인의 권리

> **제107조 (위탁매매인의 개입권)** ① 위탁매매인이 거래소의 시세가 있는 물건 또는 유가증권의 매매를 위탁받은 경우에는 직접 그 매도인이나 매수인이 될 수 있다. 이 경우의 매매대가는 위탁매매인이 매매의 통지를 발송할 때의 거래소의 시세에 따른다.
>
> **제108조 (위탁물의 훼손, 하자 등의 효과)** ① 위탁매매인이 위탁매매의 목적물을 인도받은 후에 그 물건의 훼손 또는 하자를 발견하거나 그 물건이 부패할 염려가 있는 때 또는 가격저락의 상황을 안 때에는 지체없이 위탁자에게 그 통지를 발송하여야 한다.
> ② 전항의 경우에 위탁자의 지시를 받을 수 없거나 그 지시가 지연되는 때에는 위탁매매인은 위탁자의 이익을 위하여 적당한 처분을 할 수 있다.
>
> **제109조 (매수물의 공탁, 경매권)** 제67조(매도인의 목적물의 공탁, 경매권)의 규정은 위탁매매인이 매수의 위탁을 받은 경우에 위탁자가 매수한 물건의 수령을 거부하거나 이를 수령할 수 없는 때에 준용한다.
>
> **제111조 (준용규정)** 제91조(대리상의 유치권)의 규정은 위탁매매인에 준용한다.

(1) 보수청구권

위탁매매인은 상인이므로 보수 약정이 없더라도 상당한 보수를 청구할 수 있다.

(2) 개입권 [법원직 08, 11, 12, 16, 19, 법무사 07, 12, 18, 19, 변호사 21]

① 위탁매매인이 거래소의 시세가 있는 물건 또는 유가증권의 매매를 위탁받은 경우에는 직접 매도인이나 매수인이 될 수 있다.

② 개입권이 행사된 경우, 매매대가는 위탁매매인이 매매 통지를 발송할 때의 거래소 시세가 적용된다.

③ 개입권을 행사한 경우 위탁매매인은 위탁자에게 보수를 청구할 수 있다.

④ 제3자와 매매계약을 체결한 후에는 개입권을 행사하지 못한다.

(3) 위탁매매 목적물 처분권

위탁매매인이 위탁매매의 목적물 관련 통지의무를 이행하였음에도 위탁자의 지시를 받을 수 없거나 지시가 지연되는 경우, 위탁자의 이익을 위하여 적당한 처분을 할 수 있다.[법무사 19]

(4) 매수물의 공탁, 경매권

① 위탁자가 위탁매매인이 매수한 물건의 수령을 거부하거나 수령할 수 없는 경우, 위탁매매인은 그 물건을 공탁하거나 상당한 기간을 정하여 최고한 후 경매할 수 있다. 그 경우 지체 없이 위탁자에게 통지를 발송하여야 한다.[법원직 11]

② 위탁자에게 최고를 할 수 없거나 목적물이 멸실 또는 훼손될 염려가 있는 경우 위탁매매인은 최고 없이 매수한 물건을 경매할 수 있다.

③ 위탁매매인은 경매대금에서 경매비용을 공제한 잔액을 공탁하여야 한다.

④ 위탁매매인은 경매대금의 전부나 일부를 매매대금에 충당할 수 있다.

(5) 특별상사유치권

① 위탁매매인의 보수채권 등 위탁매매로 인한 채권이 변제기에 있는 경우, 위탁매매인은 변제를 받을 때까지 위탁자를 위하여 점유하는 물건 또는 유가증권을 유치할 수 있다.[법무사 11]

② 특별상사유치권은 ㉠ 피담보채권이 위탁매매로 인한 채권일 것, ㉡ 견련성 불요, ㉢ 위탁자를 위하여 점유하는 물건이면 위탁자 소유물이 아니어도 됨, ㉣ 위탁자가 상인이 아니어도 됨, ㉤ 배제특약의 부존재를 요건으로 한다.

(6) 민법상 위임 규정에 따른 비용선급청구권, 필요비상환청구권 등

위탁매매인에게는 민법 위임 규정에 따른 비용선급청구권, 필요비상환청구권 등이 인정된다.

4. 위탁매매의 법률관계

> **제102조 (위탁매매인의 지위)** 위탁매매인은 위탁자를 위한 매매로 인하여 상대방에 대하여 직접 권리를 취득하고 의무를 부담한다.
>
> **제103조 (위탁물의 귀속)** 위탁매매인이 위탁자로부터 받은 물건 또는 유가증권이나 위탁매매로 인하여 취득한 물건, 유가증권 또는 채권은 위탁자와 위탁매매인 또는 위탁매매인의 채권자간의 관계에서는 이를 위탁자의 소유 또는 채권으로 본다.

법원직 11, 12

1 위탁매매인이 거래소의 시세가 있는 물건 또는 유가증권의 매매를 위탁받은 경우에는 직접 그 매도인이나 매수인이 될 수 있다. 그 경우 위탁매매인은 위탁자에게 보수를 청구할 수 없다.
(O, X)

제2편

2022 해커스법원직 공태용 상법의 맥

1 ✕

(1) 위탁매매인의 매매계약상 권리취득 및 의무부담

① 매매계약의 상대방과의 관계에서 위탁매매인이 직접 권리를 취득하고 의무를 부담한다 (제102조).[법원직 08, 13, 16, 법무사 06, 11, 12, 16, 19]

② 매매계약의 무효, 취소 등은 위탁매매인을 기준으로 판단한다.[변호사 13]

③ 위탁자가 미성년자라도 위탁매매인과 제3자간의 계약은 유효하며, 미성년인 위탁자가 위탁매매인과의 위탁계약을 제한능력을 이유로 취소하여도 이를 가지고 제3자에게 대항할 수 없다.

(2) 매매계약 관련 위탁자의 지위

① 위탁자는 매매계약 당사자가 아니므로 상대방과의 사이에 권리와 의무가 존재하지 않는다.

② 위탁자는 상대방에 대하여 이행을 청구하거나 손해배상을 청구할 수도 없다.[법무사 06]

③ 위탁자는 위탁매매인의 이행담보책임을 근거로 위탁매매인에게 이행을 청구할 수 있다.

(3) 위탁자가 상인인 경우의 특칙

① 상인인 위탁자가 그 영업에 관하여 물건의 매수를 위탁한 경우 위탁자와 위탁매매인 간의 관계에는 상사매매 규정 중 제68조부터 제71조를 준용한다.

② 제67조(매도인의 목적물의 공탁, 경매권)는 제109조에 의하여 준용된다.[모의 18]

③ 제67조를 분리하여 제109조에서 준용하는 결과 위탁자가 상인이 아니더라도 제67조가 준용되게 된다.

(4) 위탁물의 귀속

① 위탁매매인이 위탁자로부터 받은 물건 또는 유가증권이나 위탁매매로 인해 취득한 물건, 유가증권 또는 채권은 위탁자와 위탁매매인 또는 위탁매매인의 채권자 간의 관계에서는 이를 위탁자의 소유로 본다.[법원직 08, 11, 16, 18, 21, 법무사 04, 06, 12, 16, 18, 19]

② 위탁매매인의 채권자가 위탁물에 대하여 강제집행을 하는 경우, 위탁자는 소유자로서 제3자이의의 소를 제기할 수 있다.

③ 위탁매매인의 파산절차, 회생절차가 진행되는 경우 위탁자는 환취권을 행사할 수 있다.[법원직 19, 법무사 11, 18]

④ 위탁매매인이 대금채권을 제3자에게 양도한 경우 위탁자에 대해서는 무권리자가 양도한 것이므로 제3자가 선의라도 그 채권양도는 위탁자에 대해 효력이 없다. 위탁매매인이 그가 제3자에 대하여 부담하는 채무를 담보하기 위하여 그 채권자에게 위탁매매로 취득한 채권을 양도한 경우에 위탁매매인은 위탁자에 대한 관계에서는 위탁자에 속하는 채권을 무권리자로서 양도한 것이고, 따라서 그 채권양도는 무권리자의 처분 일반에서와 마찬가지로 양수인이 그 채권을 선의취득하였다는 등의 특별한 사정이 없는 한 위탁자에 대하여 효력이 없다. 이는 채권양수인이 양도의 목적이 된 채권의 귀속 등에 대하여 선의였다거나 그 진정한 귀속을 알지 못하였다는 점에 관하여 과실이 없다는 것만으로 달라지지 아니한다(대판 2011.7.14. 2011다31645).[법원직 13, 변호사 16, 21]

⑤ 위탁매매인이 위탁물의 판매대금을 임의로 사용한 경우 횡령죄가 성립한다(대판 1982.2.23. 81도2619).[변호사 15, 16]

5. 준위탁매매

① 자기명의로써 타인의 계산으로 매매 아닌 행위를 영업으로 하는 자를 준위탁매매인이라 한다.

② 위탁매매에 관한 규정은 준위탁매매에 준용된다. 매매를 전제로 하는 규정은 준용되지 않는다.

법무사 06, 19

1 위탁매매인은 위탁자를 위한 매매로 인하여 상대방에 대하여 직접 권리를 취득하고 의무를 부담하므로, 위탁매매인이 위탁매매로 인하여 취득한 물건, 유가증권 또는 채권은 위탁자와 위탁매매인 또는 위탁매매인의 채권자간의 관계에서 이를 위탁매매인의 소유 또는 채권으로 본다. (○, ✕)

법원직 19, 법무사 18

2 위탁매매인이 위탁자로부터 물건 또는 유가증권을 받은 후 파산한 경우에는 위탁자는 대외적인 소유자가 아니므로 위 물건 또는 유가증권을 환취할 권리가 없다. (○, ✕)

법원직 13

3 위탁매매인이 그가 제3자에 대하여 부담하는 채무를 담보하기 위하여 그 채권자에게 위탁매매로 취득한 채권을 양도한 경우에 원칙적으로 그 채권양도는 위탁자에 대하여도 유효하다. (○, ✕)

1 ✕ **2** ✕ **3** ✕

③ 어떠한 계약이 일반의 매매계약인지 위탁매매계약인지는 계약의 명칭 또는 형식적인 문언을 떠나 그 실질을 중시하여 판단하여야 한다. 이는 자기 명의로써, 그러나 타인의 계산으로 매매 아닌 행위를 영업으로 하는 이른바 준위탁매매에 있어서도 마찬가지이다. 甲이 독점 판권을 가지고 있는 영화에 대해 乙과 국내배급대행계약을 체결하고 乙이 각 극장들과 상영계약을 체결한 경우, 배급대행계약서의 내용 등에 비추어 볼 때 乙이 甲의 계산으로 자신의 명의로 극장들과 상영계약을 체결하였다고 보아야 하므로, 乙은 준위탁매매인의 지위에 있다(대판 2011.7.14. 2011다31645). [법원직 17, 19, 법무사 04, 06, 07, 12, 16, 18]

6. 정리

대리상과 위탁매매인 및 중개인 관련 내용을 표로 정리하면 아래와 같다.

구분	대리상	중개인	위탁매매인
독립된 상인 여부	독립된 상인	독립된 상인	독립된 상인
보조의 대상	일정한 상인	불특정 다수	불특정 다수
경업금지	적용 ○	적용 ×	적용 ×
본인의 상인 여부	본인이 상인일 것	일방은 상인일 것	위탁자 상인일 필요 ×
특별상사유치권	○	×	○
명의와 계산	본인 명의, 본인 계산	–	위탁매매인 명의, 위탁자 계산

쟁점 04 운송주선업

1. 의의

> **제114조 (의의)** 자기의 명의로 물건운송의 주선을 영업으로 하는 자를 운송주선인이라 한다.

① 운송주선인이란 자기의 명의로 물건운송의 주선을 영업으로 하는 자를 의미한다. 즉 자기의 명의로 타인의 계산으로 운송인과 운송계약을 체결하는 자를 말한다.

② 운임확정 주선계약, 개입권 행사, 화물상환증 발행의 경우 운송주선인이 운송인의 지위를 취득한다. [법무사 18]

③ 운송주선인은 자기의 이름으로 주선행위를 하는 것이 원칙이지만, 실제로 주선행위를 하였다면 하주나 운송인의 대리인, 위탁자의 이름으로 운송계약을 체결하는 경우에도 운송주선인으로서의 지위를 상실하지 않는다(대판 2007.4.26. 2005다5058). [법원직 20, 법무사 18]

④ 위탁자의 청구에 의하여 화물상환증을 작성하거나 운송주선계약에서 운임의 액을 정한 경우에는 운송인의 지위도 취득할 수 있지만, 운송주선인이 위에 따라 운송인의 지위를 취득하지 않는 한, 운송인의 대리인으로서 운송계약을 체결하였더라도 운송의뢰인에 대한 관계에서는 여전히 운송주선인의 지위에 있다(대판 2007.4.27. 2007다4943).

법무사 18

1 운송주선인이 운송인의 대리인으로서 운송계약을 체결한 경우에 운송의뢰인에 대한 관계에서는 운송주선인의 지위를 상실하고 운송인으로서의 지위를 취득한다. (○, ×)

법원직 20

2 하주나 운송인의 대리인 또는 위탁자의 이름으로 운송계약을 체결한 경우에는 실제로 운송주선행위를 하였더라도 운송주선인의 지위에 있지 아니하다. (○, ×)

1 × **2** ×

2. 운송주선인의 의무

① 운송주선인의 의무에 대해서는 위탁매매규정이 준용된다.

② 운송주선인은 운송물의 수령 시부터 운송인에게 인도 시까지 선량한 관리자의 주의의무를 부담한다.

3. 운송주선인의 권리

> **제116조 (개입권)** ① 운송주선인은 다른 약정이 없으면 직접 운송할 수 있다. 이 경우에는 운송주선인은 운송인과 동일한 권리의무가 있다.
>
> ② 운송주선인이 위탁자의 청구에 의하여 화물상환증을 작성한 때에는 직접운송하는 것으로 본다.
>
> **제119조 (보수청구권)** ① 운송주선인은 운송물을 운송인에게 인도한 때에는 즉시 보수를 청구할 수 있다.
>
> ② 운송주선계약으로 운임의 액을 정한 경우에는 다른 약정이 없으면 따로 보수를 청구하지 못한다.
>
> **제120조 (유치권)** 운송주선인은 운송물에 관하여 받을 보수, 운임, 기타 위탁자를 위한 체당금이나 선대금에 관하여서만 그 운송물을 유치할 수 있다.
>
> **제122조 (운송주선인의 채권의 시효)** 운송주선인의 위탁자 또는 수하인에 대한 채권은 1년간 행사하지 아니하면 소멸시효가 완성한다.

(1) 개입권

① 운송주선인은 다른 약정이 없으면 직접 운송할 수 있다. 이 경우 운송주선인은 운송인과 동일한 권리의무가 있다.[법원직 07, 13, 18]

② 위탁매매인의 개입권과 유사하나 운송물이 거래소의 시세가 있을 것을 요하지 않는다.[법원직 13] 위탁자의 청구에 의해 운송주선인이 화물상환증을 작성한 경우 직접 운송하는 것으로 본다.[법원직 13]

③ 개입권을 행사하는 경우 운송주선인은 운송주선인의 지위와 운송인의 지위를 함께 가진다.

④ 운송주선인은 운송주선계약을 이행한 것으로 보아 위탁자에게 보수를 청구할 수 있고, 운송인의 지위도 가지게 되므로 직접 운임을 청구할 수 있다.

(2) 보수청구권

① 운송주선인이 운송물을 운송인에게 인도한 때(운송계약 체결시나 운송완료시가 아님)에 보수를 청구할 수 있다.

② 운송주선계약으로 운임액을 정한 경우에는 다른 약정이 없으면 따로 보수를 청구할 수 없다. [법원직 20]

③ 확정운임 운송주선계약에 해당하기 위해서는 주선인에게 운송인으로서의 기능을 수행할 수 있는 재산적 바탕이 있어야 하고, 정해진 운임의 액이 운송 부분의 대가만이 아니고 운송품이 위탁자로부터 수하인에게 도달되기까지의 액수가 정해진 경우라야 한다(대판 1987.10.13. 85다카1080).

(3) 특별상사유치권

① 운송주선인은 운송물에 관하여 받을 보수, 운임, 기타 위탁자를 위한 체당금이나 선대금에 관해서만 그 운송물을 유치할 수 있다.[변호사 21]

② 일반상사유치권과 달리 견련성을 요하고, 위탁자 소유물일 것을 요하지 않는다.

법원직 07

1 운송주선인은 다른 약정이 없으면 직접 운송할 수 없다. (○, ×)

법원직 13

2 운송주선인이 개입권을 행사하기 위해서는 운송물이 거래소의 시세가 있어야 한다. (○, ×)

법원직 13

3 운송주선인은 당연히 보수청구권을 가지지만, 보수청구권은 운송인에게 운송물을 인도한 이후에만 행사할 수 있다. (○, ×)

법원직 13

4 운송주선인이 운송물에 대한 운임을 받지 않았다면 운송물의 인도를 거절할 수 있다. (○, ×)

1 × 2 × 3 ○ 4 ○

(4) 운송물의 공탁 · 경매권, 비용청구권

① 운송주선인에 관하여는 위탁매매인에 관한 규정이 준용되므로, 운송주선인은 운송물에 대한 공탁 · 경매권을 가진다.

② 운송주선인은 위탁매매에 준용되는 민법 위임 규정에 따라 운송주선인의 비용선급청구권, 필요비상환청구권 등을 가진다.

(5) 운송주선인 채권의 소멸시효

운송주선인의 위탁자 또는 수하인에 대한 채권의 소멸시효는 1년이다.

4. 운송주선인의 손해배상책임

> **제115조 (손해배상책임)** 운송주선인은 자기나 그 사용인이 운송물의 수령, 인도, 보관, 운송인이나 다른 운송주선인의 선택 기타 운송에 관하여 주의를 해태하지 아니하였음을 증명하지 아니하면 운송물의 멸실, 훼손 또는 연착으로 인한 손해를 배상할 책임을 면하지 못한다.
>
> **제121조 (운송주선인의 책임의 시효)** ① 운송주선인의 책임은 수하인이 운송물을 수령한 날로부터 1년을 경과하면 소멸시효가 완성한다.
> ② 전항의 기간은 운송물이 전부멸실한 경우에는 그 운송물을 인도할 날로부터 기산한다.
> ③ 전2항의 규정은 운송주선인이나 그 사용인이 악의인 경우에는 적용하지 아니한다.

① 운송주선인은 자기나 그 사용인이 운송물의 수령, 인도, 보관, 운송인이나 다른 운송주선인의 선택 기타 운송에 관하여 주의를 해태하지 아니하였음을 증명하지 아니하면 운송물의 멸실, 훼손 또는 연착으로 인한 손해를 배상할 책임을 부담한다.[법원직 20, 법무사 12, 18]

② 운송주선인의 손해배상책임은 육상운송인의 경우와 대부분 동일하다. 다만 육상운송인의 정액배상과 달리 운송주선인은 완전배상책임을 부담하고, '다른 운송주선인 또는 운송인의 선택상 과실이 있는 경우'에도 책임을 부담한다는 점에서 운송인과 다르다.

③ 운송주선인의 책임은 수하인(운송인이 아님)이 운송물을 수령한 날로부터 1년의 소멸시효가 적용된다.[법원직 10, 11, 법무사 04, 09, 12]

④ 운송물이 전부 멸실한 경우 운송물을 인도할 날로부터 기산한다.

⑤ 운송주선인이나 그 사용인이 악의인 경우에는 5년의 상사소멸시효가 적용된다.[법원직 10, 11, 법무사 04, 09, 12]

5. 순차운송주선

(1) 의의

① 순차운송주선이란 동일한 운송물을 순차적으로 운송을 주선하는 것을 의미한다.

② 하수운송주선이란 최초 운송주선인이 전체 운송주선을 인수하고 다른 운송주선인에게 하도급을 주는 것을 말한다.

③ 부분운송주선이란 운송주선인이 구간별로 개별적으로 위탁자와 운송주선계약을 체결하는 것을 말한다.

④ 중간운송주선이란 최초 운송주선인이 일부 구간의 운송을 주선하고, 나머지 구간은 최초 운송주선인이 자기 명의로 위탁자의 계산으로 다른 운송주선인에게 운송주선을 의뢰하는 것을 말한다.

(2) **순차운송주선의 법률관계**

① 수인이 순차로 운송주선을 하는 경우, 후자는 전자에 갈음하여 그 권리를 행사할 의무를 부담한다.

② 전자의 권리란 유치권, 운송물의 공탁·경매권을 의미한다. 전자가 위탁자로부터 보수나 비용을 지급받지 못하고 있음에도 중간운송주선인이 수하인에게 운송물을 인도하는 것을 방지하고, 수하인이 운송물 수령을 거부하는 경우 중간운송주선인이 공탁·경매할 수 있도록 하기 위한 것이다.

③ 중간운송주선인이 운송주선인에게 변제한 경우 운송주선인의 권리를 취득한다.

④ 중간운송주선인이 변제로 취득하는 권리는 보수청구권 또는 비용상환청구권을 의미한다.

⑤ 순차운송주선에서 운송주선인이 운송인에게 변제한 경우, 운송인의 권리를 취득한다.
위 규정은 운송주선인과 운송인 사이에 운송계약 등 계약관계가 없는 경우에 관한 규정이다. 즉, 최초 운송주선인 甲에 의하여 선임된 중간운송주선인 乙이 甲이 선임한 운송인에게 변제한 경우에 관한 규정이다.

⑥ 운송주선의 경우 순차운송인의 연대책임에 관한 제138조가 준용되지 않는다. 따라서 순차운송주선인은 각자 구간에서 발생한 손해에 한하여 책임을 부담한다.

쟁점 05 운송업

1. 의의

> **제125조 (의의)** 육상 또는 호천, 항만에서 물건 또는 여객의 운송을 영업으로 하는 자를 운송인이라 한다.

① 운송인은 육상 또는 호천, 항만에서 물건 또는 여객의 운송을 영업으로 하는 자를 말한다. 해상운송, 항공운송은 운송업에 포함되지 않는다.

② 육상운송에는 해상운송 및 항공운송과 달리 운송인의 책임제한이 인정되지 않고, 면책사유가 규정되어 있지 않다.

③ 운송인은 운송을 영업으로 하여야 하므로, 식당의 음식물 배달, 가구점의 가구 배달과 같은 보조적 상행위에 의한 운송의 경우에는 상법상 운송업에 관한 규정이 적용되지 않는다.

④ 물건운송계약의 당사자는 송하인과 운송인이고, 수하인은 물건운송계약의 당사자가 아니다.

⑤ 물건운송계약은 송하인과 운송인 사이의 낙성계약이며 불요식계약이다.

⑥ 화물상환증 작성은 운송계약의 성립과 무관하다.

⑦ 물건운송은 물건운송이라는 일의 완성을 목적으로 하므로 도급계약의 성질을 가진다.

2. 운송인의 권리

(1) 운송물인도청구권

① 운송인은 송하인에게 운송물의 인도를 청구할 수 있다.

② 운송물의 인도는 현실의 인도를 의미하고 점유개정이나 목적물반환청구권의 양도에 의한 인도는 포함되지 않는다(대판 1995.6.13. 92다19293).

(2) 화물명세서 교부청구권

① 화물명세서란 운송물의 내역, 도착지, 수하인, 운임 등 운송에 관한 주요사항이 기재된 서면을 말한다. 화물명세서는 운송계약의 내용을 증명하기 위한 증거증권이다.

② 화물명세서는 운송인의 청구에 의해 송하인이 작성하여 운송인에게 교부한다.

③ 송하인이 화물명세서에 허위, 부정확한 기재를 한 경우, 운송인이 악의인 경우를 제외하고, 운송인의 손해를 배상할 책임을 진다.[법무사 12]

(3) 운임 기타 비용청구권

① 운송인이 운송을 완료한 경우 운임을 청구할 수 있다. 운송의 완료란 운송물의 현실적 인도는 아니더라도 운송물을 인도할 수 있는 상태에는 이르러야 한다. 운임청구의 상대방은 송하인이다.

② 수하인 또는 화물상환증소지인도 운송물을 수령한 경우, 운임을 지급해야 한다.

③ 운송물의 전부 또는 일부가 송하인의 책임 없는 사유로 인하여 멸실한 경우, 운송인은 운임을 청구할 수 없다.[법원직 09, 11, 17]

④ 운송물의 전부 또는 일부가 그 성질이나 하자 또는 송하인의 과실로 인하여 멸실한 경우 운송인은 운임 전액을 청구할 수 있다. 다만, 이는 특약으로 배제가능하다.

⑤ 운임은 원칙적으로 운송을 완료함으로써 청구할 수 있고, 운송의 완료란 운송물을 현실적으로 인도할 필요는 없으나 운송물을 인도할 수 있는 상태를 갖추면 충분하다(대판 1993.3.12. 92다32906).

⑥ 운송인과 송하인은 운임에 관하여 다른 특약을 할 수 있다(대판 1972.2.22. 71다2500).

⑦ 수하인이 운송물을 수령한 경우, 운송인은 수하인에게도 기타 운송에 관한 비용과 체당금을 청구할 수 있다(제141조).

⑧ 기타 운송에 관한 비용과 체당금이란 운송계약 체결 당시 고려되지 않았던 비용과 체당금을 말한다.

⑨ 위험부담의 문제가 아니므로 불가항력으로 운송물이 멸실·훼손된 경우에도 운송에 관한 비용과 체당금의 청구가 가능하다.

(4) 특별상사유치권

① 운송인은 운송물에 관하여 받을 운임, 기타 송하인을 위한 체당금이나 선대금에 관하여서만 그 운송물을 유치할 수 있다.

② 운송물에 한하고, 피담보채권은 운송물에 관한 것으로 제한되며, 일반상사유치권과 달리 견련성을 요하나, 송하인 소유물이 아니어도 된다.

(5) 운송물 공탁 · 경매권

① 수하인을 알 수 없는 경우, 운송인은 운송물을 공탁할 수 있다.

② 수하인을 알 수 없는 경우, 운송인은 송하인에 대하여 상당한 기간을 정하여 운송물의 처분에 대한 지시를 최고하고, 그 기간 내에 송하인이 지시를 하지 아니한 경우 운송물을 경매할 수 있다.[법원직 14]

③ 수하인이 운송물의 수령을 거부하거나 수령할 수 없는 경우, 운송인은 운송물을 공탁하거나, 송하인에 대하여 상당한 기간을 정하여 운송물의 처분에 대한 지시를 최고하고 그 기간 내에 송하인이 지시를 하지 아니한 경우 운송물을 경매할 수 있다.

④ 운송인이 경매를 하는 경우 송하인에 대한 최고 전에 수하인에 대하여 상당한 기간을 정하여 운송물의 수령을 최고하여야 한다.

⑤ 송하인, 화물상환증소지인과 수하인을 알 수 없는 경우, 운송인은 권리자에 대하여 6월 이상의 기간을 정하여 그 기간 내에 권리를 주장할 것을 관보나 일간신문에 2회 이상 공고 후 그 기간 내에 권리주장자가 없는 경우 운송물을 경매할 수 있다.

⑥ 목적물이 멸실, 훼손될 염려가 있는 경우 운송인은 최고 없이 경매할 수 있다.

⑦ 운송인은 경매대금에서 경매비용을 공제한 잔액을 공탁하여야 한다. 운송인은 그 전부나 일부를 운임에 충당할 수 있다.

3. 운송인의 의무

> **제128조 (화물상환증의 발행)** ① 운송인은 송하인의 청구에 의하여 화물상환증을 교부하여야 한다.
>
> **제139조 (운송물의 처분청구권)** ① 송하인 또는 화물상환증이 발행된 때에는 그 소지인이 운송인에 대하여 운송의 중지, 운송물의 반환 기타의 처분을 청구할 수 있다. 이 경우에 운송인은 이미 운송한 비율에 따른 운임, 체당금과 처분으로 인한 비용의 지급을 청구할 수 있다.
>
> **제140조 (수하인의 지위)** ② 운송물이 도착지에 도착한 후 수하인이 그 인도를 청구한 때에는 수하인의 권리가 송하인의 권리에 우선한다.

(1) 화물상환증 발행의무

운송인은 송하인의 청구에 의하여 화물상환증을 교부하여야 한다.[법원직 19, 법무사 07, 12, 변호사 19]

(2) 운송물 처분의무

① 운송인은 송하인 또는 화물상환증이 발행된 경우 그 소지인의 지시에 따라 운송의 중지, 운송물의 반환 기타 처분을 할 의무가 있다.[법원직 11, 법무사 06, 변호사 19]

② 이 경우 운송인은 운송 비율에 따른 운임, 체당금과 처분으로 인한 비용을 청구할 수 있다.

③ 화물상환증이 발행된 경우 화물상환증 소지인만 처분권을 가진다.

(3) 운송물 인도의무

1) 화물상환증이 발행되지 않은 경우

① 운송물이 목적지에 도착하기 전까지는 송하인의 지시에 따라야 한다.

② 운송물이 목적지에 도착한 이후에는 수하인의 인도청구가 송하인에 우선한다.[법원직 09, 13, 14]

③ 운송인이 수하인과의 계약으로 운송물의 소유권을 취득한 자에게 인도하더라도 수하인과의 관계에서는 목적물 인도의무 위반이 된다.

④ 이미 수하인이 도착한 화물에 대하여 운송인에게 인도 청구를 한 후에 그 운송계약에 기한 선하증권이 뒤늦게 발행되었다고 하더라도 그 선하증권의 소지인이 운송인에 대하여 새로이 운송물에 대한 인도청구권 등의 권리를 갖게 된다고 할 수는 없다(대판 2003.10.24. 2001다72296).

2) 화물상환증이 발행된 경우

① 화물상환증이 발행된 경우 화물상환증의 정당한 소지인만이 운송물 인도청구권을 가진다.

② 운송인이 고의, 중과실로 운송물을 화물상환증소지인이 아닌 자에게 인도한 경우, 화물상환증소지인에 대해 고의 또는 중과실에 의한 불법행위가 성립한다. 이 경우 운송물을 인수한 자가 운송물을 선의취득하는 등 사유로 화물상환증 소지인이 운송물에 대한 소유권을 상실해야만 불법행위가 성립하는 것이 아니라 운송인이 화물상환증 소지인이 아닌 자에게 운송물을 인도함으로써 화물상환증 소지인의 운송물에 대한 권리행사가 어렵게 되면 곧바로 불법행위가 성립한다(대판 2001.4.10. 2000다46795).

3) 가도, 보증도

① '가도'란 화물상환증이 발행되었음에도 수하인의 요청으로 화물상환증과 상환하지 않고 운송인이 수하인에게 운송물을 인도하는 것을 말한다.

② '보증도'란 은행 기타 제3자의 보증서를 받고 운송인이 화물상환증과 상환하지 않고 운송물을 인도하는 것을 말한다. 보증도로 인해 운송인의 행위가 정당화되거나 주의의무가 경감된다고 할 수 없고, 운송인은 화물상환증소지인에 대해 불법행위책임을 진다(대판 1992.2.25. 91다30026).

4. 운송인의 손해배상책임

(1) 손해배상책임의 내용

> **제135조 (손해배상책임)** 운송인은 자기 또는 운송주선인이나 사용인, 그 밖에 운송을 위하여 사용한 자가 운송물의 수령, 인도, 보관 및 운송에 관하여 주의를 게을리하지 아니하였음을 증명하지 아니하면 운송물의 멸실, 훼손 또는 연착으로 인한 손해를 배상할 책임이 있다.

① 운송인은 자기 또는 운송주선인이나 사용인, 그 밖에 운송을 위하여 사용한 자가 운송물의 수령, 인도, 보관 및 운송에 관하여 주의를 게을리 하지 아니하였음을 증명하지 아니하면 운송물의 멸실, 훼손 또는 연착으로 인한 손해를 배상할 책임을 부담한다.

② 운송인의 과실은 추정되어 운송인이 자신에게 귀책사유 없음을 입증해야 하고, 송하인은 손해만 입증하면 된다. 다만 손해배상액 정액화, 고가물특칙, 책임특별소멸사유, 1년 단기소멸시효를 통해 운송인의 책임이 완화된다.

③ 화물의 멸실이 제3자의 강도 등 행위에 의하여 야기되었다고 하더라도 그로써 운송행위와 손해 발생 사이의 인과관계가 단절된다고 볼 수는 없다(대판 1999.12.10. 98다9038).

(2) 손해배상액의 정형화

> **제137조 (손해배상의 액)** ① 운송물이 전부멸실 또는 연착된 경우의 손해배상액은 인도할 날의 도착지의 가격에 따른다.
> ② 운송물이 일부 멸실 또는 훼손된 경우의 손해배상액은 인도한 날의 도착지의 가격에 의한다.
> ③ 운송물의 멸실, 훼손 또는 연착이 운송인의 고의나 중대한 과실로 인한 때에는 운송인은 모든 손해를 배상하여야 한다.

① 운송물의 멸실·훼손·연착으로 인한 손해는 운송물의 가격을 기준으로 배상한다.

② 운송물의 멸실·훼손·연착으로 인한 특별손해는 운송인이 특별한 사정을 알았거나 알 수 있었던 경우에도 배상의 범위에서 제외된다.

③ 운송물이 전부멸실 또는 연착된 경우 손해배상액은 인도할 날의 도착지 가격에 따른다.[법원직 14, 17]

④ 운송물이 일부 멸실 또는 훼손된 경우의 손해배상액은 인도한 날의 도착지의 가격에 의한다 [법원직 14, 17, 변호사 14]

⑤ 운송물의 멸실·훼손·연착이 운송인의 고의나 중대한 과실로 인한 때에는 운송인은 모든 손해를 배상하여야 한다.[변호사 19]

⑥ 운송물의 멸실·훼손으로 인하여 지급하지 않게 되는 운임 기타 비용은 배상액에서 공제하여야 한다.

⑦ 공제의 취지는 운송물의 도착지 가격에는 이미 운임 기타 비용이 가산되어 있기 때문에 이를 공제하여 청구권자의 이중이득을 방지하기 위한 것이다.

(3) 고가물에 대한 책임

> **제136조 (고가물에 대한 책임)** 화폐, 유가증권 기타의 고가물에 대하여는 송하인이 운송을 위탁할 때에 그 종류와 가액을 명시한 경우에 한하여 운송인이 손해를 배상할 책임이 있다.

법원직 09

1 화폐, 유가증권 기타의 고가물에 대하여 송하인이 운송을 위탁할 때에 그 종류와 가액을 명시하지 않은 경우 운송인은 고가물이 아닌 보통물 상당의 손해를 배상할 책임이 있다.

(○, ×)

① 화폐, 유가증권 기타 고가물의 경우 송하인이 운송을 위탁할 때에 그 종류와 가액을 명시한 경우에 한하여 운송인이 손해배상책임을 부담한다.[법원직 09, 법무사 18] 송하인이 고가물을 명시하지 않은 경우, 운송인이 보통물에 대한 주의의무를 다하지 않았더라도 책임을 부담하지 않는다는 것이 통설이다.

② 송하인이 고가물임을 명시한 경우 운송인은 고가물의 가액대로 책임을 진다.

③ 견직물은 오늘날 사회경제 및 거래상태로 보아 본조 소정의 고가물이라 볼 수 없으므로 그 종류와 가격을 명시하지 아니하였다 하여도 운송인은 손해배상책임을 면할 수 없다(대판 1963. 4.18. 63다126).

④ 고가물 명시의 상대방은 운송인 또는 그 대리인에 대하여 명시하면 족하고 그 운송인을 위해 운송행위를 하는 자 또는 그 운송인의 하도급을 받아 운송하는 자에까지 명시할 필요는 없다 (대판 1991.1.11. 90다8947).[변호사 14]

(4) 운송인 책임소멸사유

> **제146조 (운송인의 책임소멸)** ① 운송인의 책임은 수하인 또는 화물상환증소지인이 유보없이 운송물을 수령하고 운임 기타의 비용을 지급한 때에는 소멸한다. 그러나 운송물에 즉시 발견할 수 없는 훼손 또는 일부 멸실이 있는 경우에 운송물을 수령한 날로부터 2주간 내에 운송인에게 그 통지를 발송한 때에는 그러하지 아니하다.
> ② 전항의 규정은 운송인 또는 그 사용인이 악의인 경우에는 적용하지 아니한다.

① 운송인의 책임은 수하인 또는 화물상환증소지인이 유보 없이 운송물을 수령하고 운임 기타의 비용을 지급한 경우 소멸한다.[법원직 14]

② 다만 ㉠ 운송물에 즉시 발견할 수 없는 훼손 또는 일부 멸실이 있는 경우 운송물 수령일로부터 2주간 내에 운송인에게 통지를 발송한 경우, ㉡ 운송인 또는 사용인이 악의인 경우에는 운송인의 책임이 소멸되지 않는다.[법원직 14]

③ 악의란 운송인이 운송물의 멸실·훼손 사실을 알면서 알리지 않은 경우를 의미한다.

1 ×

(5) 단기소멸시효

① 운송물이 전부멸실된 경우는 인도할 날로부터, 운송물이 일부 멸실, 훼손 또는 연착된 경우는 인도한 날로부터 1년의 단기소멸시효가 적용된다.[법원직 11]

② 운송인이나 그 사용인이 악의인 경우에는 5년의 상사시효가 적용된다.

③ 육상운송의 경우에는 상법 제147조, 제121조에 따라 운송인의 책임은 수하인이 운송물을 수령한 날로부터 1년을 경과하면 소멸시효가 완성하고 이는 당사자의 합의에 의하여 연장하거나 단축할 수 있다(대판 2009.8.20. 2008다58978).[법원직 11, 법무사 09, 변호사 14]

④ 운송물이 물리적으로 멸실되는 경우뿐만 아니라 운송인이 운송물의 인도를 거절하거나 운송인의 사정으로 운송이 중단되는 등의 사유로 운송물이 인도되지 않은 경우에도 '운송물을 인도할 날'을 기준으로 하여 제소기간이 도과하였는지를 판단하여야 한다(대판 2019.7.10. 2019다213009).

(6) 불법행위책임과의 관계

① 운송약관상의 채무불이행 책임과 불법행위로 인한 책임이 병존하는 경우에 상법상 소정의 단기소멸시효나 고가물 불고지에 따른 면책 등의 규정 또는 운송약관규정은 운송계약상의 채무불이행으로 인한 청구에만 적용되고 불법행위로 인한 손해배상청구에는 그 적용이 없다(대판 1977.12.13. 75다107).[법원직 17, 법무사 12, 18, 변호사 14]

② 운송인의 이행보조자가 운송과 관련하여 고의, 과실로 송하인에게 손해를 가한 경우, 동인은 운송계약의 당사자가 아니어서 운송계약상 채무불이행으로 인한 책임은 부담하지 않으나 불법행위로 인한 손해배상책임을 부담하므로 위 면책규정은 적용될 여지가 없다(대판 1991.8.23. 91다15409).

5. 수하인의 법적 지위

> **제140조 (수하인의 지위)** ① 운송물이 도착지에 도착한 때에는 수하인은 송하인과 동일한 권리를 취득한다.
> ② 운송물이 도착지에 도착한 후 수하인이 그 인도를 청구한 때에는 수하인의 권리가 송하인의 권리에 우선한다.
>
> **제141조 (수하인의 의무)** 수하인이 운송물을 수령한 때에는 운송인에 대하여 운임 기타 운송에 관한 비용과 체당금을 지급할 의무를 부담한다.

(1) 화물상환증이 발행되지 않은 경우

① '운송물의 도착 전' 수하인은 아무런 권리의무가 없다.[법원직 13]

② '운송물의 도착 후' 수하인은 송하인과 동일한 권리의무를 가진다.[법원직 07, 13, 법무사 06, 변호사 19]

③ '운송물의 도착 및 수하인의 인도 청구 후' 운송물이 도착지에 도착한 후 수하인이 그 인도를 청구한 때에는 수하인의 권리가 송하인의 권리에 우선한다. 다만, 수하인이 인도를 청구한 뒤 수령지체나 수령불능에 빠지는 경우 운송인이 송하인에게 처분지시를 최고할 수 있는데 이 경우 송하인이 운송물처분권을 행사하게 된다.

④ '수하인의 운송물 수령 후' 수하인이 운송물을 수령한 때에는 운송인에 대하여 운임 기타 운송에 관한 비용과 체당금을 지급할 의무를 부담한다.[법원직 13, 법무사 06]

(2) 화물상환증이 발행된 경우
① 화물상환증이 발행된 경우, 화물상환증 소지인만이 배타적으로 운송물에 대한 권리를 행사한다.
② 화물상환증이 발행된 경우 수하인은 아무런 권리의무가 없다.
③ 화물상환증 미발행 상태에서 수하인이 도착 화물에 대하여 운송인에게 인도청구를 하였다면, 그 이후에 화물상환증이 발행되었더라도 이미 행사된 수하인의 권리에 우선할 수 없다.

6. 화물상환증

(1) 의의

> **제132조 (화물상환증의 처분증권성)** 화물상환증을 작성한 경우에는 운송물에 관한 처분은 화물상환증으로써 하여야 한다.

① 화물상환증이란 운송인에 대한 운송물 인도청구권을 표창하는 유가증권을 말한다. 어음·수표처럼 설정증권이 아니므로 화물상환증의 작성과 상관없이 운송계약은 성립한다.
② 화물상환증을 작성한 경우에는 운송물에 관한 처분은 화물상환증으로써 하여야 한다. [법원직 15, 19, 법무사 06, 12, 18]
③ 화물상환증은 채권증권, 요식증권, 상환증권, 지시증권, 처분증권, 요인증권, 문언증권에 해당한다. [법무사 10]

(2) 발행 및 양도

법원직 19, 법무사 07

1 화물상환증에 배서를 금지하는 뜻을 기재한 때를 제외하고는 화물상환증은 기명식인 경우에도 배서에 의하여 양도할 수 있다.
(○, ×)

① 화물상환증은 송하인의 청구에 의하여 운송인이 발행한다.
② 화물상환증은 당연한 지시증권으로 기명식으로 발행된 경우에도 배서에 의해 양도 가능하다.
③ 화물상환증에 배서를 금지하는 뜻을 기재한 경우 배서에 의한 양도는 불가능하다. 화물상환증의 배서에는 권리이전의 효력은 있으나 담보적 효력은 없다. [법원직 15, 17, 19, 법무사 07, 18]

법원직 15, 법무사 18

2 화물상환증이 기명식으로 발행된 경우에는 지명채권 양도 방식에 의하여야 하므로 배서에 의하여 양도할 수 없다.
(○, ×)

(3) 채권적 효력

법원직 17

3 화물상환증이 기명식인 경우에는 배서에 의하여 양도할 수 없고, 일반 지명채권양도의 방법에 의하여서만 양도할 수 있다.
(○, ×)

> **제131조 (화물상환증 기재의 효력)** ① 제128조에 따라 화물상환증이 발행된 경우에는 운송인과 송하인 사이에 화물상환증에 적힌 대로 운송계약이 체결되고 운송물을 수령한 것으로 추정한다.
> ② 화물상환증을 선의로 취득한 소지인에 대하여 운송인은 화물상환증에 적힌 대로 운송물을 수령한 것으로 보고 화물상환증에 적힌 바에 따라 운송인으로서 책임을 진다.

법원직 19

4 화물상환증이 발행된 경우에는 운송인과 송하인 사이에 화물상환증에 적힌 대로 운송계약이 체결되고 운송물을 수령한 것으로 본다.
(○, ×)

① 화물상환증은 운송물의 선적 또는 수령을 원인으로 하여 받는 요인증권이면서 화물상환증에 기재된 내용에 따라 권리가 결정되는 문언증권인 관계로 실제 운송계약의 내용 내지 선적된 운송물과 화물상환증의 기재 내용이 다른 경우 문제가 된다.
② 화물상환증이 발행된 경우, 운송인과 송하인 사이에 화물상환증에 적힌 대로 운송계약이 체결되고 운송물을 수령한 것으로 추정한다. [법원직 19]
③ 운송인이 운송물의 수량이 화물상환증에 기재된 것과 다르다고 주장하는 경우 운송인이 그러한 사실을 증명해야 한다.
④ 화물상환증을 선의취득한 소지인에 대하여 운송인은 화물상환증에 적힌 대로 운송물을 수령한 것으로 보고 화물상환증에 적힌 바에 따라 운송인으로서 책임을 진다. [법원직 15, 변호사 19]
⑤ 화물상환증의 선의취득자에 대해 간주적 효력이 부여된다. 이러한 소지인에는 수하인도 포함된다.

1 ○ **2** × **3** × **4** ×

⑥ 운송물을 수령 또는 선적하지 아니하였는데도 발행된 선하증권은 원인과 요건을 구비하지 못하여 목적물의 흠결이 있는 것으로서 무효이고, 이러한 경우 선하증권의 소지인은 운송물을 수령하지 않고 선하증권을 발행한 운송인에 대하여 불법행위로 인한 손해배상을 청구할 수 있다(대판 2005.3.24. 2003다5535).

(4) 물권적 효력

> **제133조 (화물상환증교부의 물권적 효력)** 화물상환증에 의하여 운송물을 받을 수 있는 자에게 화물상환증을 교부한 때에는 운송물 위에 행사하는 권리의 취득에 관하여 운송물을 인도한 것과 동일한 효력이 있다.

① 화물상환증의 교부는 운송물 자체의 인도와 동일한 효력이 있다.[법원직 15, 19, 법무사 06, 12, 18]
② 운송물을 처분하는 당사자 간에는 운송물에 관한 처분은 증권으로써 하여야 하며 운송물을 받을 수 있는 자에게 증권을 교부한 때에는 운송물 위에 행사하는 권리의 취득에 관하여 운송물을 인도한 것과 동일한 물권적 효력이 발생하므로 운송물의 권리를 양수한 수하인 또는 그 이후의 자는 선하증권을 교부받음으로써 채권적 효력으로 운송계약상의 권리를 취득함과 동시에 물권적 효력으로 목적물의 점유를 인도받은 것이 되어 운송물의 소유권을 취득한다(대판 1998.9.4. 96다6240).[법원직 15, 법무사 07]
③ 운송물을 제3자가 선의취득 한 경우, 어느 학설에 의하더라도 법적으로는 운송물 멸실에 해당하므로 물권적 효력이 인정되지 않는다.

7. 순차운송

① 순차운송이란 수인이 순차로 운송을 인수하는 경우를 말한다.
② 하수운송이란 최초 운송인이 전체 운송을 인수하고 다른 운송인에게 하도급 주는 순차운송을 의미한다.
③ 부분운송이란 수인의 운송인이 구간 별로 개별적으로 송하인과 운송계약을 체결하는 순차운송을 의미한다.
④ 중간운송이란 최초 운송인이 일부 구간의 운송을 인수하고 나머지 구간은 최초 운송인이 자기 명의 송하인의 계산으로 다른 중간 운송인에게 운송을 의뢰하는 순차운송을 의미한다.
⑤ 각 운송인은 운송물의 멸실·훼손·연착으로 인한 손해를 연대하여 배상해야 한다.[법무사 18, 변호사 19]
⑥ 운송인 중 1인이 손해를 배상한 때에는 그 손해의 원인이 된 행위를 한 운송인에 대하여 구상권이 있다.
⑦ 손해의 원인이 된 행위를 한 운송인을 알 수 없는 때에는 각 운송인은 그 운임액의 비율로 손해를 분담한다. 다만 그 손해가 자기의 운송구간 내에서 발생하지 아니하였음을 증명한 때에는 손해분담의 책임을 면한다.[변호사 19]
⑧ 순차운송의 경우 후자는 전자에 갈음하여 그 권리를 행사할 의무를 부담한다. 전자의 권리란 유치권과 운송물 공탁·경매권을 말한다. 전자가 송하인으로부터 보수나 비용을 지급받지 못하고 있는 경우, 중간운송인이 수하인에게 운송물을 인도하는 것을 방지하고, 수하인이 운송물 수령을 거부하는 경우 중간운송인이 이를 공탁·경매할 수 있도록 하는 취지이다.
⑨ 순차운송에서 후자가 전자에게 변제한 경우 전자의 권리를 취득한다. 후자가 변제로 취득하는 권리는 운임청구권 또는 비용청구권을 의미한다.

8. 여객운송

(1) 여객에 대한 손해배상책임

① 운송인은 자기 또는 사용인이 운송에 관한 주의를 해태하지 아니하였음을 증명하지 아니하면 여객이 운송으로 인하여 받은 손해를 배상할 책임이 있다.

② 법원은 피해자와 그 가족의 정상을 참작하여 손해배상액을 정하여야 한다.

③ 여객의 생명, 신체에 대한 손해배상은 민법 일반원칙에 따른다. 여객의 생명, 신체에 대한 운송인의 손해배상책임은 상사소멸시효인 5년 소멸시효가 적용된다.

(2) 수하물에 대한 손해배상책임

> **제149조 (인도를 받은 수하물에 대한 책임)** ① 운송인은 여객으로부터 인도를 받은 수하물에 관하여는 운임을 받지 아니한 경우에도 물건운송인과 동일한 책임이 있다.

법원직 09

1 운송인은 여객으로부터 인도를 받은 수하물에 관하여는 운임을 별도로 받은 경우에 한하여 물건운송인과 동일한 책임을 부담한다. (○, ×)

① 운송인이 여객으로부터 인도를 받은 수하물(탁송수하물)에 관하여는 운임을 받지 않은 경우에도 물건운송인과 동일한 책임을 부담한다.[법원직 07, 09]

② 탁송수하물의 경우, 운송인의 과실 추정, 손해배상의 정형화, 고가물책임, 책임소멸사유, 1년 단기소멸시효 등 물건운송인과 동일한 책임이 인정된다.

③ 탁송수하물의 경우, 운송인 스스로가 자신의 과실 없음을 증명하여야 한다.

④ 탁송수하물이 도착지에 도착한 날로부터 10일 내에 여객이 그 인도를 청구하지 아니한 때에는 공탁 또는 경매가 가능하고, 이 경우 주소 또는 거소를 알지 못하는 여객에 대하여는 최고와 통지를 하지 않아도 된다.

(3) 휴대수하물의 경우

① 운송인은 여객으로부터 인도를 받지 아니한 수하물의 멸실 또는 훼손에 대하여는 자기 또는 사용인의 과실이 없으면 손해를 배상할 책임이 없다(제150조).

② 휴대수하물의 경우, 여객이 운송인 또는 그의 사용인에게 과실이 있음을 증명하여야 한다.

쟁점 06 공중접객업

1. 의의

> **제151조 (의의)** 극장, 여관, 음식점, 그 밖의 공중이 이용하는 시설에 의한 거래를 영업으로 하는 자를 공중접객업자라 한다.

공중접객업자란 극장, 여관, 음식점, 그 밖의 공중이 이용하는 시설에 의한 거래를 영업으로 하는 자를 말한다. 공중이 이용하는 시설로는 커피전문점, 헤어샵, 당구장, 목욕탕, 골프장 등을 그 예로 들 수 있다.

1 ×

2. 공중접객업자의 책임

(1) 임치 받은 물건에 대한 책임

> **제152조 (공중접객업자의 책임)** ① 공중접객업자는 자기 또는 그 사용인이 고객으로부터 임치받은 물건의 보관에 관하여 주의를 게을리 하지 아니하였음을 증명하지 아니하면 그 물건의 멸실 또는 훼손으로 인한 손해를 배상할 책임이 있다.

① 공중접객업자는 자기 또는 그 사용인이 고객으로부터 임치 받은 물건의 보관에 관하여 주의를 게을리하지 아니하였음을 증명하지 못하면 그 물건의 멸실 또는 훼손으로 인한 손해를 배상하여야 한다.[법원직 08. 16. 법무사 04. 14. 변호사 17]

② 공중접객업자가 자신의 무과실을 입증하여야 한다.

③ 공중접객업자와 고객 사이에 최소한 물건 보관에 관한 명시적 또는 묵시적 합의가 있어야 한다.[법원직 16. 20. 법무사 04. 14]

④ 주차장 출입과 주차사실을 여관 측에서 통제하거나 확인하지 않은 경우, 부설주차장 관리자로서의 주의의무 위반 여부는 별론으로 하고 주차장에 주차한 것만으로 여관업자와 투숙객 사이에 임치의 합의가 있은 것으로 볼 수 없고, 투숙객이 여관 측에 주차사실을 고지하거나 차량열쇠를 맡겨 차량의 보관을 위탁한 경우에만 임치의 성립을 인정할 수 있다(대판 1992.2.11. 91다21800).

⑤ 공중접객업자와 고객 사이에 최소한 물건 보관에 관한 명시적 또는 묵시적 합의가 있어야 한다. 공중접객업자가 이용객들의 차량을 주차할 수 있는 주차장을 설치하면서 주차장에 차량 출입을 통제할 시설이나 인원을 따로 두지 않았다면, 그 주차장은 단지 이용객의 편의를 위한 주차장소로 제공된 것에 불과하고, 공중접객업자와 이용객 사이에 통상 주차차량에 대한 관리를 공중접객업자에게 맡긴다는 의사까지는 없다고 보이므로, 공중접객업자에게 차량 시동열쇠를 보관시키는 등의 명시적이거나 묵시적인 방법으로 주차차량의 관리를 맡겼다는 등의 특수한 사정이 없는 한, 공중접객업자에게 선량한 관리자의 주의로써 주차차량을 관리할 책임이 있다고 할 수 없다(대판 1998.12.8. 98다37507).[법무사 10. 19]

(2) 임치 받지 않은 물건에 대한 책임

> **제152조 (공중접객업자의 책임)** ② 공중접객업자는 고객으로부터 임치받지 아니한 경우에도 그 시설 내에 휴대한 물건이 자기 또는 그 사용인의 과실로 인하여 멸실 또는 훼손되었을 때에는 그 손해를 배상할 책임이 있다.

① 공중접객업자는 고객으로부터 임치 받지 않은 경우에도 고객이 시설 내에 휴대한 물건이 공중접객업자 또는 그 사용인의 과실로 인하여 멸실 또는 훼손되었을 때에는 손해를 배상하여야 한다.[변호사 17. 19]

② 임치 받지 않은 물건의 경우 고객이 공중접객업자의 과실을 입증하여야 한다.

(3) 면책특약 및 면책고지의 효력

> **제152조 (공중접객업자의 책임)** ③ 고객의 휴대물에 대하여 책임이 없음을 알린 경우에도 공중접객업자는 제1항과 제2항의 책임을 면하지 못한다.

공중접객업자의 책임을 면제 또는 감경하는 특약도 유효하다.[법무사 14] 다만 고객의 휴대물에 대하여 책임이 없음을 알린 것만으로는 공중접객업자의 책임이 면제되지 않는다.[법원직 16. 20. 법무사 04. 06. 10. 14. 19. 변호사 17. 19]

(4) 고가물에 대한 책임

> **제153조 (고가물에 대한 책임)** 화폐, 유가증권, 그 밖의 고가물에 대하여는 고객이 그 종류와 가액을 명시하여 임치하지 아니하면 공중접객업자는 그 물건의 멸실 또는 훼손으로 인한 손해를 배상할 책임이 없다.

① 고객이 화폐, 유가증권, 그 밖의 고가물의 종류와 가액을 명시하여 임치하지 않은 경우 공중접객업자는 그 물건의 멸실 또는 훼손으로 인한 손해를 배상할 책임을 지지 않는다.[법원직 20, 법무사 04, 06, 19]

② '고가물'이란 그 용적이나 중량에 비하여 그 성질 또는 가공 정도 때문에 고가인 물건을 의미한다.

③ 고객이 영업주의 사용인에게 고가물을 명시하지 않았더라도 그 사용인이 그 이전에 그 고가물을 임치 받은 적이 있어 그 종류와 가액을 잘 알고 있었다면 공중접객업자는 고가물 멸실에 대한 책임을 부담한다.

④ 고객이 목욕탕영업주의 상업사용인에게 고가물을 종류와 가액을 명시하지 아니하고 임치하였다가 분실당한 경우라도 그 상업사용인이 전에도 그 고가물을 임치받은 일이 있어서 그 종류와 가격을 이미 잘 알고 있었다면 공중접객업자는 다른 특별한 사정이 없는 한 고가물의 멸실로 인한 손해를 배상할 책임이 있다(서울민사지방법원 1985.5.1. 84나1190).[법무사 10]

(5) 소멸시효 [법원직 08, 11, 16, 20, 법무사 04, 06, 09, 10, 13, 14, 19]

> **제154조 (공중접객업자의 책임의 시효)** ① 제152조와 제153조의 책임은 공중접객업자가 임치물을 반환하거나 고객이 휴대물을 가져간 후 6개월이 지나면 소멸시효가 완성된다.
> ② 물건이 전부 멸실된 경우에는 제1항의 기간은 고객이 그 시설에서 퇴거한 날부터 기산한다.
> ③ 제1항과 제2항은 공중접객업자나 그 사용인이 악의인 경우에는 적용하지 아니한다.

① 공중접객업자의 책임과 고가물에 대한 책임은 공중접객업자가 임치물을 반환하거나 고객이 휴대물을 가져간 후 6개월이 지나면 소멸시효가 완성된다.

② 물건이 전부 멸실된 경우 위 기간은 고객이 그 시설에서 퇴거한 날부터 기산한다.

③ 공중접객업자나 그 사용인이 악의인 경우, 단기소멸시효는 적용되지 않고, 5년의 상사소멸시효가 적용된다.

(6) 인적 손해에 대한 배상책임

① 화재나 기타 사고로 인한 고객의 생명, 신체 손해에 대해서는 민법상 불완전이행책임을 부담한다.

② 공중접객업인 숙박업자가 투숙객과 체결하는 숙박계약은 일시사용을 위한 임대차계약으로서, 숙박업자는 통상의 임대차와 같이 여관의 객실 및 관련시설을 고객이 사용수익하게 할 의무뿐만 아니라 고객의 안전을 배려하여야 할 보호의무를 부담하며 이러한 의무는 숙박계약의 특수성을 고려하여 신의칙상 인정되는 부수적인 의무로서 숙박업자가 이를 위반하여 고객의 생명, 신체를 침해하여 손해를 입힌 경우 불완전이행으로 인한 채무불이행책임을 부담한다(대판 1994.1.28. 93다43590).[법무사 19, 변호사 17]

1. 의의

① 창고업자란 타인을 위해 창고에 물건을 보관하는 것을 영업으로 하는 자를 말한다

② 창고란 물건을 보관하기 위한 설비로 충분하고 반드시 건물이어야 하는 것은 아니다. 야적장과 저수장과 같은 수면도 창고가 될 수 있다.

③ 창고가 창고업자의 소유가 아니어도 된다.

④ 창고업자는 임치물에 대한 점유를 취득할 뿐 소유권을 취득하지 않는다. 따라서 소비임치는 창고업에 해당하지 않는다.

⑤ 혼장임치는 임치인이 공유권을 가지므로 창고업이 될 수 있다.

2. 창고증권

① 창고증권이란 창고업자에 대한 임치물 반환청구권을 표창하는 유가증권을 말한다.

② 창고업자는 임치인의 청구에 의하여 창고증권을 교부하여야 한다.[법원직 11, 법무사 07]

③ 창고증권은 법률상 당연한 지시증권이다. 창고증권에는 화물상환증의 규정이 준용된다.

④ 창고증권이 발행되면 그 발행일자 이후에는 창고증권의 명의인이 물건의 소유권을 취득하고 그 이후의 창고료, 화재보험료는 물론 감량 등에 대한 책임도 그 명의인이 진다(대판 1963.5.30. 63다188).

⑤ 창고증권 소지인은 창고업자에게 창고증권을 반환하고 임치물을 분할하여 각 부분에 대한 창고증권을 교부할 것을 청구할 수 있다.[법원직 11, 법무사 03]

⑥ 창고증권으로 임치물을 입질한 경우에도 질권자의 승낙이 있으면 임치인은 변제기 전이라도 임치물 일부의 반환을 청구할 수 있다.[법무사 07] 이 경우 창고업자는 반환한 임치물의 종류, 품질과 수량을 창고증권에 기재해야 한다. 화물상환증에 대해서는 위와 같은 내용이 적용되지 않는다.

⑦ 창고증권에는 화물상환증의 상환증권성, 당연한 지시증권성, 화물상환증 기재의 효력, 처분증권성, 화물상환증 교부의 물권적 효력에 관한 규정이 준용된다. 그 결과 창고증권은 기명식인 경우에도 배서에 의하여 양도할 수 있다.[법원직 14]

3. 창고업자의 의무

> **제163조 (임치기간)** ① 당사자가 임치기간을 정하지 아니한 때에는 창고업자는 임치물을 받은 날로부터 6월을 경과한 후에는 언제든지 이를 반환할 수 있다.
> ② 전항의 경우에 임치물을 반환함에는 2주간 전에 예고하여야 한다.
>
> **제161조 (임치물의 검사, 견품적취, 보존처분권)** 임치인 또는 창고증권소지인은 영업시간 내에 언제든지 창고업자에 대하여 임치물의 검사 또는 견품의 적취를 요구하거나 그 보존에 필요한 처분을 할 수 있다.
>
> **제160조 (손해배상책임)** 창고업자는 자기 또는 사용인이 임치물의 보관에 관하여 주의를 해태하지 아니하였음을 증명하지 아니하면 임치물의 멸실 또는 훼손에 대하여 손해를 배상할 책임을 면하지 못한다.

(1) 선관주의의무

창고업자는 보관료를 받지 않는 경우에도 선관주의의무를 부담한다.[법원직 11, 13, 법무사 03]

(2) 임치물반환의무

① 임치기간을 정하지 않은 경우, 창고업자는 임치물을 받은 날로부터 6월이 지난 후에는 언제든지 임치물을 반환할 수 있다. 그 경우 창고업자는 2주 전에 반환을 예고하여야 한다.[법원직 11, 14]
② 부득이한 사유가 있는 경우, 창고업자는 언제든지 임치물을 반환할 수 있다.
③ 임치기간에 상관없이 임치인이나 창고증권 소지인은 언제든지 임치물의 반환을 청구할 수 있다.

(3) 임치물의 검사, 견품적취, 보전처분에 응할 의무

임치인 또는 창고증권 소지인은 영업시간 내에 언제든지 창고업자에 대하여 임치물의 검사 또는 견품의 적취를 요구하거나 보존에 필요한 처분을 할 수 있다.[법원직 14, 18, 21]

(4) 임치물의 훼손, 하자 통지의무 및 처분의무

창고업자가 임치물을 인도받은 후 물건의 훼손 또는 하자를 발견하거나 물건이 부패할 염려가 있는 때 또는 가격 하락의 상황을 안 때에는 지체 없이 임치인에게 그 통지를 발송하여야 한다. 다만, 가격 하락의 상황은 통지 의무에서 제외된다는 것이 통설이다.

(5) 창고업자의 손해배상책임

① 창고업자는 자기 또는 사용인이 임치물의 보관에 주의를 해태하지 아니하였음을 증명하지 못하면 임치물의 멸실 또는 훼손에 대하여 손해를 배상하여야 한다.[법원직 21, 법무사 03, 07]
② 임치물이 대체물이라도 임치물이 멸실되면 창고업자는 이행불능에 의한 손해배상책임을 진다.
③ 손해배상액의 정형화나 고가물 책임과 같은 규정은 없다.

(6) 창고업자책임의 1년 소멸시효 [법원직 21, 법무사 03, 04, 09, 19]

> 제166조 (창고업자의 책임의 시효) ① 임치물의 멸실 또는 훼손으로 인하여 생긴 창고업자의 책임은 그 물건을 출고한 날로부터 1년이 경과하면 소멸시효가 완성한다.
> ② 전항의 기간은 임치물이 전부 멸실한 경우에는 임치인과 알고 있는 창고증권소지인에게 그 멸실의 통지를 발송한 날로부터 기산한다.
> ③ 전2항의 규정은 창고업자 또는 그 사용인이 악의인 경우에는 적용하지 아니한다.

① 임치물의 멸실, 훼손으로 인한 창고업자의 책임은 물건 출고일로부터 1년의 소멸시효가 적용된다.
② 멸실이란 임치물을 반환받을 정당한 권리자가 아닌 자에게 인도하여 정당한 권리자가 임치물을 반환받지 못하게 된 경우도 포함한다(대판 1978.9.26. 78다1376).[법원직 21]
③ 임치물이 전부 멸실한 경우 임치인과 알고 있는 창고증권소지인에게 멸실 통지를 발송한 날부터 소멸시효기간을 기산한다.[법원직 10, 14, 법무사 07, 12]
④ 1년의 소멸시효는 창고업자 또는 사용인이 악의인 경우에는 적용되지 않는다.
⑤ 창고업자책임의 단기소멸시효는 임치인의 청구에만 적용되고, 임치물이 타인 소유인 경우 소유권자인 타인의 청구에는 적용되지 않는다.[법원직 21]

법무사 03

1 창고업자는 임치계약이 유상이든 무상이든 선량한 관리자의 주의로써 임치물을 보관하여야 한다. (○, ×)

법원직 14

2 임치물의 멸실 또는 훼손으로 인하여 생긴 창고업자의 책임은 그 물건을 출고한 날로부터 1년이 경과하면 소멸시효가 완성하고, 임치물이 전부 멸실한 경우에는 그 물건이 전부 멸실한 날로부터 1년이 경과하면 소멸시효가 완성한다. (○, ×)

법원직 21

3 상법 제166조 제1항은 임치물의 멸실 또는 훼손으로 인하여 생긴 창고업자의 책임은 그 물건을 출고한 날로부터 1년이 경과하면 소멸시효가 완성한다고 규정하여 창고업자의 책임에 관한 단기소멸시효를 두고 있는데, 이러한 단기소멸시효는 창고업자의 계약상대방인 임치인의 청구뿐만 아니라 임치물이 타인 소유의 물건인 경우에 소유권자인 타인의 청구에도 적용된다. (○, ×)

1 ○ **2** × **3** ×

4. 창고업자의 권리

> **제162조 (보관료청구권)** ① 창고업자는 임치물을 출고할 때가 아니면 보관료 기타의 비용과 체당금의 지급을 청구하지 못한다. 그러나 보관기간 경과 후에는 출고전이라도 이를 청구할 수 있다.
> ② 임치물의 일부출고의 경우에는 창고업자는 그 비율에 따른 보관료 기타의 비용과 체당금의 지급을 청구할 수 있다.

① 창고업자는 임치물을 출고할 때가 아니면 보관료 기타 비용과 체당금을 청구하지 못한다.[법원직 11, 법무사 07]

② 보관기간 경과 후에는 출고 전이라도 보관료 기타 비용과 체당금을 청구할 수 있다.[법원직 11, 법무사 07]

③ 임치물 일부 출고의 경우 창고업자는 그 비율에 따른 보관료 기타 비용과 체당금을 청구할 수 있다.[법원직 11, 법무사 07]

④ 창고업자에 대해서는 상법상 별도의 유치권 규정이 없다. 따라서 일반상사유치권(임치인이 상인인 경우) 또는 민사유치권(임치인이 상인이 아닌 경우)에 의한다.

⑤ 상인인 임치인이 임치물의 수령을 거부하거나 이를 수령할 수 없는 경우, 창고업자는 임치물을 공탁하거나 상당한 기간을 정하여 최고한 후 경매할 수 있다. 이 경우 창고업자는 지체 없이 임치인에게 그 통지를 발송하여야 한다. 임치인에게 최고를 할 수 없거나 목적물이 멸실 또는 훼손될 염려가 있는 때에는 최고 없이 경매할 수 있다.

⑥ 창고업자의 임치인 또는 창고증권 소지인에 대한 채권은 물건을 출고한 날로부터 1년의 소멸시효가 적용된다.

1 창고업자는 보관기간이 경과하더라도 임치물의 출고 이전에는 보관료 기타의 비용과 체당금의 지급을 청구하지 못한다. (○, ×)

2 창고업자는 임치물의 일부를 출고한 경우에는 전부를 출고할 때까지 보관료를 청구할 수 없다. (○, ×)

쟁점 08 금융리스업

1. 의의

> **제168조의2 (의의)** 금융리스이용자가 선정한 기계, 시설, 그 밖의 재산("금융리스물건"이라 한다)을 제3자("공급자"라 한다)로부터 취득하거나 대여받아 금융리스이용자에게 이용하게 하는 것을 영업으로 하는 자를 금융리스업자라 한다.

① 금융리스업이란 이용자가 선정한 리스물건을 공급자로부터 취득하거나 대여 받아 이용자에게 이용하게 하는 영업을 말한다.[법원직 20, 법무사 19]

② 금융리스거래에는 리스이용자와 리스료를 받고 물건을 빌려주는 리스회사 및 리스물건을 생산하여 리스회사에 공급하고 대금을 받는 공급자가 존재한다.

③ 시설대여(리스)는 시설대여회사가 대여시설이용자가 선정한 물건을 취득하거나 대여 받아 그 물건에 대한 유지·관리책임을 지지 않으면서 대여시설이용자에게 일정기간 사용하게 하고 그 기간 종료 후 물건의 처분에 관해서는 당사자 간의 약정으로 정하는 계약으로서, 형식은 임대차계약과 유사하나, 실질은 대여시설 취득자금에 관한 금융편의를 제공하는 것을 본질적인 내용으로 하는 물적 금융이고, 임대차계약과는 다른 특질이 있으므로 이에 대하여는 민법 임대차관련 규정이 바로 적용되지 아니한다(대판 1996.8.23. 95다51915).

3 금융리스계약은 금융리스업자가 금융리스이용자가 선정한 기계, 시설 등 금융리스물건을 공급자로부터 취득하거나 대여받아 금융리스이용자에게 일정기간 이용하게 하고 그 기간 종료 후 물건의 처분에 관하여는 당사자 사이의 약정으로 정하는 계약이다. (○, ×)

4 금융리스계약은 금융리스업자가 금융리스이용자에게 금융리스물건을 취득 또는 대여하는 데 소요되는 자금에 관한 금융의 편의를 제공하는 것을 본질적 내용으로 한다. (○, ×)

1 × **2** × **3** ○ **4** ○

2. 법률관계

(1) 금융리스업자의 권리의무

> **제168조의3 (금융리스업자와 금융리스이용자의 의무)** ① 금융리스업자는 금융리스이용자가 금융리스계약에서 정한 시기에 금융리스계약에 적합한 금융리스물건을 수령할 수 있도록 하여야 한다.

① 금융리스업자는 금융리스이용자가 금융리스계약에서 정한 시기에 적합한 금융리스물건을 수령할 수 있도록 하여야 한다.

② ㉠ 금융리스계약 당사자 사이에 특별한 약정이 없는 한, 금융리스업자는 금융리스이용자가 공급자로부터 적합한 금융리스물건을 수령할 수 있도록 협력할 의무를 부담할 뿐 독자적인 금융리스물건 인도의무 또는 검사·확인의무를 부담하지 않는다. ㉡ 금융리스업자는 공급자의 이행보조자가 아니므로 공급자의 고의·과실로 인해 리스물건의 인도가 현저히 지연되거나 리스물건에 중대한 하자가 존재한다는 이유로 리스이용자가 금융리스업자와의 리스계약을 해제하거나 리스료 지급을 거절할 수 없다(대판 2019.2.14. 2016다245418,245425,245432).[법원직 20, 법무사 18, 19]

③ 금융리스업자는 공급자에게 금융리스물건의 대금을 지급하여야 한다.

④ 금융리스업자는 물건수령증의 교부가 없더라도 금융리스물건이 공급되었다는 것과 이용자가 정당한 사유 없이 물건수령증을 교부하지 않고 있다는 것을 알고 있다면 공급자에 대한 대금지급을 거절할 수 없다.

⑤ 금융리스업자가 리스물건에 대하여 하자담보책임을 지지 않는다는 특약은 유효하다.[법무사 18]

⑥ 시설대여계약은 법적 성격이 비전형계약으로서 민법의 임대차에 관한 규정이 적용되지 아니하는 점 및 시설대여 제도의 본질적 요청(금융적 성격) 등에 비추어, 시설대여 회사의 하자담보책임을 제한하는 약정조항은 유효하다(대판 1996.8.23. 95다51915).

⑦ 리스회사인 甲 주식회사가 고가의 의료기기를 리스물건으로 공급한 의료기기 판매업자 乙과 리스물건 재매입약정을 체결하면서 '甲 회사와 리스이용자 丙 사이에 체결된 리스계약에서 정한 계약해지사유가 발생하면 甲 회사의 요청에 따라 乙이 리스물건의 상태 및 존재 유무에 상관없이 리스계약에서 정한 규정 손해금을 매입대금으로 하여 무조건 리스물건을 매수하여야 한다'는 내용의 조항을 둔 사안에서, 위 조항이 구 약관의 규제에 관한 법률에 따라 무효라고 볼 수 없다(대판 2012.3.29. 2010다16199).[법원직 18]

(2) 금융리스 이용자의 권리의무 및 공급자의 물건 인도의무

> **제168조의3 (금융리스업자와 금융리스이용자의 의무)** ② 금융리스이용자는 제1항에 따라 금융리스물건을 수령함과 동시에 금융리스료를 지급하여야 한다.
> ③ 금융리스물건수령증을 발급한 경우에는 제1항의 금융리스계약 당사자 사이에 적합한 금융리스물건이 수령된 것으로 추정한다.
>
> **제168조의4 (공급자의 의무)** ① 금융리스물건의 공급자는 공급계약에서 정한 시기에 그 물건을 금융리스이용자에게 인도하여야 한다.
> ② 금융리스물건이 공급계약에서 정한 시기와 내용에 따라 공급되지 아니한 경우 금융리스이용자는 공급자에게 직접 손해배상을 청구하거나 공급계약의 내용에 적합한 금융리스물건의 인도를 청구할 수 있다.

법원직 20, 법무사 19

1 금융리스업자는 특별한 사정이 없는 한, 적합한 금융리스물건을 수령할 수 있도록 협력할 의무와 별도로 독자적인 금융리스물건 인도의무 또는 검사·확인의무를 부담한다. (○, ×)

법무사 13

2 금융리스이용자는 금융리스계약에서 정한 시기에 금융리스계약에 적합한 금융리스물건을 수령함과 동시에 금융리스료를 지급하여야 한다. (○, ×)

법원직 18

3 리스계약은 물건의 인도를 계약 성립요건으로 하지 않는 낙성계약이므로 리스이용자가 리스물건 수령증서를 리스회사에 발급한 이상, 리스물건이 인도되기 전이라도 이때부터 리스기간이 개시됨이 원칙이다. (○, ×)

법원직 14, 법무사 13

4 금융리스물건수령증을 발급한 경우에는 금융리스계약 당사자 사이에 적합한 금융리스물건이 수령된 것으로 간주한다. (○, ×)

법무사 18

5 금융리스물건수령증을 발급한 경우에는 금융리스이용자와 공급자 사이에 적합한 금융리스물건이 수령된 것으로 추정한다. (○, ×)

1 × **2** ○ **3** ○ **4** × **5** ×

① 금융리스이용자는 금융리스물건을 수령함과 동시에 금융리스료를 지급하여야 한다.[법무사 13, 18]

② 금융리스이용자가 금융리스물건 수령증을 발급한 경우에는 적합한 금융리스물건이 수령된 것으로 추정된다.[법원직 14, 18, 20, 법무사 13, 18, 19]

③ 금융리스이용자는 금융리스물건을 수령한 이후에는 선량한 관리자의 주의로 금융리스물건을 유지 및 관리하여야 한다.

④ 공급자는 공급계약에서 정한 시기에 물건을 이용자에게 인도하여야 한다.

⑤ 리스물건이 공급계약에서 정한 시기와 내용에 따라 공급되지 않은 경우, 이용자는 공급자에게 직접 손해배상을 청구하거나 공급계약의 내용에 적합한 리스물건의 인도를 청구할 수 있다.[법원직 14, 18, 법무사 13, 18]

3. 금융리스계약의 해지

> **제168조의5 (금융리스계약의 해지)** ③ 금융리스이용자는 중대한 사정변경으로 인하여 금융리스물건을 계속 사용할 수 없는 경우에는 3개월 전에 예고하고 금융리스계약을 해지할 수 있다. 이 경우 금융리스이용자는 계약의 해지로 인하여 금융리스업자에게 발생한 손해를 배상하여야 한다.

① 이용자의 책임 있는 사유로 금융리스계약을 해지하는 경우 리스업자는 잔존 리스료 상당액의 일시 지급 또는 리스물건의 반환을 청구할 수 있다.

② 리스업자는 잔존 리스료 일시지급이나 리스물건 반환으로 회복되지 않은 손해에 대한 배상을 청구할 수 있다.

③ 이용자는 중대한 사정변경으로 인하여 리스물건을 계속 사용할 수 없는 경우 3개월 전에 예고하고 리스계약을 해지할 수 있다. 이 경우 이용자는 계약의 해지로 인하여 리스업자에게 발생한 손해를 배상하여야 한다.[법원직 14, 법무사 13, 19] 잔존 리스료는 이러한 손해에 해당되지 않는다.

④ 리스회사가 리스물건인 자동차의 구입대금 중 일부를 리스이용자에게 금융리스의 형태로 제공하고 리스회사 명의로 자동차소유권 등록을 해 둔 다음 공여된 리스자금을 리스료로 분할 회수하는 리스계약관계에서, 리스이용자가 그 자동차를 제3자에게 매도하고 리스계약관계를 승계하도록 하면서 매매대금과 장래 리스료 채무의 차액 상당을 매수인으로부터 지급받은 경우, 그 리스이용자는 리스회사와의 리스계약관계에서는 탈퇴하지만 매수인에 대한 소유권이전의무 및 매도인으로서의 담보책임은 여전히 부담한다(대판 2013.6.13. 2012다100890).[법무사 18].

1. 의의

> **제168조의6 (의의)** 자신의 상호·상표 등을 제공하는 것을 영업으로 하는 자(이하 "가맹업자"라 한다)로부터 그의 상호 등을 사용할 것을 허락받아 가맹업자가 지정하는 품질기준이나 영업방식에 따라 영업을 하는 자를 가맹상이라 한다.

① 가맹업자란 자신의 상호·상표 등을 제공하는 것을 영업으로 하는 자를 말하고, 가맹상이란 가맹업자로부터 그의 상호 등을 사용할 것을 허락받아 가맹업자가 지정하는 품질기준이나 영업방식에 따라 영업을 하는 자를 말한다.[법원직 21]

② 가맹상은 자신의 명의와 계산으로 거래한다는 점에서 본인의 명의로 거래하는 대리상이나 위탁자의 계산으로 영업하는 위탁매매인과 구별된다.

③ 가맹업에 대해서는 가맹사업거래의 공정화에 관한 법률이 적용된다.[법원직 15]

2. 법률관계

> **제168조의7 (가맹업자의 의무)** ① 가맹업자는 가맹상의 영업을 위하여 필요한 지원을 하여야 한다.
> ② 가맹업자는 다른 약정이 없으면 가맹상의 영업지역 내에서 동일 또는 유사한 업종의 영업을 하거나, 동일 또는 유사한 업종의 가맹계약을 체결할 수 없다.
> **제168조의8 (가맹상의 의무)** ① 가맹상은 가맹업자의 영업에 관한 권리가 침해되지 아니하도록 하여야 한다.
> ② 가맹상은 계약이 종료한 후에도 가맹계약과 관련하여 알게 된 가맹업자의 영업상의 비밀을 준수하여야 한다.
> **제168조의9 (가맹상의 영업양도)** ① 가맹상은 가맹업자의 동의를 받아 그 영업을 양도할 수 있다.
> ② 가맹업자는 특별한 사유가 없으면 제1항의 영업양도에 동의하여야 한다.

① 가맹업자는 가맹상의 영업을 위하여 필요한 지원을 하여야 한다.

② 가맹업자는 다른 약정이 없으면 가맹상의 영업지역 내에서 동일 또는 유사한 업종의 영업을 하거나, 동일 또는 유사한 업종의 가맹계약을 체결할 수 없다.[법원직 15, 법무사 14, 변호사 21]

③ 가맹업자가 경업피지의무를 위반한다고 하더라도 개입권에 대한 명문규정이 없으므로 가맹상에게는 개입권이 인정되지 않는다.

④ 가맹상은 가맹업자의 영업에 관한 권리가 침해되지 않도록 하여야 한다.[법무사 14]

⑤ 가맹상은 계약이 종료한 후에도 가맹계약과 관련하여 알게 된 가맹업자의 영업상 비밀을 준수하여야 한다.[법원직 21, 법무사 14]

⑥ 가맹상은 가맹업자의 동의를 받아 영업을 양도할 수 있다. 가맹업자는 특별한 사유가 없으면 영업양도에 동의하여야 한다.[법원직 11, 14, 15, 21, 법무사 14, 변호사 21]

법원직 15

1 가맹상은 가맹업자의 의사에 반해서도 그 영업을 양도할 수 있다. 가맹상의 영업양도를 제한하는 약정이 있더라도 그 약정은 무효이다. (○, ×)

1 ×

3. 가맹계약의 해지

> **제168조의10 (계약의 해지)** 가맹계약상 존속기간에 대한 약정의 유무와 관계없이 부득이한 사정이 있으면 각 당사자는 상당한 기간을 정하여 예고한 후 가맹계약을 해지할 수 있다.

① 가맹계약상 존속기간에 대한 약정의 유무와 관계없이 부득이한 사정이 있으면 각 당사자는 상당한 기간을 정하여 예고한 후 가맹계약을 해지할 수 있다. [법원직 15, 18, 21, 법무사 14]

② 이러한 상법 규정을 계약으로 배제하는 경우 가맹점사업자의 권리가 부당하게 침해될 위험이 있는 관계로, 가맹사업법은 가맹본부가 가맹계약을 해지하려는 경우에는 가맹점사업자에게 2개월 이상의 유예기간을 두고 계약의 위반 사실을 구체적으로 밝히고 이를 시정하지 아니하면 그 계약을 해지한다는 사실을 서면으로 2회 이상 통지하여야 한다고 규정하고, 이에 위반한 가맹계약해지는 효력이 없다고 규정하고 있다.

③ 다만 가맹점사업자가 공연히 허위사실을 유포하여 가맹본부의 명성이나 신용을 뚜렷이 훼손한 경우, 법령위반으로 시정명령 등의 행정처분을 받아 가맹본부의 명성이나 신용을 뚜렷이 훼손한 경우, 가맹본부의 영업비밀 또는 중요정보를 유출한 경우 등 동법 시행령에서 정하는 경우에는 위 해지절차 없이 해지가 허용된다(가맹사업법 시행령 제15조).

법원직 21

1 존속기간에 대한 약정이 없는 한 부득이한 사정이 있으면 각 당사자는 상당한 기간을 정하여 예고한 후 가맹계약을 해지할 수 있다. (○, ×)

법원직 18

2 상법은 가맹업에 대하여 가맹계약상 존속기간에 대한 약정이 없는 경우에 한하여 부득이한 사정이 있으면 각 당사자가 상당한 기간을 정하여 예고한 후 가맹계약을 해지할 수 있는 것으로 규정하고 있다. (○, ×)

법무사 14

3 가맹계약상 존속기간에 대한 약정의 유무와 관계없이 부득이한 사정이 있으면 각 당사자는 언제든지 가맹계약을 해지할 수 있다. (○, ×)

쟁점 10 | 채권매입업

1. 의의

① 채권매입업이란 타인이 물건·유가증권의 판매, 용역의 제공 등에 의하여 취득하였거나 취득할 영업상의 채권인 영업채권을 매입하여 회수하는 영업을 말한다.

② 팩토링이라는 이름으로 불리던 거래를 말한다.

③ '진정채권매입'이란 채권이 회수되지 못한 위험을 채권매입업자가 부담하는 채권매입을 말한다.

④ '부진정채권매입'이란 채권이 회수되지 못하는 경우 채권매입업자가 채권을 양도한 상인에게 상환을 청구할 수 있는 채권매입을 말한다. 상법상 채권매입은 원칙적으로 부진정채권매입을 의미한다.

⑤ 영업채권의 채무자가 채무를 이행하지 않는 경우 채권매입업자는 채권매입계약의 채무자에게 그 영업채권액의 상환을 청구할 수 있다. 다만, 채권매입계약에서 달리 정할 수 있다.

2. 채권의 포괄적 양도

① 채권매입은 현재 및 장래의 채권을 포괄적으로 양도하는 것을 내용으로 한다.

② 채권매입의 경우, 기본계약이 먼저 체결되고 이에 따라 개별 채권이 채권매입업자에게 양도된다.

③ 채권매입계약에 따른 채권의 양도는 채권양도의 형식을 취하며 민법상 채권양도의 법리가 적용된다.

1 × **2** × **3** ×

제3편

회사법

제1장 통칙

쟁점 01 회사의 의의, 주소 및 설립

> **제169조 (회사의 의의)** 회사란 상행위나 그 밖의 영리를 목적으로 하여 설립한 법인을 말한다.
>
> **제170조 (회사의 종류)** 회사는 합명회사, 합자회사, 유한책임회사, 주식회사와 유한회사의 5종으로 한다.
>
> **제171조 (회사의 주소)** 회사의 주소는 본점소재지에 있는 것으로 한다.
>
> **제172조 (회사의 성립)** 회사는 본점소재지에서 설립등기를 함으로써 성립한다.
>
> **제177조 (등기기간의 기산점)** 회사편의 규정에 의하여 등기할 사항으로서 관청의 허가 또는 인가를 요하는 것에 관하여는 그 서류가 도달한 날로부터 등기기간을 기산한다.

① 회사란 상행위나 그 밖의 영리를 목적으로 하여 설립한 법인을 말한다.[법원직 09]

② 회사가 영리를 목적으로 한다는 것은 영리사업을 경영하여 이익귀속의 주체가 될 뿐 아니라 그 이익을 사원에게 분배하여야 한다는 의미이다.[법무사 09]

③ 공법인이 재원을 조달하기 위하여 영리활동을 하더라도 구성원에게 이익을 분배하지 않으므로 상법상 회사가 될 수 없다.

④ 회사의 주소는 본점소재지에 있는 것으로 한다.

⑤ 회사는 본점소재지에서 설립등기를 함으로써 성립한다.

⑥ 회사편의 규정에 의하여 등기할 사항으로서 관청의 허가 또는 인가를 요하는 것에 관하여는 그 서류가 도달한 날로부터 등기기간을 기산한다.

쟁점 02 회사의 능력

Ⅰ. 회사 권리능력의 제한

> **제173조 (권리능력의 제한)** 회사는 다른 회사의 무한책임사원이 되지 못한다.

① 회사는 재산권, 명예·신용에 관한 인격권과 상호권의 주체가 된다.

② 회사는 생명·신체에 대한 권리와 친족권·상속권의 주체가 될 수 없고, 지배인 등 상업사용인이 될 수 없다.[법원직 07]

③ 회사는 다른 회사의 무한책임사원이 되지 못한다.[법원직 07, 15, 법무사 17]

법원직 07

1 회사는 자연인과 마찬가지로 재산법 및 상속법상 일반적 권리 능력을 가진다. (O, ×)

1 ×

④ 회사는 발기인과 유한책임사원, 주주는 될 수 있다. 회사가 다른 주식회사의 이사가 될 수 있는지에 대해서는 부정설이 다수설이다.

Ⅱ. 정관상 목적에 의한 권리능력 제한

> **민법 제34조 (법인의 권리능력)** 법인은 법률의 규정에 좇아 정관으로 정한 목적의 범위 내에서 권리와 의무의 주체가 된다.

① 민법 제34조는 법인의 권리능력을 정관상 목적범위 내로 인정하고 있으나, 상법은 이에 대해서 별도로 규정하고 있지 않다.

② 회사는 법인이므로 일반적 권리능력을 갖지만, 개별적인 권리능력은 그 성질, 법령, 목적에 의하여 제한된다.[법원직 07, 법무사 09]

③ 회사의 권리능력은 회사의 설립 근거가 된 법률과 회사의 정관상 목적에 의하여 제한되나, 목적범위 내의 행위라 함은 정관에 명시된 목적 자체에 국한되는 것이 아니라, ⊙ 목적을 수행하는 데 있어 직접, 간접으로 필요한 행위는 모두 포함되고, ⓒ 목적수행에 필요한지 여부는 행위의 객관적 성질에 따라 판단할 것이고 행위자의 주관적, 구체적 의사에 따라 판단할 것은 아니다(대판 1999.10.8. 98다2488).[변호사 12]

④ 판례는 ⊙ 회사의 목적이 부동산임대 및 매매업인 경우 대표이사가 채무인수 또는 지급약정을 하는 행위, ⓒ 회사가 거래관계 또는 자본관계에 있는 주채무자를 위하여 보증하는 등의 행위(대판 2005.5.27. 2005다480), ⓒ 회사의 목적이 어음의 인수 및 보증, 어음매매 중개인 경우 대표이사가 지급 담보배서를 한 행위(대판 1987.9.8. 86다카1349)를 목적범위 내의 행위로 판시하였다.

⑤ 대표이사가 타인의 채무에 대한 보증을 한 경우, 그 보증행위가 회사의 정관상 목적과 법인의 목적을 달성함에 필요한 범위에 속하는 것인지 심리하지 않고 법인의 보증책임을 인정할 수 없다(대판 1974.11.26. 74다310).

⑥ 상법상 상장회사는 주요주주(특수관계인 포함), 이사, 집행임원, 감사를 위한 보증을 할 수 없으므로 계열회사를 위한 보증이 금지된다(제542조의9 제1항).

법원직 07

1 회사의 권리능력이 정관에서 정한 사업목적에 의해 제한을 받는지 여부에 대하여 우리나라의 판례는 제한긍정설을 취하고 있다. (○, ×)

Ⅲ. 회사의 불법행위책임

> **제210조 (손해배상책임)** 회사를 대표하는 사원이 그 업무집행으로 인하여 타인에게 손해를 가한 때에는 회사는 그 사원과 연대하여 배상할 책임이 있다.

1. 의의

① 회사를 대표하는 사원이 그 업무집행으로 인하여 타인에게 손해를 가한 때에는 회사는 그 사원과 연대하여 배상할 책임이 있다.[변호사 19] 회사와 대표기관은 부진정연대책임을 진다.

② 주식회사의 대표이사가 업무집행을 하면서 고의 또는 과실에 의한 위법행위로 타인에게 손해를 가한 경우 주식회사는 상법 제389조 제3항, 제210조에 의하여 손해배상책임을 부담하고, 대표이사도 민법 제750조 또는 상법 제389조 제3항, 제210조에 의해 주식회사와 연대하여 불법행위책임을 부담한다(대판 2013.6.27. 2011다50165).

1 ○

2. 요건

① 대표기관의 업무집행으로 인해 손해가 발생하였는지 여부는 행위의 외형으로 객관적으로 판단한다.

② 행위의 외형상 주식회사의 대표이사의 업무집행이라고 인정할 수 있는 것이라면 설령 그것이 대표이사의 개인적 이익을 도모하기 위한 것이거나 법령의 규정에 위배된 것이라고 하더라도 주식회사의 손해배상책임이 인정된다(대판 2017.9.26. 2014다27425).

③ 대표변호사의 행위가 외형상 업무집행행위에 속한다고 인정되더라도 그 행위가 그 업무 내지는 직무권한에 속하지 아니함을 상대방이 알았거나 중과실로 알지 못한 때에는 손해배상책임을 부담하지 않는다(대판 2015.11.12. 2013다44645).

3. 채무불이행책임의 경우

① 회사의 채무불이행책임에 대해서는 대표기관에게 연대책임을 물을 수 없다.

② 상법 제210조는 법인의 불법행위능력에 관한 특칙이므로, 법무법인의 대표변호사가 법무법인과 연대하여 제3자에게 손해배상책임을 부담하는 것은 대표변호사가 업무집행 중 불법행위를 한 경우에 한정된다. 불법행위 손해배상책임이 아니라 소송위임계약상의 채무불이행으로 인한 손해배상책임에 대해서는, 대표변호사에게 연대책임을 물을 수는 없다(대판 2013.2.14. 2012다77969).

Ⅳ. 법인격부인

1. 의의

① 법인격부인이란 회사법인격이 남용되어 회사가 사원과 독립된 실체를 갖지 못하는 경우 회사와 제3자 사이의 법률관계에서 회사법인격을 인정하지 않고 회사의 책임을 사원에게 인정하는 것을 말한다.

② 회사가 외형상 법인의 형식을 갖추고 있으나 법인의 형태를 빌리고 있는 것에 불과하고 실질에 있어서는 법인격의 배후에 있는 타인의 개인기업에 불과하거나 배후자에 대한 법률적용을 회피하기 위한 수단인 경우, 외견상 회사의 행위라 할지라도 회사와 배후자가 별개의 인격체임을 내세워 배후자의 책임을 부정하는 것은 신의성실의 원칙에 위반되는 법인격의 남용으로서 심히 정의와 형평에 반하여 허용될 수 없다. 따라서 회사는 물론 배후자에게도 회사의 행위에 관한 책임을 물을 수 있다(대판 2001.1.19. 97다21604). [법원직 09]

2. 요건

(1) 객관적 요건

① 회사가 법인격의 배후에 있는 사원과 독립된 실체를 가지지 못해야 한다.

② 단순한 임원의 겸직이나 주주가 회사 주식 전부를 소유하고 있다는 것만으로는 법인격 형해화가 인정되지 않고 적어도 ⊙ 자회사가 독자적인 의사 또는 존재를 상실하고, ⓒ 모회사가 자기 사업의 일부로서 자회사를 운영한다고 할 정도로 완전한 지배력을 행사해야 하며, ⓒ 주주의 개인재산과 회사재산이 혼용되어야 한다.

③ 법인격 남용의 법리는 어느 회사가 이미 설립되어 있는 다른 회사 가운데 기업의 형태·내용이 실질적으로 동일한 회사를 채무를 면탈할 의도로 이용한 경우에도 적용된다. 기존회사의 자산이 기업의 형태·내용이 실질적으로 동일한 다른 회사로 바로 이전되지 않고, 기존회사에

정당한 대가를 지급한 제3자에게 이전되었다가 다시 다른 회사로 이전되었더라도, 다른 회사가 제3자로부터 자산을 이전받는 대가로 기존회사의 다른 자산을 이용하고도 기존회사에 정당한 대가를 지급하지 않았다면, 이는 기존회사에서 다른 회사로 직접 자산이 유용되거나 정당한 대가 없이 자산이 이전된 경우와 다르지 않다. 이러한 경우에도 기존회사의 채무를 면탈할 의도나 목적, 기존회사의 경영상태, 자산상황 등 여러 사정을 종합적으로 고려하여 회사제도를 남용한 것으로 판단된다면, 기존회사의 채권자는 다른 회사에 채무 이행을 청구할 수 있다(대판 2019.12.13. 2017다271643). [법원직 13]

(2) 주관적 요건

① 판례는 주관적 요건이 인정되어야 한다고 본다.

② 친자회사는 상호간에 상당 정도의 인적 · 자본적 결합관계가 존재하는 것이 당연하므로, 자회사의 임 · 직원이 모회사의 임 · 직원을 겸하고 있다거나 모회사가 자회사의 전 주식을 소유하여 자회사에 대해 강한 지배력을 가진다거나 자회사의 사업 규모가 확장되었으나 자본금의 규모가 그에 상응해 증가하지 않은 사정만으로는 모회사가 자회사의 독자적 법인격을 주장하는 것이 법인격남용에 해당한다고 보기 부족하다(대판 2006.8.25. 2004다26119). [법원직 17, 법무사 16]

③ 적어도 자회사가 독자적인 의사 또는 존재를 상실하고 모회사가 자기 사업의 일부로 자회사를 운영한다고 할 수 있을 정도로 완전한 지배력을 행사할 것이 요구되며, 구체적으로는 ㉠ 모회사와 자회사 간의 재산과 업무 및 대외적인 기업거래활동 등이 명확히 구분되지 않고 양자가 혼용되어 있다는 등의 객관적 징표가 있어야 하며, ㉡ 자회사의 법인격이 모회사에 대한 법률 적용을 회피하기 위한 수단으로 사용되거나 채무면탈이라는 위법한 목적 달성을 위해 회사제도를 남용하는 등의 주관적 의도 또는 목적이 인정되어야 한다(대판 2006.8.25. 2004다26119). [법원직 08]

④ 법인격 남용을 인정하려면 적어도 회사의 법인격이 배후자에 대한 법률적용을 회피하기 위한 수단으로 함부로 이용되거나, 채무면탈, 계약상 채무의 회피, 탈법행위 등 위법한 목적달성을 위하여 회사제도를 남용하는 등의 주관적 의도 또는 목적이 인정되어야 한다(대판 2010.2.25. 2007다85980). [법무사 16]

3. 적용효과

① 주주의 책임이 인정된다. 주주는 회사의 항변사유를 주장 할 수 있다.

② 회사의 법인격이 소멸하는 것은 아니기 때문에 회사도 여전히 책임을 부담한다.

③ 회사에 대한 판결의 기판력 및 집행력이 주주에게 미치지 않고 주주에 대하여 별도의 집행권원을 확보해야 한다(대판 1995.5.12. 93다44531).

4. 법인격부인의 역적용

① 법인격부인의 역적용이란 주주가 지는 책임을 주주가 지배하는 회사에 부담시키는 것을 말한다.

② 판례는 채무면탈을 위해 회사를 설립하는 경우 법인격부인이 한 유형으로 보고 있다.

③ 기존회사가 채무를 면탈할 목적으로 기업의 형태 · 내용이 실질적으로 동일한 신설회사를 설립하였다면, 신설회사의 설립은 기존회사의 채무면탈이라는 위법한 목적달성을 위해 회사제도를 남용한 것이므로, 기존회사의 채권자에 대하여 위 두 회사가 별개의 법인격을 갖고 있음을 주장하는 것은 신의성실의 원칙상 허용될 수 없고, 기존회사의 채권자는 위 두 회사 어느 쪽에 대해서도 채무 이행을 청구할 수 있다(대판 2019.12.13. 2017다271643). [법원직 09, 13, 법무사 16]

1 친자회사 관계에서 母회사가 子회사의 임 · 직원의 신분을 겸유하고 있거나 子회사의 전 주식을 소유하여 子회사에 대한 강한 지배력을 가지는 경우에는 법인격 남용에 해당한다.
(O, X)

1 ×

④ 신설회사가 기존회사로부터 공장 건물, 기계 및 인력 대부분을 그대로 인수하여 종전과 동일한 영업을 하고 있는 사실 등은 인정되지만, 기존회사 주주와 신설회사 주주가 완전히 다른 점, 기존회사로부터 무상 이전받은 자산이 없다는 점에 비추어 보면, 신설회사가 기존회사와 실질적으로 동일한 회사로서 그 채무를 면탈할 목적으로 설립된 것이라고 볼 수 없다(대판 2010.1.14. 2009다77327).

⑤ 기존회사 채무를 면탈할 의도로 신설회사를 설립한 것인지 여부는, 신설회사가 기존회사의 대표이사에 의해 지배되고 있다는 사정만으로는 인정할 수 없고, 기존회사의 폐업 당시 경영상태, 자산상황, 신설회사의 설립시점, 기존회사에서 신설회사로 유용된 자산의 유무와 정도, 기존회사에서 신설회사로 이전된 자산에 대한 정당한 대가의 지급 여부 등 제반 사정을 종합적으로 고려해서 판단해야 한다(대판 2008.8.21. 2006다24438).

쟁점 03 회사의 종류

Ⅰ. 상법상 회사의 종류

> **제170조 (회사의 종류)** 회사는 합명회사, 합자회사, 유한책임회사, 주식회사와 유한회사의 5종으로 한다.

① 상법상 회사는 합명회사, 합자회사, 유한책임회사, 주식회사와 유한회사의 5종으로 한다.
② 합명회사와 합자회사는 사원의 개성과 인적 신뢰관계를 기초로 하는 인적 회사이다.
③ 주식회사와 유한회사는 사원이 출자한 재산을 기초로 하는 물적 회사이다.
④ 유한책임회사는 인적 회사와 물적 회사의 성격을 함께 가진다.
⑤ 사원의 책임과 관련하여 ㉠ '무한책임'이란 사원 개인 재산으로 회사 채권자에 대하여 책임을 지는 것을 말하고, ㉡ '유한책임'이란 자신의 출자액을 한도로 책임을 지는 것을 말하며, ㉢ '직접책임'이란 사원이 회사채권자에게 직접 변제할 책임을 지는 것을 말하고, ㉣ '간접책임'이란 회사채권자에 대한 책임은 회사가 지고 사원은 회사에 출자할 책임만 지는 것을 말한다.

Ⅱ. 모자회사

> **제342조의2 (자회사에 의한 모회사 주식의 취득)** ① 다른 회사의 발행주식의 총수의 100분의 50을 초과하는 주식을 가진 회사(이하 "모회사"라 한다)의 주식은 다음의 경우를 제외하고는 그 다른 회사(이하 "자회사"라 한다)가 이를 취득할 수 없다.
> 1. 주식의 포괄적 교환, 주식의 포괄적 이전, 회사의 합병 또는 다른 회사의 영업전부의 양수로 인한 때
> 2. 회사의 권리를 실행함에 있어 그 목적을 달성하기 위하여 필요한 때
> ② 제1항 각 호의 경우 자회사는 그 주식 취득일로부터 6월 이내에 모회사의 주식을 처분하여야 한다.
> ③ 다른 회사의 발행주식의 총수의 100분의 50을 초과하는 주식을 모회사 및 자회사 또는 자회사가 가지고 있는 경우 그 다른 회사는 그 모회사의 자회사로 본다.

① '모회사'란 다른 회사 발행주식 총수의 50%를 초과하는 주식을 가진 회사를 말하고, '자회사'
란 발행주식 총수의 50%를 초과하는 주식이 모회사에 의하여 보유된 회사를 말한다.

② 다른 회사의 발행주식의 총수의 50%를 초과하는 주식을 모회사 및 자회사 또는 자회사가
가지고 있는 경우 그 다른 회사는 상법의 적용에 있어 그 모회사의 자회사로 본다.

Ⅲ. 상장회사

> **제542조의2 (상장회사 특례규정의 적용범위)** ① 상장회사 특례규정은 대통령령으로 정하는 증권시장
> 에 상장된 주권을 발행한 주식회사(이하 "상장회사"라 한다)에 대하여 적용한다. 다만, 집합투자를
> 수행하기 위한 기구로서 대통령령으로 정하는 주식회사는 제외한다.
> ② 이 절은 이 장 다른 절에 우선하여 적용한다.

상장회사란 증권시장에 상장된 주권을 발행한 주식회사를 말한다. 상장회사에 대해서는 상법
제542조의2 이하의 특례규정이 적용된다.

Ⅳ. 소규모회사

1. 의의

소규모회사란 자본금 10억 원 미만의 소규모 주식회사를 말한다.

2. 특례

① 창립정관은 공증인의 인증을 받음으로써 효력이 생긴다. 다만, 소규모회사를 발기설립하는
경우에는 각 발기인이 정관에 기명날인 또는 서명함으로써 효력이 생긴다.[법원직 15, 18]

② 소규모회사를 발기설립 하는 경우에는 금융기관의 납입금보관증명서를 은행이나 그 밖의 금
융기관의 잔고증명서로 대체할 수 있다.[법원직 14, 변호사 14]

③ 소규모회사가 주주총회를 소집하는 경우에는 주주총회일의 10일 전에 각 주주에게 서면으로 통
지를 발송하거나 각 주주의 동의를 받아 전자문서로 통지를 발송할 수 있다.[법원직 14, 변호사 17]

④ 소규모회사는 주주 전원의 동의가 있을 경우에는 소집절차 없이 주주총회를 개최할 수 있고,
서면결의로써 주주총회의 결의를 갈음할 수 있다. 결의의 목적사항에 대하여 주주 전원이 서
면으로 동의를 한 때에는 서면에 의한 결의가 있는 것으로 본다.[법원직 18, 변호사 12, 15]

⑤ 소규모회사는 이사를 1명 또는 2명으로 할 수 있다.[법원직 18, 21, 법무사 13]

⑥ 소규모회사의 무기명식 사채권자집회 공고기간은 2주로 단축된다.

⑦ 소규모회사는 감사를 선임하지 않을 수 있다.[법원직 18, 변호사 12, 14, 15]

3. 주주총회에 의한 이사회 대체

이사가 2인 이하인 소규모회사의 경우 ① 주식양도에 관한 승인, ② 주식매수선택권 부여의 취
소, ③ 이사의 경업 및 겸직에 대한 승인, ④ 회사의 사업기회 이용에 대한 승인, ⑤ 이사 등의
자기거래 승인,[변호사 17] ⑥ 주식발행사항의 결정, ⑦ 무액면주식 발행의 경우 자본금으로 계상하
는 금액의 결정, ⑧ 준비금의 자본금 전입 결정, ⑨ 중간배당, ⑩ 사채 발행 결의, 전환사채 발행
사항 결정 및 신주인수권부사채 발행사항의 결정의 경우 주주총회를 이사회로 본다.

4. 이사에 의한 회사 대표 및 이사회 기능 수행

법원직 14

이사가 2인 이하인 소규모회사의 경우 각 이사(정관에 따라 대표이사를 정한 경우에는 그 대표이사를 말한다)가 회사를 대표하고, ① 회사가 보유하는 자기주식의 소각, ② 주주총회 소집결정, ③ 주주제안 사항의 처리, ④ 소수주주의 임시주주총회 소집청구의 상대방, ⑤ 전자적 방법에 의한 주주총회 의결권 행사방법의 결정, ⑥ 중요한 자산의 처분 및 양도, 대규모 재산의 차입, 지배인의 선임 또는 해임과 지점의 설치·이전 또는 폐지 등 회사의 업무집행, ⑦ 감사의 임시주주총회 소집 청구의 상대방 및 ⑧ 중간배당일의 결정의 기능을 담당한다.[법원직 14]

5. 이사와 회사 사이의 소송에서의 회사를 대표할 자

감사를 선임하지 아니한 소규모회사가 이사에 대하여 또는 이사가 그 회사에 대하여 소를 제기하는 경우에 회사, 이사 또는 이해관계인은 법원에 회사를 대표할 자를 선임하여 줄 것을 신청하여야 한다.[법원직 14]

6. 주주총회에 의한 감사 대체

감사의 직무와 보고요구 및 조사권한, 이사의 보고의무, 모회사 감사의 자회사 조사권과 관련하여 감사는 주주총회로 본다.

Ⅴ. 1인 회사

1. 의의

① 1인 회사란 주식회사, 유한회사, 유한책임회사와 같은 물적 회사에서 사원이 1인인 경우를 말한다.[법원직 13, 법무사 14, 19]

법원직 13

② 합명회사와 합자회사와 같은 인적 회사의 경우, 사원이 2인 이상이어야 하므로 사원이 1인이 되면 해산사유에 해당한다.

③ 1인 회사의 경우에도 이사는 선임하여야 한다.

④ 실질적으로 1인 회사인 주식회사의 주주총회는 그 절차상에 하자가 있다 하더라도 그 주주총회에서 어떤 결의를 한 것으로 주주총회 의사록이 작성되어 있으면 특별한 사정이 없는 한 1인 주주에 의하여 그와 같은 결의가 있었던 것이라고 볼 수 있어 유효하다(대판 1992.6.23. 91다19500).[법원직 13, 17, 21, 법무사 15, 19, 20]

2. 주주총회 소집통지 하자의 치유

① 주주총회의 소집절차가 위법하더라도 1인 주주회사에서 그 주주가 참석하여 총회개최에 동의하고 아무 이의 없이 결의한 경우 그 결의 자체를 위법한 것이라고 할 수 없다(대판 1966.9.20. 66다1187,1188).

② 소집통지가 전혀 없었던 경우에도 주주 전원이 출석한 경우 적법한 주주총회로 인정된다.

3. 주주총회 의사록 작성에 의한 주주총회 결의 인정

① 실제로 총회를 개최한 사실이 없더라도 1인 주주에 의해 의결이 있었던 것으로 주주총회 의사록이 작성되었다면 주주총회 결의가 있었던 것으로 본다.

법원직 14

1 이사를 2명으로 정한 소규모 회사에는 이사회가 없으므로 정관에 특별한 규정이 없는 한 중요한 자산의 처분 및 양도, 대규모 재산의 차입, 지배인의 선임 또는 해임과 지점의 설치·이전 또는 폐지 등 회사의 업무집행과 주주총회의 소집은 이사 2명의 합의로 결정한다.
(○, ✕)

법원직 13

2 1인 회사는 구성원(사원)이 1인뿐인 회사로서 상법 규정상 물적 회사뿐만 아니라 인적 회사의 경우에도 인정될 수 있다.
(○, ✕)

1 ✕ **2** ✕

② 주식회사에서 총 주식을 한 사람이 소유하고 있는 1인 회사의 경우에는 그 주주가 유일한 주주로서 주주총회에 출석하면 전원총회로서 성립하고 그 주주의 의사대로 결의될 것임이 명백하므로 따로 총회소집절차가 필요 없고, 실제로 총회를 개최한 사실이 없다 하더라도 1인 주주에 의하여 의결이 있었던 것으로 주주총회 의사록이 작성되었다면 특별한 사정이 없는 한 그 내용의 결의가 있었던 것으로 볼 수 있어 형식적인 사유로 결의가 없었던 것으로 다툴 수 없다(대판 1993.6.11. 93다8702).

4. 1인 주주인 대표이사 동의에 의한 특별결의 인정

① 영업양도에 대하여 1인 주주이자 대표이사인 사람의 동의가 있었다면 영업양도에 대한 주주총회 특별결의를 대신할 수 있다. [법무사 15]

② 임원퇴직금지급규정에 관하여 주주총회 결의가 있거나 주주총회의사록이 작성된 적은 없으나 위 규정에 따른 퇴직금이 사실상 1인 회사의 실질적 1인 주주의 결재·승인을 거쳐 관행적으로 지급되었다면 위 규정에 대하여 주주총회의 결의가 있었던 것으로 볼 수 있다(대판 2004.12.10. 2004다25123).

③ 실질적으로 1인 주주인 대표이사가 주주총회 특별결의 없이 회사의 유일한 영업재산인 부동산을 양도한 행위의 효력은 유효하다(서울고등법원 1976.5.27. 75나616, 75나617). [법무사 19]

5. 98% 주주의 의사에 기한 경우 주주총회 결의부존재 사유에 해당

발행주식 98%를 소유한 주주의 의사에 기하여 주주총회 없이 의결이 있었던 것처럼 주주총회 의사록이 작성된 경우 주주총회 결의부존재 사유에 해당한다. [법무사 15]

6. 회사법 일부 규정의 적용 배제

① 특별이해관계인의 주주총회 의결권 배제 조항, ② 감사 선임시 의결권 제한 조항, ③ 정관상 주식 양도에 이사회 승인 요구 조항은 1인 회사에 적용될 실익이 없다.

7. 1인 주주인 이사의 자기거래

회사의 채무부담행위가 상법 제398조 소정의 이사의 자기거래에 해당하여 이사회의 승인을 요하더라도, 위 규정의 취지가 회사 및 주주에게 예기치 못한 손해를 끼치는 것을 방지함에 있으므로, 그 채무부담행위에 대하여 사전에 주주 전원의 동의가 있었다면 회사는 이사회 승인이 없었음을 이유로 그 책임을 회피할 수 없다(대판 2002.7.12. 2002다20544).

8. 1인 주주인 이사의 형사책임

① 주식회사의 주식이 사실상 1인 주주에 귀속하는 1인 회사에 있어서도 회사와 주주는 분명히 별개의 인격이어서 1인 회사의 재산이 곧바로 그 1인 주주의 소유라고 볼 수 없으므로, 사실상 1인 주주라고 하더라도 회사의 자금을 임의로 처분한 행위는 횡령죄를 구성한다(대판 2010. 4.29. 2007도6553). [법원직 17, 21, 법무사 09, 14, 19]

② 1인 회사에서 1인 주주가 임원의 의사에 기하지 아니하고 그 임원의 사임서를 작성하거나 이에 기한 등기부의 기재를 한 경우, 사문서위조죄 및 공정증서원본불실기재죄가 성립한다(대판 1992.9.14. 92도1564).

1 판례는 1인 주주 겸 대표이사가 회사에 손해를 가한 경우 회사의 손해는 바로 1인 주주의 손해라고 보고 회사에 손해를 가하려는 범의를 인정할 수 없으므로 회사에 대한 업무상배임죄는 성립되지 않는다고 한다. (O, X)

2 1인 회사에 있어서는 행위의 주체와 그 본인 및 다른 회사와는 별개의 인격체이므로 그 법인인 주식회사 소유의 금원을 임의로 소비하면 횡령죄가 성립하게 되나 주식이 사실상 1인의 주주에게만 귀속되는 회사지배관계의 특수성을 고려하여 배임죄는 성립하지 않는 다는 것이 판례의 태도이다. (O, X)

3 주식회사의 주식이 사실상 1인의 주주에 귀속되는 1인 회사의 경우 회사와 주주는 서로 이해관계가 상충되는 바가 없다고 볼 수 있으므로 1인 주주가 회사의 금원을 업무상보관 중 이를 임의로 처분하더라도 업무상 횡령죄는 구성하지 않는다. (O, X)

4 1인 회사에 있어서도 행위의 주체와 본인은 분명히 별개의 인격이고 본인인 주식회사에 재산상 손해가 발생하였을 때 배임죄는 기수가 되는 것이므로, 궁극적으로 그 손해가 주주의 손해가 된다고 하더라도 이미 성립한 죄에는 아무런 영향이 없다. (O, X)

1 X **2** X **3** X **4** O

Ⅰ. 회사의 해산

1. 해산의 개념 및 사유

① 회사의 해산은 회사 법인격의 소멸을 가져오는 법률사실을 말한다.

② 회사의 일반적 해산사유는 ㉠ 존립기간의 만료 기타 정관으로 정한 해산사유의 발생, ㉡ 총사원의 동의 또는 주주(사원)총회의 특별결의, ㉢ 회사의 합병 및 회사의 파산, ㉣ 법원의 해산명령 또는 해산판결이 존재한다.

③ ㉠ 법원행정처장이 최후의 등기 후 5년을 경과한 회사는 본점의 소재지를 관할하는 법원에 아직 영업을 폐지하지 아니하였다는 뜻의 신고를 할 것을 관보로써 공고한 경우에, 그 공고한 날에 이미 최후의 등기 후 5년을 경과한 회사로써 공고한 날로부터 2월 이내에 대통령령이 정하는 바에 의하여 신고를 하지 아니한 때에는 그 회사는 그 신고기간이 만료된 때에 해산한 것으로 본다. 그러나 그 기간 내에 등기를 한 회사에 대하여는 그러하지 아니하다. ㉡ 이 경우 회사는 그 후 3년 이내에는 제434조의 결의에 의하여 회사를 계속할 수 있다. ㉢ 회사가 ㉡에 의하여 회사를 계속하지 아니한 경우에는 그 회사는 그 3년이 경과한 때에 청산이 종결된 것으로 본다.

2. 회사의 종류별 해산사유

① 합명회사와 합자회사는 사원이 1인으로 된 경우 해산사유에 해당한다.[법무사 16]

② 합자회사의 무한책임사원 또는 유한책임사원 전원 퇴사는 해산사유에 해당한다.[법무사 16]

③ 유한책임회사의 사원이 없게 된 경우, 해산사유에 해당한다.[법무사 16]

④ 주식회사는 정관으로 정한 해산사유의 발생, 주주총회 특별결의, 합병, 회사의 분할 또는 분할합병, 파산, 법원의 해산명령 또는 해산판결 등이 회사의 해산사유에 해당한다. 영업의 폐지는 회사의 해산사유에 해당하지 않는다.[법원직 07, 09, 법무사 11]

⑤ 주식회사에는 휴면회사의 해산제도가 인정된다.

3. 해산의 통지

회사가 해산한 때에는 파산의 경우 외에는 이사는 지체 없이 주주에 대하여 그 통지를 하여야 한다.[법무사 04] ☞ 2014.5.20. 개정 이전 상법은 "주식회사가 해산한 때에는 파산의 경우 외에는 이사는 지체 없이 주주에 대하여 그 통지를 하고 무기명식의 주권을 발행한 경우에는 이를 공고하여야 한다"고 규정하고 있었으나, 상법 개정으로 공고에 관한 부분이 삭제되었다.

4. 해산등기

> **제228조 (해산등기)** 회사가 해산된 때에는 합병과 파산의 경우 외에는 그 해산사유가 있는 날로부터 본점소재지에서는 2주간 내, 지점소재지에서는 3주간 내에 해산등기를 하여야 한다.

① 회사가 해산하면 청산절차가 개시되나, 합병과 파산에 의한 해산은 청산절차가 개시되지 않는다.

② 회사가 해산된 때에는 합병·분할·분할합병과 파산의 경우 외에는 그 해산사유가 있는 날로부터 본점소재지에서는 2주간 내, 지점소재지에서는 3주간 내에 해산등기를 하여야 한다. [법무사 11]

③ 해산등기는 효력요건이 아니라 대항요건이다.

Ⅱ. 회사의 청산

1. 의의

> **제245조 (청산 중의 회사)** 회사는 해산된 후에도 청산의 목적범위 내에서 존속하는 것으로 본다.

① 청산이란 해산한 회사가 존립 중에 발생된 재산적 사무를 정리하여 회사의 법인격을 소멸시키는 것을 말한다.

② 회사가 해산하면 청산절차가 진행되는데, 청산 중 회사는 청산의 목적범위 내에서 존속하는 것으로 본다.

③ 청산 중에도 주주총회와 감사는 그대로 존속한다. [법무사 05]

2. 청산인

(1) 청산인의 선임

① 청산인은 청산 중 회사의 업무집행기관이다. 청산중의 회사의 청산인회와 대표청산인은 존속 중의 회사에서의 이사회와 대표이사에 대응한다. [법무사 11]

② 합명회사와 유한책임회사는 총사원 과반수 결의로 청산인을 선임하고, 합자회사는 무한책임사원 과반수의 결의로 청산인을 선임하되, 이러한 청산인이 없는 경우 업무집행사원이 청산인이 된다. [법원직 21]

③ 물적 회사인 주식회사와 유한회사는 합병·분할·분할합병 또는 파산의 경우 외에는 이사가 청산인이 되나, 정관으로 정하거나 총회의 결의로 청산인을 선임할 수 있다. [법원직 08, 17, 19, 법무사 06, 11]

④ 청산인이 없는 경우 법원은 사원(주주), 이해관계인, 검사의 청구에 의하여 또는 직권으로 청산인을 선임한다.

⑤ 회사의 해산 당시의 이사는 정관에 다른 정함이 있거나 주주총회에서 따로 청산인을 선임하지 않은 경우 당연히 청산인이 되며, 그러한 청산인이 없는 때에 이해관계인의 청구에 따라 법원이 선임한 자가 청산인이 되어 청산 중 회사의 청산사무를 집행하고 대표하는 유일한 기관이 된다(대판 2019.10.23. 2012다46170).

(2) 청산인의 등기

① 청산인이 선임된 때에는 그 선임된 날로부터, 업무집행사원이 청산인이 된 때에는 해산된 날로부터 본점소재지에서는 2주간 내, 지점소재지에서는 3주간 내에 다음의 사항을 등기하여야 한다. ㉠ 청산인의 성명·주민등록번호 및 주소(다만, 회사를 대표할 청산인을 정한 때에는 그 외의 청산인의 주소를 제외한다), ㉡ 대표청산인을 정한 경우 그 성명, ㉢ 공동청산인을 정한 경우 그 규정

② 위 사항에 변경이 있는 때에는 본점소재지에서는 2주간 내, 지점소재지에서는 3주간 내에 변경등기를 하여야 한다.

(3) **청산인의 직무**

① 청산인은 청산중의 회사의 청산사무를 담당하는 자로서 그 직무는 현존사무의 종결, 채권의 추심과 채무의 변제, 재산의 환가처분, 잔여재산의 분배이다. [법원직 17, 법무사 11]

② 청산인이 수인인 때에는 청산의 직무에 관한 행위는 그 과반수의 결의로 정한다.

③ 회사를 대표할 청산인은 직무에 관하여 재판상 또는 재판외의 모든 행위를 할 권한이 있다.

(4) **청산인의 해임**

① 합명회사와 합자회사 및 유한책임회사의 경우 사원이 선임한 청산인은 총사원 과반수의 결의로 해임할 수 있고, 청산인이 그 직무를 집행함에 현저하게 부적임하거나 중대한 임무에 위반한 행위가 있는 때에는 법원은 사원 기타의 이해관계인의 청구에 의하여 청산인을 해임할 수 있다.

② 주식회사와 유한회사의 청산인은 법원이 선임한 경우 외에는 언제든지 주주총회의 결의로 이를 해임할 수 있다(제539조 제1항, 제613조 제1항). [법원직 08, 19, 법무사 11, 12, 22, 25]

③ 주식회사와 유한회사의 청산인이 그 업무를 집행함에 현저하게 부적임하거나 중대한 임무에 위반한 행위가 있는 때에는 발행주식의 총수의 100분의 3 이상에 해당하는 주식을 가진 주주는 법원에 그 청산인의 해임을 청구할 수 있다. [법원직 14]

3. 회사재산조사보고 및 대차대조표 등의 제출, 비치

① 청산인은 취임한 후 지체 없이 회사의 재산상태를 조사하여 재산목록과 대차대조표를 작성하고 이를 주주총회에 제출하여 그 승인을 얻어야 한다.

② 청산인은 정기총회회일로부터 4주간 전에 대차대조표 및 그 부속명세서와 사무보고서를 작성하여 감사에게 제출하여야 한다. [법원직 14]

③ 청산인은 정기총회회일의 대차대조표, 그 부속명세서와 사무보고서 및 감사보고서를 본점에 비치하여야 한다.

④ 주주와 회사채권자는 영업시간 내에 언제든지 본점에 비치된 대차대조표, 그 부속명세서와 사무보고서 및 감사보고서를 열람할 수 있으며 회사가 정한 비용을 지급하고 그 서류의 등본이나 초본의 교부를 청구할 수 있다.

4. 채권자에 대한 변제

① 청산인은 취임한 날로부터 2월 이내에 회사채권자에 대하여 일정한 기간 내에 그 채권을 신고할 것과 그 기간 내에 신고하지 아니하면 청산에서 제외될 뜻을 2회 이상 공고로써 최고하여야 한다. 그러나 그 기간은 2월 이상이어야 한다. [법원직 17]

② 청산인은 알고 있는 채권자에 대하여는 각별로 그 채권의 신고를 최고하여야 하며 그 채권자가 신고하지 아니한 경우에도 이를 청산에서 제외하지 못한다. [법원직 08, 12, 17, 19]

③ 청산인은 채권신고 기간 내에는 채권자에 대하여 변제를 하지 못한다. 그러나 회사는 그 변제의 지연으로 인한 손해배상의 책임을 면하지 못한다. [법원직 12]

④ 청산인은 소액의 채권, 담보있는 채권 기타 변제로 인하여 다른 채권자를 해할 염려가 없는 채권에 대하여는 법원의 허가를 얻어 이를 변제할 수 있다. [법원직 14]

⑤ 청산에서 제외된 채권자는 분배되지 아니한 잔여재산에 대하여서만 변제를 청구할 수 있다. [법원직 08, 12, 14]

5. 잔여재산의 분배

① 청산인은 회사의 채무를 완제한 후가 아니면 회사재산을 사원에게 분배하지 못한다.

② 다툼이 있는 채무에 대하여는 변제에 필요한 재산을 보류하고 잔여재산을 분배할 수 있다.

③ 주식회사의 잔여재산은 각 주주가 가진 주식의 수에 따라 주주에게 분배하여야 한다. 그러나 제344조 제1항(종류주식)의 규정을 적용하는 경우에는 그러하지 아니하다.

6. 청산절차

① 인적 회사는 정관의 규정이나 총사원의 동의로 정한 방법으로 청산할 수 있으나, 채권자보호 절차는 이행하여야 한다.

② 물적 회사의 청산은 정관의 규정이나 총주주의 동의로 정한 방법으로 할 수 없고, 법률 규정에 따라 청산하여야 한다.[법원직 21]

7. 청산종결

> **제264조 (청산종결의 등기)** 청산이 종결된 때에는 청산인은 전조의 규정에 의한 총사원의 승인이 있은 날로부터 본점소재지에서는 2주간 내, 지점소재지에서는 3주간 내에 청산종결의 등기를 하여야 한다.

① 회사의 법인격은 청산사무가 사실상 종결한 때에 소멸한다.[법원직 07. 12. 19. 법무사 05. 14. 16. 19]

② 청산인이 작성한 결산보고서에 대한 주주총회의 승인이 있은 날로부터 본점소재지에서는 2주간 내, 지점소재지에서는 3주간 내에 청산종결의 등기를 하여야 한다.[법원직 17]

Ⅲ. 법원의 해산명령과 해산판결

1. 해산명령

① ㉠ 회사의 설립목적이 불법인 때, ㉡ 정당한 사유 없이 설립 후 1년 내에 영업을 개시하지 않거나 1년 이상 영업을 휴지하는 때, ㉢ 이사 또는 회사의 업무를 집행하는 사원이 법령 또는 정관에 위반하여 회사의 존속을 허용할 수 없는 행위를 한 때, 법원은 이해관계인이나 검사의 청구에 의하여 또는 직권으로 회사의 해산을 명할 수 있다.[법원직 15. 법무사 04. 08]

② 법원의 해산명령은 공익적 성격을 가진다.

③ 해산명령의 경우 법원은 사원 기타의 이해관계인이나 검사의 청구에 의하여 또는 직권으로 청산인을 선임한다.

④ 이해관계인이 회사의 해산명령을 청구한 때에는 법원은 회사의 청구에 의하여 상당한 담보를 제공할 것을 명할 수 있다.[법무사 04. 17]

2. 해산판결

(1) 의의

① 회사의 해산판결이란 사원, 주주의 이익을 보호하기 위하여 법원이 판결로써 회사를 해산시키는 것을 말한다. 해산판결은 사익보호의 성격을 가진다.

② 해산판결 청구소송은 형성소송에 해당한다.

③ 인적 회사의 경우 각 사원이 원고가 된다. 물적 회사의 경우 발행주식 총수의 10% 이상 주식을 가진 주주(사원)가 원고가 된다.

④ 상법 제520조에 따른 해산에 관한 청구의 소는 회사 본점 소재지의 지방법원의 관할에 전속한다.[법원직 16]

(2) 인적 회사와 유한책임회사의 해산청구

인적회사와 유한책임회사의 경우, 부득이한 사유가 있는 때에는 각 사원은 회사의 해산을 법원에 청구할 수 있다.[법무사 16]

(3) 물적 회사의 해산청구

① 주식회사 발행주식 총수의 10% 이상 주식을 가진 주주는 아래의 경우 부득이한 사유가 있는 때에는 회사의 해산을 법원에 청구할 수 있다. 유한회사의 경우에도 같다.[법원직 11, 16, 법무사 04]
　㉠ 회사의 업무가 현저한 정돈상태(회사의 업무가 정체된 상태)를 계속하여 회복할 수 없는 손해가 생긴 때 또는 생길 염려가 있는 때
　㉡ 회사재산 관리 또는 처분의 현저한 실당(현저한 부당)으로 회사의 존립을 위태롭게 한 때
② 회사의 업무가 현저한 정돈상태를 계속하여 회복할 수 없는 손해가 생긴 때 또는 생길 염려가 있는 때란 이사 간, 주주 간의 대립으로 회사의 목적 사업이 교착상태에 빠지는 등 회사의 업무가 정체되어 회사를 정상적으로 운영하는 것이 현저히 곤란한 상태가 계속됨으로 말미암아 회사에 회복할 수 없는 손해가 생기거나 생길 염려가 있는 경우를 말한다(대판 2015.10.29, 2013다53175).[법원직 16]
③ 부득이한 사유가 있는 때란 회사를 해산하는 것 외에는 달리 주주의 이익을 보호할 방법이 없는 경우를 말한다(대판 2015.10.29, 2013다53175).[법원직 16]

Ⅳ. 회사의 계속

1. 의의

① 회사의 계속이란 해산된 회사가 사원들의 자발적인 노력에 의하여 해산 전의 상태로 복귀하여 해산 전 회사의 동일성을 유지하면서 회사로서 존속하는 것을 말한다.
② 해산명령의 결정 또는 해산판결의 확정이 있는 때에는 회사는 청산절차를 밟아야 하고, 회사의 계속이 인정되지 아니한다.[법무사 11, 16]

2. 각 회사별 회사 계속

(1) 합명회사의 회사 계속

① 합명회사가 존립기간의 만료 기타 정관상의 사유와 총사원의 동의로 해산한 경우, 사원의 전부 또는 일부의 동의로 회사를 계속할 수 있다. 그러나 동의를 하지 않은 사원은 퇴사한 것으로 본다.
② 합명회사의 사원이 1인이 되어 해산한 경우, 새로 사원을 가입시켜서 회사를 계속할 수 있다.
③ 합명회사의 회사설립 무효, 취소의 판결이 확정된 경우, 무효, 취소의 원인이 특정사원에 한하는 경우 다른 사원의 동의로 회사를 계속할 수 있다. 이 경우 무효, 취소의 원인이 있는 특정사원은 퇴사한 것으로 본다.

(2) 합자회사의 회사 계속

① 합자회사가 무한책임사원만 남는 경우, 전원 동의로 유한책임사원을 가입시켜 회사 계속을 할 수 있다. 유한책임사원만 남는 경우, 전원 동의로 무한책임사원을 가입시켜 회사 계속을 할 수 있다.

② 합자회사의 경우에도 존립기간의 만료 기타 정관상의 사유와 총사원의 동의로 해산한 경우, 사원의 전부 또는 일부의 동의로 회사를 계속할 수 있고, 회사설립 무효, 취소의 판결이 확정된 경우, 무효, 취소의 원인이 특정사원에 한하는 경우 다른 사원의 동의로 회사를 계속할 수 있다.

③ 합자회사가 정관으로 정한 존립기간의 만료로 해산한 경우에도, 사원의 전부 또는 일부의 동의로 회사를 계속할 수 있다(대판 2017.8.23. 2015다70341).[법원직 18. 법무사 17]

④ 합자회사가 존립기간의 만료로 해산한 후 사원의 일부만 회사 계속에 동의하였다면 그 사원들의 동의로 정관의 규정을 변경하거나 폐지할 수 있다(대판 2017.8.23. 2015다70341).[법원직 18]

⑤ 합자회사의 회사 계속 동의 여부에 대한 사원 전부의 의사가 동시에 분명하게 표시되어야만 회사계속이 가능한 것은 아니므로, 일부 사원이 회사계속에 동의하였다면 나머지 사원들의 동의 여부가 불분명하더라도 회사계속의 효과는 발생한다(대판 2017.8.23. 2015다70341).[법원직 18]

(3) 유한책임회사의 회사 계속

① 유한책임회사의 경우 존립기간의 만료 기타 정관상의 사유와 총사원의 동의로 해산한 경우, 사원의 전부 또는 일부의 동의로 회사를 계속할 수 있다.

② 회사설립 무효, 취소의 판결이 확정된 경우, 무효, 취소의 원인이 특정사원에 한하는 경우 다른 사원의 동의로 회사를 계속할 수 있다.

(4) 주식회사의 회사 계속

① 회사가 존립기간의 만료 기타 정관에 정한 사유의 발생 또는 주주총회의 결의에 의하여 해산한 경우에는 주주총회 특별결의로 회사를 계속할 수 있다.

② 최후 등기 후 5년을 경과하여 해산이 간주된 휴면회사의 경우, 해산된 것으로 간주되는 시점으로부터 3년 이내에는 주주총회 특별결의에 의하여 회사를 계속할 수 있다.[법무사 17]

(5) 유한회사의 회사 계속

유한회사가 존립기간의 만료 기타 정관으로 정한 사유의 발생으로 인하여 해산한 경우 또는 사원총회의 결의에 의해 해산한 경우, 사원총회의 결의로써 회사를 계속할 수 있다.

3. 회사 계속의 등기

회사가 해산등기를 한 이후 계속할 경우 본점 소재지에서 2주간 내에 지점소재지에서 3주간 내에 계속등기를 하여야 한다.

4. 회사 계속의 효과

① 회사 계속에 의하여, 해산회사는 장래에 향하여 해산 전의 회사로 복귀하여 다시 존립하게 된다.

② 회사 계속의 효력은 소급효가 없으므로 해산 후 계속까지에 청산인이 한 행위는 그 효력이 있다.

③ 회사 계속에 의하여 청산인의 활동이 종료되고 존속 중의 회사의 기관으로 교체되어야 한다.

제3편

2022 해커스법원직 공태용 상법의 맥

Ⅴ. 회사의 조직변경

1. 의의

① 조직변경이란 회사가 법인격을 그대로 유지하면서 다른 종류의 회사로 변경하는 것을 말한다.

② 조직변경 전후의 회사는 동일하므로 종전의 권리 의무는 같은 회사에 그대로 존속한다.

③ 주식회사와 유한회사, 유한책임회사 상호간, 합명회사와 합자회사 상호간에만 조직변경이 인정된다.

④ 조직변경의 경우 대내적으로 총사원의 동의가 필요하고, 대외적으로는 회사채권자 보호절차가 요구된다.

⑤ 조직변경은 회사의 법적 형태가 변경되므로 기존 회사를 해산하고 새로운 회사를 설립하게 된다.

⑥ 조직변경의 효력은 합병의 경우와 마찬가지로 해산등기와 설립등기를 한 때 효력이 발생한다고 보는 것이 다수설이다.

2. 합명회사와 합자회사 사이의 조직변경

(1) 총사원의 동의

① 합명회사와 합자회사 상호간 조직변경에는 총사원의 동의를 요한다.

② 합명회사는 일부 사원을 유한책임사원으로 하거나 새로 유한책임사원을 가입시킨다.

③ 합자회사는 총사원의 동의로 유한책임사원 전원이 무한책임사원으로 변경된다. 유한책임사원 전원이 퇴사한 경우 무한책임사원 전원의 동의로 합명회사로 변경할 수 있다. 다만 무한책임사원이 1명만 남게 되면 합명회사의 해산사유에 해당하므로 조직변경은 허용되지 않는다.

(2) 채권자보호

① 합명회사가 합자회사로 변경되면 무한책임사원 일부가 유한책임사원이 되므로 채권자에 대한 담보가치가 감소하게 된다.

② 합명회사 사원으로서 유한책임사원이 된 자는 본점등기를 하기 전에 생긴 회사 채무에 대하여는 등기 후 2년 동안 무한책임사원의 책임을 부담한다.

③ 합자회사가 합명회사로 변경되는 경우에는 무한책임사원이 추가로 생기는 것이므로 채권자보호절차가 요구되지 않는다.

3. 주식회사와 유한회사, 유한책임회사 사이의 조직변경

① 주식회사는 총주주의 동의에 의한 주주총회의 결의로 유한회사, 유한책임회사로 변경할 수 있다.

② 유한회사, 유한책임회사도 총사원의 동의에 의한 총회결의로 주식회사로 변경할 수 있다.

③ 유한회사, 유한책임회사는 정관 규정이 있는 경우 특별결의로 주식회사로 조직변경을 할 수 있다.

④ 유한회사, 유한책임회사가 주식회사로 조직변경을 하려면 법원의 인가를 얻어야 한다.

⑤ 유한회사, 유한책임회사는 사채발행이 허용되지 않으므로 주식회사가 유한회사, 유한책임회사로 조직변경을 하려면 미상환 사채를 모두 상환해야 한다.

⑥ 조직변경 이후의 회사의 자본금총액이 그 이전 회사의 순 재산액보다 많아질 수 없다.

⑦ 조직변경을 하려면 채권자보호절차(이의 공고, 최고 후 이의 제출 채권자에 대한 변제, 상당한 담보제공 또는 상당한 재산의 신탁)를 거쳐야 한다.

제2장 주식회사

제1절 주식회사의 설립

쟁점 01 발기설립과 모집설립 및 발기인

1. 발기설립과 모집설립의 의의

① 발기설립은 주식회사 설립시 발행하는 주식 전부를 발기인이 인수하는 형태의 설립이다.

② 모집설립은 주식회사 설립시 발행하는 주식 일부를 발기인이 인수하고, 나머지 잔여주식을 인수할 주주를 모집하는 형태의 설립이다.

③ 모집설립에서는 발기인이 아닌 주주의 납입의무 불이행시 실권절차 및 창립총회와 같은 의사결정기관에서 발기설립과 차이가 있고 나머지 부분은 동일하다.

④ 발기설립의 경우에는 창립총회가 필요 없으나, 모집설립의 경우에는 창립총회가 필요하다.
[법원직 07. 14, 법무사 10]

2. 발기설립절차

① 발기인의 주식 인수에 의하여 주주가 확정된다.

② 발기인은 주식 총수를 인수한 때 지체 없이 인수가액을 납입하여야 하고, 현물출자를 이행하여야 한다.

③ 발기인 의결권의 과반수로 이사와 감사를 선임한다.

3. 모집설립절차

① 모집설립의 경우 발기인 이외의 주주를 모집하기 위한 주식인수 청약 절차가 진행된다.

② 주식인수인의 납입 절차 및 납입의무 불이행시 실권 절차가 진행된다.

③ 출석한 주식인수인의 의결권의 3분의 2 이상 및 인수된 주식의 총수의 과반수에 해당하는 다수에 의한 창립총회 결의로 이사와 감사를 선임한다.

4. 발기인

① 발기인이란 정관에 발기인으로 기명날인 또는 서명한 자를 말한다.

② 주식회사를 설립하기 위해서는 1인 이상의 발기인이 정관을 작성하여야 하고, 각 발기인이 이에 기명날인 또는 서명하여야 한다.[법원직 07, 09, 19, 법무사 08, 20]

③ 주식회사의 주주는 정관으로 확정되지 않고 주식의 인수절차를 거쳐 확정되므로 주식회사의 설립절차를 담당할 별도의 주체가 필요하다. 발기인은 주식회사의 설립을 기획하고, 설립 중의 회사의 기관으로서 설립사무를 수행하며, 주식회사가 성립되거나 성립되지 않는 경우 책임을 부담한다.

법원직 19

1 주식회사를 설립하기 위해서는 3인 이상의 발기인이 정관을 작성하여야 하고, 각 발기인이 이에 기명날인 또는 서명하여야 한다. (○, ×)

1 ×

법무사 08

1 상법은 발기인의 수를 3인 이상으로 규정하고 있다. (○, ×)

법무사 08

2 상법상의 회사는 발기인이 될 수 없다. (○, ×)

④ 발기인 자격에 제한이 없고, 법인 또는 제한능력자도 발기인자격이 인정된다. 발기인은 1인 이상이면 된다.[법무사 08]

⑤ 지방자치단체는 주식회사 설립을 위한 발기인이 될 수 있다.[법무사 08, 14]

⑥ 발기인조합이란 회사 설립을 목적으로 하는 2인 이상 발기인들의 조합으로 민법상 조합에 해당한다.

⑦ 정관 작성, 설립시 주식발행사항 결정은 발기인 전원의 동의가 요구된다.

쟁점 02 정관

1. 의의

① 정관이란 회사의 조직이나 활동에 대한 근본 규칙으로서의 자치법규를 말한다.

② 설립 시에 작성된 정관을 '원시정관'이라 하고, 이후 변경되는 정관을 '변경정관'이라 한다.

2. 절대적 기재사항

> **제289조 (정관의 작성, 절대적 기재사항)** ① 발기인은 정관을 작성하여 다음의 사항을 적고 각 발기인이 기명날인 또는 서명하여야 한다.
> 1. 목적, 2. 상호, 3. 회사가 발행할 주식의 총수, 4. 액면주식을 발행하는 경우 1주의 금액,
> 5. 회사의 설립 시에 발행하는 주식의 총수, 6. 본점의 소재지, 7. 회사가 공고를 하는 방법,
> 8. 발기인의 성명 · 주민등록번호 및 주소

법원직 19

3 자본금은 정관의 절대적 기재사항이다. (○, ×)

① 정관의 절대적 기재사항이란 정관에 반드시 기재해야 하고, 정관에 기재되지 않는 경우 정관이 무효가 되어 회사 설립 자체가 무효가 되는 사항을 말한다.[법원직 11, 17]

법원직 14

4 회사가 설립시에 발행하는 주식의 종류와 총수는 정관의 절대적 기재사항이다. (○, ×)

② 목적, 상호, 회사가 발행할 주식의 총수, 액면주식 1주의 금액, 회사설립 시에 발행하는 주식의 총수, 본점 소재지, 공고방법, 발기인의 성명, 주민등록번호 및 주소는 절대적 기재사항이다.[법원직 14, 19, 법무사 03, 08, 13]

법무사 08

5 액면 이상의 주식을 발행하는 때에 그 수와 방법은 정관의 절대적 기재사항이다. (○, ×)

③ 주식회사의 정관에는 반드시 상호를 기재해야 하고 상호에는 '주식회사'라는 문자를 삽입해야 한다.[법원직 11]

법무사 03

6 주권의 종류는 정관의 절대적 기재사항이다. (○, ×)

3. 상대적 기재사항

① 정관의 상대적 기재사항이란 정관에 기재되지 않더라도 정관의 효력에 영향이 없으나, 해당 내용이 구속력을 가지기 위해서는 정관에 기재되어야 하는 사항을 말한다.

② 변태설립사항, 종류주식의 발행, 주주총회에서의 대표이사 선임, 주주 외 제3자에 대한 신주인수권 부여는 상대적 기재사항이다.

법무사 19

7 현물출자를 하는 자의 성명과 그 목적인 재산의 종류, 수량, 가격과 이에 대하여 부여할 주식의 종류와 수는 정관의 절대적 기재사항이 아니다. (○, ×)

4. 임의적 기재사항

정관의 임의적 기재사항이란 정관에 기재되어야 효력이 생기는 것은 아니지만 해당 내용을 기재하면 기재대로 효력이 발생하는 사항을 말한다.

1 × **2** × **3** × **4** × **5** × **6** × **7** ○

5. 정관의 효력발생

> 제292조 (정관의 효력발생) (원시)정관은 공증인의 인증을 받음으로써 효력이 생긴다. 다만, 자본금 총액이 10억 원 미만인 회사를 제295조 제1항에 따라 발기설립 하는 경우에는 제289조 제1항에 따라 각 발기인이 정관에 기명날인 또는 서명함으로써 효력이 생긴다.

① 원시정관은 공증인의 인증을 받음으로써 효력이 생긴다.

② 소규모회사를 발기설립 하는 경우에는 각 발기인이 정관에 기명날인 또는 서명함으로써 효력이 생긴다.[변호사 14, 15]

③ 변경정관은 공증 없이 정관변경에 대한 주주총회 결의시에 효력이 발생한다.

④ 주식회사의 원시정관은 공증인의 인증을 받음으로써 효력이 생기는 것이지만 일단 유효하게 작성된 정관을 변경할 경우에는 주주총회의 특별결의가 있으면 그때 유효하게 정관변경이 이루어지고, 서면인 정관이 고쳐지거나 변경 내용이 등기사항인 때의 등기 여부 내지는 공증인의 인증 여부는 정관변경의 효력발생에는 아무 영향이 없다(대판 2007.6.28. 2006다62362).[법원직 09, 10, 12, 16, 법무사 06, 17]

⑤ 정관의 변경은 주주총회의 결의에 의하여야 하고, 그 결의는 출석한 주주의 의결권의 3분의 2 이상의 수와 발행주식총수의 3분의 1 이상의 수로써 하여야 한다.[법원직 12, 14, 16, 법무사 15]

⑥ 정관변경에 소급효를 인정하는 것은 허용되지 않는다.[법무사 05]

쟁점 03 변태설립사항

1. 의의

> 제290조 (변태설립사항) 다음의 사항은 정관에 기재함으로써 그 효력이 있다.
> 1. 발기인이 받을 특별이익과 이를 받을 자의 성명
> 2. 현물출자를 하는 자의 성명과 그 목적인 재산의 종류, 수량, 가격과 이에 대하여 부여할 주식의 종류와 수
> 3. 회사성립 후에 양수할 것을 약정한 재산의 종류, 수량, 가격과 그 양도인의 성명
> 4. 회사가 부담할 설립비용과 발기인이 받을 보수액

① 변태설립사항이란 발기인이 그 권한을 남용하여 회사의 재산적 기초를 위태롭게 하여 이해관계자의 이익을 침해할 위험이 큰 사항으로서, 발기인의 특별이익, 현물출자, 재산인수, 설립비용과 발기인의 보수를 말한다.[법원직 13, 16, 17, 법무사 13, 변호사 17]

② 변태설립사항은 정관에 기재하여야 하고, 모집설립의 경우에는 주식청약서에 기재하여야 한다.[법무사 09, 16]

③ 변태설립사항에 대해서는 검사인·공증인·감정인의 검사절차를 거쳐야 한다.

④ 사후설립은 변태설립사항에 해당하지 않는다.[변호사 17]

2. 발기인의 특별이익

① 발기인의 특별이익이란 발기인이 회사설립 실패의 위험을 부담하고, 회사 설립사무를 관장한 것에 대한 대가로 주어지는 보상을 말한다.
② 설비이용의 특혜, 신주인수 우선권, 회사와의 계속적 거래 약속 등은 발기인의 특별이익으로 발기인에게 부여되는 것이 인정된다.
③ 주주총회 의결권 관련 특권, 우선적 이익배당, 납입의무 면제, 이사나 감사 지위의 약속 등은 발기인의 특별이익으로 발기인에게 부여될 수 없다.

3. 현물출자

(1) 의의

① 현물출자란 금전 이외의 재산으로 하는 출자이다.
② 회사 설립시 현물출자의 경우 현물출자자의 성명과 목적인 재산의 종류, 수량, 가격과 이에 대하여 부여할 주식의 종류와 수 등을 정관에 기재함으로써 그 효력이 발생한다.
③ 상법은 회사설립시 현물출자자의 자격을 발기인으로 제한하고 있지 않다. [법원직 16, 법무사 05, 08]
④ 현물출자 된 재산이 과대평가되는 경우, 자본충실의 원칙에 위배되므로 이를 방지하기 위하여 정관의 기재 [변호사 14, 17] 및 검사인의 조사, 모집설립에서 주식청약서에의 기재를 요구하고 있다.
⑤ 현물출자의 경우 쌍무·유상계약의 성질을 갖기 때문에 위험부담·하자담보 등에 관한 민법의 규정이 유추적용될 수 있다. [법무사 08]

(2) 현물출자의 목적

① 현물출자의 목적물은 금전 이외의 재산으로서 대차대조표 자산의 부에 기재될 수 있는 것이면 모두 가능하다.
② 동산, 부동산, 제3자에 대한 채권, 타회사 주식, 유가증권, 영업 자체, 광업권, 해당 회사에 대한 채권(해당 회사가 제3자에 대하여 발행한 어음을 취득 후 신주인수시 해당 어음으로 출자하는 것도 허용됨)은 현물출자의 목적물이 될 수 있다.
③ 제3자가 발행한 약속어음은 제3자에 대한 금전채권을 현물출자하는 것으로 현물출자의 목적물이 될 수 있으나, 은행이 지급보증 한 수표는 현물출자의 목적물이 될 수 없다.
④ 노무나 신용을 현물출자 하는 것은 허용되지 않는다. [법무사 08, 18]

(3) 현물출자의 이행

현물출자를 하는 발기인은 납입기일에 지체없이 출자 목적인 재산을 인도하고 등기, 등록 기타 권리의 설정, 이전을 요할 경우에는 이에 관한 서류를 완비하여 교부해야 한다.

(4) 현물출자의 조사 [법원직 14, 법무사 16, 18]

① 이사는 법원에 검사인의 선임을 청구하여야 하고, 검사인은 현물출자 이행을 조사하여 법원에 보고하여야 한다. [법무사 16]
② 이 때 법원 선임 검사인의 조사는 공인된 감정인의 감정으로 대신할 수 있으며 이 경우 감정인은 감정결과를 법원에 보고하여야 한다. [법무사 16, 18]
③ 검사인 조사를 회피하기 위하여 현물출자자가 금전을 출자하고 회사 설립 후 회사가 금전으로 재산을 매수할 수 있는 관계로, 재산인수와 사후설립(제375조)이 규정된다.

아래는 좌측 여백의 OX 문제들

법원직 16

1 상법은 회사설립시 현물출자자의 자격을 발기인으로 제한하여 규정하고 있다. (O, ×)

법무사 05

2 현물출자를 하는 자의 성명과 그 목적인 재산의 종류, 수량, 가격과 이에 대하여 부여할 주식의 종류와 수를 정관에 기재하지 않더라도 실제로 상당한 가격으로 현물출자가 이루어지면 그 효력이 있다는 것이 대법원 판례이다. (O, ×)

법무사 08, 18

3 현물출자의 목적이 될 수 있는 재산은 금전 이외의 재산으로서 대차대조표의 부에 계상할 수 있는 것이라면 무엇이든지 가능하므로, 노무나 신용도 출자할 수 있다. (O, ×)

법무사 16

4 정관으로 변태설립사항을 정한 때에는 발기인은 이에 관한 조사를 하게 하기 위하여 검사인의 선임을 법원에 청구하여야 하고 검사인은 그 사항을 조사하여 법원에 보고하여야 한다. (O, ×)

법무사 16

5 변태설립사항에 대한 검사인의 조사절차 중 현물출자의 경우에만 공인된 감정인이 감정으로 조사·보고에 갈음할 수 있다. (O, ×)

법무사 18

6 현물출자를 하더라도 일정한 경우에는 법원에 의해 선임된 검사인의 조사 대신 공인된 감정인의 감정으로 갈음할 수 있고 이 경우 감정인은 그 결과를 법원에 보고하지 않아도 된다. (O, ×)

1 × **2** × **3** × **4** × **5** × **6** ×

(5) 현물출자의 부당평가

① 설립등기 이전에 현물출자가 부당평가 된 경우, 현물출자에 대한 설립경과조사 절차에 의하여 시정될 수 있다.

② 설립등기 이후 현물출자가 부당평가 된 경우, ⊙ 부당평가 정도가 경미하고 회사가 손해를 입었다면 발기인, 이사, 감사는 연대하여 이를 배상할 책임이 있고,[변호사 19] ⓒ 부당평가 정도가 중대하면 현물출자가 무효로 되고, ⓒ 해당 출자 재산이 회사의 목적수행에 필수불가결한 재산이면 설립무효사유에 해당한다.

(6) 현물출자의 불이행

회사성립 이전에 현물출자 불이행이 발생할 경우, 발기인들은 출자자에 대하여 강제이행을 요청하거나, 설립을 포기하여 회사를 불성립시킬 수 있다.

4. 재산인수

(1) 의의

① 재산인수란 발기인이 설립될 회사를 위해서 회사의 성립을 조건으로 하여 특정인으로부터 일정한 재산을 양수하기로 약정하는 개인법상의 계약을 말한다.[변호사 17]

② 회사가 그 성립 후 2년 내에 그 성립 전부터 존재하는 재산으로서 영업을 위하여 계속하여 사용하여야 할 것을 자본금의 100분의 5 이상에 해당하는 대가로 취득하는 계약을 하는 경우에는 주주총회 특별결의가 있어야 한다. 이를 사후설립이라 한다.

③ 재산인수는 양수계약이 회사 설립 단계에서 발기인에 의해 이루어진다는 점에서 회사 설립 이후 대표이사에 의하여 이루어지는 사후설립과 구별된다.[법무사 09] 따라서 회사 성립 후 회사의 대표이사가 계약을 체결한 것은 재산인수가 아니다.

④ 현물출자는 재산 취득의 대가로 주식이 발행되나 재산인수와 사후설립은 금전이 지급된다.

⑤ 재산인수 또한 현물출자와 마찬가지로 재산 과대평가의 위험이 있으므로 변태설립사항에 해당된다. 정관에 기재되지 아니한 재산인수는 무효이다.[변호사 19]

⑥ 재산인수를 회사의 변태설립사항의 하나로 정하여 엄격하게 규제하고 있는 취지는, 재산인수의 목적인 재산의 가격을 과대하게 평가하게 되면 회사의 자본충실을 해하는 결과가 초래되고 현물출자의 엄격한 규제를 잠탈하는 수단으로 악용될 수 있다는 점을 고려한 것이다.[법원직 16]

(2) 현물출자약정과 재산인수

① 현물출자에 따른 번잡함을 피하기 위하여 회사 성립 후 회사와 현물출자자 사이의 매매계약에 의하여 현물출자를 완성하기로 하고 회사 설립 후 위 약정에 따른 현물출자가 된 경우, 이러한 약정은 재산인수에 해당하여 정관에 기재되지 않는 한 무효이다(대판 1994.5.13. 94다323).
[법원직 17, 법무사 08, 18, 변호사 19]

② ⊙ 재산인수란 발기인이 회사의 성립을 조건으로 다른 발기인이나 주식인수인 또는 제3자로부터 일정한 재산을 매매의 형식으로 양수할 것을 약정하는 계약을 체결함을 의미하며, 아직 원시정관의 작성 전이어서 발기인의 자격이 없는 자가 장래 성립할 회사를 위하여 위와 같은 계약을 체결하고 그 후 그 회사의 설립을 위한 발기인이 되었다면 위 계약은 재산인수에 해당하고 정관에 기재가 없는 한 무효이다.

법무사 18

1 현물출자에 따른 번잡함을 피하기 위해 회사 성립 후 회사와 甲간의 매매계약에 의한 소유권이전등기의 방법에 의하여 위 현물출자를 완성하기로 약정하고 그 후 회사설립을 위한 소정의 절차를 거쳐 위 약정에 따른 현물출자가 이루어진 것이라면, 위 현물출자를 위한 약정은 실질 그대로 상법 제290조 제2호의 현물출자에 해당한다고 할 것이어서 정관에 기재되지 아니하는 한 무효이다.
(O, ✕)

법무사 16

2 발기인이 설립될 회사를 위하여 회사의 성립을 조건으로 다른 발기인이나 주식인수인 또는 제3자로부터 일정한 재산을 매매의 형식으로 양수할 것을 약정하는 계약은 변태설립사항인 재산인수에 해당하여 정관에 기재가 없는 한 무효이다.
(O, ✕)

1 ✕ **2** O

ⓒ 乙이 장래 설립·운영할 丙 주식회사에 甲이 토지를 현물로 출자하거나 매도하기로 약정하고 丙 회사 설립 후 甲이 소유권이전등기를 마쳐 준 다음 회장 등 직함으로 장기간 丙 회사의 경영에 관여해 오다, 丙 회사가 설립된 때부터 약 15년이 지난 후에 甲이 토지 양도의 무효를 주장하면서 소유권이전등기의 말소를 구하는 경우, 위 약정은 재산인수로서 정관에 기재가 없어 무효이다. ⓒ 그러나 甲이 위와 같은 사정 아래에서 토지양도의 무효를 주장하는 것은 신의성실의 원칙에 반하여 허용될 수 없다. ⓔ 법원은 당사자의 주장이 없더라도 신의성실의 원칙 위반 또는 권리남용을 직권으로 판단할 수 있다(대판 2015.3.20. 2013다88829).[법원직 16, 법무사 16]

(3) 정관 미기재 재산인수의 추인

ⓐ 甲과 乙이 축산업 등을 목적으로 하는 회사를 설립하기로 합의하고 甲은 부동산을 현물로 출자하고 乙은 현금을 출자하되, 현물출자에 따른 번잡함을 피하기 위하여 회사의 성립 후 회사와 甲 간의 매매계약에 의한 소유권이전등기의 방법으로 현물출자를 완성하기로 하고 회사설립 후 위 약정에 따른 현물출자가 이루어진 것이라면, 위 현물출자 약정은 재산인수에 해당하므로 정관에 기재되지 아니하는 한 무효이다. ⓑ 그러나 위와 같은 방법에 의한 현물출자가 동시에 상법 제375조가 규정하는 사후설립에 해당하고 이에 대하여 주주총회의 특별결의에 의한 추인이 있었다면 회사는 유효하게 위 현물출자로 인한 부동산의 소유권을 취득한다(대판 1992.9.14. 91다33087).

5. 설립비용

(1) 의의

① 설립비용이란 회사의 설립에 필요한 행위에 지출한 비용을 말한다.

② 설립사무소의 임차료, 통신비, 정관 등 인쇄비, 주주모집 광고비, 설립사무소 직원 보수 등이 이에 해당된다.

③ 회사 설립 이후 영업에 필요한 공장, 건물, 재료의 구입비는 개업준비를 위한 비용이므로 설립비용에 해당되지 않는다는 것이 통설이다. 설립 이후 사용할 사무소의 임차료 또는 보증금 또한 설립비용에 해당하지 않는다.

(2) 설립비용의 내부관계

① 정관에 기재되지 않은 설립비용이나 정관에 기재된 금액을 초과한 설립비용을 발기인이 부담한 경우에도 정관에 기재가 없는 한 이를 회사의 부담으로 할 수 없고 발기인이 부담하여야 하고, 발기인은 부당이득 또는 사무관리에 의해서도 회사에 설립비용을 청구할 수 없다는 것이 통설이다.[법무사 09, 변호사 19]

② 발기인들은 해당 비용에 대해 연대책임을 부담한다.

③ 설립비용을 정관에 기재하지 아니한 경우 회사가 설립비용을 지급하였다면 회사는 발기인에게 구상할 수 있다.

(3) 설립비용의 외부관계

회사 성립 당시에 발기인이 아직 거래상대방에 대하여 설립비용 관련 채무를 미이행한 경우 이러한 설립비용을 누가 부담할 것인지에 관하여, 판례는 "회사의 설립비용은 발기인이 설립중의 회사의 기관으로서 회사설립을 위하여 지출한 비용으로서 원래 회사성립 후에는 회사가 부담하여야 한다(대결 1994.3.28. 93마916)"고 본다.[법원직 21]

(4) 설립비용 변경가능성

① 창립총회는 변태설립사항이 부당하다고 인정되는 경우 변경할 수 있다.[법원직 14]

② 축소 또는 삭제와 같은 소극적 변경만 가능하고 추가 또는 확장과 같은 적극적 변경은 허용되지 않는다.

6. 발기인보수

① 발기인보수란 발기인이 회사 설립을 위해 노무를 제공한 것에 대한 대가를 의미한다.

② 발기인보수를 변태설립사항으로 규정한 취지는 발기인보수가 과다하게 지출되는 것을 방지하기 위한 것이다.

쟁점 04 인수와 납입 및 설립경과의 조사 등

1. 주식발행사항의 결정

① 회사설립 시에 발행하는 주식에 관하여 아래 사항을 정관으로 정하지 아니하면 발기인 전원의 동의로 정한다.[법원직 17, 법무사 07, 10]

ㄱ 주식의 종류와 수

ㄴ 액면주식의 경우, 액면 이상 발행할 때에는 그 수와 금액

ㄷ 무액면주식의 발행가액과 무액면주식의 발행가액 중 자본금으로 계상하는 금액

② 이와 같은 주식발행사항에 대하여 발기인 전원의 동의가 없으면 회사설립의 무효사유가 된다.

2. 발기설립에 있어서의 인수와 납입 및 설립경과 조사

(1) 발기인의 주식인수

> 제293조 (발기인의 주식인수) 각 발기인은 서면에 의하여 주식을 인수하여야 한다.

① 발기인은 서면에 의하여 주식을 인수하여야 한다.

② 서면에 의하지 않은 주식인수는 무효이다.

③ 발기인은 회사 성립 후에는 주식인수와 관련하여 사기, 강박, 착오 등 의사표시 하자를 주장하여 이를 취소할 수 없다.

④ 제한능력에 의한 취소나 의사무능력에 의한 무효는 주장 가능하나 이 경우에도 회사 설립 자체는 무효, 취소되지 않는다.

(2) 출자의 이행

> 제295조 (발기설립의 경우의 납입과 현물출자의 이행) ① 발기인이 회사의 설립 시에 발행하는 주식의 총수를 인수한 때에는 지체 없이 각 주식에 대하여 그 인수가액의 전액을 납입하여야 한다. 이 경우 발기인은 납입을 맡을 은행 기타 금융기관과 납입장소를 지정하여야 한다.
> ② 현물출자를 하는 발기인은 납입기일에 지체없이 출자의 목적인 재산을 인도하고 등기, 등록 기타 권리의 설정 또는 이전을 요할 경우에는 이에 관한 서류를 완비하여 교부하여야 한다.

① 발기인이 회사의 설립 시에 발행하는 주식의 총수를 인수한 때에는 지체 없이 각 주식에 대하여 그 인수가액의 전액을 납입하여야 한다.[법원직 15, 18, 법무사 07, 09, 10, 14, 17, 변호사 12]

법원직 14

1 변태설립사항이 부당하다고 인정되는 때에는 발기설립의 경우에는 법원이, 모집설립의 경우에는 창립총회에서 각각 이를 변경할 수 있다. (O, X)

법원직 17

2 회사설립시에 발행하는 주식의 종류와 수는 정관으로 달리 정하지 아니하면 발기인 과반수의 동의로 이를 정한다. (O, X)

법원직 18

3 발기인이 회사의 설립 시에 발행하는 주식의 총수를 인수한 때에는 지체 없이 각 주식에 대하여 그 인수가액의 3분의 2 이상을 납입하여야 한다. (O, X)

1 O **2** X **3** X

② 주금으로 납입한 당좌수표가 현실적으로 결제되어 현금화되기 전이라면 수표의 예입만으로 주금의 납입이 있었다고 할 수 없다(대판 1977.4.12. 76다943).[변호사 12, 19]

③ 발기인은 납입을 맡을 은행 기타 금융기관과 납입장소를 지정하여야 하는데,[법무사 10] 납입금을 보관한 은행이나 금융기관은 발기인 또는 이사의 청구를 받으면 보관금액에 관하여 증명서를 발급하여야 한다.

④ 소규모회사가 발기설립을 하는 경우, 납입금보관증명서를 금융기관의 잔고증명서로 대체할 수 있다.

(3) 실권제도의 불인정

① 발기설립의 경우, 모집설립에서 인정되는 실권제도가 없다.[법무사 10]

② 발기인이 납입하지 않는 경우, 발기인에게 이행을 청구하거나 설립절차가 중단되어야 한다.

③ 발기인이 납입을 하지 않았는데 회사가 설립되는 경우, 불이행의 정도가 크지 않으면 발기인이 연대하여 납입담보책임을 지고, 불이행의 정도가 중대하면 설립무효사유가 된다.

④ 발기설립의 경우 발기인이 출자의 이행을 하지 않은 경우에는 모집설립에서와 같은 실권절차는 인정되지 않고 채무불이행의 일반절차에 따라 강제집행절차를 밟아야 한다.[법무사 09, 10, 17]

(4) 현물출자의 이행

① 현물출자는 재산의 유형에 따라 권리이전에 필요한 요건을 갖추어야 한다. 등기·등록이 필요한 재산은 등기·등록에 필요한 서류를 교부하는 것으로 한다.[법무사 07, 08, 14]

② 등기가 완료되어야 하는 것은 아니다. 설립의 경우와 달리 설립 후 신주발행의 경우에는 현물출자 재산의 등기·등록을 해야 한다.[법무사 07]

③ 현물출자가 이행되지 않으면 회사가 설립될 수 없고, 발기인 전원 동의로 정관을 변경하여 다시 설립절차를 진행해야 한다.

(5) 이사·감사의 선임 및 설립경과의 조사

> **제296조 (발기설립의 경우의 임원선임)** ① 전조의 규정에 의한 납입과 현물출자의 이행이 완료된 때에는 발기인은 지체없이 의결권의 과반수로 이사와 감사를 선임하여야 한다.
> ② 발기인의 의결권은 그 인수주식의 1주에 대하여 1개로 한다.
>
> **제298조 (이사·감사의 조사·보고와 검사인의 선임청구)** ① 이사와 감사는 취임 후 지체 없이 회사의 설립에 관한 모든 사항이 법령 또는 정관의 규정에 위반되지 아니하는지의 여부를 조사하여 발기인에게 보고하여야 한다.
> ④ 정관으로 제290조 각호의 사항을 정한 때에는 이사는 이에 관한 조사를 하게 하기 위하여 검사인의 선임을 법원에 청구하여야 한다. 다만, 제299조의2의 경우에는 그러하지 아니하다.

① 납입과 현물출자의 이행이 완료되면 발기인은 지체 없이 의결권의 과반수로 이사와 감사를 선임해야 한다.[법무사 05, 09, 10, 11]

② 발기인의 의결권은 인수주식 1주에 대하여 1개로 한다.

③ 이사와 감사는 취임 후 지체 없이 회사의 설립에 관한 모든 사항이 법령 또는 정관의 규정에 위반되지 않는지 여부를 조사하여 발기인에게 보고하여야 한다.[법원직 18, 법무사 07, 09, 변호사 14, 21]

④ 이사는 변태설립사항에 관한 조사를 하게 하기 위하여 검사인의 선임을 법원에 청구하여야 한다.[법원직 14, 법무사 16, 20]

⑤ 검사인은 조사 결과를 법원에 보고하여야 한다.[법원직 14, 법무사 16, 20]

법무사 10

1 발기설립의 경우 납입을 해태하면 실권절차가 있다.
(○, ×)

법무사 17

2 모집설립의 경우 주식의 인수인이 출자를 이행하지 않으면 실권절차가 있다. (○, ×)

법무사 07

3 현물출자를 하는 발기인은 납입기일에 지체없이 출자의 목적인 재산을 인도하고 등기, 등록 기타 권리의 설정 또는 이전을 요할 경우에는 그 이전의 등기 또는 등록을 하여야 한다. (○, ×)

법무사 16, 20

4 정관으로 변태설립사항을 정한 때에는 발기인은 이에 관한 조사를 하게 하기 위하여 검사인의 선임을 법원에 청구하여야 하고 검사인은 그 사항을 조사하여 법원에 보고하여야 한다. (○, ×)

1 × **2** ○ **3** × **4** ×

⑥ 주식회사의 현물출자에 있어 검사인의 조사 절차를 거치지 아니한 신주발행 및 변경등기가 당연 무효가 되지는 않는다(대판 1980.2.12. 79다509).

(6) 법원의 변경결정

① 법원은 변태설립사항이 부당하다고 인정하는 경우, 변경을 결정할 수 있다.

② 법원의 결정에 반대하는 발기인은 자신의 주식인수를 취소할 수 있고, 그 경우 나머지 발기인들이 정관을 변경하여 설립절차를 속행할 수 있다.

(7) 공증인의 조사, 보고와 감정인의 감정

> **제299조의2 (현물출자 등의 증명)** 제290조 제1호 및 제4호에 기재한 사항에 관하여는 공증인의 조사·보고로, 제290조 제2호 및 제3호의 규정에 의한 사항과 제295조의 규정에 의한 현물출자의 이행에 관하여는 공인된 감정인의 감정으로 제299조 제1항의 규정에 의한 검사인의 조사에 갈음할 수 있다. 이 경우 공증인 또는 감정인은 조사 또는 감정결과를 법원에 보고하여야 한다.

① 발기인의 특별이익과 설립비용 및 발기인 보수는 공증인의 조사로, 현물출자와 재산인수는 감정인의 감정으로 검사인 조사에 갈음할 수 있다.

② 공증인 또는 감정인은 조사 또는 감정결과를 법원에 보고하여야 한다. [법무사 16, 18]

(8) 조사, 보고의무의 면제

① 검사인은 변태설립사항과 현물출자의 이행을 조사하여 법원에 보고하여야 한다.

② 아래의 경우에는 검사인의 조사 및 법원에 대한 보고의무가 면제된다.

㉠ 현물출자와 재산인수의 대상인 재산의 가액이 자본금의 20% 이하 및 5천만 원 이하인 경우

㉡ 거래소의 시세가 있는 유가증권으로 정관상 가격이 시행령으로 정한 방법에 따른 시세 이하인 경우

3. 모집설립에 있어서의 인수와 납입 및 설립경과 조사

> **제301조 (모집설립의 경우의 주식모집)** 발기인이 회사의 설립시에 발행하는 주식의 총수를 인수하지 아니하는 때에는 주주를 모집하여야 한다.
> **제302조 (주식인수의 청약, 주식청약서의 기재사항)** ① 주식인수의 청약을 하고자 하는 자는 주식청약서 2통에 인수할 주식의 종류 및 수와 주소를 기재하고 기명날인 또는 서명하여야 한다.
> ② 주식청약서는 발기인이 작성하고 정관기재사항, 변태설립사항(제2호), 각 발기인이 인수한 주식의 종류와 수(제4호), 주금의 납입을 맡을 은행 기타 금융기관과 납입장소(제9호) 등을 포함하여 상법에 규정된 사항을 적어야 한다.
> ③ 민법 제107조 제1항 단서의 규정은 주식인수의 청약에는 적용하지 아니한다.

(1) 발기인의 주식인수

① 모집설립은 발기인이 발행되는 주식의 일부를 인수하고 나머지 주식은 모집되는 주주가 인수하는 방식에 의한 설립을 의미한다. [법무사 07, 09, 10]

② 발기인은 최소 1주 이상의 주식을 인수해야 한다.

(2) 주주의 모집

① 발기인이 회사의 설립시에 발행하는 주식의 총수를 인수하지 아니하는 때에는 주주를 모집하여야 한다.

법무사 16

1 변태설립사항에 대한 검사인의 조사절차 중 현물출자의 경우에만 공인된 감정인이 감정으로 조사·보고에 갈음할 수 있다. (○, ×)

법무사 18

2 현물출자를 하더라도 일정한 경우에는 법원에 의해 선임된 검사인의 조사 대신 공인된 감정인의 감정으로 갈음할 수 있고 이 경우 감정인은 그 결과를 법원에 보고하지 않아도 된다. (○, ×)

1 × **2** ×

② 발기인이 주주를 모집하는 경우, 정관기재사항, 변태설립사항(제2호), 각 발기인이 인수한 주식의 종류와 수(제4호), 주금의 납입을 맡을 은행 기타 금융기관과 납입장소(제9호) 등을 기재한 주식청약서를 작성하여야 한다.[변호사 12]

(3) 주식인수의 청약

① 주식인수를 청약하는 모집주주는 청약서 2통에 인수할 주식의 종류 및 수와 주소를 기재하고 기명날인 또는 서명하여야 한다.

② 모집설립에서 주식인수의 법적 성질은 설립 중의 회사의 입사계약이다(대판 2004.2.13. 2002두7005).

③ 모집설립 시 변태설립사항이 주식청약서에 기재되지 않은 경우 그러한 청약서에 의한 청약은 무효이고,[법원직 13] 이 경우 창립총회에 출석하여 그 권리를 행사한 바 없는 주식인수인은 회사의 성립 시까지 그 인수의 무효를 주장하여야 한다.

④ 주식인수 청약에 대하여 민법 제107조 제1항 단서의 비진의 의사표시 규정이 적용되지 않으므로 발기인이 주식인수인의 청약이 진의가 아님을 알았더라도 청약은 유효하다.[법무사 10]

(4) 주식인수의 무효주장, 취소의 제한

> **제320조 (주식인수의 무효주장, 취소의 제한)** ① 회사성립 후에는 주식을 인수한 자는 주식청약서의 요건의 흠결을 이유로 하여 그 인수의 무효를 주장하거나 사기, 강박 또는 착오를 이유로 하여 그 인수를 취소하지 못한다.
> ② 창립총회에 출석하여 그 권리를 행사한 자는 회사의 성립 전에도 전항과 같다.

① 회사성립 후에는 모집주주는 주식청약서의 요건의 흠결을 이유로 하여 그 인수의 무효를 주장하거나 사기, 강박 또는 착오를 이유로 그 인수를 취소하지 못하고, 회사성립 이전이라도 창립총회에서 권리를 행사한 이후에는 위 사유를 이유로 그 인수의 무효나 취소를 주장할 수 없다.

② 다만, 제한능력, 무권대리, 사해행위 등을 이유로 주식인수를 취소할 수 있는데 그 경우에도 회사설립이 무효, 취소되지 않고 발기인이 담보책임을 부담하게 된다.

(5) 주식의 배정

> **제303조 (주식인수인의 의무)** 주식인수를 청약한 자는 발기인이 배정한 주식의 수에 따라서 인수가액을 납입할 의무를 부담한다.

① 주식인수를 청약한 자는 발기인이 배정한 주식 수에 따라서 인수가액을 납입할 의무를 부담한다.

② 발기인은 청약된 수량과 달리 배정할 수 있고 청약자는 이에 구속된다.

(6) 출자의 이행 - 인수가액 전액의 납입

> **제305조 (주식에 대한 납입)** ① 회사설립 시에 발행하는 주식의 총수가 인수된 때에는 발기인은 지체 없이 주식인수인에 대하여 각 주식에 대한 인수가액의 전액을 납입시켜야 한다.

① 주식의 총수가 인수된 때에는 발기인은 지체 없이 주식인수인에 대하여 각 주식에 대한 인수가액의 전액을 납입시켜야 한다.

② 대물변제나 경개는 허용되지 아니하고, 어음이나 당좌수표로 납입한 경우에는 현실적인 지급이 있어야만 유효한 납입으로 된다.

법원직 13

1 주식인수 계약은 보조적 상행위의 일종으로서 상사소멸시효와 상사법정이율이 적용된다.
(○, ×)

법무사 10

2 회사설립시 주식의 인수인이 실제 주식을 인수하려는 의사가 없음에도 주식인수의 청약을 하였고 발기인도 이를 안 경우, 이는 비진의 표시로서 그 청약은 무효이다. (○, ×)

1 × **2** ×

(7) 실권절차

> **제307조 (주식인수인의 실권절차)** ① 주식인수인이 제305조의 규정에 의한 납입을 하지 아니한 때에는 발기인은 일정한 기일을 정하여 그 기일 내에 납입을 하지 아니하면 그 권리를 잃는다는 뜻을 기일의 2주간 전에 그 주식인수인에게 통지하여야 한다.
> ② 전항의 통지를 받은 주식인수인이 그 기일 내에 납입의 이행을 하지 아니한 때에는 그 권리를 잃는다. 이 경우에는 발기인은 다시 그 주식에 대한 주주를 모집할 수 있다.
> ③ 전2항의 규정은 그 주식인수인에 대한 손해배상의 청구에 영향을 미치지 아니한다.

① 주식인수인이 납입을 하지 아니한 때에는 발기인은 일정한 기일 내에 납입을 하지 아니하면 그 권리를 잃는다는 것을 2주간 전에 통지하여야 하고, 주식인수인이 그 기일 내에 납입을 하지 아니한 때에는 그 권리를 잃는다. 이 경우 발기인은 다시 그 주식에 대한 주주를 모집할 수 있다.

② 실권절차에 의하지 아니하고는 인수인이 주금을 납입하지 않았다고 하더라도 주식인수인의 권리가 바로 상실되지 않는다.

(8) 창립총회

> **제308조 (창립총회)** ① 주식인수대금의 납입과 현물출자의 이행을 완료한 때에는 발기인은 지체 없이 창립총회를 소집하여야 한다.
> **제309조 (창립총회의 결의)** 창립총회의 결의는 출석한 주식인수인의 의결권의 3분의 2 이상이며 인수된 주식의 총수의 과반수에 해당하는 다수로 하여야 한다.

① 납입과 현물출자의 이행 완료 후 발기인은 지체 없이 창립총회를 소집하여야 한다.

② 창립총회는 주주총회의 규정을 준용하나 결의는 출석한 주식인수인 의결권 3분의 2와 인수된 주식 총수의 과반수로 하여야 한다.[법원직 12, 18, 법무사 05, 09, 10, 11, 17]

③ 창립총회는 ㉠ 이사와 감사 선임권, ㉡ 발기인, 이사 · 감사로부터 회사 설립에 관한 보고를 받을 권한, ㉢ 부당한 변태설립사항의 변경권한, ㉣ 정관변경 또는 설립폐지 결정권한을 가진다.

④ 정관변경 또는 설립폐지는 소집통지서에 기재되지 않은 경우에도 할 수 있다.

(9) 설립경과 및 변태설립사항의 조사

> **제310조 (변태설립의 경우의 조사)** ① 정관으로 제290조(변태설립사항)에 게기한 사항을 정한 때에는 발기인은 이에 관한 조사를 하게 하기 위하여 검사인의 선임을 법원에 청구하여야 한다.
> ② 전항의 검사인의 보고서는 이를 창립총회에 제출하여야 한다.
> ③ 제298조 제4항 단서 및 제299조의2의 규정은 제1항의 조사에 관하여 이를 준용한다.
> **제299조의2 (현물출자 등의 증명)** 제290조 제1호 및 제4호에 기재한 사항에 관하여는 공증인의 조사 · 보고로, 제290조 제2호 및 제3호의 규정에 의한 사항과 제295조의 규정에 의한 현물출자의 이행에 관하여는 공인된 감정인의 감정으로 제299조 제1항의 규정에 의한 검사인의 조사에 갈음할 수 있다. 이 경우 공증인 또는 감정인은 조사 또는 감정결과를 법원에 보고하여야 한다.

① 모집설립의 경우, 발기인은 변태설립사항을 조사할 검사인을 선임해 줄 것을 법원에 청구하여야 한다.[법원직 14, 법무사 09, 11]

② 모집설립의 경우, 변태설립사항의 보고 대상과 변경 주체는 창립총회이다.[법원직 14, 법무사 09, 11]

법무사 11

1 모집설립의 경우 검사인이 선임되어 있으면, 검사인은 변태설립사항을 조사한 후 보고서를 작성하여 이를 법원에 제출하여야 한다. (○, ×)

법무사 09

2 변태설립에 관한 사항은 발기설립의 경우에는 이사의 청구로, 모집설립의 경우에는 발기인의 청구로 법원이 선임한 검사인이 조사하여 법원에 보고한다. (○, ×)

1 × **2** ×

1. 의의

> **제317조 (설립의 등기)** ① 주식회사의 설립등기는 발기인이 회사설립 시에 발행한 주식의 총수를 인수한 경우에는 제299조와 제300조의 규정에 의한 절차가 종료한 날로부터, 발기인이 주주를 모집한 경우에는 창립총회가 종결한 날 또는 제314조의 규정에 의한 절차가 종료한 날로부터 2주간 내에 이를 하여야 한다.
> ② 제1항의 설립등기에 있어서는 다음의 사항을 등기하여야 한다.
> 1. 제289조 제1항 제1호 내지 제4호, 제6호와 제7호에 게기한 사항(정관기재사항 중 설립시 발행주식 총수와 발기인 관련 사항 제외)
> 2. 자본금의 액
> 3. 발행주식의 총수, 그 종류와 각종주식의 내용과 수
> 3의2. 주식의 양도에 관하여 이사회의 승인을 얻도록 정한 때에는 그 규정
> 3의3. 주식매수선택권을 부여하도록 정한 때에는 그 규정, 3의4. 지점의 소재지
> 4. 회사의 존립기간 또는 해산사유를 정한 때에는 그 기간 또는 사유
> 5. 삭제, 6. 주주에게 배당할 이익으로 주식을 소각할 것을 정한 때에는 그 규정
> 7. 전환주식을 발행하는 경우에는 제347조에 게기한 사항
> 8. 사내이사, 사외이사, 그 밖에 상무에 종사하지 아니하는 이사, 감사 및 집행임원의 성명과 주민등록번호
> 9. 회사를 대표할 이사 또는 집행임원의 성명·주민등록번호 및 주소
> 10. 둘 이상의 대표이사 또는 대표집행임원이 공동으로 회사를 대표할 것을 정한 경우에는 그 규정
> 11. 명의개서대리인을 둔 때에는 그 상호 및 본점소재지
> 12. 감사위원회를 설치한 때에는 감사위원회 위원의 성명 및 주민등록번호
> ③ 주식회사의 지점 설치 및 이전 시 지점소재지 또는 신지점소재지에서 등기를 할 때에는 제289조 제1항 제1호·제2호·제6호 및 제7호와 이 조 제2항 제4호·제9호 및 제10호에 따른 사항을 등기하여야 한다.
> ④ 제181조(지점 설치의 등기) 내지 제183조(변경등기)의 규정은 주식회사의 등기에 준용한다.

법무사 17

1 발기설립이든 모집설립이든 상법 제317조의 설립등기를 완료함으로써 설립절차가 종료된다. (○, ×)

① 주식회사는 설립등기에 의하여 법인격을 취득하고 성립된다.[법무사 06, 17] 설립등기는 창설적 효력을 가진다.

② 주식회사의 설립등기는 실체형성 절차의 종료일로부터 2주 내에 해야 한다.

법무사 06

2 주식회사는 설립등기에 의해 법인격을 취득한다. (○, ×)

2. 설립등기사항

주식회사의 설립등기사항은 ① 목적, ② 상호, ③ 발행할 주식 총수, ④ 액면주식 1주의 금액, ⑤ 본점 소재지, ⑥ 공고방법, ⑦ 자본금, ⑧ 발행주식의 총수, 그 종류와 각종 주식의 내용과 수, ⑨ 주식의 양도에 관한 이사회 승인 관련 규정, ⑩ 주식매수선택권, ⑪ 지점 소재지, ⑫ 회사의 존립기간 또는 해산사유, ⑬ 전환주식, ⑭ 사내이사, 사외이사, 그 밖에 상무에 종사하지 아니하는 이사, 감사 및 집행임원의 성명과 주민등록번호, ⑮ 대표이사 또는 집행임원의 성명·주민등록번호 및 주소, ⑯ 공동대표이사 또는 공동대표집행임원, ⑰ 명의개서대리인의 상호 및 본점소재지, ⑱ 감사위원회 위원의 성명 및 주민등록번호 등이다.

1 ○ **2** ○

3. 설립등기의 효과

① 설립등기에 의하여 주식회사가 성립된다.
② 설립등기에 의하여 설립중의 회사는 소멸하고 설립중의 회사가 취득한 권리의무는 자동적으로 성립된 회사로 승계된다.
③ 회사는 성립 후 또는 신주의 납입기일 후 지체 없이 주권을 발행하여야 한다.
④ 회사성립 후에는 주식을 인수한 자는 주식청약서의 요건의 흠결을 이유로 하여 그 인수의 무효를 주장하거나 사기, 강박 또는 착오를 이유로 하여 그 인수를 취소하지 못한다.
⑤ 주식의 인수로 인한 권리를 의미하는 권리주의 양도는 회사에 대하여 효력이 없다. 회사가 성립되면 권리주 상태가 종료되므로 권리주 양도제한이 적용되지 않는다.

쟁점 06 가장납입

1. 의의

가장납입이란 발기인이 제3자로부터 차입한 자금으로 주금을 납입한 다음 회사가 성립하면 즉시 납입금을 인출하여 차입금을 상환하는 형태의 납입을 말한다.

2. 효과

① 주금의 가장납입의 경우에도 금원의 이동에 따른 현실의 불입이 있고, 설령 그것이 실제로는 주금납입의 가장 수단으로 이용된 것이더라도 이는 그 납입을 하는 발기인 또는 이사들의 주관적 의도에 불과하므로, 이러한 내심적 사정에 의하여 회사의 설립이나 증자와 같은 집단적 절차의 일환을 이루는 주금납입의 효력이 좌우될 수 없다(대판 1997.5.23. 95다5790).[법원직 15, 17, 21, 법무사 10, 12, 18, 변호사 14]
② 회사 설립 당시 원래 주주들이 주식인수인으로서 주식을 인수하고 가장납입의 형태로 주금을 납입한 이상 그들은 회사의 주주이고, 그 후 그들이 회사가 청구한 주금 상당액을 납입하지 아니하였다고 하더라도 이는 회사 또는 대표이사에 대한 채무불이행에 불과할 뿐 그러한 사유만으로 주주로서의 지위를 상실하지 않는다(대판 1998.12.23. 97다20649).

3. 회사설립에 미치는 영향

① 가장납입을 유효로 보는 판례에 의하면 회사설립에 영향이 없다.
② 가장납입을 무효로 보는 견해에 의하면, 가장납입의 정도가 중대하면 설립무효사유가 되나, 가장납입의 정도가 경미하면 발기인의 납입담보책임이 문제되고 회사설립무효사유에 해당되지 않는다.

법무사 18

1 주식회사를 설립하면서 일시적인 차입금으로 주금납입의 외형을 갖추고 회사 설립절차를 마친 다음 바로 그 납입금을 인출하여 차입금을 변제하는 이른바 가장납입의 경우에도 주금납입의 효력을 부인할 수는 없다고 할 것이어서 주식인수인이나 주주의 주금납입의무도 종결되었다고 보아야 한다.
(○, ×)

법무사 10, 12

2 일시적인 차입금으로 단지 주금납입의 외형만을 갖추고 회사설립 후 곧바로 그 납입금을 인출하여 차입금을 변제하는 주금의 가장납입의 경우 주금납입의 효력이 발생하지 아니한다. (○, ×)

1 ○ **2** ×

제3편

2022 해커스법원직 공태용 상법의 맥

4. 가장납입에 대한 책임

(1) 발기인의 자본충실책임

① 판례에 의하면 납입이 유효하므로 발기인의 납입담보책임 등 자본충실책임이 문제되지 않는다.

② 납입무효설에 의하면, 발기인의 자본충실책임에 따른 납입담보책임이 문제된다. 가장납입의 정도가 경미하면 발기인이 납입담보책임을 지나, 가장납입의 정도가 중하면 회사의 설립무효 사유에 해당되어 발기인의 납입담보책임은 문제되지 않는다.

(2) 발기인의 손해배상책임

> **제322조 (발기인의 손해배상책임)** ① 발기인이 회사의 설립에 관하여 그 임무를 해태한 때에는 그 발기인은 회사에 대하여 연대하여 손해를 배상할 책임이 있다.
> ② 발기인이 악의 또는 중대한 과실로 인하여 그 임무를 해태한 때에는 그 발기인은 제3자에 대하여도 연대하여 손해를 배상할 책임이 있다.

① 발기인이 회사의 설립에 관하여 그 임무를 해태한 때에는 그 발기인은 회사에 대하여 연대하여 손해를 배상하여야 한다.

② 가장납입은 발기인이 회사의 설립에 관하여 자본충실의무 등 선량한 관리자로서의 임무를 해태한 것이므로 발기인은 회사에 대하여 연대하여 손해를 배상할 책임이 있다. [변호사 14]

③ 발기인인 甲, 乙이 주식인수대금을 가장납입하기로 공모하고, 회사설립과 동시에 주식인수대금을 인출하였다면 甲과 乙은 회사설립에 관하여 자본충실의무 등 선량한 관리자로서의 임무를 다하지 못한 발기인들로서 또는 회사의 소유재산인 주식인수납입금을 함부로 인출하여 회사에 손해를 입힌 공동불법행위자로서 회사에 대하여 손해를 연대하여 배상할 책임이 있다(대판 1989.9.12. 89누916). [법무사 05. 09. 12]

(3) 주식인수인의 납입금 상환의무

주금의 가장납입의 경우에도 주금납입의 효력을 부인할 수 없으므로 주금납입절차는 일단 완료되고 주식인수인이나 주주의 주금납입의무도 종결되었다고 보아야 하나, 이러한 가장납입에 있어서 회사는 일시 차입금을 가지고 주주들의 주금을 체당 납입한 것과 같이 볼 수 있으므로 주금납입의 절차가 완료된 후에 회사는 주주에 대하여 체당 납입한 주금의 상환을 청구할 수 있다(대판 1985.1.29. 84다카1823,1824). [변호사 14]

(4) 가장납입과 형사책임

① 납입가장의 경우 이를 회사를 위하여 사용했다는 특별한 사정이 없는 한 실질적으로 회사 자본이 늘어난 것이 아니어서 납입가장죄 등이 성립한다(대판 2004.6.17. 2003도7645). [변호사 14]

② 납입가장행위는 주금의 납입 및 인출의 전 과정에서 회사 자본금에는 실제 아무런 변동이 없으므로, 회사의 돈을 임의로 유용한다는 불법영득의 의사가 있다고 보기 어렵고, 상법상 납입가장죄의 성립을 인정하는 이상 회사 자본이 실질적으로 증가됨을 전제로 한 업무상횡령죄가 성립한다고 할 수는 없다(대판 2004.6.17. 2003도7645). [변호사 14]

③ 위장납입을 한 발기인은 납입가장죄와 공정증서원본불실기재죄 책임은 부담하지만, 형법상 업무상횡령죄에는 해당되지 않는다(대판 2005.4.29. 2005도856). [법원직 08. 법무사 12. 18]

(5) 회사자금에 의한 주식취득

① 회사가 주식인수인의 주식인수대금을 실질적으로 부담한 경우, 그러한 주식인수대금의 납입은 납입을 가장한 것에 해당하여 무효이다.

법무사 05. 09

1 발기인이 타인으로부터 돈을 차입하여 납입금으로 내고 설립등기를 마친 후 은행으로부터 인출하여 변제하는 방법으로 주금을 가장납입하는 경우, 주주의 납입금을 회사가 체당한 것으로 보고, 회사가 주주에 대해 납입금의 상환을 청구할 수 있고, 그 가장행위는 공동불법행위를 구성하므로 발기인들이 회사에 대해 연대하여 손해 배상책임을 진다는 것이 대법원판례이다. (○, ×)

법무사 12

2 주금의 가장납입의 경우 주금납입절차가 완료된 후에는 회사는 주주에 대하여 체당납입한 주금의 상환을 청구할 수 없다. (○, ×)

법원직 08

3 회사의 설립등기 직후 납입된 주금을 인출하여 회사의 영업양수대금 명목으로 영업양도인에게 지급하였다고 하더라도 그 영업양수가 가장된 것이고 실제로는 주금의 제공자에게 주금을 반환한 것에 불과하다면 납입가장죄가 성립한다. (○, ×)

법무사 12

4 타인으로부터 금원을 차용하여 주금을 납입하고 설립등기나 증자등기 후 바로 인출하여 차용금 변제에 사용하는 경우 상법상 납입가장죄가 성립하는 외에 업무상횡령죄는 성립하지 아니한다. (○, ×)

1 ○ **2** × **3** ○ **4** ○

② 회사가 제3자에게 주식인수대금 상당의 대여를 하고 제3자는 그 대여금으로 주식인수대금을 납입한 경우에, 회사가 처음부터 제3자에 대하여 대여금 채권을 행사하지 아니하기로 약정되어 있는 등으로 대여금을 실질적으로 회수할 의사가 없었고 제3자도 그러한 회사의 의사를 전제로 하여 주식인수청약을 한 때에는, 그 제3자가 인수한 주식의 액면금액에 상당하는 회사의 자본이 증가되었다고 할 수 없으므로 위와 같은 주식인수대금의 납입은 단순히 납입을 가장한 것에 지나지 아니하여 무효이다(대판 2003.5.16. 2001다44109).[법무사 18]

(6) 가장납입과 명의대여주주의 책임

① 타인의 승낙을 얻어 그 명의로 주식을 인수한 자는 그 타인과 연대하여 주금을 납입할 책임이 있다. 즉 명의대여자와 명의차용자는 주금납입에 관하여 연대책임을 진다.

② 이러한 연대책임은 주금이 납입되지 않은 경우에 관한 것으로서 주금납입의 효력이 발생한 경우에는 비록 주금납입이 가장납입에 해당하는 경우에도 명의대여자는 책임을 부담하지 않는다.

③ ㉠ 명의대여자 및 명의차용자의 주금납입에 대한 연대책임은 이미 주금납입의 효력이 발생한 주금의 가장납입에는 적용되지 않고,[법무사 09, 18] 가장납입에 따른 주금상환채무는 실질상 주주인 명의차용자가 부담하고 명의대여자는 부담하지 않는다. ㉡ 주금납입이 종료된 후에도 주주는 회사에 대하여 체당 납입한 주금을 상환할 의무가 있다고 하여도 이러한 주금상환채무는 실질상 주주인 명의차용자가 부담하는 것일 뿐 단지 명의대여자로서 주식회사의 주주가 될 수 없는 자가 부담하는 채무라고는 할 수 없다(대판 2004.3.26. 2002다29138).

(7) 신주발행 부존재의 경우

신주발행의 실체가 존재한다고 할 수 없고 신주발행 변경등기만이 있는 경우와 같이 신주발행의 외관만 존재하는 신주발행 부존재의 경우에는 처음부터 신주발행의 효력이 없고 신주인수인들의 주금납입의무도 발생하지 않으며 증자로 인한 자본 충실의 문제도 생기지 않으므로 그 주금의 납입을 가장하였더라도 상법상의 납입가장죄가 성립하지 아니한다(대판 2006.6.2. 2006도48).[법원직 08]

법원직 08

1 신주발행의 부존재에 해당하는 경우, 처음부터 신주발행의 효력이 없고 신주인수인들의 주금납입의무도 발생하지 않았으므로 주금납입이 가장되었다 하더라도 납입가장죄가 성립하지 않는다. (O, ✕)

쟁점 07 설립 중의 회사

1. 의의

① 설립 중의 회사란 발기인이 회사의 설립을 위하여 필요한 행위로 인하여 취득하게 된 권리의무가 회사의 설립과 동시에 그 설립된 회사에 귀속되는 관계를 설명하기 위한 강학상의 개념이다(대판 1970.8.31. 70다1357).[법원직 12, 19]

② 설립 중의 회사의 법적 성격은 법인 아닌 사단이다(대판 2008.2.28. 2007다37394,37400).

③ 설립 중의 회사는 회사의 설립등기와 함께 소멸한다.

2. 성립시기

① 설립 중의 회사는 정관이 작성되고 발기인이 적어도 1주 이상의 주식을 인수하였을 때 성립한다(대판 1994.1.28. 93다50215).[법원직 07, 12, 15, 19, 법무사 11, 변호사 21]

제3편

2022 해커스법원직 공태용 상법의 맥

1 ○

법원직 12, 법무사 08, 13

1 설립 중의 주식회사로서의 실체가 갖추어지기 이전에 발기인이 취득한 권리의무는 구체적인 사정에 따라 발기인 개인 또는 발기인 조합에 귀속되는 것으로서, 이들에게 귀속된 권리의무를 설립 후의 회사에게 귀속시키기 위하여 별도의 이전행위를 할 필요는 없다.

(○, ×)

② 설립 중의 회사로서의 실체가 갖추어지기 이전에 발기인이 취득한 권리의무는 구체적 사정에 따라 발기인 개인 또는 발기인조합에 귀속되고 이들에게 귀속된 권리의무를 설립 후의 회사에 귀속시키기 위해서는 양수나 채무인수 등의 특별한 이전행위가 있어야 한다(대판 1994.1.28. 93다 50215). [법원직 07, 12, 15, 19, 법무사 08, 13, 변호사 19]

3. 설립 중의 회사의 권리능력

① 설립 중의 회사는 설립이라는 목적범위 내에서 제한적으로 권리능력의 주체가 된다.

② 설립 중의 회사는 소송상 당사자능력, 등기능력이 인정된다.

③ 발기인이 회사의 설립을 추진 중에 행한 불법행위가 외형상 객관적으로 설립 후 회사의 대표이사로서의 직무와 밀접한 관련이 있다는 경우 회사의 불법행위책임이 인정된다(대판 2000.1.28. 99다35737).

④ 발기인 대표가 회사설립사무로 체결한 자동차조립계약에 따라 제작된 자동차를 설립 후 회사가 인수하여 운행한 경우 발기인이 체결한 계약의 효력이 설립 후 회사에 미친다(대판 1970.8.31. 70다1357).

4. 발기인의 권한 외의 행위의 효력

발기인의 권한 외의 행위는 설립 후 회사로 귀속되지 않는다. 결국 발기인 개인 또는 발기인조합에 효력이 미치게 된다.

쟁점 08 발기인 등의 책임

1. 발기인의 회사에 대한 책임

(1) 인수 · 납입담보책임

1) 의의

① 발기인의 인수 · 납입담보책임이란 회사 성립 과정에서 발행주식의 인수와 납입이 없었음에도 이를 간과하여 설립등기가 된 경우 회사의 자본적 기초를 확보하기 위하여 발기인에게 인수와 납입의 책임을 지우는 제도를 말한다.

② 발기인의 인수 · 납입담보책임은 법정책임이자 무과실책임으로 총주주 동의로도 면제되지 않는다.

2) 인수담보책임

> **제305조 (주식에 대한 납입)** ① 회사설립시에 발행하는 주식의 총수가 인수된 때에는 발기인은 지체없이 주식인수인에 대하여 각 주식에 대한 인수가액의 전액을 납입시켜야 한다.
>
> **제321조 (발기인의 인수납입담보책임)** ① 회사설립시에 발행한 주식으로서 회사성립 후에 아직 인수되지 아니한 주식이 있거나 주식인수의 청약이 취소된 때에는 발기인이 이를 공동으로 인수한 것으로 본다.
>
> ② 회사성립 후 제295조 제1항 또는 제305조 제1항의 규정에 의한 납입을 완료하지 아니한 주식이 있는 때에는 발기인은 연대하여 그 납입을 하여야 한다.

1 ×

① 회사설립시에 발행하는 주식의 총수가 인수된 때에는 발기인은 지체없이 주식인수인에 대하여 각 주식에 대한 인수가액의 전액을 납입시켜야 한다.[법원직 18]

② 회사설립시 발행한 주식 중 회사성립 후에 아직 인수되지 아니한 주식이 있거나 주식인수의 청약이 취소된 때에는 발기인이 이를 공동으로 인수한 것으로 본다.[법원직 13, 14, 21, 법무사 14]

③ 회사성립 이후에는 주식인수인의 착오, 사기, 강박 등의 주관적 사유로 주식인수를 취소하는 것이 제한되므로, 발기인의 인수담보책임에서 주식인수의 청약이 취소된 때란 주식인수인이 제한능력으로 인수행위를 취소하거나 주식인수인의 채권자가 사해행위를 이유로 채권자취소를 한 경우를 의미한다.

④ 인수담보책임의 경우 발기인들이 주주가 되고, 인수가 의제된 주식을 공유하게 된다.

3) 납입담보책임

① 회사 성립 후 납입을 완료하지 않은 주식이 있는 때에는 발기인은 연대하여 납입을 하여야 한다.

② 인수담보책임의 경우와 달리, 발기인들이 납입담보책임을 이행하였다고 해서 발기인들이 주주가 되는 것은 아니며 주식인수인이 여전히 주주의 지위를 가진다고 본다.[법무사 12]

③ 발기인의 인수 및 납입담보책임은 총주주의 동의가 있어도 면제되지 않는다.[법무사 12]

4) 설립무효와의 관계

인수되지 않은 주식이나 납입이 완료되지 않은 주식의 정도가 현저하여 회사의 재산적 기초를 형성할 수 없을 정도인 경우에는 설립무효가 되고, 발기인의 인수·납입담보책임이 문제되지 않는다고 본다.

(2) 손해배상책임

> 제322조 (발기인의 손해배상책임) ① 발기인이 회사의 설립에 관하여 그 임무를 해태한 때에는 그 발기인은 회사에 대하여 연대하여 손해를 배상할 책임이 있다.

① 발기인이 회사의 설립에 관하여 그 임무를 해태한 때에는 그 발기인은 회사에 대하여 연대하여 손해를 배상할 책임이 있다.[법원직 21, 법무사 09]

② 발기인의 손해배상책임은 상법상 특수한 손해배상책임으로 과실책임에 해당한다.

(3) 대표소송 및 총주주 동의에 의한 손해배상책임 면제

① 주주대표소송의 규정은 발기인에게 준용된다. 따라서 대표이사가 발기인에 대한 책임 추궁을 게을리 하는 경우 대표소송에 의하여 발기인의 책임을 물을 수 있다.

② 발기인의 회사에 대한 손해배상책임은 총주주의 동의로 면제될 수 있다.

2. 발기인의 제3자에 대한 책임

> 제322조 (발기인의 손해배상책임) ② 발기인이 악의 또는 중대한 과실로 인하여 그 임무를 해태한 때에는 그 발기인은 제3자에 대하여도 연대하여 손해를 배상할 책임이 있다.

(1) 의의

① 발기인이 악의 또는 중대한 과실로 인하여 그 임무를 해태한 때에는 그 발기인은 제3자에 대하여 연대하여 손해를 배상할 책임이 있다.[법원직 13, 16, 법무사 08]

② 회사에 대한 손해배상책임과 달리 '악의 또는 중대한 과실'을 요건으로 한다.

법원직 13, 14

1 회사설립시에 발행한 주식으로서 회사성립 후에 아직 인수되지 아니한 주식이 있거나 주식인수의 청약이 취소된 때에는 주식인수인을 새로이 모집하여야 한다. (○, ×)

법무사 12

2 발기인이 인수담보책임이나 납입담보책임을 이행한 경우에는 회사의 주주가 된다. (○, ×)

법무사 09

3 발기인은 악의 또는 중대한 과실로 인하여 그 임무를 해태한 경우에만 회사에 대하여 연대하여 손해를 배상할 책임이 있다. (○, ×)

법원직 21

4 발기인이 회사의 설립에 관하여 그 임무를 해태한 때에는 그 발기인은 그 지분비율에 비례하여 회사에 대하여 손해를 배상할 책임이 있다. (○, ×)

법원직 13

5 발기인이 악의 또는 과실로 인하여 그 임무를 해태한 때에는 그 발기인은 제3자에 대하여도 연대하여 손해를 배상할 책임이 있다. (○, ×)

1 × 2 × 3 × 4 × 5 ×

③ 발기인이 주식청약서를 허위로 기재한 경우, 재산인수계약을 정관에 기재하지 않아 재산인수가 무효가 된 경우, 가장납입을 한 경우 등이 이에 해당한다.

④ 회사에 대한 책임과 달리 주주 전원의 동의로 면제될 수 없다.

(2) 법적 성질 및 불법행위책임과의 관계

① 발기인의 제3자에 대한 책임은 상법상 특수한 법정책임이다.

② 경과실의 경우 발기인의 제3자에 대한 책임은 성립되지 않고, 악의 또는 중과실은 발기인의 임무해태와 관련하여 존재하면 되고, 제3자의 손해에 대하여 악의 또는 중과실이 요구되지는 않는다.

③ 발기인의 행위가 민법상 불법행위 요건을 갖춘 경우에는 민법상 불법행위책임과 경합하게 된다.

(3) 제3자의 범위

제3자란 회사 이외의 모든 자를 포함하는 것으로 본다. 그 결과 회사의 주주 또한 포함된다.

3. 회사불성립의 경우 발기인의 책임

> **제326조 (회사불성립의 경우의 발기인의 책임)** ① 회사가 성립하지 못한 경우에는 발기인은 그 설립에 관한 행위에 대하여 연대하여 책임을 진다.
> ② 전항의 경우에 회사의 설립에 관하여 지급한 비용은 발기인이 부담한다.

1 회사가 성립하지 못한 경우에 발기인은 주식인수인이 납입했던 납입금의 반환에 대하여 연대책임을 진다. (○, ×)

① 회사가 성립하지 못한 경우 발기인은 설립에 관한 행위에 대하여 연대하여 책임을 지고, 회사의 설립에 관하여 지급한 비용을 부담한다. [법원직 13, 21, 법무사 09, 13] 이는 무과실책임이다.

② 회사가 성립하지 못한 경우란 회사의 설립등기가 이루어지지 못한 경우를 말한다.

③ 회사설립등기 이후 설립무효판결이 확정된 경우에는 회사성립시의 발기인 책임이 문제되고, 회사불성립시의 발기인 책임이 문제되지는 않는다.

④ 회사불성립의 경우 주식인수인이나 주주는 대외적으로 책임을 지지 않고 자신이 납입한 주금의 반환을 청구할 수 있다.

⑤ 회사설립 관련 비용은 변태설립사항으로 기재되지 않았더라도 설립사무실 임차료나 인건비 등 설립을 위해 지출한 모든 비용을 포함한다.

4. 유사발기인의 책임

> **제327조 (유사발기인의 책임)** 주식청약서 기타 주식모집에 관한 서면에 성명과 회사의 설립에 찬조하는 뜻을 기재할 것을 승낙한 자는 발기인과 동일한 책임이 있다.

① 주식청약서 기타 주식모집에 관한 서면에 성명과 회사의 설립에 찬조하는 뜻을 기재할 것을 승낙한 자를 유사발기인이라 한다. 유사발기인은 발기인과 동일한 책임이 있다.

② 이는 외관의 신뢰를 보호하기 위한 것이나, 상대방의 선의를 요건으로 하지 않는다는 점에서 일반적인 외관법리와 차이가 있다.

③ 유사발기인은 회사설립사무를 수행하지는 않으므로 임무해태를 전제로 한 회사 및 제3자에 대한 손해배상책임을 지지는 않는다. 결국 유사발기인의 책임은 회사가 성립한 경우의 인수·납입담보책임과 회사가 불성립한 경우의 납입된 주금반환 및 설립비용에 관한 책임을 의미한다.

1 ○

5. 이사, 감사, 검사인의 책임

> **제323조 (발기인, 임원의 연대책임)** 이사 또는 감사가 제313조 제1항의 규정에 의한 임무를 해태하여 회사 또는 제3자에 대하여 손해를 배상할 책임을 지는 경우에 발기인도 책임을 질 때에는 그 이사, 감사와 발기인은 연대하여 손해를 배상할 책임이 있다.
>
> **제313조 (이사, 감사의 조사, 보고)** ① 이사와 감사는 취임 후 지체 없이 회사의 설립에 관한 모든 사항이 법령 또는 정관의 규정에 위반되지 아니하는지의 여부를 조사하여 창립총회에 보고하여야 한다.
>
> **제325조 (검사인의 손해배상책임)** 법원이 선임한 검사인이 악의 또는 중대한 과실로 인하여 그 임무를 해태한 때에는 회사 또는 제삼자에 대하여 손해를 배상할 책임이 있다.

① 이사 또는 감사가 제313조 제1항의 규정에 의한 설립절차에 대한 조사·보고 임무를 해태한 경우 회사 또는 제3자에 대하여 손해를 배상할 책임을 진다. 그 경우 발기인도 책임을 질 때에는 그 이사, 감사와 발기인은 연대하여 손해를 배상할 책임이 있다.

② 제3자에 대한 책임의 경우 발기인에게 고의 또는 중과실을 요한다는 점에서 이사 등의 책임 또한 고의 또는 중과실을 요건으로 한다고 본다.

③ 법원이 선임한 검사인이 악의 또는 중대한 과실로 임무를 해태한 때에는 회사 또는 제3자에 대하여 손해를 배상할 책임이 있다.[법무사 09, 12]

쟁점 09 회사설립의 무효

1. 의의

> **제328조 (설립무효의 소)** ① 회사설립의 무효는 주주·이사 또는 감사에 한하여 회사성립의 날로부터 2년 내에 소만으로 이를 주장할 수 있다.
>
> ② 제186조 내지 제193조의 규정은 제1항의 소에 준용한다.

① 주식회사 설립의 무효는 주주·이사 또는 감사에 한하여 회사성립의 날로부터 2년 내에 소만으로 이를 주장할 수 있다.[법원직 11, 20, 21, 법무사 04, 05, 06, 12, 14, 19, 변호사 21]

② 주식회사는 인적회사나 유한회사와 달리 설립취소가 인정되지 않고 설립무효만 인정된다.[법원직 08, 21, 법무사 05, 14]

③ 주식회사 창립총회에서 정관의 변경뿐만 아니라 소집통지서에 그 뜻의 기재가 없는 경우에도 설립의 폐지를 결의할 수 있다.[법무사 19]

2. 설립무효원인

① 설립무효의 원인은 아래와 같은 객관적 사유로 한정된다.[변호사 21]

　㉠ 정관 절대적 기재사항의 흠결

　㉡ 발행주식의 인수납입이 현저히 미달되어 발기인의 인수납입담보책임으로 치유될 수 없는 경우

　㉢ 주식발행사항에 발기인전원의 동의가 없었던 경우

② 창립총회의 소집이 없거나 조사보고가 이루어지지 않은 경우

⑩ 설립등기가 무효인 경우

② 발기인이나 주식인수인의 주관적 사유(무권대리, 제한능력, 의사표시의 무효·취소 등)만으로는 무효사유에 해당하지 않는다.[법원직 21, 변호사 21]

3. 설립무효의 소

① 설립무효는 소로써만 주장할 수 있다. 설립무효의 소는 형성의 소에 해당한다.

② 설립무효의 소의 원고는 주주(1주 이상), 이사, 감사로 한정된다.

③ 설립무효의 소의 제척기간은 설립등기일로부터 2년이다.

④ 관할법원은 본점소재지 지방법원의 전속관할이다.

⑤ 수개의 설립무효의 소 또는 설립취소의 소가 제기된 때에는 법원은 이를 병합심리 하여야 한다.[법원직 14]

⑥ 설립무효의 소 또는 설립취소의 소가 그 심리 중에 원인이 된 하자가 보완되고 회사의 현황과 제반사정을 참작하여 설립을 무효 또는 취소하는 것이 부적당하다고 인정한 때에는 법원은 그 청구를 기각할 수 있다.[법원직 11, 15, 16, 20, 법무사 07, 14]

⑦ 발기인이 회사 설립무효의 소를 제기한 때에는 피고인 회사를 대표하는 자는 대표이사가 된다.[법무사 04]

4. 원고 승소판결의 효력

> **제190조 (판결의 효력)** 설립무효의 판결 또는 설립취소의 판결은 제3자에 대하여도 그 효력이 있다. 그러나 판결확정 전에 생긴 회사와 사원 및 제3자간의 권리의무에 영향을 미치지 아니한다.
>
> **제193조 (설립무효, 취소판결의 효과)** ① 설립무효의 판결 또는 설립취소의 판결이 확정된 때에는 해산의 경우에 준하여 청산하여야 한다.
> ② 전항의 경우에는 법원은 사원 기타의 이해관계인의 청구에 의하여 청산인을 선임할 수 있다.

① 설립무효의 판결 또는 설립취소의 판결은 제3자에 대하여도 그 효력이 있다. 그러나 판결확정 전에 생긴 회사와 사원 및 제3자간의 권리의무에 영향을 미치지 아니한다.[법원직 16, 20, 21, 법무사 07, 12, 14, 19]

② 회사설립무효의 원고 승소판결은 대세적 효력을 가지나, 소급효는 인정되지 않으므로 설립이 무효가 되더라도 이미 성립된 당사자들의 권리의무에 영향을 미치지 않는다.

③ 회사설립취소의 소가 확정되면 회사는 해산의 경우에 준하여 청산하여야 하며, 이때 법원은 이해관계인의 청구에 의하여 청산인을 선임할 수 있다.[법원직 14, 법무사 07]

④ 주식회사에서 설립무효판결이 확정된 경우 회사의 계속이 인정되지 아니한다.[법원직 16]

⑤ 설립무효의 판결 또는 설립취소의 판결이 확정된 때에는 본점 소재지와 지점 소재지에서 모두 등기하여야 한다.[법원직 14]

⑥ 설립무효의 소를 제기한 자가 패소한 경우 악의 또는 중대한 과실이 있는 때에는 회사에 대하여 손해를 배상할 책임이 있다.[법원직 11, 법무사 07]

5. 회사의 불성립과 부존재

① 회사의 불성립이란 회사의 설립절차가 설립등기 이전에 중단된 경우를 말하고, 회사의 부존재란 회사로 인정할 만한 실체의 형성이 전혀 이루어지지 않은 경우를 의미한다.

② 회사의 부존재의 경우 누구나 언제든지 어떠한 방법으로든지 부존재를 주장할 수 있다.

법원직 21

1 주식회사의 설립과 관련된 주주 개인의 의사무능력이나 의사표시의 하자는 회사설립무효의 사유에 해당하지 아니한다.
(○, ×)

법원직 14

2 수 개의 설립무효의 소 또는 설립취소의 소가 제기된 때에는 법원은 이를 병합하여 심리할 수 있다. (○, ×)

법원직 16

3 주식회사 설립무효의 소가 그 심리중에 원인이 된 하자가 보완되고 회사의 현황과 제반사정을 참작하여 설립을 무효로 하는 것이 부적당하다고 인정한 때에는 법원은 그 청구를 기각하여야 한다. (○, ×)

법무사 04

4 발기인이 회사 설립무효의 소를 제기한 때에는 피고인 회사를 대표하는 자는 회사의 감사가 된다. (○, ×)

법무사 12

5 설립무효의 판결 또는 설립취소의 판결의 효력은 판결이 확정되기 전에 생긴 회사와 사원 및 제3자간의 권리의무에 소급하여 미친다. (○, ×)

법원직 14

6 설립무효의 판결 또는 설립취소의 판결이 확정된 때에는 판결이 확정된 때에 해산한 것으로 본다. (○, ×)

1 ○ **2** × **3** × **4** × **5** × **6** ×

제2절 주식과 주권

쟁점 01 주식의 개념과 특성

1. 주식의 개념

① 주식이란 주식회사의 사원인 주주가 출자자로서 회사에 대해서 가지는 지분을 말한다.

② 주식은 균등한 단위로 세분된다는 점에서 인적회사의 지분과 구별된다.

③ 주식회사의 지분을 단위로 세분한 이유는 일반 공중으로부터 자금을 조달할 수 있도록 하여 대규모 자금을 형성하기 위함이다.

④ 주식은 사원으로서의 지위 즉 사원권을 의미한다.

⑤ 사원권은 회사의 지배에 참여할 수 있는 권리와 회사로부터 배당을 받을 수 있는 권리로 나뉜다.

⑥ 주식은 주주권을 표창하는 유가증권인 주권과 구별된다.

2. 주식의 불가분성

① 주주는 출자액에 상응하는 수의 주식을 보유하게 된다.

② 주식은 하나의 단위를 더 잘게 나눌 수 없으며, 이를 주식불가분의 원칙이라고 한다.

③ 주식을 나누어 양도하거나 이익배당청구권이나 의결권 등 사원권의 일부만을 양도하는 것도 불가능하다.

④ 신주발행, 주식배당, 준비금의 자본금전입, 주식병합, 합병, 전환사채의 전환 등에서는 1주 미만의 주식이 관념상 존재하며, 이러한 1주 미만의 주식을 단주라고 한다.

3. 주식의 공유

> **제333조 (주식의 공유)** ① 수인이 공동으로 주식을 인수한 자는 연대하여 납입할 책임이 있다.
> ② 주식이 수인의 공유에 속하는 때에는 공유자는 주주의 권리를 행사할 자 1인을 정하여야 한다.
> ③ 주주의 권리를 행사할 자가 없는 때에는 공유자에 대한 통지나 최고는 그 1인에 대하여 하면 된다.

① 수인이 주식을 공유할 수 있다. 수인이 공동으로 주식을 인수한 자는 연대하여 납입할 책임이 있다.

② 주식이 수인의 공유인 경우 공유자는 주주권을 행사할 자 1인을 정해야 한다. [법원직 11, 법무사 09, 15]

③ 주주권을 행사할 자가 없는 경우 공유자에 대한 통지, 최고는 그 1인에게 하면 된다. [법원직 11, 법무사 07, 09, 15]

④ 대부분의 상장회사 주식은 예탁결제원에 예탁되어 있는데, 자본시장법은 예탁된 주식의 실질 주주가 예탁된 동종의 주식에 대해서 공유지분을 가지는 것으로 추정한다. 다만, 제333조의 원칙과 달리 실질주주들이 각각 공유지분에 상당하는 주식을 가지고 각자 단독으로 주주권을 행사할 수 있다.

법무사 07

1 주식이 수인의 공유에 속하는 때에는 공유자에 대한 통지나 최고는 전원에 대하여 하여야 한다. (○, ✕)

1 ✕

4. 주주의 유한책임

> **제331조 (주주의 책임)** 주주의 책임은 그가 가진 주식의 인수가액을 한도로 한다.

① 주주의 책임은 그가 가진 주식의 인수가액을 한도로 한다.[법무사 04, 09]
② 회사가 채무초과가 되더라도 주주는 회사 채무의 변제책임이나 추가 출자 책임을 지지 않는다.
③ 주주의 유한책임은 주식회사의 가장 본질적인 특성으로 정관이나 주주총회 결의로 주주의 책임을 가중하는 것은 허용되지 않는다.
④ 주주 유한책임의 원칙은 주주의 의사에 반하여 주식의 인수가액을 초과하는 새로운 부담을 시킬 수 없다는 취지에 불과하고 주주들의 동의 아래 회사 채무를 주주들이 분담하는 것까지 금하는 취지는 아니다(대판 1983.12.13. 82도735).

5. 주주평등의 원칙

① 주주의 권리는 주식을 단위로 정해진다.
② 같은 종류의 주식은 회사에 대해서 동등한 권리를 가진다.
③ 주주평등원칙에 관한 규정은 강행규정이다. 주주평등원칙에 반하는 정관의 규정, 주주총회 및 이사회의 결의, 이사의 업무집행은 무효이다.
④ 주주총회에서 대주주가 소수주주보다 적은 비율의 이익배당을 받기로 결의하는 것은 주주평등원칙 위반이 아니다.[법원직 19]
⑤ 주주평등원칙이란 주주는 회사와의 법률관계에서는 그가 가진 주식의 수에 따라 평등한 취급을 받아야 한다는 것을 의미하므로, 이를 위반하여 회사가 일부 주주에게만 우월한 권리나 이익을 부여하기로 하는 약정은 특별한 사정이 없는 한 무효이다(대판 2018.9.13. 2018다9920,9937). [법원직 19, 21]
⑥ 회사가 직원들을 유상증자에 참여시키면서 퇴직시 출자 손실금을 전액 보전해 주기로 약정한 경우, 그러한 내용의 손실보전합의 및 퇴직금 특례지급기준은 회사가 주주에 대하여 투하자본의 회수를 절대적으로 보장하는 셈이 되고 다른 주주들에게 인정되지 않는 우월한 권리를 부여하는 것으로서 주주평등의 원칙에 위반되어 무효이다. 다만, 손실보전약정이 무효라는 이유로 신주인수계약까지 무효가 되는 것은 아니다(대판 2007.6.28. 2006다38161,38178). [법원직 11, 19]
⑦ 甲 주식회사가 제3자 배정 방식의 유상증자를 실시하면서 이에 참여한 乙 등과 그 투자금을 유상증자 청약대금으로 사용하되 투자원금을 반환하고 소정의 수익금을 지급하기로 하는 내용의 투자계약을 체결하고 이를 이행한 경우, 위 투자계약은 乙 등의 주주 지위에서 발생하는 손실의 보상을 주된 목적으로 하는 것이므로 주주평등의 원칙에 위배되어 무효이고, 甲 회사는 위 투자계약이 주주평등의 원칙에 반하여 무효라고 주장하면서 乙 등을 상대로 그들이 지급받은 수익금 상당의 부당이득반환을 구할 수 있다(대판 2020.8.13. 2018다236241).
⑧ 회사가 신주를 인수하여 주주의 지위를 갖게 된 주주와 사이에 주주로서의 지위에서 발생하는 손실의 보상을 주된 내용으로 한 약정을 체결하였더라도, 그 약정이 해당 주주의 자격을 취득하기 이전에 신주인수계약과 별도의 계약으로 체결된 경우에도 이러한 약정은 주주평등의 원칙에 위배되어 무효이다(대판 2020.8.13. 2018다236241). [법원직 21]

1. 액면주식과 무액면주식

> **제329조 (자본금의 구성)** ① 회사는 정관으로 정한 경우에는 주식의 전부를 무액면주식으로 발행할 수 있다. 다만, 무액면주식을 발행하는 경우에는 액면주식을 발행할 수 없다.
> ② 액면주식의 금액은 균일하여야 한다.
> ③ 액면주식 1주의 금액은 100원 이상으로 하여야 한다.
> ④ 회사는 정관으로 정하는 바에 따라 발행된 액면주식을 무액면주식으로 전환하거나 무액면주식을 액면주식으로 전환할 수 있다.

(1) 액면주식과 무액면주식의 선택

① 주식은 액면금액의 여부에 따라 액면주식과 무액면주식으로 나뉜다.
② 회사는 정관으로 액면주식과 무액면주식을 선택할 수 있지만, 양자를 모두 발행하는 것은 허용되지 않는다.[법무사 17, 변호사 16]
③ 액면주식을 발행하는 경우, 액면은 정관의 절대적 기재사항이고, 액면금액은 100원 이상 균일해야 한다.[법무사 07, 18, 변호사 13]
④ 무액면주식 1주의 발행가액은 정관기재사항이 아니다.

(2) 액면주식과 무액면주식의 전환

> **제451조 (자본금)** ③ 회사의 자본금은 액면주식을 무액면주식으로 전환하거나 무액면주식을 액면주식으로 전환함으로써 변경할 수 없다.

① 회사는 정관으로 정하는 바에 따라 발행된 액면주식을 무액면주식으로 전환하거나 무액면주식을 액면주식으로 전환할 수 있다.[변호사 13]
② 회사는 1월 이상의 기간을 정하여 주권을 회사에 제출할 것을 공고하고 주주와 질권자에 대해 별도로 통지를 해야 한다.
③ 개별 주주의 청구에 의해 발행주식의 일부를 변경하는 것은 허용되지 않는다.[변호사 13]
④ 전환으로 인하여 자본금의 변동이 없으므로 채권자보호절차는 요구되지 않는다.[변호사 13, 17]
⑤ 주식의 전환은 주주에 대한 공고기간이 만료한 때 효력이 발생한다.
⑥ 회사의 자본금은 액면주식을 무액면주식으로 전환하거나 무액면주식을 액면주식으로 전환함으로써 변경할 수 없다.[법원직 19, 법무사 17, 변호사 16, 21]
⑦ 무액면주식을 액면주식으로 전환하는 경우, 전환 당시의 자본금이 액면주식의 액면총액과 같아져야 하기 때문에, 전환으로 주식수가 달라질 수 없다고 하면, 전환되는 액면주식의 액면금액은 자본금을 발행주식총수로 나눈 금액으로 제한된다. 예를 들어 자본금 1억 원으로 발행된 무액면주식 1만주를 액면주식 1만주로 전환하는 경우 액면금액은 1만 원이 된다.

2. 유상신주, 무상신주

유상신주는 주금을 납입시키고 신주를 발행하는 경우의 주식을 말하고, 무상신주는 회사가 자산의 재평가적립금이나 준비금을 자본금에 전입하여 주주에게 무상으로 교부하는 주식을 말한다.

1. 수권자본제도

① 수권주식주의는 회사의 정관에 자본금을 기재하지 않고, 회사가 발행할 주식의 총수 즉 수권주식만을 기재하고 회사의 설립시에 그 일부의 주식의 인수가 이루어지고 설립 이후 이사회가 수권주식의 범위 내에서 수시로 신주를 발행하도록 하는 것을 말한다.

② 총액인수주의는 회사의 정관에 자본금을 기재하고, 회사 설립시 자본금 전부에 해당하는 주식을 인수하도록 하는 것을 말한다.

③ 상법은 수권주식주의를 채택하고 있다. 즉 정관에는 발행할 주식의 총수만을 기재하고 자본금을 기재하지 않는다.

④ 회사 설립 후 주식 발행에 관한 사항은 이사회 결의로 정한다.

⑤ 회사 설립시 발행주식총수가 발행예정주식 총수의 4분의 1 이상이어야 한다는 종전의 상법 제289조 제2항의 규정은 2011년 개정 상법에서 폐지되었다.

2. 액면주식 발행의 경우 자본금

> **제451조 (자본금)** ① 회사의 자본금은 이 법에서 달리 규정한 경우 외에는 발행주식의 액면총액으로 한다.

① 액면주식의 경우 발행주식의 액면총액이 회사의 자본금이 된다.[법원직 19, 변호사 17] 즉 액면주식의 경우, 자본금은 주식의 액면가액에 발행주식 총수를 곱한 금액이다.

② 주식상환 또는 소각의 경우 그 재원이 자본금이 아니라 이익이므로 주식상환이나 소각의 경우 자본금은 변하지 않으면서 상환되거나 소각된 주식수 만큼 발행주식 총수가 감소하게 된다.

③ 제345조의 상환주식의 상환과 제343조 제1항 단서의 자기주식 소각의 경우 자본금은 발행주식의 액면총액과 일치하지 않게 된다.

3. 무액면주식 발행의 경우 자본금

> **제451조 (자본금)** ② 회사가 무액면주식을 발행하는 경우 회사의 자본금은 주식 발행가액의 2분의 1 이상의 금액으로서 이사회(제416조 단서에서 정한 주식발행의 경우에는 주주총회를 말한다)에서 자본금으로 계상하기로 한 금액의 총액으로 한다. 이 경우 주식의 발행가액 중 자본금으로 계상하지 아니하는 금액은 자본준비금으로 계상하여야 한다.

① 회사가 무액면주식을 발행하는 경우 회사의 자본금은 주식 발행가액의 2분의 1 이상의 금액으로 이사회 또는 주주총회에서 자본금으로 정한 금액으로 하고, 발행가액 중 자본금으로 계상하지 아니하는 금액은 자본준비금으로 계상하여야 한다.[법원직 21, 변호사 13, 16]

② 회사 설립 시에 무액면주식을 발행하는 경우 주식의 발행가액과 주식의 발행가액 중 자본금으로 계상하는 금액을 정관으로 달리 정하지 아니하면 발기인 전원의 동의로 이를 정한다.

4. 자본금의 등기

자본금은 금액으로 표시되고 등기사항이다. 자본금은 정관 기재사항은 아니다.[법원직 19]

5. 최저자본금제의 폐지

① 액면주식 1주의 금액은 100원 이상이면 된다. 따라서 발기인 1인이 액면가액 100원인 주식 1주를 발행하여 자본금 100원인 주식회사를 설립하는 것도 가능하다.[법무사 06. 17]

② 회사의 최저자본금을 5천만 원으로 정하였던 종전의 상법 규정은 2009년 상법 개정으로 폐지되었다.

6. 회계학상 회사의 자기자본과 자본금

① 회계학상 회사의 자기자본은 ⑤ 제451조에 따라 정해지는 자본금, ⑥ 자본금 이외에 주주와의 거래로부터 회사가 취득한 자본잉여금 및 ⑦ 회사의 영업활동으로부터 발생한 이익잉여금으로 구성된다.

② 자본금과 자본잉여금의 합계액이 납입자본금을 구성한다.

7. 자본금충실의 원칙

(1) 회사의 자본금충실

① 회사는 자본금에 해당하는 재산을 실질적으로 보유해야 한다.

② 자본금충실의 원칙은 주주의 출자가 확실히 이행되도록 하는 것과 주주에 대하여 회사재산의 반환을 제한하는 것으로 구성된다.

(2) 주주의 출자이행 확보

주주 출자의 이행을 확보하기 위한 규정은 아래와 같다.

① 금전출자의 전액납입 및 현물출자의 전부이행

② 액면미달발행의 금지 또는 제한

③ 변태설립사항에 대한 엄격한 규제

④ 가설인 · 타인 명의 주식인수인의 주금납입담보책임

⑤ 회사 동의 없는 출자전환 금지

⑥ 발기인 · 이사 담보책임

(3) 주주에 대한 재산 반환 제한

① 주주에 대한 회사재산의 반환을 제한하는 규정은 아래와 같다.

   ⑤ 이익배당 · 자기주식 취득 관련 배당가능이익규제

   ⑥ 법정준비금 적립 의무

② ⑤ 주식회사가 주주의 제명에 관한 규정을 두고 있지 않으므로, 주주의 구성이 소수에 의하여 제한적으로 이루어져 있다거나 주주 상호간의 신뢰관계를 기초로 하고 있다는 등의 사정이 있더라도, 그러한 사정만으로 인적 회사인 합명회사의 사원 제명에 관한 규정을 물적 회사인 주식회사에 유추적용 하여 주주의 제명을 허용할 수 없다. ⑥ 주주 간의 분쟁 등 일정한 사유가 발생할 경우 어느 주주를 제명시키되 회사가 그 주주에게 출자금 등을 환급해 주기로 하는 내용을 정관이나 내부규정에 두는 것은 회사 또는 주주 등에게 생길지 모르는 중대한 손해를 회피하기 위한 것이라 하더라도 법정사유 이외에는 자기주식의 취득을 금지하는 상법 제341조의 규정에 위반된다. ⑦ 따라서 주주를 제명하고 회사가 그 주주에게 출자금 등을 환급하도록 하는 내용을 규정한 정관이나 내부규정은 물적 회사로서의 주식회사의 본질에 반하고 자기주식의 취득을 금지하는 상법의 규정에도 위반되어 무효이다(대판 2007.5.10. 2005다60147).

법무사 06. 17

1 주식회사를 설립하려면 5,000만 원 이상의 자본금이 있어야 한다.   (○, ×)

1 ×

1. 주식인수

① 주식인수의 청약을 하고자 하는 자는 주식청약서 2통에 인수할 주식의 종류·수와 주소를 기재하고 기명날인하거나 서명하여야 한다.

② 상법에서 주식인수의 방식을 정한 이유는 회사가 다수 주주의 법률관계를 형식적이고도 획일적인 기준으로 처리할 수 있도록 하여 사무처리의 효율성과 법적 안정성을 도모하기 위한 것이다(대판 2017.12.5. 2016다265351).

2. 가설인, 타인명의에 의한 주식인수인의 책임 [법원직 11, 13, 17, 법무사 07, 15, 17]

> 제332조 (가설인, 타인의 명의에 의한 인수인의 책임) ① 가설인의 명의로 주식을 인수하거나 타인의 승락없이 그 명의로 주식을 인수한 자는 주식인수인으로서의 책임이 있다.
> ② 타인의 승락을 얻어 그 명의로 주식을 인수한 자는 그 타인과 연대하여 납입할 책임이 있다.

① 가설인의 명의로 주식을 인수하거나 타인의 승낙 없이 그 명의로 주식을 인수한 자는 주식인수인으로서의 책임을 부담한다.

② 타인의 승낙을 얻어 그 명의로 주식을 인수한 자는 그 타인과 연대하여 납입할 책임을 부담한다.

3. 대외적인 주주권의 귀속

(1) 가설인 또는 무단으로 타인명의를 이용한 경우

실제 출자자가 가설인 명의나 타인의 승낙 없이 그 명의로 주식을 인수하기로 하는 약정을 하고 출자를 이행하였다면, 주식인수계약의 상대방(발기설립의 경우에는 다른 발기인, 그 밖의 경우에는 회사)의 의사에 명백히 반한다는 등의 특별한 사정이 없는 한, 주주의 지위를 취득한다(대판 2017.12.5. 2016다265351). [법원직 19, 법무사 10, 변호사 13]

(2) 타인의 승낙을 얻어 차명으로 주식을 인수한 경우

① ㉠ 타인의 승낙을 얻어 그 명의로 주식을 인수하기로 약정한 경우에는 계약 내용에 따라 명의자 또는 실제 출자자가 주식인수인이 될 수 있으나, 원칙적으로는 명의자를 주식인수인으로 보아야 한다. ㉡ 명의자와 실제 출자자가 실제 출자자를 주식인수인으로 하기로 약정한 경우에도 실제 출자자를 주식인수인이라고 할 수 없다. ㉢ 실제 출자자를 주식인수인으로 하기로 한 사실을 주식인수계약의 상대방인 회사 등이 알고 이를 승낙하는 등 특별한 사정이 없다면, 상대방은 명의자를 주식인수계약의 당사자로 이해하였다고 보는 것이 합리적이기 때문이다(대판 2017.12.5. 2016다265351). [법원직 13, 17, 19]

② 제3자가 신주인수대금의 납입행위를 하였다는 사정만으로는 그 제3자를 주주명의의 명의신탁관계에 기초한 실질상의 주주라고 단정할 수 없으며, 주주명부의 주주명의가 신탁된 것이고 실질상의 주주가 따로 있음을 주장하려면 그러한 명의신탁관계를 주장하는 측에서 명의차용사실을 입증하여야 한다(대판 2007.9.6. 2007다27755). [변호사 17]

법원직 13, 17, 19

1 타인의 승낙을 얻어 그 명의로 주식을 인수하기로 약정한 경우, 계약 내용에 따라 명의자 또는 실제 출자자가 주식 인수인이 될 수 있으나, 원칙적으로는 실제 출자자를 주식인수인으로 보아야 한다. (○, ×)

1 ×

4. 회사에 대한 주주권의 귀속

주식을 양수하였으나 아직 주주명부에 명의개서를 하지 아니하여 주주명부에는 양도인이 주주로 기재되어 있는 경우뿐만 아니라, 주식을 인수하거나 양수하려는 자가 타인의 명의를 빌려 주식을 인수하거나 양수하고 타인의 명의로 주주명부 기재까지 마치는 경우에도, 회사에 대한 관계에서는 주주명부상 주주권을 적법하게 행사할 수 있다(대판 2017.3.23. 2015다248342).

쟁점 05 종류주식

1. 의의 및 발행

> **제344조 (종류주식)** ① 회사는 이익의 배당, 잔여재산의 분배, 주주총회에서의 의결권의 행사, 상환 및 전환 등에 관하여 내용이 다른 종류의 주식(이하 "종류주식"이라 한다)을 발행할 수 있다.
> ② 제1항의 경우에는 정관으로 각 종류주식의 내용과 수를 정하여야 한다.
>
> **제435조 (종류주주총회)** ① 회사가 종류주식을 발행한 경우에 정관을 변경함으로써 어느 종류주식의 주주에게 손해를 미치게 될 때에는 주주총회의 결의 외에 그 종류주식의 주주의 총회의 결의가 있어야 한다.

(1) 종류주식의 의의

① 종류주식이란 이익의 배당, 잔여재산의 분배, 주주총회에서의 의결권의 행사, 상환 및 전환 등에 관하여 내용이 다른 종류의 주식을 말한다.[법원직 09, 21]
② 회사의 기업자금의 편의성을 제고하고 투자자에게 다양한 금융상품을 제공하기 위한 목적에서 인정된다.
③ 둘 이상의 종류주식을 결합하여 주식을 발행하는 것이 가능하다.
④ 우선주를 의결권이 없는 주식으로 하거나, 우선주를 의결권이 없는 것으로 하면서 상환주식으로 발행할 수도 있다.
⑤ 회사의 이익으로써 소각할 수 있는 조건이 붙은 의결권 없는 이익배당우선주의 발행도 가능하다.[변호사 16]

(2) 종류주식의 발행

① 회사가 종류주식을 발행하기 위해서는 정관에 종류주식의 내용과 수를 정하여야 한다.[변호사 21]
② 종류주식은 주주평등 원칙의 예외에 해당하는 주식이므로 정관상 근거가 요구된다.
③ 회사가 종류주식을 발행하는 경우, 정관에 다른 정함이 없어도 주식의 종류에 따라 신주의 인수, 주식의 병합·분할·소각 또는 회사의 합병·분할로 인한 주식의 배정에 관하여 특수하게 정할 수 있다.
④ 회사 설립시에는 발기인 전원의 동의로 종류주식을 발행하고, 회사 성립 후에는 정관에 주주총회의 권한으로 정하지 않는 한 이사회 결의로 종류주식을 발행한다.
⑤ 회사가 종류주식을 발행한 경우에 정관을 변경함으로써 어느 종류주식의 주주에게 손해를 미치게 될 때에는 주주총회의 결의 외에 그 종류주식의 주주의 총회의 결의가 있어야 한다.
[변호사 17]

⑥ 종류주주총회의 결의는 출석한 주주의 의결권의 3분의 2 이상 및 그 종류의 발행주식 총수의 3분의 1 이상이어야 한다.

2. 이익배당 · 잔여재산분배에 관한 종류주식

(1) 의의

① 이익배당, 잔여재산분배에 관한 종류주식이란 이익의 배당 또는 잔여재산분배에 관하여 내용이 다른 종류주식을 말한다.

② 배당 또는 분배의 순서를 기준으로 보통주, 우선주, 후배주, 혼합주로 나누어진다.

③ 회사가 이익의 배당에 관하여 내용이 다른 종류주식을 발행하는 경우에는 정관에 교부하는 배당재산의 종류, 배당재산의 가액의 결정방법, 이익을 배당하는 조건 등 이익배당에 관한 내용을 정하여야 한다.

④ 종류주식에 대한 배당은 현물배당도 가능하다.

(2) 우선주

① '우선주'는 이익배당이나 잔여재산분배에 있어 다른 주식보다 우선권이 주어지는 주식을 말한다.

② '보통주'는 이익배당이나 잔여재산분배에 있어 제한이나 우선권이 없는 주식을 말한다.

③ 회사는 보통주를 발행하지 않고 우선주나 후배주만을 발행할 수는 없다.

④ 우선주는 다른 주식보다 선순위로 확정된 배당금을 받는 주식을 의미하지만 보통주보다 많은 배당을 받는 종류주식으로 발행하는 것도 가능하다.

⑤ 우선주는 통상 무의결권주식으로 발행되고 있고 투자유인을 제공하기 위해 상환주식 또는 전환주식의 형태로 발행되기도 한다.

⑥ 주식을 배당하는 경우, 회사가 종류주식을 발행한 때에는 각각 그와 같은 종류의 주식으로 할 수 있다.[변호사 17]

⑦ '참가적 우선주'란 우선주의 최저배당률보다 보통주의 배당률이 높은 경우 우선주의 주주가 그 차액에 참가하여 배당을 받을 수 있는 우선주를 말하고, '비참가적 우선주'란 이러한 차액배당에 참가할 수 없는 우선주를 말한다.

⑧ '누적적 우선주'란 어느 결산기에 우선주가 현실적으로 받은 이익배당이 최저배당률에 미치지 못하는 경우, 최저배당률과 현실적으로 받은 배당률의 차액을 다음 결산기로 이월하여 받을 수 있는 우선주를 말하고, '비누적적 우선주'란 이러한 이월이 인정되지 않는 우선주를 말한다.

3. 의결권의 배제 · 제한에 관한 종류주식

(1) 의의

① 의결권 배제 · 제한에 관한 종류주식이란 의결권이 없거나 제한되는 종류주식을 말한다.

② 보통주의 의결권을 배제하거나 제한하는 종류주식도 허용된다.

③ 의결권 부활의 조건 또한 우선적 배당을 받지 못하는 경우로 제한되지 않고 정관에서 자유로이 정할 수 있다.

④ 2011년 개정 상법은 우선주, 보통주뿐만 아니라 이익배당여부와 무관하게 의결권이 제한되는 종류주식을 인정한다.

⑤ 회사가 정관에 "이익의 배당에 관하여 보통주보다 1% 더 많은 배당을 하되 현물로만 배당하는 주식을 발행할 수 있음"을 정한 경우 그 정관규정은 효력이 있다.

(2) 발행

① 의결권이 제한되는 종류주식을 발행하는 경우 정관에 의결권을 행사할 수 없는 사항, 의결권 행사 또는 부활의 조건을 정한 경우에는 그 조건 등을 정해야 한다.

② 의결권이 제한되는 종류주식의 총수는 발행주식 총수의 4분의 1을 초과하지 못한다.[법원직 07, 법무사 19, 변호사 14, 17, 21]

③ 의결권이 제한되는 종류주식의 총수가 발행주식 총수의 4분의 1을 초과한 경우 회사는 지체 없이 그 제한을 초과하지 않도록 하기 위하여 필요한 조치를 취해야 한다. 이 조항을 이유로 초과하는 주식의 발행은 유효하다고 본다.

(3) 의결권 배제 · 제한의 내용

① 특정 사안에 대하여 종류주주의 동의를 받아야 결의가 효력을 가질 수 있도록 하는 주식이나 의결권 수를 1주당 0.5 또는 2개 등으로 차등 부여하는 주식은 허용되지 않는다.[변호사 17]

② 특정 사안에 대해 의결권이 없는 주식이나 특정 사안에 대해서만 의결권이 있는 주식은 허용된다.

③ 이사 선임에 관해서는 의결권을 행사할 수 없지만 정관변경에 관해서는 의결권을 행사할 수 있는 주식과 같이 안건별로 의결권 행사의 가부를 달리하는 주식을 발행할 수 있다.[변호사 14]

(4) 총회결의 정족수 미산입

총회결의 정족수 계산시, 의결권 없는 주식 수는 발행주식 총수에 산입하지 않는다.

(5) 의결권 이외의 주주권 및 주주총회 소집 통지

① 의결권이 제한되는 종류주식의 주주는 의결권 이외의 모든 주주권을 보유한다.

② 의결권이 없거나 제한되는 주주에 대해서는 주주총회 소집통지를 생략할 수 있다.[법원직 07]

③ ㉠ 주식의 포괄적 교환, ㉡ 주식의 포괄적 이전, ㉢ 영업양도, ㉣ 합병, 분할 및 분할합병과 같이 반대주주의 주식매수청구권이 인정되는 사항에 관한 주주총회의 경우에는 의결권 없는 주주에 대해서도 소집통지를 해야 한다.

(6) 의결권이 인정되는 경우

① ㉠ 창립총회결의, ㉡ 주식회사의 유한회사로의 조직변경 결의, ㉢ 종류주주총회 결의, ㉣ 회사의 분할 또는 분할합병결의(회사 합병 ✕),[법무사 19] ㉤ 이사, 집행임원, 감사, 감사위원회 책임면제 결의의 경우 의결권이 배제 · 제한되는 종류주식에 대해서도 의결권이 인정된다.

② 의결권이 배제 · 제한되는 종류주식의 경우 합병에 관한 주주총회 결의에서의 의결권은 인정되지 않으나, 합병에 관한 주주총회 소집통지를 받을 권한과 합병반대주주의 주식매수청구권은 인정된다.

4. 상환주식

(1) 의의

① 상환주식이란 회사의 이익으로써 소각할 수 있는 종류주식을 말한다.

② 상환종류주식은 주주에 대한 출자환급이 인정되는 예외적인 경우에 해당한다.

③ 상환주식은 회사가 상환권을 갖는 주식 또는 주주가 상환을 청구할 수 있는 주식 모두 가능하다.[법무사 19, 변호사 16]

④ 회사상환주식은 회사가 주식을 발행하여 자금을 조달한 후 회사의 자금사정이 좋아지면 주식을 상환할 수 있고, 주주상환주식은 주주가 상환기간 내에 회사의 경영상황을 판단하여 투자자금을 회수 할 수 있다.

1 의결권 없는 주식을 가진 주주에 대해서도 주주총회의 소집통지는 하여야 한다. (○, ✕)

1 ✕

(2) 발행

① 회사상환주식의 경우, 정관에 상환가액, 상환기간, 상환의 방법과 상환할 주식의 수를 정하여야 한다.

② 주주상환주식의 경우, 정관에 주주가 회사에 대하여 상환을 청구할 수 있다는 뜻, 상환가액, 상환청구기간, 상환의 방법을 정하여야 한다.

③ 보통주식, 상환주식, 전환주식에 상환권을 붙이는 것은 허용되지 않는다.

④ 이익배당·잔여재산분배에 우선권 있는 종류주식과 의결권 제한 종류주식은 상환권을 부여할 수 있다.

(3) 상환

① 상환결정은 이사회 결의에 의한다.

② 상환결정은 배당가능이익이 있어야 하고 주주총회 또는 이사회의 재무제표 승인 절차를 거쳐야 한다.

③ 회사는 상환대상인 주식의 취득일부터 2주 전에 그 사실을 그 주식의 주주 및 주주명부에 적힌 권리자에게 따로 통지하거나 공고해야 한다.

④ 주주의 상환청구는 형성권이다.

⑤ 주주가 상환을 청구하는 경우 재무제표 승인 절차는 요구되지 않으나, 회사에 배당가능이익이 없다면 상환이 지연될 수 있다.

⑥ 상환주식 상환의 경우 회사는 주식의 취득의 대가로 현금 외에 유가증권(다른 종류주식은 제외한다)이나 그 밖의 자산을 교부할 수 있다. 다만, 이 경우에는 그 자산의 장부가액이 배당가능이익을 초과하여서는 아니 된다. 다만 다른 종류주식으로 상환하는 것은 허용되지 않는다.[변호사 16]

(4) 상환의 효과

① 상환주식의 상환은 배당가능이익으로 하므로 상환주식이 상환되더라도 회사의 자본금이 감소하지 않기 때문에 채권자보호절차를 거칠 필요가 없다.[변호사 21]

② 액면주식의 상환이 이루어지면 발행주식의 액면총액이 자본금이라는 등식이 성립되지 않는다.

③ 상법상 배당가능이익으로 주식을 소각할 수 있는 경우는 배당가능이익으로 취득한 자기주식의 소각과 상환주식의 소각 두 가지 경우이다.

④ 상환의 효력은 회사상환주식의 경우 주권제출기간이 경과한 때 발생하며, 주주상환주식의 경우 정관이나 상환주식인수계약 등에서 특별히 정한 바가 없으면 주주가 회사로부터 상환금을 지급받을 때까지는 상환권을 행사한 이후에도 여전히 주주의 지위에 있다.

⑤ 주주가 상환권을 행사하면 회사는 주식 취득의 대가로 주주에게 상환금을 지급할 의무를 부담하고, 주주는 상환금을 지급받음과 동시에 회사에게 주식을 이전할 의무를 부담한다. 따라서 정관이나 상환주식인수계약 등에서 특별히 정한 바가 없으면 주주가 회사로부터 상환금을 지급받을 때까지는 상환권을 행사한 이후에도 여전히 주주의 지위에 있다(대판 2020.4.9. 2017다251564).[변호사 21]

5. 전환주식

(1) 의의

① 전환주식이란 다른 종류의 주식으로 전환할 수 있는 권리가 부여된 주식을 말한다.

② 회사가 전환권을 갖는 주식 또는 주주가 전환을 청구할 수 있는 주식 모두 가능하다.[법원직 09, 법무사 19]

<법원직 09>
1 회사가 수종의 주식을 발행하는 경우에는 정관으로 주주는 인수한 주식을 다른 종류의 주식으로 전환을 청구할 수 있음을 정할 수 있다. (○, ×)

<법무사 19>
2 회사가 종류주식을 발행하는 경우에는 정관에 일정한 사유가 발생할 때 회사가 주주의 인수 주식을 다른 종류주식으로 전환할 수 있음을 정할 수 있다. (○, ×)

1 ○ **2** ○

③ 전환의 대상은 보통주와 모든 종류주식이며, 전환의 대가는 보통주를 포함하는 다른 종류주식이 된다. 다만, 전환주식의 대가로 금전 지급은 제외되므로 전환주식은 상환주식화될 수 없고, 전환주식의 대가로 사채의 지급을 청구할 수 있는 전환주식은 허용되지 않지 않는다. [변호사 16]

(2) 발행

① 주주가 전환권을 가지는 전환주식은 정관으로 전환의 조건, 전환의 청구기간, 전환으로 인하여 발행할 주식의 수와 내용을 정하여야 한다.

② 회사가 전환권을 가지는 전환주식은 정관으로 전환의 사유, 전환의 조건, 전환의 기간, 전환으로 인하여 발행할 주식의 수와 내용을 정하여야 한다.

③ 종류주식의 수 중 새로 발행할 주식의 수는 전환청구기간 또는 전환의 기간 내에 그 발행을 유보해야 한다.

④ 전환주식 발행의 결정은 회사 설립시에는 발기인 전원의 동의로, 신주 발행시에는 이사회의 결의로 한다.

⑤ 전환주식을 발행하는 경우 주식청약서 또는 신주인수권증서에 ㉠ 주식을 다른 종류의 주식으로 전환할 수 있다는 뜻, ㉡ 전환의 조건, ㉢ 전환으로 인하여 발행할 주식의 내용, ㉣ 전환청구기간 또는 전환의 기간에 관한 사항을 적어야 한다.

(3) 전환

1) 효력발생시기 [법원직 09, 변호사 17, 21]

① 주주가 전환권을 가지는 경우, 전환청구시에 전환의 효력이 발생한다.

② 회사가 전환권을 가지는 경우 주권제출기간 만료시에 전환의 효력이 발생한다.

2) 전환방법

① 주주가 전환권을 가지는 경우, 주주는 청구서 2통에 주권을 첨부하여 회사에 제출하여야 하고, 청구서에 전환하고자 하는 주식의 종류와 수 등을 기재하고 기명날인 또는 서명해야 한다.

② 회사가 전환권을 가지는 경우, 이사회는 주주와 주주명부에 기재된 권리자에게 전환할 주식 등에 대하여 통지하여야 하는데, 이 통지는 공고로 갈음할 수 있다.

3) 신주의 의결권

① 주주명부폐쇄기간 중에 전환된 주식의 주주는 그 기간 중의 총회결의에 관해 의결권을 행사할 수 없다.

② '전환에 의하여 발행된 주식의 이익배당에 관하여는 전환의 효력발생일이 속하는 영업연도 말에 전환된 것으로 본다. 이 경우 신주에 대한 이익배당에 관하여는 정관으로 정하는 바에 따라 전환의 효력발생일이 속하는 영업연도의 직전 영업연도 말에 전환된 것으로 할 수 있다.'는 종전 상법 제350조 제3항은 2020년 상법 개정으로 삭제되었다.

4) 발행가액

① 전환으로 발행되는 신주식의 발행가액은 전환전의 주식의 발행가액과 동일하여야 한다. [법원직 09]

② 전환 이전이든 전환 이후이든 주식의 액면가는 100원 이상으로 균일하여야 한다.

③ 액면미달발행 금지로 인하여 위 규정은 전환비율을 제한하는 효과가 있다.

④ 전환비율이 1:1인 경우 자본금 변동이 없고 1주당 발행가액도 변동이 없으나, 전환비율이 1:1을 초과하는 경우 자본금이 증가하게 되나 전환비율이 지나치게 높은 경우 1주당 발행가액이 액면에 미달할 수 있다.

⑤ 전환비율이 1:1 미만인 경우는 자본금이 감소하게 된다. 이처럼 전환비율에 따라 회사의 자본금이 변경될 수 있다. [변호사 17]

1 주식의 전환은 전환으로 인한 변경등기를 한 때에 효력이 생긴다. (○, ×)

1 ×

1. 주식담보설정의 자유와 제한

(1) 주식담보설정의 자유

① 주식은 재산적 가치를 가지고 있고 양도성이 있으므로 원칙적으로 자유롭게 담보로 제공할 수 있다.

② 주식에 대한 질권설정, 양도담보설정이 가능하다.

(2) 주식담보설정의 제한

① 권리주는 회사에 대하여 효력이 없으므로 권리주의 입질 또는 양도담보는 당사자 사이에서만 유효하고 회사에 대하여 효력이 없다.

② 주권발행 전의 주식에 대한 입질 또는 양도담보의 등록을 청구할 수 없다.

③ 회사의 성립 또는 신주 납입기일로부터 6월이 경과한 때에는 주식의 양도로 회사에 대항할 수 있으므로 질권 또는 양도담보의 설정 또한 가능하다. 그 방법은 민법 제345조의 권리질권 설정방법에 의하여야 한다.

④ 자기주식을 질권의 목적으로 취득하는 것도 가능하지만 발행주식총수의 20분의 1을 초과하지 못한다. [법원직 09]

⑤ 회사의 합병 또는 다른 회사의 영업전부의 양수로 인한 경우 및 회사의 권리를 실행함에 있어 그 목적을 달성하기 위하여 필요한 경우에는 이러한 한도를 초과하여 질권의 목적으로 할 수 있다.

⑥ 상호주식의 경우 자회사가 모회사의 주식을 담보로 취득하는 것을 금지하는 규정은 없으므로 자회사가 모회사 주식에 대한 질권을 취득하는 것은 제한 없이 허용된다. 질권설정의 경우 질권설정자가 의결권을 행사하므로 의결권이 왜곡되지 않는다는 것을 이유로 한다.

2. 주식의 입질

(1) 의의

1) 주권의 교부에 의한 주식 입질

① 주식에 대한 질권을 설정하기 위해서는 주권을 질권자에게 교부하여야 한다. 이러한 주권의 교부는 현실의 인도뿐만 아니라 간이인도 또는 목적물반환청구권양도의 방법으로도 가능하다. [법무사 19, 변호사 13, 17]

② 주식에 질권이 설정되어 주권이 질권자에게 교부되더라도 주주권이 질권자에게 이전되는 것은 아니다. 따라서 질권 설정 이후에도 질권설정자가 주주의 지위를 가지고 의결권을 행사한다.

③ 상행위로 인하여 생긴 채권을 담보하기 위하여 주식질권설정 합의를 하면서, 채무자가 변제하지 않을 경우 채권자는 대여금의 변제에 갈음하여 주식의 소유권을 취득한다는 내용의 약정을 하였다면, 이러한 주식 소유권 취득에 관한 약정은 유효하다. [변호사 13]

④ ㉠ 주식의 질권설정에 필요한 요건인 주권의 점유를 이전하는 방법으로는 현실 인도(교부) 외에 간이인도나 반환청구권 양도도 허용되고, [변호사 13, 17] ㉡ 주권을 제3자에게 보관시킨 경우 주권을 간접점유하고 있는 질권설정자가 반환청구권 양도에 의하여 주권의 점유를 이전하려면 질권자에게 자신의 점유매개자인 제3자에 대한 반환청구권을 양도하여야 하고, 이 경우 대항요건으로서 제3자의 승낙 또는 질권설정자의 제3자에 대한 통지를 갖추어야 한다.

법무사 19

1 주식의 질권설정에 필요한 요건인 주권의 점유를 이전하는 방법으로는 현실인도(교부)만이 허용될 뿐, 반환청구권의 양도는 허용되지 않는다.
(O, X)

1 ×

ⓒ 점유매개관계가 중첩적으로 이루어진 경우, 최상위 간접점유자인 질권설정자는 질권자에게 자신의 점유매개자인 제3자에 대한 반환청구권을 양도하고 대항요건으로서 제3자의 승낙 또는 제3자에 대한 통지를 갖추면 충분하며, 직접점유자인 타인의 승낙이나 그에 대한 질권설정자 또는 제3자의 통지까지 갖출 필요는 없다(대판 2012.8.23. 2012다34764).[변호사 18]

⑤ 주식에 대해 질권이 설정되었다고 하더라도 질권설정계약 등에 따라 질권자가 담보제공자인 주주로부터 의결권을 위임받아 직접 의결권을 행사하기로 약정하는 등의 특별한 약정이 있는 경우를 제외하고 질권설정자인 주주는 여전히 주주로서의 지위를 가지고 의결권을 행사할 수 있다(대판 2017.8.18. 2015다5569).[법원직 09, 변호사 20, 21]

2) 주권발행 전 주식에 대한 질권설정

① 주권이 발행되지 아니한 경우에도 회사의 성립 또는 신주 납입기일로부터 6월이 경과한 때에는 주식에 대하여 질권을 설정할 수 있다. 이 경우 질권의 설정은 채권질의 성질을 가진다.

② 주권발행 전 주식에 대한 질권 설정은 당사자 사이의 합의에 의해 효력이 발생하고 회사에 대한 통지 또는 회사의 승낙으로 회사에 대한 대항력을 갖게 된다.

③ 주권발행 전의 주식 입질에 관하여는 상법 제338조 제1항의 규정이 아니라 권리질권 설정의 일반원칙인 민법 제346조로 돌아가 그 권리의 양도방법에 의하여 질권을 설정할 수 있다고 보아야 한다(대결 2000.8.16. 99그1).[변호사 13]

(2) 질권의 설정

1) 등록질

① 등록질은 질권설정에 관한 ㉠ 물권적 합의와 ㉡ 주권의 교부뿐만이 아니라, ㉢ 질권자의 성명을 주주명부에 기재하여야만 입질의 효력이 발생한다.[변호사 17]

② 상법은 질권자의 성명을 기재하도록 하고 있으나 통설은 질권자의 성명을 기재하지 않더라도 등록질 성립에 지장이 없다고 본다.

③ 등록질의 경우 주주명부에 질권자의 성명이 기재되므로 주주명부의 기재가 회사에 대한 대항요건이 된다.[법무사 05, 15, 20]

④ 제3자에 대한 대항요건은 약식질과 같이 주권의 점유이다.[변호사 17]

⑤ 주주명부에의 기재는 질권자가 아니라 질권설정자의 청구에 의한다.[법무사 05, 15, 20]

⑥ 일단 등록질이 성립된 이후에는 회사에 대한 권리를 행사하기 위해 주권을 제시하거나 권리를 입증하지 않아도 된다.

2) 약식질

① 약식질은 주주명부에 질권자의 성명을 기재하지 않고 ㉠ 물권적 합의와 ㉡ 주권의 교부만으로 입질하는 것이다.

② 약식질의 경우 질권자는 주권을 계속 점유하여야만 회사와 제3자에게 대항할 수 있다.[법무사 19]

③ 약식질의 설정을 위한 주권의 교부는 현실 인도, 간이인도, 목적물반환청구권의 양도도 허용된다.

(3) 주식 질권의 효력

1) 일반적 효력

① 주식 질권은 민법에 따라 유치권, 우선변제권, 물상대위의 효력을 가진다.

② 물상대위와 관련하여 상법은 ㉠ 주식의 소각·병합·분할 또는 전환, ㉡ 신주발행의 무효, ㉢ 준비금의 자본금 전입, ㉣ 합병, ㉤ 주식교환, ㉥ 주식이전, ㉦ 조직변경, ㉧ 청산 등에서도 물상대위를 적용하고 있다.

법무사 15

1 주식을 질권의 목적으로 한 경우에 회사가 질권자의 청구에 따라 그 성명과 주소를 주주명부에 덧붙여 쓰고 그 성명을 주권에 적은 경우에는 질권자는 회사로부터 이익배당, 잔여재산의 분배 또는 질권의 물상대위에 따른 금전의 지급을 받아 다른 채권자에 우선하여 자기 채권의 변제에 충당할 수 있다. (O, X)

법무사 19

2 질권자는 계속하여 주권을 점유하지 아니하면 그 질권으로써 제3자에게 대항하지 못한다. (O, X)

1 X **2** O

2) 등록질과 약식질에 공통된 효력

① 주식의 소각, 병합, 분할 또는 전환이 있는 때에는 이로 인하여 종전의 주주가 받을 금전이나 주식에 대하여도 종전의 주식을 목적으로 한 질권을 행사할 수 있다.[법무사 05, 15, 19, 20, 변호사 17] 여기서 질권이라 함은 약식질과 등록질을 모두 포함한다.

② 주식의 약식질권자가 소각대금채권에 대하여 물상대위권을 행사하기 위하여는 질권설정자가 지급받을 금전 기타 물건의 지급 또는 인도 전에 압류하여야 한다(대판 2004.4.23. 2003다6781).

③ 준비금의 자본금전입에 발행된 주식(무상주)에 대해서도 약식질과 등록질 모두 질권의 효력이 미친다. 이 경우에도 약식질권자는 주권의 교부 전에 압류해야 한다고 본다.

④ 잔여재산분배청구권은 회사의 해산시 주식의 변형물에 해당하므로 약식질과 등록질 모두 질권의 효력이 미친다. 약식질권자의 경우에는 지급 또는 교부 전에 압류하여야 한다고 본다. [법무사 05, 15, 20, 변호사 17]

⑤ 주식매수청구로 회사로부터 받은 주식매수대금에는 약식질과 등록질 모두 질권의 효력이 미친다.

3) 약식질의 효력

① 상법은 등록질의 경우 이익배당에도 효력이 미친다고 규정하고 있다.

② 상법이 약식질에 이익배당에 효력이 미치는지 규정하지 않고 있다.

③ 주식배당에 관해 상법은 제462조의2 제6항에서 등록질의 효력을 인정하고 있으나, 약식질에 대한 규정은 없다.

④ 통설은 신주인수권의 행사하는 경우에는 별도의 주금납입이 있어야 하므로 신주인수권을 기존 주식의 변형물이라고 볼 수 없다는 이유로 질권의 효력이 미치지 않는다고 본다.

⑤ 약식질권자가 주식의 소각대금채권에 물상대위권을 행사하려면 질권설정자가 지급받을 금전 기타 물건의 지급 또는 인도 전에 압류하여야 한다(대판 2004.4.23. 2003다6781).[변호사 13]

3. 주식의 양도담보

(1) 주식양도담보의 설정

① 주식에 대한 담보설정의 방법으로 이용되는 양도담보의 경우 ㉠ 주권을 교부하면서 명의개서까지 하는 등록양도담보와 ㉡ 명의개서는 하지 않는 약식양도담보로 나눌 수 있다.

② 주식의 효력 발생 후 6개월 이내에 주권이 발행되지 않는 경우, 당사자 사이의 합의에 의하여 효력이 발생하고 회사에 대한 통지 또는 회사의 승낙으로 대항력을 가지게 된다.

(2) 주식양도담보권자의 지위

① 주식의 양도가 양도담보의 의미로 이루어지고 양수인이 양도담보권자에 불과하더라도 회사에 대한 관계에 있어서는 양도담보권자가 주주의 자격을 갖는 것이어서 의결권 기타의 공익권도 담보권자인 양수인에게 귀속된다.

② 주식에 관한 담보권이 귀속청산의 방법으로 실행되어 주식이 양도담보권자에게 확정적으로 이전되기 위해서는 정산절차를 마쳐야만 하고 정산절차를 마치지 않은 상태에서는 아직 그 피담보채권이 소멸되었다고 볼 수 없다.

③ 주식에 관한 양도담보권이 귀속청산의 방법으로 실행되어 주식이 채권자에게 확정적으로 이전되기 위해서는, 채권자가 그 주식을 적정한 가격으로 평가한 후 그 가액으로 피담보채권의 원리금에 충당하고 그 잔액을 반환하거나, 평가액이 피담보채권액에 미달하는 경우에는 채무자에게 그와 같은 내용의 통지를 하는 등 정산절차를 마쳐야만 하고, 정산절차를 마치지 않은 상태에서는 아직 그 피담보채권이 소멸되었다고 볼 수 없다(대판 1999.12.10. 99다14433).

④ 주식을 환매조건부로 취득하여 주주명부상의 명의개서까지 마친 매수인으로서는 주주로서의 의결권 기타의 공익권도 행사할 수 있고, 설사 주식의 양도가 양도담보의 의미로 이루어지고 양수인이 양도담보권자에 불과하더라도, 회사에 대한 관계에 있어서는 양도담보권자가 주주의 자격을 갖는 것이어서 의결권 기타의 공익권도 담보권자인 양수인에 귀속한다(대판 1992.5.26. 92다84).

⑤ 채무자가 채무담보 목적으로 주식을 채권자에게 양도하여 채권자가 주주명부상 주주로 기재된 경우, 양수인이 주주권을 행사할 수 있고 회사 역시 주주명부상 주주인 양수인의 주주권 행사를 부인할 수 없다. 양도담보권자의 피담보채무가 변제로 소멸하였더라도 양도담보권자인 주주가 법원에 임시주주총회 소집허가를 신청하는 것은 권리남용에 해당하지 않는다(대결 2020.6.11. 2020마5263).

⑥ 주식의 양도담보권자는 항상 목적물을 환가하여 청산을 하여야 하고, 목적물의 소유권을 취득하는 유담보는 허용되지 않는다.[법원직 09]

쟁점 07 주식의 병합, 분할 소각, 자본감소

1. 주식의 병합

(1) 의의
① 주식의 병합이란 수개의 주식을 합하여 그보다 적은 수의 주식을 발행하는 것을 말한다.
② 주식병합은 자본금감소의 수단으로 이용되고, 단주처리를 이용하여 소수주주 축출에도 이용될 수 있다.
③ 예를 들어 회사의 발행주식 총 1만주를 A(9천주), B(190주), C(190주), D(180주), E(150주), F(90주), G1 ~ G4(각 50주)가 보유한 경우 주식을 100대1로 병합하면 A(90주), B(1주), C(1주), D(1주), E(1주), F(0주), G1 ~ G4(각 0주)를 보유하게 되어 F부터 G4까지 주주가 축출되게 되고, A는 총발행주식의 95.7%(90/94)를 보유하게 되어 나머지 주주들에게 지배주주의 주식매수청구를 할 수 있게 된다.

(2) 절차
1) 주주총회 특별결의 및 채권자보호절차

> **제438조 (자본금 감소의 결의)** ① 자본금의 감소에는 제434조에 따른 결의가 있어야 한다.
> ② 제1항에도 불구하고 결손의 보전을 위한 자본금의 감소는 제368조 제1항의 결의에 의한다.
>
> **제439조 (자본금 감소의 방법, 절차)** ② 자본금 감소의 경우에는 제232조(채권자보호절차)를 준용한다. 다만, 결손의 보전을 위하여 자본금을 감소하는 경우에는 그러하지 아니하다.

주식의 병합으로 인하여 자본금이 감소하기 때문에 결손의 보전을 위한 경우가 아니라면 주주총회의 특별결의[변호사 13] 및 채권자보호절차(채권자에게 이의 제기 여부 공고 후 이의제기 채권자에게 변제 또는 상당한 담보를 제공하거나 상당한 재산을 신탁)를 거쳐야 한다.

2) 구주권 폐기 및 신주권 교부

① 회사는 1월 이상의 기간을 정하여 그 뜻과 그 기간 내에 주권을 회사에 제출할 것을 공고하고 주주명부에 기재된 주주와 질권자에 대하여는 각별로 그 통지를 해야 한다. [법원직 09, 10, 법무사 16]

② 사실상 1인 회사는 공고 등 절차를 거치지 않았다고 하더라도 주식병합이 유효하다. [법무사 16]

③ 구주권을 회사에 제출할 수 없는 자가 있는 경우 회사는 그 자의 청구에 의하여 3월 이상의 기간을 정하고 이해관계인에 대하여 그 주권에 대한 이의가 있으면 그 기간 내에 제출할 뜻을 공고하고 그 기간이 경과한 후에 신주권을 청구자에게 교부할 수 있다. 이 경우 공고비용은 청구자의 부담으로 한다. [법무사 09]

④ 주식병합 이후 신주식을 양도하려면 신주권의 교부가 필요하게 된다. 신주식의 양도에 구주권이 필요한 것은 아니다. [변호사 18]

⑤ 주식병합으로 실효되기 전의 구주권의 교부가 없는 상태에서 주식병합이 이루어지고 그로부터 6월이 경과할 때까지 회사가 신주권을 발행하지 않았다면 주식병합 후 6월이 경과한 때에 주식병합 전의 당사자 사이의 의사표시만으로 주식양도의 효력이 생긴다(대판 2012.2.9. 2011다62076,62083). [변호사 18]

⑥ ㉠ 주식병합의 효력이 발생하면 구주권은 실효되고 회사는 신주권을 발행해야 하며, 주주는 병합된 만큼 감소된 수의 신주권을 교부받게 되는데, 이에 따라 교환된 주권 역시 병합 전의 주식을 표창하면서 그와 동일성을 유지한다. [법원직 18] ㉡ 주권발행 전 주식을 양수한 사람은 특별한 사정이 없는 한 양도인의 협력을 받을 필요 없이 단독으로 주식양수 사실을 증명하여 회사에 명의개서를 청구할 수 있다. ㉢ 주식병합 전 주식을 양수하였다가 주식병합 후 6개월이 경과할 때까지 신주권이 발행되지 않은 경우 양수인은 구주권 또는 신주권의 제시 없이 주식양수 사실을 증명하여 회사에 명의개서를 청구할 수 있다(대판 2014.7.24. 2013다55386).

(3) 단주의 처리

① 병합에 적당하지 아니한 수의 주식이 있는 때에는 그 병합에 적당하지 아니한 부분에 대하여 발행한 신주를 경매하여 각 주수에 따라 그 대금을 종전의 주주에게 지급하여야 한다. [법원직 09]

② 거래소의 시세 있는 주식은 거래소를 통하여 매각하고, 거래소의 시세 없는 주식은 법원의 허가를 받아 경매 외의 방법으로 매각할 수 있다. [법원직 09]

(4) 주식병합의 효과

① 자본금이 감소하는 주식병합은 주권제출기간 만료 및 채권자보호절차 종료시 발생한다. [법원직 10, 법무사 09, 10, 변호사 15, 16]

② 액면을 병합하지 않는 주식병합은 주식수가 감소하므로 자본금이 감소한다.

③ 액면을 병합하는 주식분할과 같이 자본금이 감소하지 않는 주식병합은 주권제출기간 만료시 발생한다. 예컨대 액면금 500원인 주식 100주를 1주로 병합하면서 액면을 5만 원으로 병합하면 자본금은 변동되지 않는다.

④ 주식병합이 이루어지더라도 회사 재산에는 변화가 없다.

(5) 주식병합을 다투는 절차

① 상법은 주식병합을 다투는 것에 관한 규정을 두고 있지 않다.

② 주식병합으로 자본금이 감소되는 경우에는 주주·이사·감사·청산인·파산관재인 또는 자본금의 감소를 승인하지 아니한 채권자만이 자본금 감소로 인한 변경등기가 된 날부터 6개월 내에 소만으로 주장할 수 있다.

③ ㉠ 주식병합의 효력을 다투는 경우에는 그 성질에 반하지 않는 한도 내에서 상법 제445조의 규정을 유추 적용하여, 주식병합으로 인한 변경등기가 있는 날로부터 6월 내에 주식병합 무효의 소로써만 주식병합의 무효를 주장할 수 있게 함이 상당하다. ㉡ 주식병합의 실체가 없음에도 주식병합의 등기가 되어 있는 외관이 존재하는 경우 등과 같이 주식병합의 절차적·실체적 하자가 극히 중대하여 주식병합이 존재하지 아니한다고 볼 수 있는 경우에는, 주식병합 무효의 소와는 달리 출소기간의 제한에 구애됨이 없이 그 외관 등을 제거하기 위하여 주식병합 부존재확인의 소를 제기하거나 다른 법률관계에 관한 소송에서 선결문제로서 주식병합의 부존재를 주장할 수 있다(대판 2009.12.24. 2008다15520).

④ ㉠ 주식병합을 통한 자본금감소에 이의가 있는 주주·이사·감사·청산인·파산관재인 또는 자본금의 감소를 승인하지 않은 채권자는 자본금감소로 인한 변경등기가 된 날부터 6개월 내에 자본금감소 무효의 소를 제기할 수 있다(상법 제445조). ㉡ 상법은 자본금감소의 무효와 관련하여 개별적인 무효사유를 열거하고 있지 않으므로, 자본금감소의 방법 또는 기타 절차가 주주평등의 원칙에 반하는 경우, 기타 법령·정관에 위반하거나 민법상 일반원칙인 신의성실의 원칙에 반하여 현저히 불공정한 경우에 무효소송을 제기할 수 있다. ㉢ 즉, 만일 주주의 주식수에 따라 다른 비율로 주식병합을 하여 차등감자가 이루어진다면 이는 주주평등의 원칙에 반하여 자본금감소 무효의 원인이 될 수 있다. ㉣ 또한 주식병합을 통한 자본금감소가 현저하게 불공정하게 이루어져 권리남용금지의 원칙이나 신의성실의 원칙에 반하는 경우에도 자본금감소 무효의 원인이 될 수 있다. ㉤ 상법이 소수주식의 강제매수제도를 도입한 입법 취지와 내용에 비추어 볼 때, 엄격한 요건 아래 허용되고 있는 소수주주 축출제도를 회피하기 위하여 탈법적으로 동일한 효과를 갖는 다른 방식을 활용하는 것은 위법하다. ㉥ 그러나 소수주식의 강제매수제도는 지배주주에게 법이 인정한 권리로 반드시 지배주주가 이를 행사하여야 하는 것은 아니고, 상법에서 소수주식의 강제매수제도를 도입하면서 이와 관련하여 주식병합의 목적이나 요건 등에 별다른 제한을 두지 않았다. ㉦ 주식병합을 통해 지배주주가 회사의 지배권을 독점하려면, 단주로 처리된 주식을 소각하거나 지배주주 또는 회사가 단주로 처리된 주식을 취득하여야 하고 이를 위해서는 법원의 허가가 필요하다. 주식병합으로 단주로 처리된 주식을 임의로 매도하기 위해서는 대표이사가 사유를 소명하여 법원의 허가를 받아야 하고, 이때 단주 금액의 적정성에 대한 판단도 이루어지므로 주식가격에 대해 법원의 결정을 받는다는 점은 소수주식의 강제매수제도와 유사하다. ㉧ 따라서 결과적으로 주식병합으로 소수주주가 주주의 지위를 상실했다 할지라도 그 자체로 위법이라고 볼 수는 없다. ㉨ 甲 주식회사가 임시주주총회를 개최하여 1주당 액면가를 5,000원에서 50,000,000원으로 인상하는 10,000 : 1의 주식병합을 하고, 10,000주에 미치지 못하는 주식을 보유한 주주에게 1주당 액면가 5,000원을 지급하기로 하는 내용의 '주식병합 및 자본금감소'를 주주총회 참석주주의 99.99% 찬성(발행주식총수의 97% 찬성)으로 결의하였고, 이에 따라 乙을 포함하여 10,000주 미만의 주식을 보유한 주주들이 주주의 지위를 상실한 경우, 주주평등의 원칙, 신의성실의 원칙 및 권리남용금지의 원칙에 위배되지 않는다(대판 2020.11.26. 2018다283315).

2. 주식의 분할

제329조의2 (주식의 분할) ① 회사는 제434조 규정에 의한 주주총회의 결의로 주식을 분할할 수 있다.
② 제1항의 경우에 분할 후의 액면주식 1주의 금액은 제329조 제3항에 따른 금액(100원) 미만으로 하지 못한다.

(1) 의의

① 주식의 분할이란 주식을 나누어 발행주식총수를 증가시키는 것이다.[법무사 11]

② 자본금은 변화가 없고, 주식수가 증가하므로 결국 주식분할은 액면분할을 의미한다.[법무사 11]

③ 회사나 주주에게 아무런 변동 없이 회사가 주주에게 주식을 지급하는 경우는 주식분할, 무상 증자, 주식배당이 존재한다.

④ 주식분할은 주주총회 특별결의(액면금 감소), 무상증자는 이사회 결의, 주식배당은 주주총회 보통결의로 한다.

⑤ 주식분할 후의 1주의 금액은 100원 미만으로 할 수 없다.[법원직 10]

법무사 11

1 주식분할에 의한 신주발행을 하면, 자본금이 증가한다.

(○, ×)

(2) 절차

① 주식의 분할은 주주총회 특별결의(출석 의결권의 3분의 2 이상, 발행주식총수 3분의 1 이상) 에 의한다.[법원직 10, 변호사 16]

② 주식액면은 정관 기재사항이고, 정관변경은 주주총회 특별결의사항이다.

③ 주식분할의 경우 자본금에 변화가 없으므로 채권자보호절차가 필요 없다.

④ 주식분할의 절차, 주식분할 효력발생, 기타 구주권의 제출 및 신주권의 교부, 단주처리에 관 하여는 주식병합에 관한 규정을 준용한다. 따라서 액면주식을 분할하는 경우 회사가 공고한 주권제출기간 내에 주주가 구주권을 제출하더라도 주권제출기간이 지나야 신주권의 발행 및 교부를 청구할 수 있다.

⑤ 무액면주식은 분할이 되더라도 액면가가 변동되지 않기 때문에 무액면주식의 분할은 주주총 회 특별결의가 아닌 이사회 결의로 가능하고, 주식분할로 주권 자체에 변화가 있는 것도 아 니므로 구주권을 제출할 필요 없이 추가로 신주만 발행하면 된다.

법원직 10

2 주식회사는 이사회의 결의만으 로 주식을 분할할 수 있다.

(○, ×)

(3) 주식분할의 효과

① 주식분할의 효력은 주권제출기간 만료시에 발생한다.[법원직 10, 법무사 09, 10]

② 주식분할로 발행주식총수가 증가하나 액면이 감소하므로 자본금은 변하지 않는다.

③ 회사 재산에도 변화가 없다.

법원직 10

3 주식의 분할은 신주권을 교부 한 때에 그 효력이 생긴다.

(○, ×)

3. 주식의 소각

> **제343조 (주식의 소각)** ① 주식은 자본금 감소에 관한 규정에 따라서만 소각할 수 있다. 다만, 이사회 의 결의에 의하여 회사가 보유하는 자기주식을 소각하는 경우에는 그러하지 아니하다.

① 주식의 소각은 회사의 존속 중 특정 주식을 절대적으로 소멸시키는 회사의 행위이다.

② 자본금을 감소시키는 소각(자본감소)은 채권자보호절차를 거쳐야 한다.

③ 배당가능이익으로 자기주식을 취득한 후 소각하는 자본금 감소가 없는 자기주식소각은 채권 자보호절차를 거치지 않아도 된다.

④ 2011년 개정 상법은 종전의 정관에 의한 이익소각과 주주총회결의에 의한 이익소각을 모두 폐지하고 자기주식의 소각으로 일원화 하였다. 따라서 현행 상법에 의하면 자본금으로 주식 을 소각하고자 하면 자본금감소절차에 의하고, 배당가능이익으로 주식을 소각하고자 하면 자 기주식을 취득한 뒤 이사회 결의로 소각하게 된다.[법원직 10, 법무사 09, 16]

1 × **2** × **3** ×

4. 자본금감소

> **제438조 (자본금 감소의 결의)** ① 자본금의 감소에는 제434조에 따른 결의가 있어야 한다.
> ② 제1항에도 불구하고 결손의 보전을 위한 자본금의 감소는 제368조 제1항의 결의에 의한다.
>
> **제445조 (감자무효의 소)** 자본금 감소의 무효는 주주·이사·감사·청산인·파산관재인 또는 자본금의 감소를 승인하지 아니한 채권자만이 자본금 감소로 인한 변경등기가 된 날부터 6개월 내에 소만으로 주장할 수 있다.

(1) 의의 및 유형

① 자본금감소란 자본금의 금액을 축소시키는 것이다.

② 유상감자는 회사재산이 감소하는 실질상의 자본금감소를 말한다.

③ 무상감자는 회사재산이 감소하지 않는 명목상의 자본금감소를 말한다.

④ 실질감자인 유상감자는 자본금의 감소와 함께 순자산도 같이 감소하여 기존주주들과 채권자의 이해관계에 중대한 영향을 미치므로 주주총회특별결의, 채권자보호절차가 필요하나, 명목상의 감자인 무상감자는 실제의 자산 총액은 변함이 없으므로 주주총회 보통결의를 거쳐야 하되, 채권자보호절차를 거칠 필요가 없다. [변호사 13, 15, 16]

⑤ 실질적인 자본감소는 자본의 감소와 더불어 일정한 금액을 주주에게 되돌려 줌으로써 순자산도 감소시키는 것으로 사실상 주주에 대한 출자의 환급이다. [법원직 11]

(2) 절차

① 자본금감소의 방법은 주주총회 특별결의에서 정해야 한다. [법원직 10, 법무사 09, 10, 15, 16]

② 자본감소를 이사회에 위임하는 것은 허용되지 않는다.

③ 결손보전 목적의 무상감자는 주주총회 보통결의에 의한다. [법원직 10, 법무사 09, 15]

④ 채권자에 대해 이의 제기 여부 공고 후 이의제기 채권자에게 변제 또는 상당한 담보를 제공하거나 상당한 재산을 신탁하여야 한다.

⑤ 채권자보호절차를 거치지 않은 경우, 자본금감소를 승인하지 않은 채권자는 감자무효 소를 제기할 수 있다.

⑥ 무상감자는 채권자보호절차가 요구되지 않는다. [법원직 11]

⑦ 자본금 감소에 대하여 사채권자가 이의를 제기하려면 사채권자집회의 결의가 있어야 하며 이 경우 법원은 이해관계인의 청구에 의하여 사채권자를 위하여 이의 제기기간을 연장할 수 있다.

⑧ 자본감소는 주식의 액면가를 감액하거나 발행주식수를 감소시키는 방법으로 할 수 있는데 전자의 경우에는 정관변경이 필요하나 후자의 경우에는 필요 없다. [법원직 11]

(3) 효력발생

자본금감소는 주권제출기간 만료 및 채권자보호절차 종료시 효력이 발생한다.

법무사 16

1 자본금의 감소는 정관변경사항은 아니지만 채권자와 주주의 권리 보호를 위해 그 요건을 엄격히 하여 어느 경우에나 정관변경에 준하는 특별결의를 필요로 하므로 출석한 주주의 의결권의 3분의 2 이상의 수와 발행주식총수의 3분의 1 이상의 수로써 하여야 한다. (○, ×)

1 ×

(4) 감자무효의 소

1) 감자무효의 소

① 취소 또는 무효의 하자가 있는 주주총회의 결의에 기초한 자본금 감소 절차가 실행되어 그 효력이 발생한 후, 주주가 자본금 감소의 효력을 다투고자 한다면, 자본감소 무효의 소에 의해서만 다툴 수 있다(대판 2010.2.11. 2009다83599).[변호사 15]

② 자본금감소 절차나 내용에 하자가 있는 경우, 주주·이사·감사·청산인·파산관재인 또는 자본금의 감소를 승인하지 아니한 채권자만이 자본금 감소로 인한 변경등기가 된 날부터 6개월 내에 소만으로 주장할 수 있고,[법원직 09. 11. 법무사 09. 10] 이 기간이 경과한 후에는 새로운 무효사유를 추가하여 주장할 수 없다(대판 2010.4.29. 2007다12012).[변호사 16]

③ 감자무효의 소의 원고 승소 판결은 제3자에게도 효력이 있다.[변호사 15]

④ 감자무효의 소와 관련하여 제190조 본문만 준용되므로 감자무효 판결의 소급효가 인정된다.

⑤ 감자무효의 소의 원고 패소 판결은 제3자에게 효력을 미치지 않는다.

⑥ 감자무효의 소를 제기한 자가 패소한 경우에 악의 또는 중대한 과실이 있는 때에는 회사에 대하여 연대하여 손해를 배상할 책임이 있다.

2) 주주총회결의 하자와의 관계

① 무효사유가 주주총회결의의 하자인 경우, 감자결의무효 확인을 구할 수 없고 감자무효의 소에 의해야 한다.

② 감자등기 이전에는 감자결의무효 확인의 소를 제기한 후, 감자등기 후 감자무효의 소로 변경하여야 한다.

③ 감자등기로부터 6개월 경과 후에는 감자결의 무효확인의 소도 허용되지 않는다.

3) 주주총회결의 취소와의 관계

① 주주총회결의 취소사유가 존재하는 경우, 주주총회 결의일로부터 2개월 이내에 감자무효의 소를 제기해야 하나 감자등기가 그 기간 중에 이루어지지 않을 경우에는 위 기간 내에 감자결의 취소의 소를 제기한 후 감자등기 이후 감자무효의 소로 변경해야 한다.

② 주주총회의 자본감소 결의에 취소 또는 무효의 하자가 있다고 하더라도 그 하자가 극히 중대하여 자본감소가 존재하지 아니하는 정도에 이르는 등의 특별한 사정이 없는 한 자본감소의 효력이 발생한 후에는 자본감소 무효의 소에 의해서만 다툴 수 있다(대판 2010.2.11. 2009다83599).
[법무사 16]

4) 재량기각

① 감자무효의 소가 그 심리 중에 원인이 된 하자가 보완되고 회사의 현황과 제반사정을 참작하여 설립을 무효 또는 취소하는 것이 부적당하다고 인정한 때에는 법원은 그 청구를 기각할 수 있다.

② 법원이 감자무효의 소를 재량 기각하기 위해서는 원칙적으로 그 소제기 전이나 그 심리 중에 원인이 된 하자가 보완되어야 한다고 할 수 있지만, 하자가 추후 보완될 수 없는 성질의 것으로서 자본감소 결의의 효력에는 아무런 영향을 미치지 않는 것인 경우 등에는 그 하자가 보완되지 아니하였다 하더라도 회사의 현황 등 제반 사정을 참작하여 자본감소를 무효로 하는 것이 부적당하다고 인정한 때에는 법원은 그 청구를 기각할 수 있다(대판 2004.4.27. 2003다29616).

1 회사의 채권자는 감자무효의 소를 제기할 수 없다.(○, ×)

1 ×

제355조 (주권발행의 시기) ① 회사는 성립 후 또는 신주의 납입기일 후 지체없이 주권을 발행하여야 한다.
② 주권은 회사의 성립후 또는 신주의 납입기일후가 아니면 발행하지 못한다.
③ 전항의 규정에 위반하여 발행한 주권은 무효로 한다. 그러나 발행한 자에 대한 손해배상의 청구에 영향을 미치지 아니한다.

제356조 (주권의 기재사항) 주권에는 다음의 사항과 번호를 기재하고 대표이사가 기명날인 또는 서명하여야 한다.
1. 회사의 상호
2. 회사의 성립년월일
3. 회사가 발행할 주식의 총수
4. 액면주식을 발행하는 경우 1주의 금액
5. 회사의 성립 후 발행된 주식에 관하여는 그 발행 연월일
6. 종류주식이 있는 경우에는 그 주식의 종류와 내용,
6의2. 주식의 양도에 관하여 이사회의 승인을 얻도록 정한 때에는 그 규정

1. 주권의 의의

① 주권이란 주식 또는 주주권을 표창하는 유가증권을 말한다.
② 주권은 회사의 성립 후 지체 없이 발행하여야 한다.[법원직 09]
③ 주식은 주권의 교부를 통하여서만 양도되므로, 주식의 양도성을 보장하기 위하여 주권발행의 무가 강제된다.
④ 대표이사가 주권 발행에 관한 주주총회나 이사회의 결의 없이 주주명의와 발행연월일을 누락한 채 단독으로 주권을 발행한 경우, 특별한 사정이 없는 한 주권의 발행은 대표이사의 권한이고, 회사 정관의 규정상으로도 주권의 발행에 주주총회나 이사회의 의결을 거치도록 되어 있다고 볼 근거도 없으며, 기명주권의 경우에 주주의 이름이 기재되어 있지 않다거나 또한 주식의 발행연월일의 기재가 누락되어 있다고 하더라도 이는 주식의 본질에 관한 사항이 아니므로, 주권의 무효사유가 된다고 할 수 없다(대판 1996.1.26. 94다24039).
⑤ 회사는 회사성립 전이나 신주납입기일 이전에는 주권을 발행할 수 없으며, 설령 발행되었다고 하더라도 무효이다.[변호사 16]
⑥ 주권에는 회사의 상호, 회사의 성립년월일, 회사가 발행할 주식의 총수, 액면주식을 발행하는 경우 1주의 금액, 회사 성립 후 발행된 주식에 관하여는 그 발행 연월일, 종류주식이 있는 경우에는 그 종류와 내용과 번호를 기재하고 대표이사가 기명날인 또는 서명하여야 한다.[법무사 06]

2. 주권의 효력발생시기

주권발행은 제356조 소정의 형식을 구비한 문서를 작성하여 이를 주주에게 교부하는 것을 말하고, 위 문서가 주주에게 교부된 때에 비로소 주권으로서의 효력을 발생하므로 피고 회사가 주주권을 표창하는 문서를 작성하여 주주가 아닌 제3자에게 교부하여 주었다 하더라도 위 문서는 아직 피고회사의 주권으로서의 효력을 갖지 못한다고 보아야 한다(대판 1977.4.12. 76다2766).[법무사 20, 변호사 16]

법무사 06

1 무기명주권을 발행한 경우에는 주주명부에 발행 당시 주주의 성명과 주소만 기재하면 되고 주권의 종류, 수, 번호와 발행연월일은 기재할 필요가 없다.
(○, ×)

1 ×

3. 주권의 선의취득

(1) 의의

주권의 선의취득이란 주권의 양도인이 무권리자라 하더라도 양수인이 선의로 주권을 취득한 경우 양수인이 유효하게 주권을 취득하고 주주로서의 지위를 취득하는 제도를 의미한다.

(2) 요건

1) 주권의 유효

① 주권 효력발생시기 관련 교부시설을 취하는 경우, 주권이 진정한 주주에게 교부되기 전에는 해당 주권은 선의취득의 대상이 되지 않는다.

② 위조된 주권, 제권판결로 실효된 주권, 불소지신고의 주권은 선의취득의 대상이 되지 않는다.

2) 양도인의 무권리

주권의 선의취득은 양도인이 무권대리인인 경우에도 인정된다(대판 1997.12.12. 95다49646).

3) 주권의 교부

① 주권의 선의취득은 주권이 정상적인 방법으로 양수된 경우에 인정된다.

② 주권 교부는 대체결제인 경우 투자자계좌부의 대체기재, 간이인도, 반환청구권 양도도 해당된다.

③ 주권의 간이인도 또는 반환청구권의 양도에 의한 선의취득은 지명채권양도의 대항요건을 갖추어야 한다.[법무사 20]

4) 양수인의 선의 · 무중과실

① 양수인은 선의 · 무중과실이어야 한다.

② 주관적 요건의 판단시점은 주권의 취득시점이다.[법무사 20]

③ ㉠ 양수인의 악의란 교부계약에 하자가 있다는 것을 알고 있었던 경우, 즉 종전 소지인이 무권리자 또는 무능력자라거나 대리권이 흠결되었다는 등의 사정을 알고 취득한 것을 말하고, ㉡ 중대한 과실이란 거래에서 필요로 하는 주의의무를 현저히 결여한 것을 말한다. ㉢ 주권 등을 취득하면서 통상적인 거래기준으로 판단하여 볼 때 양도인이 무권리자임을 의심할 만한 사정이 있음에도 불구하고 이에 대하여 상당하다고 인정될 만한 조사를 하지 아니한 채 만연히 주권 등을 양수한 경우에는 양수인에게 '중대한 과실'이 있다고 보아야 한다(대판 2018.7.12. 2015다251812).[법무사 20, 변호사 20]

(3) 효력

양수인은 주권을 유효하게 취득하고 주권을 상실한 자에게 주권을 반환하지 않아도 된다.

4. 주권불소지제도

(1) 의의

> **제358조의2 (주권의 불소지)** ① 주주는 정관에 다른 정함이 있는 경우를 제외하고는 그 주식에 대하여 주권의 소지를 하지 아니하겠다는 뜻을 회사에 신고할 수 있다.

① 주권의 불소지제도란 주권을 도난당하거나 분실할 경우 선의의 제3자가 주권을 선의취득할 수 있는 위험을 방지하기 위하여 주주가 회사에 주권을 소지하지 않겠다는 뜻을 신고하고 주권을 소지하지 않을 수 있는 제도를 말한다.

② 주주는 정관에 다른 정함이 있는 경우를 제외하고는 그 주식에 대하여 주권의 소지를 하지 아니하겠다는 뜻을 회사에 신고할 수 있다. 따라서 주주가 주권불소지의 신고를 하면 회사는 주권불소지에 관하여 정관에 아무런 근거 규정이 없다는 이유로는 이를 거절할 수 없다.[변호사 16, 17]

(2) 요건

① 회사의 정관에 주권 불소지를 금지하는 규정이 없어야 한다.

② 주권불소지 신고는 주주명부상 주주로 명의개서가 되어 있는 주주가 할 수 있다.

③ 명의개서를 하지 않은 주주는 불소지신고를 할 수 없다.

(3) 절차

① 신고는 주권 발행 전후를 불문하고 가능하다. 다만, 주권이 발행된 이후에는 이미 발행된 주권을 회사에 제출해야 한다.

② 주주명부폐쇄기간에도 주권불소지 신고는 가능하다.

③ 자신이 보유하고 있는 주식의 일부에 대해서 불소지신고를 하는 것도 가능하다.

(4) 신고의 효력

① 주권의 발행 전에 주권불소지 신고가 된 경우 회사는 지체 없이 주권을 발행하지 아니한다는 뜻을 주주명부와 그 복본에 기재하고, 그 사실을 주주에게 통지하여야 한다.[변호사 16] 이 경우 회사는 그 주권을 발행할 수 없다.[법무사 12]

② 주권발행 전에 불소지신고가 되었음에도 주권이 발행된 경우 해당 주권은 효력이 없고 선의취득의 대상도 되지 않는다.

③ 주권의 발행 후에 주권불소지 신고가 된 경우 주주는 발행된 주권을 회사에 제출해야 한다. 이 경우 회사는 제출된 주권을 무효로 하거나 명의개서대리인에게 임치해야 한다.[법무사 12, 변호사 16]

④ 주주는 언제든지 회사에 대하여 주권의 발행 또는 반환을 청구할 수 있다.

⑤ 주권불소지신고가 된 주식을 양도하고자 하는 경우, 해당 주식양도는 주권발행 전 주식양도가 아니므로 지명채권양도방식에 의하여 주식을 양도할 수 없고, 양도인은 주권을 다시 발행받아 주권을 교부하는 방법으로만 주식을 양도할 수 있다.[변호사 14, 16]

5. 제권판결

(1) 의의

① 제권판결이란 도난, 분실 등으로 상실한 주권에 대하여 공시최고 절차를 통하여 해당 주권을 무효로 하는 판결을 의미한다(제360조 제1항, 민사소송법 제487조).

② 주주권은 주식양도, 주식의 소각 또는 주금 체납에 의한 실권절차 등 법정사유에 의하여서만 상실되고, 단순히 당사자 간의 특약이나 주식 포기의 의사표시만으로는 주식이 소멸되거나 주주의 지위가 상실되지 아니한다(대판 1999.7.23. 99다14808).

③ 주권을 상실한 경우 공시최고의 신청권자는 주주명부상 주주이며, 그가 이미 주식을 양도한 때에는 최종의 양수인이 주주이다.

(2) 효력

① 제권판결이 내려진 경우 소극적으로는 주권이 무효가 되고(민사소송법 제496조), 적극적으로는 신청인이 회사에 대하여 주권 없이도 주권에 따른 권리를 행사할 수 있게 된다(민사소송법 제497조).

② 신청인은 제권판결에 기하여 회사에 대하여 주권의 재발행을 청구할 수 있다.

③ 주권이 상실된 경우에는 공시최고절차에 의하여 제권판결을 얻지 아니하는 이상 회사에 대하여 주권의 재발행을 청구할 수 없다. 주권을 분실한 것이 주권발행 회사라 하더라도 위 주권에 대한 제권판결이 없는 이상 동 회사에 대하여 주권의 재발행을 청구할 수 없다(대판 1981. 9.8. 81다141).

④ ⑦ 증권이나 증서의 무효를 선고한 제권판결의 효력은 공시최고 신청인에게 그 증권 또는 증서를 소지하고 있는 것과 동일한 지위를 회복시키는 것에 그치고 공시최고 신청인이 실질적인 권리자임을 확정하는 것은 아니다.[변호사 20] ⑥ 따라서 증권이나 증서의 정당한 권리자는 제권판결이 있더라도 실질적 권리를 상실하지 아니하고, 다만 제권판결로 인하여 그 증권 또는 증서가 무효로 되었으므로 그 증권 또는 증서에 따른 권리를 행사할 수 없게 될 뿐이다. ⑥ 그리고 제권판결에 대한 불복의 소가 제기되어 제권판결을 취소하는 판결이 확정되면 제권판결은 소급하여 효력을 잃고 정당한 권리자가 소지하고 있던 증권 또는 증서도 소급하여 그 효력을 회복하게 된다. ⑥ 따라서 제권판결에 대한 불복의 소가 제기되어 제권판결을 취소하는 판결이 선고·확정되면, 제권판결에 기해 재발행된 주권은 소급하여 무효로 되고, 그 소지인이 그 후 이를 선의취득할 수 없다(대판 2013.12.12. 2011다112247,112254).

(3) 선의취득과 제권판결의 관계

① 제권판결 전에 주권을 선의로 취득한 자가 제권판결 전에 법원에 권리신고를 하게 되면 주권을 선의취득하게 된다.

② 제권판결 후에는 주권을 선의로 취득하더라도 제권판결로 인해 주권이 무효가 되었으므로 주권에 대한 선의취득이 인정되지 않는다.

제3절 주식의 양도제한, 취득제한, 명의개서

쟁점 01 정관에 의한 주식양도제한

1. 의의

> **제335조 (주식의 양도성)** ① 주식은 타인에게 양도할 수 있다. 다만, 회사는 정관으로 정하는 바에 따라 그 발행하는 주식의 양도에 관하여 이사회의 승인을 받도록 할 수 있다.
>
> **제336조 (주식의 양도방법)** ① 주식의 양도에 있어서는 주권을 교부하여야 한다.

① 주식은 타인에게 양도할 수 있다. 주식의 양도는 당사자 간의 양도합의와 주권의 교부에 의해 효력이 발생한다.[법무사 04, 05, 10]

② 다만 회사는 정관으로 정하는 바에 따라 그 발행하는 주식의 양도에 관하여 이사회의 승인을 받도록 할 수 있다.[법원직 09, 11, 13, 법무사 04, 10, 변호사 12]

③ 정관에 의한 주식의 양도 제한은 법률행위에 의한 양도에만 적용되므로 상속, 합병 등 포괄승계, 입질, 양도담보 등 주식 담보제공, 주주의 채권자에 의한 주식의 압류에는 이사회 승인을 요하지 않는다. 다만 채권실현을 위해 주식이 경매되는 경우 경락인이 이사회의 승인을 얻어야 한다.

2. 양도제한의 방법

(1) 정관의 규정

① 설립 후에 정관을 개정하여 양도를 제한하는 것도 허용된다.

② 정관의 규정으로 주식의 양도를 제한하는 경우에도 주식양도를 전면적으로 금지하는 규정을 둘 수는 없다.

③ 상법 제335조 제1항 단서는 주식의 양도를 전제로 하고, 다만 이를 제한하는 방법으로서 이사회의 승인을 요하도록 정관에 정할 수 있다는 취지이지 주식의 양도 그 자체를 금지할 수 있음을 정할 수 있다는 뜻은 아니기 때문에, 정관의 규정으로 주식의 양도를 제한하는 경우에도 주식양도를 전면적으로 금지하는 규정을 둘 수는 없다(대판 2000.9.26. 99다48429).[법무사 10, 15]

(2) 이사회 승인

① 정관으로 주주총회 승인을 받도록 하는 것도 허용되지 않는다.

② 이사회 승인권한을 대표이사에게 위임하는 것도 허용되지 않는다.

③ 주식의 양도에 주주 전원의 동의를 얻도록 하는 것은 사실상 양도금지에 해당하여 무효이다. 다만, 자본금 총액 10억 원 이하 소규모 주식회사에서 이사회가 없는 경우에는 주주총회의 승인으로 할 수 있다.

(3) 공시

① 주식 양도에 이사회 승인을 얻도록 정한 경우, 이는 설립등기사항이고, 주식청약서와 주권에도 기재해야 한다.

② 주식청약서에 양도제한을 기재하지 않은 경우, 주식청약서 요건 흠결로 주식인수의 무효사유에 해당한다.

③ 양도제한이 등기되어 있으나 주권에 기재되지 않은 경우 주주가 양도제한 사실을 알지 못한 정당한 사유가 있다고 보기 어려우므로 주권 기재 흠결은 법률관계에 영향을 미치지 않는다.

3. 양도승인의 절차

(1) 양도인의 승인 청구

> **제335조의2 (양도승인의 청구)** ① 주식의 양도에 관하여 이사회의 승인을 얻어야 하는 경우에는 주식을 양도하고자 하는 주주는 회사에 대하여 양도의 상대방 및 양도하고자 하는 주식의 종류와 수를 기재한 서면으로 양도의 승인을 청구할 수 있다
> ② 회사는 제1항의 청구가 있는 날부터 1월 이내에 주주에게 그 승인여부를 서면으로 통지하여야 한다.
> ③ 회사가 제2항의 기간 내에 주주에게 거부의 통지를 하지 아니한 때에는 주식의 양도에 관하여 이사회의 승인이 있는 것으로 본다.
> ④ 제2항의 양도승인거부의 통지를 받은 주주는 통지를 받은 날부터 20일내에 회사에 대하여 양도의 상대방의 지정 또는 그 주식의 매수를 청구할 수 있다.

① 주식의 양도에 관하여 이사회의 승인을 얻어야 하는 경우, 주식을 양도하고자 하는 주주는 회사에 대하여 양도의 상대방 및 양도하고자 하는 주식의 종류와 수를 기재한 서면으로 양도의 승인을 청구할 수 있다.[법원직 11, 법무사 14, 15, 16, 변호사 12]

② 회사가 양도인의 승인 청구가 있는 날부터 1월 이내에 주주에게 그 승인여부를 서면으로 통지하지 아니한 때에는 주식의 양도에 관하여 이사회의 승인이 있는 것으로 본다.[법원직 11]

③ 양도승인 거부의 통지를 받은 주주는 통지를 받은 날부터 20일 내에 회사에 대하여 양도의 상대방의 지정 또는 그 주식의 매수를 청구할 수 있다.[법무사 14, 16, 변호사 12]

1 정관의 규정으로 주식의 양도를 제한하는 경우에 주식양도를 전면적으로 금지하는 규정을 둘 수 있다. (○, ×)

2 정관의 규정에 의한 주식의 양도제한은 등기하여 이를 공시하여야 한다. (○, ×)

3 주식회사는 주식을 양도하고자 하는 주주의 주식 양도의 승인 청구가 있는 날부터 2주 이내에 주주에게 그 승인 여부를 서면으로 통지하여야 한다. (○, ×)

4 양도가 제한된 주식을 보유한 주주는 이사회로부터 양도승인 거부의 통지를 받은 경우 회사에 대하여 양도상대방의 지정 청구권을 행사할 수 있다. (○, ×)

1 × **2** ○ **3** × **4** ○

(2) **양도상대방 지정 청구**

> **제335조의3 (양도상대방의 지정청구)** ① 주주가 양도의 상대방을 지정하여 줄 것을 청구한 경우에는 이사회는 이를 지정하고, 그 청구가 있는 날부터 2주간 내에 주주 및 지정된 상대방에게 서면으로 이를 통지하여야 한다.
> ② 제1항의 기간 내에 주주에게 상대방지정의 통지를 하지 아니한 때에는 주식의 양도에 관하여 이사회의 승인이 있는 것으로 본다.
>
> **제335조의4 (지정된 자의 매도청구권)** ① 제335조의3 제1항의 규정에 의하여 상대방으로 지정된 자는 지정통지를 받은 날부터 10일 이내에 지정청구를 한 주주에 대하여 서면으로 그 주식을 자기에게 매도할 것을 청구할 수 있다.
>
> **제335조의5 (매도가액의 결정)** ① 제335조의4의 경우에 그 주식의 매도가액은 주주와 매도청구인간의 협의로 이를 결정한다.
> ② 제374조의2 제4항 및 제5항의 규정은 제335조의4 제1항의 규정에 의한 청구를 받은 날부터 30일 이내에 제1항의 규정에 의한 협의가 이루어지지 아니하는 경우에 이를 준용한다.

① 주주가 양도 상대방을 지정하여 줄 것을 청구한 경우, 이사회는 이를 지정하고 청구가 있은 날부터 2주간 내에 주주 및 지정된 상대방에게 서면으로 통지하여야 한다. 위 기간 내에 주주에게 상대방 지정의 통지를 하지 않은 때에는 주식양도에 관하여 이사회 승인이 있는 것으로 본다. [법무사 14, 16]

② 상대방으로 지정된 자는 지정통지를 받은 날부터 10일 이내에 지정청구를 한 주주에 대하여 서면으로 그 주식을 자기에게 매도할 것을 청구할 수 있다. [법무사 14, 16]

③ 지정매수인의 매수청구로 매매계약이 성립한다. 이는 형성권이다.

④ 상대방으로 지정된 자가 위 기간 내에 매도 청구를 하지 않는 경우, 주식의 양도에 관하여 이사회의 승인이 있는 것으로 본다.

⑤ 매매가격은 주주와 지정된 자 간의 협의로 결정된다. 만약 주주가 매도청구를 받은 날로부터 30일 이내에 협의가 이루어지지 않는 경우 주주 또는 매도청구인은 법원에 매매가액의 결정을 청구할 수 있고, [변호사 12] 법원은 회사의 재산상태 그 밖의 사정을 참작하여 공정한 가액으로 이를 산정하여야 한다.

⑥ 비상장주식의 평가방법을 규정한 관련 법규들은 제정 목적에 따라 서로 상이한 기준을 적용하고 있으므로, 어느 한 가지 평가방법이 항상 적용되어야 한다고 단정할 수 없고, 회사의 상황이나 업종의 특성 등을 종합적으로 고려하여 공정한 가액을 산정하여야 한다(대결 2006.11.24. 2004마1022).

(3) **회사에 대한 주식매수청구**

① 회사로부터 양도승인거부의 통지를 받은 주주는 통지를 받은 날부터 20일 내에 회사에 대하여 그 주식의 매수를 청구할 수 있다.

② 통설은 주식매수청구를 형성권으로 보아 주식매수청구 시점에 매매계약이 성립한다고 본다.

③ 회사는 주주가 양도승인거부통지를 받은 날로부터 20일이 종료하는 날부터 2개월 이내에 그 주식을 매수하여야 한다.

④ 주식의 매매가액은 주주와 회사 간의 협의에 의하여 결정한다.

⑤ 매수청구기간이 종료하는 날부터 30일 이내에 매매가격이 결정되지 않는 경우 회사 또는 주식의 매수를 청구한 주주는 법원에 대하여 매수가액의 결정을 청구할 수 있다. 법원은 회사의 재산상태 그 밖의 사정을 참작하여 공정한 가액으로 매수가액을 산정하여야 한다.

4. 주식양수인의 승인 청구

> **제335조의7 (주식의 양수인에 의한 승인청구)** ① 주식의 양도에 관하여 이사회의 승인을 얻어야 하는 경우에 주식을 취득한 자는 회사에 대하여 그 주식의 종류와 수를 기재한 서면으로 그 취득의 승인을 청구할 수 있다.

① 주식의 양도에 관하여 이사회의 승인을 얻어야 하는 경우에 주식을 취득한 자(주식을 취득하고자 하는 자 ✕)는 회사에 대하여 그 주식의 종류와 수를 기재한 서면으로 그 취득의 승인을 청구할 수 있다.[법원직 19]

② 양수인도 서면청구라는 점에서 양도인의 경우와 동일하지만, 사전 청구가 아니라 양도 이후의 사후청구라는 점에서 구별된다.

③ ㉠ 주식의 양도에 관하여 이사회의 승인을 얻어야 하는 경우에 주식을 취득한 자는 회사에 대하여 그 주식의 종류와 수를 기재한 서면으로 그 취득의 승인을 청구할 수 있다. ㉡ 이러한 주식매수청구권은 형성권이어서 그 행사에 따라 회사의 승낙 여부와 관계없이 곧바로 주식에 관한 매매계약이 성립한다.[법원직 16, 20] ㉢ 이 경우 주주의 지위는 주식을 취득한 자가 주식매수청구권을 행사한 때가 아니라 회사로부터 주식의 매매대금을 지급받은 때에 이전된다(대판 2019.7.10. 2018다292975).

④ 주식의 취득하지 못한 양수인이 회사에 대하여 주식매수청구를 하더라도 이는 아무런 효력이 없고, 사후적으로 양수인이 주식 취득의 요건을 갖추게 되더라도 하자가 치유될 수는 없다(대판 2014.12.24. 2014다221258,221265).

5. 이사회 승인 없는 양도의 효력

> **제335조 (주식의 양도성)** ② 제1항 단서의 규정에 위반하여 이사회의 승인을 얻지 아니한 주식의 양도는 회사에 대하여 효력이 없다.

① 정관상 양도제한에 위반하여 이사회의 승인을 얻지 아니한 주식의 양도는 회사에 대하여 효력이 없다.[법원직 13, 19, 법무사 08, 17, 변호사 12]

② 이사회 승인 없는 경우에도 양도인과 양수인 사이에서는 채권적으로 유효하다.[법원직 21, 법무사 04, 20, 변호사 20]

③ 양수인은 회사에 대하여 자신이 주주임을 주장할 수 없고, 회사도 임의로 양수인을 주주로 인정할 수 없다.

1. 의의

> **제335조 (주식의 양도성)** ③ 주권발행 전에 한 주식의 양도는 회사에 대하여 효력이 없다. 그러나 회사성립 후 또는 신주의 납입기일 후 6월이 경과한 때에는 그러하지 아니하다

① 주권발행 전에 한 주식의 양도는 회사에 대하여 효력이 없으나, 회사성립 후 또는 신주의 납입기일 후 6월이 경과한 때에는 그러하지 아니하다.[법원직 13] 위 단서 조항은 1984.4.10. 개정 상법에 규정되었다.

② 주권발행 전 주식의 양도인은 양수인에 대하여 회사에 양도통지를 하거나 회사로부터 승낙을 받음으로써 제3자에 대한 대항요건을 갖추어줄 의무를 부담한다.[법무사 20]

③ 주권발행 전 주식에 관하여 주주명의를 신탁한 사람이 수탁자에 대하여 명의신탁계약을 해지하면 그 주식에 대한 주주의 권리는 해지의 의사표시만으로 명의신탁자에게 복귀한다(대판 2018.10.12. 2017다221501).[법원직 17, 법무사 08, 09]

2. 6월 경과 전 주식양도

(1) 6월 경과 전 주식양도의 효력

회사성립 후 또는 신주의 납입기일로부터 6월이 지나기 전에 주권 발행 전에 이루어진 주식양도는 회사에 대하여 효력이 없다.

(2) 회사가 양도의 효력을 인정할 수 있는지 여부

① 회사도 임의로 이러한 양도의 효력을 인정할 수 없다. 회사가 주권발행 전 주식양도를 승인하고 명의개서를 하더라도 무효이므로 양수인은 회사에 대하여 주권발행을 청구할 수 없고, 회사가 주권을 발행해 주더라도 주권으로서의 효력이 없다.

② 구 상법(1984.4.10. 개정 이전 상법) 제335조 제2항에 의하여 회사 성립 후 6개월이 경과하기 전에 주권발행 없이 이루어진 주식의 양도는 회사에 대하여 효력이 없다고 규정하고 있으므로 회사가 이를 승인하여 주주명부에 그 변경을 기재하거나 후일 회사에 의하여 주권이 발행되었다 할지라도 회사에 대한 관계에 있어서는 효력이 없다(대판 1987.5.26. 86다카982,983).[변호사 17, 19]

(3) 주식양수인의 대위행사

상법 제335조 제2항이 양도당사자 사이에 있어서까지 양도양수의 효력을 부정하는 취지라고 해석되지 않으므로 당사자 간에서는 유효하다. 따라서 주권발행 전의 주식을 전전 양수한 원고가 회사에 대하여 원시 주주를 대위하여 직접 원고에게 주권의 발행교부를 청구할 수는 없다 할지라도 원시 주주들의 회사에 대한 주권발행 및 교부청구권을 대위행사 하여 원시 주주에의 주권발행 및 교부를 구할 수 있다(대판 1982.9.28. 82다카21).[변호사 17]

법무사 08. 09

1 회사성립 후 6월 이후의 주권발행 전의 주식은 당사자의 의사표시만으로 양도할 수 있고, 그 양도계약이 해제되면 이전된 주식은 당연히 양도인에게 복귀한다. (○, ×)

변호사 17

2 회사성립 후 또는 신주의 납입기일로부터 6월이 지나기 전에 주권 발행 전에 이루어진 주식양도는 당사자 사이에서 채권적 효력은 있으며, 양수인은 양도인의 주권발행청구권을 대위행사하여 양도인에게 주권을 발행해 줄 것을 회사에 청구할 수 있다. (○, ×)

1 ○ **2** ○

(4) 6월 경과에 따른 치유 여부

① 통설은 6월 경과 후 주식양도가 허용된다는 이유로 하자의 치유를 인정한다.

② 주권발행 전에 한 주식의 양도가 회사성립 후 또는 신주의 납입기일 후 6월이 경과하기 전에 이루어졌다고 하더라도 그 이후 6월이 경과하고 그때까지 회사가 주권을 발행하지 않았다면, 그 하자는 치유되어 회사에 대하여도 유효한 주식양도가 된다(대판 2002.3.15. 2000두1850).[법원직 13, 법무사 04, 08, 10, 13, 17, 변호사 14, 19]

③ 주식병합으로 실효되기 전의 구주권의 교부가 없는 상태에서 주식병합이 이루어지고 그로부터 6월이 경과할 때까지 회사가 신주권을 발행하지 않았다면 주식병합 후 6월이 경과한 때에 주식병합 전의 당사자 사이의 의사표시만으로 주식양도의 효력이 생긴다(대판 2012.2.9. 2011다62076,62083).

3. 6월 경과 후 주식양도

(1) 효력

① 회사성립 후 또는 신주의 납입기일로부터 6월 경과 후에 이루어진 주권발행 전 주식양도는 회사에 대하여 효력이 있다.[변호사 17]

② 양수인은 양도사실을 입증하여 회사에 대하여 명의개서를 청구할 수 있고, 회사에 대하여 주권의 발행 및 교부를 청구할 수 있다.

(2) 양도방법

① 민법 제460조에 따른 지명채권 양도방법에 따라 양도된다. 당사자 사이에서는 의사표시만으로 주식이 양도된다.

② 양도통지 또는 회사의 승낙은 주주의 지위를 취득하기 위한 요건이며, 명의개서는 회사에 대하여 주주권을 행사하기 위한 대항요건이다. 즉, 양수인이 제3자 및 회사에 대하여 주주라는 사실을 주장할 수 있는 요건은 양도의 통지 또는 승낙이고, 양수인이 회사에 대하여 주주권을 행사하기 위한 대항요건은 명의개서이다.

③ 주권발행 전에 한 주식의 양도는 회사성립 후 6월이 경과한 때에는 회사에 대하여 효력이 있는 것으로서, 이 경우 주식의 양도는 지명채권의 양도에 관한 일반원칙에 따라 당사자의 의사표시만으로 효력이 발생하는 것이고, 주주명부상의 명의개서는 주식의 양수인이 회사에 대한 관계에서 주주의 권리를 행사하기 위한 대항요건에 지나지 아니한다(대판 2003.10.24. 2003다29661).[법원직 12, 법무사 13, 20]

(3) 제3자에 대한 대항요건

1) 확정일자 있는 양도통지가 존재하는 경우

① 회사 이외의 제3자에 대항하려면 양도인이 확정일자 있는 증서에 의하여 회사에 통지하거나 회사의 승낙을 받아야 한다.

② 확정일자의 선후가 아니라 양도통지 도달일자의 선후가 기준이다.[법원직 12, 17 법무사 15, 17]

③ 명의개서 여부는 우열에 영향이 없다.

④ 제1양수인이 먼저 확정일자 있는 증서에 의한 주식양도 통지로 대항요건을 갖춘 경우, 제1양수인은 제2양수인에 대해 주주임을 주장할 수 있고, 회사에 대해 제2양수인 명의개서의 말소를 청구할 수 있다.[변호사 14]

⑤ ㉠ 주권발행 전 주식의 양도는 당사자의 의사표시만으로 효력이 발생하고, ㉡ 주권발행 전 주식을 양수한 사람은 특별한 사정이 없는 한 양도인의 협력을 받을 필요 없이 단독으로 자신이 주식을 양수한 사실을 증명함으로써 회사에게 명의개서를 청구할 수 있다. ㉢ 그러나 제3자에게 양도사실을 대항하기 위하여는 확정일자 있는 증서에 의한 양도통지 또는 승낙을 갖추어야 한다(대판 2006.9.14. 2005다45537). [법원직 12, 13, 17, 18. 법무사 13, 15, 18, 19, 20. 변호사 17, 20]

⑥ 신주인수권 양도의 제3자에 대한 대항요건은 확정일자 있는 증서에 의한 양도통지 또는 회사의 승낙이고, 주주명부상의 명의개서는 주식 또는 신주인수권의 양수인들 상호간의 대항요건이 아니라 적법한 양수인이 회사에 대한 관계에서 주주의 권리를 행사하기 위한 대항요건에 지나지 아니한다(대판 1995.5.23. 94다36421).

⑦ 주권발행 전 주식의 양수인과 동일 주식에 대해 압류명령을 집행한 자 사이의 우열은 확정일자증서에 의한 양도통지 또는 승낙의 일시와 압류명령의 송달일시의 선후에 의한다. 이 때 그들이 주주명부에 명의개서를 하였는지 여부와는 상관없다(대판 2018.10.12. 2017다221501). [법원직 17, 20. 법무사 19, 20]

2) 확정일자 있는 양도통지나 승낙이 없는 경우

① 확정일자 있는 양도통지나 승낙이 없는 경우 누구도 우열을 주장할 수 없다. 결과적으로 회사가 먼저 명의개서를 해준 양수인이 우월적 지위를 가지는 것처럼 된다.

② ㉠ 주권발행 전 주식의 이중양수인 전부가 확정일자 있는 증서에 의한 통지나 승낙의 요건을 갖추지 못한 경우, 제2 주식양수인이 제1 주식양수인 명의로 이미 적법하게 마쳐진 명의개서를 말소하고 자신의 명의로 명의개서를 해 줄 것을 청구할 수 없다. ㉡ 회사가 그 청구를 받아들여 제2 주식양수인 명의로 명의개서를 마쳤더라도 회사에 대하여 주주권을 행사할 수 있는 자는 여전히 제1 주식양수인이다(대판 2010.4.29. 2009다88631). [법무사 15]

③ 주식의 양도통지가 확정일자 없는 증서에 의하여 이루어져 제3자에 대한 대항력을 갖추지 못하였더라도, 확정일자 없는 증서에 의한 양도통지나 승낙 후에 그 증서에 확정일자를 얻은 경우에는 그 일자 이후에는 제3자에 대한 대항력을 취득하는 것이나 그 대항력 취득의 효력이 당초 주식 양도통지일로 소급하는 것은 아니다(대판 2010.4.29. 2009다88631). [법무사 15, 20]

④ 주권발행 전의 주식양도라 하더라도 회사 성립 후 6월이 경과한 후에 이루어진 때에는 회사에 대하여 효력이 있으므로 그 주식양수인은 주주명부상의 명의개서 여부와 관계없이 회사의 주주가 되고, 그 후 그 주식양도 사실을 통지받은 바 있는 회사가 그 주식에 관하여 주주가 아닌 제3자에게 주주명부상의 명의개서절차를 마치고 나아가 그에게 기명식 주권을 발행하였다 하더라도, 그로써 그 제3자가 주주가 되고 주식양수인이 주주권을 상실한다고는 볼 수 없다(대판 2000.3.23. 99다67529). [변호사 17]

3) 회사에 대한 명의개서 청구

① 양수인은 자신의 양수사실을 회사에 입증하여 명의개서를 청구할 수 있다.

② 무효인 매매계약에 따라 매수인에게 명의개서절차가 이행되었더라도, 매도인은 특별한 사정이 없는 한 매수인의 협력을 받을 필요 없이 단독으로 매매계약이 무효임을 증명함으로써 회사에 대해 명의개서를 청구할 수 있다. 주권이 발행되지 않은 주식에 관하여 체결된 매매계약이 구 상법 제341조에서 금지한 자기주식 취득에 해당하여 무효인 경우에도 마찬가지이다 (대판 2018.10.25. 2016다42800,42817,42824,42831).

③ 주권이 발행되지 않은 주식에 관하여 체결된 매매계약이 구 상법에서 금지한 자기주식의 취득에 해당하여 무효인 경우, 매도인은 지급받은 주식매매대금을 매수인에게 반환할 의무를 부담하는 반면 매수인은 매매계약 체결 당시 이행받은 급부가 없으므로 특별한 사정이 없는 한 반환할 부당이득이 존재하지 않는다(대판 2018.10.25. 2016다42800,42817,42824,42831).

④ 주식의 양도계약이 해제된 경우에는 주권의 반환이 없더라도 주식양수인은 주주의 지위를 상실하고 주식양도인이 주주권을 회복하지만, 그 회복된 주주권을 회사에 대해 대항하기 위해서는 명의개서를 하여야 한다.[법무사 05]

4. 양도인의 이중양도

① 양도인이 제1 양수인에 대하여 계약상 의무를 위반하여 자신에 속하지 아니하게 된 주식을 다시 제3자에게 양도하고 제2 양수인이 주주명부상 명의개서를 받아 제1 양수인이 회사에 대한 관계에서 주주로서의 권리를 제대로 행사할 수 없게 되었다면, 이는 제1 양수인이 적법하게 취득한 주식에 관한 권리를 위법하게 침해하는 행위로서 양도인은 제1 양수인에 대하여 불법행위책임을 진다(대판 2012.11.29. 2012다38780).[변호사 14, 17]

② ㉠ 주권발행 전 주식의 양도는 양도인과 양수인의 의사표시만으로 그 효력이 발생한다. ㉡ 주식양수인은 특별한 사정이 없는 한 양도인의 협력을 받을 필요 없이 단독으로 주식양수 사실을 증명하여 회사에 명의개서를 청구할 수 있다. ㉢ 따라서 양도인이 양수인으로 하여금 회사 이외의 제3자에게 대항할 수 있도록 확정일자 있는 증서에 의한 양도통지 또는 승낙을 갖추어 주어야 할 채무를 부담하더라도 이는 자기의 사무이고, 양수인과의 신임관계에 기초하여 양수인의 사무를 맡아 처리하는 것으로 볼 수 없다(대판 2020.6.4. 2015도6057).

③ 양도인이 채권양도의 통지를 하기 전에 제3자에게 이중으로 양도하고 회사에게 확정일자 있는 양도통지를 하는 등 대항요건을 갖추어 줌으로써 양수인이 그 제3자에게 대항할 수 없게 되었고, 이러한 양도인의 배임행위에 제3자가 적극 가담한 경우라면, 제3자에 대한 양도행위는 사회질서에 반하는 법률행위로서 무효이다(대판 2006.9.14. 2005다45537).[변호사 17]

5. 주권발행 후 주식양도

주권발행 후 주식의 양도에 있어서는 주권을 교부하여야 효력이 발생하고 주권의 교부는 현실의 인도 이외에 간이인도, 점유개정, 반환청구권의 양도에 의하여도 할 수 있다(대판 2014.12.24. 2014다221258).[법원직 16, 18, 법무사 17]

1 주권의 교부는 현실의 인도 이외에 간이인도, 반환청구권의 양도에 의하여도 할 수 있으나 점유개정의 방법으로는 할 수 없다. (○, ×)

1 ×

쟁점 03 기타 주식양도제한

1. 주주간 주식양도제한약정

① 회사의 설립일로부터 5년 동안 주식의 전부 또는 일부를 다른 당사자 또는 제3자에게 매각·양도할 수 없다는 내용은 설립 후 5년간 일체 주식의 양도를 금지하는 것으로 이를 정관으로 규정하였다고 하더라도 주주의 투하자본회수의 가능성을 전면적으로 부정하는 것으로서 무효이므로 회사와 주주들 사이에서 또는 주주들 사이에서 이러한 내용을 약정하였다고 하더라도 무효이다(대판 2000.9.26. 99다48429).[법원직 10. 18. 19. 20. 법무사 09]

② 주주들 사이에서 주식의 양도를 일부 제한하는 내용의 약정을 한 경우, 그 약정이 주주의 투하자본회수 가능성을 전면적으로 부정하는 것이 아니고, 공서양속에 반하지 않는다면 당사자 사이에서는 원칙적으로 유효하다(대판 2008.7.10. 2007다14193).

2. 권리주 양도제한

> 제319조 (권리주의 양도) 주식의 인수로 인한 권리의 양도는 회사에 대하여 효력이 없다.

① 권리주란 주식인수인의 지위를 말한다.
② 주식의 인수로 인한 권리의 양도는 회사에 대하여 효력이 없다.[법원직 09. 법무사 08. 09. 10]
③ 권리주 양도를 이용한 투기행위를 방지하고 권리주 양도에 따른 회사설립이나 신주발행 절차 혼잡의 위험을 방지하기 위하여 권리주 양도를 제한한다.
④ 권리주가 양도된 경우 양수인이 회사에 대항할 수 없고, 회사 또한 양수인을 주주로 인정할 수 없고, 회사가 그 양도를 승인하는 경우에도 그 효력이 부정된다(대판 1965.12.7. 65다2069).

쟁점 04 자기주식취득

1. 의의

① 자기주식취득이란 회사가 자신이 발행한 주식을 취득하여 주주가 되는 것을 의미한다.
② 2011년 개정 상법은 배당가능이익의 범위 내에서의 자기주식취득과 특정한 목적에 의한 자기주식취득을 인정하고 있다.
③ 2011년 개정 상법 이전에는 취득한 자기주식을 즉시 처분하도록 하였으나, 2011년 개정 상법은 자기주식의 처분을 이사회의 재량으로 정하도록 규정하고 있다.
④ 배당가능이익의 범위 내에서의 자기주식취득은 경제적 효과에서 이익배당과 유사하다.
⑤ 주주 간의 분쟁 등 일정한 사유가 발생할 경우 어느 주주를 제명시키되 회사가 그 주주에게 출자금 등을 환급해 주기로 하는 내용을 규정한 정관이나 내부규정은 물적 회사로서의 주식회사의 본질에 반하고 자기주식취득을 금지하는 상법 규정에도 위반되어 무효이다(대판 2007.5.10. 2005다60147).

2. 자기주식취득 해당 여부

(1) 회사의 계산으로 된 타인명의 자기주식취득의 경우

① 2011년 개정 상법은 개정 전과 달리 자기주식취득과 관련하여 "회사가 자기의 계산으로 취득하지 못한다"에서 "자기의 계산"을 삭제하였으나 회사재산의 반환을 제한한다는 취지에 비추어 2011년 개정 상법에서도 여전히 회사가 자기의 계산으로 자기주식을 취득하는 것은 금지된다고 본다.

② 회사가 제3자의 명의로 주식을 취득하더라도 그 주식의 취득대금이 회사로부터 출연된 것이고, 주식의 보유에 따른 손익이 회사에 귀속되면 회사의 계산으로 주식을 취득한 것에 해당하고, 상법 제341조가 금지하는 자기주식의 취득에 해당한다(대판 2003.5.16. 2001다44109).[법무사 08. 변호사 13]

③ 위 ② 판결은 자기주식취득이 완화되기 이전 상법을 대상으로 한 판결이다. 위 판결에서 대법원은 위와 같은 판시사항과 함께 상법상 자기주식취득 금지규정에 위반한 회사의 자기주식취득은 당연히 무효라는 점도 함께 판시하였다.

④ 회사가 제3자 명의로 회사 주식을 취득하였을 때 그것이 자기주식의 취득에 해당한다고 보기 위해서는, ㉠ 주식취득을 위한 자금이 회사의 출연에 의한 것이고 ㉡ 주식취득에 따른 손익이 회사에 귀속되는 경우이어야 한다(대판 2011.4.28. 2009다23610).

(2) 회사의 자금지원에 의한 타인명의 자기주식취득

① 회사가 주식을 취득하는 제3자에게 보증, 담보제공, 금전대여 등으로 자금을 지원한 경우, 단순한 자금지원은 회사 계산으로 한 것으로 볼 수 없다는 점에서 자기주식취득에 해당하지 않는다.

② 회사가 주식취득자금을 지원하였더라도, 주식취득에 따른 손익이 회사에 귀속되지 않는 한 자기주식취득이 아니다.

③ 甲회사 이사 등이 乙 회사를 설립한 후 甲 회사 최대 주주에게서 乙 회사 명의로 甲회사 주식을 인수한 경우, 乙 회사가 주식인수대금을 마련한 것이 甲 회사의 출연에 의한 것이라는 점만을 인정할 수 있을 뿐, 주식취득에 따른 손익이 甲 회사에 귀속된다는 점을 인정할 수 없으므로, 乙 회사의 위 주식취득이 상법 제341조에서 금지하는 자기주식의 취득에 해당한다고 볼 수 없다(대판 2011.4.28. 2009다23610).

3. 배당가능이익으로 하는 자기주식취득

> **제341조 (자기주식의 취득)** ② 제1항에 따라 자기주식을 취득하려는 회사는 미리 주주총회의 결의로 다음 각 호의 사항을 결정하여야 한다. 다만, 이사회의 결의로 이익배당을 할 수 있다고 정관으로 정하고 있는 경우에는 이사회의 결의로써 주주총회의 결의를 갈음할 수 있다.
> 1. 취득할 수 있는 주식의 종류 및 수
> 2. 취득가액의 총액의 한도
> 3. 1년을 초과하지 아니하는 범위에서 자기주식을 취득할 수 있는 기간
> ③ 회사는 해당 영업연도의 결산기에 대차대조표상의 순자산액이 제462조 제1항 각 호의 금액의 합계액에 미치지 못할 우려가 있는 경우에는 제1항에 따른 주식의 취득을 하여서는 아니 된다.

(1) 의의

① 회사는 배당가능이익의 범위 내에서 자기주식을 취득할 수 있다.[변호사 13]

② 배당가능이익으로 하는 자기주식취득은 적대적인 인수합병으로부터 회사의 경영권을 방어하는 기능을 할 수 있다.

③ 자기주식의 취득재원은 배당가능이익을 한도로 하고, 취득방법은 주주평등의 원칙에 의하여야 한다.

④ 배당가능이익 = 순자산액 − 자본금 − 자본준비금 − 이익준비금 − 미실현이익

(2) 요건

① 배당가능이익에 의한 자기주식취득은 회사의 명의와 회사의 계산으로 한다.[변호사 13]

② 회사의 명의란 법률효과가 회사에 귀속된다는 의미이고, 회사의 계산이란 손익이 회사에 귀속된다는 의미이다.

③ 자기주식의 취득가액의 총액은 배당가능이익 범위 내이어야 한다.

④ 자기주식을 취득하기 위해서는 자본금, 법정준비금 항목에 결손이 없어야 한다.

(3) 의사결정

① 자기주식취득의 결정은 원칙적으로 주주총회의 결의로 ㉠ 취득할 수 있는 주식의 종류 및 수, ㉡ 취득가액 총액의 한도, ㉢ 1년을 초과하지 아니하는 범위에서 자기주식을 취득할 수 있는 기간에 관한 사항을 결정하여야 한다.[법원직 16, 변호사 15]

② 회사가 배당가능이익을 재원으로 자기주식을 취득하는 것은 잉여금처분의 성격을 가지며, 잉여금을 처분하는 것은 주주총회의 결의에 의한 재무제표의 승인과 관련되기 때문이다.

③ 정관상 이익배당을 이사회결의로 할 수 있는 경우에는 이사회 결의로 자기주식 취득을 결정할 수 있다.[법원직 16, 변호사 14]

④ 직전 결산기를 기준으로 배당가능이익이 있더라도, 해당 연도 결산기에 결손이 발생할 우려가 있는 경우에는 회사는 자기주식을 취득하여서는 아니 된다.[변호사 13]

(4) 취득방법

① 상장회사는 거래소시장에서 매수한다.

② 비상장회사는 취득하고자 하는 자기주식 수량을 정하여 각 주주가 가진 주식 수에 따라 균등한 조건으로 각 주주가 취득할 자기주식의 수량을 정하여 모든 주주에게 통지 또는 공고 등으로 매도기회를 보장하는 방법으로 매수한다.

③ 회사가 특정주주만을 선택하여 거래하는 것은 주주평등원칙에 반한다.

④ 상환주식은 발행조건으로 정한 상환방법으로 상환하면 되므로 자기주식취득 대상에서 제외된다.

4. 특정목적에 의한 자기주식취득

> **제341조의2 (특정목적에 의한 자기주식의 취득)** 회사는 다음 각 호의 어느 하나에 해당하는 경우에는 제341조에도 불구하고 자기의 주식을 취득할 수 있다.
> 1. 회사의 합병 또는 다른 회사의 영업전부의 양수로 인한 경우
> 2. 회사의 권리를 실행함에 있어 그 목적을 달성하기 위하여 필요한 경우
> 3. 단주의 처리를 위하여 필요한 경우
> 4. 주주가 주식매수청구권을 행사한 경우
>
> **제341조의3 (자기주식의 질취)** 회사는 발행주식총수의 20분의 1을 초과하여 자기의 주식을 질권의 목적으로 받지 못한다.

(1) 2011년 개정상법상 인정되는 자기주식취득

① 회사는 아래와 같은 경우 자기주식을 취득할 수 있다.[법원직 09, 15, 16 법무사 04, 05, 08, 17, 19, 변호사 13, 14, 15, 16]

    ㉠ 회사의 합병 또는 다른 회사의 영업전부의 양수로 인한 경우

    ㉡ 회사의 권리를 실행함에 있어 그 목적을 달성하기 위하여 필요한 경우

    ㉢ 단주의 처리를 위하여 필요한 경우

    ㉣ 주주가 주식매수청구권을 행사한 경우

② 회사의 권리를 실행함에 있어서 그 목적을 달성하기 위하여 필요한 때라 함은 채무자에 회사 주식 이외에 재산이 없는 때에 한하는 것으로 해석되며 채무자의 무자력은 회사의 자기 주식 취득을 위한 요건사실로서 자기주식 취득을 주장하는 회사에게 입증책임이 있다(대판 1977.3.8. 76다1292).

③ 회사가 자기주식을 질권의 목적으로 보유하는 경우, 발행주식총수의 5% 이내로 제한된다(합병, 영업전부 양수, 권리실행의 경우 5% 초과 보유 허용됨).[법원직 16, 18, 법무사 04, 19, 변호사 16]

(2) 2011년 개정상법상 삭제된 자기주식취득

주식소각 목적 자기주식취득(이익소각은 2011년 개정 상법에서 폐지되었고, 자본금감소, 상환주식 상환은 해당 절차에 따라 이루어진다고 보아 주식소각 목적 자기주식취득을 별도로 규정하지 않고 삭제함), 주식매수선택권 행사에 대비한 자기주식취득(배당가능이익에 의한 자기주식취득으로 해결)

5. 회사가 취득한 자기주식의 지위 및 처분

> **제342조 (자기주식의 처분)** 회사가 보유하는 자기의 주식을 처분하는 경우에 다음 각 호의 사항으로서 정관에 규정이 없는 것은 이사회가 결정한다.
> 1. 처분할 주식의 종류와 수
> 2. 처분할 주식의 처분가액과 납입기일
> 3. 처분 상대방 및 처분방법

① 회사가 취득한 자기주식에 대해서는 의결권, 소수주주권 등 공익권, 자익권이 인정되지 않는다. 사실상 소각된 것과 차이가 없다.[법원직 13, 18]

② 회사가 보유하는 자기의 주식을 처분하는 경우에 처분할 주식의 종류와 수, 처분가액과 납입기일, 처분의 상대방 및 처분방법으로서 정관에 규정이 없는 것은 이사회가 결정한다.[법원직 16, 변호사 13, 14, 15, 16]

③ 2011년 개정 상법은 취득한 자기주식의 처분에 관한 내용을 삭제하고 자기주식의 처분을 이사회가 결정하도록 규정하고 있다.

④ 상법상 회사가 보유하는 자기주식의 처분기한은 없다.

⑤ 자기주식과 달리 모회사 주식을 취득한 자회사는 그 주식을 취득한 날로부터 6월 이내에 모회사의 주식을 처분하여야 한다.

1 회사가 그 권리를 실행하기 위하여 강제집행, 담보권의 실행 등을 함에 있어 채무자에게 회사의 주식 이외에 재산이 없을 때 회사가 자기주식을 경매 또는 대물변제로 취득하는 것은 허용된다. (○, ×)

2 회사는 그 권리를 실행하기 위하여 강제집행, 담보권의 실행 등을 함에 있어 채무자에게 회사의 주식 이외에 재산이 없을 때라도 자기주식을 경락 또는 대물변제로 취득할 수는 없다. (○, ×)

3 회사는 회사의 합병 또는 다른 회사의 영업전부의 양수로 인한 경우에는 발행주식총수의 20분의 1을 초과하여 자기의 주식을 질권의 목적으로 받을 수 있다. (○, ×)

4 회사는 발행주식 총수의 100분의 3을 초과하여 자기의 주식을 질권의 목적으로 받지 못한다. (○, ×)

5 회사가 자기주식을 질권의 목적으로 취득하는 것은 자유이므로 그 한도에 제한이 없다. (○, ×)

6 회사가 가진 자기주식은 의결권이 없을 뿐만 아니라 발행주식총수에도 산입되지 않으며, 그 외의 공익권도 모두 행사할 수 없다. (○, ×)

7 회사가 보유한 자기주식이라고 하더라도 자익권 중에서 이익배당청구권은 행사할 수 있다. (○, ×)

8 자기주식을 가진 회사에게는 소수주주권, 제소권 등의 공익권은 인정된다. (○, ×)

1 ○ **2** × **3** ○ **4** × **5** × **6** ○
7 × **8** ×

제3편

2022 해커스법원직 공태용 상법의 맥

6. 위법한 자기주식취득

(1) 위법한 자기주식취득의 효과

법무사 08

1 회사가 자기주식을 무상으로 취득하는 경우 또는 타인의 계산으로 자기주식을 취득하는 경우에는 회사의 자본적 기초를 위태롭게 할 우려가 없으므로 자기주식의 취득이 예외적으로 인정된다. (○, ×)

㉠ 상법 등에서 명시적으로 자기주식의 취득을 허용하는 경우 외에, 회사가 자기주식을 무상으로 취득하는 경우 또는 타인의 계산으로 자기주식을 취득하는 경우 등과 같이, 회사의 자본적 기초를 위태롭게 하거나 주주 등의 이익을 해한다고 할 수 없는 것이 유형적으로 명백한 경우에도 자기주식의 취득이 예외적으로 허용된다. ㉡ 그러나 그 밖의 경우에 있어서는, 설령 회사 또는 주주나 회사채권자 등에게 생길지도 모르는 중대한 손해를 회피하기 위하여 부득이한 사정이 있다고 하더라도 자기주식의 취득은 허용되지 아니하는 것이고 위와 같은 금지규정에 위반하여 회사가 자기주식을 취득하는 것은 당연히 무효이다(대판 2003.5.16. 2001다44109).[법원직 09. 13. 20. 법무사 08. 17]

법무사 17

2 상법상 자기주식 취득 금지규정에 위반하여 회사가 자기주식을 취득하거나 취득하기로 하는 약정은 무효이다. (○, ×)

(2) 이사의 책임

① 해당 영업연도의 결산기에 배당가능이익이 없음에도 불구하고, 회사가 배당가능이익을 한도로 자기 주식을 취득한 경우 이사는 회사에 대하여 연대하여 그 미치지 못한 금액을 배상할 책임이 있다.

② 다만, 이사가 배당가능이익이 없을 것이라고 판단하는 때에 주의를 게을리하지 아니하였음을 증명한 경우에는 배상책임을 면한다.

③ 이사가 자신이 주의의무를 위반하지 않았다는 것에 대한 입증책임을 진다.

법무사 08

3 회사 또는 주주나 회사채권자 등에게 생길지도 모르는 중대한 손해를 회피하기 위하여 부득이한 사정이 있는 경우에도 자기주식의 취득이 예외적으로 인정된다. (○, ×)

(3) 불법원인급여 여부

① 불법원인급여는 선량한 풍속 기타 사회질서에 반하는 경우만을 의미하고, 강행법규 위반은 포함되지 않는다는 것이 통설, 판례의 입장이다.

② 회사가 자기주식 취득금지 규정에 반하여 주식을 취득하더라도 이는 불법에 해당하지 않으므로 거래당사자는 서로에 대해 반환청구를 할 수 있다.

법원직 20

4 상법 등이 자기주식의 취득을 금지하면서 예외적으로 자기주식 취득이 허용되는 경우를 명시하고 있으나, 이런 명시적 예외사유에 해당하지 않더라도 회사에 생길지도 모르는 중대한 손해를 회피하기 위한 부득이한 사정이 있는 경우 및 회사가 자기주식을 무상으로 취득하거나 타인의 계산으로 취득하는 경우에는 자기주식의 취득이 허용된다. (○, ×)

쟁점 05 자회사의 모회사 주식 취득제한

1. 의의

> **제342조의2 (자회사에 의한 모회사주식의 취득)** ① 다른 회사의 발행주식의 총수의 100분의 50을 초과하는 주식을 가진 회사(이하 "모회사"라 한다)의 주식은 다음의 경우를 제외하고는 그 다른 회사(이하 "자회사"라 한다)가 이를 취득할 수 없다.
> 1. 주식의 포괄적 교환, 주식의 포괄적 이전, 회사의 합병 또는 다른 회사의 영업전부의 양수로 인한 때
> 2. 회사의 권리를 실행함에 있어 그 목적을 달성하기 위하여 필요한 때
> ② 제1항 각 호의 경우 자회사는 그 주식을 취득한 날로부터 6월 이내에 모회사의 주식을 처분하여야 한다.
> ③ 다른 회사의 발행주식의 총수의 100분의 50을 초과하는 주식을 모회사 및 자회사 또는 자회사가 가지고 있는 경우 그 다른 회사는 이 법의 적용에 있어서 그 모회사의 자회사로 본다.

1 ○ **2** ○ **3** × **4** ×

① 어느 회사가 다른 회사의 발행주식 총수의 50%를 초과하는 주식을 가지는 경우, 해당 회사를 모회사라 하고 그 다른 회사를 자회사라고 한다.

② 자회사가 모회사의 주식을 취득하는 것은 예외적인 경우를 제외하고 금지된다.

③ 모회사 및 자회사 또는 자회사가 다른 회사의 발행주식 총수의 50%를 초과하는 주식을 가지고 있는 경우, 그 다른 회사는 그 모회사의 자회사에 해당하여 모회사의 주식을 취득할 수 없다.[법원직 09]

2. 모자회사 관계의 판단기준

① 모자회사 관계의 판단기준인 주식보유 여부는 형식적인 법적 소유를 기준으로 판단한다.

② 상법이 단순히 발행주식총수라고만 규정하고 있으므로 의결권이 배제, 제한되는 종류주식 및 의결권 없는 주식도 보유비율 산정의 기준이 되는 발행주식 총수에 포함된다.

3. 취득이 금지되는 유형

① A가 B의 모회사인 경우, B는 A의 주식을 취득할 수 없다. 자회사가 타인명의로 모회사 주식을 취득하는 것도 금지된다. B가 A의 주식을 취득할 당시에는 A의 자회사가 아니었으나 취득 이후 자회사가 된 경우에는 6개월 이내 처분의무가 발생한다.

② A가 B의 모회사이고, A와 B가 합하여 C의 주식을 50% 초과하여 보유하는 경우, C는 A의 주식을 취득할 수 없다. 이 경우 B가 보유하는 C의 주식이 50% 이하인 경우, C는 B의 주식은 취득 가능하다. 이와 달리 B가 보유하는 C의 주식이 50% 초과인 경우, C는 B의 주식도 취득할 수 없다.

③ A가 B의 모회사이면서 B가 C의 주식을 50% 초과하여 보유하는 경우, C는 A의 주식을 취득할 수 없고 또한 B의 주식도 취득할 수 없다.

4. 위반의 효과

자회사의 모회사 주식취득 제한에 위반한 자회사의 모회사 주식 취득은 무효이다.

5. 예외적 허용

아래의 경우에는 예외적으로 자회사의 모회사 주식 취득이 허용된다(제342조의2 제1항).[법원직 09, 법무사 04]

㉠ 주식의 포괄적 교환, ㉡ 주식의 포괄적 이전, ㉢ 회사의 합병 또는 다른 회사의 영업전부의 양수, ㉣ 회사의 권리를 실행함에 있어 그 목적을 달성하기 위하여 필요한 때

6. 자회사가 취득한 모회사 주식의 지위

① 자회사가 예외적으로 모회사의 주식을 취득하더라도 그러한 주식은 의결권이 없다.

② 자익권 및 공익권도 없다는 것이 통설이다.

③ 회사가 취득한 자기주식의 경우와 달리 자회사가 취득한 모회사의 주식은 취득일으로부터 6개월 이내 처분하여야 한다.[법원직 09, 법무사 04]

④ 사후적으로 모자관계가 성립하는 경우에는 자회사는 자신이 보유하고 있는 모회사 주식을 6개월 이내에 처분하여야 한다. 예컨대 A 회사가 B 회사 발행주식 20%를 보유하고 있던 중 B 회사가 A 회사의 모회사가 되는 경우 A 회사는 자신이 보유하고 있던 B 회사 발행주식 20%를 처분하여야 한다.

법원직 09

1 다른 회사의 발행주식의 총수의 100분의 50을 초과하는 주식을 가진 회사의 주식은 ⅰ) 주식의 포괄적 교환, 주식의 포괄적 이전, 회사의 합병 또는 다른 회사의 영업의 전부 또는 일부의 양수로 인한 때 또는 ⅱ) 회사의 권리를 실행함에 있어 그 목적을 달성하기 위하여 필요한 때를 제외하고는 그 다른 회사가 이를 취득할 수 없다.

(○, ×)

1 ×

쟁점 06 | 지배주주의 소수주주 주식 전부취득

1. 지배주주 매도청구권의 의의

> **제360조의24 (지배주주의 매도청구권)** ① 회사의 발행주식총수의 100분의 95 이상을 자기의 계산으로 보유하고 있는 주주(이하 이 관에서 "지배주주"라 한다)는 회사의 경영상 목적을 달성하기 위하여 필요한 경우에는 회사의 다른 주주(이하 이 관에서 "소수주주"라 한다)에게 그 보유하는 주식의 매도를 청구할 수 있다.
> ② 제1항의 보유주식의 수를 산정할 때에는 모회사와 자회사가 보유한 주식을 합산한다. 이 경우 회사가 아닌 주주가 발행주식총수의 100분의 50을 초과하는 주식을 가진 회사가 보유하는 주식도 그 주주가 보유하는 주식과 합산한다.
> ③ 제1항의 매도청구를 할 때에는 미리 주주총회의 승인을 받아야 한다.

① 회사 발행주식 총수의 95% 이상을 자기의 계산으로 보유하고 있는 주주를 지배주주라 하고, 다른 주주를 소수주주라 한다.

② 지배주주는 회사의 경영상 목적을 달성하기 위하여 필요한 경우, 소수주주에게 그 보유하는 주식의 매도를 청구할 수 있다.[법원직 14, 21, 법무사 17, 변호사 15, 17]

2. 지배주주 매도청구권의 요건

① 명의가 아니라 계산을 기준으로 하기 때문에 타인의 명의로 되어 있더라도 주식의 취득 및 보유에 관한 손익이 지배주주에게 귀속되면 지배주주에 해당한다.

② 무의결권 주식과 의결권이 제한되는 주식 또한 보유비율 산정시 분모와 분자에 모두 포함된다.

③ 보유주식의 수는 모회사와 자회사가 보유한 주식을 합산한다. 예를 들어 C 회사 주식을 A 회사가 70%, B 회사가 25% 보유하고 있는데 A 회사가 B 회사의 모회사인 경우 지배주주요건을 충족한다.

④ 이 경우 회사가 아닌 주주가 발행주식총수의 50%를 초과하는 주식을 가진 회사가 보유하는 주식도 그 주주가 보유하는 주식과 합산한다. 예를 들어 甲이 A 회사의 주식을 51% 보유하면서 B 회사의 주식을 50% 보유하는 상황에서 A 회사가 B 회사 주식을 45% 보유하는 경우 甲은 B 회사의 지배주주에 해당한다.

⑤ 보유주식의 수를 산정할 때에는 모회사와 자회사가 보유한 주식을 합산하도록 규정할 뿐 자회사가 보유한 자기주식을 제외하도록 규정하고 있지 않으므로 자회사가 보유하고 있는 자기주식은 모회사의 보유주식에 합산되어야 한다(대결 2017.7.14. 2016마230).[법원직 18, 변호사 21]

⑥ A 회사의 주식을 甲 85%, 자기주식 13%, 소수주주 2% 비율로 보유하고 있는 경우 A 회사가 보유하고 있는 자기주식도 지배주주 여부 판단의 기준이 되는 발행주식총수에 포함되고, A 회사가 甲의 자회사이므로 A 회사가 보유하고 있는 자기주식도 甲이 보유한 주식과 합산하여 지배주주 여부를 판단하므로 甲이 A 회사의 지배주주에 해당한다.

⑦ 지배주주는 주주총회, 매도청구시점, 매매 완료 시점에 95% 이상 보유하고 있어야 한다.

⑧ 주주관리비용의절감 등도 경영상 목적에 해당한다고 본다. 결국 지배주주의 매도청구권과 관련해서는 경영상 목적이 부정되는 경우가 존재하기 어렵다.

3. 행사절차

(1) 주주총회 사전승인

① 주주총회의 사전승인을 받아야 한다. [법원직 14, 변호사 21]

② 주주총회의 소집시 ⊙ 지배주주의 회사 주식의 보유 현황, ⓒ 매도청구의 목적, ⓒ 매매가액의 산정 근거와 적정성에 관한 공인된 감정인의 평가, ② 매매가액의 지급보증에 관한 사항을 적어야 하고 주주총회에서 지배주주가 설명하여야 한다.

③ 주주총회 승인을 이사회 승인으로 갈음할 수 없다.

④ 강제매수는 경영상 목적으로 이루어지는 것이므로 지배주주는 제368조 제3항의 특별이해관계인에 해당하지 않는다.

⑤ 주주총회 개최를 요구하는 것은 소수주주에게 강제매수 관련 정보를 설명하고, 소수주주에게 의견을 제시할 기회를 부여하여 정당성을 확보하고, 단체법적 구속력을 부여하기 위한 것이다.

(2) 매도청구권의 통지 및 공고

지배주주는 매도청구의 날 1개월 전까지 ⊙ 소수주주는 매매가액의 수령과 동시에 주권을 지배주주에게 교부하여야 한다는 뜻, ⓒ 교부하지 않으면 매매가액을 수령하거나 매매가액을 공탁한 날에 주권은 무효가 된다는 뜻을 공고하고, 주주명부에 적힌 주주와 질권자에게 따로 통지를 하여야 한다.

(3) 현실적 매도청구

① 위와 같은 통지 및 공고와 별도로 소수주주에게 매도청구를 현실적으로 하여야 한다.

② 소수주주의 일부에 대한 매도청구는 허용되지 않는다고 본다.

(4) 매도청구의 대상

지배주주의 주식매도청구권은 95% 이상의 주식을 보유한 지배주주가 소수주주에게 공정한 가격을 지급한다면, 일정한 요건 하에 발행주식 전부를 지배주주 1인의 소유로 할 수 있도록 함으로써 회사 경영의 효율성을 향상시키고자 한 제도이다. 이러한 입법 의도와 목적 등에 비추어 보면, 지배주주가 본 조항에 따라 매도청구권을 행사할 때에는 반드시 소수주주가 보유하고 있는 주식 전부에 대하여 권리를 행사하여야 한다(대판 2020.6.11. 2018다224699). [법원직 21]

4. 매매계약의 효력발생

① 매도청구권은 형성권으로 매도청구 시점에 소수주주 승낙 여부와 상관없이 매매계약이 체결된다.

② 매도청구를 받은 소수주주는 매도청구를 받은 날부터 2개월 내에 지배주주에게 그 주식을 매도하여야 한다. [법원직 14, 법무사 17, 변호사 21] 위 조항에 규정된 주식 매도기간 2개월은 지배주주의 매수대금 지급의무 이행기를 의미한다.

③ 매매가액 협의가 되지 않았더라도 2개월이 경과하면 지배주주는 매수대금 지체책임을 부담한다.

④ 주식의 이전은 지배주주가 매수대금을 지급한 시점에 이루어진다. [법원직 21, 법무사 17]

⑤ 매매가액을 지급할 소수주주를 알 수 없거나 소수주주가 수령을 거부할 경우 지배주주는 그 가액을 공탁할 수 있으며, 이러한 경우에는 공탁한 날에 그 주식이 지배주주에게 이전된 것으로 본다.

법원직 14

1 지배주주가 소수주주에게 그가 보유하는 주식의 매도청구를 할 때에는 미리 이사회의 승인을 받아야 한다. (○, ×)

법원직 21

2 지배주주가 소수주주에 대해 주식매도청구권을 행사할 경우 반드시 소수주주가 보유하는 주식 전부에 대해 매도청구를 하여야 하는 것은 아니다. (○, ×)

1 × **2** ×

⑥ 상법은 지배주주가 매매가액을 소수주주에게 지급한 때에 주식이 이전된 것으로 본다고 규정하고, 매매가액을 지급할 소수주주를 알 수 없거나 소수주주가 수령을 거부할 경우에는 지배주주는 그 가액을 공탁할 수 있다고 규정하고 있다. 이때의 '매매가액'은 지배주주가 일방적으로 산정하여 제시한 가액이 아니라 소수주주와 협의로 결정된 금액 또는 법원이 상법 제360조의24 제9항에 따라 산정한 공정한 가액으로 보아야 한다(대판 2020.6.11. 2018다224699).

⑦ 지배주주의 매도청구 후 소수주주가 주식을 제3자에게 처분한 경우, 제3자는 매매계약의 효과를 승계한다고 보아 지배주주가 제3양수인에게 매수대금을 지급하고 주식을 이전받을 수 있다고 본다.

⑧ 매매대금 지급전까지 주식은 소수주주의 소유이므로 제3자의 선의취득 여부는 문제되지 않는다.

5. 매매가액의 결정

> 제360조의24 (지배주주의 매도청구권) ⑦ 제6항의 경우 그 매매가액은 매도청구를 받은 소수주주와 매도를 청구한 지배주주 간의 협의로 결정한다.
> ⑧ 제1항의 매도청구를 받은 날부터 30일 내에 제7항의 매매가액에 대한 협의가 이루어지지 아니한 경우에는 매도청구를 받은 소수주주 또는 매도청구를 한 지배주주는 법원에 매매가액의 결정을 청구할 수 있다.

① 매매가액은 매도청구를 받은 소수주주와 매도를 청구한 지배주주 간의 협의로 결정한다.[법원직 21, 법무사 17]

② 소수주주가 매도청구를 받은 날부터 30일 내에 매매가액에 대한 협의가 이루어지지 아니한 경우, 소수주주 또는 지배주주는 법원에 매매가액의 결정을 청구할 수 있다.[법원직 21, 법무사 17]

③ 법원이 주식의 매매가액을 결정하는 경우에는 회사의 재산 상태와 그 밖의 사정을 고려하여 공정한 가액으로 산정하여야 한다.

④ 매매가액에 대한 협의는 소수주주별로 이루어지게 되므로 최종 매매가격은 소수주주별로 다를 수 있다.

6. 소수주주의 매수청구권

> 제360조의25 (소수주주의 매수청구권) ① 지배주주가 있는 회사의 소수주주는 언제든지 지배주주에게 그 보유주식의 매수를 청구할 수 있다.
> ② 제1항의 매수청구를 받은 지배주주는 매수를 청구한 날을 기준으로 2개월 내에 매수를 청구한 주주로부터 그 주식을 매수하여야 한다.

① 지배주주가 있는 회사의 소수주주는 언제든지 지배주주에게 소수주주가 보유한 주식의 매수를 청구할 수 있다.[법원직 14, 18, 법무사 17]

② 소수주주의 매수청구권은 소수주주의 개별적인 청구권이므로, 일부 소수주주만 매수 청구할 수 있고, 경영상 목적이 요구되지도 않는다.[법무사 18]

③ 매수청구를 받은 지배주주는 매수를 청구한 날을 기준으로 2개월 내에 매수를 청구한 주주로부터 그 주식을 매수하여야 한다.[법원직 14, 법무사 17]

쟁점 07 주주명부와 명의개서

1. 의의

① 주주명부란 주주 및 주권에 관한 사항을 획일적으로 정하기 위하여 작성되는 장부를 말한다.

② 명의개서란 주식이 양도된 경우 양수인의 성명과 주소를 주주명부에 기재하는 것을 말한다.

③ 주주명부는 다수의 주주와 관련된 법률관계를 처리할 수 있는 형식적이고 획일적인 기준이다.

④ 회사는 원칙적으로 주주명부를 본점에 비치하여야 한다.

⑤ 상법이 주주명부제도를 둔 이유는, 주식의 발행 및 양도에 따라 주주의 구성이 계속 변화하는 단체법적 법률관계의 특성상 회사가 다수의 주주와 관련된 법률관계를 외부적으로 용이하게 식별할 수 있는 형식적이고도 획일적인 기준에 의하여 처리할 수 있도록 하여 이와 관련된 사무처리의 효율성과 법적 안정성을 도모하기 위함이다.[법원직 21, 법무사 19]

2. 명의개서의 청구

(1) 양수인의 명의개서 청구

① 명의개서는 양수인이 단독으로 청구할 수 있고 양도인의 협력을 필요로 하지 않는다.[법원직 09, 20]

② 양도인은 회사에 대하여 주식양수인 명의로 명의개서를 하여 달라고 청구할 수 없다.[법원직 12, 13, 법무사 15, 16] 이 경우 회사가 명의개서를 거절해도 부당거절이 아니다.

③ 주식을 취득한 자는 특별한 사정이 없는 한 점유하고 있는 주권의 제시 등의 방법으로 자신이 주식을 취득한 사실을 증명함으로써 회사에 대하여 단독으로 그 명의개서를 청구할 수 있다(대판 2019.5.16. 2016다240338).[법무사 12]

④ 주식 양도인은 다른 특별한 사정이 없는 한 회사에 대하여 주식 양수인 명의로 명의개서를 하여 달라고 청구할 권리가 없다. 이러한 법리는 주권이 발행되어 주권의 인도에 의하여 기명주식이 양도되는 경우뿐만 아니라, 회사 성립 후 6월이 경과하도록 주권이 발행되지 아니하여 양도인과 양수인 사이의 의사표시에 의하여 기명주식이 양도되는 경우에도 동일하게 적용된다(대판 2010.10.14. 2009다89665).[법원직 09, 13, 17]

(2) 주권의 제시

① 명의개서 청구에는 주권이 제시되어야 한다.

② 명의개서 청구와 관련하여 주권 이외에 다른 서류의 제출을 요구하는 정관 규정은 무효이다.

③ 명의개서의 청구에 소정 서류의 체출을 요한다고 하는 정관 규정이 있다 하더라도, 이는 주식의 취득이 적법하게 이루어졌음을 회사로 하여금 간이명료하게 알 수 있게 하는 방법을 정한 것에 불과하여 주식을 취득한 자가 그 취득사실을 증명한 이상 회사는 위와 같은 서류가 갖추어지지 아니하였다는 이유로 명의개서를 거부할 수는 없다(대판 1995.3.24. 94다47728).

④ 주권이 발행되어 있는 주식을 취득한 자가 주권을 제시하는 등 그 취득사실을 증명하는 방법으로 명의개서를 신청하고, 그 신청에 관하여 주주명부를 작성할 권한 있는 자가 형식적 심사의무를 다하였으며, 그에 따라 명의개서가 이루어졌다면, 특별한 사정이 없는 한 그 명의개서는 적법한 것으로 보아야 한다(대판 2019.8.14. 2017다231980).[법원직 20]

3. 명의개서의 효력

> **제337조 (주식의 이전의 대항요건)** ① 주식의 이전은 취득자의 성명과 주소를 주주명부에 기재하지 아니하면 회사에 대항하지 못한다.

(1) 대항력

① 주식의 이전은 취득자의 성명과 주소를 주주명부에 기재하지 아니하면 회사에 대항하지 못한다. [법원직 09, 17, 법무사 06, 12, 20]

② 명의개서 전에는 회사를 상대로 주주총회 소집통지를 요구하는 것을 포함하여 어떠한 주주권도 행사할 수 없고 이를 소로써 구하는 경우, 원고 적격 흠결로 각하 판결의 대상이 된다.

③ 주식을 취득한 자가 회사에 대해 주주권을 행사하려면 자기의 성명과 주소를 주주명부에 기재해야 한다. 회사도 주주명부에 기재된 자에게 주주권을 인정한 경우 주주명부상 주주가 진정한 주주가 아니더라도 책임을 지지 않는다. 그러나 상법은 주주명부의 기재를 회사에 대한 대항요건으로 정하고 있을 뿐 주식 이전의 효력발생요건으로 정하고 있지 않으므로 명의개서가 이루어졌다고 하여 무권리자가 주주가 되는 것은 아니고, 명의개서가 이루어지지 않았다고 해서 주주가 그 권리를 상실하는 것도 아니다(대판 2018.10.12. 2017다221501). [법원직 09, 13, 17, 21]

④ 주식의 소유권 귀속에 관한 권리관계와 주주의 회사에 대한 주주권 행사국면은 구분되고, 회사와 주주 사이에서 주식의 소유권, 즉 주주권의 귀속이 다투어지는 경우에는 회사가 주주명부에 주주로 기재된 자를 상대로 주주가 아니라는 확인의 소를 제기할 수 있다(대판 2020.6.11. 2017다278385).

⑤ 상법 제337조 제1항에서 말하는 주식 이전의 대항력은 그 문언에 불구하고 회사도 주주명부 기재에 구속되어 주주명부에 기재된 자의 주주권 행사를 부인하거나 주주명부에 기재되지 아니한 자의 주주권 행사를 인정할 수 없다는 의미를 포함한다(대판 2017.3.23. 2015다248342). [법무사 18]

(2) 추정력

① 주주명부에 명의개서를 한 자는 주주로 추정된다.

② 주주명부 등재에 창설적 효력이 인정되는 것은 아니다.

③ 주주명부에 기재된 주주가 실질주주가 아니라는 사실은 주주권을 부인하는 자가 입증해야 한다.

④ 주주명부에 주주로 등재된 자는 주주로 추정되며 이를 번복하기 위해서는 주주권을 부인하는 측에 입증책임이 있으므로, 주주명부의 주주 명의가 신탁된 것이고 명의차용인으로서 실질상의 주주가 따로 있음을 주장하려면 명의신탁관계를 주장하는 측에서 명의차용사실을 입증하여야 한다(대판 2007.9.6. 2007다27755).

⑤ 주주명부상의 주주가 아닌 제3자가 주식을 인수하고 그 대금을 납입한 경우 그 제3자를 실질상의 주주로 보기 위해서는 단순히 제3자가 주식인수대금을 납입하였다는 사정만으로는 부족하고 제3자와 주주명부상 주주 사이의 내부관계, 주식 인수와 주주명부 등재에 관한 경위 및 목적, 주주명부 등재 후 주주로서의 권리행사 내용 등을 종합하여 판단해야 한다(대판 2019.5.16. 2016다240338).

(3) 면책력

회사가 주주명부에 기재된 자에게 주주로서의 권리를 부여하였다면 설령 그가 진정한 주주가 아니었다 하더라도 회사는 책임을 면한다.

4. 주주명부상 주주의 지위

① 주주명부상 주주인 甲이 명의개서대리인을 상대로 주권의 인도를 구할 수 있다고 하더라도 그와 별도로 자신의 주식에 대하여 실제 소유자라고 주장하는 乙을 상대로 그 주식이 甲의 소유라는 확인을 구할 확인의 이익이 있다(대판 2017.10.26. 2016다23274).

② 명의개서대리인이 주식발행 및 교부, 명의개서 업무 등을 대행하고 있는 경우에도 주주명부 상 주주는 발행회사에게 자기 명의 주권의 발행 및 교부를 청구할 수 있다. 명의개서대리인 이 발행회사의 주권을 발행하여 보관하고 있다고 하더라도, 발행회사는 이행대행자에 불과한 명의개서대리인을 통하여 그 주권에 관한 지배를 계속하고 있다고 볼 수 있으므로, 이것이 주주가 발행회사를 상대로 주권의 인도를 구하는 데에 장애가 되지 아니한다(대판 2017.10.26. 2016다23274).

③ 위조된 주식매매계약서에 의해 타인 앞으로 명의개서 된 주주 甲이 회사를 상대로 자신의 주주권의 확인을 구하는 것은 甲이 회사를 상대로 직접 자신이 주주임을 증명하여 명의개서 절차의 이행을 구할 수 있으므로, 甲이 회사를 상대로 주주권 확인을 구하는 것은 甲의 권리 또는 법률상 지위에 현존하는 불안·위험을 제거하는 유효·적절한 수단이 아니거나 분쟁의 종국적 해결방법이 아니어서 확인의 이익이 없다(대판 2019.5.16. 2016다240338).

④ 주식을 인수하거나 양수하려는 자가 타인의 명의를 빌려 회사의 주식을 인수하거나 양수하고 타인의 명의로 주주명부에의 기재까지 마치는 경우 회사에 대한 관계에서는 주주명부상 주주만이 의결권을 적법하게 행사할 수 있다(대판 2017.3.23. 2015다248342). [법원직 15, 21, 법무사 20]

5. 명의개서를 마치지 않은 주식양수인의 지위

(1) 쌍면적구속

① 주주명부에 적법하게 주주로 기재되어 있는 자는 회사에 대한 관계에서 주식 의결권 등 주주 권을 행사할 수 있고, 회사 역시 주주명부상 주주 외에 실제 주식을 인수하거나 양수하고자 하였던 자가 따로 존재한다는 사실을 알았든 몰랐든 간에 주주명부상 주주의 주주권 행사를 부인할 수 없으며, 주주명부에 기재를 마치지 않은 자의 주주권 행사를 인정할 수도 없다
(대판 2017.3.23. 2015다248342). [법원직 21, 법무사 18, 20, 변호사 15, 19]

② 주주명부에 기재를 마치지 않고도 회사에 대한 관계에서 주주권을 행사할 수 있는 경우는 주 주명부 기재 또는 명의개서청구가 부당하게 지연되거나 거절되었다는 등의 예외적인 사정이 있는 경우에 한한다(대판 2017.3.23. 2015다248342).

(2) 명의개서의 부당거절

① 회사가 정당한 이유 없이 부당하게 명의개서를 거절하는 경우 양수인은 회사를 상대로 명의 개서청구의 소를 제기할 수 있고 이에 따른 손해배상을 청구할 수 있다.

② 명의개서가 부당하게 거절된 경우, 양수인은 의사진술을 명하는 판결을 구하거나, 이사 및 회사에 대하여 손해배상을 청구하거나, 보전소송으로 임시주주지위결정 가처분 신청 등을 할 수 있다.

③ 양수인이 이러한 절차를 거치지 않고 바로 주주권을 행사할 수 있는지와 관련하여 학설과 판 례는 주주권 행사를 인정하고 있다. 따라서 명의개서를 부당거절당한 양수인은 명의개서가 없이도 직접 주주권을 행사할 수 있다. 그 결과 회사가 부당하게 명의개서 청구를 거절하면 서 명의개서를 거절당한 주주에게 소집통지를 하지 않고 주주총회를 개최한 경우 그 결의에 하자가 인정된다.

④ 주식을 양도받은 주식양수인들이 명의개서를 청구하였는데도 위 주식양도에 입회하여 그 양도를 승낙하였고 더구나 그 후 주식양수인들의 주주로서의 지위를 인정한 바 있는 회사의 대표이사가 정당한 사유 없이 그 명의개서를 거절한 것이라면 회사는 그 명의개서가 없음을 이유로 그 양도의 효력과 주식양수인의 주주로서의 지위를 부인할 수 없다(대판 1993.7.13. 92다40952).

(3) 명의개서 지체 중 발생한 이익의 귀속

① 회사에 대해서는 주주명부상 주주인 양도인이 이익배당이나 신주발행에 관한 권리를 가진다.

② 주주명부상의 주주를 주주로 인정하는 회사의 행위는 주주명부의 면책력 때문에 원칙적으로 유효하다. 그 결과 양수인이 회사에 대하여 이익배당이나 신주발행을 청구하더라도 회사는 이에 응하지 않을 수 있다.

③ 회사가 신주를 발행하면서 권리의 귀속자를 주주총회나 이사회의 결의에 의한 일정 시점에 주주명부에 기재된 주주로 한정할 경우, 그 신주인수권은 이러한 일정 시점에 실질상의 주주인지의 여부와 관계없이 회사에 대하여 법적으로 대항할 수 있는 주주, 즉 주주명부에 기재된 주주에 귀속된다(대판 1995.7.28. 94다25735). [변호사 17, 20]

④ 양수인은 양도인에게 배당금이나 신주의 반환을 청구할 수 있다.

6. 주식의 전자등록

(1) 상법상 전자주주명부

회사는 정관으로 정하는 바에 따라 전자문서로 주주명부를 작성할 수 있고, 이러한 주주명부를 전자주주명부라 한다.

(2) 주식 · 사채 등의 전자등록에 관한 법률(전자등록법)

1) 주식 전자등록의 의의

① 주식의 전자등록이란 주식의 종류, 종목, 금액, 권리자 및 권리 내용 등 주식에 관한 권리의 발생 · 변경 · 소멸에 관한 정보를 전자등록계좌부에 전자적 방식으로 기재하는 것을 말한다.

② 전자등록법은 2019.9.16. 시행되었다.

③ 상장회사의 주식은 전자등록기관에 전자등록되어야 한다.

2) 고객계좌의 개설 및 고객계좌부의 작성

은행을 비롯하여 전자등록법에 규정된 기관이 계좌관리기관이 되는데, 전자등록주식의 권리자가 되려는 자는 계좌관리기관에 고객계좌를 개설하여야 하고, 고객계좌가 개설되면 계좌관리기관은 ⊙ 권리자의 성명 또는 명칭 및 주소, ⓒ 발행인의 명칭, ⓒ 전자등록주식의 종류, 종목 및 종목별 수량 또는 금액 등을 전자등록하여 권리자별로 고객계좌부를 작성하여야 한다. 이러한 고객계좌부를 전자등록계좌부라 한다.

3) 고객관리계좌의 개설 및 고객관리계좌부의 작성

계좌관리기관은 고객계좌부에 전자등록된 전자등록주식의 총수량 또는 총금액을 관리하기 위하여 전자등록기관에 고객관리계좌를 개설하여야 하고, 고객관리계좌가 개설된 경우 전자등록기관은 계좌관리기관의 명칭 및 주소, 전자등록주식의 종류, 종목 및 종목별 수량 및 금액을 기록하여 계좌관리기관별로 고객관리계좌부를 작성하여야 한다.

4) 주식전자등록의 효력

① 전자등록계좌부에 전자등록된 자는 해당 전자등록주식에 대하여 전자등록된 권리를 적법하게 가지는 것으로 추정한다.

② 전자등록주식을 양도하는 경우에는 계좌간 대체의 전자등록을 하여야 그 효력이 발생한다.

③ 전자등록주식을 질권의 목적으로 하는 경우에는 질권 설정의 전자등록을 하여야 입질의 효력이 발생한다.

④ 선의로 중대한 과실 없이 전자등록계좌부의 권리 내용을 신뢰하고 소유자 또는 질권자로 전자등록된 자는 해당 전자등록주식에 대한 권리를 적법하게 취득한다.

7. 주주명부폐쇄와 기준일

> **제354조 (주주명부의 폐쇄, 기준일)** ① 회사는 의결권을 행사하거나 배당을 받을 자 기타 주주 또는 질권자로서 권리를 행사할 자를 정하기 위하여 일정한 기간을 정하여 주주명부의 기재변경을 정지하거나 일정한 날에 주주명부에 기재된 주주 또는 질권자를 그 권리를 행사할 주주 또는 질권자로 볼 수 있다.
> ② 제1항의 기간은 3월을 초과하지 못한다.
> ③ 제1항의 날은 주주 또는 질권자로서 권리를 행사할 날에 앞선 3월내의 날로 정하여야 한다.
> ④ 회사가 제1항의 기간 또는 날을 정한 때에는 그 기간 또는 날의 2주간 전에 이를 공고하여야 한다. 그러나 정관으로 그 기간 또는 날을 지정한 때에는 그러하지 아니하다.

(1) 의의

① 회사는 의결권을 행사하거나 배당을 받을 자 기타 주주 또는 질권자로서 권리를 행사할 자를 정하기 위해 일정한 기간을 정하여 주주명부의 기재변경을 정지하거나 일정한 날에 주주명부에 기재된 주주 또는 질권자를 권리를 행사할 주주 또는 질권자로 볼 수 있다.[법무사 15]

② 일정 기간 주주명부의 기재를 변경하지 않는 것을 '주주명부의 폐쇄'라 하고, 일정한 날에 주주명부에 기재된 주주 또는 질권자를 주주권을 행사할 자로 보는 경우의 일정한 날을 '기준일'이라 한다.

③ 주식회사는 주주명부 폐쇄기간과 기준일제도를 병용하여 실시할 수 있다.

(2) 주주명부의 폐쇄

① 주주명부 폐쇄기간은 3월 이내로 제한된다.[법무사 06]

② 폐쇄기간이 3월을 초과한 경우 초과기간이 무효가 되고, 초과기간이 불분명한 경우에는 폐쇄기간 전부가 무효이다.

③ 폐쇄기간의 2주 전에 공고하여야 한다. 다만 정관으로 폐쇄기간이 규정된 경우 공고를 하지 않아도 된다.[법무사 15]

④ 폐쇄기간 동안 명의개서가 금지되는 결과 폐쇄 직전에 주주명부에 기재된 자가 주주로 확정된다.

⑤ 주식회사는 주주명부 폐쇄기간 중 명의개서청구가 있으면 명의개서를 하여야 할 의무를 부담하지 아니한다. 다만 주주권 변동과 관계없는 주소변경, 법인의 대표자 변경 등은 폐쇄기간 중에도 변경이 가능하다.

⑥ 또한 전환주식과 전환사채의 전환청구, 신주인수권부사채의 신주인수권 행사는 폐쇄기간 중에도 가능하나, 그에 따라 주식이 폐쇄기간 중에 발행되더라도 해당 주식은 폐쇄기간 중에 이루어진 주주총회 결의에 관해서는 의결권이 없다.

⑦ 주주명부 폐쇄기간 중에는 원칙적으로 명의개서는 물론이고 질권의 등록도 할 수 없다.[법무사 06]

(3) 기준일

① 기준일은 주주 또는 질권자로서 권리를 행사할 날에 앞선 3월내의 날이어야 한다.

② 기준일의 2주 전에 공고하여야 한다는 점은 주주명부 폐쇄와 동일하나, 기준일의 공고에는 목적을 정하여야 하고, 목적 이외에는 기준일이 적용되지 않는다는 점이 주주명부 폐쇄와 다르다.

③ 정관으로 기준일이 규정된 경우 공고가 요구되지 않는다.

④ 기준일이 권리를 행사할 날에 앞서 3월을 초과하거나 공고절차를 불이행하거나 2주보다 짧은 기간 전에 공고를 한 경우 기준일의 지정은 무효이다.

⑤ 기준일 이후의 명의개서가 가능하고 주식의 양도가 가능하다.

⑥ 폐쇄기간 중 주식이 양도되는 경우 주주명부상 주주와 실질주주가 다른 것에 반하여 기준일의 경우 주주명부상 주주와 실질주주가 다르지 않게 된다.

제4절 주주총회

쟁점 01 주주총회의 권한

> **제361조 (총회의 권한)** 주주총회는 본법 또는 정관에 정하는 사항에 한하여 결의할 수 있다.

1. 회사 구조 관련 사항

① 주식교환계약서 승인, ② 주식이전계획서 승인, ③ 영업양도 등, ④ 정관변경, ⑤ 자본금감소, ⑥ 해산, ⑦ 회사의 계속, ⑧ 합병계약서 승인, ⑨ 분할계획서 승인, ⑩ 유한회사로의 조직변경

2. 회사 기관 구성 관련 사항

이사, 감사 및 청산인 선임과 해임

3. 주주 이해관계 관련 사항

① 재무제표 승인, ② 이익배당 결정, ③ 주식배당 결정, ④ 이사, 감사 및 청산인 책임면제, ⑤ 전환사채, 신주인수권부사채의 제3자 배정

4. 정관에 의한 주주총회 권한의 확대

(1) 상법상 허용되는 정관에 의한 주주총회 권한 확대

아래 사항은 정관의 규정에 의하여 주주총회의 권한으로 할 수 있다.

① 대표이사의 선임, ② 신주발행사항의 결정, ③ 준비금의 자본금전입, ④ 전환사채 발행, ⑤ 신주인수권부사채의 발행

(2) 이사회 권한 사항을 정관으로 주주총회 권한으로 할 수 있는지

이사와 회사 사이의 이익상반거래에 대한 승인은 주주 전원의 동의가 있다거나 그 승인이 정관에 주주총회의 권한사항으로 정해져 있다는 등의 특별한 사정이 없는 한 이사회의 전결사항이라할 것이므로, 이사회의 승인을 받지 못한 이익상반거래에 대하여 아무런 승인 권한이 없는 주주총회에서 사후적으로 추인 결의를 하였다 하여 그 거래가 유효하게 될 수는 없다(대판 2007.5.10. 2005다4284).[변호사 19]

(3) 상법이나 정관상 주주총회 권한으로 규정되지 않은 사항에 대한 주주총회결의의 효력

상법이나 정관에 주주총회의 권한으로 규정되지 않은 사항에 대한 주주총회 결의가 있더라도 무효이고, 이사와 주주에 대해 구속력이 없다.

5. 총주주 전원 동의에 의한 결의

① 판례는 이사의 자기거래와 관련된 사안에서 이사회의 승인 없이 이루어진 이사의 자기거래의 경우에도 주주 전원의 동의가 있다면 유효하다고 본다.

② 판례는 사실상 1인 주주이자 대표이사인 자의 개인채무를 회사가 인수하는 것에 대하여 이사회결의가 없더라도 대표이사가 동의한 경우 주주 전원의 동의로 보아 그 효력을 인정하였다.

③ 이사와 회사 사이의 이익상반거래에 대한 승인은 주주 전원의 동의가 있다거나 그 승인이 정관에 주주총회의 권한사항으로 정해져 있다는 등의 특별한 사정이 없는 한 이사회의 전결사항이라 할 것이므로, 이사회의 승인을 받지 못한 이익상반거래에 대하여 아무런 승인 권한이 없는 주주총회에서 사후적으로 추인 결의를 하였다 하여 그 거래가 유효하게 될 수는 없다(대판 2007.5.10. 2005다4284).

④ 회사의 채무부담행위가 이사의 자기거래에 해당하여 이사회의 승인을 요한다고 할지라도, 이사 자기거래 규정의 취지가 회사 및 주주에게 예기치 못한 손해를 끼치는 것을 방지함에 있으므로, 그 채무부담행위에 대하여 사전에 주주 전원의 동의가 있었다면 회사는 이사회의 승인이 없었음을 이유로 그 책임을 회피할 수 없다(대판 2002.7.12. 2002다20544).

쟁점 02 주주총회의 소집

1. 이사회의 주주총회 소집 결정

> **제362조 (소집의 결정)** 총회의 소집은 본법에 다른 규정이 있는 경우외에는 이사회가 이를 결정한다.
>
> **제365조 (총회의 소집)** ① 정기총회는 매년 1회 일정한 시기에 이를 소집하여야 한다.
> ② 연 2회 이상의 결산기를 정한 회사는 매기에 총회를 소집하여야 한다.

① 상법상 다른 규정이 있는 경우를 제외하고, 주주총회의 소집은 이사회가 결정한다.[법원직 07. 12. 법무사 07. 10]

② 정기총회는 매년 1회 일정한 시기에 이를 소집하여야 하고, 연 2회 이상의 결산기를 정한 회사는 매기에 총회를 소집하여야 한다.[법원직 12, 법무사 07]

법원직 12

1 정기총회는 매년 1회 일정한 시기에 이를 소집하여야 하고, 연 2회 이상의 결산기를 정한 회사도 매년 1회 정기총회를 소집할 수 있다. (O, X)

1 ×

제3편

2022 해커스법원직 공태용 상법의 맥

2. 소수주주의 임시주주총회 소집 청구권

> 제366조 (소수주주에 의한 소집청구) ① 발행주식총수의 100분의 3 이상에 해당하는 주식을 가진 주주는 회의의 목적사항과 소집의 이유를 적은 서면 또는 전자문서를 이사회에 제출하여 임시총회의 소집을 청구할 수 있다.
> ② 제1항의 청구가 있은 후 지체 없이 총회소집의 절차를 밟지 아니한 때에는 청구한 주주는 법원의 허가를 받아 총회를 소집할 수 있다. 이 경우 주주총회의 의장은 법원이 이해관계인의 청구나 직권으로 선임할 수 있다.

(1) 의의

법무사 03

1 주주총회 소집통지서에는 회의의 목적사항을 기재하여야 한다. (○, ×)

① 발행주식총수의 100분의 3 이상에 해당하는 주식을 가진 주주는 회의의 목적사항과 소집의 이유를 적은 서면 또는 전자문서를 이사회에 제출하여 임시총회의 소집을 청구할 수 있다. [법원직 11, 18, 법무사 03, 14]

② 소수주주는 먼저 이사회에 주주총회 소집을 요청한 후 이사회가 소집을 거부하는 경우, 법원의 허가를 얻어 스스로 주주총회를 소집할 수 있다.

(2) 소수주주 요건

① 소수주주는 발행주식총수의 3% 이상을 가진 주주를 말한다.

② 소수주주의 주식을 합산할 수 있다.

③ 상장회사는 6개월 이상 보유 조건으로 발행주식총수의 1.5% 이상을 가진 주주를 말한다.

④ 무의결권 주식은 발행주식총수에 포함되지 않는다는 견해도 있으나 통설은 소수주주의 주주총회 소집청구권의 감독기능, 공익권 성격을 강조하여 무의결권 주식을 포함하는 것으로 본다.

(3) 주주총회 의장의 선임

① 소수주주의 주주총회 소집 청구가 있은 후, 지체 없이 총회소집의 절차를 밟지 아니한 때에는 청구한 주주는 법원의 허가를 받아 총회를 소집할 수 있다. 이 경우 주주총회의 의장은 법원이 이해관계인의 청구나 직권으로 선임할 수 있다. [법원직 11, 18, 법무사 03, 14]

② 법원이 상법 제366조 제2항에 따라 총회의 소집을 구하는 소수주주에게 회의의 목적사항을 정하여 이를 허가하면서 총회의 소집기간을 구체적으로 정하지 않은 경우에도 소집허가를 받은 주주는 소집의 목적에 비추어 상당한 기간 내에 총회를 소집하여야 한다. 따라서 총회 소집허가결정일로부터 상당한 기간이 경과하도록 총회가 소집되지 않았다면, 소집허가결정에 따른 소집권한은 특별한 사정이 없는 한 소멸한다(대판 2018.3.15. 2016다275679). [변호사 19]

③ 甲 회사의 일시대표이사인 丁이 甲 회사를 대표하여 甲 회사의 소수주주가 소집한 주주총회에서 이사로 선임된 丙을 상대로 이사선임결의의 부존재를 주장하며 이사 지위의 부존재 확인을 구하는 소를 제기하는 경우 일시대표이사인 乙로 하여금 甲 회사를 대표하도록 하였더라도 그것이 공정한 소송수행을 저해하는 것이라고 보기는 어려우므로 위 소에 상법 제394조는 적용되지 않는다(대판 2018.3.15. 2016다275679).

(4) 검사인 선임

소수주주의 소집 청구에 의한 주주총회는 회사의 업무와 재산 상태를 조사하기 위하여 검사인을 선임할 수 있다.

3. 감사 또는 감사위원회에 의한 임시주주총회 소집 청구권

소수주주의 소집청구와 동일하다.

1 ○

4. 법원에 의한 주주총회 소집 명령

법원은 회사의 업무와 재산 상태에 대한 조사를 위해 선임된 검사인의 보고에 의하여 필요하다고 인정한 때에는 대표이사에게 주주총회의 소집을 명할 수 있다.

5. 주주총회 소집장소

① 주주총회는 정관에 다른 정함이 없으면 본점소재지 또는 이에 인접지에 소집하여야 한다.[법원직 12, 법무사 03, 10]
② 주주총회의 개회시각이 소집통지 된 시각보다 지연되어 개회시각을 사실상 부정확하게 만들고 소집통지 된 시각에 출석한 주주들의 참석을 기대하기 어려워 그들의 참석권을 침해하기에 이르렀다면 주주총회의 소집절차가 현저히 불공정한 경우에 해당하고, 당초의 소집장소에서 개회를 하여 소집장소를 변경하기로 하는 결의조차 할 수 없는 부득이한 사정이 발생한 경우, 소집권자가 대체 장소를 정한 다음 당초의 소집장소에 출석한 주주들로 하여금 변경된 장소에 모일 수 있도록 상당한 방법으로 알리고 이동에 필요한 조치를 다한 때에 한하여 적법하게 소집장소가 변경되었다고 볼 수 있다(대판 2003.7.11. 2001다45584).

6. 주주총회 소집통지

> **제363조 (소집의 통지)** ① 주주총회를 소집할 때에는 주주총회일의 2주 전에 각 주주에게 서면으로 통지를 발송하거나 각 주주의 동의를 받아 전자문서로 통지를 발송하여야 한다. 다만, 그 통지가 주주명부상 주주의 주소에 계속 3년간 도달하지 아니한 경우에는 회사는 해당 주주에게 총회의 소집을 통지하지 아니할 수 있다.
> ② 제1항의 통지서에는 회의의 목적사항을 적어야 한다.

(1) 통지시기 및 통지사항

① 주주총회일의 2주 전에 주주총회 소집을 통지해야 한다.[법원직 18, 법무사 10, 15]
② 이 기간은 정관으로 연장만 가능하고, 단축은 허용되지 않는다는 것이 통설이다.
③ 소집통지에는 주주총회의 일시와 장소 및 목적사항이 포함되어야 한다.
④ 목적사항은 세부사항까지 기재되어야 하는 것은 아니나, 정관변경 등의 경우에는 의안의 요령 등 세부 내용을 기재하여야 한다.

(2) 통지방법

① 서면으로 통지를 발송하거나 각 주주의 동의를 받아 전자문서로 통지를 발송하여야 한다.[법원직 18, 법무사 10, 15]
② 구두, 전화, 문자메시지 등 다른 방법에 의한 통지는 효력이 없다. 정관으로도 다른 방법을 정할 수 없다는 것이 통설이다.
③ 상장회사의 경우, 소액주주에 대해서는 둘 이상의 일간신문에 2회 이상 공고하거나 전자공시시스템에 공고하는 것으로 통지에 갈음할 수 있다.

(3) 소집통지의 생략

1) 소집통지 생략이 가능한 경우

① 의결권 없는 주주(무의결권 주식, 자기주식, 상호주 보유 주주, 자회사가 취득한 모회사 주식)
② 3년간 통지가 도달하지 않은 주주 [법무사 03]
③ 명의개서를 하지 않은 주주에 대해서는 소집통지를 생략할 수 있다.

2) 소집통지를 생략할 수 없는 경우

2) 소집통지를 생략할 수 없는 경우

소집통지 생략이 가능한 경우라도, 통지서에 적은 회의 목적사항에 ① 주식의 포괄적 교환, ② 주식의 포괄적 이전, ③ 영업양도 등, ④ 합병 및 ⑤ 분할 또는 분할합병에 따라 반대주주의 주식매수청구권이 인정되는 사항이 포함된 경우에는 소집통지를 해야 한다.

7. 주주총회의 연기·속행 및 주주총회 소집의 철회, 변경

① 주주총회에서 회의의 연기와 속행을 결의할 수 있고, 그 경우 주주총회 소집절차를 다시 거치지 않아도 된다.[법무사 11, 15]

② 주주총회 소집의 통지, 공고가 행하여진 후 임시주주총회 소집을 철회하기로 하는 이사회결의를 거친 후 주주들에게 소집통지와 같은 방법인 서면에 의한 소집철회통지를 한 경우 임시주주총회 소집이 적법하게 철회된 것으로 인정된다(대판 2011.6.24. 2009다35033).

③ 이사회에서 주주총회의 소집을 철회하기로 결의하자, 주주총회 개최장소 출입문에 총회소집이 철회되었다는 취지의 공고문을 부착하고 위 이사회에 참석하지 않은 주주들에게는 퀵서비스를 통해 소집철회통지서를 보내는 한편, 전보와 휴대전화로도 같은 취지의 통지를 하였다면, 그 소집은 적법하게 철회되었다고 볼 수 있다.[법무사 18]

8. 주주총회 소집절차의 하자

① 정당한 소집권자에 의하여 소집된 이상 주주총회 소집을 위한 이사회 결의가 없었고, 소집통지가 서면이 아닌 구두로 이루어지면서 법정소집기간도 지키지 않았고, 극히 일부 주주에 대해 소집통지가 누락된 경우 이러한 소집절차상의 하자는 주주총회결의의 단순한 취소사유에 불과하다 할 것이고, 법정기간 내에 제기된 소에 의하여 취소되지 않는 한 유효하다(대판 1987.4.28. 86다카553).

② 총주식의 과반수를 넘는 주식을 소유한 주주가 참석하여 참석주주 전원의 찬성결의가 있었다면 일부 주주에게 소집통지를 하지 아니하였거나 법정기간을 준수한 서면통지를 하지 않아 소집절차에 하자가 있었더라도 주주총회결의 무효나 부존재 사유로 볼 수 없다(대판 1981.7.28. 80다2745,2746).

③ 2인의 공동대표이사 중 1인이 다른 공동대표이사와 공동으로 임시주주총회를 소집하지 않았다거나 다른 공동대표이사와 41% 주식을 보유한 주주에게 소집통지를 하지 않았다는 등의 소집절차상 하자만으로 임시주주총회 결의가 부존재한다거나 무효라고 할 정도의 중대한 하자라고 볼 수 없다(대판 1993.1.26. 92다11008).

④ 주주총회의 소집통지는 주주명부상의 주주에게 해야 한다. 따라서 실제적으로 주식을 취득하였더라도 명의개서를 하지 아니한 주주에게는 소집통지를 할 필요가 없는데 이는 주식취득자가 누구인지를 이미 대표이사와 회사가 명확히 알고 있는 경우에도 동일하다(대판 2017.3.23. 2015다248342).

⑤ 명의개서를 하지 아니한 주식양수인에 대하여 주주총회소집통지를 하지 않았다고 하여 주주총회결의에 절차상의 하자가 있다고 할 수 없다(대판 1996.12.23. 96다32768,32775,32782).

9. 주주총회 소집절차상 하자의 치유

(1) 주주의 동의, 승인 및 전원출석총회

① 주주총회 소집절차상 하자가 있더라도 당해 주주가 사전에 동의하거나 사후에 승인한 경우 하자가 치유된다는 것이 통설이다.

법무사 15

1 주주총회에서는 회의의 속행 또는 연기의 결의를 할 수 있고, 이러한 결의에 의하여 후일 성립하는 연기회와 계속회의 경우 다시 주주총회의 소집통지를 할 필요가 없다. (○, ×)

법무사 11

2 주주총회의 연기나 속행은 일단 주주총회가 성립한 후에는 그 주주총회의 결의에 의하여야 하는데, 이때에도 처음 주주총회의 소집절차와 동일한 절차를 밟아야 한다. (○, ×)

법무사 12, 20

3 주주총회 소집의 통지·공고가 행하여진 후 소집을 철회하거나 연기하기 위해서는 소집의 경우에 준하여 이사회의 결의를 거쳐 대표이사가 그 뜻을 그 소집에서와 같은 방법으로 통지, 공고하여야 한다. (○, ×)

법무사 13

4 주식회사 대표이사가 이사회결의를 거쳐 주주들에게 임시주주총회 소집통지서를 발송하였다가 다시 이를 철회하기로 하는 이사회결의를 거친 후 주주들에게 소집통지와 같은 방법인 서면에 의한 소집철회통지를 하면 임시주주총회 소집은 적법하게 철회된다. (○, ×)

법무사 12

5 주주총회 소집의 통지·공고가 행하여진 후 소집을 철회하거나 연기하기 위한 절차는 소집의 경우와는 달리 이사회의 결의를 거쳐 대표이사가 통지·공고할 필요가 없다. (○, ×)

1 ○ **2** × **3** ○ **4** ○ **5** ×

② 통설은 총주주의 동의로 소집절차 생략도 가능하다고 본다.

③ 통설은 이사회의 소집결의가 없거나 무효인 경우 등 소집절차에 하자가 있어도 주주전원이 출석한 경우 그러한 결의는 유효하다고 본다.

(2) 판례

① 1인 회사의 경우 주주총회 소집절차가 필요 없고, 실제 총회를 개최하지 않아도 주주총회 의사록이 작성되었다면 그 내용의 결의가 있었던 것으로 볼 수 있다.

② 1인 회사의 경우에는 그 주주가 유일한 주주로서 주주총회에 출석하면 전원총회로서 성립하고 그 주주의 의사대로 결의될 것임이 명백하므로 따로 총회소집절차가 필요 없고, 실제로 총회를 개최한 사실이 없더라도 1인 주주에 의하여 의결이 있었던 것으로 주주총회 의사록이 작성되었다면 특별한 사정이 없는 한 그 내용의 결의가 있었던 것으로 볼 수 있어 형식적인 사유에 의하여 결의가 없었던 것으로 다툴 수는 없다(대판 1993.6.11. 93다8702). [법원직 12, 법무사 11, 12]

③ 이사회결의와 소집절차 없이 개최된 임시 주주총회에 주주명부상 주주 전원이 참석하여 동의하고 만장일치로 결의된 경우 그 결의는 유효하다(대판 1996.10.11. 96다24309). [법원직 07, 08, 10, 16, 21, 법무사 10, 12, 20]

④ 실제로 주주총회가 개최되지 않았더라도 주주 전원의 위임을 받아 의사록이 작성된 경우 유효한 주주총회결의가 있는 것으로 볼 수 있다(대판 2008.6.26. 2008도1044).

⑤ 주주 전원이 아닌 98% 주식을 보유한 지배주주가 주주총회결의를 거치지 않고 주주총회 의사록만 작성한 경우 주주총회결의는 무효 내지 부존재한다(대판 2007.2.22. 2005다73020).

법원직 10, 16, 법무사 12

1 주식회사의 임시주주총회가 법령 및 정관상 요구되는 이사회의 결의 및 소집절차 없이 이루어졌다면, 주주명부상 주주 전원이 참석하여 총회를 개최하는 데 동의하고 아무런 이의없이 만장일치로 결의가 이루어졌다 하더라도 그 결의는 무효이다. (○, ×)

쟁점 03 주주총회의 의제, 의안 및 주주제안권

1. 주주총회 의제와 의안

(1) 의제

① 의제란 주주총회의 목적사항(예 재무제표 승인, 이익배당, 이사선임 등)을 말한다.

② 의제는 주주총회를 구속하고, 주주총회에서 통지된 의제 이외의 사항을 결의하게 되면 주주총회 취소사유에 해당한다.

③ 당해 주주총회 출석주주 전원이 의제 변경에 동의하더라도 총주주 참석이 아닌 한 결의 취소사유에 해당한다(대판 1979.3.27. 79다19).

(2) 의안

① 의안이란 의제의 구체적인 내용을 의미하며, 상법상 의안의 요령으로 규정된다.

② 의안의 경우, 당해 주주총회에서 의안의 변경이나 새로운 의안의 제안이 가능하다.

③ 상장회사의 이사·감사 선임은 통지된 후보자 중에서만 선임할 수 있어 이사·감사 선임 의안의 변경이 허용되지 않는다.

④ 상장회사가 감사의 선임 또는 감사의 보수결정을 위한 의안을 상정하려는 경우에는 이사의 선임 또는 이사의 보수결정을 위한 의안과는 별도로 상정하여 의결하여야 한다.

1 ×

2. 주주제안권

> **제363조의2 (주주제안권)** ① 의결권없는 주식을 제외한 발행주식총수의 100분의 3 이상에 해당하는 주식을 가진 주주는 이사에게 주주총회일(정기주주총회의 경우 직전 연도의 정기주주총회일에 해당하는 그 해의 해당일. 이하 이 조에서 같다)의 6주 전에 서면 또는 전자문서로 일정한 사항을 주주총회의 목적사항으로 할 것을 제안할 수 있다.
> ② 제1항의 주주는 이사에게 주주총회일의 6주 전에 서면 또는 전자문서로 회의의 목적으로 할 사항에 추가하여 당해 주주가 제출하는 의안의 요령을 제363조에서 정하는 통지에 기재할 것을 청구할 수 있다.
> ③ 이사는 제1항에 의한 주주제안이 있는 경우에는 이를 이사회에 보고하고, 이사회는 주주제안의 내용이 법령 또는 정관을 위반하는 경우와 그 밖에 대통령령으로 정하는 경우를 제외하고는 이를 주주총회의 목적사항으로 하여야 한다. 이 경우 주주제안을 한 자의 청구가 있는 때에는 주주총회에서 당해 의안을 설명할 기회를 주어야 한다.

(1) 의의

의결권 없는 주식을 제외한 발행주식총수의 3% 이상 주식을 가진 주주는 이사에게 주주총회일의 6주 전에 서면 또는 전자문서로 일정한 사항을 주주총회의 목적사항으로 할 것을 제안할 수 있고, 회의 목적사항에 추가하여 당해 주주가 제출하는 의안의 요령을 주주총회 소집통지에 기재할 것을 청구할 수 있다.[법원직 20, 법무사 07, 변호사 20]

(2) 제안권자

① 의결권 없는 주식을 제외한 발행주식총수의 3% 이상 가진 주주에게만 인정된다.
② 상장회사는 6개월 보유 조건으로 회사 규모에 따라 1% 또는 0.5%(자산규모 1천억 이상) 이상 주식을 보유한 주주가 행사할 수 있다.
③ 의결권 없는 주식은 지분비율 계산시 분모와 분자에서 모두 제외된다.

(3) 제안내용, 절차, 효과

① 주주총회의 목적사항인 의제와 의제의 구체적인 내용인 의안의 요령을 제안할 수 있다.
② 주주총회일의 6주 전까지 서면 또는 전자문서의 형태로 이사에게 하여야 한다.
③ 주주제안을 받은 이사는 이사회에 이를 보고하고, 이사회는 주주제안의 내용이 법령 또는 정관에 위배되는 경우 등 거부할 수 있는 경우에 해당하지 않는 한 주주총회의 의제 또는 의안으로 해야 한다.[법원직 20, 변호사 20]
④ 주주제안을 한 주주의 청구가 있으면 주주총회에서 그 내용을 설명할 기회를 주어야 한다.

(4) 주주제안의 거부

이사회가 주주제안을 거부할 수 있는 경우는 아래와 같다(상법 시행령 제12조).
① 주주총회에서 의결권의 10% 미만의 찬성밖에 얻지 못하여 부결된 내용과 같은 내용의 의안을 부결된 날부터 3년 내에 다시 제안하는 경우
② 주주 개인의 고충에 관한 사항
③ 소수주주권에 관한 사항
④ 상장회사의 경우 임기 중에 있는 임원의 해임에 관한 사항
⑤ 회사가 실현할 수 없는 사항, 제안 이유가 명백히 거짓이거나 특정인의 명예를 훼손하는 사항

법원직 20

1 주주제안의 상대방은 이사이고, 다만 이사는 주주제안이 있는 경우 이를 이사회에 보고해야 한다. (○, ×)

법원직 20

2 주주제안권은 소수주주를 보호하기 위해 규정된 권리이므로, 설령 그 내용이 정관에 위반된다 하더라도 이사는 이를 주주총회의 목적사항으로 하여야 한다. (○, ×)

1 ○ **2** ×

(5) 주주제안을 무시한 결의의 효력

① 주주제안이 된 의안을 총회의 의안으로 올리지 않고 소집통지에도 기재하지 않은 경우, 그 결의는 소집절차 또는 결의방법에 하자가 있어 취소할 수 있다는 것이 통설이다.

② 주주제안이 된 의제가 총회의 의안으로 상정되지 않은 경우, 주주제안에 대응하는 결의 자체가 없으므로 주주총회는 유효하고 주주제안을 거부당한 주주는 손해배상을 청구할 수 있을 뿐이다.

쟁점 04 주주총회의 의장

> **제366조의2 (총회의 질서유지)** ① 총회의 의장은 정관에서 정함이 없는 때에는 총회에서 선임한다.
> ② 총회의 의장은 총회의 질서를 유지하고 의사를 정리한다.
> ③ 총회의 의장은 고의로 의사진행을 방해하기 위한 발언·행동을 하는 등 현저히 질서를 문란하게 하는 자에 대하여 그 발언의 정지 또는 퇴장을 명할 수 있다.
>
> **제366조 (소수주주에 의한 소집청구)** ① 발행주식총수의 100분의 3 이상에 해당하는 주식을 가진 주주는 회의의 목적사항과 소집의 이유를 적은 서면 또는 전자문서를 이사회에 제출하여 임시총회의 소집을 청구할 수 있다.
> ② 제1항의 청구가 있은 후 지체 없이 총회소집의 절차를 밟지 아니한 때에는 청구한 주주는 법원의 허가를 받아 총회를 소집할 수 있다. 이 경우 주주총회의 의장은 법원이 이해관계인의 청구나 직권으로 선임할 수 있다.

1. 선임

① 총회의 의장은 정관에서 정함이 없는 때에는 총회에서 선임한다.[법무사 07]

② 발행주식총수의 3% 이상 주식을 가진 주주가 이사회에 임시총회의 소집을 청구하였음에도 이사회가 지체 없이 총회소집절차를 밟지 않은 경우, 청구한 주주는 법원의 허가를 받아 총회를 소집할 수 있다. 이 경우 주주총회의 의장은 법원이 이해관계인의 청구나 직권으로 선임할 수 있다.[법원직 11, 18, 법무사 03, 14]

2. 권한

① 총회의 의장은 총회의 질서를 유지하고 의사를 정리한다.

② 총회의 의장은 현저히 질서를 문란하게 하는 자에 대하여 그 발언의 정지 또는 퇴장을 명할 수 있다.[법무사 07]

③ 주주총회에서 의안에 대한 심사를 마치지 아니한 채 법률상으로나 사실상으로 의사를 진행할 수 있는 상태에서 주주들의 의사에 반하여 의장이 자진하여 퇴장한 경우 주주총회가 폐회되었다거나 종결되었다고 할 수는 없으며, 이 경우 퇴장 당시 회의장에 남아 있던 주주들이 임시의장을 선출하여 진행한 주주총회의 결의도 적법하다(대판 2001.5.15. 2001다12973).[법원직 07]

법무사 07

1 총회의 의장은 정관에서 정함이 없는 때에는 대표이사가 된다.
(○, ×)

1 ×

1. 의의 및 성격

법무사 06

1 주주의 의결권은 법률에 다른 규정이 있는 경우가 아니면 정관 또는 주주총회의 결의로도 이를 박탈하거나 제한하지 못한다. (○, ×)

① 주주의 의결권은 주주가 주주총회 결의에 참여할 수 있는 권리이다.
② 의결권은 주주의 권리 중 가장 중요한 공익권이고 고유권이므로 정관으로도 이를 박탈하거나 제한할 수 없다.[변호사 16]
③ ㉠ 주주권은 주식의 양도나 소각 등 법률에 정하여진 사유에 의하여서만 상실되고 단순히 당사자 사이의 특약이나 주주권 포기의 의사표시만으로 상실되지 아니하며 다른 특별한 사정이 없는 한 그 행사가 제한되지도 아니한다. ㉡ 주주가 7년간 주주권 및 경영권을 포기하고 주식의 매매와 양도 등을 하지 아니하며 타인에게 정관에 따라 주주로서의 의결권 행사권한을 위임하기로 약정하였다는 이유로, 그 주주가 의결권을 직접 행사할 수 없게 되었다고 볼 수 없다(대판 2002.12.24. 2002다54691).[법원직 12, 법무사 06, 변호사 20, 21]

2. 의결권의 수

> **제369조 (의결권)** ① 의결권은 1주마다 1개로 한다.
> ② 회사가 가진 자기주식은 의결권이 없다.

법원직 16

2 상법 제369조 제1항에 따라 주식회사의 주주는 원칙적으로 1주마다 1개의 의결권을 갖지만, 정관의 규정이나 주주총회의 결의에 의하여 의결권의 구체적인 내용을 달리 정할 수 있다. (○, ×)

① 의결권은 1주당 1의결권이 주어진다.
② 특정 주식에 여러 개의 의결권이 부여되는 복수의결권 주식이나 거부권이 주어지는 황금주 같은 주식은 허용되지 않는다.
③ 상법 제369조 제1항에서 주식회사의 주주는 1주마다 1개의 의결권을 가진다고 하는 1주 1의결권의 원칙을 규정하고 있는 규정은 강행규정이다(대판 2009.11.26. 2009다51820).
④ 따라서 법률에서 위 원칙에 대한 예외를 인정하는 경우를 제외하고, 정관의 규정이나 주주총회의 결의 등으로 위 원칙에 반하여 의결권을 제한하더라도 효력이 없다(대판 2009.11.26. 2009다51820).[법원직 10, 16, 19, 법무사 17, 변호사 14, 20]
⑤ 최대주주가 아닌 주주와 그 특수관계인 등에 대하여도 일정 비율을 초과하여 소유하는 주식에 관하여 감사의 선임 및 해임에 있어서 의결권을 제한하는 내용의 정관 규정이나 주주총회 결의 등은 무효이다(대판 2009.11.26. 2009다51820).

3. 의결권행사에 관한 주주간 계약

① 의결권 행사에 관한 주주간 계약은 주주 사이에서 채권적 효력을 가지나 회사에 대해서는 효력이 없다. 따라서 계약에 반하는 내용으로 의결권이 행사되더라도 주주총회결의에 아무런 하자가 없다.
② 주식에 대해 질권이 설정되었다 하더라도 질권설정계약등에 따라 질권자가 담보제공자인 주주로부터 의결권을 위임 받아 직접 의결권을 행사하기로 약정하는 등의 특별한 약정이 있는 경우를 제외하고 질권설정자인 주주는 여전히 주주로서의 지위를 가지고 의결권을 행사할 수 있다.[법무사 20]

1 ○ **2** ×

4. 의결권의 제한

> **제344조의3 (의결권의 배제·제한에 관한 종류주식)** ① 회사가 의결권이 없는 종류주식이나 의결권이 제한되는 종류주식을 발행하는 경우에는 정관에 의결권을 행사할 수 없는 사항과, 의결권행사 또는 부활의 조건을 정한 경우에는 그 조건 등을 정하여야 한다.

① 회사가 정관에 의결권을 행사할 수 없는 사항과 의결권행사 또는 부활의 조건을 정하여 의결권이 없거나 제한되는 종류주식을 발행하는 경우, 그러한 종류주식은 의결권을 행사할 수 없는 사항에 대하여 의결권이 배제·제한된다. [법원직 10, 12]

② 회사가 보유한 자기주식, [법원직 10, 12, 법무사 14, 변호사 16, 17] 상호주의 경우 피참가회사가 보유한 참가회사의 주식, 자회사가 보유하는 모회사 주식은 의결권이 없다.

③ 해당 주식은 제3자에게 매각되는 경우, 의결권이 살아난다.

④ 특별이해관계인은 해당 결의사항에 대해 의결권이 없다.

⑤ 회사가 수종의 주식을 발행하는 경우에는 정관으로 이익배당에 관한 우선적 내용이 있는 종류의 주식에 대하여 주주에게 의결권 없는 것으로 할 수 있다. 그러나 그 주주는 정관에 정한 우선적 배당을 받지 아니한다는 결의가 있는 총회의 다음 총회부터 그 우선적 배당을 받는다는 결의가 있는 총회의 종료시까지는 의결권이 있다. [법원직 09]

⑥ 회사가 주주총회의 결의사항에 대하여 의결권이 없거나 의결권이 제한되는 종류주식을 발행하는 경우에 그 종류 주식을 보유한 주주도 종류주주총회에서 의결권을 가진다. [법무사 14]

⑦ 주주총회의 결의에 있어서 회사가 가진 자기주식은 의결권이 없고, 그와 같은 자기주식의 수는 발행주식총수에 산입하지 아니한다. [법원직 12, 18]

5. 상호주의 의결권 제한

> **제369조 (의결권)** ③ 회사, 모회사 및 자회사 또는 자회사가 다른 회사의 발행주식의 총수의 10분의 1을 초과하는 주식을 가지고 있는 경우 그 다른 회사가 가지고 있는 회사 또는 모회사의 주식은 의결권이 없다.
>
> **제342조의3 (다른 회사의 주식취득)** 회사가 다른 회사의 발행주식총수의 10분의 1을 초과하여 취득한 때에는 그 다른 회사에 대하여 지체없이 이를 통지하여야 한다.

(1) 의의

① 회사, 모회사 및 자회사 또는 자회사가 다른 회사의 발행주식의 총수의 10분의 1을 초과하는 주식을 가지고 있는 경우, 그 다른 회사가 가지고 있는 회사 또는 모회사의 주식은 의결권이 없다. [법원직 14, 19, 법무사 05, 14, 변호사 15]

② 모자회사 관계가 없는 회사 사이의 주식의 상호소유를 규제하는 주된 목적은 상호주를 통해 출자 없는 자가 의결권 행사를 함으로써 주주총회결의와 회사의 지배구조가 왜곡되는 것을 방지하기 위한 것이다(대판 2009.1.30. 2006다31269).

(2) 상호주식 보유 여부의 판단기준

① 다른 회사 발행주식 총수의 10%를 초과하는 주식을 보유하는지 여부는 발행주식총수를 기준으로 한다.

② 의결권이 배제, 제한되는 종류주식 및 의결권 없는 주식도 발행주식 총수에 포함된다.

③ A가 B의 모회사인데 B가 A 발행 주식 11%를 취득하는 경우에는 자회사의 모회사 주식 취득 금지에 반하므로 A가 보유하는 B 주식에 대한 의결권은 인정된다. 결국 상호주 의결권 부인 은 두 회사가 모자관계에 있지 않는 경우에 적용된다.

(3) 의결권이 제한되는 유형

① A가 C 발행주식 11%를 보유하고, C가 A 발행주식 5%를 보유하는 경우, A가 보유하는 C 발행 주식은 의결권이 있으나, C가 보유하는 A 발행주식은 의결권이 없다.[변호사 17]

② A가 B의 모회사이고 A와 B가 각각 C의 주식을 7% 보유하는 경우, C가 보유하는 A 발행 주식은 의결권이 없으나 C가 보유하는 B 발행주식은 의결권이 있다.

③ A가 B의 모회사이고 B가 C의 주식을 11% 보유하는 경우, C가 보유하는 A 발행주식도 의결 권이 없고 C가 보유하는 B 발행주식도 의결권이 없다.

④ A가 B 발행주식 11%를 보유하는 상황에서 B가 100% 자회사 C를 설립하고 C가 A 발행주식 을 취득하는 경우 C가 보유하는 A 발행주식은 의결권이 인정된다.

(4) 상호주 보유 여부 판단 기준

① 기준일에는 상호소유 주식 요건에 해당하지 않더라도, 실제로 의결권이 행사되는 주주총회일 에 요건을 충족하는 경우에는 상호소유 주식에 해당하여 의결권이 없다.

② 상호소유 주식 요건 여부는 실제로 소유하고 있는 주식수를 기준으로 판단하며 주주명부상 의 명의개서 여부와는 관계가 없다.

③ 회사, 모회사 및 자회사 또는 자회사가 다른 회사 발행주식 총수의 10분의 1을 초과하는 주 식을 가지고 있는지 여부는 실제로 소유하고 있는 주식수를 기준으로 판단하여야 하며 그에 관하여 주주명부상의 명의개서를 하였는지 여부와는 관계가 없다(대판 2009.1.30. 2006다31269).

(5) 의결권 제한의 효과

① A가 B 발행주식 총수의 10%를 초과 보유하는 경우, A의 주주총회 결의와 관련하여 B가 보유하는 A 발행주식은 발행주식 총수에 산입되지 않는다. 만약, 쌍방이 서로 10%를 초과하여 보유한다면, 양쪽이 다 의결권이 없고 정족수 계산시 산입되지 않는다.

② 주주총회소집통지를 받을 권리는 인정되지 않는다.

③ 의결권 이외에 자익권과 공익권은 인정된다.

(6) 의결권 제한에 위배된 주주총회 의결권 행사

의결권 제한에 위배되어 주주총회에서 의결권이 행사되면 주주총회결의 취소사유에 해당한다.

(7) 주식취득 통지의무

① 회사가 다른 회사의 발행주식총수의 10분의 1을 초과하여 취득한 때에는 그 다른 회사에 대 하여 지체 없이 이를 통지하여야 한다.[변호사 15]

② 회사가 다른 회사의 발행주식 총수의 10분의 1 이상을 취득하여 의결권을 행사하는 경우, 경 영권의 안정을 위협받게 된 그 다른 회사는 역으로 상대방 회사의 발행주식의 10분의 1 이상 을 취득함으로써 이른바 상호보유주식의 의결권 제한 규정에 따라 서로 상대 회사에 대하여 의결권을 행사할 수 없도록 방어조치를 취하여 다른 회사의 지배가능성을 배제하고 경영권 의 안정을 도모하도록 하기 위한 것이다(대판 2001.5.15. 2001다12973).

③ 통지의무 위반의 경우, 취득한 주식에 대한 의결권이 부여되지 않는다. 그럼에도 불구하고 주주총회에서 의결권이 행사되었다면 결의방법의 하자로서 결의취소의 소의 원인이 된다.

④ 주식을 담보로 취득한 경우와 의결권행사의 대리권을 취득한 경우에는 10% 초과 취득에 대한 통지의무가 적용되지 않는다.

⑤ 특정 주주총회에 한정하여 각 주주들로부터 개별안건에 대한 의견을 표시하게 하여 의결권을 위임받아 의결권을 대리행사하는 경우에는 회사가 다른 회사의 발행주식 총수의 10분의 1을 초과하여 의결권을 대리행사 할 권한을 취득하였다고 하여도 상법 제342조의3은 유추적용되지 않는다(대판 2001.5.15. 2001다12973).

6. 특별이해관계인

> **제371조 (정족수, 의결권수의 계산)** ① 총회의 결의에 관하여는 제344조의3 제1항과 제369조 제2항 및 제3항의 의결권 없는 주식의 수는 발행주식총수에 산입하지 아니한다.
> ② 총회의 결의에 관하여는 제368조 제3항에 따라 행사할 수 없는 주식의 의결권 수와 제409조 제2항 및 제542조의12 제4항에 따라 그 비율을 초과하는 주식으로서 행사할 수 없는 주식의 의결권 수는 출석한 주주의 의결권의 수에 산입하지 아니한다.

(1) 의의

① 총회의 결의에 관하여 특별한 이해관계가 있는 자는 의결권을 행사하지 못한다.

② 특별이해관계가 있는 주주의 의결권의 수는 발행주식총수에는 산입되나, 출석한 주주의 의결권의 수에는 산입되지 아니한다.[법원직 10. 12. 14. 17. 법무사 05. 06. 14]

③ 주주총회가 재무제표를 승인한 후 2년 내에 이사와 감사의 책임을 추궁하는 결의를 하는 경우 당해 이사와 감사인 주주는 회사로부터 책임을 추궁당하는 위치에 서게 되어 주주의 입장을 떠나 개인적으로 이해관계를 가지는 경우로서 그 결의에 관한 특별이해관계인에 해당한다(대판 2007.9.6. 2007다40000).

④ 개인법설에 의하면 개인적 이해관계에 관련된 경우는 특별이해관계인에 해당하나 회사의 지배에 관련된 경우는 특별이해관계인에 해당하지 않는다.

(2) 특별이해관계인의 구체적인 경우

1) 특별이해관계인에 해당하는 경우

① 이사 등의 책임을 면제하는 결의에서 그 이사 등인 주주, ② 영업양도·영업양수 등의 결의에서 그 상대방인 주주, ③ 이사보수 또는 퇴직금을 정하는 결의에서 그 이사인 주주, ④ 주주총회가 재무제표를 승인한 후 2년 내에 이사와 감사의 책임을 추궁하는 결의를 하는 경우 당해 이사와 감사인 주주는 특별이해관계인에 해당한다.[변호사 17]

2) 특별이해관계인에 해당되지 않는 경우

① 이사·감사의 선임·해임 결의, ② 재무제표의 승인, ③ 합병과 같이 회사 지배와 관련되는 경우는 주주의 특별이해관계에 해당하지 않는다.

(3) 특별이해관계인의 적용범위

① 특별이해관계가 있는 주주는 의결권을 대리의 방식으로도 행사할 수 없다.

② 특별이해관계가 있는 주주가 100% 주식을 보유하고 있는 경우 의결권이 인정된다.

(4) 효과

특별이해관계가 있는 주주가 해당 의안에 대하여 의결권을 행사하면 결의취소 사유에 해당한다.

7. 감사 · 감사위원회위원의 선임 · 해임시 의결권 제한

> **제409조 (선임)** ② 의결권없는 주식을 제외한 발행주식의 총수의 100분의 3(정관에서 더 낮은 주식 보유비율을 정할 수 있으며, 정관에서 더 낮은 주식 보유비율을 정한 경우에는 그 비율로 한다)을 초과하는 수의 주식을 가진 주주는 그 초과하는 주식에 관하여 제1항의 감사의 선임에 있어서는 의결권을 행사하지 못한다.

(1) 의의
① 의결권 없는 주식을 제외한 발행주식의 총수의 3%를 초과하는 수의 주식을 가진 주주는 그 초과하는 주식에 관하여 감사의 선임에 있어서는 의결권을 행사하지 못한다.[변호사 14]
② 정관으로 비율을 낮출 수는 있으나 높일 수는 없다.
③ 3%의 계산에 있어서 무의결권주식, 자기주식, 상호주 등 의결권이 없는 주식은 모두 제외된다.

(2) 상장회사의 특례
① 상장회사의 감사를 선임 또는 해임할 때에는 의결권 없는 주식을 제외한 발행주식총수의 3%를 초과하는 수의 주식을 가진 주주는 그 초과하는 주식에 관하여 의결권을 행사하지 못한다.[변호사 14]
② 최대주주인 경우에는 감사를 선임 또는 해임할 때에 ㉠ 특수관계인, ㉡ 최대주주 또는 특수관계인의 계산으로 주식을 보유하는 자, ㉢ 최대주주 또는 특수관계인에게 의결권(의결권의 행사를 지시할 수 있는 권한을 포함한다)을 위임한 자(해당 위임분만 해당)가 소유하는 주식을 합산한다.

(3) 감사위원회 위원 선임 · 해임
① 감사위원회 위원의 선임과 해임은 이사회 결의사항이나 자산총액 2조원 이상 대규모 상장회사는 주주총회의 권한이다(제542조의12 제1항).
② 자산총액 2조 원 이상 대규모 상장회사에 적용되는 감사위원회 위원을 선임 또는 해임할 때에는 의결권 없는 주식을 제외한 발행주식총수의 3%를 초과하는 수의 주식을 가진 주주는 그 초과하는 주식에 관해 의결권을 행사하지 못한다.
③ 최대주주인 경우에는 사외이사가 아닌 감사위원회위원을 선임 또는 해임할 때에 ㉠ 특수관계인, ㉡ 최대주주 또는 특수관계인의 계산으로 주식을 보유하는 자, ㉢ 최대주주 또는 특수관계인에게 의결권(의결권의 행사를 지시할 수 있는 권한을 포함한다)을 위임한 자(해당 위임분만 해당한다)가 소유하는 주식을 합산한다.
④ 최대주주가 아닌 주주와 그 특수관계인 등에 대하여 일정 비율을 초과하여 소유하는 주식에 관하여 감사의 선임 및 해임에 있어서 의결권을 제한하는 내용의 주주총회 결의는 무효이다.
[법원직 11]

법원직 11

1 최대주주가 아닌 주주와 그 특수관계인 등에 대하여 일정 비율을 초과하여 소유하는 주식에 관하여 감사의 선임 및 해임에 있어서 의결권을 제한하는 내용의 주주총회 결의는 유효하다. (○, ×)

1 ×

(4) 3% 주식의 발행주식총수 산입 여부

① 감사의 선임에서 3% 초과 주식은 발행주식총수에 산입되지 않는다.[변호사 18, 21]

② 감사를 선임하려면 '출석한 주주의 의결권의 과반수' 및 '발행주식총수의 4분의 1 이상의 수'가 충족되어야 하는데, 상법 제371조 제1항은 '발행주식총수에 산입하지 않는 주식'에 대하여 상법 제409조 제2항의 의결권 없는 주식(이하 '3% 초과 주식'이라 한다)을 포함시키지 않고, 제2항에서 '출석한 주주의 의결권 수에 산입하지 않는 주식'에 대해서는 3% 초과 주식을 포함시키고 있다. 그런데 만약 3% 초과 주식이 '발행주식총수'에 산입된다고 보면, 어느 주주가 발행주식총수의 78%를 초과하여 소유하는 경우와 같이 3% 초과 주식의 수가 발행주식총수의 75%를 넘는 경우에는 '발행주식총수의 4분의 1 이상의 수'라는 요건을 충족시키는 것이 불가능하게 되는데, 이러한 결과는 감사를 주식회사의 필요적 상설기관으로 규정하고 있는 상법의 기본 입장과 모순된다. 따라서 감사의 선임에 있어서 3% 초과 주식은 상법 제368조 제1항에서 말하는 '발행주식총수'에 산입되지 않는다고 보아야 한다. 그리고 이는 자본금 총액이 10억 원 미만이어서 감사를 반드시 선임하지 않아도 되는 주식회사의 경우에도 마찬가지이다(대판 2016.8.17. 2016다222996).

③ 피고 회사가 발행한 총 1,000주를 A가 340주(34%), B가 330주(33%), C가 330주(33%)씩 보유하고 있는 가운데 A, B, C가 참석하여 개최된 임시주주총회에서 B와 C의 찬성으로 D를 감사로 선임하는 결의가 이루어졌다. 위 결의가 적법한지와 관련하여 대법원은 A, B, C는 감사 선임에 있어서 발행주식총수의 3%(30주)를 초과하는 주식에 관해서는 의결권이 없으므로 의결권이 있는 발행주식총수는 90주인데, 위 90주 중 D의 감사 선임에 찬성한 주식 수는 B와 C의 각 30주 합계 60주로서, 결국 출석한 주주의 의결권의 과반수와 발행주식총수의 4분의 1 이상의 찬성이 있었으므로 위 결의는 적법하다고 보았다.

8. 의결권의 불통일행사

> **제368조의2 (의결권의 불통일행사)** ① 주주가 2 이상의 의결권을 가지고 있는 때에는 이를 통일하지 아니하고 행사할 수 있다. 이 경우 주주총회일의 3일전에 회사에 대하여 서면 또는 전자문서로 그 뜻과 이유를 통지하여야 한다.
> ② 주주가 주식의 신탁을 인수하였거나 기타 타인을 위하여 주식을 가지고 있는 경우 외에는 회사는 주주의 의결권의 불통일행사를 거부할 수 있다.

(1) 의의

① 주주는 그 의결권을 자유롭게 행사할 수 있다.

② 주주의 의결권 행사 자유가 보장되지 않은 주주총회는 결의방법이 현저히 불공정한 경우에 해당하여 결의취소의 대상이 된다.

③ 주주가 2 이상의 의결권을 가지고 있는 때에는 이를 통일하지 아니하고 행사할 수 있다. 이 경우 주주총회일의 3일 전에 회사에 대하여 서면 또는 전자문서로 그 뜻과 이유를 통지하여야 한다.[법원직 09, 13, 14, 19, 법무사 04, 06, 16, 18]

법무사 04

1 판례에 의하면, 주주가 의결권의 불통일 행사를 위하여 회일의 3일 전에 회사에 통지를 하지 않은 경우에는 회사는 의결권의 불통일 행사를 위한 대리인의 선임을 거절할 수 있다. (○, ×)

법무사 06, 16

2 주주가 2 이상의 의결권을 가지고 있는 때에는 이를 통일하여 행사하여야 한다. (○, ×)

1 ○ **2** ×

법무사 18

1 상법 제368조의2 제1항에 따라 주주가 2 이상의 의결권을 가지고 있어 이를 통일하지 않고 행사하고자 한다면 주주총회일 3일 전까지 회사에 대하여 서면 또는 전자문서로 그 취지를 통지해야 하는데, 여기서 통지의 의미는 주주 3일 전까지 통지를 발송하기만 하면 된다는 의미이고, 회사에 3일 전까지 도달해야 한다는 의미는 아니다. (○, ×)

법무사 16

2 회사는 주주가 타인을 위하여 주식을 가지고 있는 경우에도 불통일행사를 거부할 수 있다. (○, ×)

법원직 19

3 주주가 2 이상의 의결권을 가지고 있는 때에는 이를 통일하지 아니하고 행사할 수 있다. 이 경우 주주총회일의 3일 전에 회사에 대하여 서면 또는 전자문서로 그 뜻과 이유를 통지하여야 하고, 회사는 주주의 의결권의 불통일행사를 거부할 수 없다. (○, ×)

법원직 13, 법무사 16

4 주주는 자유로이 타인으로 하여금 의결권을 대리행사 하도록 할 수 있으므로, 주주의 대리인의 자격을 주주로 한정하는 정관은 효력이 없다. (○, ×)

법무사 17

5 주주의 대리인의 자격을 주주로 제한하는 정관규정이 있는 경우 주주인 국가, 지방공공단체 또는 주식회사 소속의 공무원, 직원 또는 피용자 등이 그 주주를 위한 대리인으로서 의결권을 대리행사하는 것은 정관 규정에 위반한 무효의 의결권 대리행사이므로 허용될 수 없다. (○, ×)

법무사 20

6 주주의 의결권을 적법하게 위임받은 대리인은 특별한 사정이 없는 한 주주총회에 참석하여 의결권을 행사할 수 있다 할 것이나, 그 대리인이 그 의결권의 대리행사를 제3자에게 재위임하는 것은 주주의 당초 수권에 반하는 것으로서 허용되지 않는다. (○, ×)

1 × **2** × **3** × **4** × **5** × **6** ×

(2) 절차

① 주주총회일의 3일 전에 회사에 대하여 서면 또는 전자문서로 그 뜻과 이유를 통지하여야 한다. 3일 전까지 통지가 도달하여야 한다.

② 불통일행사의 통지가 주주총회 회일의 3일 전이라는 시한보다 늦게 도착하였다고 하더라도 회사가 스스로 총회운영에 지장이 없다고 판단하여 이를 받아들이기로 하였다면, 그것이 주주평등의 원칙을 위반하거나 의결권 행사의 결과를 조작하기 위하여 자의적으로 이루어진 것이라는 등의 특별한 사정이 없는 한, 그와 같은 의결권의 불통일행사를 위법하다고 볼 수는 없다(대판 2009.4.23. 2005다22701,22718).[변호사 15]

(3) 회사의 거부

주주가 주식의 신탁을 인수하였거나 기타 타인을 위하여 주식을 가지고 있는 경우 외에는 회사는 주주의 의결권의 불통일행사를 거부할 수 있다.[법원직 09, 10, 14, 19, 법무사 04, 16]

(4) 효과

① 불통일 행사된 의결권은 모두 유효하게 계산 된다.

② 명의주주가 실질주주에 대하여 불통일행사의무를 부담한다고 하더라도 이는 명의주주와 실질주주간의 내부적인 문제이므로 이에 위반한 의결권행사의 효력에는 영향이 없다.

③ 통지 없이 이루어진 불통일 행사는 결의방법상의 하자로서 주주총회 결의취소 사유에 해당한다.

9. 의결권의 대리행사

> **제368조 (총회의 결의방법과 의결권의 행사)** ② 주주는 대리인으로 하여금 그 의결권을 행사하게 할 수 있다. 이 경우에는 그 대리인은 대리권을 증명하는 서면을 총회에 제출하여야 한다.

(1) 의의

① 주주는 대리인으로 하여금 그 의결권을 행사하게 할 수 있다.

② 주주의 자유로운 의결권 행사를 보장하기 위해 주주가 의결권 행사를 대리인에게 위임하는 것이 보장된다고 하더라도 주주의 의결권 행사를 위한 대리인 선임이 무제한적으로 허용되는 것은 아니고, 그 의결권의 대리행사로 말미암아 주주총회의 개최가 부당하게 저해되거나 혹은 회사의 이익이 부당하게 침해될 염려가 있는 등의 특별한 사정이 있는 경우에는 이를 거절할 수 있다(대판 2001.9.7. 2001도2917).[법원직 16, 법무사 17, 변호사 13, 19, 21]

(2) 대리인의 자격

① 대리인의 자격을 주주로 한정하는 취지의 주식회사의 정관 규정은 주주총회가 주주 이외의 제3자에 의하여 교란되는 것을 방지하여 회사 이익을 보호하는 취지에서 마련된 것으로서 합리적인 이유에 의한 상당한 정도의 제한이라고 볼 수 있으므로 이를 무효라고 볼 수는 없다(대판 2009.4.23. 2005다22701,22718).[법원직 13, 법무사 16, 17, 변호사 18, 20]

② 대리인의 자격을 주주로 한정하는 정관규정이 있더라도 주주인 국가, 지방공공단체 또는 주식회사 소속의 공무원, 직원 또는 피용자 등이 그 주주를 위한 대리인으로서 의결권을 대리행사 하는 것은 허용되어야 하고 이를 가리켜 정관 규정에 위반한 무효의 의결권 대리행사라고 할 수는 없다(대판 2009.4.23. 2005다22701,22718).[법무사 17, 변호사 18]

③ 대리의 목적인 법률행위의 성질상 대리인 자신에 의한 처리가 필요하지 않은 경우 본인이 복대리금지의 의사를 명시하지 아니하는 한, 복대리인의 선임에 관하여 묵시적인 승낙이 있는 것으로 보는 것이 타당하므로, 외국인 주주로부터 의결권 행사를 위임받은 상임대리인은 특별한 사정이 없는 한 그 의결권 행사의 취지에 따라 제3자에게 의결권의 대리행사를 재위임할 수 있다(대판 2009.4.23. 2005다22701,22718).[법무사 20, 변호사 13]

(3) 대리권의 범위

① 대리권은 개별 의제별로 부여될 필요 없이 주주총회를 하나의 단위로 하여 부여될 수 있다.

② 주주권 행사는 포괄적으로 위임할 수 있고, 수임자는 위임자나 그 회사 재산에 불리한 영향을 미칠 사항에 관하여도 그 주주권을 행사할 수 있다(대판 1969.7.8. 69다688).[법원직 08, 16, 법무사 16, 20, 변호사 13]

③ 대리인이 주주의 의사에 반하여 의결권을 행사하더라도 이는 대리인과 주주간의 내부적인 문제에 불과하므로 주주총회의 의결에 영향을 미치지 않는다.

(4) 대리권 행사의 방법

① 대리인은 대리권을 증명하는 서면을 총회에 제출하여야 한다. 위임장은 원칙적으로 원본을 제출해야 한다.[법원직 13, 19, 법무사 06, 17]

② 대리권을 증명하는 서면은 위조나 변조 여부를 쉽게 식별할 수 있는 원본이어야 하고, 특별한 사정이 없는 한 사본은 그 서면에 해당하지 아니하고, 팩스를 통하여 출력된 팩스본 위임장 역시 성질상 원본으로 볼 수 없다(대판 2004.4.27. 2003다29616).[법원직 07, 법무사 04, 변호사 18]

③ 실질주주가 지정한 변호사가 주주총회에 참석하여 실질주주의 위임장 원본을 제출하였다면, 비록 그 변호사가 지참한 명의주주의 위임장 및 인감증명서가 모두 사본이라 하더라도 그 변호사의 의결권 대리행사가 제한되지 않는다(대판 1995.2.28. 94다34579).

④ ㉠ 상법 제368조 제3항이 규정하는 '대리권을 증명하는 서면'이라 함은 위임장을 일컫는 것으로서 회사가 위임장과 함께 인감증명서, 참석장 등을 제출하도록 요구하는 것은 대리인의 자격을 보다 확실하게 확인하기 위하여 요구하는 것일 뿐, 이러한 서류 등을 지참하지 아니하였다 하더라도 주주 또는 대리인이 다른 방법으로 위임장의 진정성 내지 위임의 사실을 증명할 수 있다면 회사는 그 대리권을 부정할 수 없다.[법원직 16, 법무사 16, 20] ㉡ 회사가 주주 본인에 대하여 주주총회 참석장을 지참할 것을 요구하는 것 역시 주주 본인임을 보다 확실하게 확인하기 위한 방편에 불과하므로, 다른 방법으로 주주 본인임을 확인할 수 있는 경우에는 회사는 주주 본인의 의결권 행사를 거부할 수 없다(대판 2009.4.23. 2005다22701,22718).[법원직 16, 변호사 13, 15]

⑤ 의결권을 위임받았음을 증명하는 위임장들 중 신분증의 사본 등이 첨부되지 아니한 위임장(단 팩스로 출력된 위임장 제외)에 대하여 피고 회사가 그 위임장의 접수를 거부하는 것은 부당하다(대판 2004.4.27. 2003다29616).

(5) 대리권의 중복위임

① 2주 이상의 주식을 보유하는 주주가 주식을 나누어 대리인을 선임하는 경우, 의결권의 불통일행사가 되어 상법상 불통일행사에 요구되는 절차를 거쳐야 하고, 이를 거치지 않는 경우 전체 주식의 의결권이 제한되게 된다.

법원직 08

1 주식회사의 주주권 행사는 포괄적으로 위임할 수 있으나, 수임자는 위임자나 그 회사 재산에 불리한 영향을 미칠 사항에 관하여는 그 주주권을 행사할 수 없다. (O, X)

법원직 16, 법무사 16

2 주식회사의 주주권 행사를 위임함에는 구체적이고 개별적인 사항에 국한하여야 하므로 포괄적으로 위임할 수 없고 수임자는 위임자나 그 회사 재산에 불리한 영향을 미칠 사항에 관하여도 그 주주권을 행사할 수 있다. (O, X)

법원직 07, 법무사 04

3 주주는 대리인으로 하여금 그 의결권을 행사하게 할 수 있는데, 판례는 종래 대리권을 증명하는 서면으로서 사본이나 팩스를 통하여 출력된 위임장은 허용되지 않는다는 입장이었으나 근자에 기술의 발달과 거래관행을 고려하여 이를 허용하는 것으로 입장을 변경하였다. (O, X)

법무사 20

4 상법 제368조 제2항이 규정하는 대리권을 증명하는 서면이란 위임장을 일컫는 것으로서 회사가 위임장과 함께 인감증명서, 참석장 등을 제출하도록 요구하는 것은 대리인의 자격 유무를 일률적으로 명확히 확인하기 위한 취지로서, 이러한 서류 등을 지참하지 아니한 대리인이 다른 방법으로 위임장의 진정성을 증명하더라도 회사는 그 대리권을 부정할 수 있다. (O, X)

1 X 2 X 3 X 4 X

② 주주가 자신이 가진 복수의 의결권을 불통일행사하기 위하여는 회일의 3일 전에 회사에 대하여 서면으로 그 뜻과 이유를 통지하여야 할 뿐만 아니라, 회사는 주주가 주식의 신탁을 인수하였거나 기타 타인을 위하여 주식을 가지고 있는 경우 외에는 주주의 의결권 불통일 행사를 거부할 수 있는 것이므로, 주주가 위와 같은 요건을 갖추지 못한 채 의결권 불통일행사를 위하여 수인의 대리인을 선임하고자 하는 경우에는 회사는 역시 이를 거절할 수 있다(대판 2001.9.7. 2001도2917). [변호사 13, 19]

10. 서면투표, 전자투표

> **제368조의3 (서면에 의한 의결권의 행사)** ① 주주는 정관이 정한 바에 따라 총회에 출석하지 아니하고 서면에 의하여 의결권을 행사할 수 있다.
>
> **제368조의4 (전자적 방법에 의한 의결권의 행사)** ① 회사는 이사회의 결의로 주주가 총회에 출석하지 아니하고 전자적 방법으로 의결권을 행사할 수 있음을 정할 수 있다.

(1) 의의
① 서면투표는 주주가 정관이 정한 바에 따라 총회에 출석하지 아니하고 서면에 의하여 의결권을 행사하는 것을 의미한다. [법원직 08, 13]
② 전자투표는 이사회의 결의로 주주가 총회에 출석하지 아니하고 전자적 방법으로 의결권을 행사하는 것을 의미한다.
③ 회사는 이사회의 결의로 주주가 총회에 출석하지 아니하고 전자적 방법으로 의결권을 행사할 수 있음을 정할 수 있다. [법원직 08, 11, 13, 14, 법무사 15, 변호사 21]
④ 서면투표와 전자투표 모두 주주총회는 개최하여야 한다.
⑤ 유한회사와 자본금총액 10억 원 미만의 소규모 주식회사에 인정되는 서면결의는 총회 자체를 개최하지 않는다.
⑥ 상법상 명문 규정은 없으나 주주총회의 사전투표는 허용된다(대결 2014.7.11. 2013마2397).

(2) 요건
① 서면투표는 정관에 규정이 있어야 하고, 전자투표는 정관에 규정이 없더라도 이사회결의로 가능하다. [변호사 15]
② 회사가 서면투표와 전자투표 모두를 채택할 수 있으나 동일주식에 대해서는 하나만 선택해야 한다.
③ 서면투표와 전자투표는 주주총회의 전날까지 회사에 도착하여야 한다.

(3) 효과
전자투표를 한 주주는 해당 주식에 대하여 의결권 행사를 철회하거나 변경하지 못한다는 종전 규정은 2020.1.29. 상법 시행령 개정으로 삭제되었다(종전 상법 시행령 제13조 제3항).

11. 이익공여의 금지

> **제467조의2 (이익공여의 금지)** ① 회사는 누구에게든지 주주의 권리행사와 관련하여 재산상의 이익을 공여할 수 없다.
> ② 회사가 특정의 주주에 대하여 무상으로 재산상의 이익을 공여한 경우에는 주주의 권리행사와 관련하여 이를 공여한 것으로 추정한다. 회사가 특정의 주주에 대하여 유상으로 재산상의 이익을 공여한 경우에 있어서 회사가 얻은 이익이 공여한 이익에 비하여 현저하게 적은 때에도 또한 같다.
> ③ 회사가 제1항의 규정에 위반하여 재산상의 이익을 공여한 때에는 그 이익을 공여받은 자는 이를 회사에 반환하여야 한다. 이 경우 회사에 대하여 대가를 지급한 것이 있는 때에는 그 반환을 받을 수 있다.

① 회사는 누구에게든지 주주의 권리행사와 관련하여 재산상의 이익을 공여할 수 없다.

② 회사가 특정의 주주에게 무상으로 재산상의 이익을 공여하거나 유상으로 재산상의 이익을 공여하면서 그에 비하여 현저하게 적은 대가를 받은 경우에는 주주의 권리행사와 관련하여 이를 공여한 것으로 추정한다. [법원직 09, 11, 17, 법무사 15, 20]

③ 이익공여 금지 규정을 위반하고 재산상의 이익을 공여한 때에는 그 이익을 공여 받은 자는 이를 회사에 반환하여야 하며, 회사의 발행주식 총수의 100분의 1 이상을 보유한 주주는 이익의 반환을 청구할 수 있다. [법원직 09, 11, 17, 법무사 15]

④ 주주의 권리행사와 관련하여 이익을 공여받은 자가 이를 회사에 반환하여야 하는 경우, 회사에 대하여 대가를 지급한 것이 있는 때에는 그 반환을 받을 수 있다. [법원직 11, 법무사 15]

⑤ 회사가 주주 아닌 자에 대하여 재산상의 이익을 공여하였더라도 그 재산상의 이익이 주주의 권리행사와 관련하여 공여된 것이면 이익공여금지 규정에 위반한 것이다. [법원직 09, 17]

⑥ 회사의 이사나 감사가 이익공여금지 규정에 위반하여 재산상의 이익을 공여한 경우 그 이사나 감사는 물론 이익을 수수한 자도 형사처벌의 대상이 된다. [법원직 17]

⑦ 甲 주식회사가 이사회를 개최하여 정기주주총회에서 실시할 임원선임결의에 관한 사전투표 시기를 정관에서 정한 날보다 연장하고 사전투표에 참여하거나 주주총회에서 직접 의결권을 행사하는 주주들에게 골프장 예약권과 상품교환권을 제공하기로 결의한 다음 사전투표 등에 참여한 주주들에게 이를 제공하여 주주총회에서 종전 대표이사 乙 등이 임원으로 선임되자, 대표이사 등 후보자로 등록하였다가 선임되지 못한 주주 丙 등이 주주총회결의의 부존재 또는 취소사유가 존재한다고 주장하면서 乙 등에 대한 직무집행정지가처분을 구한 경우, 위 주주총회결의는 정관을 위반하여 사전투표기간을 연장하고 사전투표기간에 전체 투표수의 약 67%에 해당하는 주주들의 의결권행사와 관련하여 사회통념상 허용되는 범위를 넘어서는 위법한 이익이 제공됨으로써 주주총회결의 취소사유에 해당하는 하자가 있으므로, 위 가처분신청은 을 등에 대한 직무집행정지가처분을 구할 피보전권리의 존재가 인정된다(대결 2014.7.11. 2013마2397).

1. 주주총회 결의의 의의

① 주주총회 결의는 주주총회의 의사표시를 의미하고, 의결은 주주총회에서의 주주의 의사표시를 의미한다.

② 주주의 개별적 의결권 행사의 무효, 취소는 주주총회의 결의의 효력에 영향을 주지 못한다.

③ 주주총회의 결의 방법은 주주의 찬성과 반대 의사표시가 명확하게 드러나야 한다.

④ 반대하는 주주의 거수로 반대주주의 수를 확인한 다음 그 이외에는 모두 찬성하는 것으로 간주하여 결의한 것은 주주총회의 취소사유에 해당한다(대판 2001.12.28. 2001다49111).

2. 보통결의

> **제368조 (총회의 결의방법과 의결권의 행사)** ① 총회의 결의는 이 법 또는 정관에 다른 정함이 있는 경우를 제외하고는 출석한 주주의 의결권의 과반수와 발행주식총수의 4분의 1 이상의 수로써 하여야 한다.

① 보통결의는 상법 또는 정관에 달리 정한 경우 이외에 출석한 주주의 의결권의 과반수와 발행주식 총수의 4분의 1 이상의 수로써 하는 결의를 말한다.

② 상법에서는 보통결의의 경우, '주주총회에서 정한다.'라는 표현을 사용한다.

③ 정관으로 보통결의 요건을 가중하는 것이 허용된다.

④ 정관으로 보통결의 요건을 완화할 수 있는지와 관련해서는 출석의결권의 과반수 요건은 완화할 수 없다는 견해가 통설이나, 발행주식 총수의 4분의 1 이상의 요건에 대해서는 단체적 의사결정에 비추어 볼 때 완화할 수 없다는 견해와 허용된다고 보는 견해가 존재한다.

⑤ ㉠ 상법은 주주총회의 성립에 관한 의사정족수를 따로 정하고 있지는 않지만, 보통결의 요건을 정관에서 달리 정할 수 있음을 허용하고 있으므로, 정관에 의하여 의사정족수를 규정하는 것은 가능하다. ㉡ 정관에서 이사의 선임을 발행주식총수의 과반수에 해당하는 주식을 가진 주주의 출석과 출석주주 의결권의 과반수에 의한다고 규정하는 경우, 집중투표에 관한 상법 조항이 정관에 규정된 의사정족수 규정을 배제한다고 볼 것은 아니므로, 이사 선임을 집중투표의 방법으로 하는 경우에도 정관에 규정한 의사정족수는 충족되어야 한다(대판 2017.1.12. 2016다217741). [변호사 19]

3. 특별결의

> **제434조 (정관변경의 특별결의)** 제433조 제1항의 결의는 출석한 주주의 의결권의 3분의 2 이상의 수와 발행주식총수의 3분의 1 이상의 수로써 하여야 한다.

① 특별결의는 출석한 주주의 의결권의 3분의 2 이상의 수와 발행주식 총수의 3분의 1 이상의 수로써 하는 결의를 말한다.

② 상법에서는 특별결의를 '제434조의 규정에 의한 결의'라는 표현을 사용한다.

③ 정관으로 특별결의 요건을 완화할 수 없다는 것이 통설이다.

법원직 09. 16. 법무사 04

1 주주총회의 보통결의는 출석한 주주의 의결권의 과반수와 발행주식총수의 4분의 1 이상의 수로써 하여야 한다. 이때 보통결의 요건은 예외적으로 정관의 규정에 의하여 출석정족수를 둘 수 있고, 특별결의요건의 한도 내에서 의결정족수를 가중할 수 있다. (O, X)

법원직 18

2 총회의 결의는 상법 또는 정관에 다른 정함이 있는 경우를 제외하고는 출석한 주주의 의결권의 과반수와 발행주식총수의 4분의 1 이상의 수로써 하여야 한다. (O, X)

법원직 10

3 총회의 결의는 상법 또는 정관에 다른 정함이 있는 경우를 제외하고는 출석한 주주의 의결권의 과반수와 발행주식 총수의 3분의 1 이상의 수로써 하여야 한다. (O, X)

1 O **2** O **3** X

④ 특별결의 요건을 가중할 수 있는지와 관련해서는 총주주의 동의를 요하는 것으로 가중하는 것도 허용된다는 것이 다수설이다.

⑤ 정관변경,[변호사 20] 자본금감소, 주식분할, 합병, 분할·분할합병,[변호사 17] 주식교환, 주식이전, 영업양도·영업양수, 회사의 해산,[변호사 19, 20] 회사의 계속, 이사·감사의 해임,[변호사 20] 주식매수선택권의 부여, 사후설립, 제3자에 대한 전환사채·신주인수권부사채의 발행, 액면미달발행은 특별결의사항이다.[법무사 06, 07, 09, 10, 15]

4. 영업의 전부 또는 중요한 일부의 양도·양수

> **제374조 (영업양도, 양수, 임대등)** ① 회사가 다음 각 호의 어느 하나에 해당하는 행위를 할 때에는 제434조에 따른 결의가 있어야 한다.
> 1. 영업의 전부 또는 중요한 일부의 양도
> 2. 영업 전부의 임대 또는 경영위임, 타인과 영업의 손익 전부를 같이 하는 계약, 그 밖에 이에 준하는 계약의 체결·변경 또는 해약
> 3. 회사의 영업에 중대한 영향을 미치는 다른 회사의 영업 전부 또는 일부의 양수

① 회사가 ⑦ 영업의 전부 또는 중요한 일부의 양도, ⑥ 회사의 영업에 중대한 영향을 미치는 다른 회사의 영업 전부 또는 일부의 양수, ⑥ 영업임대 또는 경영위임, 손익공유계약에 관한 행위를 하는 경우 주주총회의 특별결의를 거쳐야 한다(제374조 제1항).[법원직 12, 18, 법무사 15]

② 양수한 영업이 양수인 회사의 영업에 중대한 영향을 미치지 않는 경우에는 양수한 회사의 주주총회 특별결의를 거치지 않아도 된다.

③ 어떠한 경우에 특별결의가 요구되는 중요한 경우에 해당하는지와 관련하여 자본시장법상 수시공시의무와 공정거래법상 기업결합신고의무가 발생하는 영업의 양도, 양수가 모두 자산 또는 매출액의 10%를 기준으로 하고 있는 점에서 자산 또는 매출액의 10% 여부를 기준으로 생각해 볼 수 있다.

④ ⑦ 상법 제374조 제1항 제1호는 주식회사가 영업의 전부 또는 중요한 일부의 양도행위를 할 때에는 주주총회의 특별결의를 얻도록 하여 그 결정에 주주의 의사를 반영하도록 함으로써 주주의 이익을 보호하려는 강행법규이다. ⑥ 따라서 주식회사가 영업의 전부 또는 중요한 일부를 양도한 후 주주총회의 특별결의가 없었다는 이유를 들어 스스로 그 약정의 무효를 주장하더라도 주주 전원이 그와 같은 약정에 동의한 것으로 볼 수 있는 등 특별한 사정이 인정되지 않는다면 위와 같은 무효 주장이 신의성실 원칙에 반한다고 할 수는 없다. ⑥ 회사의 주주 중 84%의 지분을 가진 주주들이 이 사건 양도계약에 동의하였다는 사정만으로는 회사의 무효 주장을 배척할 만한 특별한 사정이 있다고 볼 수 없다(대판 2018.4.26. 2017다288757).[변호사 20]

⑤ 의결권이 없거나 제한되는 주주도 영업양도에 반대하는 경우 주식매수청구권이 인정되며, 이는 1주를 보유한 주주에게도 인정된다.

⑥ 영업양도의 경우 회사의 총주주의 동의가 있거나 그 회사의 발행주식총수의 90% 이상을 상대방이 소유하고 있는 경우에는 그 회사의 주주총회 승인은 이사회의 승인으로 갈음할 수 있다.

⑦ 주주총회 승인은 이사회 승인으로 갈음하더라도 소액주주의 주식매수청구권이 인정되므로, 회사는 주주총회의 승인을 받지 아니하고 영업양도, 양수, 임대 등을 한다는 뜻을 공고하거나 주주에게 통지하여야 한다. 다만, 총주주의 동의가 있는 경우에는 공고와 통지를 하지 않아도 된다.

법무사 06, 07, 09, 10, 15

1 이사·감사의 선임, 이사·감사 및 청산임의 해임, 청산인의 선임, 주식배당, 준비금의 자본금 전입은 주주총회의 특별결의 사항이다. (○, ×)

법원직 12

2 회사의 영업에 중대한 영향을 미치는 다른 회사의 영업 일부를 양수하는 경우에는 특별결의를 요하지 않는다. (○, ×)

법원직 12, 18

3 회사가 영업의 전부 또는 중요한 일부의 양도에 해당하는 행위를 할 때에는 출석한 주주의 의결권의 과반수와 발행주식총수의 3분의 1 이상의 수에 의한 주주총회 결의에 의하여야 한다. (○, ×)

1 × 2 × 3 ×

5. 중요한 재산의 처분 또는 담보제공

① 영업양도가 아닌 개별적인 재산의 처분은 원칙적으로 주주총회의 결의대상이 아니다.

② 재산의 처분으로 영업의 양도나 폐지 상태에 이르게 되는 경우 주주총회 특별결의 대상이 된다.

③ 주주총회의 특별결의가 있어야 하는 영업의 양도는 일정한 영업목적을 위하여 조직되고 유기적 일체로 기능하는 재산의 전부 또는 중요한 일부를 총체적으로 양도하는 것을 의미하는 것으로서, ㉠ 단순한 영업용 재산의 양도는 이에 해당하지 않으나, ㉡ 영업용 재산의 처분으로 말미암아 회사 영업의 전부 또는 일부를 양도하거나 폐지하는 것과 같은 결과를 가져오는 경우에는 주주총회의 특별결의가 필요하다(대판 2004.7.8. 2004다13717).[법무사 09, 20, 변호사 17]

④ 주식회사가 회사 존속의 기초가 되는 중요한 재산을 처분할 당시에 이미 사실상 영업을 중단하고 있었던 상태라면 그 처분으로 인하여 비로소 영업의 전부 또는 일부가 폐지 또는 중단됨에 이른 것이라고는 할 수 없으므로 주주총회의 특별결의가 없었다 하여 그 처분행위가 무효로 되는 것은 아니다(대판 1988.4.12. 87다카1662).[변호사 17]

⑤ 영업의 중단이란 영업의 계속을 포기하고 일체의 영업활동을 중단하여 영업의 폐지에 준하는 상태를 말하고 일시적 영업활동 중지는 이에 해당하지 않는다(대판 1992.8.18. 91다14369).

⑥ 담보제공의 경우에도 영업의 양도, 폐지와 동일한 결과가 초래되는지 여부로 판단한다.

⑦ 회사의 중요한 재산이라도 그 위에 근저당권설정계약을 체결함에 있어서 주주총회의 특별결의를 필요로 하는 사안은 아니다(대판 1971.4.30. 71다392).

⑧ 영업용재산 거의 전부를 매도담보로 제공하는 행위는 회사의 영업의 전부 또는 중요한 일부를 양도 내지 폐지하는 것과 동일한 결과를 초래하는 것으로 주주총회의 특별결의를 거쳐야 한다(대판 1987.4.28. 86다카553).

6. 특수결의

① 이사·감사의 책임면제, 유한회사로의 조직변경에는 총주주의 동의를 요한다.

② 모집설립시 창립총회는 출석한 주식인수인 의결권의 3분의 2 이상 및 인수된 주식 총수의 과반수로 결의한다.

③ 甲 주식회사의 주주총회가 '총회의 안건이 적대적 인수합병을 위한 안건임을 총회 소집 전 이사회가 결의로 확인한 경우 총회의 결의요건을 출석한 주주의 의결권의 90% 이상과 발행주식총수의 70% 이상으로 한다는 조항과 위 조항을 개정하고자 하는 경우에도 위와 같은 방법에 의한다'는 조항을 신설하는 내용의 정관변경결의를 한 경우, 위 조항과 같은 이른바 초다수결의제는 현행 상법 하에서 원칙적으로 허용될 수 없고, 예외적으로 허용된다고 하더라도 위 가중조항은 보편적으로 이용되는 출석의결권수의 가중비율은 물론 발행주식총수의 가중비율 모두 현저히 초과하고 있어 상법에 반하여 허용될 수 없으므로 주주총회결의는 무효이다(전주지법 2020.10.29. 2017가합2297).

7. 결의요건 산정방법

① 제371조는 제1항에서 의결권 없는 주식을 발행주식총수에 산입하지 않으면서 제2항에서 의
안에 따라 의결권을 행사할 수 없는 경우에는 출석한 주주의 의결권에 산입하지 않는다고 규
정하고 있는 관계로 의안에 따라 의결권을 행사할 수 없는 주식은 발행주식총수에는 산입되
게 된다. 그 결과 제371조에 의하면 제368조 제1항과 제434조의 결의요건을 충족시키지 못
하는 경우가 발생하게 된다.

② 감사의 선임에서 3% 초과주식은 제371조의 규정에도 불구하고 제368조 제1항에서 말하는 발
행주식총수에 산입되지 않는다. 그리고 이는 자본금 총액이 10억 원 미만이어서 감사를 반드
시 선임하지 않아도 되는 주식회사라고 하여 달리 볼 것도 아니다(대판 2016.8.17. 2016다222996).

③ 주식의 이전 등 관계로 당사자 간에 주식의 귀속에 관하여 분쟁이 발생하여 진실의 주주라고
주장하는 자가 명의상의 주주를 상대로 의결권의 행사를 금지하는 가처분의 결정을 받은 경
우, 그 명의상의 주주는 주주총회에서 의결권을 행사할 수 없으나, 그가 가진 주식 수는 발
행주식의 총수에는 산입되는 것으로 해석함이 상당하다(대판 1998.4.10. 97다50619).

쟁점 07 반대주주의 주식매수청구권

1. 의의

> **제374조의2 (반대주주의 주식매수청구권)** ① 제374조에 따른 결의사항에 반대하는 주주(의결권이 없
> 거나 제한되는 주주를 포함한다. 이하 이 조에서 같다)는 주주총회 전에 회사에 대하여 서면으로
> 그 결의에 반대하는 의사를 통지한 경우에는 그 총회의 결의일부터 20일 이내에 주식의 종류와 수
> 를 기재한 서면으로 회사에 대하여 자기가 소유하고 있는 주식의 매수를 청구할 수 있다.

① 회사의 주식교환, 주식이전, 영업양도·영업양수, 합병, 분할합병에 반대하는 주주(의결권이
없거나 제한되는 주주를 포함한다)는 주주총회 전에 회사에 대하여 서면으로 그 결의에 반대
하는 의사를 통지한 경우에는 그 총회의 결의일부터 20일 이내에 주식의 종류와 수를 기재
한 서면으로 회사에 대하여 자기가 소유하고 있는 주식의 매수를 청구할 수 있다. [법원직 19. 법무사 10. 18. 변호사 14. 16]

② 주식매수청구권은 형성권으로 주주가 매수청구를 하면 회사의 승낙여부와 상관없이 주주와
회사 사이에 매매계약이 체결되고, 회사는 법정기간 내에 계약을 이행할 의무를 부담한다(대판 2011.4.28. 2009다72667). [법무사 18]

2. 주식매수청구권이 인정되는 주주총회결의

(1) 주식매수청구권이 인정되는 경우

주식교환, 주식이전, 영업양도·영업양수, 합병, 분할합병, 간이합병의 경우, 주식매수청구권이
인정된다.

법무사 18

1 영업양도에 반대하는 주주가
주식매수청구권을 행사하면 회
사의 승낙 여부와 상관없이 주
주와 회사 사이에 매매계약이
체결된다.   (○, ×)

1 ○

(2) 주식매수청구권이 인정되지 않는 경우

① 소규모(흡수)합병, 소규모분할(흡수)합병, 소규모주식교환의 경우, 존속회사(완전모회사)의 주주에게는 주식매수청구권이 인정되지 않는다.

② 정관변경, 자본금감소, 분할, 해산에 대한 주주총회결의에 대해서는 반대주주의 주식매수청구권이 인정되지 않는다. [법무사 18, 변호사 14]

(3) 회사가 임의로 주식매수청구권을 인정할 수 있는지 여부

상법상 인정되는 경우 이외에 회사가 주주에 대하여 임의로 주식매수청구권을 인정할 수 없다.

3. 청구권자

① 결의에 반대하는 주주는 주주총회 전에 회사에 대하여 서면으로 그 결의에 반대하는 의사를 통지해야 한다.

② 반대주주가 주주총회에 출석하지 않아도 주식매수청구권이 인정된다. [법무사 10, 변호사 14]

③ 반대주주가 주주총회에 출석하여 찬성투표를 한 경우에는 주식매수청구권이 인정되지 않는다.

④ 의결권이 없거나 제한되는 종류주식을 보유한 주주도 주식매수청구권이 인정된다. [법무사 18]

⑤ 간이합병, 간이분할합병, 간이주식교환의 경우, 주주총회를 거치지 않아도 사전에 반대의사를 서면통지 한 주주에게 주식매수청구권이 인정된다.

4. 절차

① 회사는 반대주주의 주식매수청구권이 인정되는 주주총회의 소집의 통지를 하는 때에는 주식매수청구권의 내용 및 행사방법을 명시해야 한다.

② 주주총회 소집통지의 대상이 아닌 의결권 없는 주주나 주주총회가 생략되는 간이합병 등의 경우에도 반대주주의 주식매수청구권을 보장하기 위해 통지를 하여야 한다.

③ 회사가 주식매수청구권의 내용 및 행사방법을 명시하지 않은 경우, 반대주주는 반대의사의 사전 통지 없이도 주식매수청구권을 행사할 수 있다.

④ 결의에 반대하는 주주는 주주총회 전에 회사에 대하여 서면으로 그 결의에 반대하는 의사를 통지하여야 한다.

⑤ 반대주주가 총회에 출석하지 않은 경우, 반대주주의 주식은 결의요건 관련 출석주주 및 반대주식수로 계산되지 않는다.

⑥ 반대주주는 총회의 결의일로부터 20일 이내에 주식의 종류와 수를 기재한 서면으로 회사에 대하여 자기가 소유하고 있는 주식의 매수를 청구할 수 있다.

⑦ 간이합병 등 주주총회가 개최되지 않는 경우, 반대주주는 간이합병 등의 공고 또는 통지를 한 날부터 2주가 경과한 날부터 20일 이내에 주식매수청구권을 행사할 수 있다.

⑧ 반대주주가 주식매수청구권 행사 전에 제3자에게 양도한 주식에 대해서는 양도인과 양수인 모두 주식매수청구권을 행사할 수 없다(대판 2010.7.22. 2008다37193).

5. 효과

> **제374조의2 (반대주주의 주식매수청구권)** ② 제1항의 청구를 받으면 해당 회사는 같은 항의 매수 청구기간이 종료하는 날부터 2개월 이내에 그 주식을 매수하여야 한다.
> ③ 제2항의 규정에 의한 주식의 매수가액은 주주와 회사간의 협의에 의하여 결정한다
> ④ 매수청구기간이 종료하는 날부터 30일 이내에 제3항의 규정에 의한 협의가 이루어지지 아니한 경우에는 회사 또는 주식의 매수를 청구한 주주는 법원에 대하여 매수가액의 결정을 청구할 수 있다.
> ⑤ 법원이 제4항의 규정에 의하여 주식의 매수가액을 결정하는 경우에는 회사의 재산상태 그 밖의 사정을 참작하여 공정한 가액으로 이를 산정하여야 한다

(1) 회사의 주식매수의무

① 회사는 매수청구기간이 종료하는 날부터 2개월 이내에 그 주식을 매수하여야 한다.[법무사 10, 18]

② 영업양도에 반대하는 주주의 주식매수청구권은 이른바 형성권으로서 그 행사로 회사의 승낙 여부와 관계없이 주식에 관한 매매계약이 성립한다(대판 2011.4.28. 2010다94953).

③ 회사가 주식매수청구를 받은 날로부터 2월은 주식매매대금 지급의무의 이행기를 정한 것이라고 해석된다. 그리고 이러한 법리는 위 2월 이내에 주식의 매수가액이 확정되지 아니하였다고 하더라도 다르지 아니하다(대판 2011.4.28. 2010다94953).[변호사 16]

(2) 주식의 이전시기

학설은 매매대금의 지급시점에 주식이 회사로 이전된다고 본다.

(3) 매매가액의 결정

① 주식의 매수가액은 주주와 회사 간의 협의에 의하여 결정한다.

② 매수청구기간이 종료하는 날부터 30일 이내에 회사와 주주 간의 협의가 이루어지지 아니한 경우에는 회사 또는 주주는 법원에 대하여 매수가액의 결정을 청구할 수 있다.[법원직 19, 법무사 10]

③ 법원이 주식의 매수가액을 결정하는 경우에는 회사의 재산상태 그 밖의 사정을 참작하여 공정한 가액으로 이를 산정하여야 한다.[변호사 16]

④ 비상장주식 가액은 회사 상황, 업종, 특성을 고려하여 공정한 가액을 산정해야 한다.

⑤ 회사의 합병 또는 영업양도 등에 반대하는 주주가 회사에 대하여 비상장 주식의 매수를 청구하는 경우, 비상장주식의 거래에 있어서 그에 관한 객관적 교환가치가 적정하게 반영된 정상적인 거래의 실례가 있는 경우에는 그 거래가격을 시가로 보아 가액을 평가하여야 하나,[변호사 16] 그러한 거래사례가 없으면 비상장주식의 평가에 관하여 보편적으로 인정되는 시장가치방식, 순자산가치방식, 수익가치방식 등 여러 가지 평가방법을 활용하되, 어느 한 가지 평가방법이 항상 적용되어야 한다고 단정할 수 없고, 회사의 상황이나 업종의 특성 등을 종합적으로 고려하여 공정한 가액을 산정하여야 한다(대결 2006.11.24. 2004마1022).

(4) 매수한 자기주식의 처분 여부

2011년 개정 상법에서 회사가 취득한 자기주식의 처분 조항을 삭제하였으므로 회사는 취득한 자기주식을 장기적으로 보유할 수 있다.

법무사 10, 18

1 영업양도에 반대하는 주주는 주주총회의 결의일부터 20일 이내에 회사에 대해 주식매수청구를 할 수 있고, 회사는 위 통지를 받으면 위 매수청구기간이 종료하는 날부터 2개월 이내에 그 주식을 매수해야 한다. (○, ×)

1 ○

6. 매수청구의 실효

① 주식교환, 주식이전, 합병, 분할합병의 무효와 같이 소급효가 인정되지 않는 경우에는 매수대금이 지급되지 않았으면 매수청구가 장래를 향하여 실효되고, 만약 매수대금이 지급되었다면 소급효가 제한되어 이미 완료된 주식매수의 효력에 영향이 없다.

② 영업양도는 영업양도를 결의한 주주총회결의의 무효, 취소를 주장하게 되는데, 이러한 소의 소급효가 인정된다.

③ 소급효가 인정되는 영업양도와 관련된 매수청구는 매수대금이 지급되었는지 여부와 관계없이 소급하여 실효되고, 만약 매수대금이 지급되었으면 원상회복되어야 한다.

7. 주식매수청구와 결의의 하자를 다투는 소의 관계

① 주식매수청구로써 결의의 하자가 치유되었다고 볼 수 없으므로 주식매수청구를 한 주주도 주주총회결의 무효, 취소의 소를 제기할 수 있다.

② 매수대금이 지급되기 전에 원고 승소 판결이 확정되면 결의가 없어졌으므로 매수청구는 실효하고, 판결 확정 전에 매수대금이 지급되면 원고는 주주의 지위를 상실하게 되어 당사자적격 흠결로 소가 각하된다.

쟁점 08 주주총회결의의 하자

Ⅰ. 의의

① 상법은 단체적 법률관계를 획일적으로 처리하고 법적 안정성을 보장하기 위하여 주주총회결의의 절차와 내용상의 하자의 유형을 법률로 정하면서 상법에 규정된 소에 의해서만 하자를 주장할 수 있도록 규정하고 있다.

② 상법상 인정되고 있는 소는 ㉠ 결의취소의 소, ㉡ 결의무효확인의 소, ㉢ 결의부존재확인의 소, ㉣ 부당결의 취소·변경의 소 4가지이다.

Ⅱ. 소의 원인

1. 결의취소의 소

> **제376조 (결의취소의 소)** ① 총회의 소집절차 또는 결의방법이 법령 또는 정관에 위반하거나 현저하게 불공정한 때 또는 그 결의의 내용이 정관에 위반한 때에는 주주·이사 또는 감사는 결의의 날로부터 2월 내에 결의취소의 소를 제기할 수 있다.

법원직 10, 15

1 총회의 결의의 내용이 정관에 위반한 경우 이를 다투기 위하여 주주·이사 또는 감사는 결의의 날로부터 6월내에 결의무효의 소를 제기하여야 한다.

(○, ×)

1 ×

총회의 소집절차 또는 결의방법이 법령 또는 정관에 위반하거나 현저하게 불공정한 때 또는 그 결의의 내용이 정관에 위반한 때에는 주주·이사 또는 감사는 결의의 날로부터 2월 내에 결의취소의 소를 제기할 수 있다.[법원직 10, 15, 20, 법무사 08, 변호사 12]

(1) 소집절차의 하자

1) 이사회 결의가 없거나 무효인 경우

정당한 소집권자에 의하여 소집된 주주총회의 결의라면 ㉠ 주주총회의 소집에 이사회의 결의가 없었고,[법무사 18] ㉡ 소집통지가 서면에 의하지 아니한 구두소집통지를 하고, ㉢ 법정기간을 준수하지 아니하고, ㉣ 극히 일부의 주주에 대하여는 소집통지를 하지 않았다 하더라도 그와 같은 하자는 주주총회결의의 단순한 취소사유에 불과하다 할 것이고, 취소할 수 있는 결의는 법정기간 내에 제기된 소에 의하여 취소되지 않는 한 유효하다(대판 1987.4.28. 86다카553).

2) 소집권자가 아닌 자에 의한 주주총회 소집

대표이사 아닌 이사가 이사회의 소집 결의에 따라서 주주총회를 소집한 경우 주주총회결의의 취소사유에 해당한다(대판 1993.9.10. 93도698).

3) 소집통지의 누락 및 통지방법의 하자

① ㉠ 일부 주주에게 소집통지를 하지 않은 경우, ㉡ 소집통지기간을 준수하지 않은 경우, ㉢ 구두, 전화, 문자메시지에 의하여 소집통지가 된 경우, ㉣ 결의된 목적사항이 통지에 기재되지 않은 경우, ㉤ 통지된 소집장소와 일시가 현저하게 부적당한 경우, ㉥ 일부 주주에게 소집통지를 하지 아니한 경우, ㉦ 총회일 2주 전까지 통지하지 못한 경우 주주총회결의의 취소사유에 해당한다.

② 일부 주주에게 소집통지를 하지 아니하였거나 법정기간을 준수한 서면통지를 하지 아니하여 그 소집절차에 하자가 있었다면 이 하자는 동 결정의 무효사유가 아니라 취소사유에 해당한다(대판 1981.7.28. 80다2745,2746).

③ 주식을 취득한 자가 회사에 대하여 의결권을 주장할 수 있기 위하여는 주주명부에 주주로서 명의개서를 하여야 하므로, 명의개서를 하지 아니한 주식양수인에 대하여 주주총회소집통지를 하지 않았다고 하여 주주총회결의에 절차상의 하자가 있다고 할 수 없다(대판 1996.12.23. 96다32768,32775,32782).[법무사 08]

④ 주주총회의 소집통지서에 기재되지 않은 사항에 관해 주주총회가 결의하고 총회에 출석한 주주 4분의 3 이상이 그러한 결의에 동의한 경우에도 이는 주주총회결의의 취소사유에 해당한다(대판 1979.3.27. 79다19).

(2) 결의방법의 하자

1) 의결권 없는 자의 의결권 행사

① 주주가 아닌 자 또는 대리권 없는 자가 의결권을 행사한 경우는 취소사유에 해당한다.

② 의결권 없는 주주가 의결권 행사한 경우에는 해당 의결권 수를 제외하는 것이 아니라 결의취소사유에 해당한다(대판 1983.8.23. 83도748).

2) 결의요건 위반

정족수 미달임에도 가결한 경우, 특별결의를 보통결의로 가결한 경우, 투표수를 잘못 계산한 경우, 특별이해관계 있는 주주가 결의에 참여한 경우, 의결권의 대리행사에 하자가 있는 경우, 주주 아닌 자가 주주총회에 출석하여 결의한 경우, 의결권의 불통일 행사가 부적법한 경우.

3) 의사진행의 현저한 하자

① 의사진행이 부당하게 불공정하거나 강압적으로 이루어진 경우 결의취소사유에 해당한다.

② 결의에 반대가 예상되는 주주 또는 대리인을 부당하게 퇴장시키거나 총회장 입장을 방해한 경우, 의장이 아닌 자가 회의를 진행한 경우 결의취소사유에 해당한다.

③ 주주의 의결권을 제한하는 무효인 정관에 따라 의결한 때 결의취소사유에 해당한다.

④ 정관상 의장이 될 사람이 아닌 자가 정당한 사유 없이 주주총회의 의장이 되어 의사에 관여한 사유만으로는 주주총회결의가 부존재한 것으로 볼 수 없고 주주총회결의취소사유에 해당한다(대판 1977.9.28. 76다2386).

⑤ 주식회사의 주주는 1주마다 1개의 의결권을 가진다고 하는 1주 1의결권의 원칙을 규정하고 있는바, 위 규정은 강행규정이므로 정관의 규정이나 주주총회의 결의 등으로 위 원칙에 반하여 의결권을 제한하더라도 효력이 없다(대판 2009.11.26. 2009다51820).

(3) 결의내용이 정관에 위배되는 경우

결의내용이 정관에 위배되는 경우 결의취소사유에 해당한다.

2. 결의무효확인의 소

> **제380조 (결의무효 및 부존재확인의 소)** 제186조 내지 제188조, 제190조 본문, 제191조, 제377조와 제378조의 규정은 총회의 결의의 내용이 법령에 위반한 것을 이유로 하여 결의무효의 확인을 청구하는 소와 총회의 소집절차 또는 결의방법에 총회결의가 존재한다고 볼 수 없을 정도의 중대한 하자가 있는 것을 이유로 하여 결의부존재의 확인을 청구하는 소에 이를 준용한다.

① 총회의 결의의 내용이 법령에 위반한 경우 결의무효사유에 해당한다.

② 주주평등원칙에 반하는 결의, 배당가능이익 초과 이익배당결의, 주주총회 전속적 결의사항을 위임하는 결의, 주주총회 권한이 아닌 사항에 대한 결의, 선량한 풍속 기타 사회질서에 반하는 내용의 결의, 주주에게 추가출자의무를 지우는 등 주주의 유한책임과 모순되는 결의 등은 결의무효사유에 해당한다.

③ 최대주주가 아닌 주주와 그 특수관계인 등에 대하여도 일정 비율을 초과하여 소유하는 주식에 관하여 감사의 선임 및 해임에 있어서 의결권을 제한하는 내용의 정관 규정이나 주주총회 결의 등은 무효이다. 주주총회의 결의방법을 다룬 정관의 규정이 강행법규에 위반해 무효인 경우, 그 정관조항에 따라 이루어진 주주총회 결의는 법령에 위반한 하자가 있는 경우에 해당한다고 보아 그 주주총회 결의의 취소를 구하는 원고의 청구를 받아들인 법원의 판단은 정당하다(대판 2009.11.26. 2009다51820).

3. 결의부존재확인의 소

① 총회의 소집절차 또는 결의방법에 총회결의가 존재한다고 볼 수 없을 정도의 중대한 하자가 있는 경우에는 총회 결의 부존재확인소송을 제기할 수 있다.[법원직 15, 변호사 20]

② ㉠ 대부분의 주주에게 소집통지를 하지 않은 경우, ㉡ 이사회 결의 없이 소집권한 없는 자가 일부 주주에게만 구두로 소집통지를 한 경우,[법무사 20] ㉢ 유효한 주주총회 종료 이후 일부 주주에 의해 결의가 이루어진 경우, ㉣ 결의에 참여한 자가 대부분 주주가 아닌 경우, ㉤ 실제로 주주총회가 없었음에도 지배주주가 허위로 의사록을 작성한 경우[법무사 13] 등은 결의부존재사유에 해당한다.

③ 주주총회결의 자체가 있었는지 및 그 결의에 이를 부존재로 볼 만한 중대한 하자가 있는지 등 주주총회결의의 존부에 관하여 다툼이 있는 경우, ㉠ 주주총회결의 자체가 있었다는 점에 관해서는 회사가 증명책임을 부담하고, ㉡ 그 결의에 이를 부존재로 볼 만한 중대한 하자가 있다는 점에 관해서는 주주가 증명책임을 부담한다(대판 2010.7.22. 2008다37193).[변호사 19]

④ 법률상 부존재로 볼 수밖에 없는 총회결의에 대하여는 결의무효 확인을 청구하고 있더라도 이는 부존재확인의 의미로 무효확인을 청구하는 취지라고 풀이함이 타당하므로 적법하다(대판 1983.3.22. 82다카1810).[변호사 12, 17]

⑤ 사회자의 주주총회 산회선언 후 주주 3인이 별도 장소에서 결의를 한 경우, 위 주주 3인이 과반수를 훨씬 넘는 주식을 가진 주주이더라도 일부 주주들만 모여서 한 결의를 유효한 주주총회결의로 볼 수는 없다. 제1 주주총회결의가 부존재인 이상 이에 기해 대표이사로 선임된 자들은 적법한 주주총회 소집권자가 될 수 없어 그들에 의해 소집된 제2 주주총회결의 역시 법률상 결의부존재이다(대판 1993.10.12. 92다28235,28242).[법원직 08]

⑥ ㉠ 상법 제380조가 규정하는 주주총회결의부존재확인판결은 '주주총회결의'라는 내부의 의사 결정이 존재하기는 하지만 주주총회의 소집절차 또는 결의방법에 중대한 하자가 있기 때문에 그 결의를 법률상 유효한 주주총회의 결의라고 볼 수 없음을 확인하는 판결을 의미하는 것이고, 실제 소집절차와 회의절차를 거치지 아니한 채 주주총회의사록을 허위로 작성하여 도저히 결의가 존재한다고 볼 수 없을 정도로 중대한 하자가 있는 경우에는 상법 제380조의 주주총회결의부존재확인판결에 해당한다고 보아 상법 제190조를 준용할 것도 아니다. ㉡ 실제 소집절차와 회의절차를 거치지 않은 채 주주총회 의결서가 작성된 것이라면, 주주총회 의 결서가 절대다수의 주식을 소유하는 대주주로부터 위임을 받은 자에 의해 작성되었더라도 위 주주총회의 결의는 부존재하다고 볼 수밖에 없다(대판 1992.9.22. 91다5365).

⑦ 甲 회사 발행주식의 70%를 보유한 乙이 이사회결의를 거치지 않고 임시주주총회를 개최하면 서 주주명부상 30%의 주식지분을 보유하고 있는 丙에게 정관에 따른 임시주주총회의 소집통 지를 하지 않고 정관에 규정된 주주총회 소집 장소가 아닌 곳에서 의결이 있었던 것으로 임 시주주총회 의사록을 작성한 경우 도저히 그 결의가 존재한다고 볼 수 없을 정도로 중대한 하자가 있는 경우에 해당한다(대판 2018.6.19. 2017도21783).[법무사 20]

⑧ 공정증서원본에 기재된 사항이 부존재하거나 외관상 존재한다고 하더라도 무효에 해당되는 하자가 있다면, 그 기재는 불실기재에 해당한다. 그러나 기재된 사항이나 그 원인된 법률행 위가 객관적으로 존재하고, 다만 거기에 취소사유인 하자가 있을 뿐인 경우, 취소되기 전에 공정증서원본에 기재된 이상, 그 기재는 공정증서원본의 불실기재에 해당하지는 않는다(대판 2018.6.19. 2017도21783).

4. 부당결의 취소·변경의 소

특별이해관계가 있어 의결권을 행사할 수 없었던 주주는 해당 결의가 현저하게 부당하고 자신이 의결권을 행사하였더라면 이를 저지할 수 있었을 때에는 그 결의의 날로부터 2월 이내에 결의의 취소의 소 또는 변경의 소를 제기할 수 있다.

Ⅲ. 소의 성질

① 결의취소의 소와 부당결의 취소·변경의 소는 형성의 소이다.

② 판결에 의해 취소되기 전까지 해당 결의는 유효하고, 2개월의 제소기간이 경과하면 확정적으로 유효하게 된다.

③ 소에 의해 결의가 취소되기 전까지는 결의가 유효하지 않다는 점을 다른 소송의 공격방어방법으로 주장할 수 없다.

④ 주주총회결의의 효력이 제3자 사이의 소송에 있어 선결문제로 된 경우에는 당사자는 언제든지 당해 소송에서 주주총회결의가 처음부터 무효 또는 부존재하다고 주장할 수 있고, 반드시 먼저 회사를 상대로 제소하여야만 하는 것은 아니다. 이와 같이 제3자간의 법률관계에 있어서는 상법 제380조, 제190조는 적용되지 아니한다(대판 1992.9.22. 91다5365).[법원직 13, 17, 법무사 11, 13, 변호사 20]

Ⅳ. 소의 원고

1. 결의취소의 소 – 주주, 이사, 감사

(1) 주주

① 의결권 없는 주주도 소를 제기할 수 있다.

② 결의 당시 주주가 아니었더라도 소 제기 당시 주주이면 된다.

③ 결의에 찬성했던 주주도 제소할 수 있다.[법무사 12]

④ 결의취소의 소를 제기할 수 있는 주주는 주주명부상 주주를 말한다. 명의개서를 하지 않은 주식양수인은 원고가 될 수 없다.

⑤ 원고 적격은 변론종결시까지 유지되어야 하므로 소 제기 이후 주주가 사망하거나 주식을 양도한 경우 등 더 이상 주주가 아니게 된 경우 소 각하 사유가 된다.

⑥ 총회에 참석하여 의결권을 행사한 주주도 다른 주주에 대한 소집절차의 하자를 이유로 취소의 소를 제기할 수 있다(대판 2003.7.11. 2001다45584).[법원직 13, 법무사 10, 변호사 12, 14, 21]

⑦ 주주총회결의 취소소송의 계속 중 원고가 주주로서의 지위를 상실하면 원고는 상법 제376조에 따라 그 취소를 구할 당사자적격을 상실하고, 이는 원고가 자신의 의사에 반하여 주주의 지위를 상실하였다 하여 달리 볼 것은 아니다(대판 2016.7.22. 2015다66397).[법원직 17, 20, 법무사 19, 변호사 21]

⑧ 甲 주식회사의 주주인 乙 등이 주주총회결의 부존재 확인 및 취소를 구하는 소를 제기하였는데 소송 계속 중에 甲 회사와 丙 주식회사의 주식 교환에 따라 丙 회사가 甲 회사의 완전모회사가 되고 乙 등은 丙 회사의 주주가 된 경우, 乙 등에게 주주총회결의 부존재 확인을 구할 이익이 없고, 결의취소의 소를 제기할 원고 적격도 인정되지 않는다(대판 2016.7.22. 2015다66397).[변호사 21]

⑨ 제권판결 이전에 주식을 선의취득한 자는 제권판결에 대한 불복의 소에 의하여 제권판결이 취소되지 않는 한 회사에 대하여 적법한 주주로서의 권한을 행사할 수 없으므로 회사의 주주로서 주주총회결의 하자의 소를 제기할 수 없다(대판 1991.5.28. 90다6774).

⑩ 주주가 총회의 결의에 관하여 특별한 이해관계가 있어서 의결권을 행사할 수 없었던 경우 그 결의가 현저하게 부당하고 그 주주가 의결권을 행사하였더라면 이를 저지할 수 있었을 때에는 그 주주는 그 결의의 날로부터 2월내에 결의의 취소의 소 또는 변경의 소를 제기할 수 있다.[법원직 15, 법무사 15, 16]

(2) 이사, 감사

① 소 제기 시점에 이사, 감사의 지위에 있어야 한다. 학설은 하자있는 결의에 의하여 해임당한 이사, 감사도 원고가 될 수 있다고 본다.

② 퇴임에 의하여 법률 또는 정관 소정의 이사 원수를 결하게 됨으로써 적법하게 선임된 이사가 취임할 때까지 여전히 이사로서의 권리의무를 보유하는 경우 이사로서 그 후임이사를 선임한 주주총회결의나 이사회결의의 하자를 주장하여 부존재확인을 구할 법률상의 이익이 있다(대판 1992.8.14. 91다45141).[변호사 20]

③ 이사가 그 지위에 기하여 주주총회결의 취소의 소를 제기하였다가 소송 계속 중에 사망하였거나 사실심 변론종결 후에 사망하였다면 그 소송은 이사의 사망으로 종료된다.[법원직 20, 법무사 19]

2. 결의무효, 부존재확인의 소

① 누구나 확인의 이익이 있는 한 소 제기가 가능하다.[변호사 12, 17] 따라서 어떠한 경우에 확인의 이익을 인정할 것인지가 문제된다.

② 회사의 다른 주주는 주주총회결의 무효확인소송에 참가할 수도 있고, 별개의 소송을 제기할 수도 있다.[변호사 12]

③ 주주명부에 명의개서를 하지 아니하여 회사에 대항할 수 없는 이상 그 주주에 대한 채권자에 불과하고, 또 제권판결 이전에 주식을 선의취득한 자는 위 제권판결에 하자가 있다 하더라도 제권판결에 대한 불복의 소에 의하여 그 제권판결이 취소되지 않는 한 회사에 대하여 적법한 주주로서의 권한을 행사할 수 없으므로 회사의 주주로서 주주총회 및 이사회결의 무효확인을 소구할 이익이 없다(대판 1991.5.28. 90다6774).

④ 주식양도인이 양수인에게 주권을 교부할 의무를 이행하지 않고 있다가 그 후의 양수인이 중심이 되어 개최한 임시주주총회결의의 부존재를 주장하는 것은 의무불이행상태를 권리로 주장하는 것이어서 신의성실의 원칙에 반한다(대판 1991.12.13. 90다카1158).

⑤ 법원의 해산판결이 선고, 확정되어 해산등기가 마쳐졌고 법원이 적법하게 그 청산인을 선임하여 그 취임등기까지 경료된 경우, 해산 당시 이사가 해산판결 선고 이전에 부적법하게 해임된 바 있어 주주총회의 이사해임 결의가 무효라 하더라도 위 이사로서는 해산판결 전에 이루어진 회사의 주주총회 결의나 이사회 결의의 무효확인을 구할 법률상 이익이 없다(대판 1991.11.22. 91다22131).

⑥ 주주총회의 임원선임결의의 부존재나 무효확인 또는 결의취소를 구하는 소에 있어서 그 결의에 의하여 선임된 임원들이 모두 그 직에 취임하지 아니하거나 사임하고 그 후 새로운 주주총회 결의에 의하여 후임 임원이 선출되어 그 선임등기까지 마쳐진 경우라면 그 새로운 주주총회의 결의가 무권리자에 의하여 소집된 총회라는 하자 이외의 다른 절차상, 내용상의 하자로 인하여 부존재 또는 무효임이 인정되거나 그 결의가 취소되는 등의 특별한 사정이 없는 한 설사 당초의 임원선임결의에 어떠한 하자가 있었다고 할지라도 그 결의의 부존재나 무효확인 또는 그 결의의 취소를 구할 소의 이익은 없는 것이라고 보아야 한다(대판 2008.8.11. 2008다33221).[변호사 14]

⑦ 채권자는 주주총회의 결의가 그 채권자의 권리 또는 법적지위를 구체적으로 침해하고 또 직접적으로 이에 영향을 미치는 경우에 한하여 주주총회결의의 무효 또는 부존재확인을 구할 이익이 있다. 회사에 대하여 구상금채권을 보유한 이유만으로는 채권자가 주주총회결의의 부존재확인을 구할 이익이 없다(대판 1992.8.14. 91다45141).[법무사 12]

법무사 10

1 임기가 만료된 이사·감사, 사임한 이사·감사는 원고적격이 없으나, 그 퇴임으로 결원이 되어 그 후임자의 취임시까지 이사·감사로서의 권리의무가 있는 경우에는 주주총회 결의취소의 소를 제소할 수 있으며, 하자 있는 결의에 의하여 해임된 이사·감사도 제소할 수 있다. (○, ×)

법원직 20, 법무사 19

2 이사가 그 지위에 기하여 주주총회결의 취소의 소를 제기하였다가 소송 계속 중에 사망하였거나 사실심 변론종결 후에 사망하였다면 그 소송은 이사의 사망으로 중단된다. (○, ×)

1 ○ **2** ×

⑧ 부존재확인을 구하는 주주총회의 결의는 회사의 이사 감사를 선임하는 것과 상호변경 및 회사 사업목적의 추가에 관한 것이므로 이러한 주주총회 결의에 의하여 채권자인 원고들의 권리나 법적지위가 현실적으로 직접 어떠한 구체적인 영향을 받았다고도 할 수 없다(대판 1980.10.27. 79다2267).

3. 부당결의 취소, 변경의 소

주주총회결의에 특별이해관계가 있어 의결권을 행사할 수 없었던 주주만이 원고가 될 수 있다.

Ⅴ. 소의 피고

① 회사만이 피고가 될 수 있다.[변호사 14, 17, 20]
② 회사의 이사선임 결의가 무효 또는 부존재임을 주장하여 그 결의의 무효 또는 부존재확인을 구하는 소송에서 회사를 대표할 자는 현재 대표이사로 등기되어 그 직무를 행하는 자라고 할 것이고, 그 대표이사가 무효 또는 부존재확인청구의 대상이 된 결의에 의하여 선임된 이사라고 할지라도 그 소송에서 회사를 대표할 수 있는 자임에는 변함이 없다(대판 1983.3.22. 82다카1810).[변호사 19]

Ⅵ. 제소기간

법원직 17, 법무사 20

1 주주총회결의 취소소송은 결의일로부터 2월 내에 제기하여야 하고, 주주총회에서 여러 개의 안건이 상정되어 각기 결의가 행하여진 경우 위 기간의 준수 여부는 각 안건에 대한 결의마다 별도로 판단되어야 한다.
(○, ×)

법원직 10

2 총회의 결의내용이 법령에 위반한 때에는 주주·이사 또는 감사는 결의의 날로부터 6월 내에 결의무효확인의 소를 제기할 수 있다. (○, ×)

법무사 11

3 주주총회 결의부존재확인의 소의 제소기간은 '결의의 날로부터 2월 내'이다. (○, ×)

1 ○ **2** × **3** ×

① 결의취소의 소와 부당결의 취소·변경의 소는 결의의 날로부터 2개월 이내에 제기할 수 있다.
② 주주총회에서 여러 개의 안건에 대한 결의가 이루어진 경우 각 안건별로 제소기간을 지켜야 한다.[법원직 17, 법무사 20, 변호사 19]
③ 주주총회 결의내용이 등기사항인 경우 제소기간의 기산일은 그 등기일을 기준으로 산정되지 아니하며, 이사가 주주총회 결의가 있었음을 알지 못한 경우에도 제소기간은 그 사실을 안 날로부터 기산되지 않는다.
④ 주주총회에서 이사 선임 결의와 감사 선임 결의가 각각 이루어진 뒤 이사 선임 결의 취소를 결의일로부터 2개월 이내에 제기하였더라도 결의일로부터 2개월 후에 감사 선임결의 취소를 추가적으로 병합하는 것은 제소기간이 지난 것으로 부적법하다(대판 2010.3.11. 2007다51505).[변호사 14]
⑤ 부존재확인청구를 결의일로부터 2개월 이내에 제기한 후 항소심에서 결의취소청구를 예비적으로 추가한 경우 부존재확인의 소를 취소의 소 제기기간 내에 제기한 이상 제소기간 경과 후 결의취소의 소를 변경·추가한 경우에도 제소기간을 준수한 것이다(대판 2003.7.11. 2001다45584).[변호사 12, 19]
⑥ 결의무효·부존재 확인의 소는 제소기간에 제한이 없다.[법원직 10, 법무사 11, 12]

Ⅶ. 소송물

① 결의취소사유가 존재함에도 제소기간 도과 후 부존재확인의 소를 제기하는 경우, 부존재사유가 없다는 이유로 청구기각판결을 선고하는 것이 보통이다.
② 회사의 총회결의에 대한 부존재확인청구나 무효확인청구는 모두 법률상 유효한 결의의 효과가 현재 존재하지 아니함을 확인받고자 하는 점에서 동일한 것이므로 법률상 부존재로 볼 수밖에 없는 총회결의에 대하여는 결의무효 확인을 청구하고 있다고 하여도 이는 부존재확인의 의미로 무효확인을 청구하는 취지라고 풀이함이 타당하므로 적법하다(대판 1983.3.22. 82다카1810).

Ⅷ. 소송절차

① 소송절차는 모든 주주총회결의 하자 소송에서 동일하다.
② 관할법원은 회사 본점 소재지 지방법원이다.[법원직 13]
③ 회사는 소가 제기된 사실을 공고하여야 한다.
④ 수개의 소가 제기된 경우에는 병합하여야 한다.[변호사 14]
⑤ 주주가 결의취소의 소를 제기한 경우 법원은 회사의 청구에 의하여 상당한 담보를 제공할 것을 명할 수 있다. 그러나 주주가 이사 또는 감사인 때에는 그러하지 아니하다.[법원직 10, 법무사 15, 16]
⑥ 원고는 화해를 할 수 없고, 피고가 청구를 인낙하거나 화해 또는 조정을 하는 것은 허용되지 않는다.[법무사 11] 다만, 소의 취하는 법원의 허가 없이 자유롭게 할 수 있다.
⑦ 주주총회결의의 부존재·무효를 확인하거나 결의를 취소하는 판결이 확정되면 당사자 이외의 제3자에게도 그 효력이 미쳐 제3자도 이를 다툴 수 없게 되므로, 주주총회결의의 하자를 다투는 소에 있어서 청구의 인낙이나 그 결의의 부존재·무효를 확인하는 내용의 화해·조정은 할 수 없고, 이러한 내용의 청구인낙 또는 화해·조정이 이루어졌다 하여도 그 인낙조서나 화해·조정조서는 효력이 없다(대판 2004.9.24. 2004다28047).[변호사 17]

Ⅸ. 재량기각

> **제379조 (법원의 재량에 의한 청구기각)** 결의취소의 소가 제기된 경우에 결의의 내용, 회사의 현황과 제반사정을 참작하여 그 취소가 부적당하다고 인정한 때에는 법원은 그 청구를 기각할 수 있다.

① 결의취소의 소가 제기된 경우에 결의의 내용, 회사의 현황과 제반사정을 참작하여 그 취소가 부적당하다고 인정한 때에는 법원은 그 청구를 기각할 수 있다.[법원직 10, 15, 17, 20, 법무사 08, 16, 19, 20, 변호사 12]
② 결의취소의 소 이외에 결의무효 및 부존재확인의 소송에서는 재량기각이 허용되지 않는다.[법무사 15, 변호사 12]
③ 법원의 재량기각판결도 기각판결이므로 대세적 효력이 없다.
④ 재량기각은 결의의 절차에 하자가 있는 경우에 결의를 취소하여도 회사 또는 주주에게 이익이 되지 않든가 이미 결의가 집행되었기 때문에 이를 취소하여도 아무런 효과가 없음에도 결의를 취소하는 경우에 발생할 수 있는 회사의 손해나 일반거래의 안전을 해치는 것을 막고 결의취소 소의 남용을 방지하려는 취지이고, 위와 같은 사정이 인정되는 경우에는 당사자의 주장이 없더라도 법원이 직권으로 재량기각 할 수도 있다(대판 2003.7.11. 2001다45584).

X. 판결의 효력

법무사 11
1 주주총회 결의무효확인의 소에서 원고가 승소한 판결의 효력은 대세적 효력이 있고, 소급효가 있다.　　　　　(○, ×)

법무사 12
2 결의부존재확인 판결의 효력은 제3자에게 미치고 그 부존재확인 소송에 있어서 피고가 될 수 있는 자도 회사로 한정된다.　　　　　(○, ×)

법무사 19, 20
3 결의취소 및 결의무효·부존재확인의 판결은 제3자에 대하여도 그 효력이 있다.　(○, ×)

법무사 16
4 결의취소의 판결은 제3자에 대하여는 그 효력이 없다.　　　　　(○, ×)

① 원고 승소 판결은 제190조 본문에 따라 대세효가 인정되고, 제190조 단서가 준용되지 않으므로 소급효를 가진다. [법무사 08, 11, 12, 15, 16, 19, 20, 변호사 17] 그 결과 결의의 유효를 전제로 한 법률관계가 소급 무효가 된다. 이러한 법률관계 중 대외적 관계는 제395조 표현대표이사와 제39조 부실등기의 효력을 적용하여 선의의 제3자를 보호한다.

② 이사 선임을 위한 주주총회결의 무효확인의 소의 원고 승소판결은 그 결의에 의하여 선임된 이사에게도 그 효력이 미치므로, 당해 이사는 주주총회결의 무효확인의 소에 공동소송적 보조참가를 할 수 있다.

③ 유사필수적 공동소송이란 공동소송이 강제되지는 않지만, 공동소송을 할 경우에는 합일확정이 법률상 필수적으로 요구되는 소송으로 소송법상 판결의 효력이 제3자에게 확장되는 경우에 인정되므로 소송법상 이유에 의한 필수적 공동소송이라고 한다. 유사필수적 공동소송에는 주주와 이사가 제기하는 주주총회결의 취소의 소, 주주공동의 대표소송, 회사합병무효의 소, 회사설립무효의 소등이 있다. [변호사 13]

④ 이사선임의 주주총회결의에 대한 취소 판결이 확정된 경우, 해당 주주총회결의로 이사로 선임된 후 이사회에서 대표이사로 선정된 자가 해당 주주총회결의에 대한 취소판결이 확정되기 전에 한 행위는 대표권 없는 자가 한 행위로서 무효가 된다. 이사 선임의 주주총회결의에 대한 취소판결이 확정되어 그 결의가 소급하여 무효가 된다고 하더라도 그 선임 결의가 취소되는 대표이사와 거래한 상대방은 부실등기 적용 내지 유추적용에 의하여 보호될 수 있으며, 주식회사의 법인등기의 경우 회사는 대표자를 통하여 등기를 신청하지만 등기신청권자는 회사 자체이므로 취소되는 주주총회결의에 의하여 이사로 선임된 대표이사가 마친 이사 선임등기는 부실등기에 해당한다(대판 2004.2.27. 2002다19797).

⑤ 원고 패소 판결은 대세효가 없으므로 다른 제소권자가 별도의 소를 제기할 수 있다. [변호사 20]

⑥ 결의한 사항이 등기된 경우에 결의취소의 판결이 확정된 때에는 본점과 지점의 소재지에서 등기하여야 한다. [법무사 15, 16]

XI. 추인

① 부존재인 주주총회 결의를 사후에 추인한다 하더라도 소급효는 인정되지 않는다. 추인에 의해 동일한 내용의 주주총회결의를 한 것으로 볼 수 있다. 따라서 이러한 경우 종전의 결의부존재를 구하는 것은 확인의 이익이 결여된다.

법원직 13
5 무효인 주주총회결의를 사후에 적법하게 추인하는 경우에 그 무효인 결의는 소급하여 유효로 된다.　　　　　(○, ×)

② 무효행위를 추인한 때에는 달리 소급효를 인정하는 법률규정이 없는 한 새로운 법률행위를 한 것으로 보아야 하고, 이는 무효인 결의를 사후에 적법하게 추인하는 경우에도 마찬가지이다(대판 2011.6.24. 2009다35033). [법원직 13]

③ 어촌계가 적법한 절차에 따라 소집·의결한 임시총회에서 손실보상금의 분배기준을 정한 종전의 결의를 그대로 추인하였다면, 이는 종전의 결의와 같은 내용의 새로운 결의를 한 것으로 볼 것인바, 종전의 결의가 무효라고 하더라도 이에 대한 확인을 구하는 것은 과거의 법률관계 내지 권리관계의 확인을 구하는 것이 되어 확인의 소로서의 권리보호요건이 인정되지 않으므로 결의무효확인의 소는 부적법하여 각하되어야 한다(대판 1995.4.11. 94다53419).

1 ○ **2** ○ **3** ○ **4** × **5** ×

XII. 하자있는 주총과 관련된 별도 소송이 존재하는 경우

① 자본감소의 무효는 주주 등이 자본감소로 인한 변경등기가 있은 날로부터 6월 이내에 소만
으로 주장할 수 있으므로, 주주총회의 자본감소 결의에 취소 또는 무효의 하자가 있다고 하
더라도 그 하자가 극히 중대하여 자본감소가 존재하지 아니하는 정도에 이르는 등의 특별한
사정이 없는 한 자본감소의 효력 발생 후에는 자본감소 무효의 소에 의해서만 다툴 수 있다
(대판 2010.2.11. 2009다83599).

② 회사의 합병의 경우, 합병등기에 의하여 합병의 효력이 발생한 후에는 합병무효의 소를 제기
하는 외에 합병을 결의한 주주총회의 합병결의 무효확인 청구만을 독립된 소로서 구할 수는
없다(대판 1993.5.27. 92누14908).

③ 합병등기 이전에는 합병결의 자체를 다투는 소를 제기하고, 합병등기 이후 합병무효의 소로
변경해야 한다.

④ 주주총회 결의 취소 사유에 해당하는 경우, 취소의 소 제기기간 내에 합병등기가 되지 않았
다면 제소기간 내에 결의취소의 소를 제기하고, 등기 이후 합병무효의 소로 변경해야 하는데
이 경우에는 6개월 이내에 변경할 것이 요구되지는 않는다.

⑤ 주주총회 결의무효·부존재 사유에 해당하는 경우, 합병무효의 소의 제기기간만 문제된다.
합병무효의 소 제기기간 이후에는 결의무효·부존재 소도 제기할 수 없다.

쟁점 09 종류주주총회

> **제435조 (종류주주총회)** ① 회사가 종류주식을 발행한 경우에 정관을 변경함으로써 어느 종류주식의
> 주주에게 손해를 미치게 될 때에는 주주총회의 결의 외에 그 종류주식의 주주의 총회의 결의가 있
> 어야 한다.
> ② 제1항의 결의는 출석한 주주의 의결권의 3분의 2 이상의 수와 그 종류의 발행주식총수의 3분의 1
> 이상의 수로써 하여야 한다.
> ③ 주주총회에 관한 규정은 의결권없는 종류의 주식에 관한 것을 제외하고 제1항의 총회에 준용한다.

1. 의의

① 종류주주총회란 회사가 종류주식을 발행한 경우, 특정 종류주식을 가진 주주들만으로 결의되
는 주주총회를 의미한다.

② 종류주주총회는 주주총회의 결의가 효력을 발생하기 위하여 추가로 요구되는 요건일 뿐 그
자체로 회사의 기관에 해당하거나 독립된 주주총회에 해당하는 것은 아니다.

③ 종류주주총회 관련 규정은 강행규정이므로 이를 생략하는 정관규정은 무효이다. 다만, 해당
주식의 모든 주주들의 동의가 있으면 종류주주총회의 생략이 가능하다.

2. 종류주주총회가 요구되는 경우

① 정관을 변경함으로써 어느 종류의 주주에게 손해가 발생하는 경우,[법무사 15] 회사의 분할 또는 분할합병, 주식교환, 주식이전 및 회사의 합병으로 인하여 어느 종류의 주주에게 손해를 미치게 될 경우 종류주주총회가 요구된다.[변호사 18]

② 어느 종류의 주주에게 손해를 미치게 될 때라 함에는, 어느 종류의 주주에게 직접적으로 불이익을 가져오는 경우는 물론이고, 외견상 형식적으로는 평등한 것이라고 하더라도 실질적으로는 불이익한 결과를 가져오는 경우도 포함되며, 어느 종류의 주주의 지위가 정관의 변경에 따라 유리한 면이 있으면서 불이익한 면을 수반하는 경우도 어느 종류의 주주에게 손해를 미치게 될 때에 해당된다(대판 2006.1.27. 2004다44575,44582).[변호사 18]

③ 회사가 우선주의 내용을 10년 후에도 보통주로 전환할 수 없되 10년의 제한 없이 우선배당권을 가지는 것으로 정관변경을 하면서 종류주주총회를 개최하지 않은 경우, 이러한 정관변경은 보통주 전환에 의한 의결권 취득을 원했던 우선주주에게는 불리한 반면, 의결권 취득에는 관심이 적고 이익배당에 관심이 있던 우선주주에게는 유리하므로 이처럼 정관을 변경함으로써 우선주주 각자의 입장에 따라 유리한 점과 불리한 점이 공존하고 있을 경우에는 우선주주들의 종류주주총회의 결의가 필요하다(대판 2006.1.27. 2004다44575,44582).

3. 결의요건

① 종류주주총회의 결의는 출석한 주주의 의결권의 3분의 2 이상의 수와 그 종류의 발행주식총수의 3분의 1 이상의 수로써 하여야 한다. 이 요건은 가중과 감경 모두 허용되지 않는다는 것이 통설이다.[변호사 18]

② 의결권 없는 주식도 의결권을 가진다.

4. 종류주주총회 결의가 없는 주주총회결의의 효력

① 종류주주총회의 결의는 정관변경이라는 법률효과가 발생하기 위한 하나의 특별요건이므로 정관변경에 관하여 종류주주총회의 결의가 이루어지지 않았다면 정관변경의 효력이 발생하지 않는 데에 그칠 뿐이고 정관변경을 결의한 주주총회결의 자체의 효력에는 아무런 하자가 없다(대판 2006.1.27. 2004다44575,44582).[변호사 18]

② 정관의 변경결의와 관련된 종류주주총회의 개최를 회사가 거부하고 있는 경우 그 종류의 주주는 정관변경이 무효라는 확인을 구하면 되고 정관변경을 내용으로 하는 주주총회결의 자체가 아직 효력을 발생하지 않고 있는 상태(이른바, 불발효 상태)라는 관념을 애써 만들어서 그 주주총회결의가 그러한 '불발효 상태'에 있다는 확인을 구할 필요는 없다(대판 2006.1.27. 2004다44575,44582).

1. 이사의 지위

① 이사는 이사회의 구성원으로 회사의 업무집행 의사결정에 참여하고 이사회를 통하여 대표이사의 업무집행을 감독한다.

② 주주총회에서 선임되지 않은 자는 상법상 이사가 아니다. 회사와 이사의 관계는 민법의 위임에 관한 규정을 준용한다.

③ 이사는 회사에 대하여 선량한 관리자의 주의의무를 부담한다.

④ 이사는 회사에 대하여 의무를 부담할 뿐 개별 주주에 대하여 의무를 부담하지는 않는다.

⑤ 상법상 이사는 사내이사, 사외이사, 그 밖에 상무에 종사하지 아니하는 이사가 존재한다.

⑥ 이사가 아니면서 이사 명칭을 사용하여 회사의 업무를 집행한 자는 표현이사에 해당하여 이사에 준하는 책임을 진다. 이 경우 회사에 대해 영향력을 행사할 수 있어야 하는 것은 아니다(대판 2009.11.26. 2009다39240).

2. 이사의 정원

> 제383조 (원수, 임기) ① 이사는 3명 이상이어야 한다. 다만, 자본금 총액이 10억 원 미만인 회사는 1명 또는 2명으로 할 수 있다.

① 이사는 3명 이상이어야 한다.[법원직 21, 법무사 13]

② 자본금 총액이 10억 원 미만인 회사는 1명 또는 2명으로 할 수 있다.[법원직 18, 21, 법무사 13, 변호사 12, 15, 17]

③ 상장회사는 이사 총수의 4분의 1 이상을 사외이사로 선임해야 한다.

④ 자산총액 2조 원 이상 대규모 상장회사는 사외이사를 3인 이상 및 이사 총수 과반수로 해야 한다.

3. 이사의 자격

(1) 상법상 자격제한

① 이사의 자격은 상법상 제한이 없다.[법무사 05]

② 상업사용인, 대리상, 이사, 감사는 겸직이 제한되므로 그 범위에서 이사의 자격이 제한된다.

③ 이사는 회사의 업무집행을 실제로 수행해야 하므로 법인은 이사가 될 수 없다. 이사의 성명과 주민등록번호가 등기사항이라는 점이 이를 뒷받침한다.

법무사 05

1 이사는 주주이어야 한다.
(○, ×)

1 ×

(2) 사외이사의 자격제한

① 회사의 상무에 종사하는 이사 · 집행임원 및 피용자 또는 최근 2년 이내에 회사의 상무에 종사한 이사 · 감사 · 집행임원 및 피용자, ② 최대주주가 자연인인 경우 본인과 배우자 및 직계 존속 · 비속, ③ 최대주주가 법인인 경우 법인의 이사 · 감사 · 집행임원 및 피용자, ④ 이사 · 감사 · 집행임원의 배우자 및 직계 존속 · 비속, ⑤ 회사의 모회사 또는 자회사의 이사 · 감사 · 집행임원 및 피용자, ⑥ 회사와 거래관계 등 중요한 이해관계에 있는 법인의 이사 · 감사 · 집행임원 및 피용자, ⑦ 회사의 이사 · 집행임원 및 피용자가 이사 · 집행임원으로 있는 다른 회사의 이사 · 감사 · 집행임원 및 피용자는 사외이사가 될 수 없고, 이에 해당하게 되는 경우 그 직을 상실한다).

(3) 상장회사의 사외이사

① 제한능력자, ② 최대주주 및 최대주주의 특수관계인, ③ 의결권 없는 발행주식총수의 10% 이상을 보유하거나 기타 주요 경영사항에 대하여 사실상의 영향력을 행사하는 주요주주와 그 배우자, 직계존비속 등은 상장회사의 사외이사가 될 수 없고, 사외이사가 이에 해당하게 되는 경우 직을 상실한다.

(4) 정관에 의한 자격제한 및 자격주

① 정관으로 이사의 자격을 제한하는 것은 합리적인 범위 내에서 가능하다.
② 정관으로 이사가 가질 주식의 수를 정할 수 있는데, 이 경우에 내부거래를 방지하기 위해 이사는 그 수의 주권을 감사 또는 감사위원회에 공탁하여야 한다.[법무사 08]

쟁점 02 이사의 선임, 임기 및 종임

1. 이사의 선임기관

> 제382조 (이사의 선임, 회사와의 관계 및 사외이사) ① 이사는 주주총회에서 선임한다.

① 이사는 주주총회에서 선임한다.
② 이사 선임에 관한 주주총회의 권한은 강행규정으로 정관으로도 제3자에게 위임하거나 주주총회의 권한을 제한할 수 없고 그러한 규정은 무효이다.[법원직 16]
③ 이사의 선임은 주주총회 보통결의사항이고, 이사의 해임은 특별결의사항이다.[법무사 06, 13, 19, 20]

2. 이사후보의 추천

① 비상장회사의 이사는 이사회의 추천으로 한다.
② 비상장회사의 경우, 주주총회 소집통지서에 기재되지 않은 이사 후보를 주주총회 당시 추천하여 이사로 선임하는 결의를 할 수 있다.
③ 상장회사가 이사의 선임에 관한 사항을 목적으로 하는 주주총회를 소집통지 또는 공고하는 경우에는 이사 후보자의 성명, 약력, 추천인 등 후보자에 관한 사항을 통지하거나 공고하여야 한다.

④ 상장회사는 통지하거나 공고한 후보자 중에서 이사를 선임하여야 한다.

⑤ 상장회사의 주주총회장에서 주주가 다른 이사 후보를 추천하는 것은 허용되지 않는다. 주주는 주주제안권을 통해 이사 후보를 추천할 수 있다.

⑥ 대규모상장회사는 ⊙ 사외이사 후보를 추천하기 위하여 사외이사 후보추천위원회를 설치하여야 하고, ⓛ 사외이사 후보추천위원회의 추천을 받은 자 중에서 사외이사를 선임하여야 하며, ⓒ 주주제안권을 보유한 주주가 총회일의 6주 전에 추천한 사외이사 후보를 포함시켜야 한다.

3. 집중투표제

(1) 의의

> **제382조의2 (집중투표)** ① 2인 이상의 이사의 선임을 목적으로 하는 총회의 소집이 있는 때에는 의결권 없는 주식을 제외한 발행주식총수의 100분의 3 이상에 해당하는 주식을 가진 주주는 정관에서 달리 정하는 경우를 제외하고는 회사에 대하여 집중투표의 방법으로 이사를 선임할 것을 청구할 수 있다.
>
> ② 제1항의 청구는 주주총회일의 7일 전까지 서면 또는 전자문서로 하여야 한다.
>
> ③ 제1항의 청구가 있는 경우에 이사의 선임결의에 관하여 각 주주는 1주마다 선임할 이사의 수와 동일한 수의 의결권을 가지며, 그 의결권은 이사 후보자 1인 또는 수인에게 집중하여 투표하는 방법으로 행사할 수 있다.
>
> **제542조의7 (집중투표에 대한 특례)** ① 상장회사에 대하여 제382조의2에 따라 집중투표의 방법으로 이사를 선임할 것을 청구하는 경우 주주총회일(정기주주총회의 경우에는 직전 연도의 정기주주총회일에 해당하는 그 해의 해당일. 이하 제542조의8 제5항에서 같다)의 6주 전까지 서면 또는 전자문서로 회사에 청구하여야 한다.
>
> ② 자산 규모 등을 고려하여 대통령령으로 정하는 상장회사의 의결권 없는 주식을 제외한 발행주식총수의 100분의 1 이상에 해당하는 주식을 보유한 자는 제382조의2에 따라 집중투표의 방법으로 이사를 선임할 것을 청구할 수 있다.

① 2인 이상의 이사의 선임을 목적으로 하는 총회의 소집이 있는 때에는 의결권 없는 주식을 제외한 발행주식총수의 100분의 3 이상에 해당하는 주식을 가진 주주는 정관에서 달리 정하는 경우를 제외하고는 회사에 대하여 집중투표의 방법으로 이사를 선임할 것을 청구할 수 있다. [법원직 16, 법무사 13, 15, 17, 변호사 21]

② 단순투표는 주주총회 선임결의와 관련하여 이사 1인에 대하여 하나씩 선임결의를 하는 투표를 의미한다. 단순투표의 경우 주주는 각 후보자에 대한 찬성과 반대의 투표만을 한다. 단순투표제에서 50% 초과 주식을 보유한 주주는 모든 이사를 자신의 뜻대로 선임할 수 있다.

③ 집중투표는 이사의 선임결의에 관하여 각 주주가 1주마다 선임할 이사의 수와 동일한 수의 의결권을 가지고 그 의결권을 이사 후보자 1인 또는 수인에게 집중하여 투표하는 방법으로 행사할 수 있게 하는 제도를 말한다. [법원직 10, 21, 법무사 09, 17, 변호사 13, 21]

(2) 요건

① 2인 이상 이사의 선임을 목적으로 하는 총회의 소집이 있는 경우에 적용된다.

② 정관에 집중투표를 배제하는 규정이 없어야 한다. [법원직 10, 법무사 09]

③ 정관상 집중투표에 관한 근거 규정이 있어야 하는 것 아니다. 즉 정관에 아무 규정이 없으면 집중투표가 가능하다.

④ 소수주주가 회사에 대하여 집중투표의 방법으로 이사를 선임할 것을 청구하여야 한다.

법원직 16, 법무사 17

1 2인 이상의 이사의 선임을 목적으로 하는 총회의 소집이 있는 때에는 의결권 없는 주식을 포함한 발행주식총수의 100분의 3 이상에 해당하는 주식을 가진 주주는 정관에서 달리 정하는 경우를 제외하고는 회사에 대하여 집중투표의 방법으로 이사를 선임할 것을 청구할 수 있다. (O, X)

법원직 10

2 집중투표의 청구가 있는 경우에 이사의 선임결의에 관하여 각 주주는 1주마다 선임할 이사의 수와 동일한 수의 의결권을 가지며 그 의결권은 이사 후보자 1인에게만 집중하여 투표하는 방법으로 행사하여야 한다. (O, X)

법원직 10, 법무사 09

3 2인 이상의 이사의 선임을 목적으로 하는 주주총회의 소집이 있을 때에 소수주주가 집중투표를 청구할 수 있는 권리는 정관으로도 배제할 수 없다. (O, X)

1 × 2 × 3 ×

⑤ 소수주주의 주식 보유요건은 ㉠ 비상장회사와 자산총액 2조 원 미만의 상장회사의 경우 의결권 있는 발행주식총수의 3% 이상이고, ㉡ 자산총액 2조 원 이상 상장회사의 경우 의결권 있는 발행주식총수의 1% 이상이다. [법원직 10, 변호사 17]

⑥ 상장회사의 주주이더라도 주식 보유요건이 충족되면 주주총회일의 6개월 전부터 계속하여 주식을 보유하고 있지 아니한 경우에도 집중투표를 청구할 수 있다.

⑦ 이사 후보를 추천하는 주주제안은 집중투표 청구와 별도로 회사에 제출하여야 한다. [변호사 13]

⑧ 소수주주의 청구는 비상장회사의 경우 주주총회일의 7일 전까지 서면 또는 전자문서로 하여야 하고, 상장회사의 경우 6주 전까지 하여야 한다. [변호사 13]

(3) 이사 선임방법

> 제382조의2 (집중투표) ④ 제3항의 규정에 의한 투표의 방법으로 이사를 선임하는 경우에는 투표의 최다수를 얻은 자부터 순차적으로 이사에 선임되는 것으로 한다.

① 집중투표의 방법으로 이사를 선임하는 경우에는 투표의 최다수를 얻은 자부터 순차적으로 이사에 선임되는 것으로 한다. [변호사 13, 21]

② 의결정족수에 관한 제368조 제1항은 집중투표제에는 적용되지 않는다.

③ 정관에서 이사의 선임을 발행주식총수의 과반수에 해당하는 주식을 가진 주주의 출석과 출석주주의 의결권의 과반수에 의한다고 규정하는 경우, 집중투표에 관한 상법 조항이 정관에 규정된 의사정족수 규정을 배제한다고 볼 것은 아니므로 이사의 선임을 집중투표의 방법으로 하는 경우에도 정관에 규정한 의사정족수는 충족되어야 한다 (대판 2017.1.12. 2016다217741). [법원직 21, 법무사 17, 변호사 19, 21]

(4) 집중투표의 고지 및 공시

> 제382조의2 (집중투표) ⑤ 제1항의 청구가 있는 경우에는 의장은 의결에 앞서 그러한 청구가 있다는 취지를 알려야 한다.
> ⑥ 제2항의 서면은 총회가 종결될 때까지 이를 본점에 비치하고 주주로 하여금 영업시간내에 열람할 수 있게 하여야 한다.

① 소수주주의 집중투표 청구가 있는 경우 의장은 의결에 앞서 그러한 청구가 있다는 취지를 알려야 한다. [법무사 09]

② 소수주주의 청구가 있는 한 주주총회에서 집중투표를 배제하는 결의를 할 수 없다.

③ 소수주주가 제출한 집중투표 청구 서면은 총회가 종결될 때까지 본점에 비치하고 주주가 영업시간 내에 열람할 수 있게 하여야 한다. [법무사 09]

④ 이사 선임에 있어 집중투표를 정관으로 배제하지 않은 회사는 이사 선임에 관한 주주총회의 통지와 공고에 선임할 이사의 수를 반드시 기재하여야 한다 (서울고등법원 2010.11.15. 2010라1065).

(5) 집중투표 관련 정관 변경

① 대규모상장회사가 정관으로 집중투표를 배제하거나 그 배제된 정관을 다시 변경하려는 경우, 발행주식총수의 3%를 초과하는 주식을 가진 주주는 그 초과하는 주식에 관해 의결권을 행사하지 못한다. 다만, 정관으로 낮게 주식 보유비율을 정할 수 있다.

② 대규모상장회사가 주주총회의 목적사항으로 집중투표 배제에 관한 정관 변경에 관한 의안을 상정하려는 경우, 다른 의안과 별도로 상정하여 의결하여야 한다.

법원직 21

1 주식회사의 정관에서 이사의 선임을 발행주식총수의 과반수에 해당하는 주식을 가진 주주의 출석과 출석주주의 의결권의 과반수에 의한다고 규정하더라도, 이사의 선임을 집중투표의 방법으로 하는 경우에는 위와 같은 정관상 의사정족수 규정은 적용되지 아니한다.

(○, ×)

1 ×

4. 이사 선임과 임용계약

주주총회에서 이사나 감사를 선임하는 경우, 선임결의와 피선임자의 승낙만 있으면, 피선임자는 대표이사와 별도의 임용계약을 체결하였는지와 관계없이 이사나 감사의 지위를 취득한다(대판 2017.3.23. 2016다251215 전합). [법원직 18, 변호사 20]

5. 이사 등기

① 이사의 성명과 주민등록번호는 등기사항이다.
② 이사는 등기되지 않아도 주주총회에서 선임되고 승낙하면 이사의 지위를 가진다.

6. 이사의 임기

> 제383조 (원수, 임기) ② 이사의 임기는 3년을 초과하지 못한다.

① 회사는 이사의 임기를 정하지 않을 수 있다. 회사가 이사의 임기를 정하는 경우 3년을 초과할 수 없다. 이는 이사의 임기를 정하지 않은 경우, 이사의 임기가 3년이 된다는 것을 의미하지는 않는다. [법무사 08, 10, 13]
② 이사의 임기는 정관으로 그 임기 중의 최종의 결산기에 관한 정기주주총회의 종결에 이르기까지 연장할 수 있다.
③ ㉠ 상법 제385조 제1항에서 이사의 임기를 정한 경우라 함은 정관 또는 주주총회의 결의로 임기를 정하고 있는 경우를 말한다. ㉡ 이사의 임기를 정하지 않은 때에는 이사의 임기의 최장기인 3년을 경과하지 않는 동안에 해임되더라도 그로 인한 손해의 배상을 청구할 수 없다. ㉢ 회사의 정관에서 상법 제383조 제2항과 동일하게 "이사의 임기는 3년을 초과하지 못한다."고 규정한 것이 이사의 임기를 3년으로 정하는 취지라고 해석할 수는 없다(대판 2001.6.15. 2001다23928). [변호사 16]
④ 임기 중의 최종의 결산기에 관한 정기주주총회라 함은 임기 중에 도래하는 최종의 결산기에 관한 정기주주총회를 말하고, 임기 만료 후 최초로 도래하는 결산기에 관한 정기주주총회 또는 최초로 소집되는 정기주주총회를 의미하는 것은 아니므로, 위 규정은 이사의 임기가 최종 결산기의 말일과 당해 결산기에 관한 정기주주총회 사이에 만료되는 경우에 정관으로 그 임기를 정기주주총회 종결일까지 연장할 수 있도록 허용하는 규정이라고 보아야 한다(대판 2010.6.24. 2010다13541).

7. 이사의 종임

① 이사는 민법상 위임의 종료사유에 의해 종임된다.
② 이사의 임기만료, 정관에 규정된 자격의 상실, 회사의 해산, 파산, 이사의 사망, 파산, 성년후견개시 등에 의해 종임된다.
③ 이사가 그 지위에 기해 주주총회결의취소의 소를 제기한 뒤 소송계속 중 사망하였거나 사실심 변론종결 후에 사망했다면, 소송은 이사의 사망으로 중단되지 않고 그대로 종료된다(대판 2019.2.14. 2015다255258).

법무사 10

1 이사의 임기는 3년을 초과할 수 없고, 이를 연장할 수 없다.
(○, ×)

법무사 08

2 이사의 임기는 원칙적으로 2년을 초과하지 못한다. (○, ×)

제3편

2022 해커스법원직 공태용 상법의 맥

1 × **2** ×

> **제385조 (해임)** ① 이사는 언제든지 제434조의 규정에 의한 주주총회의 결의로 이를 해임할 수 있다. 그러나 이사의 임기를 정한 경우에 정당한 이유 없이 그 임기만료 전에 이를 해임한 때에는 그 이사는 회사에 대하여 해임으로 인한 손해의 배상을 청구할 수 있다.
> ② 이사가 그 직무에 관하여 부정행위 또는 법령이나 정관에 위반한 중대한 사실이 있음에도 불구하고 주주총회에서 그 해임을 부결한 때에는 발행주식의 총수의 100분의 3 이상에 해당하는 주식을 가진 주주는 총회의 결의가 있은 날부터 1월내에 그 이사의 해임을 법원에 청구할 수 있다.
>
> **제386조 (결원의 경우)** ① 법률 또는 정관에 정한 이사의 원수를 결한 경우에는 임기의 만료 또는 사임으로 인하여 퇴임한 이사는 새로 선임된 이사가 취임할 때까지 이사의 권리의무가 있다.

1. 주주총회 결의에 의한 이사해임

① 이사는 언제든지 주주총회의 특별결의로 해임할 수 있다.[법무사 20] 주주총회의 해임결의에 정당한 이유가 있어야 하는 것도 아니다.[법원직 16, 법무사 05, 12]

② 이사의 임기를 정한 경우에 정당한 이유 없이 그 임기만료 전에 해임한 때에는 그 이사는 회사에 대하여 해임으로 인한 손해의 배상을 청구할 수 있다.[법원직 11, 법무사 13, 20]

③ 임기를 정하지 아니한 때에는 회사는 손해배상책임을 지지 않는다. 해임이 아닌 이사의 사임에 의한 경우에도 회사는 손해배상책임을 지지 않는다.[법무사 10, 14]

④ 이사 해임에 대한 정당한 이유란 주주와 이사 사이에 불화 등 단순히 주관적인 신뢰관계 상실로는 부족하고, ㉠ 이사가 법령이나 정관에 위배된 행위를 하였거나, ㉡ 정신적 · 육체적으로 경영자의 직무를 감당하기 현저하게 곤란한 경우, ㉢ 회사의 중요한 사업계획 수립이나 추진에 실패함으로써 경영능력에 대한 근본적인 신뢰관계가 상실된 경우 등 이사가 경영자로서 업무를 집행하는 데 장해가 될 객관적 상황이 발생한 경우를 의미한다(대판 2004.10.15. 2004다25611).[법원직 14, 법무사 14]

⑤ 이사 해임에 대한 정당한 이유의 존부에 관한 입증책임은 손해배상을 청구하는 이사가 부담한다(대판 2006.11.23. 2004다49570).[법무사 14, 20]

⑥ 해임으로 인한 이사의 손해가 무엇인지에 대하여 통설과 판례는 잔여 임기 동안 이사가 받을 수 있었던 보수를 손해로 본다.

⑦ 임기가 정하여져 있는 감사가 임기만료 전에 정당한 이유 없이 주주총회의 특별결의로 해임되었음을 이유로 회사를 상대로 남은 임기 동안 또는 임기 만료 시 얻을 수 있었던 보수 상당액을 해임으로 인한 손해배상액으로 청구하는 경우, 당해 감사가 그 해임으로 인하여 남은 임기 동안 회사를 위한 위임사무 처리에 들이지 않게 된 자신의 시간과 노력을 다른 직장에 종사하여 사용함으로써 얻은 이익이 해임과 사이에 상당인과관계가 인정된다면 해임으로 인한 손해배상액을 산정함에 있어서 공제되어야 한다(대판 2013.9.26. 2011다42348).

2. 소수주주의 이사해임청구

(1) 의의

이사가 그 직무에 관하여 부정행위 또는 법령이나 정관에 위반한 중대한 사실이 있음에도 불구하고 주주총회에서 그 해임을 부결한 때에는 발행주식총수의 3% 이상에 해당하는 주식을 가진 주주는 총회의 결의가 있은 날부터 1월 내에 그 이사의 해임을 법원에 청구할 수 있다.[법원직 16, 법무사 14, 변호사 19, 20]

(2) 소수주주 요건

① 이사의 해임을 법원에 청구할 수 있는 소수주주는 ㉠ 비상장회사의 경우 발행주식 총수의 3% 이상, ㉡ 상장회사의 경우 6개월 보유 조건으로 발행주식총수의 0.5% 이상, ㉢ 대규모 상장회사는 0.25% 이상 보유한 자이다.

② 소수주주 보유요건은 사실심 종결시까지 갖추면 된다.

③ 의결권 없는 주주도 이사해임청구 가능하다.

④ 소수주주의 요건은 단독으로 또는 다른 주주들과 합하여 충족하면 된다.

(3) 해임청구사유

① 해임청구사유는 ㉠ 직무에 관한 부정행위 또는 ㉡ 법령이나 정관에 위반의 존재 및 ㉢ 주주총회에서의 해임 부결이다.

② 해임청구사유는 이사 임기 중에 존재하면 되고 해임청구시점에는 사유가 존재하지 않아도 된다.

③ 이사해임의 건을 상정하여 소집한 임시주주총회가 정족수가 미달되어 유회된 경우도 해임이 부결된 때에 해당한다(대판 1993.4.9. 92다53583).

④ 경업금지의무를 위반한 행위로서 특별한 다른 사정이 없는 한 이사의 해임에 관한 "법령에 위반한 중대한 사실"이 있는 경우에 해당한다(대결 1990.11.2. 90마745).

⑤ 납입 또는 현물출자의 이행을 가장하는 행위는 특별한 다른 사정이 없는 한, 이사 해임에 관한 그 직무에 관하여 부정행위 또는 법령에 위반한 중대한 사실이 있는 경우에 해당한다(대판 2010.9.30. 2010다35985).[변호사 18]

(4) 해임의 소의 성질 및 당사자

① 해임청구의 소는 형성의 소이므로 원고 승소판결이 확정되면 바로 이사 해임의 효력이 발생한다.

② 해임청구의 소는 회사와 이사를 공동피고로 하여야 한다.

③ 이사해임청구의 소는 본점소재지의 지방법원의 관할에 전속한다.

3. 퇴임이사와 임시이사

① 법률 또는 정관에 정한 이사의 원수를 결한 경우에는 임기의 만료 또는 사임으로 인하여 퇴임한 이사는 새로 선임된 이사가 취임할 때까지 이사의 권리의무가 있다.[법원직 07, 08, 법무사 06]

② 이사 중의 일부에 임기가 만료되었다 하더라도 아직 임기가 만료되지 않은 다른 이사들로써 정상적인 법인의 활동을 할 수 있는 경우에는 임기 만료된 이사로 하여금 이사로서의 직무를 계속 수행케 할 필요는 없으므로 위와 같은 경우에는 임기만료로서 당연히 퇴임한다(대판 1988. 3.22. 85누884).

③ 법률 또는 정관에 정한 이사의 원수를 결한 경우, 필요하다고 인정할 때에는 법원은 이사, 감사 기타의 이해관계인의 청구에 의하여 일시 이사의 직무를 행할 자를 선임할 수 있다.

④ 법원에 의한 이사의 직무를 행할 자의 선임은 이사 전원이 부존재하던, 사망으로 인하여 이사의 결원이 있던, 장구한 시일에 걸치어 주주총회의 개최도 없고 이사의 결원이 있던, 그 어떠한 경우이던 이사의 결원이 있을 때에는 법원은 이사직무를 행할 자를 선임할 수 있다 (대판 1964.4.28. 63다518).

⑤ 일시이사선임이 필요한 때란 ㉠ 이사의 사망으로 결원이 생기거나 ㉡ 종전의 이사가 해임된 경우 ㉢ 이사가 중병으로 사임하거나 ㉣ 장기간 부재 중인 경우 등과 같이 퇴임이사로 하여금 이사로서의 권리의무를 가지게 하는 것이 불가능하거나 부적당한 경우를 의미한다(대결 2000.11.17. 2000마5632).

⑥ 퇴임이사와 일시이사의 권한은 이사의 권한과 동일하다. 직무대행자의 권한이 회사의 상무로 제한되는 것과 구별된다.

⑦ 회사가 해산한 경우, 해산 당시의 이사는 청산인이 되는 것으로 규정하고 있는 바, 여기에 이사라 함은 선임된 일시이사 등도 포함된다고 해석된다. 왜냐하면 이 일시이사 등은 직무대행자와는 달라 본래의 이사나 대표이사와 꼭 같은 권한을 가지며 회사의 상무에 속하지 아니하는 행위도 할 수 있기 때문이다(대판 1981.9.8. 80다2511).

⑧ 이사의 퇴임등기를 하여야 하는 기간은 일반의 경우처럼 퇴임한 이사의 퇴임일부터 기산하는 것이 아니라 후임이사의 취임일부터 기산한다.[법원직 07, 08, 법무사 13, 20]

⑨ 후임이사가 취임하기 전에 퇴임한 이사의 퇴임등기만을 따로 신청할 수 없다.[법원직 08]

⑩ 퇴임한 대표이사가 후임 대표이사가 취임할 때까지 대표이사로서의 권리의무가 있는 기간 동안에는 후임 대표이사의 선임절차를 해태하였다고 하여 퇴임한 대표이사를 과태료에 처할 수 없다.[법원직 08]

법무사 13

1 대표이사를 포함한 이사가 임기의 만료나 사임에 의하여 퇴임함으로 말미암아 법률 또는 정관에 정한 대표이사나 이사의 원수를 채우지 못하게 되는 경우에 그 퇴임한 이사는 새로 선임된 이사(후임이사)가 취임할 때까지 이사로서의 권리의무가 있으며, 판례에 의하면 이러한 경우에도 이사의 퇴임등기를 하여야 하는 기간은 퇴임한 이사의 퇴임일부터 기산한다.
(○, ×)

법원직 08

2 후임이사가 취임하기 전이라도 퇴임한 이사의 퇴임등기만을 따로 신청할 수 있다.(○, ×)

법원직 07

3 이사에 대한 손해배상청구의 소가 제기된 경우 법원은 당사자의 신청에 의하여 가처분으로써 이사의 직무집행을 정지할 수 있다. (○, ×)

1 × **2** × **3** ×

쟁점 04 이사직무집행정지 및 이사직무대행자선임가처분

1. 의의

제407조 (직무집행정지, 직무대행자선임) ① 이사선임결의의 무효나 취소 또는 이사해임의 소가 제기된 경우에는 법원은 당사자의 신청에 의하여 가처분으로써 이사의 직무집행을 정지할 수 있고 또는 직무대행자를 선임할 수 있다. 급박한 사정이 있는 때에는 본안소송의 제기 전에도 그 처분을 할 수 있다.

① 이사선임결의의 무효나 취소 또는 이사해임의 소가 제기된 경우에는 법원은 당사자의 신청에 의하여 가처분으로써 이사의 직무집행을 정지할 수 있고 또는 직무대행자를 선임할 수 있다.[법원직 07]

② 급박한 사정이 있는 때에는 본안소송 제기 전에도 처분을 할 수 있다.[법원직 16, 20, 법무사 03, 05, 13, 변호사 18, 19, 20]

③ 주식회사 이사의 직무집행을 정지하고 그 대행자를 선임하는 가처분은 민사집행법 제300조 제2항에 의한 임시의 지위를 정하는 가처분의 성질을 가지는 것이다.[법원직 16, 변호사 15]

2. 요건

① 본안소송이 제기되었거나 급박한 사정이 존재해야 한다.

② 피보전권리가 존재해야 한다.

③ 가처분 결정 전에 이사가 사임하거나 주주총회결의로 해임되면 피보전권리가 없으므로 법원은 가처분 신청을 각하해야 한다.

④ 보전의 필요성이 존재하여야 한다.

⑤ 가처분이 되지 않을 경우, 회사에 회복할 수 없는 손해가 발생할 위험이 있다는 것이 인정되어야 한다.

⑥ ㉠ 퇴임이사로 하여금 이사로서의 권리의무를 가지게 하는 것이 불가능하거나 부적당한 경우 등에는 상법 제386조 제2항에 정한 일시 이사의 선임을 법원에 청구할 수 있으므로, 퇴임이사를 상대로 해임사유의 존재나 임기만료·사임 등을 이유로 그 직무집행의 정지를 구하는 가처분신청은 허용되지 않는다. ㉡ 퇴임이사가 퇴임할 당시에 법률 또는 정관에 정한 이사의 원수가 충족되어 있는 경우라면 퇴임이사는 임기의 만료 또는 사임과 동시에 이사로서의 권리의무를 상실한다. 그럼에도 불구하고 그 이사가 여전히 이사로서의 권리의무를 실제로 행사하고 있는 경우에는 그 권리의무의 부존재확인청구권을 피보전권리로 하여 직무집행의 정지를 구하는 가처분신청이 허용된다(대결 2009.10.29. 2009마1311).

3. 당사자

① 피신청인은 지위가 다투어지는 이사이고, 회사는 피신청인이 될 수 없다.[법원직 07, 12, 16, 법무사 03, 05, 변호사 15]

② ㉠ 1973.6.5자 임시주주총회결의 및 이사회결의에 의하여 이사 겸 대표이사로 선임된 甲이 사임하여 사임등기까지 되었다가 1973.11.15자 임시주주총회결의 및 이사회결의에 의하여 다시 같은 직의 임원으로 선임된 경우에 甲의 직무집행정지 가처분을 구함에 있어서 피보전권리로서는 甲을 현재의 임원직으로 선임한 위 1973.11.15자 임시주주총회결의 및 이사회결의에 하자가 있음을 주장하는 것은 몰라도 이와 아무 관계도 없는 1973.6.5자 위 결의에 하자가 있음을 주장할 수는 없다. ㉡ 임시의 지위를 정하기 위한 이사직무집행정지가처분에 있어서 피신청인이 될 수 있는 자는 그 성질상 당해 이사이고, 회사에게는 피신청인의 적격이 없다(대판 1982.2.9. 80다2424).

③ ㉠ 주식회사의 이사나 감사를 피신청인으로 하여 그 직무집행을 정지하고 직무대행자를 선임하는 가처분이 있는 경우 가처분결정은 이사 등의 직무집행을 정지시킬 뿐 이사 등의 지위나 자격을 박탈하는 것이 아니므로, 특별한 사정이 없는 한 가처분결정으로 인하여 이사 등의 임기가 당연히 정지되거나 가처분결정이 존속하는 기간만큼 연장된다고 할 수 없다. 위와 같은 가처분결정은 성질상 당사자 사이뿐만 아니라 제3자에 대해서도 효력이 미치지만, 직무집행행위의 효력을 제한하는 것일 뿐이므로, 이사 등의 임기 진행에 영향을 주는 것은 아니다. ㉡ 일반적으로 과거의 법률관계는 확인의 소의 대상이 될 수 없지만, 그것이 이해관계인들 사이에 현재적 또는 잠재적 분쟁의 전제가 되어 과거의 법률관계 자체의 확인을 구하는 것이 관련된 분쟁을 일거에 해결하는 유효·적절한 수단이 될 수 있는 경우에는 예외적으로 확인의 이익이 인정된다. ㉢ 甲 주식회사의 주주들이 법원의 허가를 받아 개최한 주주총회에서 乙이 감사로 선임되었는데도 甲 회사가 감사 임용계약의 체결을 거부하자, 乙이 甲 회사를 상대로 감사 지위의 확인을 구하는 소를 제기하여, 소를 제기할 당시는 물론 대법원이 乙의 청구를 받아들이는 취지의 환송판결을 할 당시에도 乙의 감사로서 임기가 남아 있었는데,

법무사 05

1 이사직무집행정지신청 및 이사 직무대행자선임신청의 경우 신청인의 주장에 의해 지위가 다투어지는 이사와 회사가 공동 피신청인이 된다는 것이 대법원판례이다.　　(○, ×)

법원직 07

2 이사직무집행정지 가처분의 피신청인 적격은 회사에게 있다는 것이 판례이다.　　(○, ×)

1 × 2 ×

환송 후 원심의 심리 도중 乙의 임기가 만료되어 후임 감사가 선임된 경우, 乙의 임기가 만료되고 후임 감사가 선임됨으로써 乙의 감사 지위 확인 청구가 과거의 법률관계에 대한 확인을 구하는 것이 되었으나, 과거의 법률관계라고 할지라도 현재의 권리 또는 법률상 지위에 영향을 미치고 이에 대한 위험이나 불안을 제거하기 위하여 그 법률관계에 관한 확인판결을 받는 것이 유효·적절한 수단이라고 인정될 때에는 확인을 구할 이익이 있으므로, 乙에게 현재의 권리 또는 법률상 지위에 대한 위험이나 불안을 제거하기 위해 과거의 법률관계에 대한 확인을 구할 이익이나 필요성이 있는지 판단하여야 한다(대판 2020.8.20. 2018다249148).

4. 가처분결정의 효력

> **제407조 (직무집행정지, 직무대행자선임)** ③ 전2항의 처분이 있는 때에는 본점과 지점의 소재지에서 그 등기를 하여야 한다.

① 가처분결정의 효력은 가처분이의 신청에 의하여 가처분이 취소되어야만 소멸한다.

② 직무집행정지, 직무대행자선임 가처분결정이 있는 때에는 본점과 지점 소재지에서 등기를 하여야 한다. 이를 등기하지 아니하면 선의의 제3자에게 대항하지 못한다.[법원직 07, 20]

③ 직무대행자결정가처분의 대세효에 의해서, 법원에서 A를 직무대행자로 결정하였다면, A가 적법한 대표권자이고, A가 직무대행자가처분에 대한 등기를 경료하지 않았다 할지라도 이 사실을 잘 알고 있었던 제3자에게도 A가 대표권자라는 효력이 미친다.

④ 법원의 직무집행정지 가처분결정에 의해 회사를 대표할 권한이 정지된 대표이사가 그 정지기간 중에 체결한 계약은 절대적으로 무효이고, 그 후 가처분신청이 취하되었다 하여 무효인 계약이 유효하게 되지는 않는다(대판 2008.5.29. 2008다4537).[법무사 05, 변호사 15]

⑤ ㉠ 이사의 직무집행을 정지하고 직무대행자를 선임하는 가처분은 성질상 당사자 사이뿐만 아니라 제3자에 대한 관계에서도 효력이 미치므로 가처분에 반하여 이루어진 행위는 제3자에 대한 관계에서도 무효이므로 가처분에 의하여 선임된 이사직무대행자의 권한은 법원의 취소결정이 있기까지 유효하게 존속한다. ㉡ 또한 등기할 사항인 직무집행정지 및 직무대행자선임 가처분은 상법 제37조 제1항에 의하여 이를 등기하지 아니하면 위 가처분으로 선의의 제3자에게 대항하지 못하지만 악의의 제3자에게는 대항할 수 있고, 대표이사 및 이사에 대한 직무집행을 정지하고 직무대행자를 선임하는 법원의 가처분결정은 그 결정 이전에 직무집행이 정지된 주식회사 대표이사의 퇴임등기와 직무집행이 정지된 이사가 대표이사로 취임하는 등기가 경료되었다고 할지라도 직무집행이 정지된 이사에 대하여는 여전히 효력이 있으므로 가처분결정에 의하여 선임된 대표이사 및 이사 직무대행자의 권한은 유효하게 존속한다. ㉢ 반면에 가처분결정 이전에 직무집행이 정지된 이사가 대표이사로 선임되었다고 할지라도 그 선임결의의 적법 여부에 관계없이 대표이사로서의 권한을 가지지 못한다(대판 2014.3.27. 2013다39551).[변호사 18]

⑥ ㉠ 대표이사의 직무집행정지 및 직무대행자선임의 가처분이 이루어진 이상, 그 후 대표이사가 해임되고 새로운 대표이사가 선임되었다 하더라도 가처분결정이 취소되지 아니하는 한 직무대행자의 권한은 유효하게 존속하고, 새로이 선임된 대표이사는 그 선임결의의 적법 여부에 관계없이 대표이사로서의 권한을 가지지 못한다. ㉡ 신규대표이사가 위 가처분에 반하여 회사 대표자격에서 한 행위는 제3자에게 무효이고 신규대표이사와 거래한 제3자는 자신이 선의였음을 이유로 법률행위의 유효를 주장할 수 없다(대판 1992.5.12. 92다5638).[법원직 12, 20, 법무사 03, 변호사 15]

법원직 07, 20

1 직무집행정지 및 직무대행자선임 가처분은 등기할 사항이므로, 이를 등기하지 아니하면 선·악의를 불문하고 제3자에게 대항하지 못한다. (○, ×)

법원직 12

2 대표이사의 직무집행정지 및 직무대행자선임의 가처분이 이루어진 후에 대표이사가 해임되고 새로운 대표이사가 적법하게 선임되면 직무대행자의 권한은 소멸하고 새로이 선임된 대표이사는 대표이사로서의 권한을 가진다. (○, ×)

법무사 03

3 가처분에 의하여 직무집행을 정지당한 이사가 사임하고 후임자가 선임된 경우에는 이에 의하여 가처분결정이 실효되어 직무대행자의 권한이 당연히 소멸한다. (○, ×)

1 × 2 × 3 ×

⑦ ㉠ 청산 중인 주식회사의 청산인을 피신청인으로 하여 그 직무집행을 정지하고 직무대행자를 선임하는 가처분결정이 있은 후, 그 선임된 청산인 직무대행자가 주주들의 요구에 따라 소집한 주주총회에서 회사를 계속하기로 하는 결의와 아울러 새로운 이사들과 감사를 선임하는 결의가 있었다고 하여, 그 주주총회의 결의에 의하여 청산인 직무대행자의 권한이 당연히 소멸하는 것은 아니다. ㉡ 주주총회의 결의에 의하여 위 직무집행정지 및 직무대행자선임의 가처분결정은 더 이상 유지할 필요가 없는 사정변경이 생겼다고 할 것이므로, 가처분에 의하여 직무집행이 정지되었던 피신청인으로서는 사정변경을 이유로 가처분이의의 소를 제기하여 위 가처분의 취소를 구할 수 있다(대판 1997.9.9. 97다12167).[변호사 15, 16]

⑧ 가처분에 의해 직무집행이 정지된 이사 등을 선임한 주주총회 결의의 취소나 무효 또는 부존재확인을 구하는 본안소송에서 가처분채권자가 승소하여 그 판결이 확정된 때에는 가처분은 직무집행정지기간의 정함이 없는 경우에도 본안승소판결의 확정과 동시에 그 목적을 달성한 것이 되어 당연히 효력을 상실하게 된다(대판 1989.9.12. 87다카2691).[법무사 05]

5. 직무대행자의 권한

> **제408조 (직무대행자의 권한)** ① 직무대행자는 가처분명령에 다른 정함이 있는 경우 외에는 회사의 상무에 속하지 아니한 행위를 하지 못한다. 그러나 법원의 허가를 얻은 경우에는 그러하지 아니하다.
> ② 직무대행자가 전항의 규정에 위반한 행위를 한 경우에도 회사는 선의의 제3자에게 책임을 진다.

① 직무대행자의 권한은 회사의 상무에 속하는 사항으로 제한된다. 그러나 법원의 허가를 얻은 경우에는 상무에 속하지 않은 사항에 대해서도 권한을 가질 수 있다.[법원직 07, 16, 법무사 03, 변호사 15]

② 직무대행자가 법원의 허가를 얻지 아니하고 상무에 속하지 않은 행위를 한 경우 회사는 선의의 제3자에 대하여 책임을 진다.[법원직 12, 20, 법무사 03, 05]

③ 회사의 상무라 함은 일반적으로 회사에서 일상 행해져야 하는 사무, 회사가 영업을 계속함에 있어서 통상 행하는 영업범위 내의 사무 또는 회사경영에 중요한 영향을 주지 않는 통상의 업무 등을 의미한다고 할 것이고, 어느 행위가 구체적으로 이 상무에 속하는가 하는 것은 당해 회사의 기구, 업무의 종류·성질, 기타 제반 사정을 고려하여 객관적으로 판단되어야 할 것이다.[법원직 10]

④ 회사의 상무는 회사의 경영에 중요한 영향을 미치지 않는 보통의 업무를 뜻하는 것이고, 회사의 사업 또는 영업의 목적을 근본적으로 변경하거나 중요한 영업재산을 처분하는 것과 같이 당해 분쟁에 관하여 종국적인 판단이 내려진 후에 정규 이사로 확인되거나 새로 취임하는 자에게 맡기는 것이 바람직하다고 판단되는 행위가 아닌 한 직무대행자의 상무에 속한다(대판 1991.12.24. 91다4355).

⑤ 대표이사 직무대행자로 선임된 자가 변호사에게 소송대리를 위임하고 보수계약을 체결하거나 반소제기를 위임하는 행위는 회사의 상무에 속하나, 회사 상대방 변호인의 보수에 관한 약정은 회사의 상무에 속한다고 볼 수 없으므로 법원의 허가를 받지 않는 한 효력이 없다(대판 1989.9.12. 87다카2691).

⑥ 변론기일에서 상대방의 청구에 대해 인낙하는 것은 회사의 상무에 속하지 않는다(대판 1975.5.27. 75다120).

⑦ 가처분결정에 의해 선임된 청산인 직무대행자가 가처분의 본안소송인 주주총회결의 무효확인의 제1심 판결에 대한 항소를 취하하는 것은 회사의 상무에 속하지 않는다(대판 1982.4.27. 81다358).

1 직무대행자는 법원의 허가 없이도 정기주주총회의 소집, 변호사에 대한 소송대리의 위임과 같은 상무에 속하는 일을 할 수 있다. (○, ×)

법원직 07

2 법원이 가처분으로써 선임한 이사의 직무대행자는 통상의 이사와 동일한 권한을 갖는다. (○, ×)

법원직 16

3 법원의 가처분에 의해 선임된 이사의 직무대행자는 가처분명령에 다른 정함이 있는 경우에도 회사의 상무에 속하지 아니한 행위를 하지 못한다. (○, ×)

1 ○ **2** × **3** ×

⑧ 직무대행자가 소집하는 정기주주총회 안건에 이사회의 구성 자체를 변경하는 행위나 주주총회 특별결의사항 등 회사의 경영 및 지배에 영향을 미칠 수 있는 것이 포함되어 있다면 그 안건의 범위에서 정기총회의 소집은 상무에 속하지 않고, 직무대행자가 정기주주총회를 소집하는 행위가 상무에 속하지 아니함에도 법원의 허가 없이 이를 소집하여 결의한 때에는 소집 절차상의 하자로 결의취소사유에 해당한다(대판 2007.6.28. 2006다62362).[법원직 10, 12]

쟁점 05 │ 이사의 보수

1. 의의

> **제388조 (이사의 보수)** 이사의 보수는 정관에 그 액을 정하지 않은 때에는 주주총회의 결의로 정한다.

① 이사의 보수는 정관에 그 액을 정하지 아니한 때에는 주주총회의 결의로 정한다(제388조).
② 주주총회에서 전체 이사의 보수총액 내지 한도만을 정하고 구체적인 내용은 이사회 또는 대표이사에게 위임하는 것이 일반적이다.
③ 상법이 정관 또는 주주총회의 결의로 이사의 보수를 정하도록 한 것은 이사들의 고용계약과 관련하여 사익 도모의 폐해를 방지함으로써 회사와 주주 및 회사채권자의 이익을 보호하기 위한 것이다(대판 2016.1.28. 2014다11888).

2. 이사 업무수행과 보수청구권

① 이사의 보수는 업무수행을 전제로 하지는 않는다. 다만 보수가 현저히 균형성을 잃을 정도로 과다하거나 회사 자금을 개인에게 지급하기 위한 방편인 경우 회사는 보수의 반환을 청구할 수 있다.
② 이사·감사가 회사와의 명시적 또는 묵시적 약정에 따라 업무를 다른 이사 등에게 포괄적으로 위임하고 실질적인 업무를 수행하지 않았더라도 이사·감사로서 상법에서 정한 법적 책임을 지므로 이사·감사를 선임하거나 보수를 정한 주주총회 결의의 효력이 무효이거나,[변호사 16] 주주총회에서 한 선임 결의 및 보수지급 결의에 위배되는 배임적인 행위에 해당하는 등의 특별한 사정이 없다면, 소극적인 직무수행 사유만을 가지고 보수청구권의 효력을 부정하기는 어렵다(대판 2015.9.10. 2015다213308).[법원직 17, 18, 변호사 20]
③ 명목상 이사·감사도 법인인 회사의 기관으로서 회사가 사회적 실체로서 성립하고 활동하는데 필요한 기초를 제공함과 아울러 상법이 정한 권한과 의무를 갖고 의무 위반에 따른 책임을 부담하므로 보수청구권을 갖는다(대판 2015.7.23. 2014다236311).
④ 보수가 합리적인 수준을 벗어나서 현저히 균형성을 잃을 정도로 과다하거나 보수의 형식을 이용하여 회사의 자금을 개인에게 지급하기 위한 방편으로 이사·감사로 선임하였다는 등의 특별한 사정이 있는 경우에는 보수청구권의 일부 또는 전부에 대한 행사가 제한되고 회사는 합리적이라고 인정되는 범위를 초과하여 지급된 보수의 반환을 구할 수 있다(대판 2015.9.10. 2015다213308).[법원직 18]

법원직 17
1 법적으로는 이사의 지위를 갖지만 회사와의 명시적 또는 묵시적 약정에 따라 이사로서의 실질적인 직무를 수행하지 않는 이른바 명목상 이사는 직무를 수행한 대가로서의 보수를 청구할 권리가 없다. (O, X)

1 ×

⑤ 이사가 회사에 대하여 제공하는 직무와 보수 사이에는 합리적 비례관계가 유지되어야 하며, 회사의 채무 상황이나 영업실적에 비추어 합리적인 수준을 벗어나서 현저히 균형성을 잃을 정도로 과다하여서는 아니 된다. 따라서 회사에 대한 경영권 상실 등으로 퇴직을 앞둔 이사가 직무내용, 회사의 재무상황이나 영업실적 등에 비추어 지나치게 과다하여 합리적 수준을 현저히 벗어나는 보수 지급 기준을 마련하고 지위를 이용하여 주주총회에 영향력을 행사함으로써 소수주주의 반대에 불구하고 주주총회결의가 성립되도록 하였다면, 회사를 위하여 직무를 충실하게 수행해야 하는 상법 제382조의3에서 정한 의무를 위반하여 회사재산의 부당한 유출을 야기함으로써 회사와 주주의 이익을 침해하는 것으로서 회사에 대한 배임행위에 해당하므로, 주주총회결의를 거쳤더라도 그러한 위법행위가 유효하다 할 수는 없다(대판 2016.1.28. 2014다11888).[법원직 17, 법무사 20]

⑥ 이사 등의 보수청구권은 그 보수가 합리적인 수준을 벗어나서 현저히 균형을 잃을 정도로 과다하거나, 이를 행사하는 사람이 법적으로는 주식회사 이사 등의 지위에 있으나 이사 등으로서의 실질적인 직무를 수행하지 않는 이른바 명목상 이사 등에 해당한다는 등의 특별한 사정이 없는 이상 민사집행법 제246조 제1항 제4호 또는 제5호가 정하는 압류금지채권에 해당한다(대판 2018.5.30. 2015다51968).

3. 보수의 결정

① 정관에서 보수를 정하고 있지 않은 경우 주주총회 결의로 보수를 정하여야 한다.

② 이사 보수에 대한 주주총회 결의가 없는 경우, 이사는 회사에 대하여 보수를 청구할 수 없다.

③ 보수의 결정을 무조건적으로 이사회 또는 대표이사에게 위임하는 주주총회 결의는 무효이다.

④ 주주인 이사는 이사보수 결정에 관한 주주총회 결의에서 특별이해관계인으로 의결권이 제한된다.

⑤ 정관에서 이사의 보수 또는 퇴직금에 관하여 주주총회의 결의로 정한다고 되어 있는 경우에 그 금액·지급시기·지급방법 등에 관한 주주총회의 결의가 없다면 이사는 보수나 퇴직금을 청구할 수 없다(대판 2014.5.29. 2012다98720).[법원직 10, 17, 20, 법무사 10, 변호사 16]

⑥ 임원퇴직금지급규정에 관하여 주주총회 결의가 있거나 주주총회의사록이 작성된 적은 없으나 위 규정에 따른 퇴직금이 사실상 1인 회사의 질적 1인 주주의 결재·승인을 거쳐 관행적으로 지급되었다면 위 규정에 대하여 주주총회의 결의가 있었던 것으로 볼 수 있다(대판 2004.12.10. 2004다25123).[법원직 10, 변호사 16]

⑦ 유한회사에서 정관 또는 사원총회 결의로 특정 이사의 보수액을 구체적으로 정했다면, 이사가 보수의 변경에 대하여 명시적으로 동의하였거나, 적어도 직무의 내용에 따라 보수를 달리 지급하거나 무보수로 하는 보수체계에 관한 내부규정이나 관행이 존재함을 알면서 이사직에 취임한 경우와 같이 직무내용의 변동에 따른 보수의 변경을 감수한다는 묵시적 동의가 있었다고 볼 만한 특별한 사정이 없는 한, 유한회사가 이사의 보수를 일방적으로 감액하거나 박탈할 수 없다. 따라서 유한회사의 사원총회에서 임용계약의 내용으로 이미 편입된 이사의 보수를 감액하거나 박탈하는 결의를 하더라도, 이러한 사원총회 결의는 결의 자체의 효력과 관계없이 이사의 보수청구권에 아무런 영향을 미치지 못한다(대판 2017.3.30. 2016다21643).[법원직 17, 18, 변호사 20]

⑧ 甲 회사가 사원총회를 열어 甲 유한회사의 사원이자 이사인 乙 등의 보수를 감액하는 내용의 결의를 한 경우 乙 등이 甲 회사에 대하여 감액된 보수의 지급을 구하는 것이 甲 회사의 보수청구권을 둘러싼 분쟁을 해결하는 데에 직접적인 수단이 되는 것이므로, 보수감액 결의의 무효확인을 구하는 것이 乙 등의 불안과 위험을 제거하는 가장 유효·적절한 수단이라고 볼 수 없다(대판 2017.3.30. 2016다21643). [법원직 18]

⑨ 정관 또는 주주총회에서 임원의 보수 총액 내지 한도액만을 정하고 개별 이사에 대한 지급액 등 구체적인 사항을 이사회에 위임하는 것은 가능하지만, 이사의 보수에 관한 사항을 이사회에 포괄적으로 위임하는 것은 허용되지 아니한다(대판 2020.6.4. 2016다241515).

4. 보수의 범위

① 상법 제388조에서 말하는 이사의 보수에는 월급, 상여금, 퇴직금, 퇴직금 중간정산금, 퇴직위로금, 해직보상금 등 명칭을 불문하고 이사의 직무수행에 대한 보상으로 지급되는 대가가 모두 포함된다. [법원직 10, 20, 법무사 20]

② 이사, 감사 등 임원은 회사로부터 사무처리의 위임을 받고 있으므로, 보수를 근로기준법 소정의 임금이라 할 수 없고, 회사의 규정에 의하여 이사 등 임원에게 퇴직금을 지급하는 경우에도 그 퇴직금은 근로기준법 소정의 퇴직금이 아니라 재직 중의 직무집행에 대한 대가로 지급되는 보수이다(대판 2003.9.26. 2002다64681).

③ ㉠ 이사의 보수에는 월급, 상여금 등 명칭을 불문하고 이사의 직무수행에 대한 보상으로 지급되는 대가가 모두 포함되고, 회사가 성과급, 특별성과급 등의 명칭으로 경영성과에 따라 지급하는 금원이나 성과 달성을 위한 동기를 부여할 목적으로 지급하는 금원도 마찬가지이다. ㉡ 따라서 주주총회의 결의 없이 이사에게 지급된 특별성과급은 직무수행에 대한 보상으로 지급된 보수로서 법률상 원인 없이 이루어진 부당이득에 해당한다. ㉢ 특별성과급 일부가 주주총회에서 정한 이사의 보수한도액 내에 있다는 사정만으로 그 부분의 지급을 유효하다고 볼 수도 없다(대판 2020.4.9. 2018다290436).

④ 이사의 퇴직금은 상법 제388조에 규정된 보수에 포함되어 정관으로 정하거나 주주총회의 결의에 의하여 정할 수 있고 이러한 퇴직금 청구권은 이사가 퇴직할 때 유효하게 적용되는 정관의 퇴직금 규정에 의하거나 주주총회의 퇴직금 지급결의가 있을 때 발생한다(대판 2006.5.25. 2003다16092,16108).

⑤ ㉠ 회사가 정관에서 퇴직하는 이사에 대한 퇴직금액의 범위를 구체적으로 정한 다음 이사회가 그 금액을 결정할 수 있도록 하였다면, 이사회로서는 정관에서 정한 퇴직금액을 어느 정도 감액할 수 있을 뿐 퇴직금 청구권을 아예 박탈하는 결의를 할 수는 없다. ㉡ 따라서 이사회가 퇴직한 이사에 대한 퇴직금을 감액하는 등의 어떠한 결의도 하지 않았을 경우 회사로서는 그와 같은 이사회 결의가 없었음을 이유로 퇴직한 이사에 대하여 퇴직금 지급을 거절할 수는 없다(대판 2006.5.25. 2003다16092,16108).

⑥ 정관 등에서 이사의 퇴직금에 관하여 주주총회의 결의로 정한다고 규정하면서 퇴직금의 액수에 관하여만 정하고 있다면, 퇴직금 중간정산에 관한 주주총회의 결의가 있었음을 인정할 증거가 없는 한 이사는 퇴직금 중간정산금 청구권을 행사할 수 없다(대판 2019.7.4. 2017다17436). [법원직 20]

---

⑦ 이사의 퇴직위로금은 퇴임한 자에 대하여 재직 중 직무집행의 대가로 지급되는 보수의 일종으로서 상법 제388조에 규정된 보수에 포함되고, 정관 등에서 이사의 보수 또는 퇴직금에 관하여 주주총회의 결의로 정한다고 규정되어 있는 경우 그 금액·지급방법·지급시기 등에 관한 주주총회의 결의가 있었음을 인정할 증거가 없는 한 이사의 보수나 퇴직금청구권을 행사할 수 없다(대판 2004.12.10. 2004다25123).[변호사 20]

⑧ 이사가 그 의사에 반하여 이사직에서 해임될 경우, 퇴직위로금과는 별도로 일정한 금액의 해직보상금을 지급받기로 약정한 경우, 그 해직보상금은 형식상으로는 보수에 해당하지 않는다 하여도 이사의 보수에 관한 상법 제388조를 준용 내지 유추적용 하여 해직보상금도 정관에서 그 액을 정하지 않는 한 주주총회 결의가 있어야만 회사에 대하여 이를 청구할 수 있다(대판 2006.11.23. 2004다49570).[변호사 20]

쟁점 06 주식매수선택권

1. 의의

> 제340조의2 (주식매수선택권) ① 회사는 정관으로 정하는 바에 따라 제434조의 주주총회의 결의로 회사의 설립·경영 및 기술혁신 등에 기여하거나 기여할 수 있는 회사의 이사, 집행임원, 감사 또는 피용자(피용자)에게 미리 정한 가액으로 신주를 인수하거나 자기의 주식을 매수할 수 있는 권리를 부여할 수 있다. 다만, 주식매수선택권의 행사가액이 주식의 실질가액보다 낮은 경우에 회사는 그 차액을 금전으로 지급하거나 그 차액에 상당하는 자기의 주식을 양도할 수 있다. 이 경우 주식의 실질가액은 주식매수선택권의 행사일을 기준으로 평가한다.

① 주식매수선택권이란 제3자가 회사의 주식을 일정한 행사가격에 매수할 수 있는 권리를 말한다.

② 회사는 정관으로 정하는 바에 따라 제434조의 주주총회의 결의로 회사의 설립·경영 및 기술혁신 등에 기여하거나 기여할 수 있는 회사의 이사, 집행임원, 감사 또는 피용자에게 행사가액으로 신주를 인수하거나 자기의 주식을 매수할 수 있는 권리를 부여할 수 있다.[법원직 10. 법무사 19, 변호사 20]

2. 주식매수선택권 부여의 상대방

① 회사의 설립·경영 및 기술혁신 등에 기여하거나 기여할 수 있는 회사의 이사, 집행임원, 감사 또는 피용자에 대해서만 주식매수선택권을 부여할 수 있다.

② 상장회사는 관계회사의 이사, 집행임원, 감사 또는 피용자에게 주식매수선택권을 부여할 수 있다.

③ ㉠ 의결권 없는 주식을 제외한 발행주식총수의 10% 이상의 주식을 가진 주주, ㉡ 이사·집행임원·감사의 선임과 해임 등 회사의 주요 경영사항에 대하여 사실상 영향력을 행사하는 자, ㉢ 제1호와 제2호에 규정된 자의 배우자와 직계존비속에 대해서는 주식매수선택권을 부여할 수 없다.[법원직 07. 19, 법무사 09]

법원직 10

1 회사의 상장여부를 불문하고, 주식매수선택권은 당해 회사의 임원 또는 피용자에 한해 부여할 수 있다. (○, ×)

법원직 10

2 상장회사가 파산하면 부여된 주식매수선택권은 자동적으로 소멸한다. (○, ×)

1 × **2** ×

3. 주식매수선택권 부여절차

① 주식매수선택권을 부여하기 위해서는 아래 사항이 정관에 규정되어야 한다. [법무사 19, 변호사 20]
  ㉠ 일정한 경우 주식매수선택권을 부여할 수 있다는 뜻, ㉡ 주식매수선택권의 행사로 발행하거나 양도할 주식의 종류와 수, ㉢ 주식매수선택권을 부여받을 자의 자격요건, ㉣ 주식매수선택권의 행사기간, ㉤ 일정한 경우 이사회결의로 주식매수선택권의 부여를 취소할 수 있다는 뜻

② 주식매수선택권을 부여하기 위해서는 아래 사항에 대한 주주총회의 특별결의를 거쳐야 한다.
  ㉠ 주식매수선택권을 부여받을 자의 성명, ㉡ 주식매수선택권의 부여방법, ㉢ 주식매수선택권의 행사가액과 그 조정에 관한 사항, ㉣ 주식매수선택권의 행사기간, ㉤ 주식매수선택권을 부여받을 자 각각에 대하여 주식매수선택권의 행사로 발행하거나 양도할 주식의 종류와 수

③ 주주총회 특별결의에 따라 대표이사에게 주식매수선택권을 부여한 계약을 체결한 이후, 다른 주주에 의한 주주총회결의 부존재확인의 소가 승소확정판결을 받은 경우, 주식매수선택권 부여계약은 무효이다(대판 2011.10.13. 2009다2996).

④ 상장회사는 정관으로 정하는 바에 따라 발행주식 총수의 10% 범위 내에서 시행령으로 정하는 한도까지(최근 사업연도 말 현재의 자본금이 3천억 원 이상인 법인은 발행주식총수의 1% 이내, 최근 사업연도 말 현재의 자본금이 3천억 원 미만인 법인은 발행주식총수의 3% 이내) 이사회 결의로 주식매수선택권을 부여하고 주주총회의 승인을 받는 것이 가능하다.

⑤ 상장회사가 이사회 결의로 주식매수선택권을 부여하는 경우 관계 회사의 이사에게 주식매수선택권을 부여할 수 있으나, 해당 회사의 이사에게는 주식매수선택권을 부여할 수 없다.

4. 행사가액 및 부여주식수의 제한

> **제340조의2 (주식매수선택권)** ③ 제1항에 따라 발행할 신주 또는 양도할 자기의 주식은 회사의 발행주식총수의 100분의 10을 초과할 수 없다

① 주식매수선택권의 행사가액은 ㉠ 신주를 발행하는 경우, 주식매수선택권의 부여일을 기준으로 한 주식의 실질가액과 주식의 권면액(무액면주식을 발행한 경우, 자본으로 계상되는 금액 중 1주에 해당하는 금액을 권면액으로 본다) 중 높은 금액이상이어야 하고, ㉡ 자기의 주식을 양도하는 경우, 주식매수선택권의 부여일 기준 주식의 실질가액 이상이어야 한다.

② 주식매수선택권 부여에 따라 발행할 신주 또는 양도할 자기의 주식은 비상장회사는 발행주식총수의 10%, [법원직 10, 19, 법무사 09] 상장회사는 발행주식총수의 15%를 초과할 수 없다.

5. 재임기간 및 행사기간

> **제340조의4 (주식매수선택권의 행사)** ① 제340조의2 제1항의 주식매수선택권은 제340조의3 제2항 각호의 사항을 정하는 주주총회결의일부터 2년 이상 재임 또는 재직하여야 이를 행사할 수 있다.
>
> **제542조의3 (주식매수선택권)** ④ 상장회사의 주식매수선택권을 부여받은 자는 제340조의4 제1항에도 불구하고 대통령령으로 정하는 경우를 제외하고는 주식매수선택권을 부여하기로 한 주주총회 또는 이사회의 결의일부터 2년 이상 재임하거나 재직하여야 주식매수선택권을 행사할 수 있다.

① 주식매수선택권은 주식매수선택권을 부여하기로 결의한 주주총회 결의일부터 2년 이상 재임 또는 재직해야 행사할 수 있다. [법무사 '09, 변호사 20]

② 상장회사는 사망 또는 본인의 책임이 아닌 사유로 퇴임하거나 퇴직한 경우 2년 이상 재임하지 않더라도 주식매수선택권을 행사할 수 있으나 정년퇴직으로 2년 이상 재임하지 못한 경우에는 주식매수선택권을 행사할 수 없다.[법원직 19, 법무사 19]

③ 비상장회사는 상장회사와 같은 규정이 없으므로 본인의 책임이 아닌 사유로 퇴임하거나 퇴직한 경우에도 2년 이상 재임하지 않으면 주식매수선택권을 행사할 수 없다.

④ 상법 제340조의4 제1항에서 정하는 주식매수선택권에 상법 제542조의3 제4항을 적용할 수 없고, 정관이나 주주총회의 특별결의를 통해서도 상법 제340조의4 제1항의 요건을 완화할 수는 없다. 따라서 본인의 귀책사유가 아닌 사유로 퇴임 또는 퇴직하더라도 퇴임 또는 퇴직일까지 '2년 이상 재임 또는 재직' 요건을 충족하지 못하면 상법 제340조의4 제1항의 주식매수선택권을 행사할 수 없다(대판 2011.3.24. 2010다85027).

⑤ 상법은 주식매수선택권을 행사할 수 있는 시기만을 제한하고 있을 뿐 언제까지 행사할 수 있는지에 관해서는 정하지 않고 회사의 자율적인 결정에 맡기고 있다. 따라서 회사는 주식매수선택권을 부여받은 자의 권리를 부당하게 제한하지 않고 정관의 기본 취지나 핵심 내용을 해치지 않는 범위에서 주주총회 결의와 개별 계약을 통해서 주식매수선택권을 부여받은 자가 언제까지 선택권을 행사할 수 있는지를 자유롭게 정할 수 있다(대판 2018.7.26. 2016다237714).[법무사 19, 변호사 20]

6. 주식매수선택권 부여에 관한 계약의 체결

① 회사는 주주총회결의에 의하여 주식매수선택권을 부여받은 자와 계약을 체결하고 상당한 기간 내에 그에 관한 계약서를 작성하여야 한다.

② 회사는 계약을 취소할 수 있으며, 취소사유는 반드시 정관에 기재되어야 한다.

③ 취소권을 행사하는 경우에도 주주총회의 결의 없이 이사회의 결의만으로 가능하다.

④ ㉠ 주식매수선택권을 부여하는 주주총회 결의 이후 회사가 주식매수선택권 부여에 관한 계약을 체결할 때 주식매수선택권의 행사기간 등을 일부 변경하거나 조정한 경우 그것이 주식매수선택권을 부여받은 자, 기존 주주 등 이해관계인들 사이의 균형을 해치지 않고 주주총회 결의에서 정한 본질적인 내용을 훼손하는 것이 아니라면 유효하다.[법무사 19, 변호사 20] ㉡ 특정인에 부여되는 주식매수선택권의 구체적인 내용은 일반적으로 회사와 체결하는 계약을 통해 정해지므로 주식매수선택권을 부여받은 자는 계약에서 주어진 조건에 따라 계약에서 정한 기간 내에 선택권을 행사할 수 있다(대판 2018.7.26. 2016다237714).[변호사 20]

⑤ 회사가 주식매수선택권을 부여받은 자와 맺은 계약 중 "주식매수선택권의 행사기간 종료 시까지 행사되지 않은 주식매수선택권은 소멸한 것으로 간주한다. 다만 경과기간이 지난 후에 퇴직한 경우에는 퇴직일부터 3개월 이내에 행사하여야 한다."라는 내용의 조항을 둔 경우 이러한 조항은 주식매수선택권을 부여받은 자의 이익을 침해하는 것이 아니므로 유효하다(대판 2018.7.26. 2016다237714)

7. 주식매수선택권의 행사, 양도

① 주식매수청구권은 형성권으로 회사의 승낙을 요하지 않고 청구에 따라 효력이 발생한다.

② 주식의 취득 시점은 주식매수선택권 행사 이후 주식의 이전이 이루어진 때이다.

③ 신주교부의 경우, 주식매수선택권자는 납입금보관은행에 행사가액을 전액 납입해야 한다.

④ 자기주식교부의 경우, 행사가액을 회사에 지급하고 주식양도절차를 진행하여야 한다.

⑤ 차액정산의 경우에는 회사가 주식매수선택권자에게 차액을 지급하면 종결된다.

⑥ 주식매수선택권은 상속의 경우를 제외하고 이를 양도할 수 없다.[법원직 19, 법무사 09]

법원직 19

1 주식매수선택권을 부여받은 비상장회사 임직원들이 자신들의 귀책사유가 아닌 사유로 인해 비자발적으로 퇴임하거나 퇴직한 경우에 주주총회의 특별결의가 있다면 퇴임 또는 퇴직일까지 2년이라는 최소재임(재직) 요건에 관계없이 주식매수선택권을 그대로 행사할 수 있다. (○, ×)

법무사 19

2 본인의 귀책사유가 아닌 사유로 퇴임 또는 퇴직하게 된 경우에는, 비록 형식적으로는 상법 제340조의4 제1항의 "2년 이상 재임 또는 재직" 요건을 충족하지 못하더라도 주식매수선택권을 행사할 수 있다. (○, ×)

1 × **2** ×

1. 의의

① 이사회란 이사 전원으로 구성되고 회사의 업무집행에 관한 의사를 결정하고 이사의 직무집행을 감독하는 주식회사의 필수 상설기관을 의미한다.

② 이사회는 의사결정기관으로 구체적인 업무집행은 대표이사가 수행한다. 자본금 10억 원 미만의 소규모회사로서 이사가 2명 이하인 경우, 각 이사가 이사회 권한을 행사하고 이사회가 구성되지 않는다.

2. 권한

> **제393조 (이사회의 권한)** ① 중요한 자산의 처분 및 양도, 대규모 재산의 차입, 지배인의 선임 또는 해임과 지점의 설치·이전 또는 폐지 등 회사의 업무집행은 이사회의 결의로 한다.

(1) 업무집행에 관한 의사결정권

1) 회사의 중요 업무집행

법무사 05

1 지배인의 선임과 해임, 지점의 설치·이전 또는 폐지, 대규모 재산의 차입, 중요한 자산의 처분 및 양도, 이사의 보수 결정은 모두 이사회의 권한사항이다.
(O , X)

법무사 04

2 영업의 중요한 일부의 양도는 이사회의 권한사항이다.
(O , X)

① 중요한 자산의 처분 및 양도, 대규모 재산의 차입, 지배인의 선임 또는 해임과 지점의 설치·이전 또는 폐지 등 회사의 업무집행은 이사회의 결의로 한다.[법무사 04, 05]

② 중요한 자산의 처분에 해당하는 경우에는 이사회가 그에 관하여 직접 결의하지 아니한 채 대표이사에게 그 처분에 관한 사항을 일임할 수 없으므로 이사회규정상 이사회 부의사항으로 정해져 있지 않더라도 반드시 이사회의 결의를 거쳐야 한다(대판 2011.4.28. 2009다47791).[법원직 08, 변호사 20, 21]

③ 법률 또는 정관 등의 규정에 의하여 주주총회 또는 이사회의 결의를 필요로 하는 것으로 되어 있지 아니한 업무 중 이사회가 일반적·구체적으로 대표이사에게 위임하지 않은 업무로서 일상 업무에 속하지 아니한 중요한 업무에 대하여는 이사회에게 그 의사결정권한이 있다(대판 1997.6.13. 96다48282).[법원직 20, 변호사 20]

2) 상법상 이사회 권한

① 주주총회 소집, ② 전자투표의 채택, ③ 주식양도제한에 대한 양도승인, ④ 이사의 경업, 사업기회유용, 자기거래 승인, ⑤ 사채의 발행, ⑥ 중간배당

3) 상법상 이사회 권한이나 정관으로 주주총회 권한으로 할 수 있는 사항

① 대표이사 선임, ② 신주발행, ③ 준비금 자본금전입, ④ 전환사채, ⑤ 신주인수권부사채 발행

4) 상법상 주주총회 권한이나 정관으로 이사회 권한으로 할 수 있는 사항

① 재무제표의 승인, ② 이익배당, ③ 자기주식취득

5) 주주총회 및 대표이사와의 관계

① 상법 또는 정관상 주주총회의 권한인 사항은 주주총회 결의로도 이사회로 위임할 수 없다.

② 상법 또는 정관상 이사회 권한인 사항을 정관으로 주주총회의 권한으로 할 수 있다고 본다. 다만, 정관 규정 없이 주주총회가 결정하는 것은 허용되지 않는다.

③ 상법 또는 정관에서 이사회 권한으로 되어 있는 사항은 이사회 결의로도 대표이사에게 위임할 수 없다.

1 X **2** X

6) 위원회로의 위임

이사회는 ① 주주총회의 승인을 요하는 사항의 제안, ② 대표이사의 선임 및 해임, ③ 위원회의 설치와 그 위원의 선임 및 해임, ④ 정관에서 정하는 사항을 제외하고는 그 권한을 위원회에 위임할 수 있다.

(2) 이사 업무집행 감독권

① 이사회는 이사의 직무의 집행을 감독한다.

② 이사는 대표이사로 하여금 다른 이사 또는 피용자의 업무에 관하여 이사회에 보고할 것을 요구할 수 있다.

③ 이사는 3월에 1회 이상 업무의 집행상황을 이사회에 보고하여야 한다.

3. 이사회의 소집

> 제390조 (이사회의 소집) ① 이사회는 각 이사가 소집한다. 그러나 이사회의 결의로 소집할 이사를 정한 때에는 그러하지 아니하다.
> ② 제1항 단서의 규정에 의하여 소집권자로 지정되지 않은 다른 이사는 소집권자인 이사에게 이사회 소집을 요구할 수 있다. 소집권자인 이사가 정당한 이유없이 이사회 소집을 거절하는 경우에는 다른 이사가 이사회를 소집할 수 있다.
> ③ 이사회를 소집함에는 회일을 정하고 그 1주간 전에 각 이사 및 감사에 대하여 통지를 발송하여야 한다. 그러나 그 기간은 정관으로 단축할 수 있다.
> ④ 이사회는 이사 및 감사 전원의 동의가 있는 때에는 제3항의 절차없이 언제든지 회의할 수 있다.

(1) 소집권자

① 이사회는 각 이사가 소집한다. 이사회의 결의로 소집할 이사를 정한 때에는 소집권자로 정해진 이사가 소집한다.[법원직 12, 17, 법무사 03, 20]

② 소집권자로 지정되지 않은 다른 이사는 소집권자인 이사에게 이사회 소집을 요구할 수 있다. 소집권자인 이사가 정당한 이유 없이 이사회 소집을 거절하는 경우에는 다른 이사가 이사회를 소집할 수 있다.[법무사 15, 20]

③ 대표이사가 정당한 이유 없이 다른 이사의 정당한 이사회의 소집요구를 거절한 때에는 이사회소집을 요구한 이사가 이사회를 소집할 수 있다고 보는 것이 상당하다(대결 1975.2.13. 74마595).

④ 감사는 필요하면 회의의 목적사항과 소집이유를 서면에 적어 이사(소집권자가 있는 경우에는 소집권자)에게 제출하여 이사회 소집을 청구할 수 있다.

⑤ 감사의 이사회소집 청구에도 이사가 지체 없이 이사회를 소집하지 아니하면 청구한 감사가 이사회를 소집할 수 있다. 필요한 경우란 감사가 이사회에 출석하여 의견을 진술하거나 보고할 필요가 있는 경우를 말한다.

⑥ 집행임원은 필요하면 회의의 목적사항과 소집이유를 적은 서면을 이사(소집권자가 있는 경우에는 소집권자)에게 제출하여 이사회 소집을 청구할 수 있다.

⑦ 집행임원의 이사회소집 청구에도 이사가 지체 없이 이사회 소집하지 아니하면 집행임원은 법원의 허가를 받아 이사회를 소집할 수 있다. 이 경우 이사회 의장은 법원이 이해관계자의 청구에 의하여 또는 직권으로 선임할 수 있다.

(2) 소집절차 [변호사 12, 19]

① 이사회를 소집함에는 회일을 정하고 그 1주간 전에 각 이사 및 감사에 대하여 통지를 발송하여야 한다. 그러나 그 기간은 정관으로 단축할 수 있다.[법원직 03, 12, 15, 19]

법무사 20

1 정관이나 이사회 결의로 특별히 정하지 않는 한 이사회는 대표이사가 소집한다. (○, ×)

법무사 15

2 이사회의 결의로 이사회를 소집할 이사를 정한 경우 소집권자로 지정되지 않은 다른 이사는 소집권자인 이사에게 이사회 소집을 요구할 수 있고, 소집권자인 이사가 정당한 이유 없이 이사회 소집을 거절하는 경우에는 다른 이사가 법원에 이사회의 소집을 청구할 수 있다. (○, ×)

법원직 19, 법무사 03

3 이사회를 소집함에는 회일을 정하고 그 1주간 전에 각 이사 및 감사에 대하여 통지를 발송하여야 하고, 그 기간은 정관으로도 단축할 수 없다.(○, ×)

1 × **2** × **3** ×

② 감사에게도 이사회출석 및 의견진술권이 있으므로 감사에게도 이사회소집을 통지하여야 한다.[법원직 12, 법무사 03]

③ 서면이나 전자문서가 아닌 구두, 전화, 팩스, 문자메시지에 의한 통지도 허용된다.[법원직 17, 법무사 20]

④ 이사는 이사회 출석의무가 있으므로 이사회 소집통지에는 목적사항을 기재하지 않아도 된다.

⑤ 이사회 소집통지를 할 때에는, 정관에 이사들에게 회의의 목적사항을 통지하도록 정하고 있거나 회의의 목적사항을 통지하지 아니하면 이사회 심의·의결에 현저한 지장을 초래하는 등의 특별한 사정이 없는 한, 주주총회 소집통지의 경우와 달리 회의의 목적사항을 함께 통지할 필요는 없다(대판 2011.6.24. 2009다35033).

⑥ 이사회는 이사 및 감사 전원의 동의가 있는 때에는 소집통지절차를 생략하고 언제든지 회의할 수 있다.[법원직 14, 법무사 15, 19, 20]

법무사 20

1 이사회의 소집통지는 정관에 달리 규정이 없는 한 서면으로 하여야 한다.　　　(○, ×)

법무사 20

2 이사회는 이사 및 감사 전원의 동의가 있더라도 소집통지의 발송절차를 생략할 수 없다. (○, ×)

쟁점 08 이사회결의

1. 이사회의 결의

(1) 결의요건

> **제391조 (이사회의 결의방법)** ① 이사회의 결의는 이사과반수의 출석과 출석이사의 과반수로 하여야 한다. 그러나 정관으로 그 비율을 높게 정할 수 있다.

① 이사회의 결의는 이사 과반수의 출석과 출석이사의 과반수로 하여야 한다. 정관으로 그 비율을 높게 정할 수 있다.[법원직 07, 12, 17, 법무사 03, 05, 15, 20, 변호사 12, 20]

② 감사의 출석은 이사회 결의의 유효요건은 아니다.

③ 의결권은 이사 1인당 1개씩 가진다.

④ 이사회 정족수는 이사회 개최시에 충족되는 것으로 충분하지 않으며 토의 및 의결의 전 과정을 통해 유지되어야 한다.

⑤ 이사회 결의요건 충족 여부는 이사회 결의 당시를 기준으로 판단하여야 하고, 그 결의의 대상인 행위가 실제로 이루어진 날을 기준으로 판단할 것은 아니다(대판 2003.1.24. 2000다20670).[법원직 08, 변호사 20]

⑥ 회사기회이용의 승인, 자기거래의 승인, 감사위원의 해임의 경우 이사 총수 3분의 2 이상의 찬성을 요한다.

⑦ 투표결과 가부동수인 경우, 과반수에 미달한 것이므로 부결에 해당한다. 이사회 의장 등에게 가부동수인 경우, 결정권한을 주는 것은 허용되지 않는다.

⑧ 재적 6명의 이사 중 3인이 참석하여 참석이사의 전원의 찬성으로 연대보증을 의결하였다면 위 이사회의 결의는 과반수에 미달하는 이사가 출석하여 의사정족수가 충족되지 아니한 이사회에서 이루어진 것으로 무효이다(대판 1995.4.11. 94다33903).

법원직 07, 17

3 이사회의 결의는 이사 과반수의 출석과 출석이사의 과반수로 함이 원칙이지만 정관으로 이 요건을 가중하거나 완화할 수 있다.　　　(○, ×)

법원직 12, 법무사 20

4 이사회의 결의는 이사 과반수의 출석과 출석이사의 과반수로 하여야 하고, 정관으로 그 비율을 높일 수 없다. (○, ×)

법원직 08

5 이사회 결의요건을 충족하는지 여부는 이사회 결의당시가 아니라 그 결의의 대상인 행위가 실제로 이루어진 날을 기준으로 판단하여야 한다. (○, ×)

1 × 2 × 3 × 4 × 5 ×

(2) 의결권의 제한

① 이사회결의에 특별이해관계를 가진 자는 의결권을 행사하지 못한다.[법원직 17, 법무사 19]
② 특별이해관계란 회사 지배와 상관없는 개인적 이해관계를 의미한다. 따라서 대표이사를 선임 또는 해임하거나 감사위원의 해임의 경우, 그 대상이 되는 이사는 특별이해관계인에 해당하지 않는다.
③ 주식양도를 제한하는 경우 양도승인을 청구하는 이사, 이사의 자기거래시 이사, 이사의 경업금지의무에 대한 승인시 이사 등은 특별이해관계인에 해당한다.
④ 특별이해관계인은 의사정족수 계산시에는 분모와 분자에 포함되나, 의결정족수 계산시에는 분모와 분자에 포함되지 않는다.
⑤ 결의요건이 가중되는 세 가지 경우 중 감사위원 해임의 경우, 해당되는 감사위원은 특별이해관계인이 아니므로 회사기회이용 및 자기거래의 승인의 경우에만 의결권 제한이 문제된다. 이 경우에도 결의요건은 특별이해관계인을 제외한 이사 총수의 3분의 2 이상으로 본다.
⑥ 이해관계 있는 이사는 의사정족수 산정의 기초가 되는 이사의 수에는 포함되고, 결의성립에 필요한 출석이사에는 산입되지 아니한다(대판 1991.5.28. 90다20084).[법무사 05, 변호사 20]
⑦ 이사가 총 4명인 회사의 이사회에 대표이사 A, 이사 B, 이사 C 3명의 이사가 출석하여 전원일치로 찬성 결의를 하였는데 C가 특별이해관계인이었던 경우, 이사 4명 중 3명이 출석하여 과반수의 이사가 출석하였고, 결의성립에 필요한 출석이사 2명 중 2명이 찬성하였으므로 위 이사회 결의는 적법하다(대판 1991.5.28. 90다20084).

(3) 결의방법

제391조 (이사회의 결의방법) ② 정관에서 달리 정하는 경우를 제외하고 이사회는 이사의 전부 또는 일부가 직접 회의에 출석하지 아니하고 모든 이사가 음성을 동시에 송수신하는 원격통신수단에 의하여 결의에 참가하는 것을 허용할 수 있다. 이 경우 당해 이사는 이사회에 직접 출석한 것으로 본다.

① 정관에서 달리 정하는 경우를 제외하고 이사회는 이사의 전부 또는 일부가 직접 회의에 출석하지 아니하고 모든 이사가 음성을 동시에 송수신하는 원격통신수단에 의하여 결의에 참가하는 것을 허용할 수 있다(동영상 및 음성이 아닌 음성만으로 개정).[변호사 13]
② 이사는 직접 이사회에 출석해야 하므로 의결권의 대리행사는 허용되지 않는다. 이에 위배된 이사회결의는 원칙적으로 무효이다.[법원직 07, 08, 법무사 13, 변호사 12, 13, 15]
③ 이사회 결의는 서면결의가 허용되지 않는다는 것이 통설이다.[변호사 12]

(4) 의사록

제391조의3 (이사회의 의사록) ② 의사록에는 의사의 안건, 경과요령, 그 결과, 반대하는 자와 그 반대이유를 기재하고 출석한 이사 및 감사가 기명날인 또는 서명하여야 한다.
③ 주주는 영업시간내에 이사회의사록의 열람 또는 등사를 청구할 수 있다.
④ 회사는 제3항의 청구에 대하여 이유를 붙여 이를 거절할 수 있다. 이 경우 주주는 법원의 허가를 얻어 이사회의사록을 열람 또는 등사할 수 있다.

① 이사회의 의사에 관하여는 의사록을 작성하여야 한다.
② 의사록에는 의사의 안건, 경과요령, 그 결과, 반대하는 자와 그 반대이유를 기재하고 출석한 이사 및 감사가 기명날인 또는 서명하여야 한다.[법무사 04, 05]
③ 주주는 영업시간 내에 이사회 의사록의 열람 또는 등사를 청구할 수 있다.[법무사 15, 19]

1 이사회의 결의에 관하여 특별한 이해관계가 있는 이사는 의결권을 행사하지 못한다.
(O, X)

2 이사회의 결의에 특별한 이해관계가 있는 이사는 이사회의 회의에 참석할 수 있으나 의결권은 없으며, 이러한 이사는 이사회의 결의를 위한 회의의 성립요건으로서의 출석이사의 수의 계산에 있어서 산입하지 않는다.
(O, X)

3 이사회는 반드시 이사 자신이 직접 출석하여 결의에 참가할 필요는 없고 타인에게 출석과 의결권을 위임할 수 있다.
(O, X)

1 O **2** O **3** X

제3편

2022 해커스법무사 공태용 상법의 맥

1 주주의 이사회 의사록 열람·
등사 청구를 회사가 이유를 붙
여 거절한 경우에 주주는 민사
소송의 방법으로 이사회 회의
록의 열람 또는 등사를 청구할
수 있다.　　　　(○, ×)

④ 회사는 주주의 이사회 의사록 열람 또는 등사 청구에 대하여 이유를 붙여 이를 거절할 수 있다. 이 경우 주주는 법원의 허가를 얻어 이사회 의사록을 열람 또는 등사할 수 있다.[법원직 14, 법무사 15, 19, 변호사 17]

⑤ 주주총회 의사록과 달리 이사회 의사록 비치의무가 없고, 채권자는 열람·등사를 청구할 수 없고, 회사가 정당한 이유가 있는 경우 열람·등사 청구를 거부할 수 있다.

2. 이사회결의의 하자

(1) 하자있는 이사회 결의의 효력

① 절차상 또는 내용상 하자가 있는 이사회결의의 효력에 관하여 상법은 규정하고 있지 않다. 따라서 이해관계인은 민법의 일반원칙에 따라 그 결의의 효력을 다툴 수밖에 없다.[변호사 13]

② 민법의 일반원칙에 따라 절차상 또는 내용상의 하자 있는 이사회결의는 무효가 된다. 따라서 다른 소의 공격방어방법으로 이사회결의의 무효를 주장할 수 있고, 확인의 이익이 있는 자는 누구든지 이사회결의 무효의 소를 제기할 수 있다.[변호사 20]

③ 이사회결의 부존재에 기한 제3자의 부당이득반환청구권의 소멸시효기간은 10년이다.

④ ㉠ 이사회의 결의에 하자가 있는 경우에 관하여 상법은 아무런 규정을 두고 있지 아니하나 그 결의에 무효사유가 있는 경우에는 이해관계인은 언제든지 또 어떤 방법에 의하든지 그 무효를 주장할 수 있다. ㉡ 그러나 이와 같은 무효주장의 방법으로서 되어 승소판결을 받은 경우, 그 판결의 효력에 관하여는 주주총회결의무효확인소송 등과는 달리 상법 제190조가 준용될 근거가 없으므로 대세적 효력은 없다(대판 1988.4.25. 87누399).[법무사 11, 변호사 13, 19, 20]

⑤ ㉠ 이사회결의 부존재에 기한 제3자의 부당이득반환청구권의 소멸시효기간은 10년이다. ㉡ 주식회사의 이사회결의는 회사의 의사결정이고 회사는 그 결의의 효력에 관한 분쟁의 실질적인 주체이므로 그 효력을 다투는 사람이 회사를 상대로 하여 그 결의의 무효확인을 소구할 이익이 있다. ㉢ 그러나 그 이사회결의에 참여한 이사들은 이사회의 구성원에 불과하므로 특별한 사정이 없는 한 이사 개인을 상대로 결의의 무효확인을 소구할 이익은 없다(대판 1982.9.14. 80다2425).

⑥ 주식회사인 부동산 매수인이 의료법인인 매도인과의 부동산매매계약의 이행으로서 그 매매대금을 매도인에게 지급하였으나, 매도인 법인을 대표하여 위 매매계약을 체결한 대표자의 선임에 관한 이사회결의가 부존재하는 것으로 확정됨에 따라 위 매매계약이 무효로 되었음을 이유로 민법의 규정에 따라 매도인에게 이미 지급하였던 매매대금 상당액의 반환을 구하는 부당이득반환청구의 경우, 거기에 상거래 관계와 같은 정도로 신속하게 해결할 필요성이 있다고 볼 만한 합리적인 근거도 없으므로 위 부당이득반환청구권의 그 소멸시효기간은 민법 제162조 제1항에 따라 10년이다(대판 2003.4.8. 2002다64957,64964).

(2) 하자있는 이사회 결의 이후 행위의 효력

① 이사회결의가 요구되는 경우 그 결의가 없거나 무효인 경우 그 결의에 기초하여 행해진 회사 행위의 효력을 다투는 방법이 별도로 존재하는 경우, 그 방법으로 다투어야 하고 별도로 이사회결의의 효력을 다툴 수 없다.

② 이사회결의가 요구되는 회사의 행위가 내부적인 행위인 경우, 해당 행위는 무효가 된다.

③ 대표이사가 이사회의 결의를 거쳐야 할 대외적 거래행위에 관하여 이를 거치지 아니한 경우라도, 이러한 이사회 결의사항은 회사의 내부적 의사결정에 불과하므로, 거래상대방이 이사회결의가 없었음을 알았거나 중과실로 모른 경우가 아니라면 그 거래행위는 유효하다 할 것이고, 거래상대방이 이사회의 결의가 없었음을 알았거나 중과실로 몰랐다는 사실은 회사가 주장·입증하여야 한다(대판 2005.7.28. 2005다3649).[변호사 20]

④ 이사 선임 주주총회결의에 대한 취소판결이 확정된 경우, 그 결의에 의하여 이사로 선임된 이사들에 의하여 구성된 이사회에서 선정된 대표이사는 소급하여 자격을 상실하고, 그 대표이사가 이사 선임의 주주총회결의에 대한 취소판결이 확정되기 전에 한 행위는 대표권이 없는 자가 한 행위로서 무효가 된다(대판 2004.2.27. 2002다19797).[변호사 20]

⑤ 그 선임 결의가 취소되는 대표이사와 거래한 상대방은 상법 제39조의 적용 내지 유추적용에 의하여 보호될 수 있으며, 취소되는 주주총회결의에 의하여 이사로 선임된 대표이사가 마친 이사 선임 등기는 상법 제39조의 부실등기에 해당된다(대판 2004.2.27. 2002다19797).[변호사 20]

⑥ 대표이사가 대표권의 범위 내에서 한 행위는 설사 대표이사가 회사의 영리목적과 관계없이 자기 또는 제3자의 상대방애 대표이사의 진의를 알았거나 알 수 있었을 때에는 회사에 대하여 무효가 된다(대판 2005.7.28. 2005다3649).

쟁점 09 | 위원회

제393조의2 (이사회내 위원회) ① 이사회는 정관이 정한 바에 따라 위원회를 설치할 수 있다.
③ 위원회는 2인 이상의 이사로 구성한다.
④ 위원회는 결의된 사항을 각 이사에게 통지하여야 한다. 이 경우 이를 통지받은 각 이사는 이사회의 소집을 요구할 수 있으며, 이사회는 위원회가 결의한 사항에 대하여 다시 결의할 수 있다.

1. 의의와 구성

① 이사회는 정관이 정한 바에 따라 위원회를 설치할 수 있다.[법무사 19, 변호사 13]
② 비상장회사와 대규모 상장회사가 아닌 상장회사는 위원회 설치가 강제되는 것이 아니라 임의적이다.
③ 자산총액 2조 원 이상의 대규모 상장회사는 사외이사 후보추천위원회, 감사위원회의 설치가 강제된다. 사외이사 후보추천위원회는 과반수를 사외이사로 해야 하고, 감사위원회는 3분의 2 이상을 사외이사로 해야 한다.
④ 위원회는 2인 이상의 이사로 구성한다. 따라서 위원회의 위원이 되기 위해서는 이사의 자격이 있어야 한다.[변호사 13]
⑤ 감사위원회는 3명 이상의 이사로 구성하고, 사외이사가 3분의 2 이상이어야 한다. 위원의 선임과 해임은 이사회가 결정하고, 위원회에 위임할 수 없다.

2. 위원회 결의의 효력 및 권한

① 위원회의 결의는 이사회 결의와 같은 효력을 가진다.[변호사 13]
② ㉠ 주주총회의 승인을 요하는 사항의 제안, ㉡ 대표이사의 선임 및 해임, ㉢ 위원회의 설치와 그 위원의 선임 및 해임, ㉣ 정관에서 정하는 사항을 제외하고 위원회에 위임할 수 있다.[법원직 07, 19]
③ 신주발행이나 중요한 자산의 처분에 관한 사항도 위원회에 위임할 수 있다.
④ 이사회 내 위원회 결의에 하자가 있는 경우 이사회결의와 마찬가지로 무효가 되고 누구나 그 하자를 주장할 수 있다.

법원직 07
1 이사회는 정관이 정하는 바에 따라 위원회를 설치할 수 있고 대표이사의 선임을 위원회에 위임할 수 있다. (○, ×)

1 ×

3. 이사회의 수정결의

① 위원회는 결의된 사항을 각 이사에게 통지하여야 한다.[법원직 19]

② 통지받은 각 이사는 이사회의 소집을 요구할 수 있으며, 이사회는 위원회가 결의한 사항에 대하여 다시 결의할 수 있다.[법원직 19]

③ 감사위원회의 결의에 대해서는 이사회가 다시 결의할 수 없다(제415조의2 제6항).

4. 이사회 규정의 준용

① 법률 또는 정관에 정한 위원의 원수를 결한 경우 임기의 만료 또는 사임으로 인하여 퇴임한 위원은 새로 선임된 위원이 취임할 때까지 위원의 권리의무가 있다.

② 이사회의 소집, 이사회 결의방법, 이사회 의사록, 이사회의 연기와 속행에 관한 상법 규정은 위원회에 준용된다(제392조의2 제5항).

③ 위원회를 소집하기 위해서는 회일을 정하고 그 1주간 전에 각 위원에게 통지를 발송해야 한다.[변호사 20] 위 기간은 정관으로 단축할 수 있고, 위원 전원의 동의가 있는 경우 위 절차 없이 회의할 수 있다.

쟁점 10 대표이사

1. 선임과 종임

> 제389조 (대표이사) ① 회사는 이사회의 결의로 회사를 대표할 이사를 선정하여야 한다. 그러나 정관으로 주주총회에서 이를 선정할 것을 정할 수 있다.
> ② 전항의 경우에는 수인의 대표이사가 공동으로 회사를 대표할 것을 정할 수 있다.

(1) 선임

① 대표이사는 대내적으로 회사의 업무를 집행하고 대외적으로 회사를 대표하는 주식회사의 필요적 상설기관이다.

② 대표이사는 이사회의 결의로 선임하는 것이 원칙이나, 정관으로 주주총회에서 선정하는 것으로 정할 수 있다.[법원직 07, 21, 법무사 03, 06, 07, 13, 16, 17, 19]

③ 대표이사의 등기는 선임의 효력발생요건이 아니므로 등기되지 않더라도 선임된 대표이사는 대표이사로서의 지위를 가진다.

(2) 종임

① 대표이사와 회사의 관계는 위임에 해당한다. 따라서 민법상 위임의 종료사유가 대표이사의 종임에도 적용된다.

② 대표이사는 언제든지 사임할 수 있으나 부득이한 사유 없이 회사에 불리한 시기에 사임하는 경우 회사의 손해를 배상하여야 한다(민법 제689조 제2항).[법무사 07]

③ 대표이사의 해임 결정은 대표이사를 이사회에서 선임한 경우 이사회에서, 주주총회에서 선임한 경우에는 주주총회의 보통결의로 결정한다.

④ 이사의 자격을 상실하면 대표이사의 자격도 상실한다.[법무사 03. 06. 19]

⑤ 상법 제385조 제1항은 주주의 회사에 대한 지배권 확보와 경영자 지위의 안정이라는 주주와 이사의 이익을 조화시키려는 규정이고, 이사의 보수청구권을 보장하는 것을 주된 목적으로 하는 규정이라 할 수 없으므로, 이를 이사회가 대표이사를 해임한 경우에도 유추 적용할 것은 아니다(대판 2004.12.10. 2004다25123).[법무사 11. 변호사 15]

(3) 대표이사의 결원

대표이사가 결원이 되는 경우, 임기의 만료 또는 사임으로 인하여 퇴임한 대표이사는 새로 선임된 대표이사가 취임할 때까지 대표이사의 권리의무가 있다.

2. 권한

① 대표이사는 대내적, 대외적으로 회사의 업무를 집행할 업무집행권이 있다.

② 대표이사의 업무집행권은 이사회 결의사항을 집행하는 것만이 아니라 그에 필요한 세부사항과 일상업무에 대한 의사결정권 및 집행권까지 가진다. 따라서 일상 업무에 속하는 거래는 대표이사가 이사회 결의 없이 결정할 수 있다.

③ 대표이사가 이사회 없이 단독으로 결정할 수 있는 사항인지는 일상업무인지 여부를 기준으로 한다.

④ 대표이사는 회사 영업에 관한 재판상, 재판외의 모든 행위에 있어서 회사를 대표한다.[법무사 03. 07. 12. 17] 어떤 행위가 회사의 영업에 관한 것인지 여부는 행위의 객관적 성질에 비추어 판단한다.

⑤ 대표이사의 대표권은 회사의 권리능력의 범위와 일치하고 사실행위와 불법행위에도 미친다.

⑥ 대표이사의 대표권을 내부적으로 제한하더라도 선의의 제3자에게 대항하지 못한다.[법무사 03. 07. 12. 17]

⑦ 대표권한이 내부적으로 제한된 경우에는 그 대표이사는 제한 범위 내에서만 대표권한이 있는데 불과하지만 그렇더라도 그 대표권한의 범위를 벗어난 행위 다시 말하면 대표권의 제한을 위반한 행위라 하더라도 그것이 회사의 권리능력의 범위 내에 속한 행위이기만 하다면 대표권의 제한을 알지 못하는 제3자는 그 행위를 회사의 대표행위라고 믿는 것이 당연하고 이러한 신뢰는 보호되어야 한다(대판 1997.8.29. 97다18059).

⑧ 주식회사의 회생절차개시신청은 대표이사의 업무권한인 일상 업무에 속하지 아니한 중요한 업무에 해당하여 이사회 결의가 필요하다(대판 2019.8.14. 2019다204463).[법원직 20. 법무사 20. 변호사 21]

⑨ 회사의 대표이사가 그 업무집행 중 불법행위로 인하여 제3자에게 손해를 가한 때에는 대표이사는 회사와 연대하여 배상할 책임이 있고 그 불법행위는 고의는 물론 과실 있는 때에도 성립된다(대판 1980.1.15. 79다1230).[법원직 18. 법무사 13. 16]

3. 전단적 대표행위

(1) 의의

전단적 대표행위란 대표이사가 법률 또는 정관 등 내부규정에 위반하여 주주총회 또는 이사회 결의를 거치지 않고 대표권을 행사하는 경우를 의미한다.

(2) 주주총회의 결의가 없는 경우

① 법률에 의하여 주주총회 결의를 요구하는 경우, 이러한 주주총회 결의가 없는 대표이사의 행위는 무효이다. 영업양도, 사후설립, 합병, 재무제표 승인에 의한 이익배당 등의 경우 법률에 의하여 주주총회 결의가 요구된다. 이러한 무효는 제3자의 선의, 악의를 불문한다.

1 대표이사는 이사의 자격을 전제로 하므로 이사의 자격을 상실하면 당연히 대표이사의 자격을 상실하고, 반대로 대표이사의 자격을 상실하면 이사의 자격도 상실한다.　(○, ×)

2 주식회사의 회생절차개시신청은 대표이사의 업무권한인 일상 업무에 속하므로 이사회 결의를 요하지 아니한다.　(○, ×)

3 대표이사는 그 업무집행으로 인하여 타인에게 손해를 가한 때에는 그 대표이사만 손해배상책임을 진다.　(○, ×)

1 × **2** × **3** ×

② 주식회사가 영업의 전부 또는 중요한 일부를 양도한 후 주주총회의 특별결의가 없었다는 이유를 들어 스스로 그 약정의 무효를 주장하더라도 주주 전원이 그와 같은 약정에 동의한 것으로 볼 수 있는 등 특별한 사정이 없다면 위와 같은 무효 주장이 신의성실 원칙에 반하지 않는다(대판 2018.4.26. 2017다288757).[변호사 20]

③ 정관으로 주주총회 결의를 요구하는 경우, 선의의 제3자에게 대항하지 못한다는 것이 통설이다.

(3) 이사회 결의가 없는 경우

① 정관, 이사회 규정에서 이사회 결의를 요구하는 것은 대표권의 내부적 제한에 해당하므로 선의, 무중과실의 제3자에게 대항할 수 없다.

② 지배인 선임은 내부적 효력을 가지는 행위이므로 이사회 결의가 없는 지배인 선임은 무효이다.

③ 이사회결의를 거치지 않은 대표이사 행위의 상대방인 제3자가 상법 제209조 제2항에 따라 보호받기 위하여 선의 이외에 무과실까지 필요하지는 않지만 중대한 과실이 있는 경우에는 제3자의 신뢰를 보호할 만한 가치가 없다고 보아 거래행위가 무효라고 해석함이 타당하다. 제3자가 대표이사와 거래행위를 하면서 회사의 이사회 결의가 없었다고 의심할 만한 특별한 사정이 없다면 일반적으로 이사회 결의가 있었는지를 확인하는 등의 조치를 취할 의무까지 있다고 볼 수는 없다(대판 2021.2.18. 2015다45451).

④ 상대방의 악의 또는 과실에 대한 입증책임은 주장하는 자가 부담한다.

⑤ ㉠ 파산자가 상대방 회사와 그 회사의 이사회 결의가 없는 거래행위를 하였다가 파산이 선고된 경우 특별한 사정이 없는 한 파산관재인은 이사회의 결의를 거치지 아니하고 이루어진 상대방 회사와의 거래행위에 따라 형성된 법률관계를 토대로 실질적으로 새로운 법률상 이해관계를 가지게 된 제3자에 해당한다. ㉡ 또한 그 선의·악의도 파산관재인 개인의 선의·악의를 기준으로 할 수는 없고 총파산채권자를 기준으로 하여 파산채권자 모두가 이사회의 결의가 없었음을 알았거나 이를 알지 못한 데 중대한 과실이 있지 않은 한 상대방 회사는 위 거래의 무효를 파산관재인에게 주장할 수 없다(대판 2014.8.20. 2014다206563).

⑥ 이사회 결의가 없는 신주발행과 사채발행도 유효하다는 것이 통설이다.

⑦ 주식회사의 신주발행은 주식회사의 업무집행에 준하는 것으로서 대표이사가 그 권한에 기하여 신주를 발행한 이상 신주발행은 유효하고, 설령 신주발행에 관한 이사회의 결의가 없거나 결의에 하자가 있더라도 이사회의 결의는 회사의 내부적 의사결정에 불과하므로 신주발행의 효력에는 영향이 없다(대판 2007.2.22. 2005다77060,77077).

⑧ 이사회 결의 없이 이루어진 준비금의 자본전입은 무효이다. 준비금의 자본전입이 새로운 주주를 모집하는 것이 아니라 기존주주에게 무상으로 신주를 발행하는 것이므로 통상의 신주발행보다 제3자의 이해관계가 문제될 가능성이 낮기 때문이다.

4. 대표권의 남용

① 대표권남용이란 대표이사가 회사가 아니라 자기 또는 제3자의 이익을 위하는 주관적 의도 하에 대표권을 남용하여 행사하는 경우를 말한다.

② 대표권 남용의 경우에도 대표이사의 행위가 객관적으로 대표권의 범위 내에서 이루어진 이상 해당 행위는 회사의 행위로서 대표이사의 주관적 의도와 관계없이 원칙적으로 유효하다. 다만, 거래의 상대방이 대표이사의 주관적 의도를 알았거나 알 수 있었던 경우 회사가 무효를 주장할 수 있는지 여부가 문제된다.

③ '권리남용설'은 거래상대방이 대표이사의 주관적 의도를 알았거나 중대한 과실로 알지 못한 경우에도 대표권 남용 행위의 유효를 주장하는 것은 권리남용에 해당한다고 본다.

④ '심리유보설'은 민법 제107조 제1항에 따라 거래상대방이 그 진의를 알았거나 알 수 있었을 경우에는 무효가 된다고 본다.

⑤ 대표이사가 그 대표권의 범위 내에서 한 행위는 설사 대표이사가 회사의 영리목적과 관계없이 자기 또는 제3자의 이익을 도모할 목적으로 그 권한을 남용한 것이라 할지라도 일단 회사의 행위로서 유효하고, 다만 그 행위의 상대방이 대표이사의 진의를 알았거나 알 수 있었을 때에는 회사에 대하여 무효가 된다(대판 1997.8.29. 97다18059).[법원직 10, 17, 법무사 12, 13, 16, 17, 19]

쟁점 11 표현대표이사 및 공동대표이사 등

Ⅰ. 표현대표이사

1. 의의

사장, 부사장, 전무, 상무 기타 회사를 대표할 권한이 있는 것으로 인정될 만한 명칭을 사용한 이사의 행위에 대하여는 그 이사가 회사를 대표할 권한이 없는 경우에도 회사는 선의의 제3자에 대하여 그 책임을 지는데, 이를 표현대표이사라 한다.

2. 요건

(1) 외관의 존재

1) 표현적 명칭의 사용

① 표현대표이사가 성립하기 위해서는 대표권이 존재하는 것처럼 보이는 명칭을 사용할 것이 요구된다. 회장, 부회장, 이사장 등 거래통념상 회사를 대표할 권한이 있는 것으로 보이는 명칭이면 된다.

② 경리담당이사는 회사를 대표할 권한이 있는 것으로 인정될 만한 명칭에 해당한다고 볼 수 없다(대판 2003.2.11. 2002다62029).[법원직 12, 17]

③ 규모가 큰 주식회사에 있어서 '대표이사 전무' 또는 '대표이사 상무' 등의 명칭을 사용하지 아니하고, 단지 '전무이사' 또는 '상무이사'등의 명칭을 사용하는 이사가 회사를 대표할 권한이 있다고 믿은 제3자에게 중과실이 없는지에 대해서는 신중하게 판단하여야 한다(대판 1999.11.12. 99다19797).

2) 이사 자격이 요구되는지 여부

① 제395조는 이사가 표현적 명칭을 사용한 자가 이사일 것이 요구되는 것처럼 규정하고 있다. 그러나 통설은 표현대표이사의 성립에 이사의 자격을 요구하지 않는다.[법원직 12]

② 회사가 이사의 자격이 없는 자에게 표현대표이사의 명칭을 사용하게 허용한 경우는 물론 이사의 자격도 없는 사람이 임의로 표현대표이사의 명칭을 사용하고 있는 것을 회사가 알면서도 아무런 조치를 취하지 아니한 채 그대로 방치하여 소극적으로 묵인한 경우에도 상법 제395조 규정이 유추적용 된다(대판 1992.7.28. 91다35816).

1 대표이사가 대표권의 범위 내에서 한 행위가 회사의 영리목적과 관계없이 자기 또는 제3자의 이익을 도모할 목적으로 그 권한을 남용한 것이라도, 그 행위의 상대방이 대표이사의 진의를 알았거나 알 수 있었을 경우가 아닌 한 회사의 행위로서 유효하다. (○, ×)

2 경리담당이사는 회사를 대표할 권한이 있는 것으로 인정될 만한 명칭에 해당하므로 상법 제395조에 따른 회사의 책임을 인정할 수 있다. (○, ×)

3 표현대표이사의 행위로 인한 회사의 책임이 성립하기 위하여는 적어도 행위자가 이사자격만큼은 갖추어야 하므로, 이사의 자격이 없는 사람이 임의로 표현대표이사의 명칭을 사용하고 있는 것을 회사가 알면서도 아무런 조치를 취하지 아니한 채 그대로 방치하여 소극적으로 묵인한 경우에는 상법상 표현대표이사에 관한 규정이 유추적용될 수 없다. (○, ×)

1 ○ **2** × **3** ×

③ 상법 제395조는 표현대표이사가 자기의 명칭을 사용하여 법률행위를 한 경우는 물론이고 자기의 명칭을 사용하지 아니하고 다른 대표이사의 명칭을 사용하여 행위를 한 경우에도 적용된다(대판 1998.3.27. 97다34709). [변호사 15]

3) 대표이사의 권한 외의 행위인 경우

① 외관의 존재라는 요건이 충족되기 위해서는 대표이사의 행위가 대표이사의 권한 내의 행위이어야 한다. 따라서 표현대표이사가 성립하는 경우에도 전단적 대표행위가 적용된다.

② 표현대표이사의 행위와 이사회의 결의를 거치지 아니한 대표이사의 행위는 모두 본래는 회사가 책임을 질 수 없는 행위들이지만 거래의 안전과 외관이론의 정신에 입각하여 그 행위를 신뢰한 제3자가 보호된다는 점에 공통되는 면이 있으나, 표현대표이사의 행위로 인정이 되는 경우라고 하더라도 만일 그 행위에 이사회의 결의가 필요하고 거래의 상대방이 이사회의 결의가 없었음을 알았거나 알 수 있었다면 회사는 그 행위에 대한 책임을 면한다(대판 1998.3.27. 97다34709).

(2) 외관의 부여

1) 회사가 명칭 사용을 명시적 또는 묵시적으로 허락하였을 것

① 회사가 명칭사용을 명시적 또는 묵시적으로 허락한 경우에 표현대표이사가 성립한다.

② 회사가 명칭사용을 알지 못한 경우, 명칭 사용을 방치한 것에 회사의 과실이 있더라도 표현대표이사는 성립되지 않는다.

③ 회사가 적극적으로 명칭 사용을 허락하지는 않았으나 명칭 사용을 알면서도 소극적으로 방치하여 묵인한 경우 표현대표이사가 성립한다.

④ 이사 또는 이사의 자격이 없는 자가 임의로 표현대표이사의 명칭을 사용하고 있는 것을 회사가 알면서도 이에 동조하거나 아무런 조치를 취하지 아니한 채 그대로 방치한 경우도 회사가 표현대표이사의 명칭사용을 묵시적으로 승인한 경우에 해당한다(대판 1992.7.28. 91다35816). [법원직 08. 17. 법무사 13. 17. 변호사 15]

⑤ 표현대표자의 행위에 대하여 회사가 책임을 지는 것은 회사가 표현대표자의 명칭 사용을 명시적으로나 묵시적으로 승인할 경우에 한하는 것이고 회사의 명칭 사용 승인 없이 임의로 명칭을 참칭한 자의 행위에 대하여는 비록 그 명칭 사용을 알지 못하고 제지하지 못한 점에 있어 회사에게 과실이 있다고 할지라도 그 회사의 책임으로 돌려 선의의 제3자에 대하여 책임을 지게 할 수 없다(대판 1995.11.21. 94다50908). [법원직 08. 12. 법무사 13. 16]

⑥ ㉠ 이사 선임 권한이 없는 사람이 주주총회의사록 등을 허위로 작성하여 주주총회결의 등의 외관을 만들고 이에 터 잡아 이사를 선임한 경우, 주주총회의 개최와 결의가 존재는 하지만 무효 또는 취소사유가 있는 경우와는 달리, 이사 선임에 관한 주식회사 내부의 의사결정은 존재하지 아니하여 회사가 그 외관의 현출에 관여할 수 없었을 것이므로, ㉡ 달리 회사의 적법한 대표이사가 그 대표 자격의 외관이 현출되는 것에 협조, 묵인하는 등의 방법으로 관여하였다거나 회사가 그 사실을 알고 있음에도 시정하지 않고 방치하는 등 이를 회사의 귀책사유와 동일시할 수 있는 특별한 사정이 없는 한, 회사에 대하여 상법 제395조에 의한 표현대표이사 책임을 물을 수 없고, ㉢ 이 경우 위와 같이 허위의 주주총회결의 등의 외관을 만든 사람이 회사의 상당한 지분(49%)을 가진 주주라고 하더라도 그러한 사정만으로는 대표 자격의 외관이 현출된 데에 대하여 회사에 귀책사유가 있는 것과 동일시할 수 없다(대판 2013.7.25. 2011다30574).

⑦ 甲이 회사의 주주총회에서 이사로 선임된 바가 없음에도 불구하고 주주총회의사록을 임의로 작성하여 자신을 대표이사로 등기한 후 회사 소유부동산을 이러한 사실을 알지 못하는 乙에게 매도하였다면, 甲이 대표이사로 등기된 사실을 회사가 과실로 알지 못하여 등기를 말소하지 않은 경우, 이 등기를 신뢰한 乙에게 부동산 소유권을 이전할 의무는 없다(대판 2013.7.25. 2011다30574).

2) 명칭사용을 허락한 주체

① 명칭사용의 허락은 대표이사 또는 이사회결의에 의하여 이루어져야 한다.

② 주주총회결의가 무효 또는 취소된 경우 표현대표이사의 책임을 인정하기 위해서는 진정한 대표이사가 표현대표를 허용하거나, 이사 전원이 아닐지라도 적어도 이사회의 결의의 성립을 위하여 회사의 정관에서 정한 이사의 수, 그와 같은 정관의 규정이 없다면 최소한 이사 정원의 과반수의 이사가 적극적 또는 묵시적으로 표현대표를 허용한 경우이어야 한다(대판 1992.9.22. 91다5365). [법무사 13]

③ ㉠ 주주총회 없이 주주총회 의사록만을 작성한 주주총회결의로 대표자로 선임된 자의 행위에 대하여 상법 제395조에 따라 회사에게 그 책임을 물으려면, 의사록 작성으로 대표자격의 외관이 현출된 데에 대하여 회사에 귀책사유가 있음이 인정되어야 한다. ㉡ 이 경우 의사록을 작성하는 등 주주총회결의의 외관을 현출시킨 자가 회사의 과반수주식을 보유하거나 또는 과반수의 주식을 보유하지 않더라도 사실상 회사의 운영을 지배하는 주주인 경우와 같이 주주총회결의 외관현출에 회사가 관련된 것으로 보아야 할 경우에는 전자의 경우에 준하여 회사의 책임을 인정할 여지가 있을 것이다(대판 1992.8.18. 91다14369).

(3) 외관의 신뢰

① 제3자는 표현대표이사의 행위의 직접 상대방에 한정되지 않고 표현적 명칭을 신뢰한 모든 제3자를 의미한다.

② 표현대표이사가 다른 대표이사의 명칭을 사용하여 어음행위를 한 경우, 회사가 책임을 지는 선의의 제3자의 범위에는 표현대표이사로부터 직접 어음을 취득한 상대방뿐만 아니라, 그로부터 어음을 다시 배서양도받은 제3취득자도 포함된다(대판 2003.9.26. 2002다65073). [법무사 13, 17]

③ ㉠ 표현대표이사의 행위로 인한 주식회사의 책임이 성립하기 위하여 제3자의 선의 이외에 무과실까지도 필요로 하는 것은 아니지만, 제3자의 신뢰는 보호할 만한 가치가 있는 정당한 것이어야 할 것이므로 ㉡ 설령 제3자가 회사의 대표이사가 아닌 이사가 그 거래행위를 함에 있어서 회사를 대표할 권한이 있다고 믿었다 할지라도 그와 같이 믿음에 있어서 중대한 과실이 있는 경우에는 회사는 그 제3자에 대하여는 책임을 지지 아니한다. [법원직 08. 12. 17. 법무사 16. 17] ㉢ 규모가 큰 주식회사에 있어서 '대표이사 전무' 또는 '대표이사 상무' 등의 명칭을 사용하지 아니하고, 단지 '전무이사' 또는 '상무이사' 등의 명칭을 사용하는 이사가 회사를 대표할 권한이 있다고 믿은 제3자에게 중과실이 없는지에 대해서는 신중하게 판단하여야 한다(대판 1999.11.12. 99다19797).

④ 표현대표이사에 있어서 제3자의 신뢰의 대상은 대표권의 존재이다.

⑤ 표현대표이사와 관련된 제3자의 선의란 표현대표이사가 대표권이 없음을 알지 못한 것을 말하는 것이지 반드시 형식상 대표이사가 아니라는 것을 알지 못한 것에 한정할 필요는 없다(대판 1998.3.27. 97다34709). [법무사 17]

법무사 17

1 회사를 대표할 권한이 없는 표현대표이사가 다른 대표이사의 명칭을 사용하여 어음행위를 한 경우, 회사가 책임을 지는 선의의 제3자의 범위에는 표현대표이사로부터 직접 어음을 취득한 상대방만 포함된다.

(○, ×)

1 ×

3. 효과

① 표현대표이사가 성립하면 회사는 표현대표이사의 행위에 대하여 진정한 대표이사가 행위를 한 것처럼 제3자에 대하여 권리를 취득하고 의무를 부담한다. 따라서 민법 제130조 이하의 무권대리 규정은 적용되지 않는다.

② 표현대표이사가 회사의 영리목적과 관계없이 자기 또는 제3자의 이익을 도모할 목적으로 그 권한을 남용한 경우에도 대표권남용의 법리가 적용되어 상대방이 대표이사의 진의를 알았거나 알 수 있었을 때에는 회사에 대하여 무효가 된다(대판 2013.7.11. 2013다5091).

③ 표현대표이사의 행위와 이사회의 결의를 거치지 아니한 대표이사의 행위는 모두 본래는 회사가 책임을 질 수 없는 행위들이지만 거래의 안전과 외관이론의 정신에 입각하여 그 행위를 신뢰한 제3자가 보호된다는 점에 공통되는 면이 있으나, 제3자의 신뢰의 대상이 전자에 있어서는 대표권의 존재인 반면, 후자에 있어서는 대표권의 범위이므로 제3자가 보호받기 위한 구체적인 요건이 반드시 서로 같다고 할 것은 아니고, 따라서 표현대표이사의 행위로 인정이 되는 경우라고 하더라도 만일 그 행위에 이사회의 결의가 필요하고 거래의 상대방인 제3자의 입장에서 이사회의 결의가 없었음을 알았거나 알 수 있었을 경우라면 회사로서는 그 행위에 대한 책임을 면한다(대판 1998.3.27. 97다34709). [법원직 08, 변호사 15]

④ 제3자에게 중과실이 있어서 표현대표이사의 행위로 인한 회사의 책임이 인정되지 않는 경우에도 제3자는 표현대표이사에게 손해배상책임을 물을 수 있다.

⑤ 표현대표이사의 행위로 인정되어 회사가 제3자에게 이행책임을 부담하는 경우, 표현대표이사의 이행책임은 면제된다.

4. 적용범위

① 표현대표이사는 대외적 대표행위에 적용되므로 대내적 업무집행행위에는 적용되지 않는다.
② 표현대표이사는 외관에 대한 신뢰를 보호하기 위한 것이므로 불법행위에는 적용되지 않는다.
③ 표현지배인에 관한 제14조 제1항 단서가 재판상의 행위를 제외하고 있다는 점을 근거로 표현대표이사 또한 소송행위에는 적용되지 않는다고 보는 견해가 통설이다.

5. 표현대표이사의 유추적용

(1) 표현대표이사의 무권대행

① 상법 제395조는 표현대표이사가 자기의 명칭을 사용하지 아니하고 다른 대표이사의 명칭을 사용하여 행위를 한 경우에도 적용된다(대판 1998.3.27. 97다34709).

② 이사가 다른 대표이사의 명칭을 사용한 대표권 대행의 경우 제3자의 선의나 중과실은 표현대표이사의 대표권 존부에 대한 것이 아니라 대표이사를 대행하여 법률행위를 할 권한이 있느냐에 대한 것이다(대판 2003.7.22. 2002다40432).

(2) 공동대표이사의 단독대표행위

회사가 공동대표이사에게 단순한 대표이사라는 명칭을 사용하여 법률행위를 하는 것을 용인 내지 방임한 경우 상법 제395조에 의한 표현책임을 부담한다(대판 1992.10.27. 92다19033). [법원직 17, 20, 법무사 12, 변호사 15, 19]

6. 상업등기와의 관계

① 상법 제395조는 상업등기와는 다른 차원에서 회사의 표현책임을 인정한 규정이므로 제395조를 적용함에 있어 상업등기가 있는지 여부는 고려의 대상이 아니다(대판 1979.2.13. 77다2436).

② 표현대표이사는 외관보호의 법리를 바탕으로 하고 있고, 상업등기의 효력은 상업등기의 공시효력을 바탕으로 하고 있으므로 서로 다른 제도로 보는 것이 타당하다.

③ A가 대표이사에서 해임된 이후 해임등기가 되기 이전에 B와 거래하면서 대표이사의 명칭을 사용한 경우, B는 표현대표이사를 주장하거나 해임등기가 없었다는 점을 이유로 거래의 유효를 주장할 수 있다. 만약 A가 해임등기가 된 상태에서 대표이사의 명칭을 사용하였다면 B는 표현대표이사를 주장할 수 있을 뿐이다.

Ⅱ. 공동대표이사

1. 의의

① 이사회결의 등으로 대표이사를 선정하면서 수인의 대표이사가 공동으로 회사를 대표하도록 선정하는 경우 대표이사로 선정된 수인의 대표이사를 공동대표이사라 한다.

② 공동대표이사는 이사회의 결의로 선정되는데, 정관으로 주주총회에서 선정할 것을 정할 수 있다.[법원직 11]

③ 주주총회에서 공동대표이사를 선정하는 경우에도 주주총회 특별결의 사항은 아니다.[법원직 11]

④ 회사의 대표이사가 여러 명 선정되더라도 원칙적으로는 각자 회사를 대표하게 되나, 공동대표이사의 경우 공동으로만 회사를 대표할 수 있고[법무사 06, 07, 12, 17] 단독으로 한 대표행위는 원칙적으로 무효이다. 주식회사가 공동대표이사를 정한 때에는 그 사항을 등기하여야 한다.[법원직 11]

⑤ 공동대표이사 제도는 대외 관계에서 수인의 대표이사가 공동으로만 대표권을 행사할 수 있게 하여 업무집행의 통일성을 확보하고, 대표권 행사의 신중을 기함과 아울러 대표이사 상호 간의 견제에 의하여 대표권의 남용 내지는 오용을 방지하여 회사의 이익을 도모하려는데 그 취지가 있다(대판 1989.5.23. 89다카3677).

2. 적용범위

① 회사에 대한 의사표시는 공동대표이사 중 1인에게만 하면 된다.[법원직 11, 17, 법무사 03, 06, 11, 13, 16, 19]

② 권리 남용의 우려가 있는 능동대리의 경우에만 공동대표이사의 법리가 적용된다.

③ 공동대표이사 가운데 한 명이 회사의 업무집행으로 제3자에게 손해를 가한 경우, 회사의 불법행위책임이 성립하고 회사가 연대하여 손해를 배상하여야 한다.

④ 공동대표이사의 행위는 반드시 동시에 표시되어야 하는 것은 아니며, 순차적으로 표시되어도 유효하다.

3. 공동대표권의 위임

공동대표이사의 1인이 그 대표권의 행사를 특정사항에 관하여 개별적으로 다른 공동대표이사에게 위임함은 별론으로 하고, 일반적, 포괄적으로 위임하는 것은 허용되지 않는다(대판 1989.5.23. 89다카3677).[법원직 11, 17, 법무사 17]

4. 단독대표행위의 효력

① 공동대표이사 가운데 1인이 다른 공동대표이사의 동의 없이 단독으로 한 대표행위는 무효이다.

② 상대방의 선의 여부에 따라 달라지지 않는다.

③ 공동대표이사는 등기하여야 하므로 회사가 공동대표이사를 등기하지 아니하면 선의의 제3자에게 대항할 수 없다. 회사가 등기를 한 경우, 제3자는 선의 여부를 불문하고 보호받지 못한다.

④ 판례는 공동대표이사의 단독대표행위에 대하여 제395조의 표현대표이사 법리를 적용하여 선의, 무중과실의 제3자를 보호하고 있다.

⑤ 거래상대방은 단독대표행위를 한 공동대표이사에 대하여 제401조 제3자에 대한 손해배상책임이나 민법상 불법행위책임을 물을 수 있다. 동시에 회사에 대하여 민법상 사용자책임을 물을 수 있고, 대표이사의 직무집행으로 인한 손해임을 주장, 입증하여 제389조 제3항, 제210조의 연대책임을 물을 수 있다.

⑥ 공동대표이사 중 한 명의 단독대표행위의 성질은 무권대리에 해당하는 것으로 보아 나머지 공동대표이사 전원이 추인하는 방식으로 하자를 치유하여 유효하게 할 수 있다. 추인의 의사표시는 해당 행위를 한 공동대표이사나 거래상대방에게 할 수 있다.

⑦ ㉠ 공동대표이사가 단독으로 회사를 대표하여 제3자와 한 법률행위를 추인함에 있어 그 의사표시는 단독으로 행위한 공동대표이사나 법률행위의 상대방인 제3자 중 어느 사람에게 대하여서도 할 수 있다.[변호사 19] ㉡ 회사가 공동대표이사에게 단순한 대표이사라는 명칭을 사용하여 법률행위를 하는 것을 용인 내지 방임한 경우에도 회사는 표현책임을 면할 수 없다(대판 1992.10.27. 92다19033).

쟁점 12 집행임원

1. 의의

① 집행임원이란 주식회사의 업무집행을 담당하는 자로 이사회에 의하여 선임된 자를 말한다.

② 집행임원은 업무집행기능과 감독기능을 분리하여 책임경영을 이루기 위하여 2011년 개정 상법에서 도입되었다.

③ 집행임원은 부사장, 전무, 상무 등으로 불리던 비등기이사나 임원과 구별된다. 현행 상법에 의하더라도 회사에 집행임원과 동시에 비등기이사를 두는 것이 가능하다.

2. 집행임원의 설치

> **제408조의2 (집행임원 설치회사, 집행임원과 회사의 관계)** ① 회사는 집행임원을 둘 수 있다. 이 경우 집행임원을 둔 회사는 대표이사를 두지 못한다.

① 회사는 집행임원을 둘 수 있다. 집행임원을 둔 회사는 대표이사를 두지 못한다.[법원직 16]

② 집행임원의 설치 여부는 회사가 정할 수 있고, 집행임원의 설치가 강제되는 것은 아니다.

③ 집행임원을 설치할 수 있는 회사의 범위에 대해서도 아무런 제한이 없다.

④ 상법상 집행임원 설치 여부 결정 권한에 관한 규정과 설치 절차에 관한 규정은 존재하지 않는다.

⑤ 집행임원은 회사의 지배구조와 관련된 것이라는 점에서 해석상 집행임원의 설치에 관한 사항은 정관에 규정되어야 한다고 본다.

3. 집행임원의 선임, 임기, 종임

(1) 집행임원의 선임

① 집행임원은 이사회가 선임하며,[변호사 13] 그 인적사항을 등기한다.

② 집행임원을 1명만 선임하여도 무방하며, 대표이사와 달리 이사가 아닌 자도 선임될 수 있다.

③ 여러 명의 집행임원이 선임되는 경우에는 각자 업무집행권을 가진다. 여러 명의 집행임원이 선임되는 경우에는 이사회 결의로 대표집행임원을 선임하여야 한다.

(2) 집행임원의 자격

① 이사가 집행임원을 겸할 수 있는지 상법은 규정하고 있지 않다.[변호사 13] 명문의 금지규정이 없는 이상 해석상 겸임이 가능하다고 본다.

② 집행기관인 집행임원의 성격상 감사는 겸임할 수 없다고 본다.

③ 감사위원은 회의체기관인 감사위원회의 구성원이므로 집행임원을 겸임할 수 있다고 본다.

④ 사내이사의 경우 감사위원이 될 수 있다는 규정이 존재한다.

(3) 집행임원의 임기

① 집행임원의 임기는 정관에 다른 규정이 없으면 2년을 초과하지 못한다. 즉, 집행임원의 임기는 원칙적으로 2년 이내이나 정관상 2년 이상으로 할 수 있다.[법원직 15, 16]

② 집행임원의 임기는 정관으로 임기 중 최종 결산기에 관한 정기주주총회 종결 후 가장 먼저 소집하는 이사회의 종결 시까지로 정할 수 있다.

③ 이사의 임기는 정관으로도 3년을 초과할 수 없다.

(4) 집행임원의 보수

집행임원의 보수는 정관으로 정하거나 주주총회의 승인으로 정하되, 정관 규정이나 주주총회 승인이 없는 경우에는 이사회에서 정한다.

(5) 집행임원의 종임

① 집행임원은 회사와 위임관계에 있다.

② 집행임원과 대표집행임원은 이사회의 결의로 해임될 수 있다.

③ 집행임원의 종임사유는 민법 위임 규정이 적용되고, 이사의 경우와 동일하다. 다만, 집행임원 해임의 경우 이사 해임에 관한 제385조가 준용되지 않는다. 따라서 집행임원이 임기 중 정당한 이유 없이 해임되더라도 회사에게 손해배상을 청구할 수 없다. 이는 제385조가 대표이사 해임에는 적용되지 않는다는 판례의 견해와 동일한 취지이다.

④ 상법 제385조 제1항은 주주총회 특별결의에 의해 언제든지 이사를 해임할 수 있게 하는 한편, 임기가 정해진 이사가 임기 전에 정당한 이유 없이 해임당한 경우에는 회사에 손해배상을 청구할 수 있게 하여 주주의 회사지배권 확보와 경영자지위 안정이라는 주주와 이사의 이익을 조화시키려는 규정이고, 이사의 보수청구권을 보장하는 것을 주된 목적으로 하는 규정이라 할 수 없으므로, 이를 이사회가 대표이사를 해임한 경우에도 유추 적용할 것은 아니고, 대표이사가 그 지위의 해임으로 무보수, 비상근의 이사로 되었다고 하여 달리 볼 것도 아니다(대판 2004.12.10. 2004다25123).

법원직 15

1 집행임원의 임기는 정관에 다른 규정이 없으면 3년을 초과하지 못한다. (O, X)

1 ×

4. 집행임원의 권한

① 집행임원은 회사의 업무를 집행할 권한을 가진다.

② 집행임원은 정관이나 이사회의 결의로 위임받은 업무집행에 관한 의사결정권한을 가진다. [변호사 13]

③ 상법상 이사회의 권한에 속하는 사항은 집행임원에게 의사결정을 위임할 수 없다.

④ 신주발행사항 결정, 사채발행 결정, 경업, 회사기회유용, 자기거래 승인, 재무제표 승인은 집행임원에게 의사결정을 위임할 수 없다.

⑤ 제393조 제1항에 규정된 ㉠ 중요한 자산의 처분 및 양도, ㉡ 대규모 재산의 차입, ㉢ 지배인의 선임 또는 해임과 ㉣ 지점의 설치·이전 또는 폐지 등에 관한 사항도 집행임원에게 위임할 수 없다.

⑥ 집행임원은 필요하면 회의의 목적사항과 소집이유를 적은 서면을 이사에게 제출하여 이사회 소집을 청구할 수 있다.

⑦ 이사가 지체 없이 이사회 소집의 절차를 밟지 아니하면 소집을 청구한 집행임원은 법원의 허가를 받아 이사회를 소집할 수 있다. 이 경우 이사회 의장은 법원이 이해관계자의 청구에 의하여 또는 직권으로 선임할 수 있다. [법원직 15, 19]

5. 집행임원의 의무와 책임

① 집행임원의 의무는 이사의 의무와 동일하다. 집행임원은 회사에 대하여 수임인으로서의 선관주의의무를 부담한다.

② 집행임원은 3개월에 1회 이상 업무의 집행상황을 이사회에 보고하여야 하며, [법원직 06] 이사회의 요구가 있으면 언제든지 이사회에 출석하여 요구한 사항을 보고하여야 한다.

③ 이사의 충실의무, 비밀유지의무, 경업금지의무, 회사기회유용금지의무, 자기거래 금지의무, 감사에 대한 보고의무 규정이 집행임원에게 준용된다.

④ 집행임원의 책임은 이사의 책임과 동일하다. 이사의 책임감면, 업무집행지시자 등의 책임, 유지청구권, 대표소송 등이 집행임원에게 준용된다. 이사의 책임에 관한 제399조와 제401조의 내용은 별도로 제408조의8에 규정되어 있다.

⑤ 집행임원이 고의 또는 과실로 법령이나 정관을 위반한 행위를 하거나 그 임무를 게을리 한 경우에는 그 집행임원은 집행임원 설치회사에 손해를 배상할 책임이 있다. [법원직 19]

⑥ 집행임원이 고의 또는 중대한 과실로 그 임무를 게을리 한 경우에는 그 집행임원은 제3자에게 손해를 배상할 책임이 있다. [변호사 13]

⑦ 집행임원이 회사 또는 제3자에게 손해를 배상할 책임이 있는 경우에 다른 집행임원·이사 또는 감사도 그 책임이 있으면 다른 집행임원·이사 또는 감사와 연대하여 배상할 책임이 있다(제408조의8 제3항).

6. 대표집행임원

① 집행임원 설치회사는 대표이사를 둘 수 없으므로 집행임원이 2명 이상인 경우 이사회 결의로 대표집행임원을 선임한다. [법원직 16, 19]

② 집행임원이 1명인 경우에는 그 집행임원이 대표집행임원이 된다. 대표집행임원에 대하여 대표이사에 관한 규정이 준용된다. 따라서 집행임원 설치회사의 경우 대표집행임원이 회사의 영업에 관하여 재판상·재판외의 모든 행위를 할 권한이 있다. [변호사 13]

③ 집행임원 설치회사에 대하여는 표현대표이사에 관한 제395조가 준용된다.

7. 집행임원 설치회사에서의 이사회 권한

집행임원 설치회사의 이사회는 아래와 같은 권한을 가진다. 집행임원 설치회사는 이사회의 회의를 주관하기 위하여 이사회 의장을 두어야 한다. 이 경우 이사회 의장은 정관의 규정이 없으면 이사회 결의로 선임한다.

① 집행임원과 대표집행임원의 선임과 해임권 [법원직 15]

② 집행임원의 업무집행 감독

③ 집행임원과 회사의 소송에서 회사를 대표할 자의 선임 [변호사 19]

④ 집행임원에게 업무집행에 관한 의사결정의 위임(상법상 이사회 권한사항으로 정한 경우 제외)

⑤ 수인의 집행임원 사이의 직무분담, 지휘·명령관계, 기타 집행임원 상호관계에 관한 사항

⑥ 정관에 규정이 없거나 주주총회의 승인이 없는 경우 집행임원의 보수 결정

쟁점 13 이사의 의무

1. 선관주의의무

이사는 회사와의 사이에서 위임관계에 있으므로 선량한 관리자의 주의의무로써 사무를 처리하여야 한다.

2. 경영판단원칙

(1) 의의

① 이사의 의사결정 당시에 합리적으로 결정하였다면 사후적으로 결정이 잘못된 것으로 드러나더라도 이사에게 책임을 물을 수 없다는 원칙을 의미한다.

② 경영판단의 원칙은 이사의 선관주의의무를 구체화한 것이므로 경영판단원칙의 요건이 충족되면 이사가 선관주의의무를 다한 것으로 본다.

③ 회사의 이사회가 어떤 안건에 관하여 충분한 정보를 수집·분석하고 정당한 절차를 거쳐 의사를 결정함으로써 그 안건을 승인하거나 또는 승인하지 않았다면, 그 의사결정 과정에 현저한 불합리가 없는 한 그와 같이 결의한 이사들의 경영판단은 존중되어야 하므로, 이사회의 결의에 참여한 이사들이 이사로서 선량한 관리자의 주의의무 또는 충실의무를 위반하였다고 할 수 없다(대판 2019.10.31. 2017다293582). [법원직 20]

④ 회사가 소유하고 있는 비상장주식을 매도하는 업무를 담당하는 이사들이 합당한 정보를 가지고 회사의 최대이익을 위하여 거래가액을 결정하였고, 그러한 거래가액이 당해 거래의 특수성을 고려하더라도 객관적으로 현저히 불합리하지 않을 정도로 상당성이 있다면 선량한 관리자의 주의의무를 다한 것으로 볼 수 있을 것이나, 그러한 합리성과 상당성을 결여하여 회사가 소유하던 비상장주식을 적정가액보다 훨씬 낮은 가액에 매도함으로써 회사에게 손해를 끼쳤다면 그로 인한 회사의 손해를 배상할 책임이 있다(대판 2005.10.28. 2003다69638).

(2) 경영판단원칙의 적용범위

① 법령에 위반한 행위는 경영판단원칙이 적용되지 않는다. 법령에 위반한 행위는 그 자체로 이사의 선관주의의무위반이 된다.

② 이사가 임무를 수행함에 있어서 위와 같은 법령에 위반한 행위를 한 때에는 그 행위 자체가 회사에 대하여 채무불이행에 해당되므로 이로 인하여 회사에 손해가 발생한 이상 특별한 사정이 없는 한 손해배상책임을 면할 수 없고, 위와 같은 법령에 위반한 행위에 대하여는 경영판단의 원칙은 적용될 여지가 없다(대판 2005.10.28. 2003다69638). [법원직 08, 17, 변호사 19]

③ 통설은 이사가 주주총회 또는 이사회 결의에 구속되는 것은 회사 이익이 되는 범위로 한정되므로 이사의 업무수행이 법령 또는 정관에 위배되거나 임무해태에 해당하고 회사에 손해가 발생하였다면 이사가 주주총회 또는 이사회 결의에 따랐다는 이유만으로 손해배상책임을 면할 수 없다고 본다.

④ 대표이사는 이사회 또는 주주총회의 결의가 있더라도 그 결의내용이 회사 채권자를 해하는 불법한 목적이 있는 경우에는 이에 맹종할 것이 아니라 회사를 위하여 성실한 직무수행을 할 의무가 있으므로 대표이사가 임무에 배임하는 행위를 함으로써 주주 또는 회사채권자에게 손해가 될 행위를 하였다면 그 회사의 이사회 또는 주주총회의 결의가 있었다고 하여 그 배임행위가 정당화 될 수는 없다(대판 1989.10.13. 89도1012).

⑤ 회사와 회사의 대주주 겸 대표이사는 서로 별개의 법인격을 갖고 있고, 회사의 대주주 겸 대표이사의 지시가 위법한 경우 회사의 임직원이 반드시 그 지시를 따라야 할 법률상 의무가 있다고 볼 수 없으므로, 회사의 임직원이 대주주 겸 대표이사의 지시에 따라 위법한 행위를 하여 회사에 손해를 입힌 경우 회사의 그 임직원에 대한 손해배상청구가 신의칙에 반하지 않고, 이는 위법한 행위로 인하여 회사가 유형·무형의 경제적 이익을 얻은 사정이 있다고 하여 달리 볼 것은 아니다(대판 2007.11.30. 2006다19603).

3. 보고의무 및 비밀유지의무

① 이사는 3월에 1회 이상 업무의 집행상황을 이사회에 보고하여야 한다.

② 이사는 회사에 현저하게 손해를 미칠 염려가 있는 사실을 발견한 때에는 즉시 감사 또는 감사위원회에게 이를 보고하여야 한다.

③ 이사는 재임 중일 때뿐 아니라 퇴임 후에도 직무상 알게 된 회사의 영업상 비밀을 누설하여서는 아니 된다.

4. 감시의무

① 이사는 다른 이사의 업무집행이 법령 또는 정관에 따라 적절하게 이루어지고 있는지 감시하고 부적절한 행위가 이루어지지 않도록 조치할 의무가 있다.

② 대표이사는 모든 이사의 업무집행을 감시할 의무가 있다. 공동대표이사는 서로의 업무집행을 감시할 의무가 있다.

③ 일정한 업무분장에 따라 회사의 일상적인 업무를 집행하는 업무집행이사는 회사의 업무집행을 전혀 담당하지 아니하는 평이사에 비하여 보다 높은 주의의무를 부담한다(대판 2008.9.11. 2007다31518).

④ 대규모의 회사에서 공동대표이사와 업무담당이사들이 내부적인 사무분장에 따라 각자의 전문 분야를 전담한다고 하여 다른 이사들의 업무집행에 관한 감시의무가 면제되지 않는다(대판 2008.9.11. 2007다31518).

⑤ 회사의 업무집행을 담당하지 않는 평이사는 이사회를 통해 대표이사를 비롯한 업무담당이사의 업무집행을 감시하는 것이 통상적이나 평이사의 임무는 단지 이사회에 상정된 의안에 대하여 찬부의 의사표시를 하는 데에 그치지 않으며 대표이사를 비롯한 업무담당이사의 전반적인 업무집행을 감시할 수 있으므로, 업무담당 이사의 업무집행이 위법하다고 의심할만한 사유가 있음에도 불구하고 평이사가 감시의무를 위반하여 이를 방치한 때에는 이로 인해 회사가 입은 손해에 대하여 배상책임을 진다(대판 1985.6.25. 84다카1954).[법원직 10, 18]

⑥ ㉠ 이사는 이사회의 일원으로서 이사회에 상정된 안건에 관해 찬부의 의사표시를 하는 데 그치지 않고, 이사회 참석 및 이사회에서의 의결권 행사를 통해 대표이사 및 다른 이사들의 업무집행을 감시·감독할 의무가 있다. 이러한 의무는 사외이사라거나 비상근이사라고 하여 달리 볼 것이 아니다.[법원직 17, 18] ㉡ 甲 회사의 이사와 감사가 이사회에 출석하고 상법의 규정에 따른 감사활동을 하는 등 기본적인 직무를 이행하지 않았고, 회사를 실질적으로 운영하던 乙의 전횡과 유상증자대금 횡령 등 위법한 직무수행에 관한 감시·감독의무를 지속적으로 소홀히 한 경우, 이러한 이사와 감사의 임무 해태와 乙의 유상증자대금 횡령으로 인한 甲 회사의 손해 사이에 인과관계가 인정된다(대판 2019.11.28. 2017다244115).

5. 준법통제기준 및 준법지원인

① 자산총액 5천억 원 이상의 상장회사는 법령을 준수하고 회사경영을 적정하게 하기 위하여 임직원이 직무를 수행할 때 따라야 할 준법통제에 관한 기준 및 절차를 마련하여야 한다. 이러한 기준과 절차를 준법통제기준이라 한다.

② 자산총액 5천억 원 이상의 상장회사는 준법통제기준의 준수에 관한 업무를 담당하는 준법지원인을 1명 이상 두어야 한다. 2011.4.14. 해당 상법 조항이 신설되었다. 상장회사의 범위와 관련하여 2012.4.15. 시행된 시행령은 자산총액 5천억 원 이상으로 규정하였다.

③ 준법지원인은 이사회 결의로 선임한다.

④ 준법지원인의 임기는 3년으로 하고, 상근으로 한다.

⑤ 준법지원인은 직무를 독립적으로 수행하고, 회사의 임직원은 준법지원인이 요구하는 자료나 정보를 성실히 제출하여야 한다.

⑥ 회사는 준법지원인이었던 사람에 대하여 그 직무수행과 관련된 사유로 부당한 인사상의 불이익을 주어서는 아니 된다.

⑦ 준법지원인은 업무수행의 독립성에 영향을 줄 수 있는 영업 관련 업무를 겸직할 수 없다.

6. 경업금지의무

제397조 (경업금지) ① 이사는 이사회의 승인이 없으면 자기 또는 제삼자의 계산으로 회사의 영업부류에 속한 거래를 하거나 동종영업을 목적으로 하는 다른 회사의 무한책임사원이나 이사가 되지 못한다.
② 이사가 제1항의 규정에 위반하여 거래를 한 경우에 회사는 이사회의 결의로 그 이사의 거래가 자기의 계산으로 한 것인 때에는 이를 회사의 계산으로 한 것으로 볼 수 있고 제삼자의 계산으로 한 것인 때에는 그 이사에 대하여 이로 인한 이득의 양도를 청구할 수 있다.

(1) 의의

① 이사는 이사회의 승인이 없으면 자기 또는 제3자의 계산으로 회사의 영업부류에 속한 거래를 하거나 동종영업을 목적으로 하는 다른 회사의 무한책임사원이나 이사가 되지 못한다.[법원직 09, 18, 법무사 12]

② 상업사용인과 달리 이사의 겸직금지의무는 동종영업을 목적으로 하는 경우로 제한된다.

(2) 경업금지 및 겸직금지

1) 경업금지

① 이사는 이사회의 승인이 없으면 자기 또는 제3자의 계산으로 회사의 영업부류에 속한 거래를 하지 못한다.[변호사 13]

② 거래명의가 누구 명의인지 관계없이 자기 또는 제3자의 계산으로 하는 거래면 경업이 금지된다. 정관에 기재되어 있더라도 회사가 개시하지 않았거나 폐지된 사업은 회사의 영업부류에 해당되지 않는다.

③ ⊙ 어떤 회사가 이사가 속한 회사의 영업부류에 속한 거래를 하고 있다면 서로 영업지역이 다르다는 것만으로 두 회사가 경업관계에 있지 않다고 볼 것은 아니지만, 두 회사의 지분소유 상황과 지배구조, 영업형태, 동일하거나 유사한 상호나 상표의 사용 여부, 시장에서 두 회사가 경쟁자로 인식되는지 여부 등 거래 전반의 사정에 비추어 볼 때 ⓒ 경업 대상 여부가 문제되는 회사가 실질적으로 이사가 속한 회사의 지점 내지 영업부문으로 운영되고 공동의 이익을 추구하는 관계에 있다는 두 회사 사이에는 서로 이익충돌의 여지가 있다고 볼 수 없다(대판 2013.9.12. 2011다57869).

2) 겸직금지

① 이사는 이사회의 승인이 없으면 동종영업을 목적으로 하는 다른 회사의 무한책임사원이나 이사가 되지 못한다. 겸직금지는 동종영업으로 제한된다.

② 경업의 대상이 되는 회사가 영업을 개시하지 못한 채 공장의 부지를 매수하는 등 영업 준비 작업을 추진하고 있는 단계에 있다 하더라도 겸직금지의 대상이 되고, 겸직금지 대상회사의 영업활동 개시 전에 대상회사의 이사 및 대표이사직을 사임하였다고 하더라도 이사의 겸직금지에 위배되고 이사 해임사유인 법령에 위반한 중대한 사실이 있는 경우에 해당한다(대판 1993.4.9. 92다53583).

③ 甲 주식회사의 이사가 주주총회 승인이 없이 회사와 동종 영업을 목적으로 하는 乙 회사를 설립하고 乙 회사의 이사 겸 대표이사가 되었다면 설령 乙 회사가 영업활동을 개시하기 전에 乙 회사의 이사 및 대표이사직을 사임했다고 하더라도, 이는 경업금지의무를 위반한 행위로서 특별한 다른 사정이 없는 한 이사의 해임에 관한 "법령에 위반한 중대한 사실"이 있는 경우에 해당한다(대결 1990.11.2. 90마745).[변호사 12, 19]

④ 이사는 경업 대상 회사의 이사, 대표이사가 되는 경우뿐만 아니라 그 회사의 지배주주가 되어 그 회사의 의사결정과 업무집행에 관여할 수 있게 되는 경우에도 자신이 속한 회사 이사회의 승인을 얻어야 한다(대판 2013.9.12. 2011다57869).[법원직 14, 변호사 15]

(3) 이사회의 승인

① 이사의 경업금지 및 겸직금지에 요구되는 이사회 결의는 보통결의에 의한다. 이는 정관으로 가중할 수는 있으나 완화할 수는 없다. 이사의 자기거래나 회사기회유용의 승인에 이사 3분의 2 이상의 동의가 요구되는 것과 차이가 있다.

② 자본금총액 10억 미만으로 이사가 1인 또는 2인인 경우 주주총회의 승인을 얻어야 한다.

③ 경업 또는 겸직에 대한 이사회 승인의 대상이 되는 이사는 특별이해관계인에 해당하여 해당 이사회결의에 참여할 수 없다.

④ 이사회 승인 없이 회사와 거래를 한 이사의 행위는 일종의 무권대리인의 행위로 볼 수 있고, 무권대리인 행위의 추인이 가능한 점에 비추어 보면, 상법 제398조 전문이 이사와 회사 사이의 이익상반거래에 대하여 이사회의 사후 승인을 배제하고 있다고 볼 수는 없다(대판 2007.5.10. 2005다4284).

⑤ 이사의 자기거래의 승인을 위한 이사회와 관련해서는 해당 거래의 중요한 내용을 밝힐 것을 규정하고 있으나, 이사의 경업과 겸직에 대해서는 이에 관한 규정이 없다.

⑥ 이사의 자기거래와 관련하여 그 거래에 관한 자기의 이해관계 및 그 거래에 관한 중요한 사실들을 개시하여야 할 의무가 있고, 만일 이러한 사항들이 이사회에 개시되지 아니한 채 그 거래가 이익상반거래로서 공정한 것인지 여부가 심의된 것이 아니라 단순히 통상의 거래로서 이를 허용하는 이사회의 결의가 이루어진 것에 불과한 경우 등에는 이사회의 승인이 있다고 할 수는 없다(대판 2007.5.10. 2005다4284).

(4) 위반의 효과

① 이사가 이사회의 승인을 받지 않고 경업 또는 겸직을 하였더라도 해당 경업과 겸직은 유효하다.

② 거래의 상대방이나 겸직대상회사가 위반사실을 안 경우에도 마찬가지로 유효하다.

③ 위반 이사는 법령을 위반한 경우로서 제385조에 규정된 해임의 정당한 사유가 되고, 제399조에 따른 손해배상책임을 진다.

④ 이사가 경업금지의무(겸직금지의무 ✕)를 위반한 경우, 회사는 이사회 결의로 위반 이사의 거래가 자기의 계산으로 한 것인 경우 이를 회사의 계산으로 한 것으로 볼 수 있고, 제3자의 계산으로 한 것인 경우 위반 이사에게 이로 인한 이득의 양도를 청구할 수 있다(제397조 제2항). [변호사 12, 13]

⑤ 개입권은 형성권으로 경업으로 인한 경제적 효과를 회사에 귀속시키는 것이지 회사가 거래 당사자가 되는 것은 아니다.

⑥ 회사의 개입권 행사는 이사회 결의를 필요로 한다.

⑦ 회사의 개입권 행사 제척기간은 거래가 있는 날로부터 1년이다. 상업사용인에게 적용되는 거래를 안 날로부터 2주간의 제척기간은 적용되지 않는다.

쟁점 14 이사의 자기거래금지의무

> **제398조 (이사 등과 회사 간의 거래)** 다음 각 호의 어느 하나에 해당하는 자가 자기 또는 제3자의 계산으로 회사와 거래를 하기 위하여는 미리 이사회에서 해당 거래에 관한 중요사실을 밝히고 이사회의 승인을 받아야 한다. 이 경우 이사회의 승인은 이사 3분의 2 이상의 수로써 하여야 하고, 그 거래의 내용과 절차는 공정하여야 한다.
> 1. 이사 또는 제542조의8 제2항 제6호에 따른 주요주주
> 2. 제1호의 자의 배우자 및 직계존비속
> 3. 제1호의 자의 배우자의 직계존비속
> 4. 제1호부터 제3호까지의 자가 단독 또는 공동으로 의결권 있는 발행주식 총수의 100분의 50 이상을 가진 회사 및 그 자회사
> 5. 제1호부터 제3호까지의 자가 제4호의 회사와 합하여 의결권 있는 발행주식총수의 100분의 50 이상을 가진 회사

1. 의의

① 이사 또는 주요주주 등이 자기 또는 제3자의 계산으로 회사와 거래를 하기 위하여는 미리 이사회에서 해당 거래에 관한 중요사실을 밝히고 이사회의 승인을 받아야 한다. 이사회의 승인은 이사 3분의 2 이상의 수로써 하여야 하고 그 거래의 내용과 절차는 공정하여야 한다.[법원직 13, 16, 18, 법무사 06, 13, 변호사 13, 16]

② 2011년 개정상법에 의해 ㉠ 자기거래 적용대상이 이사, 주요주주, 특수관계인으로 확대되었고, ㉡ 이사회 사전승인이 명문으로 규정되었으며, ㉢ 이사 3분의 2 이상의 찬성으로 이사회 결의 요건이 강화되었고, ㉣ 거래 내용과 절차가 공정하도록 요구되고 있다.

2. 자기거래 적용대상

① 이사 등이 회사가 직접 거래를 하는 직접거래는 당연히 자기거래에 해당된다.

② 회사가 제3자와 거래를 하더라도 거래의 실질적인 이익이 이사 등에게 귀속되는 간접거래도 자기거래에 해당된다. 간접거래의 예로는 회사가 이사 개인의 채무를 보증하는 행위와 회사가 이사의 채무를 인수하는 경우를 들 수 있다.[법무사 08]

③ 주식회사의 이사가 타인에게 금원을 대여함에 있어 회사가 그 채무를 연대보증 하였다면 이는 이사와 회사 사이의 이익이 상반되는 거래행위이므로 이사회의 승인이 없는 한 연대보증은 무효이다(대판 1980.7.22. 80다828).[법무사 08]

④ 회사의 대표이사가 그의 개인적인 용도에 사용할 목적으로 회사명의의 수표를 발행하거나 타인이 발행한 약속어음에 회사명의의 배서를 해 주는 경우, 이사회의 승인이 필요하다.[법무사 08]

3. 자기거래의 유형

(1) 이사 또는 주요주주

1) 이사

① 이사는 거래 당시에 이사 및 이에 준하는 자를 의미한다. 퇴임이사, 임시이사, 직무대행자, 청산인도 자기거래가 제한된다.

② 이사의 지위에서 물러난 자, 이사가 아닌 사장 등은 해당되지 않는다. 집행임원에 대해서는 자기거래 관련 조항이 준용되므로 사전에 이사회 승인을 얻어야 한다.

<!-- 좌측 여백 주석 -->

법무사 06

1 이사가 자기 또는 제3자의 계산으로 회사와 거래하기 위해서는 주주총회의 승인을 얻어야 한다.　　　(○, ×)

법원직 18

2 이사가 자기 또는 제3자의 계산으로 회사와 거래를 하기 위하여는 미리 이사회에서 해당 거래에 관한 중요사실을 밝히고 이사회의 승인을 받아야 한다. 이 경우 이사회의 승인은 이사 과반수로써 하여야 하고, 그 거래의 내용과 절차는 공정하여야 한다.　　　(○, ×)

1 × 2 ×

③ 제401조의2의 업무집행관여자와 표현이사는 자기거래 관련 조항이 준용되지 않으므로 자기거래가 제한되지 않는다.

④ A 회사 이사 甲이 B 회사의 대표이사인 경우와 같이 이사가 지배하는 회사의 경우에는 이사인 甲과 B 회사를 동일하다고 보아 B 회사는 자기거래의 대상이 되고, A 회사와 B 회사의 거래는 A 회사 이사회 승인을 얻어야 된다.

⑤ 이사회의 승인이 필요한 이사와 회사의 거래에는 이사가 거래의 상대방이 되는 경우뿐만 아니라, 이사가 상대방의 대리인이나 대표자로서 회사와 거래를 하는 경우도 해당한다(대판 2017.9.12. 2015다70044).

⑥ 별개 두 회사의 대표이사를 겸하고 있는 자가 어느 일방 회사의 채무에 관하여 나머지 회사를 대표하여 연대보증을 한 경우에도 상법 제398조의 규정이 적용된다(대판 1984.12.11. 84다카1591).[법원직 11]

⑦ 모회사의 이사와 자회사의 거래는 모회사와의 관계에서 구 상법 제398조가 규율하는 거래에 해당하지 아니하고, 모회사의 이사는 그 거래에 관하여 모회사 이사회의 승인을 받아야 하는 것이 아니다(대판 2013.9.12. 2011다57869).[법원직 14]

⑧ 회사의 대표이사가 자신의 개인적인 연대보증채무를 담보하기 위하여 회사를 대표하여 자신에게 어음을 발행하는 경우, 이사회의 승인이 필요하다(대판 2004.3.25. 2003다64688).[법무사 08]

⑨ 甲, 乙 두 회사의 대표이사를 겸하고 있던 자에 의하여 甲회사와 乙 회사 사이에 토지 및 건물에 대한 매매계약이 체결되고 乙 회사 명의로 소유권이전등기가 마쳐진 경우, 그 매매계약은 원칙적으로 이사회의 승인을 요하는 이사의 자기거래에 해당한다.[법원직 10, 17, 법무사 08]

2) 주요주주
① 주요주주란 의결권 있는 발행주식 총수의 10% 이상을 소유하거나 회사의 주요 경영사항에 사실상의 영향력을 행사하는 주주를 의미한다.
② A 회사가 B 회사의 주식을 10% 이상 소유한 경우 A 회사와 B 회사가 거래를 하고자 하는 경우 B 회사 이사회 승인을 얻어야 한다. 모회사와 자회사 사이의 거래의 경우 자회사 이사회의 승인만 받으면 된다.

(2) **이사 또는 주요주주의 배우자, 직계존비속, 배우자의 직계존비속**
① 이사 또는 주요주주의 친부모, 친자녀, 시부모, 장인장모, 배우자의 친자녀와 회사 사이의 거래는 자기거래에 해당된다.[법무사 12]
② 직계존비속의 배우자는 제398조 제3호에 포함되지 않으므로, 이사 또는 주요주주의 사위, 며느리, 처남, 동서 등과 회사 사이의 거래는 자기거래에 해당되지 않는다.

4. 적용범위
① 대표이사의 수표 배서행위는 이사의 자기거래에 해당한다(대판 1994.10.11. 94다24626).
② 거래의 성질상 회사에 불이익이 생길 염려가 없는 행위는 자기거래에 해당되지 않는다.[법원직 10, 12, 법무사 12, 13, 변호사 21]
③ ㉠ 기존 회사 채무의 조건을 회사에 유리하게 변경하는 행위, ㉡ 회사에 대한 무이자, 무담보 대여, ㉢ 회사의 부담이 없는 증여, 상계, 채무변제, ㉣ 보험계약 등 거래의 성질상 약관에 의하여 정형적으로 체결되는 계약, ㉤ 회사 채무에 대한 이사의 보증, ㉥ 회사 명의의 퇴직보험 가입, ㉦ 법령이나 주주총회의 결의를 집행하기 위한 것으로서 재량의 여지가 없는 경우는 자기거래에 해당되지 않는다.

법무사 13

1 이사와 회사 사이의 거래라면 양자 사이의 이해가 상반되지 않고 회사에 불이익을 초래할 우려가 없는 때라도 반드시 이사회의 승인을 받아야 한다.
(○, ×)

1 ×

④ 회사에 대하여 개인적인 채권을 가지고 있는 대표이사가 회사를 위하여 보관하고 있는 회사 소유의 금전으로 자신의 채권의 변제에 충당하는 행위는 회사와 이사의 이해가 충돌하는 자기 거래행위에 해당하지 않는다.[법원직 16, 법무사 08]

⑤ 제398조 각 호에 규정된 자에 대한 제3자 배정 방식의 유상증자를 하는 경우, 발행에 관한 이사회결의에는 자기거래 제한이 적용된다. 실권주의 배정, 자기주식의 처분 또한 자기거래의 범위에 포함된다.

⑥ 제398조 각 호에 규정된 자와 회사 사이의 합병의 경우에도 합병비율의 결정, 소액주주의 축출 등이 문제될 수 있으므로 합병에 요구되는 주주이익 보호절차 이외에 자기거래 제한이 적용된다.

⑦ 주주배정에 의한 유상증자의 경우 성질상 회사에 불이익이 생길 염려가 없으므로 자기거래에 해당되지 않는다.

5. 이사회의 승인

(1) 승인기관

① 자기거래 승인 기관은 이사회이다. 이사가 1명 또는 2명인 소규모회사로서 이사회를 두지 않은 회사는 주주총회가 승인기관이다.[변호사 17]

② 위원회에 승인결정을 위임하는 것은 허용되나, 위원회의 승인결의는 이사 전원의 3분의 2 이상의 찬성으로 하여야 한다.

③ 주주총회에 의한 승인이나 대표이사에게 자기거래의 승인을 위임하는 것은 허용되지 않는다.

④ 이사의 자기거래에 대한 승인은 주주 전원의 동의가 있다거나 그 승인이 정관에 주주총회의 권한사항으로 정해져 있는 경우 등의 특별한 사정이 없는 한 이사회의 전결사항이라 할 것이므로, 이사회의 승인을 받지 못한 자기거래에 대하여 아무런 승인 권한이 없는 주주총회에서 사후적으로 추인 결의를 하였다 하여 그 거래가 유효하게 될 수는 없다(대판 2007.5.10. 2005다 4284).[법원직 08, 11, 12, 13, 법무사 12, 20, 변호사 12]

⑤ ㉠ 일반적으로 주식회사에서 주주총회의 의결정족수를 충족하는 주식을 가진 주주들이 동의하거나 승인하였다는 사정만으로 주주총회에서 그러한 내용의 주주총회 결의가 있는 것과 마찬가지라고 볼 수 없다. ㉡ 따라서 자본금 총액이 10억 원 미만으로 이사가 1명 또는 2명인 회사의 이사가 자기 또는 제3자의 계산으로 회사와 거래를 하기 전에 주주총회에서 해당 거래에 관한 중요사실을 밝히고 주주총회의 승인을 받지 않았다면, 특별한 사정이 없는 한 그 거래는 무효라고 보아야 한다. ㉢ 甲 주식회사의 이사 2인 중 1인인 乙이 주주총회 결의 없이 甲 회사와 주식양수도계약을 체결한 경우, 주식양수도계약 체결 당시 乙이 대표이사로 있던 丙 주식회사가 甲 회사의 주식 65%를 보유하고 있었고, 甲 회사가 乙로부터 주식양수도대금을 지급받아 이를 丙 회사에 대여하였다는 사실만으로는 주주총회 결의가 없는데도 주식양수도계약을 유효로 볼 만한 특별한 사정이 있다고 인정하기 부족하므로 위 주식양수도계약은 무효이다(대판 2020.7.9. 2019다205398).

(2) 승인정족수

① 이사회 승인은 이사의 3분의 2 이상으로 하여야 한다.[변호사 13, 16]

② 이사란 재적이사를 의미한다.

③ 특별이해관계가 있는 이사는 분모에서 제외되고 결국 특별이해관계 없는 이사의 3분의 2 이상을 의미하게 된다.

④ 이사 중 특별이해관계인이 있다면 의사정족수에는 산입되나, 의결정족수에는 산입되지 않는다.

(3) 승인시기

① 현행 상법은 사전 승인을 명문으로 규정하고 있다.

② 상법 제398조 전문이 이사와 회사 사이의 이익상반거래에 대하여 이사회의 사전 승인만을 규정하고 사후 승인을 배제하고 있다고 볼 수는 없다.[법원직 08, 11, 12, 법무사 11]

(4) 승인방법

① 반복적인 동종거래의 경우 기간과 한도를 정하여 합리적인 범위 내에서 포괄승인 하는 것도 허용된다.

② 현행 상법은 자기거래의 해당 이사는 거래에 관한 자신의 이해관계와 중요사실을 밝혀야 한다고 규정하고 있다.[법원직 08, 12]

③ 개시의무가 규정되기 이전의 사안과 관련하여 판례는 "자기거래와 관련된 이사는 이사회에 그 거래에 관한 자기의 이해관계 및 그 거래에 관한 중요한 사실들을 개시하여야 할 의무가 있고, 만일 이러한 사항들이 이사회에 개시되지 아니한 채 그 거래가 이익상반거래로서 공정한 것인지 여부가 심의된 것이 아니라 단순히 통상의 거래로서 이를 허용하는 이사회의 결의가 이루어진 경우에는 이사회의 승인이 있다고 할 수 없다."라고 판시하였다(대판 2007.5.10. 2005다4284).

(5) 승인의 효과

① 이사회 승인이 있었더라도 거래가 불공정하여 회사에 손해가 발생한 경우 거래당사자인 이사와 해당 이사회 승인에 찬성한 이사들도 제399조 제2항, 제3항에 따라 연대하여 손해배상책임을 진다.

② 이사회 승인이 있다고 해서 이사의 책임까지 면제되는 것은 아니다.

③ 회사의 채무부담행위가 상법 제398조 소정의 이사의 자기거래에 해당하여 이사회의 승인을 요한다고 할지라도, 그 채무부담행위에 대하여 사전에 주주 전원의 동의가 있었다면 회사는 이사회의 승인이 없었음을 이유로 그 책임을 회피할 수 없다.[법원직 16, 21, 법무사 13, 20]

6. 위반의 효과

(1) 이사회의 사전 승인 없는 자기거래의 효력

㉠ 회사의 대표이사가 이사회의 승인없이 한 자기거래행위는 회사와 이사 간에서는 무효이지만, 회사가 위 거래가 이사회의 승인을 얻지 못하여 무효라는 것을 제3자에게 주장하기 위해서는 거래의 안전과 선의의 제3자를 보호할 필요상 이사회의 승인을 얻지 못하였다는 것 외에 제3자가 이사회의 승인 없음을 알았다는 사실을 입증해야 하고, 비록 제3자가 선의였다 하더라도 이를 알지 못한 데 중대한 과실이 있음을 입증한 경우에는 악의인 경우와 마찬가지이다. ㉡ 이 경우 중대한 과실이라 함은 제3자가 조금만 주의를 기울였더라면 그 거래가 이사와 회사 간의 거래로서 이사회의 승인이 필요하다는 점과 이사회의 승인을 얻지 못하였다는 사정을 알 수 있었음에도 불구하고, 만연히 이사회의 승인을 얻은 것으로 믿는 등 거래통념상 요구되는 주의의무에 현저히 위반하는 것으로서 공평의 관점에서 제3자를 구태여 보호할 필요가 없다고 봄이 상당하다고 인정되는 상태를 말한다(대판 2004.3.25. 2003다64688).[법원직 11]

(2) 자기거래의 무효를 주장할 수 있는 당사자

① 이사와 회사 사이의 거래가 무효임을 주장할 수 있는 자는 회사에 한정되고 거래의 상대방이나 제3자는 그 무효를 주장할 이익이 없다.

1 상법 제398조는 이사와 회사 사이의 자기거래에 관하여 이사회의 사전승인만을 규정하고 사후승인은 배제하고 있다. (O, X)

2 자기거래라도 이사회의 승인이 있으면 유효하나, 이사회의 승인은 자기거래 이전에 이루어져야 하고 사후승인은 인정되지 아니한다. (O, X)

1 X **2** X

② 이사와 회사 사이의 거래가 상법 제398조를 위반하였음을 이유로 무효임을 주장할 수 있는 자는 회사에 한정되고 특별한 사정이 없는 한 거래의 상대방이나 제3자는 그 무효를 주장할 이익이 없다고 보아야 하므로, 거래의 상대방인 당해 이사 스스로가 위 규정 위반을 내세워 거래의 무효를 주장하는 것은 허용되지 않는다 할 것이다(대판 2012.12.27. 2011다67651). [법원직 10, 17, 변호사 15]

(3) 제3자의 의미와 범위

자기거래 이후 해당 이사가 다시 직접 거래한 제3자 이외에도 자기거래와 관련된 간접거래에서 회사가 거래한 제3자도 포함된다.

예 회사가 이사의 채무를 보증한 경우 보증채권자, 회사가 이사의 채무를 인수한 경우 해당 채권자

(4) 이사 등의 책임

① 이사회 사전 승인이 없거나 승인이 있더라도 불공정한 자기거래를 한 이사는 제399조에 따라 회사에 손해배상책임을 진다. [변호사 12]

② 해당 이사는 경영판단의 적용대상도 아니고, 책임제한 대상에도 해당되지 않는다. 다만, 해당 이사의 책임을 총주주의 동의로 면제하는 것은 가능하다.

③ 주요주주 등 이사 이외에 자기거래를 한 자는 이사회 승인이 없거나 거래가 불공정하여도 회사에 대하여 손해배상책임을 지지 않는다. 다만 주요주주 등이 업무집행지시자 등에 해당하면 제399조에 따라 회사에 손해배상책임을 진다.

④ 불공정한 자기거래를 이사회에서 승인한 이사들은 제399조에 따라 회사에 손해배상책임을 진다. 다만 승인한 이사들은 경영판단의 적용대상이 되고, 책임제한의 대상도 된다.

7. 상장회사의 특례

(1) 상장회사 주요주주 등에 대한 신용공여의 금지

① 상장회사는 주요주주와 그의 특수관계인, 이사, 집행임원, 감사를 상대방으로 하거나 그를 위하여 신용공여를 하여서는 아니 된다.

② 신용공여에 대해 이사회의 승인을 얻어야 하는 것이 아니라 신용공여 자체가 금지된다.

③ 신용공여란 금전 등 경제적 가치가 있는 재산의 대여, 채무이행의 보증, 자금 지원적 성격의 증권 매입, 그 밖에 거래상의 신용위험이 따르는 직접적·간접적 거래를 말한다.

④ 주요주주의 특수관계인에는 주요주주가 30% 이상 소유하거나 사실상 영향력을 행사하는 회사가 포함된다.

⑤ 신용공여 금지 조항은 강행규정으로 이에 위반한 신용공여의 효력은 상대적 무효설에 의한다.

(2) 대규모 거래에 대한 이사회 승인

① 자산총액 2조 원 이상의 상장회사는 최대주주, 그의 특수관계인 및 그 상장회사의 특수관계인을 상대방으로 하거나 그를 위하여 단일 거래규모가 자산총액 또는 매출총액의 1% 이상, 해당 사업연도 중에 특정인과의 해당 거래를 포함한 거래총액이 자산총액 또는 매출총액의 5% 이상인 거래를 하려는 경우 이사회의 승인을 얻어야 한다.

② 대규모 거래의 경우에는 적용기준이 주요주주가 아니라 최대주주이다.

③ 대규모 거래의 경우에는 전면적 금지가 아니라 이사회 승인을 얻는 경우 해당 거래가 허용된다.

④ 상장회사가 경영하는 업종에 따른 일상적인 거래로서 약관에 따라 정형화된 거래 및 이사회에서 승인한 거래총액의 범위 안에서의 거래는 제외된다.

쟁점 15 이사의 회사기회유용금지의무

1. 의의

> **제397조의2 (회사의 기회 및 자산의 유용 금지)** ① 이사는 이사회의 승인 없이 현재 또는 장래에 회사의 이익이 될 수 있는 다음 각 호의 어느 하나에 해당하는 회사의 사업기회를 자기 또는 제3자의 이익을 위하여 이용하여서는 아니 된다. 이 경우 이사회의 승인은 이사 3분의 2 이상의 수로써 하여야 한다.
> 1. 직무를 수행하는 과정에서 알게 되거나 회사의 정보를 이용한 사업기회
> 2. 회사가 수행하고 있거나 수행할 사업과 밀접한 관계가 있는 사업기회

① 이사는 이사회의 승인 없이 현재 또는 장래에 회사의 이익이 될 수 있는 회사의 사업기회를 자기 또는 제3자의 이익을 위하여 이용하여서는 아니 된다. 이 경우 이사회의 승인은 이사 3분의 2 이상의 수로써 하여야 한다.[법원직 13, 18, 법무사 12, 변호사 13, 21]

② 대상이 되는 사업기회는 직무를 수행하는 과정에서 알게 되거나 회사의 정보를 이용한 사업기회 및 회사가 수행하고 있거나 수행할 사업과 밀접한 관계가 있는 사업기회를 말한다.

2. 유용이 금지되는 회사의 사업기회

① 직무를 수행하는 과정에서 알게 되거나 회사의 정보를 이용한 사업기회는 회사가 수행하는 사업과 관련될 것을 요건으로 하지 않는다.

② 회사가 수행하고 있거나 수행할 사업과 밀접한 관계가 있는 사업기회는 회사의 영업부류에 속한 사업기회를 의미한다.

③ 정관상의 사업목적에 한정되지 않고 사실상 회사가 행하는 모든 영업을 포함한다.

④ 회사가 수행할 사업이란 적어도 회사가 사업을 위한 설비투자 등 준비행위를 개시한 경우를 말한다.

⑤ 회사의 사업기회는 현재 또는 장래 회사에 이익이 될 수 있는 기회이면 되고, 반드시 유망한 사업기회가 아니어도 된다.

3. 적용요건

① 이사에게만 적용되고 자기거래의 경우와 달리 주요주주에 대해서는 적용되지 않는다.[법원직 13] 집행임원은 적용대상에 해당한다.

② 이사가 회사기회를 계속적, 영업적으로 이용할 것을 요구하지 않고 비영업적으로 한 번 이용한 경우에도 이용행위에 해당된다.

③ 이사가 이용행위에 따른 사업을 직접 수행하지 않아도 이용행위에 해당된다. 이사가 주주로 참여하는 경우에도 이용행위에 해당된다.

④ 회사의 기회는 현재 또는 장래에 회사에 이익이 될 수 있어야 한다. 다만, 회사의 이익가능성은 잠재적 영리추구의 가능성을 포함하여 넓게 인정된다.

4. 이사회 승인

① 이사회 승인 요건은 이사 3분의 2 이상이다. 특별이해관계가 있는 이사는 제외된다. 소규모 회사에서는 주주총회 결의로 승인한다.[변호사 13]

② 이사회가 아닌 주주 전원 동의로 승인하거나 정관에 의하여 주주총회 승인으로 할 수 있다.

③ 이사가 사업기회에 관한 정보와 자신의 이해상충 가능성을 밝혀야 하는 것으로 상법상 규정되어 있지는 않으나 자기거래의 경우와 마찬가지로 이사는 위 의무를 이행하여야 한다.

④ 자기거래의 경우와 달리 사전승인을 받을 것이 명문으로 요구되지는 않는다.

⑤ 자기거래의 경우와 달리 포괄승인은 허용되지 않고 각 사업기회에 대하여 개별적인 검토와 승인이 이루어져야 한다.

⑥ 이사회 승인이 해당 이사의 손해배상책임을 면제하는 것은 아니나, 자기거래의 경우와 달리 회사에 손해를 발생시킨 이사 및 승인한 이사는 연대하여 손해를 배상할 책임이 있으며 이로 인하여 이사 또는 제3자가 얻은 이익은 손해로 추정한다.

5. 위반의 효과

① 이사의 자기거래의 경우와 달리 이사회 승인 없이 이루어진 회사기회 유용행위는 유효하다.

② 이사의 경업금지의 경우와 달리 회사기회 유용의 경우에는 회사의 개입권이 인정되지 않는다.[변호사 13]

③ 이사회의 승인이 없었던 경우는 물론 이사회의 승인이 있었더라도 이사의 회사기회 이용으로 회사가 손해를 입었다면 이사는 회사의 손해를 배상하여야 한다.

④ 제397조의2 제2항은 이사 및 승인한 이사가 연대하여 손해를 배상할 책임이 있다고 규정하고 있다.

⑤ 회사의 이사회가 충분한 정보를 수집·분석하고 정당한 절차를 거쳐 회사의 이익을 위하여 의사를 결정함으로써 그러한 사업기회를 포기하거나 어느 이사가 그것을 이용할 수 있도록 승인하였다면 그 의사결정과정에 현저한 불합리가 없는 한 그와 같이 결의한 이사들의 경영판단은 존중되어야 하므로, 이 경우에는 어느 이사가 그러한 사업기회를 이용하게 되었더라도 그 이사나 이사회의 승인 결의에 참여한 이사들이 이사로서 선량한 관리자의 주의의무 또는 충실의무를 위반했다고 할 수 없다(대판 2013.9.12. 2011다57869).

⑥ 乙 회사의 이사인 甲의 경업금지의무 및 기회유용금지의무 위반에 따라 이익을 얻은 丙 회사가 해당 사업부문을 제3자에게 양도한 경우 양도대금에는 乙 회사가 상실한 사업기회의 가치도 포함되어 있으므로 이를 乙 회사의 손해로 인정하여야 하고, 乙 회사가 사업부문을 양도한 이후 수개월이 지나고 나서 해산하였다고 하여, 해산 이전에 乙 회사가 입은 손해 사이의 상당인과관계가 단절되지도 않는다(대판 2018.10.25. 2016다16191).

⑦ 회사기회 이용으로 인하여 이사 또는 제3자가 얻은 이익은 손해로 추정한다(제397조의2 제2항).

쟁점 16 이사의 회사에 대한 책임

> **제399조 (회사에 대한 책임)** ① 이사가 고의 또는 과실로 법령 또는 정관에 위반한 행위를 하거나 그 임무를 게을리한 경우에는 그 이사는 회사에 대하여 연대하여 손해를 배상할 책임이 있다.
>
> **제400조 (회사에 대한 책임의 감면)** ① 제399조에 따른 이사의 책임은 주주 전원의 동의로 면제할 수 있다.
> ② 회사는 정관으로 정하는 바에 따라 제399조에 따른 이사의 책임을 이사가 그 행위를 한 날 이전 최근 1년간의 보수액(상여금과 주식매수선택권의 행사로 인한 이익 등을 포함한다)의 6배(사외이사의 경우는 3배)를 초과하는 금액에 대하여 면제할 수 있다. 다만, 이사가 고의 또는 중대한 과실로 손해를 발생시킨 경우와 제397조 제397조의2 및 제398조에 해당하는 경우에는 그러하지 아니하다.

1. 의의 및 성질

① 이사가 고의 또는 과실로 법령 또는 정관에 위반한 행위를 하거나 그 임무를 게을리한 경우에는 그 이사는 회사에 대하여 연대하여 손해를 배상할 책임이 있다.[법원직 15. 법무사 13]

② 주식회사의 이사 또는 감사의 회사에 대한 임무해태로 인한 손해배상책임은 일반불법행위책임이 아니라 위임관계로 인한 채무불이행책임이므로 그 소멸시효기간은 일반채무와 같이 10년이다(대판 1985.6.25. 84다카1954).[변호사 13]

③ 이사의 행위가 민법 제750조의 불법행위책임의 요건을 충족하면 제399조의 손해배상책임과 함께 회사에 대한 불법행위책임을 부담한다.

④ 제399조의 손해배상책임이 성립되지 않더라도 민법 제750조의 불법행위책임이 성립될 수 있다.

⑤ 민법 제750조의 불법행위책임은 상법 제400조 제1항에 의한 책임면제의 대상이 되지 않는다.

2. 책임 발생의 원인

(1) 법령 또는 정관 위반

① 법령 또는 정관에 위반한 행위는 그 자체로 회사에 대한 채무불이행에 해당한다.

② 법령 또는 정관에 위반한 행위로는 재무제표를 허위 작성하여 이익배당을 한 경우, 이사회 승인 없이 경업 또는 자기거래를 한 경우, 위법한 신주발행의 경우, 회사자금으로 뇌물을 제공한 경우,[변호사 02] 불공정거래행위를 한 경우 등이 있다.

③ 이사가 수임인으로 지는 선관주의의무위반은 법령 위반이 아닌 임무해태에 해당한다.

④ 법령 또는 정관 위반의 경우 이사는 자신에게 고의 및 과실이 없었음을 입증하여야 한다. 그 결과 이사의 과실은 추정된다.

⑤ ㉠ 법령에 위반한 행위는 이사로서 임무를 수행함에 있어서 준수하여야 할 의무를 개별적으로 규정하고 있는 상법 등의 규정과 회사가 기업 활동을 함에 있어서 준수하여야 할 제반 규정을 위반한 경우를 말한다. ㉡ 이사가 법령에 위반한 행위를 한 때에는 그 행위 자체가 회사에 대하여 채무불이행에 해당되므로 이로 인하여 회사에 발생한 손해를 배상할 책임이 있다. ㉢ 법령에 위반한 행위에 대하여는 이사가 임무를 수행함에 있어서 선관주의의무를 위반하여 임무해태로 인한 손해배상책임이 문제되는 경우에 고려될 수 있는 경영판단의 원칙은 적용될 여지가 없다(대판 2005.10.28. 2003다69638).[법원직 20. 법무사 13. 16. 20]

<법무사 13>

1 법령에 위반한 이사의 행위에 대하여도 경영판단의 원칙이 적용될 수 있다.　(○, ×)

1 ×

(2) 임무를 게을리 한 경우

① 이사가 선관주의의무에 위반한 경우, 회사의 손해를 배상할 책임을 진다.

② 이사가 임무를 게을리 하였는지 여부는 각 사안별로 구체적으로 판단하여야 한다.

③ 임무를 게을리 한 경우로는 금융기관이 충분한 담보를 확보하지 않고 대출한도를 초과한 대출을 한 경우, 이사회 승인을 얻어 자기거래를 하였으나 거래의 내용이 불공정한 경우, 이사회에 출석하지 않은 경우 등이 있다.

④ 이사의 고의, 과실에 대한 입증책임과 관련하여 통설은 임무해태의 경우 이사의 손해배상책임을 주장하는 자에게 이사의 과실을 입증할 책임이 있다고 본다.

⑤ 주식회사가 대표이사를 상대로 임무 해태를 내세워 채무불이행으로 인한 손해배상책임을 물음에 있어서는 대표이사의 직무수행상의 채무는 미회수금 손해 등의 결과가 전혀 발생하지 않도록 하여야 할 결과채무가 아니라, 회사의 이익을 위하여 선량한 관리자로서의 주의의무를 가지고 필요하고 적절한 조치를 다해야 할 채무이므로, 회사에게 대출금 중 미회수금 손해가 발생하였다는 결과만을 가지고 곧바로 채무불이행사실을 추정할 수는 없다(대판 1996.12.23. 96다 30465,30472).

⑥ 이사는 이사회의 일원으로서 다른 업무담당 이사의 업무집행을 전반적으로 감시할 의무가 있고 이러한 의무는 비상근 이사라고 하여 면할 수 있는 것은 아니므로 이사가 이사회에 참석하지도 않고 사후적으로 이사회의 결의를 추인하는 등으로 실질적으로 이사의 임무를 전혀 수행하지 않은 이상 그 자체로서 임무해태가 된다(대판 2008.12.11. 2005다51471).

⑦ 이사가 다른 업무담당이사의 업무집행이 위법하다고 의심할 만한 사유가 있음에도 불구하고 이를 방치한 때에는 이로 말미암아 회사가 입은 손해에 대하여 배상책임을 면할 수 없다(대판 2018.3.22. 2012다74236 전합). [법무사 16]

⑧ 대표이사가 타인에게 회사업무 일체를 맡긴 채 자신의 업무집행에 아무런 관심도 두지 아니하여 급기야 부정행위 내지 임무해태를 간과함에 이른 경우에는 상법 제401조 제1항에서 말하는 고의 또는 중대한 과실에 의하여 그 임무를 소홀히 한 것이다(대판 2003.4.11. 2002다70044).

⑨ 이사들이 이사회에서 회사의 주주 1인에 대한 기부행위를 결의하면서 기부금의 성격, 기부행위가 회사의 설립 목적과 공익에 미치는 영향, 회사 재정상황에 비추어 본 기부금 액수의 상당성, 회사와 기부상대방의 관계 등에 관해 합리적인 정보를 바탕으로 충분한 검토를 거치지 않았다면, 이사들이 결의에 찬성한 행위는 이사의 선량한 관리자로서의 주의의무에 위배되는 행위에 해당한다. 회사의 자본이나 경영상태에 비추어 지나치게 큰 규모의 기부를 했다면 이는 이사의 충실의무에 위반되는 것으로서 이사의 손해배상책임의 원인이 된다(대판 2019.5.16. 2016다260455). [변호사 12]

⑩ 개개의 이사들은 합리적인 정보 및 보고 시스템과 내부통제시스템을 구축하고 그것이 제대로 작동하도록 배려할 의무가 있는 것이므로, 이러한 시스템을 구축하기 위한 노력을 전혀 하지 아니하였거나 이러한 시스템이 구축되었다 하더라도 이를 이용한 회사 운영의 감시·감독을 의도적으로 외면한 결과 다른 이사의 위법한 업무집행을 지속적으로 방치하였다면 그로 인하여 발생한 손해를 배상할 책임이 있다. [법원직 20]

3. 회사의 손해

(1) 손해의 발생

① 회사 명의의 법률행위가 무효가 되어 회사에 손해가 발생하지 않는 경우에는 이사도 손해배상책임을 지지 않는다. 다만, 거래가 무효가 되었더라도 무효인 거래에 따라 회사의 재산이 제3자에게 처분된 경우 회사가 해당 재산을 반환받기 전까지는 회사에 손해가 발생한 것이므로 단순히 회사의 법률행위가 무효라는 이유만으로 이사의 손해배상책임이 부정될 수는 없다.

② 대표권남용으로 어음발행이 무효인 경우라도 소지인에게 어음금 채무를 부담할 위험이 발생하였으므로 회사에 손해가 발생한 경우에 해당한다.

③ 법인 대표자 또는 피용자가 법인 명의로 한 채무부담행위가 관련 법령에 위배되어 법률상 효력이 없는 경우에는 그로 인하여 법인에게 어떠한 손해가 발생한다고 할 수 없으므로, 그 행위로 인하여 법인이 민법상 사용자책임 또는 불법행위책임을 부담하는 등의 특별한 사정이 없는 한 대표자 또는 피용자의 행위는 배임죄를 구성하지 아니한다(대판 2010.9.30. 2010도6490). [법무사 18]

④ ㉠ 대표이사가 대표권을 남용하는 등 임무에 위배하여 회사 명의로 의무를 부담하는 행위를 하더라도 일단 회사의 행위로서 유효하고, 상대방이 대표이사의 진의를 알았거나 알 수 있었을 때에는 회사에 대하여 무효가 된다. ㉡ 따라서 상대방이 대표권남용 사실을 알았거나 알 수 있었던 경우 그 의무부담행위는 원칙적으로 회사에 대하여 효력이 없고, 경제적 관점에서 보아도 이러한 사실만으로는 회사에 현실적인 손해가 발생하였다거나 실해 발생의 위험이 초래되었다고 평가하기 어려우므로, ㉢ 의무부담행위로 인하여 실제로 채무의 이행이 이루어졌다거나 회사가 민법상 불법행위책임을 부담하게 되었다는 등의 사정이 없는 이상 배임죄의 기수에 이른 것은 아니다. ㉣ 그러나 이 경우에도 대표이사로서는 배임의 범의로 임무위배행위를 함으로써 실행에 착수한 것이므로 배임죄의 미수범이 된다. ㉤ 상대방이 대표권남용 사실을 알지 못하였다는 등의 사정이 있어 의무부담행위가 회사에 대하여 유효한 경우에는 회사 채무가 발생하고 회사는 채무를 이행할 의무를 부담하므로, 이러한 채무의 발생은 그 자체로 현실적인 손해 또는 재산상 실해 발생의 위험이어서 채무가 현실적으로 이행되기 전이라도 배임죄의 기수에 이르렀다고 보아야 한다(대판 2017.7.20. 2014도1104).

⑤ 배당가능이익이 없는데도, 당기순이익이 발생하고 배당가능한 이익이 있는 것처럼 재무제표가 분식되어 이를 기초로 주주에 대한 이익배당금의 지급과 법인세의 납부가 이루어진 경우에는, 특별한 사정이 없는 한 회사는 그 분식회계로 말미암아 지출하지 않아도 될 주주에 대한 이익배당과 법인세 납부액 상당을 지출하게 되는 손해를 입게 되었다고 봄이 상당하다(대판 2018.3.22. 2012다74236 전합).

(2) 인과관계

① 이사의 법령·정관 위반행위 혹은 임무해태행위로 인한 상법 제399조의 손해배상책임은 그 위반행위와 상당인과관계 있는 손해에 한하여 인정되므로, 손해와 상당인과관계가 없는 경우에는 이사의 손해배상책임이 성립하지 아니한다(대판 2005.4.29. 2005다2820).

② 대표이사에 의해 이미 실행된 대출을 추인하는 이사회 결의에 대하여 이사가 선관의무에 위배하여 찬성하였다면 대출로 인한 손해 발생과 인과관계가 인정된다.

법무사 18

1 대표이사가 회사 명의로 한 채무부담행위가 회사에 대하여 무효인 경우에는 회사에 어떠한 손해가 발생하였다고 할 수 없으므로 회사가 사용자 책임을 지는 등의 특별한 사정이 없는 한 이사는 회사에 대하여 책임을 지지 않는다. (○, ×)

1 ○

③ 대표이사에 의해 이미 실행된 대출에 대한 이사회의 추인 결의에 찬성한 이사들의 행위와 대출금의 회수 곤란으로 인한 손해 사이의 인과관계는 이사 개개인이 선관의무를 다하였는지 여부에 의해 판단하고 다른 이사들이 선관의무를 위반하여 이사회의 추인 결의에 찬성하였는지 여부는 관계없다.

④ 이사가 법령을 위배하여 회사가 손해를 입은 경우 이사가 회사에 손해배상책임을 지기 위해서는 법령에 위배된 행위와 회사의 손해 사이에 상당인과관계가 있어야 한다. 이때 상당인과관계의 유무는 결과 발생의 개연성, 위배된 법의 입법 목적과 보호법익, 법령위배행위의 모습 및 피침해이익의 성질 등을 종합적으로 고려하여 판단하여야 한다(대판 2018.10.25. 2016다16191).

⑤ 부실대출 실행 후 여러 차례 변제기한이 연장된 끝에 최종적으로 대출금을 회수하지 못하는 손해가 발생한 경우, 그에 대한 손해배상책임은 원칙적으로 최초에 부실대출 실행을 결의하거나 추인한 이사들만이 부담하고, 단순히 변제기한의 연장에만 찬성한 이사들은 기한 연장 당시 채무자로부터 대출금을 모두 회수할 수 있었으나 기한을 연장함으로써 채무자의 자금 사정이 악화되어 대출금을 회수할 수 없게 된 경우가 아닌 한 손해배상책임을 부담하지 않는다(대판 2007.5.31. 2005다56995).

⑥ 상호신용금고의 대표이사가 대출 한도를 초과하여 돈을 대출하면서 충분한 담보를 확보하지 아니하여 상호신용금고가 대출금을 회수하지 못하게 된 경우, 대표이사는 회수하지 못한 대출금 중 대출 한도를 초과한 금액에 해당하는 손해를 배상할 책임이 있다(대판 2002.6.14. 2002다11441).

4. 이사의 손해배상책임

① 수인의 이사가 연대하여 손해배상책임을 지는 경우 어느 이사가 자기의 부담부분 이상의 손해를 배상하여 이사들이 공동으로 면책된 때에는 다른 이사에게 그 부담부분의 비율에 따라 구상권을 행사할 수 있다(대판 2006.1.27. 2005다19378).

② 회사가 이사에 대한 손해배상청구 소송을 제기한 경우, 법원은 사건의 공평한 해결을 위하여 당사자의 신청이 없어도 직권으로 화해권고결정을 할 수 있다. [변호사 20]

③ ㉠ 이사가 법령에 위반한 행위를 하여 회사에 대하여 손해를 배상할 책임이 있는 경우 제반 사정을 참작하여 손해분담의 공평이라는 손해배상제도의 이념에 비추어 손해배상액을 제한할 수 있다. [법원직 08, 법무사 11, 20] ㉡ 이때에 손해배상액 제한의 참작 사유에 관한 사실인정이나 제한비율을 정하는 것은 형평의 원칙에 비추어 현저히 불합리한 것이 아닌 한 사실심의 전권 사항이다(대판 2014.4.10. 2012다82220, 대판 2019.5.16. 2016다260455).

5. 책임의 제한

법무사 18

1 회사는 정관으로 정하는 바에 따라 상법 제399조에 따른 사외이사의 책임을 그 행위를 한 날 이전 최근 1년간의 보수액의 6배를 초과하는 금액에 대하여 면제할 수 있다. (○, ×)

① 회사는 정관으로 이사의 손해배상책임을 이사가 그 행위를 한 날 이전 최근 1년간 보수액의 6배(사외이사의 경우는 3배)를 초과하는 금액에 대하여 면제할 수 있다. [법무사 18]

② 책임 제한의 기준이 되는 보수액은 상여금과 주식매수선택권의 행사로 인한 이익 등을 포함한다.

③ 주식매수선택권 행사 이익은 실제로 주식매수선택권이 행사된 경우의 이익을 말하고 주식매수선택권이 행사되지 않은 상태에서의 평가이익은 포함되지 않는다.

1 ×

④ 이사책임을 제한하기 위해서는 정관에 근거 조항이 존재해야 한다. 정관상 책임 제한의 정도는 상법의 제한 범위보다 큰 금액으로 할 수 있다.

⑤ 이사의 책임이 확정된 후 이사의 책임을 제한하는 회사의 결정이 있어야 한다.

⑥ ㉠ 이사의 고의 또는 중과실로 인한 경우, ㉡ 경업금지 및 겸직금지 위반, ㉢ 회사기회유용금지 위반 및 ㉣ 자기거래금지 위반으로 인한 경우에는 이사의 책임이 제한되지 않는다.[법원직 15, 법무사 08, 13, 18]

⑦ 이 경우 이사의 행위가 제3자의 계산으로 했는지 이사회 승인을 얻었는지 여부와 관계없이 책임제한이 허용되지 않는다.

6. 책임의 면제

(1) 총주주의 동의에 의한 책임 면제

① 이사의 책임은 주주 전원의 동의로 면제할 수 있다. 이러한 총주주에는 의결권 없는 주주도 포함된다. 대다수의 주주가 동의하더라도 주주 전원의 동의가 없는 한 이사의 책임이 면제되지 않는다.[법원직 11, 15, 20, 법무사 04, 06, 13, 18]

② 책임면제결의에서 이사가 동시에 주주인 경우, 특별이해관계인으로서 의결권을 행사하지 못한다.

③ 주주 전원의 동의는 주주총회 결의가 아니더라도 개별적 동의도 가능하고 묵시적 동의도 가능하다.[법원직 11, 15, 20, 법무사 13, 18]

④ 상법 제399조의 이사 책임을 면제할 수 있는 총주주의 동의는 묵시적 의사표시의 방법으로 할 수 있고 반드시 명시적, 적극적으로 이루어질 필요는 없으며, 실질적으로는 1인에게 주식 전부가 귀속되어 있지만 그 주주 명부상으로만 일부 주식이 타인 명의로 신탁되어 있는 경우라도 사실상의 1인 주주가 한 동의도 총주주의 동의에 해당한다(대판 2002.6.14. 2002다11441).[변호사 12]

⑤ 총주주의 동의에 의한 책임면제로 불법행위로 인한 손해배상청구권까지 소멸되는 것은 아니다.

⑥ 회사 또는 주주가 이사의 손해배상책임에 대하여 화해하는 것은 이사의 책임을 일부 면제하는 결과가 되므로 총주주의 동의가 없으면 허용되지 않는다.

⑦ ㉠ 주식회사의 대표이사가 개인적인 목적으로 회사명의의 수표를 발행하거나 타인이 발행한 약속어음에 회사명의의 배서를 해주어 회사가 지급책임을 이행하여 손해를 입은 경우, 회사는 제399조 소정의 손해배상청구권을 행사할 수 있음은 물론, 대표권 남용에 따른 불법행위를 이유로 한 손해배상청구권도 행사할 수 있다. ㉡ 총주주의 동의를 얻어 대표이사의 행위로 손해를 입게 된 금액을 특별손실로 처리하기로 결의하였다면 상법 제400조 소정의 이사의 책임소멸의 원인이 되는 면제에 해당되나 이로써 소멸되는 손해배상청구권은 상법 제399조 소정의 권리에 국한되는 것이지 불법행위로 인한 손해배상청구권까지 소멸되는 것으로는 볼 수 없다(대판 1989.1.31. 87누760).

⑧ 상법 제399조에 기한 손해배상청구의 소를 제기한 것은 일반 불법행위로 인한 손해배상청구권에 대한 소멸시효 중단의 효력은 없다(대판 2002.6.14. 2002다11441).

(2) 재무제표 승인에 의한 면책

① 정기총회에서의 재무제표 등의 승인 후 2년 내에 다른 결의가 없으면 회사는 이사와 감사의 책임을 해제한 것으로 본다.

② '2년 내의 다른 결의'란 주주총회결의, 이사회결의, 회사의 소 제기 등을 포함한다.

③ 이사 또는 감사의 부정행위에 대하여는 재무제표 승인에 의한 이사와 감사의 책임이 해제되지 않는다(제450조 단서). 부정행위란 해당 행위가 정당화될 수 없는 경우를 말한다.

④ 이사가 회사 보유 비상장주식을 매도하면서 회사의 손익을 제대로 따져보지 않은 채 상속세법 시행령만에 근거하여 주식가치를 평가함으로써 적정가격보다 현저히 낮은 가액으로 거래가액을 결정한 것은 회사의 손해를 묵인 내지는 감수하였던 것이므로, 이러한 행위는 책임이 해제될 수 없는 부정행위에 해당한다(대판 2005.10.28. 2003다69638).

⑤ 상법 제450조에 따른 이사, 감사의 책임 해제는 재무제표 등에 그 책임사유가 기재되어 정기총회에서 승인을 얻은 경우에 한정된다(대판 2007.12.13. 2007다60080).

7. 소멸시효

법원직 10

주식회사의 이사 또는 감사의 회사에 대한 임무해태로 인한 손해배상책임은 일반불법행위 책임이 아니라 위임관계로 인한 채무불이행책임이므로 그 소멸시효기간은 일반채무와 같이 10년이다(대판 1985.6.25. 84다카1954). [변호사 13]

1 주식회사의 이사 또는 감사의 회사에 대한 임무해태로 인한 손해배상책임은 불법행위로 인한 손해배상채권의 단기소멸시효기간이 적용된다. (○, ×)

8. 형사책임

이사의 임무해태는 형법상 업무상배임과 상법상 특별배임을 구성한다.

쟁점 17 이사의 제3자에 대한 책임

> **제401조 (제3자에 대한 책임)** ① 이사가 고의 또는 중대한 과실로 그 임무를 게을리 한 때에는 그 이사는 제3자에 대하여 연대하여 손해를 배상할 책임이 있다.
> ② 제399조 제2항, 제3항의 규정은 전항의 경우에 준용한다.
>
> **제399조 (회사에 대한 책임)** ② 전항의 행위가 이사회의 결의에 의한 것인 때에는 그 결의에 찬성한 이사도 전항의 책임이 있다.
> ③ 전항의 결의에 참가한 이사로서 이의를 한 기재가 의사록에 없는 자는 그 결의에 찬성한 것으로 추정한다.

1. 의의 및 성질

① 이사가 고의 또는 중대한 과실로 임무를 게을리 한 때에는 제3자에 대하여 연대하여 손해를 배상할 책임이 있다.

② 회사는 대표이사의 행위에 대하여 연대하여 불법행위책임을 진다. 이사의 행위가 민법상 불법행위에 해당하면 민법상 불법행위책임 또한 부담한다.

1 ×

③ 상법상 이사의 제3자에 대한 손해배상책임은 민법상 불법행위책임의 요건을 갖추지 못한 경우에도 이사가 제3자의 손해를 배상하도록 하고 있다는 점에서 민법상 불법행위책임과 별도로 인정되는 이사의 책임이다. 즉 민법상 불법행위책임이 성립하려면 제3자에 대하 침해행위와 고의과실이 존재해야 하는데, 이사가 임무를 게을리 한 행위가 직접 제3자와 연결되기 쉽지 않다는 점에서 민법상 불법행위책임이 성립하는데 어려움이 있다.

2. 책임의 원인

(1) 고의 또는 중과실에 의한 임무해태

① 이사의 제3자에 대한 손해배상책임의 경우 임무해태는 법령, 정관 위반을 포함한다.

② 임무해태는 주관적 요건을 포함한다.

③ 임무해태의 판단에 경영판단원칙이 적용된다.

④ 임무해태에 대한 입증책임은 이사의 책임을 묻는 제3자가 부담한다.

⑤ ⑦ 이사의 제3자에 대한 손해배상책임은 이사가 악의 또는 중대한 과실로 인하여 그 임무를 해태한 것을 요건으로 하는 것이어서 단순히 통상의 거래행위로 인하여 부담하는 회사의 채무를 이행하지 않는 것만으로는 악의 또는 중대한 과실로 그 임무를 해태한 것이라고 할 수 없다. ⓒ 그러나 이사의 직무상 충실 및 선관의무 위반의 행위로서 위법성이 있는 경우에는 악의 또는 중대한 과실로 그 임무를 해태한 경우에 해당한다. ⓒ 대표이사가 대표이사로서의 업무 일체를 다른 이사 등에게 위임하고, 대표이사로서의 직무를 전혀 집행하지 않는 것은 그 자체가 이사의 직무상 충실 및 선관의무를 위반하는 행위에 해당한다(대판 2003.4.11. 2002다70044).

(2) 이사의 회사에 대한 책임과의 관계

이사가 회사에 대하여 손해배상책임이 인정되면서 동시에 제3자에게도 손해가 발생한 경우 제3자에 대한 책임도 성립할 수 있다.

(3) 회사의 단순한 채무불이행의 경우

① 회사의 단순한 채무불이행이나 불가피한 채무불이행은 이사의 임무해태에 해당하지 않는다.

② 이사의 직무상 충실 및 선관의무 위반으로 위법성이 있는 경우에는 임무해태에 해당된다.

③ 이사가 제3자에 대하여 연대하여 손해배상 책임을 지는 고의 또는 중대한 과실로 인한 임무해태 행위라 함은 이사의 직무상 충실 및 선관의무 위반의 행위로서 위법한 사정이 있어야 하고 통상의 거래행위로 인하여 부담하는 회사의 채무를 이행할 능력이 있었음에도 단순히 그 이행을 지체하고 있는 사실로 인하여 상대방에게 손해를 끼치는 사실만으로는 이를 임무를 해태한 위법한 경우라고 할 수는 없다(대판 1985.11.12. 84다카2490).[법원직 08. 법무사 08]

④ 부동산의 매수인인 주식회사 대표이사가 매도인과 사이에 매매잔대금의 지급방법으로 매수 부동산을 금융기관에 담보로 제공하여 그 대출금으로 잔금을 지급하기로 약정하였으나, 대출이 이루어진 후 해당 대출금 중 일부만을 잔금으로 지급하고 나머지는 다른 용도로 사용한 후 나머지 잔금이 지급되지 않은 상태에서 피담보채무도 변제하지 아니하여 그 부동산이 경매절차에서 경락되어 결과적으로 매도인이 손해를 입은 경우에는 대표이사가 악의 또는 중대한 과실로 인하여 그 임무를 해태한 경우에 해당한다고 볼 여지가 있다(대판 2002.3.29. 2000다47316).

법원직 08

1 통상의 거래행위로 부담하는 회사의 채무를 이행할 능력이 있었음에도 그 이행을 지체하여 상대방에게 손해를 끼치는 행위는 이사의 고의 또는 중대한 과실로 인한 임무해태행위에 해당한다. (○, ×)

법무사 08

2 이사가 경과실로 그 임무를 해태한 때에도 제3자에 대하여 연대하여 손해를 배상할 책임이 있다. (○, ×)

1 × **2** ×

3. 책임의 내용

① 제3자에는 채권자 및 회사의 주주도 포함된다.

② 손해에는 채권자의 직접손해, 채권자의 간접손해 및 주주의 직접손해가 포함된다.

③ 주주가 입은 주가하락으로 인한 손해도 간접손해에 해당한다.

④ 이사가 회사재산을 횡령하여 회사재산이 감소함으로써 회사가 손해를 입고 결과적으로 주주의 경제적 이익이 침해되는 손해와 같은 간접접인 손해는 상법 제401조 제1항에서 말하는 손해의 개념에 포함되지 아니하므로 위 법조항에 의한 손해배상을 청구할 수 없다(대판 2003.10.24. 2003다29661).[법원직 17. 법무사 06, 11, 16, 19, 20]

⑤ 회사의 재산을 횡령한 이사가 악의 또는 중대한 과실로 부실공시를 하여 재무구조의 악화 사실이 증권시장에 알려지지 아니함으로써 회사 발행주식의 주가가 정상주가보다 높게 형성되고, 주식매수인이 그러한 사실을 알지 못한 채 주식을 취득하였다가 그 후 그 사실이 증권시장에 공표되어 주가가 하락한 경우에는, 주주는 이사의 부실공시로 인하여 정상주가 보다 높은 가격에 주식을 매수하였다가 주가가 하락함으로써 직접 손해를 입은 것이므로, 이사에 대하여 상법 제401조 제1항에 의하여 손해배상을 청구할 수 있다(대판 2012.12.13. 2010다77743).[법원직 17. 변호사 20]

4. 책임의 범위

① 결의에 찬성한 이사는 연대하여 책임을 진다.[법원직 09. 법무사 04, 13]

② 결의에 참여하였으나 이의를 한 기재가 없는 이사는 결의에 찬성한 것으로 추정된다.[법원직 15]

③ 업무집행지시자, 무권대행자, 표현이사, 집행임원도 제3자에 대한 손해배상책임을 부담한다.

④ 일반원칙에 따라 과실상계 또는 손익상계에 의하여 책임이 감경될 수 있다.

⑤ 주주 전원 동의에 의한 책임 면제는 제3자에 대한 책임에 대해서는 적용되지 않는다.

⑥ 이사가 이사회에 출석하여 결의에 기권하였다고 의사록에 기재된 경우에 그 이사는 이의를 한 기재가 의사록에 없는 자에 해당하지 않으므로 상법 제399조 제3항에 따라 이사회 결의에 찬성한 것으로 추정할 수 없고, 따라서 같은 조 제2항의 책임을 부담하지 않는다(대판 2019.5.16. 2016다260455).[변호사 21]

5. 소멸시효

상법 제401조에 기한 이사의 제3자에 대한 손해배상책임이 제3자를 보호하기 위하여 상법이 인정하는 특수한 책임이라는 점을 감안할 때, 일반 불법행위책임의 단기소멸시효를 규정한 민법 제766조 제1항은 적용될 여지가 없고, 일반채권으로서 소멸시효기간은 10년이다(대판 2006.12.22. 2004다63354).[법원직 09, 10, 17, 20, 법무사 16]

법무사 19

1 대표이사가 회사재산을 횡령하여 회사재산이 감소함으로써 회사가 손해를 입고 결과적으로 주주의 경제적 이익이 침해되는 간접적인 손해가 발생한 경우 주주는 이와 같은 손해에 대하여 대표이사를 상대로 상법 제401조 제1항에 따라 손해배상을 청구할 수 있다.

(O, ✕)

법원직 09, 법무사 04, 13

2 이사의 법령 또는 정관에 위반한 행위가 이사회의 결의에 의한 것인 때에는 그 결의에 찬성한 이사도 회사에 대하여 연대하여 손해를 배상할 책임이 있다.

(O, ✕)

법원직 09

3 이사가 악의 또는 중대한 과실로 인하여 그 임무를 해태함으로써 제3자에 대하여 부담하는 상법 제401조의 손해배상책임은 제3자가 그 손해 및 가해 이사를 안 날로부터 3년간 이를 행사하지 아니하면 시효로 인하여 소멸한다. (O, ✕)

법원직 17, 법무사 16

4 이사의 회사에 대한 손해배상책임(상법 제399조)은 채무불이행책임이므로 그 소멸시효기간은 10년이고, 이사의 제3자에 대한 손해배상책임(상법 제401조)은 불법행위책임이므로 그 소멸시효기간은 3년이다.

(O, ✕)

법원직 20

5 상법 제401조에 기한 이사의 제3자에 대한 손해배상책임이 불법행위책임이라는 점을 감안할 때, 일반 불법행위책임의 단기소멸시효를 규정한 민법 제766조 제1항이 적용되어 그 소멸시효기간은 피해자 등이 그 손해 및 가해자를 안 날로부터 3년이다. (O, ✕)

1 ✕ **2** O **3** ✕ **4** ✕ **5** ✕

쟁점 18 업무집행지시자 등의 손해배상책임

1. 의의

> **제401조의2 (업무집행지시자 등의 책임)** ① 다음 각 호의 어느 하나에 해당하는 자가 그 지시하거나 집행한 업무에 관하여 제399조, 제401조, 제403조 및 제406조의2를 적용하는 경우에는 그 자를 "이사"로 본다.
> 1. 회사에 대한 자신의 영향력을 이용하여 이사에게 업무집행을 지시한 자
> 2. 이사의 이름으로 직접 업무를 집행한 자
> 3. 이사가 아니면서 명예회장·회장·사장·부사장·전무·상무·이사 기타 회사의 업무를 집행할 권한이 있는 것으로 인정될 만한 명칭을 사용하여 회사의 업무를 집행한 자

① 업무집행지시자 등의 손해배상책임은 회사에 대하여 사실상의 영향력을 행사하는 지배주주에게 이사에 준하여 부여되는 책임을 의미한다.
② ㉠ 회사에 대한 자신의 영향력을 이용하여 이사에게 업무집행을 지시한 자, ㉡ 이사의 이름으로 직접 업무를 집행한 자, ㉢ 이사가 아니면서 명예회장, 회장, 사장, 부사장, 전무, 상무, 이사 기타 회사의 업무를 집행할 권한이 있는 것으로 인정될 만한 명칭을 사용하여 회사의 업무를 집행한 자는 그 지시하거나 집행한 업무에 관하여 제399조, 제401조 및 제403조의 적용에 있어서 이를 이사로 본다.[법원직 18, 법무사 11]

2. 업무집행지시자

① 업무집행지시자란 회사에 대한 자신의 영향력을 이용하여 이사에게 업무집행을 지시한 자를 말한다.
② 업무집행지시자는 자연인에 한정되지 않고 법인인 지배회사도 포함된다(대판 2006.8.25. 2004다26119).[법무사 11, 20, 변호사 15]
③ 업무집행지시를 받는 자는 이사, 집행임원, 부장, 과장 등 상업사용인을 포함한다.
④ 지시의 내용은 법률행위, 사실행위, 불법행위를 포함한다.
⑤ 지배주주가 주주총회에서 자신의 의결권을 행사하는 것은 정당한 주주권의 행사이므로 지배주주가 의결권 행사를 통하여 사익을 추구하더라도 업무집행지시자의 책임이 문제되지 않는다.
⑥ 이사가 다른 이사와의 관계에서 영향력을 행사할 수도 있다.[변호사 15]

3. 무권대행자

① 무권대행자란 업무집행지시자가 이사의 이름으로 직접 업무를 집행한 경우를 말한다.
② 무권대행자의 경우에도 회사에 대해 영향력을 가질 것을 전제로 한다.
③ 무권대행자는 업무집행지시자가 명목상의 이사를 두고 자신이 그 이사의 명의로 업무를 집행하는 경우를 의미한다.
④ 제401조의2 제1항 제1호 및 제2호는 회사에 대해 영향력을 가진 자를 전제로 하고 있으나, 제3호(표현이사)는 직명 자체에 업무집행권이 표상되어 있기 때문에 그에 더하여 회사에 대해 영향력을 가진 자일 것까지 요건으로 하고 있는 것은 아니다(대판 2009.11.26. 2009다39240).

법무사 11

1 회사의 이사가 될 수 있는 자는 자연인에 한정되므로, 이사와 동일한 책임을 지는 업무집행지시자 역시 자연인에 한정되고 법인인 지배회사는 해당되지 않는다. (○, ×)

법무사 20

2 회사의 이사가 될 수 있는 자는 자연인에 한정되므로, 이사와 동일한 책임을 지는 업무집행지시자 역시 자연인에 한정된다. (○, ×)

1 × **2** ×

4. 표현이사

① 표현이사란 이사가 아니면서 명예회장, 회장, 사장, 부사장, 전무, 상무, 이사 기타 회사의 업무를 집행할 권한이 있는 것으로 인정될 만한 명칭을 사용하여 회사의 업무를 집행한 자를 말한다.
② 표현이사는 비등기이사의 책임을 묻는 근거가 된다.
③ 제408조의8은 집행임원의 책임을 이사와 동일하게 규정하고 있다. 따라서 비등기이사에게 표현이사 또는 집행임원의 규정에 따라 책임을 물을 수 있다.
④ 표현이사는 이사 개인에게 책임을 묻는 것이고, 표현대표이사는 회사에 책임을 묻는 것이다.
⑤ 표현이사는 외관에 대한 제3자의 신뢰보호와 무관한 제도이나 표현대표이사는 외관에 대한 제3자의 신뢰를 보호하기 위한 제도이다. 따라서 표현이사의 손해배상책임은 외관에 대한 회사의 귀책사유 유무나 제3자의 신뢰 여부와 상관없이 발생한다.
⑥ 이사선임결의가 취소된 이사가 수행한 직무에는 표현이사의 손해배상책임이 적용되지 않는다.
⑦ 표현이사는 그 명칭에 이미 업무집행권한이 나타나 있으므로 회사에 대한 영향력이 있을 것까지 요구되지 않는다.
⑧ 표현이사는 업무를 집행한 것으로 충분하고 이사와 동등한 권한이 있을 것이 요구되지 않는다.

5. 업무집행지시자 등의 책임

① 업무집행지시자는 자신이 지시한 업무에 관하여, 무권대행자와 표현이사는 자신이 집행한 업무에 관하여 책임을 진다.
② 업무집행지시자의 지시를 받아 업무를 수행한 이사와 무권대행자의 경우 명목상 이사도 업무집행지시자 등과 연대하여 손해배상책임을 진다.
③ 업무집행지시자 등은 대표소송의 대상이 된다.
④ 업무집행지시자 등은 경업금지, 회사기회유용금지, 자기거래가 적용되지 않는다. 다만, 이로 인하여 회사에 손해가 발생한 경우 손해를 배상해야 한다.

쟁점 19 소수주주권

1. 소수주주권의 개요

(1) 발행주식 총수 3% 이상 주주의 권리 [법무사 03, 05, 08, 11]

① 주주제안권, ② 주주총회 소집청구권, ③ 집중투표청구권, ④ 이사·감사 해임청구권, ⑤ 회계장부열람권, ⑥ 업무검사권은 발행주식 총수의 3% 이상의 주식을 보유한 주주에게 인정된다.

(2) 발행주식 총수 1% 이상 주주의 권리

① 총회 검사인 선임청구, ② 유지청구권, ③ 대표소송 제기권은 발행주식 총수의 1% 이상의 주식을 보유한 주주에게 인정된다.

법무사 03

1 회사의 해산청구권은 발행주식 총수의 3% 이상의 주식을 보유한 주주가 할 수 있는 권리이다.
(○, ×)

법무사 08

2 사외이사선임권은 소수주주권이다. (○, ×)

1 × **2** ×

(3) 발행주식 총수 10% 이상 주주의 권리

해산판결청구권은 발행주식 총수의 10% 이상의 주식을 보유한 주주에게 인정된다.

2. 단독주주의 열람 · 등사권

① 주주는 영업시간 내에 이사회의사록의 열람 또는 등사를 청구할 수 있다.

② 주주의 이사회의사록 열람등사청구에 대하여 회사는 이유를 붙여 이를 거절할 수 있고, 이 경우 주주는 법원의 허가를 얻어 이사회의사록을 열람 또는 등사할 수 있다.

③ 이사는 회사의 정관, 주주총회의 의사록을 본점과 지점에, 주주명부, 사채원부를 본점에 비치하여야 한다.

④ 이 경우 명의개서대리인을 둔 때에는 주주명부나 사채원부 또는 그 복본을 명의개서대리인의 영업소에 비치할 수 있다.

⑤ 주주와 회사채권자는 영업시간 내에 회사의 정관, 주주총회의 의사록, 주주명부, 사채원부를 열람 또는 등사할 수 있다.[법원직 12]

⑥ ㉠ 실질주주가 실질주주명부의 열람 또는 등사를 청구하는 경우에도 상법 제396조 제2항이 유추적용된다. ㉡ 열람 또는 등사청구가 허용되는 범위도 실질주주명부상의 기재사항 전부가 아니라 그 중 실질주주의 성명 및 주소, 실질주주별 주식의 종류 및 수와 같이 주주명부의 기재사항에 해당하는 것에 한정된다(대판 2017.11.9. 2015다235841).

⑦ 주주 또는 회사채권자가 상법 제396조 제2항에 의하여 주주명부 등의 열람 · 등사청구를 한 경우 회사는 그 청구에 정당한 목적이 없는 등의 특별한 사정이 없는 한 이를 거절할 수 없고, 이 경우 정당한 목적이 없다는 점에 관한 증명책임은 회사가 부담한다. 이러한 법리는 상법 제396조 제2항을 유추적용하여 실질주주명부의 열람 · 등사청구권을 인정하는 경우에도 동일하게 적용된다(대판 2017.11.9. 2015다235841).

⑧ 주주와 회사채권자는 영업시간 내에 언제든지 재무제표 등의 서류를 열람할 수 있고 회사가 정한 비용을 지급하고 서류의 등본이나 초본의 교부를 청구할 수 있다(제448조 제2항). 재무제표는 대외적으로 공시되는 서류인 관계로 남용의 위험성이 적어 단독주주권으로 되어 있다.

3. 회계장부 열람 · 등사권

> **제466조 (주주의 회계장부열람권)** ① 발행주식의 총수의 100분의 3 이상에 해당하는 주식을 가진 주주는 이유를 붙인 서면으로 회계의 장부와 서류의 열람 또는 등사를 청구할 수 있다.
> ② 회사는 제1항의 주주의 청구가 부당함을 증명하지 아니하면 이를 거부하지 못한다.

(1) 의의

① 비상장회사의 경우, 발행주식 총수의 3% 이상을 보유한 주주는 이유를 붙인 서면으로 회계의 장부와 서류의 열람 또는 등사를 청구할 수 있다.[법원직 09, 11, 법무사 10]

② 상장회사의 경우, 6개월 전부터 계속하여 발행주식 총수의 0.1%(자본금 총액 1,000억 미만인 경우 0.1%, 자본금 총액 1,000억 이상인 경우 0.05%)[법무사 10] 이상을 보유한 주주는 회계장부열람등사권을 행사할 수 있다.

법원직 12

1 회사채권자는 주주명부 또는 그 복본의 열람 또는 등사를 청구할 수 없다. (○, ×)

법원직 09. 11

2 발행주식의 총수의 100분의 1 이상에 해당하는 주식을 가진 주주는 이유를 붙인 서면으로 회계의 장부와 서류의 열람 또는 등사를 청구할 수 있다. (○, ×)

법무사 10

3 회계장부열람청구는 서면 또는 구두로 할 수 있다. (○, ×)

1 × **2** × **3** ×

(2) 주식의 보유 요건

① 회계장부 열람·등사를 재판상 청구하는 경우, 주식보유 요건은 소송계속 전 기간에 충족되어야 한다. 주식매수청구권을 행사한 주주도 회사로부터 대금을 지급받기 전까지는 여전히 주주이므로 회계장부열람·등사 신청을 할 수 있다.

② 회계의 장부와 서류의 열람 또는 등사에 시간이 소요되는 경우에는 열람·등사를 청구한 주주가 전 기간을 통해 발행주식 총수의 100분의 3 이상의 주식을 보유하여야 하고, 회계장부의 열람·등사를 재판상 청구하는 경우에는 소송이 계속되는 동안 위 주식 보유요건을 구비하여야 한다(대판 2017.11.9. 2015다252037).[법원직 20, 법무사 19, 변호사 20, 21]

③ 주식매수청구권을 행사한 주주도 회사로부터 주식 매매대금을 지급받지 아니하고 있는 동안에는 주주로서의 지위를 여전히 가지고 있으므로 특별한 사정이 없는 한 주주로서의 권리를 행사하기 위해 필요한 경우에는 위와 같은 회계장부열람·등사권을 가진다(대판 2018.2.28. 2017다270916).[법원직 20, 법무사 19, 변호사 20]

(3) 열람·등사 청구의 대상

① 장부란 재무제표 작성의 기초가 되는 원장과 분개장을 의미한다.

② 서류란 회계장부 기록을 위한 자료로 계약서, 영수증, 납품서 등을 의미한다.

③ 주주의 열람·등사청구의 대상이 되는 '회계의 장부와 서류'에는 소수주주가 열람·등사를 구하는 이유와 실질적으로 관련이 있는 회계장부와 그 근거자료가 되는 회계서류가 포함된다.[법무사 10]

④ ㉠ 자회사의 회계서류가 모회사에 보관되어 있고, ㉡ 모회사의 회계상황을 파악하기 위한 근거자료로서 실질적으로 필요한 경우에는 ㉢ 모회사의 회계서류로서 모회사 소수주주의 열람·등사청구의 대상이 될 수 있다(대판 2001.10.26. 99다58051).[법원직 20, 법무사 17, 변호사 14]

(4) 열람·등사 청구의 방법

① 열람등사청구는 이유를 붙인 서면을 미리 회사에 제출하여야 한다.

② 열람·등사 청구의 이유는 구체적으로 기재하여야 한다(대판 1999.12.21. 99다137).[변호사 14]

③ 소수주주의 회계장부 및 서류의 열람, 등사청구권은 그 권리행사에 필요한 범위 내에서 허용되어야 하고, 열람 및 등사의 회수가 1회에 국한되는 등으로 사전에 제한되지 않는다(대판 1999.12.21. 99다137).[법무사 17]

④ ㉠ 회계장부열람등사청구권을 피보전권리로 하는 가처분도 허용된다. ㉡ 이러한 가처분을 허용함에 있어서는 피신청인인 회사에 대하여 직접 열람·등사를 허용하라는 명령을 내리는 방법뿐만 아니라, 열람·등사의 대상 장부 등에 관하여 훼손, 폐기, 은닉, 개찬이 행하여질 위험이 있는 때에는 이를 방지하기 위하여 그 장부 등을 집행관에게 이전 보관시키는 가처분을 허용할 수도 있다(대판 1999.12.21. 99다137).

(5) 열람·등사의 거부

① 회사는 주주의 청구가 부당함을 증명하여 이를 거부할 수 있다. 주주의 열람·등사권 행사가 부당한 것인지 여부는 행사에 이르게 된 경위, 행사의 목적, 악의성 유무 등 제반 사정을 종합적으로 고려하여 판단한다(대결 2004.12.24. 2003마1575).[법원직 20, 법무사 10, 17, 19]

② 주주의 이와 같은 열람·등사권의 행사가 ㉠ 회사업무의 운영 또는 주주 공동의 이익을 해치거나 ㉡ 주주가 회사의 경쟁자로서 그 취득한 정보를 경업에 이용할 우려가 있거나, 또는 ㉢ 회사에 지나치게 불리한 시기를 택하여 행사하는 경우 등에는 정당한 목적을 결하여 부당하다(대결 2004.12.24. 2003마1575).[법원직 15, 법무사 17, 19, 변호사 14, 20]

1 발행주식 총수의 100분의 3 이상에 해당하는 주식을 가진 상태에서 회계장부와 서류 열람 등을 재판상으로 청구하였다면, 이후 소송계속 도중에 보유한 주식의 수가 발행주식 총수의 100분의 3 미만으로 되었다 하더라도 회계장부의 열람·등사를 구할 당사자적격을 상실하지 아니한다. (○, ×)

2 열람·등사제공의무를 부담하는 회사의 출자 또는 투자로 성립한 자회사의 회계장부라 할지라도 모회사 소수주주의 열람·등사청구의 대상이 될 수는 없다. (○, ×)

3 주주의 회계장부열람·등사청구권이 인정되는 경우라도 그 횟수는 1회로 국한되는 등 사전에 제한되어야 한다. (○, ×)

1 × **2** × **3** ×

③ 주주가 적대적 인수 · 합병을 시도하고 있다는 사정만으로 청구가 정당한 목적을 결하여 부당한 것이라고 볼 수 없다(대결 2014.7.21. 2013마657).

④ 주식매수청구권을 행사한 주주도 회사로부터 주식의 매매대금을 지급받지 아니하고 있는 동안에는 주주로서의 지위를 여전히 가지고 있으므로 회계의 장부와 서류의 열람 또는 등사 청구권을 행사할 수 있다(대판 2018.2.28. 2017다270916).

⑤ 주주가 주식매수청구권을 행사하였다는 사정만으로 회계장부열람 · 등사 청구가 정당한 목적을 결하여 부당한 것이라고 볼 수 없다(대판 2018.2.28. 2017다270916).[법무사 19]

⑥ 소수주주의 회계장부 등에 대한 열람 · 등사청구권은 회사에 대하여 채무자 회생 및 파산에 관한 법률에 따른 회생절차가 개시되더라도 배제되지 않는다(대결 2020.10.20. 2020마6195).

4. 유지청구권

> **제402조 (유지청구권)** 이사가 법령 또는 정관에 위반한 행위를 하여 이로 인하여 회사에 회복할 수 없는 손해가 생길 염려가 있는 경우에는 감사 또는 발행주식의 총수의 100분의 1 이상에 해당하는 주식을 가진 주주는 회사를 위하여 이사에 대하여 그 행위를 유지할 것을 청구할 수 있다.

(1) 의의

① 이사가 법령 또는 정관에 위반한 행위를 하여 이로 인하여 회사에 회복할 수 없는 손해가 생길 염려가 있는 경우, 감사 또는 발행주식의 총수의 1% 이상에 해당하는 주식을 가진 주주는 회사를 위하여 이사에 대하여 그 행위를 유지할 것을 청구할 수 있다.[법원직 13, 법무사 14, 변호사 14]

② 사전적 구제수단에 해당한다.

③ 주주의 유지청구권은 회사의 이익을 위한 공익권 성격을 가진다.

④ 신주발행의 경우 주주의 이익을 위한 유지청구권이 제424조에 별도로 규정되어 있다.[법무사 14]

(2) 요건

① 이사가 법령 또는 정관에 위반한 행위를 하여야 한다. 선관주의의무에 위반한 행위를 하는 경우도 포함된다는 것이 통설의 견해이다.

② 이사의 행위는 법률행위, 사실행위, 불법행위 모두 포함한다. 이사의 고의, 과실을 묻지 않고 이사의 권한 내의 행위인지 여부도 묻지 않는다.

③ 이사가 체결한 계약이 유효한 경우, 해당 채무의 이행도 유지청구의 대상이 된다.

④ 이사의 행위가 무효인 경우에도 이행되면 회복할 수 없는 손해가 발생할 수 있는 경우, 유지청구의 대상이 된다.

⑤ 회복할 수 없는지 여부는 사회통념에 따라 판단한다. 처분된 재산의 환수를 사실상 기대하기 어려운 경우 회복할 수 없는 손해에 해당한다.

⑥ 유지청구에 있어서 손해는 회사의 손해를 말한다. 주주가 아니라 회사에 회복할 수 없는 손해발생 염려가 있어야 한다.

(3) 청구권자

① 발행주식 총수의 1% 이상의 주식을 보유한 소수주주는 유지청구권을 행사할 수 있다.[법원직 13, 변호사 14]

② 상장회사는 6개월 전부터 계속하여 0.05% 이상 또는 자본금 1천억 원 이상의 회사는 0.025% 이상을 보유한 소수주주로 비율이 낮아진다. 다만, 상장회사는 정관에서 단기의 주식 보유기간을 정하거나 낮은 주식 보유비율을 정할 수 있다.

③ 발행주식 총수에는 의결권 없는 주식도 포함된다.

④ 1% 주식 보유는 다른 주주와 합산하여 보유하면 되고, 1% 주식 보유요건은 유지청구 당시에만 충족되면 된다.

⑤ 위법행위유지청구권은 소수주주 이외에 감사 또는 감사위원회도 행사할 수 있지만,[변호사 14] 신주발행유지청구권은 주주만이 행사할 수 있다.[법원직 13, 법무사 08, 14]

⑥ 유지청구의 사유가 존재함에도 감사 또는 감사위원회가 이를 게을리 하면 임무해태에 해당된다.

⑦ 감사 또는 감사위원회의 유지청구권 행사는 의무이나, 주주의 유지청구권 행사는 임의사항이다.

(4) 행사방법

① 이사에 대한 위법행위유지청구권은 소에 의할 수도 있고, 소 이외의 방법으로 이사에 대한 의사표시로 할 수도 있다.

② 해당 이사가 이에 응하지 않는 경우, 이사를 피고로 하여 유지청구의 소를 제기할 수 있다.[변호사 14]

③ 위법행위 유지청구권의 상대방은 이사이나 신주발행 유지청구권의 상대방은 회사이다.[법무사 14]

④ 유지청구의 소를 제기하더라도 판결 이전에 이사의 행위가 종료되면 소의 이익이 없게 된다.

⑤ 유지청구의 소를 본안으로 하여 가처분으로 행위의 금지를 청구할 수 있다.

⑥ 판결 효과는 회사에 미치고, 대표소송에 관한 제403조 내지 제406조가 유추적용 된다는 것이 통설이다.

(5) 효과

① 유지청구가 제기되었다고 하여 이사가 반드시 이에 응하여야 하는 의무가 생기는 것은 아니다.

② 이사는 선관주의의무에 따라 그 행위를 중지할 것인지 여부를 결정하여야 한다. 결국 의사표시로 이사에게 유지청구를 하는 것은 이사로 하여금 해당 행위에 대하여 다시 한 번 검토할 것을 요구하는 정도의 의미를 가진다.

③ 이사가 유지청구를 무시하고 행위를 한 경우에도 해당 행위는 유효하다는 것이 다수설이다.

구분	위법행위유지청구	신주발행유지청구
목적	회사의 손해방지	주주의 손해방지
원인	이사의 법령, 정관위반	회사의 법령, 정관위반, 현저하게 불공정
행사자	감사, 감사위원회, 소수주주(1%)	단독주주
상대방	이사	회사

⬆ **위법행위유지청구와 신주발행유지청구 비교** [법원직 13, 법무사 14, 변호사 14]

쟁점 20 대표소송

1. 의의

> **제403조 (주주의 대표소송)** ① 발행주식의 총수의 100분의 1 이상에 해당하는 주식을 가진 주주는 회사에 대하여 이사의 책임을 추궁할 소의 제기를 청구할 수 있다.
> ② 제1항의 청구는 그 이유를 기재한 서면으로 하여야 한다.
> ③ 회사가 전항의 청구를 받은 날로부터 30일내에 소를 제기하지 아니한 때에는 제1항의 주주는 즉시 회사를 위하여 소를 제기할 수 있다.

① 발행주식 총수의 1% 이상에 해당하는 주식을 가진 주주는 회사에 대하여 서면으로 이사의 책임을 추궁할 소의 제기를 청구할 수 있으며, 주주의 청구를 받은 날로부터 30일 내에 회사가 소를 제기하지 아니한 때에는 직접 소를 제기할 수 있다.[법원직 21, 법무사 07, 15, 17, 변호사 12, 19]

② 주주 자신의 이익이 아니라 회사의 이익을 위한 것으로서 공익권에 해당한다.

③ 대표소송에서 승소한 경우 손해배상액은 주주가 아니라 회사에 귀속된다.

2. 대표소송의 요건

(1) 이사 책임의 범위

① 대표소송의 대상이 되는 이사의 책임은 제399조의 책임과 제428조의 인수담보책임에 한정되지 않고 이사가 회사에 대하여 부담하는 모든 채무를 포함한다고 보는 것이 다수설이다.

② 회사에 대한 이사의 대여금채무, 이사 취임 전에 회사에 대해 부담했던 채무, 상속 또는 채무인수로 승계취득 한 채무 또한 대표소송의 대상이 된다.

(2) 회사에 대한 소 제기 청구 및 회사의 부제소

① 주주는 먼저 회사에 대하여 이사의 책임을 추궁할 소의 제기를 청구하여야 한다. 이러한 청구는 이유를 기재한 서면으로 하여야 한다.

② 청구의 상대방인 회사란 감사 또는 감사위원회를 의미한다.

③ 주주가 회사에 대한 소 제기 청구를 하지 않고 대표소송을 제기한 경우 제402조 제4항에 해당하지 않는 한 소 제기를 위한 요건의 흠결로 각하된다.[법원직 16] 다만 하급심 중 제소청구 없이 대표소송을 제기하고 사후적으로 제소청구를 한 경우 하자의 치유를 인정한 경우가 존재한다.

④ 회사가 소 제기 청구를 받은 날로부터 30일 이내에 소를 제기하지 않는 경우 주주는 대표소송을 제기할 수 있다.

⑤ 회사가 명시적으로 소 제기를 거절한 경우, 30일 이전이라도 소를 제기할 수 있다.

⑥ 회사에 회복할 수 없는 손해가 생길 염려가 있는 경우에는 30일을 기다리지 않고 즉시 소를 제기할 수 있다.

⑦ 주주가 30일을 기다리지 않고 대표소송을 제기하였더라도 회사가 소를 제기하지 않고 30일이 경과하면 하자가 치유된다.

⑧ ㉠ 회사에 회복할 수 없는 손해가 생길 염려가 없음에도 회사에 대하여 이사의 책임을 추궁할 소의 제기를 청구하지 아니한 채 발행주식 총수의 1% 이상에 해당하는 주식을 가진 주주가 즉시 회사를 위하여 소를 제기하였다면 그 소송은 부적법한 것으로서 각하되어야 한다.

법무사 15

1 발행주식 총수의 100분의 1 이상에 해당하는 주식을 가진 주주는 회사에 대하여 이사의 책임을 추궁할 소의 제기는 청구할 수 있으나, 감사의 책임을 추궁할 소의 제기는 청구할 수 없다.
(○, ×)

제3편

2022 해커스법원직 공태용 상법의 맥

1 ×

ⓒ 여기서 회복할 수 없는 손해가 생길 염려가 있는 경우란 이사에 대한 손해배상청구권의 시효가 완성된다든지 이사가 도피하거나 재산을 처분하려는 때와 같이 이사에 대한 책임추궁이 불가능 또는 무익해질 염려가 있는 경우 등을 의미한다(대판 2010.4.15. 2009다98058).

3. 대표소송의 원고

(1) 주주

① 대표소송을 제기할 수 있는 주주인지 여부는 주주명부를 기준으로 판단한다.[변호사 14]
② 회사가 부당하게 명의개서를 거절하는 경우에는 실질주주도 원고가 될 수 있다.
③ 원고는 소 제기 당시에 주주이면 된다.
④ 이사의 책임원인 발생 뒤에 주식을 취득한 주주도 대표소송을 제기할 수 있다.
⑤ 주주는 이사를 상대로 그 이사의 행위에 대하여 유지청구권을 행사하여 그 행위를 유지시키거나, 또는 대표소송에 의하여 그 책임을 추궁하는 소를 제기할 수 있을 뿐 직접 제3자와의 거래관계에 개입하여 회사가 체결한 계약의 무효를 주장할 수는 없다(대결 2001.2.28. 2000마7839).

(2) 소수주주권

> **제403조 (주주의 대표소송)** ⑤ 제3항과 제4항의 소를 제기한 주주의 보유주식이 제소 후 발행주식총수의 100분의 1 미만으로 감소한 경우(발행주식을 보유하지 아니하게 된 경우를 제외한다)에도 제소의 효력에는 영향이 없다.

① 대표소송을 제기하는 주주는 비상장회사의 경우 발행주식의 총수의 1% 이상, 상장회사의 경우 6개월 전부터 계속하여 0.01% 이상의 지분을 보유하여야 한다. 의결권 없는 주식도 포함된다.
② 주식 보유 비율은 단독으로 또는 다른 주주와 합산하여 제소 당시에만 충족되면 되고, 그 이후에 1% 미만으로 감소되었다고 하더라도 제소의 효력에 영향이 없다.[법원직 07. 09. 11. 19. 법무사 15. 17. 변호사 12. 14. 18. 19. 21]
③ ⓐ 대표소송을 제기한 주주 중 일부가 주식을 처분하는 등의 사유로 주식을 전혀 보유하지 아니하게 되어 주주의 지위를 상실하면, 특별한 사정이 없는 한 그 주주는 원고적격을 상실하여 그가 제기한 부분의 소는 부적법하게 된다. ⓑ 이는 함께 대표소송을 제기한 다른 원고들이 주주의 지위를 유지하고 있다고 하여 달리 볼 것은 아니다(대판 2013.9.12. 2011다57869).[법원직 14. 16. 21. 변호사 14. 15. 16. 17]
④ 대표소송 제기 당시 다른 공동원고들과 함께 A 회사 발행주식의 약 0.7%를 보유한 주주였던 甲이 대표소송의 계속 중 A 회사와 B 회사의 주식교환으로 인하여 B 회사가 A 회사의 100% 주주가 되고 甲이 A 회사의 주주의 지위를 상실한 경우 甲은 원고적격을 상실한다(대판 2019.5.10. 2017다279326).

(3) 소송의 중단, 승계

① 대표소송을 제기한 주주가 소 제기 이후 사망하거나 합병으로 소멸한 경우 민사소송법 제233조, 제234조에 근거하여 상속인 또는 존속회사 등이 소송을 수계할 수 있다.
② 대표소송을 제기한 주주가 소 제기 이후 자신이 보유한 주식을 전부 양도한 경우 민사소송법 제81조, 제82조에 따라 양수인이 소송을 승계할 수 있다.
③ 대표소송을 제기한 주주가 보유한 주식의 발행회사가 소멸한 경우에는 소의 각하사유가 된다.
④ 대표소송을 제기한 주주가 보유한 주식의 발행회사의 파산절차 또는 회생절차가 개시된 경우에는 그 이전에 제기되어 계속 중인 대표소송은 중단된다.

법원직 09. 법무사 15

1 대표소송을 제기한 주주의 보유주식이 제소 후 발행주식총수의 100분의 1 미만으로 감소한 경우(발행주식을 보유하지 아니하게 된 경우를 포함한다)에도 제소의 효력에는 영향이 없다. (○, ×)

법원직 16

2 대표소송을 제기한 주주가 제소 후 발행주식을 보유하지 아니하게 된 경우에도 제소의 효력에는 영향이 없다. (○, ×)

1 × 2 ×

⑤ 신주발행무효의 소 계속 중 그 원고 적격의 근거가 되는 주식이 양도된 경우에 그 양수인은 제소기간 등의 요건이 충족된다면 새로운 주주의 지위에서 신소를 제기할 수 있을 뿐만 아니라, 양도인이 이미 제기한 기존의 위 소송을 적법하게 승계할 수도 있다(대판 2003.2.26, 2000다 42786).

(4) 소송참가

> **제404조 (대표소송과 소송참가, 소송고지)** ① 회사는 전 조 제3항과 제4항의 소송에 참가할 수 있다.
> ② 전조 제3항과 제4항의 소를 제기한 주주는 소를 제기한 후 지체없이 회사에 대하여 그 소송의 고지를 하여야 한다.

① 회사는 주주가 제기한 대표소송에 참가할 수 있다.

② 대표소송을 제기한 주주는 소를 제기한 후 지체 없이 회사에 대하여 그 소송의 고지를 하여야 한다. [법원직 09, 법무사 07, 15, 변호사 19]

③ 주주가 제기한 대표소송에 회사가 참가하는 것은 실질적인 주체가 참가하는 것이므로 공동소송참가에 해당한다. [법원직 21, 변호사 12, 14, 17, 18]

④ 회사의 소송참가 이후에는 주주가 소를 취하하거나 주주의 원고적격이 없어지더라도 참가인인 회사를 당사자로 하여 소송은 계속된다. 통설은 대표소송에서 회사가 피고에 참가하는 것은 허용되지 않는다고 본다.

⑤ 통설은 대표소송에서 회사가 피고에 참가하는 것은 허용되지 않는다고 본다.

⑥ ㉠ 상법 제404조 제1항의 회사 참가는 공동소송참가를 의미하는 것으로 해석함이 타당하고, 이러한 해석이 중복제소를 금지하고 있는 민사소송법 제234조에 반하는 것도 아니다. ㉡ 권리관계가 이사의 재직 중에 일어난 사유로 인한 것이더라도 이사가 이미 이사의 자리를 떠난 경우에 회사가 그 사람을 상대로 제소하는 것도 가능하고, 그 경우에는 특별한 사정이 없는 한 상법 제394조 제1항은 적용되지 않는다. 전 이사들을 상대로 하는 주주대표소송에 회사가 참가하는 경우, 상법 제394조 제1항의 적용이 배제되어 회사를 대표하는 자는 감사가 아닌 대표이사이다. [변호사 19] ㉢ 원고 주주들이 주주대표소송의 사실심 변론종결시까지 대표소송상의 원고 주주요건을 유지하지 못하여 종국적으로 소가 각하되는 운명에 있다고 할지라도 각하 판결 선고 이전에 회사가 원고 공동소송참가를 신청하였다면 그 참가 당시 피참가소송의 계속이 없다거나 그로 인하여 참가가 부적법하게 된다고 볼 수는 없다. [변호사 13, 16] ㉣ 공동소송참가는 항소심에서도 할 수 있고, 항소심절차에서 공동소송참가가 이루어진 이후에 피참가소가 소송요건의 흠결로 각하된다고 할지라도 소송의 목적이 당사자 일방과 제3자에 대하여 합일적으로 확정될 경우에 한하여 인정되는 공동소송참가의 특성에 비추어 볼 때, 심급이익 박탈의 문제는 발생하지 않는다(대판 2002.3.15, 2000다9086). [변호사 13]

⑦ ㉠ 회사가 이사 또는 감사에 대하여 그들이 선량한 관리자의 주의의무를 다하지 못하였음을 이유로 손해배상책임을 구하는 소는 회사의 재산관계에 관한 소로서 회사에 대한 파산선고가 있으면 파산관재인이 당사자 적격을 가진다(파산법 제152조). ㉡ 따라서 대표소송은 파산절차가 진행 중인 경우에는 그 적용이 없다. ㉢ 주주가 파산관재인에 대하여 이사 또는 감사에 대한 책임을 추궁할 것을 청구하였는데 파산관재인이 이를 거부하였다고 하더라도 주주가 상법 제403조, 제415조에 근거하여 대표소송을 제기할 수 없다. ㉣ 이는 주주가 회사에 대하여 책임추궁의 소의 제기를 청구하였지만 회사가 소를 제기하지 않고 있는 사이에 회사에 대하여 파산선고가 있는 경우에도 마찬가지이다(대판 2002.7.12, 2001다2617). [변호사 13, 14, 17]

⑧ 주주가 제기한 대표소송에 다른 주주가 참가하거나 회사가 제기한 소송에 주주가 참가하는 것과 관련하여, 소송지연을 이유로 부정하는 견해도 있으나 다수설은 대표소송은 다른 주주에게도 영향을 미치므로 참가를 인정한다. 참가 주주에게 원고 적격이 없고 대표소송의 기판력도 회사에 미칠 뿐 참가 주주에게 미치지 않는다는 점에서 위와 같은 참가는 공동소송적 보조참가로 본다.

4. 대표소송의 피고

① 대표소송의 피고는 이사 또는 이사이었던 자이다. 회사는 피고가 될 수 없다. [법원직 07]
② 퇴임한 이사도 재직 중 책임에 대하여 대표소송의 피고가 된다. [변호사 15]
③ 대표소송 계속 중에 이사가 퇴임하더라도 소송에 아무런 영향이 없다.
④ 업무집행관여자, 집행임원 등도 대표소송의 피고가 된다.

5. 소송법적 쟁점

> **제403조 (주주의 대표소송)** ⑥ 회사가 제1항의 청구에 따라 소를 제기하거나 주주가 제3항과 제4항의 소를 제기한 경우 당사자는 법원의 허가를 얻지 아니하고는 소의 취하, 청구의 포기 · 인락 · 화해를 할 수 없다.
>
> **제406조 (대표소송과 재심의 소)** ① 제403조의 소가 제기된 경우에 원고와 피고의 공모로 인하여 소송의 목적인 회사의 권리를 사해할 목적으로써 판결을 하게 한 때에는 회사 또는 주주는 확정한 종국판결에 대하여 재심의 소를 제기할 수 있다.

① 대표소송은 회사 본점소재지 지방법원의 전속관할이다. 따라서 합의관할 또는 응소관할에 의해 다른 법원의 관할이 인정되지 않는다. [법원직 18, 법무사 07, 변호사 12]
② 이사는 대표소송을 제기한 주주가 악의임을 소명하여 법원이 상당한 담보를 제공할 것을 명하도록 청구할 수 있다. 악의란 이사의 임무해태 등이 없었음을 안다는 것을 말한다.
③ 담보제공가액은 법원이 재량으로 정한다. 민사소송법 제117조의 담보제공과 구별된다. 민사소송법 제117조의 담보제공가액은 소송물 가액을 기준으로 정해진다.
④ 회사가 주주의 청구에 따라 이사의 책임을 추궁하는 소송을 제기하거나 주주의 대표소송이 제기된 이후에는 당사자는 법원의 허가를 얻지 아니하고는 소의 취하, 청구의 포기, 인낙, 화해를 할 수 없다. [법원직 16, 18, 법무사 07, 15, 변호사 12, 13, 19]
⑤ 대표소송은 회사의 이익을 위하여 제기하는 것이므로 처분권주의를 제한하고 있다.
⑥ 회사가 주주의 청구에 따라 이사의 책임을 추궁하는 소송을 제기하거나 주주의 대표소송이 제기된 경우에 원고와 피고의 공모로 인하여 회사의 권리를 사해할 목적으로써 판결을 하게 한 때에는 회사 또는 주주는 확정한 종국판결에 대하여 재심의 소를 제기할 수 있다. [법무사 07, 변호사 14]
⑦ 재심의 소의 주주는 소수주주가 아니어도 된다.
⑧ 주주대표소송에서 승소확정판결을 받은 주주는 위 확정판결을 집행권원으로 한 집행에 있어 집행채권자가 될 수 있다. [법원직 18, 법무사 17]

법무사 07

1 주주의 대표소송을 제기한 주주는 자신의 의사에 따라 소의 취하, 청구의 포기, 화해를 할 수 있다. (○, ×)

법무사 15

2 대표소송을 제기한 주주는 법원의 허가를 얻지 아니하고는 소의 취하를 할 수는 없으나, 청구의 포기 · 인락 · 화해는 법원의 허가 없이 가능하다. (○, ×)

법원직 18

3 주주의 대표소송이 확정되더라도 회사가 집행권자가 될 뿐 대표소송의 주주가 집행채권자가 되는 것은 아니다. (○, ×)

1 × **2** × **3** ×

6. 승소 원고의 소송비용 청구 및 악의 패소 원고의 손해배상책임

> **제405조 (제소주주의 권리의무)** ① 제403조 제3항과 제4항의 규정에 의하여 소를 제기한 주주가 승소한 때에는 그 주주는 회사에 대하여 소송비용 및 그 밖에 소송으로 인하여 지출한 비용 중 상당한 금액의 지급을 청구할 수 있다. 이 경우 소송비용을 지급한 회사는 이사 또는 감사에 대하여 구상권이 있다.
> ② 제403조 제3항과 제4항의 규정에 의하여 소를 제기한 주주가 패소한 때에는 악의인 경우 외에는 회사에 대하여 손해를 배상할 책임이 없다.

① 대표소송을 제기한 주주가 승소한 때에는 그 주주는 회사에 대하여 소송비용 및 그 밖에 소송으로 인하여 지출한 비용 중 상당한 금액의 지급을 청구할 수 있다. [법원직 09, 16, 21]

② 대표소송 승소 원고가 청구하는 소송비용은 소송비용의 부담에 관한 민사소송법의 원칙과 관계없이 산정된다. 변호사보수의 경우에도 원고가 실제로 지출한 변호사보수를 기준으로 법원이 상당하다고 인정되는 금액으로 정할 수 있다.

③ 소송비용을 지급한 회사는 이사 또는 감사에 대하여 구상권이 있다.

④ 주주가 대표소송에서 패소하였다고 하더라도 악의인 경우 외에는 회사에 대하여 손해배상책임을 부담하지는 않는다. [법원직 07, 법무사 15, 17]

⑤ 주주가 악의인 경우 회사에 대하여 손해배상책임을 진다. [변호사 16, 19] 악의란 회사를 해할 것을 알고도 부적절하게 소송을 수행한 것을 의미한다.

7. 다중대표소송

① 모회사 발행주식총수의 1% 이상에 해당하는 주식을 가진 주주는 자회사에 대하여 자회사 이사의 책임을 추궁할 소의 제기를 청구할 수 있다. 판례는 2020년 개정 상법 이전의 사안과 관련하여 다중대표소송이 허용되지 않는다고 판시하였으나(대판 2004.9.23. 2003다49221), [변호사 12, 13, 17] 2020년 개정 상법에 의해 다중대표소송이 도입되었다.

② 자회사가 위 청구를 받은 날부터 30일 내에 소를 제기하지 아니한 때에는 위 주주는 즉시 자회사를 위하여 소를 제기할 수 있다.

③ 상장회사의 경우 6개월 전부터 계속하여 상장회사 발행주식총수의 0.5% 이상에 해당하는 주식을 보유한 자는 다중대표소송을 제기할 수 있다.

④ 모회사가 보유한 자회사의 주식이 자회사 발행주식총수의 50% 이하로 감소한 경우(발행주식을 보유하지 아니하게 된 경우를 제외)에도 다중대표소송의 효력에는 영향이 없다.

⑤ 다중대표소송은 자회사의 본점소재지의 지방법원의 관할에 전속한다.

⑥ 이상의 사항을 제외하고, 대표소송에 관한 규정이 준용된다.

쟁점 01 감사

1. 의의

법원직 19

1 감사는 이사의 직무의 집행을 감사하는 주식회사의 필요적 상설기관이다. (○, ×)

법무사 15

2 자본금 총액이 10억 원 미만인 회사의 경우에도 감사를 선임하여야 한다. (○, ×)

① 감사란 회사의 업무 및 회계 감사를 주된 임무로 하는 주식회사의 필요적 상설기관을 말한다.[법원직 19]

② 감사와 회사의 관계에도 민법 위임의 규정이 준용된다.

③ 자본금 10억 원 미만의 소규모회사는 감사를 선임하지 않을 수 있다.[법무사 15, 17, 변호사 14]

④ 자산총액 1천억 원 이상 2조 원 미만의 상장회사가 감사를 두는 경우에는 상근이어야 한다.[변호사 15]

⑤ 자산총액 2조 원 이상인 상장회사는 감사를 둘 수 없고 감사위원회를 설치해야 한다.

2. 감사의 선임, 자격, 임기, 보수, 종임

(1) 감사의 선임

> **제409조 (선임)** ① 감사는 주주총회에서 선임한다.
> ② 의결권없는 주식을 제외한 발행주식의 총수의 100분의 3(정관에서 더 낮은 주식 보유비율을 정할 수 있으며, 정관에서 더 낮은 주식 보유비율을 정한 경우에는 그 비율로 한다)을 초과하는 수의 주식을 가진 주주는 그 초과하는 주식에 관하여 제1항의 감사의 선임에 있어서는 의결권을 행사하지 못한다.
> ③ 회사가 제368조의4 제1항에 따라 전자적 방법으로 의결권을 행사할 수 있도록 한 경우에는 제368조 제1항에도 불구하고 출석한 주주의 의결권의 과반수로써 제1항에 따른 감사의 선임을 결의할 수 있다.
> ④ 자본금의 총액이 10억 원 미만인 회사의 경우에는 감사를 선임하지 아니할 수 있다.

법무사 03, 07

3 감사는 이사회에서 선임한다. (○, ×)

법원직 11, 14, 법무사 19

4 주주총회에서 감사선임결의는 출석한 주주의 의결권의 과반수와 발행주식총수의 4분의 1 이상의 수로써 하여야 하는데 이때 발행주식 총수에는 감사선임결의에서 의결권 행사가 제한되는 3% 초과 주식수는 포함되지 않는다(제409조 제2항). (○, ×)

법무사 05

5 감사의 선임에 있어서 의결권 없는 주식을 제외한 발행주식의 총수의 100분의 3을 초과하는 수의 주식을 가진 주주는 주식 전체에 대하여 의결권을 행사하지 못한다. (○, ×)

① 감사는 주주총회의 보통결의로 선임한다.[법원직 11, 법무사 03, 07] 다만 회사가 전자적 방법으로 의결권을 행사할 수 있도록 한 경우에는 출석한 주주의 의결권의 과반수로써 감사의 선임을 결의할 수 있다.

② 감사는 주주총회에서 감사의 해임에 관하여 의견을 진술할 수 있다.

③ 비상장회사의 경우, 의결권없는 주식을 제외한 발행주식의 총수의 3%를 초과하는 수의 주식을 가진 주주는 그 초과하는 주식에 관하여 감사의 선임에 있어서는 의결권을 행사하지 못한다.

④ 위와 같이 3%를 초과하는 주식은 상법 제368조 제1항의 총회 결의요건 중 '발행주식총수의 4분의 1 이상'에서 말하는 '발행주식총수'에는 산입되지 않는다.[법원직 07, 11, 15, 법무사 05, 08, 14, 15, 19, 20, 변호사 15, 18]

⑤ 회사는 정관에서 3%보다 더 낮은 주식 보유비율을 정할 수 있으며, 정관에서 더 낮은 주식 보유비율을 정한 경우에는 그 비율로 한다.

⑥ 상장회사의 감사를 선임 또는 해임할 때에는 의결권 없는 주식을 제외한 발행주식총수의 3%를 초과하는 수의 주식을 가진 주주는 그 초과하는 주식에 관하여 의결권을 행사하지 못한다. 회사는 정관에서 더 낮은 주식 보유비율을 정할 수 있다. 주주가 최대주주인 경우에는 특수관계인 등이 소유하는 주식을 합산한다.

1 ○ **2** × **3** × **4** ○ **5** ×

⑦ 합산되는 주식은 주주가 직접 보유한 주식뿐만 아니라 의결권 행사를 위임받은 주식을 포함한다.

⑧ 위임인이 의결권의 내용을 결정하고 단지 표결만을 위임한 경우에는 3% 초과 주식 산정시 합산하지 않는다(서울중앙지방법원 2008.4.28. 2008카합1306).

⑨ 주주총회에서 이사나 감사를 선임하는 경우, 선임결의와 피선임자의 승낙만 있으면, 피선임자는 대표이사와 별도의 임용계약을 체결하였는지 관계없이 이사나 감사의 지위를 취득한다 (대판 2017.3.23. 2016다251215).[법원직 14. 19. 법무사 09. 10. 17. 19. 변호사 19]

(2) 감사의 자격

> **제411조 (겸임금지)** 감사는 회사 및 자회사의 이사 또는 지배인 기타의 사용인의 직무를 겸하지 못한다.

① 비상장회사 감사의 자격에는 제한이 없다. 제한능력자도 비상장회사의 감사가 될 수 있다.

② 상장회사의 경우 ㉠ 미성년자 등 제한능력자, ㉡ 파산선고 후 복권되지 않은 자, ㉢ 금고 이상의 형을 선고받고 그 집행이 끝나거나 집행이 면제된 후 2년이 지나지 아니한 자, ㉣ 법률 위반으로 해임되거나 면직된 후 2년이 지나지 아니한 자, ㉤ 주요주주 및 그의 배우자와 직계 존속·비속, ㉥ 회사 또는 계열회사의 상무에 종사하거나 2년 이내에 회사의 상무에 종사하였던 이사·집행임원 및 피용자 등은 상근감사가 될 수 없다.

③ 감사는 회사 및 자회사의 이사, 지배인 기타의 사용인의 직무를 겸하지 못한다.[법원직 07. 11. 15. 법무사 03. 05. 07. 08. 15. 변호사 19]

④ 자회사의 감사가 모회사 감사를 겸임하거나 자회사의 감사가 모회사의 이사를 겸임하는 것은 가능하다.

⑤ 감사가 회사 또는 자회사의 이사 또는 지배인 기타의 사용인에 선임되거나 반대로 회사 또는 자회사의 이사 또는 지배인 기타의 사용인이 회사의 감사에 선임된 경우에는 그 선임행위는 각각의 선임 당시에 있어 현직을 사임하는 것을 조건으로 하여 효력을 가지고, 피선임자가 새로이 선임된 지위에 취임할 것을 승낙한 때에는 종전의 직을 사임하는 의사를 표시한 것으로 해석해야 한다(대판 2007.12.13. 2007다60080).[법무사 09. 변호사 18. 19]

(3) 감사의 임기

> **제410조 (임기)** 감사의 임기는 취임후 3년내의 최종의 결산기에 관한 정기총회의 종결시까지로 한다.

감사의 임기는 취임 후 3년 내의 최종의 결산기에 관한 정기총회의 종결시까지로 한다. 정관으로도 연장 또는 단축할 수 없다.[법원직 07. 14. 법무사 03. 05. 17. 19. 변호사 19]

(4) 감사의 보수

감사의 재직 중 직무수행 대가로서의 퇴직금에 관하여 정관에 그 액을 정하지 아니한 때에는 주주총회의 결의로 이를 정한다.[변호사 16]

(5) 감사의 종임

① 종임사유, 특별결의에 의한 해임, 소수주주의 해임청구권, 결원의 처리, 직무집행정지 가처분 및 직무대행자선임은 모두 이사에 관한 규정이 준용된다.

② 민법상 위임 종료사유 또한 감사의 종임에 적용된다. 주주총회 특별결의로 감사를 해임하는 경우, 선임의 경우와 달리 3% 초과 주식의 의결권이 제한되지 않는다.

법무사 09
1 감사는 주주총회의 선임결의만으로 바로 감사의 지위를 취득한다. (○, ×)

법원직 10. 14
2 주주총회의 감사선임결의로 감사의 지위를 취득한다. (○, ×)

법무사 17. 19
3 주주총회에서 감사를 선임하는 경우, 그 선임결의가 있었다고 하여 바로 피선임자가 감사의 지위를 취득하는 것은 아니고 회사의 대표기관과 별도로 임용계약을 체결하여야 감사의 지위를 취득하게 된다. (○, ×)

법무사 07
4 감사는 이사 또는 지배인의 직무를 겸할 수 있다. (○, ×)

5 감사의 임기는 취임 후 3년 내의 최종의 결산기에 관한 정기총회의 종결시까지로 하며, 정관으로 이를 연장하거나 단축할 수 있다. (○, ×)

1 × **2** × **3** × **4** × **5** ×

③ 감사가 임기만료 전에 정당한 이유 없이 주주총회의 특별결의로 해임되었음을 이유로 회사를 상대로 남은 임기 동안 또는 임기 만료 시 얻을 수 있었던 보수 상당액을 해임으로 인한 손해배상액으로 청구하는 경우, 당해 감사가 그 해임으로 인하여 남은 임기 동안 회사를 위한 위임사무 처리에 들이지 않게 된 자신의 시간과 노력을 다른 직장에 종사하여 사용함으로써 얻은 이익이 해임과 사이에 상당인과관계가 인정된다면 해임으로 인한 손해배상액을 산정함에 있어서 공제되어야 한다(대판 2013.9.26. 2011다42348).

④ 감사정보비, 업무추진비, 출장비 일부의 부적절한 집행 등 잘못이 있다 하더라도 그러한 사유들만으로는 원고가 감사로서의 업무를 집행하는 데 장해가 될 만한 객관적 상황이 발생하였다고 볼 수 없으므로 이 사건 해임에는 정당한 해임사유가 존재하지 아니한다(대판 2013.9.26. 2011다42348).

⑤ 감사는 언제든지 상법 제434조의 규정에 의한 주주총회의 결의로 해임할 수 있다.[법무사 19]

3. 감사의 권한

(1) 업무 및 회계감사권

법무사 06

1 감사는 이사의 직무집행에 대하여는 감사할 수 없다.
(○, ×)

① 감사는 이사의 직무집행에 대한 감사권을 가진다.[법원직 19. 법무사 03. 06] 이러한 감사의 직무집행 감사권은 회계감사도 포함한다.

② 업무집행의 효율성과 합목적성은 경영진의 판단에 속하므로 감사의 직무감사권은 적법성 감사에 한정되고 타당성에 대한 감사는 상법상 명문의 규정이 있는 경우 외에는 인정되지 않는다고 본다.

(2) 보고요구, 조사권

① 감사는 언제든지 이사에 대하여 영업에 관한 보고를 요구하거나 회사의 업무와 재산 상태를 조사할 수 있다.[법무사 03. 08. 15. 변호사 19]

② 감사는 회사의 비용으로 전문가의 도움을 구할 수 있다.[법무사 03]

③ 이사는 정기총회회일의 6주간 전에 재무제표와 영업보고서를 감사에게 제출하여야 한다.[법원직 19]

(3) 자회사에 대한 보고요구, 조사권

> **제412조의5 (자회사의 조사권)** ① 모회사의 감사는 그 직무를 수행하기 위하여 필요한 때에는 자회사에 대하여 영업의 보고를 요구할 수 있다.
> ② 모회사의 감사는 제1항의 경우에 자회사가 지체 없이 보고를 하지 아니할 때 또는 그 보고의 내용을 확인할 필요가 있는 때에는 자회사의 업무와 재산 상태를 조사할 수 있다.
> ③ 자회사는 정당한 이유가 없는 한 제1항의 규정에 의한 보고 또는 제2항의 규정에 의한 조사를 거부하지 못한다.

법무사 07

2 모회사의 감사라 하더라도 자회사에 대하여 직접 영업보고를 요구할 수는 없다.(○, ×)

① 모회사의 감사는 그 직무를 수행하기 위하여 필요한 때에는 자회사에 대하여 영업의 보고를 요구할 수 있다.[법원직 15. 법무사 07]

② 모회사의 감사는 자회사가 지체 없이 보고를 하지 아니하거나 그 보고의 내용을 확인할 필요가 있는 경우 자회사의 업무와 재산 상태를 조사할 수 있다.[변호사 19. 20]

③ 자회사는 정당한 이유가 없는 한 보고 또는 조사를 거부하지 못한다.[법원직 15. 법무사 07] 다만 감사의 이러한 권한이 자회사에 대한 감사권을 의미하는 것은 아니다. 즉 자회사에 대한 보고요구, 조사권은 모회사의 감사를 위하여 필요한 범위로 한정된다.

1 × **2** ×

(4) 이사회 출석 및 의견진술권

① 감사는 이사회에 출석하여 의견을 진술할 수 있다. 따라서 감사에게도 이사회 소집통지를 하여야 한다.

② 감사의 이사회 출석은 부수적인 권한인 관계로 감사에게 이사회 소집통지를 하지 않았다고 해서 이사회결의에 하자가 있는 것은 아니다.

(5) 이사회 소집청구권

> **제412조의4 (감사의 이사회 소집 청구)** ① 감사는 필요하면 회의의 목적사항과 소집이유를 서면에 적어 이사(소집권자가 있는 경우에는 소집권자를 말한다)에게 제출하여 이사회 소집을 청구할 수 있다.
>
> ② 제1항의 청구를 하였는데도 이사가 지체 없이 이사회를 소집하지 아니하면 그 청구한 감사가 이사회를 소집할 수 있다.

① 감사는 필요하면 회의의 목적사항과 소집이유를 적은 서면으로 이사에게 이사회 소집을 청구할 수 있다. [법무사 15, 17]

② 감사의 소집 청구에도 이사가 지체 없이 이사회를 소집하지 아니하면 그 청구한 감사가 이사회를 소집할 수 있다. [법무사 15, 17]

(6) 임시주주총회 소집청구권

> **제412조의3 (총회의 소집청구)** ① 감사는 회의의 목적사항과 소집의 이유를 기재한 서면을 이사회에 제출하여 임시총회의 소집을 청구할 수 있다.

① 감사는 회의의 목적사항과 소집의 이유를 기재한 서면을 이사회에 제출하여 임시총회의 소집을 청구할 수 있다. [법원직 15, 법무사 06, 15]

② 감사의 소집 청구가 있은 후 지체 없이 총회소집의 절차를 밟지 아니한 때에는 청구한 감사는 법원의 허가를 받아 총회를 소집할 수 있다. 이 경우 주주총회의 의장은 법원이 이해관계인의 청구나 직권으로 선임할 수 있다.

(7) 위법행위유지청구권

이사가 법령 또는 정관에 위반한 행위를 하여 이로 인하여 회사에 회복할 수 없는 손해가 생길 염려가 있는 경우에는 감사는 회사를 위하여 이사에 대하여 그 행위를 유지할 것을 청구할 수 있다.

(8) 소 제기 권한

감사는 ① 회사설립무효의 소, ② 주주총회결의 취소의 소, ③ 신주발행무효의 소, ④ 감자무효의 소, ⑤ 합병무효의 소, ⑥ 분할·분할합병무효의 소를 제기할 수 있다.

(9) 이사와 회사 사이의 소에 관한 회사대표권

> **제394조 (이사와 회사 간의 소에 관한 대표)** ① 회사가 이사에 대하여 또는 이사가 회사에 대하여 소를 제기하는 경우에 감사는 그 소에 관하여 회사를 대표한다.
>
> ② 제415조의2의 규정에 의한 감사위원회의 위원이 소의 당사자인 경우에는 감사위원회 또는 이사는 법원에 회사를 대표할 자를 선임하여 줄 것을 신청하여야 한다.

1 감사는 회의의 목적사항과 소집의 이유를 기재한 서면을 필요하면 이사(소집권자가 있는 경우에는 소집권자)에게 제출하여 이사회 소집을 청구할 수 있으나 임시총회의 소집은 청구할 수 없다. (O, X)

1 ×

2 회사가 이사에 대하여 또는 이사가 회사에 대하여 소를 제기하는 경우에 감사는 그 소에 관하여 회사를 대표한다.

(○, ×)

법무사 17

3 회사가 전(前) 이사들을 상대로 하는 주주의 대표소송에 참가하는 경우 회사를 대표하는 자는 대표이사가 아닌 감사이다.

(○, ×)

법무사 18

1 ○ **2** ○ **3** × **4** × **5** ×

1) 감사의 회사 대표권

① 회사가 이사에 대하여 또는 이사가 회사에 대하여 소를 제기하는 경우에 감사는 그 소에 관하여 회사를 대표한다.[법무사 03, 06, 10, 17, 18, 20]

② 소수주주가 대표소송을 제기하기 전에 회사에 대하여 이사의 책임을 추궁하도록 소 제기를 청구하는 경우에도 감사가 회사를 대표한다.[법무사 18]

③ 전 이사들을 상대로 하는 주주대표소송에 회사가 참가하는 경우, 상법 제394조 제1항의 적용이 배제되어 회사를 대표하는 자는 대표이사이다(대판 2002.3.15. 2000다9086).[법무사 17, 20, 변호사 19]

④ 일시대표이사가 선임된 회사에서 해당 회사가 이사를 상대로 이사지위의 부존재 확인을 구하는 소송을 제기할 경우에는 감사가 회사를 대표하지 않는다(대판 2018.3.15. 2016다275679).[법무사 18]

⑤ 이사와 회사 사이의 소에서 감사로 하여금 회사를 대표하도록 한 취지는, 이사와 회사 양자 간에 이해의 충돌이 있기 쉬우므로 그 충돌을 방지하고 공정한 소송수행을 확보하기 위한 것이다.[법무사 18]

2) 감사위원회의 대표권

① 감사위원회가 설치되어 있는 경우에는 위의 경우 감사위원회가 회사를 대표한다.

② 감사위원회의 위원이 소의 당사자인 경우에는 감사위원회 또는 이사는 법원에 회사를 대표할 자를 선임하여 줄 것을 신청하여야 한다.[변호사 20]

③ 감사위원회와 집행임원이 설치된 회사의 경우, 소송상대방이 사임한 또는 퇴임한 이사일 때 소송상 회사의 대표는 대표집행임원이 하며, 소송상대방이 감사위원회의 위원이 아닌 이사인 경우 소송상 회사의 대표는 감사위원회 위원이 한다.

3) 법원에 대한 대표자 선임 신청

① 감사를 선임하지 않은 회사가 이사에 대하여 또는 이사가 그 회사에 대하여 소를 제기하는 경우에 회사, 이사 또는 이해관계인은 법원에 회사 대표자를 선임해 줄 것을 신청해야 한다.

② 이사가 회사를 상대로 사임을 주장하면서 이사직을 사임한 취지의 변경등기를 구하는 소에 관하여 회사를 대표할 사람은 감사가 아니라 대표이사이다(대결 2013.9.9. 2013마273).[법원직 14, 변호사 19]

③ ㉠ 피고 회사의 이사인 원고가 피고 회사에 대하여 소를 제기하면서 대표이사를 대표자로 표시한 소장을 제출하고, 법원도 피고 회사의 대표이사에게 소장 부본을 송달하여 피고 회사의 대표이사로부터 위임받은 변호사들에 의하여 소송이 수행되었다면, 피고회사를 대표할 권한이 대표이사에게 없기 때문에 소장이 피고에게 적법유효하게 송달되었다고 볼 수 없음은 물론 피고 회사의 대표이사가 피고를 대표하여 한 소송행위나 피고 회사의 대표이사에 대하여 원고가 한 소송행위는 모두 무효이다.[법무사 18] ㉡ 이러한 경우에도 피고 회사의 대표자를 감사로 표시를 정정하여 그 흠결을 보정할 수 있고 피고 회사의 감사가 위와 같이 무효인 종전의 소송행위를 추인하는지의 여부와는 관계없이 소송은 유효하게 된다. 이러한 보정은 속심제를 채택한 우리 민사소송법의 구조와 민사소송의 이념 및 민사소송법 제388조 등에 비추어 보면 항소심에서도 할 수 있다(대판 1990.5.11. 89다카15199).

4. 감사의 의무

① 감사는 회사와 위임관계에 있으므로 선관주의의무를 부담한다.

② 감사는 재임 중 뿐만 아니라 퇴임 후에도 직무상 알게 된 회사의 영업상 비밀에 대한 비밀유지의무를 부담한다.

③ 비상임 감사는 감사로서의 선관주의의무 위반에 따른 책임을 지지 않는다는 주장은 허용될 수 없다(대판 2009.11.12. 2007다53785).[법무사 09]

④ 감사는 충실의무는 부담하지 않는다고 본다.

⑤ 감사에 대해서는 제382조의3, 제397조, 제397조의2, 제398조가 준용되지 않으므로, 감사에 대해서는 경업금지, 회사기회유용금지, 자기거래 등에 이사회의 승인이 요구되지 않는다.[법원직 07. 14]

⑥ 감사는 이사의 위법행위 등에 대한 이사회 보고의무, 주주총회 의안 등에 대한 조사 및 의견 진술의무, 감사록 작성의무, 이사에 대한 감사보고서 제출의무를 부담한다.

⑦ 감사는 이사가 주주총회에 제출할 의안 및 서류를 조사하여 법령 또는 정관에 위반하거나 현저하게 부당한 사항이 있는지의 여부에 관하여 주주총회에 그 의견을 진술하여야 한다.[변호사 18]

⑧ 감사는 재무제표와 영업보고서를 받는 날로부터 4주 내에 감사보고서를 이사에게 제출하여야 한다.[법원직 19]

5. 감사의 책임

① 감사는 이사와 동일하게 회사 또는 제3자에 대한 손해배상책임을 부담한다.[법원직 09. 법무사 06. 07]

② 발행주식총수의 1% 이상에 해당하는 주식을 가진 주주는 회사에 대하여 감사의 책임을 추궁할 소의 제기를 청구할 수 있다.[변호사 15]

③ 총주주의 동의로 감사의 책임이 면제될 수 있고, 정관으로 감사의 책임이 제한될 수 있다. 비상근감사의 경우에도 상근감사와 동일한 요건으로 손해배상책임이 적용된다.

④ 다만, 감사는 업무집행기관은 아니므로 제402조의 위법행위 유지청구권은 적용되지 않는다.

⑤ ㉠ 감사가 실질적으로 감사의 직무를 수행할 의사가 전혀 없으면서도 자신의 도장을 이사에게 맡기는 등 명의만을 빌려줌으로써 이사로 하여금 어떠한 간섭이나 감독도 받지 않고 재무제표 등에 허위사실을 기재한 다음 분식된 재무제표 등을 이용하여 제3자에게 손해를 입히도록 묵인하거나 방치한 경우, 감사는 악의 또는 중대한 과실로 인하여 임무를 해태한 때에 해당하여 그로 말미암아 제3자가 입은 손해를 배상할 책임이 있다.[법무사 09. 변호사 18] ㉡ 감사가 결산 관련 업무 자체를 수행하기는 하였으나 재무제표 등이 허위로 기재되었다는 사실을 과실로 알지 못한 경우, 분식결산이 쉽게 발견 가능한 것이어서 조금만 주의를 기울였더라면 허위로 작성된 사실을 알아내 이사가 허위의 재무제표 등을 주주총회에서 승인받는 것을 저지할 수 있었다는 등 중대한 과실을 추단할 만한 사정이 인정되어야 제3자에 대한 손해배상의 책임을 인정할 수 있다. ㉢ 분식결산이 회사의 다른 임직원들에 의하여 조직적으로 교묘하게 이루어진 것이어서 감사가 쉽게 발견할 수 없었던 때에는 분식결산을 발견하지 못하였다는 사정만으로 중대한 과실이 있다고 할 수는 없고, 감사에게 분식결산으로 인하여 제3자가 입은 손해에 대한 배상책임을 인정할 수 없다(대판 2008.2.14. 2006다82601).

⑥ 대규모 상장기업에서 일부 임직원의 전횡이 방치되고 있거나 중요한 재무정보에 대한 감사의 접근이 조직적·지속적으로 차단되고 있는 상황이라면, 감사의 주의의무는 경감되는 것이 아니라 오히려 현격히 가중된다(대판 2008.9.11. 2006다68636).

⑦ 금융기관의 감사위원이 심사부의안과 대출심사자료만 선량한 관리자의 주의의무로 검토하였더라도 대출이 형식적인 신용조사만을 거쳐 충분한 채권보전조치 없이 이루어지는 것임을 쉽게 알 수 있는 경우, 감사위원은 관계 서류의 제출 요구 등을 통해 대출이 위법·부당한 것인지 여부에 관하여 추가로 조사하거나 감사위원회를 통해 이사회에 위와 같은 사실을 보고하여 위법·부당한 행위의 시정 등을 요구할 의무가 있다(대판 2017.11.23. 2017다251694).

법무사 07

1 감사가 그 임무를 해태한 때에는 회사에 대하여 손해를 배상할 책임이 있으나, 직접 제3자에 대하여 손해를 배상할 상법상의 책임은 없다. (○, ×)

법무사 09

2 실질적으로 감사로서의 직무를 수행할 의사가 전혀 없이 자신의 도장을 이사에게 맡기는 등의 방식으로 그 명의만을 빌려준 경우에는 감사로서의 직무를 전혀 수행한 바가 없으므로 제3자에 대한 손해배상책임이 발생할 여지가 없다. (○, ×)

1 × 2 ×

1. 의의

> **제415조의2 (감사위원회)** ① 회사는 정관이 정한 바에 따라 감사에 갈음하여 제393조의2의 규정에 의한 위원회로서 감사위원회를 설치할 수 있다. 감사위원회를 설치한 경우에는 감사를 둘 수 없다.

① 감사위원회란 이사회의 위원회로 감사를 대체하는 감사기관으로 도입된 위원회를 말한다.
② 회사는 정관이 정한 바에 따라 감사에 갈음하여 감사위원회를 설치할 수 있다.[법원직 11, 법무사 07, 19]
③ 감사위원회를 설치한 경우에는 감사를 둘 수 없다.[법원직 19, 변호사 13, 법무사 07, 19]
④ 자산총액 2조 원 이상인 상장회사는 감사위원회를 설치해야 한다.

법원직 19

1 회사는 감사에 갈음하여 이사회 내 위원회로서 감사위원회를 설치할 수 있고, 감사를 두면서 이사회 내 위원회로서 감사위원회를 함께 설치할 수도 있다. (○, ×)

2. 감사위원의 선임, 종임

> **제415조의2 (감사위원회)** ② 감사위원회는 제393조의2 제3항에도 불구하고 3명 이상의 이사로 구성한다. 다만, 사외이사가 위원의 3분의 2 이상이어야 한다.
> ③ 감사위원회의 위원의 해임에 관한 이사회의 결의는 이사 총수의 3분의 2 이상의 결의로 하여야 한다.

(1) 감사위원의 자격

법무사 03

2 감사위원회는 3인 이상의 감사로 구성한다. (○, ×)

① 비상장회사의 감사위원의 자격에 대한 특별한 제한은 없다. 다만, 사외이사가 감사위원의 3분의 2 이상이 되어야 한다.[법무사 03, 변호사 15]
② 자산총액 2조 원 이상인 상장회사는 감사위원 중 최소한 1명은 회계 또는 재무전문가이어야 하고, 감사위원회 대표는 사외이사이어야 한다.
③ 상근감사의 결격사유는 사외이사가 아닌 감사위원에게도 적용된다.
④ 자산총액 2조 원 미만 1천억 원 이상인 회사가 감사위원회를 두는 경우에는 자산총액 2조 원 이상인 회사의 감사위원회만 가능하다.[변호사 15]
⑤ 자산총액 1천억 원 미만인 상장회사는 비상장회사의 감사위원회를 둘 수 있으므로, 비상장회사의 감사위원회에 관한 규정이 적용된다.

(2) 감사위원의 선임과 해임

1) 비상장회사 감사위원의 선임과 해임

① 감사위원회는 3인 이상의 이사로 구성된다.
② 비상장회사 감사위원의 선임은 이사회결의로 하고, 해임은 이사 총수의 3분의 2 이상의 이사회결의로 한다.[법원직 11, 변호사 13, 20]

2) 자산총액 2조 원 이상 상장회사의 감사위원 선임과 해임

① 주주총회에 의한 감사위원의 선임
  ㉠ 주주총회가 감사위원을 선임, 해임한다.
  ㉡ 회사가 전자적 방법으로 의결권을 행사할 수 있도록 한 경우에는 출석한 주주의 의결권의 과반수로써 감사위원회위원의 선임을 결의할 수 있다.
  ㉢ 주주총회에서 이사를 선임한 후 선임된 이사 중에서 감사위원회위원을 선임하여야 한다.

1 × **2** ×

② 분리선임
　　㉠ 감사위원회위원 중 1명은 주주총회 결의로 다른 이사들과 분리하여 감사위원회위원이 되
　　　는 이사로 선임하여야 한다.
　　㉡ 이사들과 분리하여 선임하는 감사위원회위원이 되는 이사의 수는 정관에서 2명 이상으로
　　　정할 수 있으며, 정관으로 정한 경우에는 그에 따른 인원으로 한다.
③ 감사위원회 위원의 해임: 감사위원회 위원은 주주총회의 특별결의로 해임할 수 있다. 이 경우
　　분리하여 선임된 감사위원회위원은 이사와 감사위원회위원의 지위를 모두 상실한다.
④ 의결권의 제한
　　㉠ 감사위원회위원을 선임 또는 해임할 때에는 의결권 없는 주식을 제외한 발행주식총수의
　　　3%를 초과하는 수의 주식을 가진 주주는 그 초과하는 주식에 관하여 의결권을 행사하지
　　　못한다.
　　㉡ 정관에서 더 낮은 주식 보유비율을 정할 수 있으며, 정관에서 더 낮은 주식 보유비율을
　　　정한 경우에는 그 비율로 한다.
　　㉢ 최대주주인 경우에는 사외이사가 아닌 감사위원회위원을 선임 또는 해임할 때에 그의 특
　　　수관계인 등이 소유하는 주식을 합산한다.
　　㉣ 최대주주가 아닌 주주와 그 특수관계인 등에 대하여도 일정 비율을 초과하여 소유하는 주
　　　식에 관하여 감사의 선임 및 해임에 있어서 의결권을 제한하는 내용의 정관 규정이나 주
　　　주총회결의 등은 무효이다(대판 2009.11.26. 2009다51820). [변호사 14]
3) 자산총액 2조 원 미만 1천억 원 이상인 상장회사의 감사위원 선임
　　자산총액 2조 원 미만 1천억 원 이상인 회사가 감사위원회를 두는 경우에는 자산총액 2조 원 이상
　　인 회사의 감사위원회만 가능하므로 위와 같은 내용이 동일하게 적용된다.
4) 자산총액 1천억 원 미만인 상장회사의 감사위원 선임
　　자산총액 1천억 원 미만인 상장회사는 비상장회사와 동일하게 이사회 결의로 감사위원을 선임하
　　고 이사 총수의 3분의 2 이상의 이사회 결의로 감사위원을 해임한다.

(3) 감사위원의 임기
① 상법은 감사위원의 임기에 대하여 별도로 규정하고 있지 않다.
② 감사위원의 임기는 정관이나 이사회결의로 정할 수 있다고 본다.
③ 이사회결의로도 감사위원의 임기를 정하지 않은 경우, 이사 지위가 종료되면 감사위원 지위도
　　종료된다고 본다.

3. 감사위원회의 운영
① 감사위원회의 소집과 결의방법 등은 상법상 위원회 규정이 적용된다.
② 감사위원회를 소집하기 위해서는 회일을 정하고 그 1주일 전에 각 위원에게 통지를 발송하여야
　　하는데, 감사위원 전원의 동의가 있으면 이러한 절차 없이 언제든지 회의할 수 있다. [변호사 20]
③ 감사위원회는 그 결의로 위원회를 대표할 자를 선정해야 한다. 이 경우 수인의 위원이 공동
　　으로 위원회를 대표할 것을 정할 수 있다. [법무사 03]
④ 자산총액 2조 원 이상인 상장회사의 감사위원회 대표위원은 사외이사이어야 한다.
⑤ 감사위원회가 결의한 사항에 대해서는 이사회가 다시 결의할 수 없다. [변호사 15]

4. 감사위원회의 권한

① 상법은 감사의 권한에 관한 조항을 감사위원회에 준용하고 있다.

② 감사위원회가 이사회의 업무집행에 대한 타당성 여부를 감사할 수 있는지에 대해서는 부정설도 존재하나 감사의 경우와 달리 감사위원은 동시에 이사회의 구성원이므로 감사위원회에서 이사회의 업무집행에 대한 타당성도 감사할 수 있다고 보는 견해가 유력하다.

5. 감사위원회의 의무와 책임

① 상법은 감사의 의무와 책임에 관한 조항을 감사위원회에 준용하고 있다.

② 감사위원회는 감사와 동일한 의무와 책임을 부담한다. 다만 임기 중 해임시 손해배상청구에 관한 조항(제415조, 제385조)은 준용되지 않는다.

③ 감사위원회의 위원이 고의 · 과실로 선량한 관리자의 주의의무를 위반하여 그 임무를 해태한 때에는 그로 인하여 회사가 입은 손해를 배상할 책임이 있다.[법원직 19]

제7절 상장회사 특례

1. 주식매수선택권

법원직 10

1 회사의 상장여부를 불문하고, 주식매수선택권은 상법 시행령의 규정에 의해서 발행주식총수의 100분의 15를 넘을 수 없다.
(O, X)

① 주식매수선택권 부여에 따라 발행할 신주 또는 양도할 자기의 주식은 비상장회사는 발행주식총수의 10%, 상장회사는 발행주식총수의 15%를 초과할 수 없다.[법원직 10]

② 상장회사는 정관으로 정하는 바에 따라 발행주식 총수의 10% 범위 내에서 시행령으로 정하는 한도까지(최근 사업연도 말 현재의 자본금이 3천억 원 이상인 법인은 발행주식총수의 1% 이내, 최근 사업연도 말 현재의 자본금이 3천억 원 미만인 법인은 발행주식총수의 3% 이내) 이사회 결의로 주식매수선택권을 부여하고 주주총회의 승인을 받는 것이 가능하다.

③ 상장회사가 이사회 결의로 주식매수선택권을 부여하는 경우 관계 회사의 이사에게 주식매수선택권을 부여할 수 있으나, 해당 회사의 이사에게는 주식매수선택권을 부여할 수 없다.

④ 주식매수선택권은 주식매수선택권을 부여하기로 결의한 주주총회 결의일부터 2년 이상 재임 또는 재직하여야 이를 행사할 수 있다.

⑤ 상장회사는 사망 또는 본인의 책임이 아닌 사유로 퇴임하거나 퇴직한 경우에는 2년 이상 재임하지 않더라도 주식매수선택권을 행사할 수 있으나 정년퇴직으로 2년 이상 재임하지 못한 경우에는 주식매수선택권을 행사할 수 없다.

2. 주주총회 소집공고

① 상장회사가 주주총회를 소집하는 경우 발행주식총수의 1% 이하의 주식을 소유하는 주주에게는 정관에 따라 주주총회일 2주 전에 주주총회를 소집하는 뜻과 회의의 목적사항을 둘 이상의 일간신문에 각각 2회 이상 공고하거나 전자적 방법으로 공고하여 개별 소집통지를 대신할 수 있다.

② 상장회사가 이사 · 감사의 선임에 관한 사항을 목적으로 하는 주주총회를 소집통지 또는 공고하는 경우에는 이사 · 감사 후보자의 성명, 약력, 추천인, 후보자와 최대주주와의 관계, 후보자와 해당 회사와의 최근 3년간의 거래 내역 등을 통지하거나 공고하여야 한다.[변호사 12]

1 ×

3. 이사·감사의 선임방법

상장회사의 이사 또는 감사는 주주총회 소집통지 또는 공고한 후보자 중에서 선임하여야 한다.

4. 소수주주권

① 6개월 전부터 계속 상장회사 발행주식총수 1.5% 이상의 주식을 보유한 자는 회의 목적사항과 소집이유를 적은 서면 등을 이사회에 제출하여 임시총회의 소집을 청구할 수 있고 이러한 청구 후 지체 없이 총회소집의 절차를 밟지 않은 경우 법원의 허가를 받아 총회를 소집할 수 있고, 회사의 업무와 재산상태를 조사하게 하기 위해 법원에 검사인 선임을 청구할 수 있다.
[법원직 10]

② 6개월 전부터 계속 상장회사의 의결권 없는 주식을 제외한 발행주식총수 1%(사업연도 말 현재 자본금이 1천억 원 이상인 상장회사의 경우 0.5%) 이상의 주식을 보유한 자는 주주제안권을 행사할 수 있다.

③ 6개월 전부터 계속 상장회사 발행주식총수 0.5%(사업연도 말 현재 자본금이 1천억 원 이상인 상장회사의 경우 0.25%) 이상의 주식을 보유한 자는 이사의 직무상 부정행위 또는 법령, 정관위반행위에도 불구하고 주주총회에서 그 해임을 부결한 때에는 총회의 결의가 있은 날부터 1월 내에 그 이사의 해임을 법원에 청구할 수 있고, 청산인이 업무 집행에 있어 현저하게 부적임하거나 중대한 임무에 위반한 행위가 있는 경우 법원에 청산인의 해임을 청구할 수 있다.

④ 6개월 전부터 계속 상장회사 발행주식총수 0.1%(사업연도 말 현재 자본금이 1천억 원 이상인 상장회사의 경우 0.05%) 이상의 주식을 보유한 자는 회계장부 등의 열람등사를 청구할 수 있다.

⑤ 6개월 전부터 계속 상장회사 발행주식총수 0.05%(사업연도 말 현재 자본금 1천억 원 이상인 상장회사의 경우 0.025%) 이상의 주식을 보유한 자는 유지청구권을 행사할 수 있다.[변호사 17]

⑥ 6개월 전부터 계속 상장회사 발행주식총수 0.01% 이상의 주식을 보유한 자는 주주대표소송을 제기할 수 있다(제542조의6 제6항). 6개월 전부터 계속하여 상장회사 발행주식총수의 0.5% 이상에 해당하는 주식을 보유한 자는 다중대표소송을 제기할 수 있다.

⑦ 상장회사는 정관에서 이상에 규정된 것보다 단기의 주식 보유기간을 정하거나 낮은 주식 보유비율을 정할 수 있다.

⑧ 주식을 보유한 자란 주식을 소유한 자, 주주권 행사에 관한 위임을 받은 자, 2명 이상 주주의 주주권을 공동으로 행사하는 자를 말한다. 소수주주권에 관한 상장회사 특례 조항은 비상장회사에 관한 소수주주권의 행사에 영향을 미치지 않는다.

⑨ 주권상장법인 내지 협회등록법인의 주주는 증권거래법 제191조의13 제5항이 정하는 6월의 보유기간 요건을 갖추지 못한 경우라 할지라도 상법 제366조의 요건을 갖추고 있으면 그에 기하여 주주총회소집청구권을 행사할 수 있다(대판 2004.12.10. 2003다41715).

5. 집중투표

① 상장회사에 대하여 집중투표의 방법으로 이사를 선임할 것을 청구하는 경우 주주총회일(정기주주총회의 경우에는 직전 연도의 정기주주총회일에 해당하는 그 해의 해당일)의 6주 전까지 서면 또는 전자문서로 회사에 청구하여야 한다.

② 최근 사업연도 말 현재의 자산총액이 2조 원 이상인 상장회사의 의결권 없는 주식을 제외한 발행주식총수 1% 이상의 주식을 보유한 자는 집중투표의 방법으로 이사를 선임할 것을 청구할 수 있다.

③ 최근 사업연도 말 현재의 자산총액이 2조 원 이상인 상장회사가 정관으로 집중투표를 배제하거나 그 배제된 정관을 변경하려는 경우에는 의결권 없는 주식을 제외한 발행주식총수의 3%를 초과하는 수의 주식을 가진 주주는 그 초과하는 주식에 관하여 의결권을 행사하지 못한다. 다만, 정관에서 이보다 낮은 주식 보유비율을 정할 수 있다.

④ 최근 사업연도 말 현재의 자산총액이 2조 원 이상인 상장회사가 주주총회의 목적사항으로 집중투표 배제에 관한 정관 변경에 관한 의안을 상정하려는 경우에는 그 밖의 사항의 정관 변경에 관한 의안과 별도로 상정하여 의결하여야 한다.

6. 사외이사의 선임

법원직 10

1 상장회사는 대통령령으로 정하는 경우를 제외하고는 이사 총수의 3분의 1 이상을 사외이사로 하여야 한다.　　(○, ×)

① 상장회사는 원칙적으로 이사 총수의 4분의 1 이상을 사외이사로 하여야 한다. 최근 사업연도 말 현재의 자산총액이 2조 원 이상인 상장회사의 사외이사는 3명 이상이어야 하고, 이사 총수의 과반수가 되어야 한다.[법원직 10, 변호사 12]

② 상장회사의 최대주주와 그 특수관계인, 주요주주와 그 배우자, 직계존비속은 상장회사의 사외이사가 될 수 없다.

③ 명의를 불문하고 자기의 계산으로 의결권 있는 발행주식총수의 100분의 10 이상의 주식을 소유하거나 하거나 이사·집행임원·감사의 선임과 해임 등 상장회사의 주요 경영사항에 대하여 사실상의 영향력을 행사하는 주주 및 그의 배우자와 직계 존속·비속은 상장회사의 사외이사가 될 수 없다.[변호사 12]

④ 상장회사는 사외이사의 사임·사망 등의 사유로 인하여 사외이사의 수가 상법상 요구하는 위와 같은 이사회의 구성요건에 미달하게 되면 그 사유가 발생한 후 처음으로 소집되는 주주총회에서 상법상 요건에 합치되도록 사외이사를 선임해야 한다.

⑤ 최근 사업연도 말 현재의 자산총액이 2조 원 이상인 상장회사는 사외이사 후보를 추천하기 위하여 사외이사 후보추천위원회를 설치하여야 한다. 사외이사 후보추천위원회는 사외이사가 총위원의 과반수가 되도록 구성하여야 한다.[변호사 12]

⑥ 최근 사업연도 말 현재의 자산총액이 2조 원 이상인 상장회사는 사외이사 후보추천위원회의 추천을 받은 자 중에서 사외이사를 선임하여야 한다.

⑦ 이 경우 사외이사 후보추천위원회가 사외이사 후보를 추천할 때에는 주주제안권, 상장회사의 주주총회소집청구권, 상장회사의 주주제안권의 권리를 행사할 수 있는 요건을 갖춘 주주가 주주총회일(정기주주총회의 경우 직전연도의 정기주주총회일에 해당하는 해당 연도의 해당일)의 6주 전에 추천한 사외이사 후보를 포함시켜야 한다.

7. 주요주주 등 이해관계자와의 거래

① 상장회사는 원칙적으로 ㉠ 주요주주 및 그 특수관계인, ㉡ 이사, ㉢ 감사를 상대방으로 하거나 그를 위하여 신용공여[금전 등 경제적 가치가 있는 재산의 대여, 채무이행의 보증, 자금지원적 성격의 증권 매입, 담보제공, 어음배서(무담보배서 제외), 출자이행약정 등]를 하여서는 아니 된다.[변호사 15]

② 상장회사는 집행임원에 대하여 학자금, 주택자금 또는 의료비 등 복리후생을 위하여 3억 원 범위 내에서 금전적 지원을 할 수 있다.

1 ×

③ 최근 사업연도 말 현재의 자산총액이 2조 원 이상인 상장회사로서 금융회사 등이 아닌 회사는 최대주주, 그의 특수관계인 및 그 상장회사의 특수관계인을 상대방으로 하거나 그를 위하여 ⑤ 단일거래규모가 최근 사업연도 말 현재의 자산총액 또는 매출총액의 100분의 1 이상인 거래를 하거나 ⑥ 당해 사업연도 중 특정인과의 해당 거래 포함 거래총액이 자산총액 또는 매출총액의 100분의 5 이상인 거래를 하려는 경우에는 이사회의 승인을 받아야 한다.

④ 상장회사는 이사회의 승인 결의 후 처음으로 소집되는 정기주주총회에 해당 거래의 목적, 상대방, 거래의 내용, 날짜, 기간, 조건, 해당 사업연도 중 거래상대방과의 거래유형별 총거래금액 및 거래잔액을 보고하여야 한다.

⑤ 다만 상장회사가 경영하는 업종에 따른 일상적인 거래로서 약관에 따른 정형화된 거래, 이사회에서 승인한 거래총액의 범위 안에서의 거래는 이사회의 승인을 받지 아니하고 할 수 있으며, 이사회에서 승인한 거래총액의 범위 안에서의 거래는 그 거래내용을 주주총회에 보고하지 아니할 수 있다.

8. 상근감사

① 상근감사란 회사에 상근하면서 감사업무를 수행하는 감사를 말한다.

② 최근 사업연도 말 현재의 자산총액이 1천억 원 이상인 상장회사는 주주총회 결의에 의하여 상근감사를 1명 이상 두어야 한다.[법원직 10]

③ 감사위원회를 설치한 경우(감사위원회 설치 의무가 없는 상장회사가 감사위원회를 설치한 경우를 포함)에는 상근감사를 두지 아니한다.

④ 그 결과 비상장회사와 자산총액 1천억 원 미만인 상장회사는 상근감사를 두지 않아도 되지만, 자산총액 1천억 원 이상 2조 원 미만인 상장회사는 상근감사를 두거나 감사위원회를 두어야 하고, 자산총액 2조 원 이상인 상장회사는 감사위원회를 반드시 설치해야 한다.

⑤ 미성년자, 재직 중 금고 이상의 형의 선고가 확정된 자, 주요주주 및 그 배우자와 직계 존속·비속, 회사의 상무에 종사하는 이사·집행임원 및 피용자 또는 최근 2년 이내에 회사의 상무에 종사한 이사·집행임원 및 피용자 등은 자산총액이 1천억 원 이상인 상장회사의 상근감사가 되지 못한다.

9. 감사위원회

① 최근 사업연도 말 현재 자산총액이 2조 원 이상인 상장회사는 감사위원회를 설치하여야 한다.[변호사 12]

② 상장회사의 감사위원회는 3명 이상의 이사로 구성하되 사외이사가 위원의 3분의 2 이상이어야 하고, 자산총액이 2조 원 이상인 상장회사 감사위원회의 위원 중 1명 이상은 회계 또는 재무전문가이어야 하며, 사외이사가 감사위원회의 대표여야 한다.

③ 상근감사가 될 수 없는 자는 사외이사가 아닌 감사위원회 위원이 될 수 없고, 이에 해당하게 된 경우에는 그 직을 상실한다.

④ 최근 사업연도 말 현재의 자산총액이 2조 원 이상인 상장회사의 감사위원회위원을 선임하거나 해임하는 권한은 주주총회에 있다.

⑤ 위 상장회사는 주주총회에서 이사를 선임한 후 선임된 이사 중에서 감사위원회위원을 선임하여야 한다. 다만, 감사위원회위원 중 1명은 주주총회 결의로 다른 이사들과 분리하여 감사위원회위원이 되는 이사로 선임하여야 한다. 분리 선임되는 감사위원의 수는 정관에서 2명 이상으로 정할 수 있다.

⑥ 상장회사가 감사를 선임 또는 해임하는 경우 및 자산총액이 2조 원 이상인 상장회사의 감사위원회위원을 선임 또는 해임하는 경우, 상장회사의 의결권 없는 주식을 제외한 발행주식총수의 3%를 초과하는 수의 주식을 가진 주주는 그 초과하는 주식에 관하여 의결권을 행사하지 못한다.

⑦ 최대주주인 경우에는 사외이사가 아닌 감사위원회위원을 선임 또는 해임할 때에 그의 특수관계인 등이 소유하는 주식을 합산한다. 위 비율은 정관에서 더 낮은 비율을 정할 수 있다.

⑧ 상장회사가 주주총회의 목적사항으로 감사의 선임 또는 감사의 보수결정을 위한 의안을 상정하려는 경우에는 이사의 선임 또는 이사의 보수결정을 위한 의안과는 별도로 상정하여 의결하여야 한다. [변호사 14]

10. 준법지원인

① 준법통제기준이란 임직원이 직무를 수행할 때 따라야 할 준법통제에 관한 기준 및 절차를 말하고 준법지원인이란 준법통제 기준의 준수에 관한 업무를 담당하는 자를 말한다.

② 최근 사업연도 말 현재의 자산총액이 5천억 원 이상인 상장회사는 법령을 준수하고 회사경영을 적정하게 하기 위하여 준법통제기준을 마련하여야 하고, 준법지원인을 1명 이상 두어야 한다. [법무사 17]

③ 준법지원인은 준법통제기준의 준수여부를 점검하여 그 결과를 이사회에 보고해야 한다. [법무사 17]

④ 준법지원인의 임면은 이사회 결의를 거쳐야 한다.

⑤ 준법지원인의 임기는 3년으로 하고, 상근으로 한다. [법무사 17]

⑥ 최근 사업연도 말 현재의 자산총액이 5천억 원 이상인 상장회사는 준법지원인이 그 직무를 독립적으로 수행할 수 있도록 하여야 하고, 준법지원인이었던 자에 대하여 그 직무수행과 관련된 사유로 부당한 인사상의 불이익을 주어서는 아니 된다.

⑦ 해당 상장회사의 임직원은 준법지원인이 그 직무를 수행할 때 자료나 정보의 제출을 요구하는 경우 이에 성실히 응해야 한다.

⑧ 준법지원인은 재임 중뿐만 아니라 퇴임 후에도 직무상 알게 된 회사의 영업상 비밀을 누설하여서는 아니 된다(제542조의13 제8항). [법무사 17]

법무사 17

1 준법지원인의 임기는 1년으로 하고, 준법지원인은 비상근으로 한다. (○, ×)

1 ×

쟁점 01 신주발행개요

1. 신주발행의 의의

① 신주발행이란 회사의 성립 이후에 수권주식의 범위 내에서 새롭게 주식을 발행하는 것을 말한다.

② 신주발행의 경우 액면주식의 경우 '액면가액 × 발행주식수'에 해당하는 금액, 무액면주식의 경우 발행가액의 2분의 1 이상의 금액으로 이사회에서 정하는 금액이 자본금이 된다.

2. 신주발행과 회사설립시 주식발행의 차이

① **인수 및 납입**: 회사설립의 경우 발행주식총수에 대한 인수와 납입이 이루어져야 하나 신주발행의 경우에는 인수와 납입이 이루어지지 않은 부분은 신주가 발행되지 않은 것으로 처리된다.

② **실권절차**: 회사설립의 경우 납입이 이루어지지 않으면 실권절차가 진행되나, 신주발행의 경우에는 실권절차 없이 바로 실권된다. 신주의 인수인이 납입기일에 납입 또는 현물출자의 이행을 하지 아니한 때에는 그 권리를 잃는다.

③ **현물출자**: 회사설립과 신주발행 모두 검사인의 조사를 거쳐야 하나, 신주발행의 경우에는 정관 규정과 주주총회결의를 요하지 않고 이사회 결의만으로 현물출자가 가능하다.[변호사 17]

④ **액면미달발행**: 회사설립시에는 액면미달발행이 금지되나, 회사 설립으로부터 2년이 경과한 후의 신주발행은 주주총회 특별결의와 법원의 인가를 얻어 허용된다.

⑤ **담보책임**: 회사설립시 발기인은 인수담보책임과 납입담보책임을 부담하나, 신주발행에 있어서 이사는 신주발행 등기에 대한 신뢰를 보호하기 위하여 인수담보책임을 부담한다.

⑥ **주주가 되는 시기**: 회사설립의 경우에는 회사 설립등기로 주주가 되나 신주발행의 경우에는 납입기일의 다음날 주주가 된다.

3. 통상의 신주발행과 특수한 신주발행

(1) 통상의 신주발행

① 주식회사가 자금조달을 위하여 신주를 발행하는 경우로 상법 제416조 이하에 규정된 신주발행을 통상의 신주발행이라 한다.

② 통상의 신주발행의 경우, 기존 채권자들의 이익이 침해되지 않으므로 신주발행에 있어서는 채권자보호가 문제되지 않는다.

③ 신주발행이 기존 주주들의 지분비율대로 이루어지지 않으면 지분비율이 변경되게 되고, 신주발행가액에 따라서 기존 주주들의 부(富)가 새로운 주주에게 이전될 수 있다.

(2) 특수한 신주발행

주식회사가 자금조달 목적 이외의 사유로 신주를 발행하게 되는 경우를 특수한 신주발행이라 한다. ① 준비금 자본전입, ② 종류주식 전환, ③ 전환사채 발행, ④ 신주인수권부사채의 신주인수권 행사, ⑤ 주식매수선택권 행사, ⑥ 합병, 분할, 주식교환, 주식이전에 따른 신주발행, ⑦ 주식분할, 주식병합에 따른 신주발행

(3) 통상의 신주발행과 특수한 신주발행의 차이

① **회사 자산 변동:** 특수한 신주발행의 경우 신주인수권부사채와 주식매수선택권 행사의 경우를 제외하고는 신주발행 당시 실제로 주금의 납입이 이루어지지 않으므로 회사의 순자산에 변동이 없다.

② **신주인수권자:** 통상의 신주발행의 경우에는 주주에게 신주인수권이 부여되나 특수한 신주발행의 경우에는 신주 인수인으로 미리 정해져 있는 특정인이 신주를 인수한다.

③ **신주발행절차:** 통상의 신주발행은 이사회가 결정하나, 특수한 신주발행 중 주식배당의 경우 배당이라는 점에서 주주총회의 결의를 거쳐야 하고, 주식분할과 주식병합에 따른 신주발행의 경우에는 1주의 금액이 정관의 필요적 기재사항이라는 점에서 주주총회의 결의를 거쳐야 한다.

④ **신주발행의 효력발생시기:** 통상의 신주발행에서 주주가 되는 시기는 납입기일의 다음날이다. 다만, 특수한 신주발행의 경우에는 상법에서 개별적으로 그 시기를 정하고 있다.

구분	효력발생시기
통상의 신주발행	납입기일의 다음날
주식배당	주주총회 종결시
준비금의 자본금전입	이사회결의의 경우 이사회에서 정한 신주배정일, 주주총회결의의 경우 그 결의일
종류주식전환 및 전환사채	주주가 전환권을 갖는 경우 전환청구시, 회사가 전환권을 갖는 경우 주권제출기간 종료시, 전환사채권자가 전환권을 행사한 때
신주인수권부사채	사채권자가 신주인수권을 행사하여 납입한 때
주식병합	자본금감소 주식병합은 주권제출기간 만료시 및 채권자보호절차 종료시, 자본금감소 없는 주식병합은 주권제출기간 만료시
주식분할	주권제출기간 만료시

쟁점 02 신주인수권

Ⅰ. 추상적 신주인수권

1. 의의

> **제418조 (신주인수권의 내용 및 배정일의 지정·공고)** ① 주주는 그가 가진 주식 수에 따라서 신주의 배정을 받을 권리가 있다.

① 주주는 그가 가진 주식 수에 따라서 신주의 배정을 받을 권리가 있다.[법원직 15, 법무사 18]

② 추상적 신주인수권이란 다른 자에 우선하여 신주를 인수할 수 있는 권리를 의미한다.

③ 추상적 신주인수권은 제418조 제1항에 '신주의 배정을 받을 권리'로 규정되어 있다.

④ 주주는 그가 가진 주식 수에 따라서 신주의 배정을 받을 권리가 있다.[법원직 15, 법무사 18]

⑤ 따라서 회사는 신주인수권자의 청약에 대하여 각 청약자가 가진 신주인수권에 비례하여 배정하여야 한다.[변호사 18]

⑥ 추상적 신주인수권은 법률상 인정되는 것으로 주주권의 내용을 이루므로 주식과 분리하여 양도할 수 없다.

2. 제3자에게 신주인수권이 부여되는 경우

(1) 법령에 의한 경우

① 종류주식의 전환, ② 전환사채의 발행, ③ 신주인수권부사채의 신주인수권 행사, ④ 주식매수선택권의 행사의 경우 신주인수권자로 특정된 자가 신주를 인수하게 된다. 우리사주조합에 대하여 신주를 배정하는 경우에도 주주 이외의 자에게 신주인수권이 부여된다(자본시장법 제165조의7).

(2) 경영상 필요에 의한 제3자 배정

1) 의의

> **제418조 (신주인수권의 내용 및 배정일의 지정·공고)** ② 회사는 제1항의 규정에 불구하고 정관에 정하는 바에 따라 주주 외의 자에게 신주를 배정할 수 있다. 다만, 이 경우에는 신기술의 도입, 재무구조의 개선 등 회사의 경영상 목적을 달성하기 위하여 필요한 경우에 한한다.

① 회사는 신기술의 도입, 재무구조의 개선 등 회사의 경영상 목적을 달성하기 위하여 필요한 경우에 한하여 정관에 정하는 바에 따라 주주 외의 자에게 신주를 배정할 수 있다.[법원직 11, 15, 18]

② '주주배정'이란 주주의 지분비율대로 신주가 발행되는 경우를 의미하고, '제3자 배정'이란 주주 이외의 제3자에게 신주가 발행되는 경우를 의미한다.

2) 정관 규정

제3자 배정을 위해서는 정관에 근거 규정이 있어야 한다.

법무사 18

1 추상적 신주인수권(신주의 배정을 받을 권리)은 원칙적으로 지분비례에 따라 주주에게 귀속된다.　　(○, ×)

제3편

2022 해커스법원직 공태용 상법의 맥

1 ○

3) 경영상 목적

① 3자 배정을 위해서는 신기술의 도입, 재무구조의 개선 등 회사의 경영상 목적이 존재하여야 한다.

② 주주배정방식과 제3자 배정방식을 구별하는 기준은 회사가 신주 등을 발행하면서 주주들에게 그들의 지분비율에 따라 신주 등을 우선적으로 인수할 기회를 부여하였는지 여부에 따라 객관적으로 결정되어야 하고, 신주 등의 인수권을 부여받은 주주들이 실제로 인수권을 행사함으로써 신주 등을 배정받았는지 여부에 좌우되는 것은 아니다(대판 2012.11.15. 2010다49380).[법무사 17, 변호사 15]

③ 회사의 경영권 분쟁이 현실화된 상황에서 경영진의 경영권이나 지배권 방어라는 목적을 달성하기 위하여 제3자에게 신주를 배정하는 것은 주주의 신주인수권을 침해하는 것이다(대판 2009.1.30. 2008다50776).[법원직 15, 20, 법무사 18, 20, 변호사 12, 15]

4) 주주에 대한 공시

① 주주 외의 자에게 신주를 배정하는 경우 회사는 신주의 종류와 수, 신주의 발행가액과 납입기일, 신주의 인수방법, 현물출자하는 자의 성명과 그 목적인 재산의 종류, 수량, 가액과 이에 대하여 부여할 주식의 종류와 수를 그 납입기일의 2주 전까지 주주에게 통지하거나 공고하여야 한다.[법원직 18]

② 이러한 통지와 공고를 누락한 경우 제3자 배정의 무효 원인이 된다고 본다.

③ 다만 상장회사는 제3자 배정이나 일반공모증자의 경우 주요사항보고서의 공시가 이루어지면 위와 같은 통지 또는 공고가 요구되지 않는다(자본시장법 제165조의9).

(3) 현물출자

① 현물출자자에게 발행하는 신주에는 일반주주의 신주인수권이 미치지 않는다(대판 1989.3.14. 88누889).[법원직 15, 법무사 06, 변호사 17]

② 현물출자의 경우 정관에 규정이 없더라도 제3자 배정이 가능하나 이 경우에도 경영상 목적이 존재하여야 한다. 즉 회사가 제3자로부터 현물출자를 받기 위해서는 긴급한 재산취득의 필요 등 경영상 목적이 존재하여야 한다. 주주에 대한 통지와 공시 절차(제418조 제4항)도 요구된다.

(4) 종류주식 발행의 경우

회사가 종류주식을 발행하는 때에는 정관에 다른 정함이 없는 경우에도 주식의 종류에 따라 신주의 인수에 관하여 다르게 정할 수 있다.

3. 실권주의 처분

① 주주의 신주인수권은 주주의 권리일 뿐 의무가 아니므로 주주가 이를 행사하지 않을 수 있다.

② 주주가 신주인수권을 포기하거나, 신주 인수를 한 뒤 납입하지 않으면 주주는 실권하게 된다.

③ 주주배정에 의한 신주발행의 경우, 인수나 납입이 되지 않은 주식을 실권주라 한다.

④ 실권주가 발생하면 다시 인수인을 모집하여 배정하거나, 발행을 포기하고 미발행주식수로 남겨두고 차후에 발행할 수도 있다.

⑤ 회사는 이사회 결의에 의하여 실권주를 제3자에게 배정할 수 있다.

법무사 18

1 회사는 정관에 정하는 바에 따라 경영권방어를 위해 주주외의 자에게 신주를 배정할 수 있다.
(O, ×)

법무사 06

2 현물출자자에게 부여하기 위하여 신주를 발행하는 경우에는 주주의 신주인수권이 미치지 못한다는 것이 판례의 입장이다.
(O, ×)

1 × **2** ○

⑥ 회사는 이사회 결의로 실권된 신주를 자유로이 제3자에게 처분할 수 있고, 이 경우 실권된 신주를 제3자에게 발행하는 것에 관하여 정관에 반드시 근거 규정이 있어야 하는 것은 아니다(대판 2012.11.15. 2010다49380).[법무사 15, 17, 20, 변호사 18]

법무사 15

1 판례는 실권주를 이사회의 결의에 따라 처분할 수 있다고 보고 있다. (○, ×)

⑦ ㉠ 단일한 기회에 발행되는 전환사채의 발행조건은 동일해야 하므로, 주주배정으로 전환사채를 발행하는 경우에 주주가 인수하지 아니하여 실권된 부분을 주주가 인수한 부분과 별도로 취급하여 전환가액 등 발행조건을 변경하여 발행할 여지가 없다. ㉡ 주주배정의 방법으로 주주에게 전환사채인수권을 부여하였지만 주주들이 인수청약하지 아니하여 실권된 부분을 제3자에게 발행하더라도 주주의 경우와 같은 조건으로 발행할 수밖에 없고, 이러한 법리는 주주들이 전환사채의 인수청약을 하지 아니함으로써 발생하는 실권의 규모에 따라 달라지는 것은 아니다. ㉢ 주주배정방식으로 신주를 발행함에 있어 기존 주주가 신주인수를 포기함에 따라 발생한 실권주를 제3자에게 배정한 경우, 발행가액이 시가보다 현저하게 낮아 기존 주식의 가치가 희석되었더라도 이사가 회사에 대한 관계에서 임무를 위배하여 회사에 손해를 끼친 것으로 볼 수 없다.[변호사 15]

⑧ 회사의 법인 주주가 신주인수권을 행사하지 않은 경우, 그러한 의사결정을 한 법인 주주의 이사의 판단이 경영판단의 원칙으로 정당화되지 않으면 이사의 임무위배에 해당된다.

⑨ 상장회사는 실권주가 발생하는 경우, 원칙적으로 발행을 철회하여야 한다(자본시장법 제165조의6 제2항).

Ⅱ. 구체적 신주인수권

1. 의의

① 구체적 신주인수권이란 이사회가 신주발행과 관련하여 구체적으로 주주 배정 또는 제3자 배정을 결정함으로써 주주 또는 제3자가 취득하는 신주인수의 청약을 할 수 있는 권리를 의미한다.

② 구체적 신주인수권은 배정기준일에 발생하고, 회사에 대한 채권적 권리로서 주식과 분리하여 양도가능하다.

2. 구체적 신주인수권의 양도

① 주주가 자신의 구체적 신주인수권을 양도하는 것은 가능하다.

② 전환사채, 신주인수권부사채, 주식매수선택권 등과 같이 법령상 제3자가 신주인수권을 가지는 경우에는 관련 법령에서 정하는 바에 따라 구체적 신주인수권의 양도가 결정된다.

③ 주식회사가 주주총회나 이사회의 결의로 신주를 발행할 경우에 발생하는 구체적 신주인수권은 주주의 고유권에 속하는 것이 아니고 위 상법의 규정에 의하여 주주총회나 이사회의 결의에 의하여 발생하는 구체적 권리에 불과하므로, 그 신주인수권은 주주권의 이전에 수반되어 이전되지 아니한다(대판 2016.8.29. 2014다53745).

1 ○

3. 주주의 구체적 신주인수권 양도요건

① 주주의 구체적 신주인수권의 양도는 정관의 규정에 의하거나 정관 규정이 없는 경우 이사회의 결정이 있는 경우에 한하여 회사에 대한 관계에서 허용된다.

② 신주발행을 주주총회에서 결정하는 경우에는 주주의 구체적 신주인수권의 양도 또한 주주총회의 결의가 있어야 한다.

③ 신주인수권의 양도성을 제한할 필요성은 회사의 신주발행사무의 편의를 위한 것이고, 상법이 신주인수권의 양도에 대해 정관이나 이사회 결의로 자유롭게 정할 수 있도록 한 점에 비추어 보면, ㉠ 회사가 정관이나 이사회의 결의로 신주인수권의 양도에 관한 사항을 결정하지 않았다고 해서 신주인수권의 양도가 전혀 허용되지 않는 것은 아니고, 회사가 그러한 양도를 승낙한 경우에는 회사에 대하여도 그 효력이 있다. ㉡ 신주인수권증서가 발행되지 아니한 신주인수권의 양도 또한 주권발행 전의 주식양도에 준하여 지명채권 양도의 일반원칙에 따른다. ㉢ 회사가 신주인수권증서를 발행하지 아니한 경우 신주인수권자로 통지받은 주주가 신주인수권을 양도하려면 제3자에 대한 대항요건으로 확정일자 있는 증서에 의한 양도통지 또는 회사의 승낙을 요한다(대판 1995.5.23. 94다36421).[법원직 11, 법무사 06, 변호사 15, 18, 19]

법원직 11, 법무사 06

1 회사의 정관 또는 이사회 결의로 주주의 신주인수권의 양도 가능 여부를 정하지 않은 경우 신주인수권의 양도는 허용되지 아니한다. (○, ×)

4. 구체적 신주인수권의 양도방법

① 정관 또는 이사회 결의로 신주인수권의 양도를 정한 경우, 신주인수권증서의 교부만으로 양도할 수 있다. 다만, 위 판례의 견해에 의하는 경우, 지명채권 양도방법에 의하여 신주인수권을 양도할 수 있다.

② 신주인수권증서가 발행되지 않은 신주인수권을 이중으로 양도한 경우, 지명채권양도의 일반원칙에 따른다.

5. 신주인수권증서

(1) 의의

① 신주인수권증서란 주주의 신주인수권을 표창하는 유가증권이다.

② 신주인수권증서가 작성되어야 신주인수권이 발생하는 것은 아니므로 비설권증권이고, 증서의 교부만으로 신주인수권이 양도되므로 무기명증권에 해당한다.

(2) 발행

① 정관 또는 이사회 결의로 신주인수권을 양도할 수 있다고 정한 경우, 회사는 신주인수권증서를 발행해야 한다.

② 주주의 청구가 있는 때에만 신주인수권증서를 발행하며 그 청구기간을 정한 때에는 청구기간 내에 청구를 한 주주에 대하여 신주인수권증서를 발행해야 하고, 만약 그러한 정함이 없는 때에는 신주의 청약기일의 2주간 전에 신주인수권증서를 발행하여야 한다. 상장회사 주주배정의 경우 상장회사는 주주의 청구와 관계없이 신주인수권증서를 발행해야 한다(자본시장법 제165조의6 제3항).

③ 회사가 주주가 제3자에게 주식을 양도하였음을 알고 있었더라도 회사 주주명부상에 명의개서가 이루어지지 않은 상태에서 회사 주주에게 신주인수권증서를 발행한 경우, 제3자는 주주에게 신주인수권증서를 발행한 것이 무효임을 회사에게 대항할 수 없다(대판 2017.3.23. 2015다248342).

1 ×

(3) 신주인수권증서의 효력

> **제420조의3 (신주인수권의 양도)** ① 신주인수권의 양도는 신주인수권증서의 교부에 의하여서만 이를 행한다.

① 신주의 청약과 신주인수권의 양도는 신주인수권증서에 의한다.
② 신주인수권은 신주인수권증서의 교부에 의해서만 양도할 수 있다.[법원직 15, 법무사 09]
③ 신주인수권증서의 선의취득이 인정된다.
④ 신주인수권증서를 발행한 경우, 신주의 청약은 신주인수권증서에 의한다. 다만, 신주인수권증서를 상실한 경우, 신주의 청약은 주식청약서에 의할 수 있다.

(4) 신주인수권증서의 전자등록
① 회사는 신주인수권증서를 발행하는 대신 정관으로 정하는 바에 따라 전자등록기관의 전자등록부에 신주인수권을 등록할 수 있다.
② 신주인수권이 전자등록 된 경우 신주인수권의 양도, 입질은 전자등록으로 해야 하고, 전자등록에 의한 선의취득도 가능하다.

쟁점 03 신주의 발행

1. 발행사항의 결정

> **제416조 (발행사항의 결정)** 회사가 그 성립 후에 주식을 발행하는 경우에는 다음의 사항으로서 정관에 규정이 없는 것은 이사회가 결정한다. 다만, 이 법에 다른 규정이 있거나 정관으로 주주총회에서 결정하기로 정한 경우에는 그러하지 아니하다.

① 회사가 성립 후에 주식을 발행하는 경우에는 신주발행사항 중 정관에 규정이 없는 것은 이사회가 결정한다.[법원직 07, 15, 변호사 19]
② 정관으로 주주총회에서 결정하도록 한 사항은 주주총회에서 결정한다.
③ 신주발행사항은 ㉠ 신주의 종류와 수, ㉡ 신주의 발행가액과 납입기일(무액면주식의 경우, 신주의 발행가액 중 자본금으로 계상하는 금액), ㉢ 신주의 인수방법, ㉣ 현물출자를 하는 자의 성명과 그 목적인 재산의 종류, 수량, 가액과 이에 대하여 부여할 주식의 종류와 수, ㉤ 주주가 가지는 신주인수권을 양도할 수 있는 것에 관한 사항, ㉥ 주주의 청구가 있는 때에만 신주인수권증서를 발행한다는 것과 그 청구기간이다.

2. 구체적인 신주발행절차

(1) 신주배정일 공고
① 주주배정의 경우, 회사는 기준일을 정하여 그 날에 주주명부에 기재된 주주가 신주인수권을 가진다는 뜻과 신주인수권을 양도할 수 있을 경우에는 그 뜻을 기준일의 2주간 전에 공고하여야 한다.
② 회사가 정하여 공고한 기준일을 신주배정일이라 한다.

③ 신주배정일이 주주명부 폐쇄기간 중이면 폐쇄기간 초일의 2주 전에 공고해야 한다.

④ 신주배정일에 명의개서가 되지 않은 주주는 신주인수권을 취득하지 못한다.

⑤ 제3자 배정의 경우에는 이사회 결의에서 신주인수권자가 확정된다.

(2) 청약최고

① 회사는 청약기일을 정한 후 신주인수권자에게 청약기일까지 신주인수의 청약을 하지 않으면 신주인수권을 잃는다는 것을 통지해야 한다.

② 이러한 통지에는 ⊙ 신주인수권자가 신주인수권을 가지는 주식의 종류와 수, ⊙ 청약기일까지 주식인수의 청약을 하지 아니하면 신주인수권을 잃는다는 점, ⓒ 신주인수권의 양도와 신주인수권증서에 관한 내용이 포함되어야 한다. 회사는 청약기일의 2주간 전에 청약최고 통지를 하여야 한다.

③ 그 결과 신주배정일과 청약기일 사이에 2주의 간격이 있게 된다.

(3) 인수

> **제420조의5 (신주인수권증서에 의한 청약)** ① 신주인수권증서를 발행한 경우에는 신주인수권증서에 의하여 주식의 청약을 한다.

① 신주인수권자의 청약과 회사의 배정에 의하여 주식인수가 이루어진다.

② 청약자가 가진 신주인수권에 비례하여 배정하여야 한다.

③ 주식인수의 청약은 인수할 주식의 종류 및 수와 주소를 기재하고 기명날인 또는 서명한 주식청약서로 하여야 한다.

④ 신주인수권증서가 발행된 경우, 청약은 신주인수권증서로 한다.[변호사 19]

⑤ 신주인수권증서를 상실한 경우에는 주식청약서로 청약을 할 수 있다.

⑥ 주식인수의 청약에 대하여 대표이사가 신주를 배정하면, 주식인수가 성립하고 청약자는 주식인수인이 된다.

(4) 납입

① 이사는 신주인수인이 납입기일에 인수한 주식에 대한 인수가액의 전액을 납입하도록 해야 한다.

② 납입장소, 납입금보관자 관련 내용은 모집설립의 경우와 같다.

③ 신주인수인이 납입기일에 납입 또는 현물출자의 이행을 하지 아니한 때에는 실권절차 없이 바로 그 권리를 잃는다.[법무사 18]

④ 신주의 인수인은 회사의 동의 없이 인수가액 납입채무와 주식회사에 대한 채권을 상계할 수 없다.[법원직 09, 13, 변호사 15, 18] 반대로 회사가 동의하면 상계가 가능하다.

⑤ 현물출자를 하는 자는 납입기일에 지체 없이 출자의 목적인 재산을 인도하고 등기, 등록 기타 권리의 설정 또는 이전 서류를 완비하여 교부하여야 한다.

⑥ 신주의 인수인이 납입기일에 납입 또는 현물출자의 이행을 하지 아니한 때에는 그 권리를 잃고, 이 경우 신주의 인수인은 회사에 대하여 손해를 배상할 책임이 있다.[법원직 16]

(5) 현물출자에 대한 검사인의 검사

① 현물출자의 경우, 법원에 의하여 선임된 검사인의 검사절차가 진행되어야 한다. 이 경우 공인된 감정인의 감정으로 검사인의 조사에 갈음할 수 있다.[변호사 17]

법원직 13

1 주주는 납입에 관하여 상계로써 회사에 대항하지 못하므로, 신주의 인수인은 회사의 동의가 있더라도 납입채무와 주식회사에 대한 채권을 상계할 수 없다. (○, ×)

법원직 16

2 신주의 인수인이 납입기일에 납입 또는 현물출자의 이행을 하지 아니한 때에는 그 권리를 잃고, 이 경우 신주의 인수인은 회사에 대하여 손해를 배상할 책임이 없다. (○, ×)

1 × **2** ×

② 주식회사의 현물출자에 있어서 이사는 법원에 검사인의 선임을 청구하여 일정한 사항을 조사하도록 하고 법원은 그 보고서를 심사하도록 되어 있으나 이와 같은 절차를 거치지 아니한 신주발행 및 변경등기가 당연 무효가 된다고 볼 수 없다(대판 1980.2.12. 79다509).

③ 변제기가 도래하지 않은 채권은 신주발행의 경우에도 여전히 검사인의 조사가 이루어져야 한다.

④ 아래에 해당하는 경우 검사인 조사 없이 현물출자에 의한 신주발행이 가능하다.
　　㉠ 현물출자 재산의 가액이 자본금의 5분의 1을 초과하지 아니하고 5천만 원 이하인 경우
　　㉡ 현물출자 재산이 거래소의 시세 있는 유가증권인 경우, 현물출자 재산의 가액이 1개월 평균종가 1주일 평균종가, 직전일 종가의 산술평균 금액 및 직전일 종가 중 낮은 금액 이하인 경우
　　㉢ 변제기가 도래한 회사에 대한 금전채권을 출자하는 경우로서 그 가액이 회사장부에 적혀 있는 가액 이하인 경우

(6) 변경등기

> **제427조 (인수의 무효주장, 취소의 제한)** 신주의 발행으로 인한 변경등기를 한 날로부터 1년을 경과한 후에는 신주를 인수한 자는 주식청약서 또는 신주인수권증서의 요건의 흠결을 이유로 하여 그 인수의 무효를 주장하거나 사기, 강박 또는 착오를 이유로 하여 그 인수를 취소하지 못한다. 그 주식에 대하여 주주의 권리를 행사한 때에도 같다.

① 신주가 발행되면 회사의 발행주식총수, 주식의 종류와 수, 자본금이 변경되므로 그에 관한 변경등기를 하여야 한다.

② 신주 발행으로 인한 변경등기를 한 날로부터 1년을 경과한 후에는 신주를 인수한 자는 주식청약서 또는 신주인수권증서의 요건의 흠결을 이유로 하여 그 인수의 무효를 주장하거나 사기, 강박 또는 착오를 이유로 하여 그 인수를 취소하지 못한다. 그 주식에 대하여 주주의 권리를 행사한 때에도 같다. [법원직 09. 12. 16]

③ 이사의 인수담보책임은 신주의 발행으로 인한 변경등기를 전제로 한다(제428조 제1항).

④ 주주에게 신주의 인수기회를 부여하였으나 그 인수를 하지 않아 발생한 실권주를 제3자에게 재배정하여 신주를 발행한 것은 상법 제418조 제2항에 따라 주주 외의 자에게 신주를 배정한 경우가 아니므로 그 변경등기신청서에 상법 제418조 제4항에 따른 통지 또는 공고하였음을 증명하는 서면을 첨부할 것은 아니다. [법무사 15]

3. 신주발행의 효력발생

> **제423조 (주주가 되는 시기, 납입해태의 효과)** ① 신주의 인수인은 납입 또는 현물출자의 이행을 한 때에는 납입기일의 다음 날로부터 주주의 권리의무가 있다.

① 신주의 인수인은 납입 또는 현물출자의 이행을 한 때에는 납입기일의 다음 날로부터 주주의 권리의무가 있다. [법원직 12. 16. 법무사 09. 변호사 19]

② 납입기일의 다음날이 공휴일인 경우에도 그날부터 신주발행의 효력이 발생한다.

③ 발행된 신주의 이익배당에 관하여는 정관으로 정하는 바에 따라 그 청구를 한 때 또는 신주발행의 효력이 발행하는 날이 속하는 영업연도의 직전 영업연도 말에 신주가 발행된 것으로 할 수 있다는 종전 상법 제423조 제1항, 제350조 제3항 후단은 2020년 상법 개정으로 삭제되었다.

4. 이사의 인수담보책임

> **제428조 (이사의 인수담보책임)** ① 신주의 발행으로 인한 변경등기가 있은 후에 아직 인수하지 아니한 주식이 있거나 주식인수의 청약이 취소된 때에는 이사가 이를 공동으로 인수한 것으로 본다.

법원직 07

1 신주인수권을 가진 주주가 청약기일까지 주식인수의 청약을 하지 않은 경우 그 주주가 인수할 수 있던 신주에 대해서는 다른 주주들이 소유주식수의 비율로 신주인수권을 행사할 수 있다. (○, ×)

① 신주 발행으로 인한 변경등기 후에 아직 인수하지 아니한 주식이 있거나 주식인수의 청약이 취소된 때에는 이사가 이를 공동으로 인수한 것으로 본다.[법원직 07, 09, 12]

② 신주발행에 대한 이사의 인수담보책임은 신주발행에 따라 이루어진 변경등기에 대한 신뢰를 보호하기 위한 것이다.

③ 이사의 인수담보책임은 무과실책임으로 총주주의 동의로도 면책되지 않는다.

④ 상법은 납입이 되지 않은 경우에 대해서는 규정하고 있지 않으나, 이사는 인수 후 납입이 되지 않은 경우에도 담보책임을 진다고 본다.

법원직 10

2 이사가 신주발행으로 인한 인수담보책임을 지는 경우에는 그 임무해태로 인하여 회사에 손해가 발생하더라도 그 손해배상의무는 면제된다. (○, ×)

⑤ 이사가 신주발행으로 인한 인수담보책임을 지는 경우에는 그 임무해태로 인하여 회사에 손해가 발생하는 경우, 그 손해배상의무를 부담한다.[법원직 10]

5. 액면미달발행

> **제417조 (액면미달의 발행)** ① 회사가 성립한 날로부터 2년을 경과한 후에 주식을 발행하는 경우에는 회사는 제434조의 규정에 의한 주주총회의 결의와 법원의 인가를 얻어서 주식을 액면미달의 가액으로 발행할 수 있다.

(1) 의의 및 요건

법원직 09

3 회사가 성립한 날로부터 2년을 경과한 후에 주식을 발행하는 경우에는 미리 정관에 정한 경우에 한하여 이사회의 결의를 거쳐 주식을 액면미달의 가액으로 발행할 수 있다. (○, ×)

① 회사의 설립시에는 액면미달발행이 엄격히 금지되나, 회사가 성립한 날로부터 2년을 경과한 후에 주식을 발행하는 신주발행의 경우에는 회사는 주주총회의 특별결의와 법원의 인가를 얻어서 주식을 액면미달의 가액으로 발행할 수 있다.[법원직 09, 11, 15, 18]

② 회사가 성립한 날로부터 2년이 경과하여야 한다.

③ 제434조의 규정에 의한 주주총회의 결의가 있어야 한다. 주주총회 특별결의는 액면미달발행 여부 및 최저발행가액도 정하여야 한다.

법원직 11

4 상법상 액면미달의 발행가액으로 신주를 발행하는 것은 허용되지 아니한다. (○, ×)

④ 회사는 액면미달발행에 대한 법원의 인가를 얻어야 한다.

⑤ 법원은 회사의 현황과 제반사정을 참작하여 최저발행가액을 변경하여 인가할 수 있다. 이 경우에 법원은 회사의 재산상태 기타 필요한 사항을 조사하기 위하여 검사인을 선임할 수 있다.

법원직 15

5 회사가 성립한 날로부터 3년을 경과한 후에 주식을 발행하는 경우 회사는 주주총회의 특별결의와 법원의 인가를 얻어서 주식을 액면미달의 가액으로 발행할 수 있다. (○, ×)

⑥ 회사는 법원의 인가를 얻은 날로부터 1월 이내에 신주를 발행하여야 한다. 법원은 이 기간을 연장하여 인가할 수 있다.

(2) 주권상장법인의 액면미달발행

법원직 18

6 회사가 성립한 날로부터 2년을 경과한 후에 주식을 발행하는 경우에는 회사는 이사회의 결의를 통해 액면미달의 가액으로 주식을 발행할 수 있다. (○, ×)

① 주권상장법인은 법원의 인가 없이 주주총회 특별결의만으로 주식을 액면미달의 가액으로 발행할 수 있다. 이러한 주주총회의 결의에서는 주식의 최저발행가액을 정하여야 한다.

② 주권상장법인은 주주총회에서 다르게 정하는 경우를 제외하고는 주주총회의 결의일부터 1개월 이내에 신주를 발행하여야 한다(자본시장법 제165조의8).

1 × **2** × **3** × **4** × **5** × **6** ×

(3) 무액면주식의 액면미달발행

① 무액면주식의 경우 액면이 없으므로 액면미달발행에 관한 규정이 적용되지 않는다.

② 무액면주식의 경우 발행가액의 2분의 1 이상의 금액으로 이사회에서 자본금으로 정한 금액이 자본금으로 계상되므로 무액면주식의 발행가액은 항상 자본금으로 계상되는 금액보다 높게 된다(제451조 제2항).

③ 따라서 무액면주식의 경우 항상 무액면주식의 발행으로 증가하는 자본금 이상으로 회사의 순자산이 증가하게 된다. 발행가액 중 자본금으로 계상되지 않는 금액은 자본준비금으로 계상된다.

쟁점 04 신주발행하자 관련 구제수단

Ⅰ. 신주발행유지청구권

> **제424조 (유지청구권)** 회사가 법령 또는 정관에 위반하거나 현저하게 불공정한 방법에 의하여 주식을 발행함으로써 주주가 불이익을 받을 염려가 있는 경우에는 그 주주는 회사에 대하여 그 발행을 유지할 것을 청구할 수 있다.

1. 의의

회사가 법령 또는 정관에 위반하거나 현저하게 불공정한 방법에 의하여 주식을 발행함으로써 주주가 불이익을 받을 염려가 있는 경우에는 그 주주는 회사에 대하여 그 발행을 유지할 것을 청구할 수 있다.[법원직 20, 법무사 18, 변호사 12, 17]

2. 위법행위유지청구권과의 차이

신주발행유지청구권은 위법행위유지청구권과 아래와 같은 차이가 있다.

① **자익권:** 위법행위유지청구권은 회사 손해를 방지하기 위한 것으로 공익권에 해당하나, 신주발행유지청구권은 주주 개인의 손해를 방지하기 위한 것으로 자익권에 해당한다.

② **단독주주권:** 위법행위유지청구권은 소수주주권이나 신주발행유지청구권은 단독주주권이다.

③ **상대방:** 위법행위유지청구의 상대방은 이사이나 신주발행유지청구의 상대방은 회사이다.

④ **현저히 불공정한 주식발행:** 신주발행유지청구의 사유는 법령 또는 정관 위반 외에 현저하게 불공정한 주식 발행도 포함한다.

3. 신주발행유지청구 사유

① 신주발행이 법령 또는 정관에 위반하거나 현저하게 불공정한 방법으로 신주가 발행되어야 한다.

② 신주발행이 유효인지 무효인지에 관계없이 신주발행유지청구가 가능하다.

③ ㉠ 수권주식을 초과하여 신주가 발행된 경우, ㉡ 이사회결의 없이 신주가 발행된 경우, ㉢ 주주의 추상적 신주인수권을 침해하여 신주가 발행된 경우, ㉣ 발행가액이 법령에 위배하여 산정된 경우, ㉤ 경영권을 방어하기 위하여 제3자 배정이 이루어진 경우 등 발행이 위법하다.

④ 특정인에게 부당하게 많은 신주를 배정한 경우, 현물출자를 과대하게 평가한 경우는 발행이 현저히 불공정한 경우에 해당한다.

⑤ 해당 주주가 불이익을 받을 염려가 있어야 한다. 회사에 발생한 손해로 인한 주주의 간접손해는 주주의 불이익에 해당되지 않는다.

4. 청구권자

① 불이익을 받을 염려가 있는 주주이면 1주만 보유한 주주라도 청구권자가 된다.

② 의결권 없는 주주도 가능하다.

③ 주주가 아닌 채권자 등 제3자는 청구권자가 아니다.

5. 행사방법

① 신주발행유지청구는 사전적 구제수단이므로 신주발행의 효력이 발생하기 전에 청구해야 한다.

② 신주발행의 효력이 발생한 이후에는 신주발행무효의 소를 제기하여야 하고, 유지청구는 허용되지 않는다.

③ 회사에 대한 의사표시로도 가능하고 회사를 피고로 신주발행유지청구의 소를 제기할 수도 있다.

④ 신주발행유지청구의 소를 본소로 하여 가처분을 신청하는 것도 가능하다.

6. 효과

① 신주발행유지청구는 회사에게 신주발행에 대해서 다시 한 번 검토할 기회를 주는 것이다.

② 주주가 신주발행유지청구를 하였음에도 회사가 신주를 발행한 경우, 신주발행유지청구를 하였다는 사정만으로 신주발행이 무효가 되지는 않는다.

③ 신주발행유지청구를 인용하는 본소 판결이나 가처분 결정에 위반하여 회사가 신주를 발행한 경우 신주발행 무효사유에 해당될 수 있다.

Ⅱ. 신주발행무효의 소

> **제429조 (신주발행무효의 소)** 신주발행의 무효는 주주·이사 또는 감사에 한하여 신주를 발행한 날로부터 6월내에 소만으로 이를 주장할 수 있다.

1. 의의

① 주주, 이사 또는 감사에 한하여 신주를 발행한 날로부터 6월내에 소로써 신주발행의 무효를 주장할 수 있다. [변호사 12, 15, 18]

② 신주발행무효의 소는 형성의 소이다.

③ 신주발행의 부존재는 신주발행이 사실상 존재한다고 보기도 어려울 정도로 신주발행의 내용 또는 절차에 중대한 하자가 존재하는 경우를 말한다.

④ 신주발행 부존재확인의 소는 누구나 제기할 수 있고, 제소기간에도 제한이 없다.

⑤ 개별적인 주식인수와 관련된 주식청약서 등의 흠결을 이유로 한 주식인수의 무효나 회사나 인수인의 의사표시 하자와 관련된 주식인수의 취소 또한 신주발행무효와 구별된다.

⑥ 신주의 발행으로 인한 변경등기를 한 날로부터 1년을 경과한 후에는 신주를 인수한 자는 주식청약서 또는 신주인수권증서의 요건의 흠결을 이유로 하여 그 인수의 무효를 주장하거나 사기, 강박 또는 착오를 이유로 하여 그 인수를 취소하지 못한다. 그 주식에 대하여 주주의 권리를 행사한 때에도 같다.

2. 무효원인

① 신주발행의 내용이나 절차가 단순히 법령이나 정관에 위배된다는 것만으로 무효가 되지는 않는다.

② 주주의 신주발행유지청구의 요건으로 규정하는 '법령이나 정관의 위반 또는 현저하게 불공정한 방법에 의한 주식의 발행'을 신주발행의 무효원인으로 일응 고려할 수 있다.

③ 신주발행 무효의 원인은 신주발행유지청구의 사유보다 좁고 엄격하게 인정된다.

④ 구체적인 경우로는 ㉠ 발행예정주식 초과 신주발행, ㉡ 액면미달발행의 절차를 거치지 않은 액면미달발행, ㉢ 회사의 계산으로 자기주식 인수 방식으로 이루어진 신주발행, ㉣ 경영상 목적이 인정되지 않는 제3자 배정 신주발행(예 경영권 방어만을 위한 제3자 배정)은 무효이다.

⑤ 신주발행의 무효원인은 가급적 엄격하게 해석해야 하고, 법령이나 정관의 중대한 위반 또는 현저한 불공정이 있어 주식회사의 본질이나 회사법의 기본원칙에 반하거나 기존 주주들의 이익과 회사의 경영권 내지 지배권에 중대한 영향을 미치는 경우로서 신주와 관련된 거래의 안전, 주주 기타 이해관계인의 이익 등을 고려하더라도 도저히 묵과할 수 없는 정도라고 평가되는 경우에 한하여 신주의 발행을 무효로 할 수 있다(대판 2010.4.29. 2008다65860).[법무사 20, 변호사 15]

3. 대표이사의 전단적 신주발행의 효력

주식회사의 신주발행은 주식회사의 업무집행에 준하는 것으로서 대표이사가 그 권한에 기하여 신주를 발행한 이상 신주발행은 유효하고, 설령 신주발행에 관한 이사회의 결의가 없거나 이사회의 결의에 하자가 있더라도 이사회의 결의는 회사의 내부적 의사결정에 불과하므로 신주발행의 효력에는 영향이 없다(대판 2007.2.22. 2005다77060,77077).[변호사 12, 15, 18]

4. 현저하게 불공정한 방법에 의한 신주발행의 효력

① 회사 자산을 처분한 자금을 횡령하여 설립한 다른 회사의 명의로 회사의 신주를 인수한 경우 현저히 불공정한 방법에 의한 신주발행이므로 무효이다(대판 2003.2.26. 2000다42786).

② 신주발행을 결의한 이사들을 이사로 선임한 주주총회결의가 취소되고 신주발행금지가처분이 되었음에도 문제된 이사들에 의하여 이사회를 진행하고 신주를 인수한 경우 현저히 불공정한 방법에 의한 신주발행이므로 무효이다(대판 2010.4.29. 2008다65860).

③ 주주가 회사로부터 신주배정 통지를 받고도 그 주식대금을 납입하지 아니하여 실권된 경우, 발행주식 총수를 현저하게 증가시키는 신주발행이 이루어짐으로써 회사에 대한 그 주주의 지배력이 현저하게 약화되고, 그로 인하여 그 주주가 대표이사에게 적정한 주식대금을 받고 주식을 양도하는 것이 더욱 어려워지게 되었다고 하더라도, 그러한 사유만으로는 그 신주발행이 현저하게 불공정한 방법에 의한 신주발행으로서 무효라고 볼 수 없다(대판 1995.2.28. 94다34579).

④ 회사가 직원들을 유상증자에 참여시키면서 퇴직시 출자 손실금을 전액 보전해 주기로 약정한 경우, 직원들의 신주인수의 동기가 된 위 손실보전약정이 주주평등의 원칙에 위배되어 무효라는 이유로 신주인수까지 무효로 보아 신주인수인들로 하여금 그 주식인수대금을 부당이득으로서 반환받을 수 있도록 한다면 이는 사실상 다른 주주들과는 달리 그들에게만 투하자본의 회수를 보장하는 결과가 되어 오히려 강행규정인 주주평등의 원칙에 반하는 결과를 초래하게 될 것이므로, 위 신주인수계약까지 무효라고 보아서는 아니 된다(대판 2007.6.28. 2006다 38161,38178).

5. 소의 제기 및 소의 절차

(1) 제소권자
① 신주발행무효의 소는 주주, 이사, 감사만이 제기할 수 있고(제429조), 회사는 피고가 된다. [법원직 09, 12, 16, 20, 법무사 17]
② 주주는 주식을 1주만 가지더라도 소 제기가 가능하다.
③ 신주발행 무효의 소가 제기된 이후 주주가 자신의 주식을 전부 양도한 경우, 양수인은 기존의 소를 승계할 수도 있고, 제소기간 경과 전이라면 새로운 소를 제기할 수도 있다.
④ ㉠ 신주발행무효의 소 계속 중 주식이 양도된 경우에 양수인은 제소기간 등의 요건이 충족된다면 새로운 주주의 지위에서 신소를 제기할 수 있을 뿐만 아니라, 양도인이 제기한 기존소송을 승계할 수도 있다. [법원직 12, 법무사 17, 변호사 12] ㉡ 승계참가가 인정되는 경우 참가시기에 불구하고 소가 제기된 당초에 소급하여 기간준수의 효력이 발생하므로, 신주발행무효의 소에 승계참가하는 경우 제소기간의 준수 여부는 승계참가시가 아닌 원래의 소 제기시를 기준으로 판단해야 한다. [변호사 12, 15] ㉢ 주식양수인이 이미 제기된 신주발행무효의 소에 승계참가하는 것을 피고 회사에 대항하기 위해서는 주주명부에 명의개서를 해야 하는데, 주식양수인이 명의개서를 거치지 않은 채 승계참가를 신청하여 피고 회사에 대항할 수 없는 상태로 소송절차가 진행되었더라도, 사실심 변론종결 이전에 명의개서를 마친 후 소송관계를 표명하고 증거조사 결과에 대해 변론함으로써 이전의 소송절차를 그대로 유지하고 있다면 명의개서 이전의 소송행위를 추인한 것으로 보아 소송절차상 하자는 치유되었다고 보아야 한다(대판 2003.2.26. 2000다42786). [법원직 12, 법무사 17, 변호사 12]

(2) 제소기간
① 신주를 발행한 날로부터 6개월 이내에 제기하여야 한다. [법원직 09, 12, 16, 20, 법무사 17]
② 신주를 발행한 날이란 신주발행의 효력발생일로서 납입기일의 다음날을 의미한다.
③ 항소심에서 신주발행의 무효를 청구원인으로 추가하고자 하는 경우 추가시점이 제소기간 이내이어야 한다.
④ 제소기간 내에 소를 제기하였으나, 제소기간이 경과한 이후 소제기 당시 적시하지 아니하였던 새로운 사유를 주장할 수 없다. [법원직 09, 법무사 17, 20]
⑤ 상법 제429조는 신주발행의 무효는 주주·이사 또는 감사에 한하여 신주를 발행한 날부터 6월 내에 소만으로 주장할 수 있다고 규정하고 있는 것은 무효사유의 주장시기도 제한하고 있는 것이므로, 신주발행무효의 소에서 신주를 발행한 날부터 6월의 출소기간이 경과한 후에는 새로운 무효사유를 추가하여 주장할 수 없다(대판 2012.11.15. 2010다49380). [변호사 12, 15]

법원직 09
1 신주발행의 무효는 주주·이사 또는 감사에 한하여 신주를 발행한 날로부터 1년 이내에 소만으로 이를 주장할 수 있다. (○, ×)

법원직 09, 법무사 17
2 신주발행무효의 소의 경우 그 출소기간이 경과한 후에도 새로운 무효사유를 추가하여 주장할 수 있다. (○, ×)

1 × **2** ×

⑥ 주주들에게 통지하거나 주주들의 참석없이 주주 아닌 자들이 모여서 개최한 임시주주총회에서 발행예정주식총수에 관한 정관변경결의와 이사선임결의를 하고, 그와 같이 선임된 이사들이 모인 이사회에서 대표이사 선임 및 신주발행결의를 하였다면 그 이사회는 부존재한 주주총회에서 선임된 이사들로 구성된 부존재한 이사회에 지나지 않고 그 이사들에 의하여 선임된 대표이사도 역시 부존재한 이사회에서 선임된 자이어서 그 이사회의 결의에 의한 신주발행은 의결권한이 없는 자들에 의한 부존재한 결의와 회사를 대표할 권한이 없는 자에 의하여 이루어진 것으로서 그 발행에 있어 절차적, 실체적 하자가 극히 중대하여 신주발행이 존재하지 않는다고 볼 수밖에 없으므로 회사의 주주는 위 신주발행에 관한 이사회결의에 대하여 상법 제429조 소정의 신주발행무효의 소의 제기기간에 구애되거나 신주발행무효의 소에 의하지 않고 부존재확인의 소를 제기할 수 있다(대판 1989.7.25. 87다카2316).

⑦ 정관에 근거하여 주주총회에서 신주 발행을 결의하였는데 그 주주총회 결의에 취소사유가 있는 경우, 주주는 신주발행 결의일로부터 2개월 이후에 신주발행무효의 소를 제기하면서 주주총회 결의 취소사유를 신주발행의 무효사유로 주장할 수 없다(대판 1995.2.28. 94다34579).

(3) 소의 절차

회사법상 소송에 관한 전속관할, 소제기 공고, 소의 병합, 하자의 보완 등, 패소원고의 손해배상책임, 무효판결의 등기, 원고의 담보제공의무 등이 준용된다.

6. 신주발행무효소송과 주주총회결의 하자소송

신주의 효력이 발생 전에는 신주발행무효의 소를 제기하지 못하나, 신주의 효력이 발생한 경우 주주총회결의의 하자는 신주 발행 절차의 하자로 흡수된다는 점을 근거로 신주발행무효의 소만을 제기할 수 있다는 견해가 타당하다.

7. 재량기각

신주발행무효의 소가 그 심리 중에 원인이 된 하자가 보완되고 회사의 현황과 제반사정을 참작하여 신주발행을 무효 또는 취소하는 것이 부적당하다고 인정한 때에는 법원은 그 청구를 기각할 수 있으며, 신주발행무효의 판결은 제3자에 대하여도 그 효력이 있으나 소급효는 인정되지 않는다.

8. 신주발행무효 판결의 효력

> **제431조 (신주발행무효판결의 효력)** ① 신주발행무효의 판결이 확정된 때에는 신주는 장래에 대하여 그 효력을 잃는다.

① 신주발행무효의 판결이 확정된 때에는 신주는 장래에 대하여 그 효력을 잃는다.[법원직 12, 법무사 11, 15] 즉, 신주발행무효 판결은 소급효가 없다. 따라서 신주발행 이후 무효판결이 확정될 때까지 이루어진 의결권행사, 주식양도, 입질, 이익배당 등은 영향을 받지 않는다.

② 신주발행 무효 판결이 확정되면 회사는 지체 없이 그 사실을 공고하고 3개월 이상의 기간을 정하여 해당 기간 내에 신주의 주권을 회사에 제출할 것을 공고하여야 하고, 주주명부에 기재된 주주와 질권자에 대하여는 별도로 통지를 하여야 한다.

③ 신주발행무효의 판결이 확정되면 회사는 신주의 주주가 납입한 금액을 반환하여야 한다

④ 신주의 질권자는 신주의 주주가 반환받을 납입대금에 대하여 질권을 행사할 수 있다

⑤ 회사는 신주발행에 따라 이루어진 변경등기를 경정하는 등기를 하여야 하고, 회사의 미발행 주식수는 신주발행 전으로 회복된다.

법무사 11, 15

1 신주발행 무효판결이 확정되면 신주는 소급적으로 효력을 잃는다. (O, X)

법원직 12

2 신주발행무효의 판결이 확정되면 그 확정 이전에 신주발행의 유효를 전제로 이루어진 신수인수인의 주금납입, 그간의 신주에 대한 이익배당 등의 행위는 모두 효력을 잃는다. (O, X)

1 X 2 X

Ⅲ. 불공정한 가액으로 주식을 인수한 자의 책임

1. 의의

① 이사와 통모하여 현저하게 불공정한 발행가액으로 주식을 인수한 자는 공정한 발행가액과의 차액에 상당한 금액을 회사에 지급하여야 한다.
② 주식을 인수한 자가 추가로 회사에 출자의무를 부담한다는 점에서 주주유한책임의 예외에 해당한다.

2. 요건

법원직 20

1 현저하게 불공정한 발행가액으로 주식을 인수한 자는 그러한 사정을 몰랐더라도 회사에 대하여 공정한 발행가격과의 차액에 상당한 금액을 지급할 의무가 있다. (○, ×)

① 주식인수인이 이사와 통모하여야 한다. 주식인수인이 발행가액이 현저히 불공정하다는 사실을 알았다는 사정만으로는 주식인수인의 차액 지급의무가 인정되지 않는다. [법원직 09, 20]
② 발행가액은 주식인수인이 실제로 회사에 납입한 금액을 기준으로 한다.
③ 이사회가 결정한 발행가액이 현저히 불공정했더라도 실제 발행가액이 공정하였다면 주식인수인의 의무가 성립되지 않는다.

3. 의무의 내용

① 통모주식인수인은 공정한 발행가액과 실제 발행가액의 차액을 회사에 지급할 의무가 있다.
② 통모주식인수인이 해당 주식을 양도하더라도 차액 지급 의무는 양수인에게 이전되지 않는다.
③ 통모한 이사도 회사에 대한 손해배상책임을 부담한다.
④ 통모인수인과 통모 이사는 부진정연대책임을 진다는 것이 통설이다.

4. 주주배정에의 적용여부

주주배정방식에서는 모든 주주가 평등하게 취급되므로 어느 주주가 다른 주주에 대하여 회사에 대한 차액 지급을 청구할 여지가 없고 따라서 주주배정방식에는 상법 제424조의2가 적용되지 않는다고 보아야 할 것이다. 주주 중 일부에게만 신주를 배정, 발행하거나 주주들 사이에 발행조건에 차등을 두어 발행하는 것은 여기에서의 주주배정방식에 해당하지 않는다(대판 2009.5.29. 2007도4949).

Ⅳ. 대표소송

① 주주대표소송에 관한 규정이 준용되므로 발행주식 총수의 1% 이상의 주식을 보유한 주주는 회사에 대하여 책임을 추궁하는 소를 제기할 것을 청구할 수 있고, 회사가 소를 제기하지 않는 경우 직접 소를 제기할 수 있다.
② 불공정한 가액으로 주식을 인수한 자를 상대로 대표소송을 제기한 주주가 패소한 경우 해당 주주가 악의인 때에는 회사에 대하여 연대하여 손해를 배상할 책임이 있다.

Ⅴ. 회사에 대한 손해배상청구

주주는 자신의 신주인수권을 침해하여 신주를 발행한 대표이사와 회사에 대하여 손해배상을 청구할 수 있다.

1 ×

Ⅵ. 이사에 대한 손해배상청구

주주는 이사의 고의 또는 중과실을 입증하여 이사에게 손해배상을 청구할 수 있다.

제9절 | 사채

쟁점 01 | 사채의 개요

1. 사채의 의의

① 사채란 회사가 자금을 조달하기 위해 유가증권인 채권을 발행하여 부담하는 채무를 말한다.
② 상법상 주식회사에만 사채에 관한 규정이 존재한다.
③ 유한회사의 경우, 상법상 채권자보호 규정이 존재하지 않으므로 사채를 발행할 수 없다고 본다.
④ 합병을 하는 회사의 일방이 사채의 상환을 완료하지 아니한 주식회사인 때에는 합병 후 존속하는 회사 또는 합병으로 인하여 설립되는 회사는 유한회사로 하지 못한다.
⑤ 주식회사는 총주주의 일치에 의한 총회의 결의로 그 조직을 변경하여 이를 유한회사로 할 수 있다. 그러나 사채의 상환을 완료하지 아니한 경우에는 그러하지 아니하다.

2. 사채와 주식의 차이

① 주식은 사채보다 후순위로 배당가능이익이 있는 경우에 한하여 배당을 받으나 사채는 배당가능이익과 관계없이 확정이자를 지급받는다.
② 주주는 회사의 사원으로 회사의 운영에 관여할 수 있으나, 사채권자는 회사의 운영에 관여할 수 없고 사채권자집회 또한 회사의 기관이 아니다.
③ 회사가 자기주식을 취득하는 것은 배당가능이익 등 제한이 있으나 회사가 사채를 취득하는 것은 허용된다.
④ 주식은 인수대금이 전액 납입되어야 하나 사채는 분할납입이 허용된다.

3. 다양한 종류의 사채 발행

① 회사가 발행하는 사채는 이익배당에 참가할 수 있는 사채, 주식이나 그 밖의 다른 유가증권으로 교환 또는 상환할 수 있는 사채, 유가증권이나 통화 또는 그 밖에 자산이나 지표 등의 변동과 연계하여 미리 정하여진 방법에 따라 상환 또는 지급금액이 결정되는 사채를 포함한다.
② 주식의 발행을 내용으로 하는 사채는 주주의 이해와 관련되므로 상법에 규정된 경우에 한하여 발행이 가능하나 주식의 발행을 내용으로 하지 않는 사채의 경우에는 상법에 근거규정이 없더라도 회사가 자유로이 발행할 수 있다고 본다.
③ 사채권자는 언제든지 기명식의 채권을 무기명식으로, 무기명식의 채권을 기명식으로 할 것을 회사에 청구할 수 있다. 그러나 채권을 기명식 또는 무기명식에 한할 것으로 정한 때에는 그러하지 아니하다.[법원직 21, 법무사 08]

법무사 08

1 상법상 무기명식 사채의 발행은 허용되지 않는다. (O, X)

1 ×

4. 소멸시효

법원직 21

1 사채의 상환청구권은 5년간 행사하지 아니하면 소멸시효가 완성한다. (○, ×)

① 사채의 이자청구권은 5년간 행사하지 아니하면 소멸시효가 완성한다. [법원직 21, 법무사 03]
② 사채의 상환청구권은 10년간 행사하지 아니하면 소멸시효가 완성한다. [법원직 21, 법무사 03, 08]

쟁점 02 사채의 발행과 유통

1. 사채의 발행

(1) 2011년 개정 상법

2011년 개정 상법 이전에는 ① 사채총액이 순자산 4배 이하이어야 한다는 점, ② 사채를 발행하기 위해서는 종전에 발행된 사채총액의 납입이 완료되었어야 한다는 점, ③ 사채권면액은 1만 원 이하여야 한다는 점, ④ 할증상환의 경우 할증률은 모든 사채에 균등하여야 한다는 점 등의 제한이 있었으나, 2011년 개정 상법은 이러한 제한을 모두 폐지하였다.

(2) 이사회 결의에 의한 사채발행

> **제469조 (사채의 발행)** ① 회사는 이사회의 결의에 의하여 사채를 발행할 수 있다.
> ④ 제1항에도 불구하고 정관으로 정하는 바에 따라 이사회는 대표이사에게 사채의 금액 및 종류를 정하여 1년을 초과하지 아니하는 기간 내에 사채를 발행할 것을 위임할 수 있다.

법무사 12

2 전환사채와 신주인수권부사채의 발행은 원칙적으로 이사회의 결의사항이다. (○, ×)

법원직 07

3 회사는 주주총회의 결의에 의하여 사채를 모집할 수 있다. (○, ×)

① 사채의 발행은 이사회의 결의에 의한다. [법원직 07, 09, 12, 법무사 03, 08, 12, 13]
② 정관으로 정하는 바에 따라 이사회는 대표이사에게 사채의 금액 및 종류를 정하여 1년을 초과하지 아니하는 기간 내에 사채를 발행할 것을 위임할 수 있다. [법원직 20, 21]
③ 상법은 사채발행의 위임과 관련하여 집행임원을 포함하고 있지 않고, 이사회의 권한인 사항은 이사회가 집행임원에게 위임할 수 없으므로 집행임원에 대한 사채발행 위임은 허용되지 않는다.

(3) 납입

> **제476조 (납입)** ① 사채의 모집이 완료한 때에는 이사는 지체없이 인수인에 대하여 각 사채의 전액 또는 제1회의 납입을 시켜야 한다.

법원직 07

4 사채의 모집이 완료한 때에는 이사는 지체없이 인수인에 대하여 각 사채의 전액을 납입시켜야 하고, 분할납입은 허용되지 않는다. (○, ×)

① 사채의 모집이 완료한 때에는 이사는 지체 없이 인수인에 대하여 각 사채의 전액 또는 제1회의 납입을 시켜야 한다. [법원직 07]
② 납입이 지체되더라도 실권절차는 존재하지 않는다.
③ 상법은 사채의 납입과 관련하여 상계를 금지하고 있지 않으므로 상계에 의한 납입도 가능하다.

2. 사채의 유통

(1) 채권(債券)

① 채권은 사채를 표창하는 유가증권이다.
② 채권은 채권의 번호와 회사의 상호, 사채총액 등 법정사항을 기재하고 대표이사가 기명날인 또는 서명하여야 한다.

1 × 2 ○ 3 × 4 ×

③ 사채전액의 납입이 완료한 후가 아니면 채권을 발행하지 못한다. 그러나 이에 위반하여 채권이 발행되더라도 유효하다고 본다.

(2) 사채원부, 사채등록부

① 사채원부란 기명사채와 관련하여 사채와 사채권자에 관한 사항을 기재하는 장부를 말한다.
② 사채원부 기재의 효력은 주주명부와 동일하다.
③ 기명사채의 이전은 취득자의 성명과 주소를 사채원부에 기재하고 성명을 채권에 기재하지 아니하면 회사 기타의 제3자에게 대항하지 못한다.[법원직 12]
④ 등록사채의 경우, 기명사채이든 무기명사채이든 전자등록계좌부가 만들어지고, 전자등록계좌부의 기재는 등록사채 양도, 입질의 대항요건이다.

(3) 사채의 양도와 입질

① 무기명사채의 양도와 입질은 민법상 무기명채권의 양도와 입질에 관한 규정이 적용된다.
② 무기명사채의 양도와 입질은 채권의 교부로서 효력이 발생한다.
③ 등록무기명사채의 경우, 전자등록계좌부에 기재되어야 회사에 대항할 수 있다.
④ 기명사채의 양도와 입질은 민법상 지명채권의 양도와 입질에 관한 규정이 적용된다. 다만, 권리가 채권에 표창되어 있으므로 채권의 교부가 있어야 양도의 효력이 발생한다.
⑤ 사채원부에 명의개서를 하지 않으면 회사에 대항할 수 없다.
⑥ 등록기명사채의 경우, 양도사실이 전자등록계좌부에 기재되어야 회사에 대항할 수 있다.
⑦ 기명사채의 입질은 민법의 권리질에 관한 규정이 적용된다.
⑧ 질권설정의 의사표시와 채권의 교부에 의하여 질권이 설정되고, 질권설정자의 발행회사에 대한 통지나 발행회사의 승낙이 있어야 발행회사에 대항할 수 있다.
⑨ 등록기명사채는 전자등록계좌부에 등록하여야 회사에 대항할 수 있다.

쟁점 03 전환사채

1. 의의

① 전환사채란 발행회사의 주식으로 전환할 수 있는 권리가 부여된 사채를 의미한다.
② 전환사채는 주식으로 전환될 수 있다는 점에서 발행회사 주주의 이익에 영향을 미치게 된다. 그러한 관계로 전환사채의 인수권은 원칙적으로 주주가 가지고 제3자에게 전환사채를 발행하는 경우 주주총회의 특별결의를 거쳐야 한다.
③ 전환사채권자는 자신이 취득한 전환사채에 질권을 설정할 수 있고, 질권설정 후 전환에 따라 전환사채권자가 주식을 받는 경우 질권자는 그 주식에 대해 질권을 행사할 수 있다.[변호사 21]
④ 전환사채 인수 과정에서 그 납입을 가장하였더라도 상법 제628조 제1항의 납입가장죄는 성립하지 아니한다.[변호사 21]

2. 제3자에 대한 전환사채 발행

(1) 의의

법무사 05, 11, 13

1 주주 외의 자에 대하여 전환사채를 발행하는 경우에 그 발행할 수 있는 전환사채의 액, 전환의 조건, 전환으로 인하여 발행할 주식의 내용과 전환을 청구할 수 있는 기간에 관하여 정관에 규정이 없으면 이사회가 이를 결정한다. (○, ×)

① 정관에 주주 외의 자에 대하여 전환사채를 발행할 수 있다는 규정이 있는 경우, 그 발행할 수 있는 전환사채의 액, 전환의 조건, 전환으로 인하여 발행할 주식의 내용과 전환을 청구할 수 있는 기간에 관한 사항은 정관의 규정이 없으면 주주총회의 특별결의로 정하여야 한다(제513조 제3항).

② 이 경우 신기술의 도입, 재무구조의 개선 등 회사의 경영상 목적을 달성하기 위하여 필요한 경우에 한한다. [법원직 12, 20, 21, 법무사 05, 11, 13, 변호사 12, 21]

③ 상법상 전환사채를 주주 배정방식에 의하여 발행하는 경우에도 주주가 그 인수권을 잃은 때에는 회사는 이사회의 결의에 의하여 그 인수가 없는 부분에 대하여 자유로이 이를 제3자에게 처분할 수 있다(대판 2009.5.29. 2007도4949).[법무사 15]

(2) 요건

법무사 15

2 대법원은 주주배정으로 전환사채를 발행하는 경우에 주주가 인수하지 아니하여 실권된 부분에 관하여 발행을 중단하고 추후에 그 부분에 관하여 새로이 제3자 배정방식에 의한 발행을 모색할 의무가 있다고 보았다. (○, ×)

① 정관이나 주주총회의 특별결의로 각 사항의 일정한 기준이나 범위를 정하고 구체적인 사항은 이사회에서 정하도록 하는 것도 가능하다. 다만, 그 기준이나 범위가 지나치게 넓어 사실상 이사회에 포괄위임을 하는 정도로 볼 수 있는 경우에는 제513조 제3항에 위반된다고 본다.

② ㉠ 정관에 일응의 기준을 정해 놓은 다음 실제로 발행할 전환사채의 구체적인 전환의 조건 등은 그 발행시마다 정관에 벗어나지 않는 범위에서 이사회에서 결정하도록 위임하는 방법을 취하는 것도 허용된다. ㉡ 전환사채의 전환가액은 주식의 액면금액 또는 그 이상의 가액으로 사채발행시 이사회가 정한다는 정관 조항은 전환가액 등 전환의 조건의 결정방법과 관련하여 고려되어야 할 특수성을 감안할 때 상법 제513조 제3항이 요구하는 최소한도의 요건을 충족하는 것으로 유효하다(대판 2004.6.25. 2000다37326).

③ 제3자에게 전환사채를 발행하기 위해서는 회사의 경영상의 목적이 존재하여야 한다.

④ 회사의 경영권 분쟁이 현실화된 상황에서 경영진의 경영권이나 지배권 방어라는 목적을 달성하기 위하여 제3자에게 신주를 배정하는 것은 주주의 신주인수권을 침해하는 것이다(대판 2009.1.30. 2008다50776).

⑤ 전환사채와 관련된 거래의 안전, 주주 기타 이해관계인의 이익 등을 고려하더라도 도저히 묵과할 수 없는 정도라고 평가되는 경우에 한하여, 전환사채의 발행 또는 전환권 행사에 의한 주식 발행을 무효로 할 수 있다. 전환사채의 인수인이 회사의 지배주주와 특별한 관계에 있는 자라거나 그 전환가액이 발행시점의 주가 등에 비추어 다소 낮은 가격이라는 것과 같은 사유는 이미 발행된 전환사채 또는 그 전환권의 행사로 발행된 주식의 무효사유에 해당하지 않는다(대판 2004.6.25. 2000다37326).

3. 전환사채 발행절차

(1) 발행사항의 결정

법원직 09

3 전환사채를 발행하려면 정관의 규정이나 주주총회의 특별결의가 있어야 한다. (○, ×)

① 발행사항 중 정관 규정이 없는 것은 이사회에서 결정한다. 다만, 정관으로 주주총회에서 결정하기로 한 사항은 주주총회에서 결정한다. [법원직 09, 12]

② 회사의 정관에 신주발행 및 인수에 관한 사항은 주주총회에서 결정하고 자본의 증가 및 감소는 발행주식 총수의 과반수에 상당한 주식을 가진 주주의 출석과 출석주주가 가진 의결권의 3분의 2 이상의 찬성으로 의결하도록 규정되어 있는 경우, 전환사채는 전환권의 행사에 의하여 장차 주식으로 전환될 수 있어 이를 발행하는 것은 사실상 신주발행으로서의 의미를 가지므로, 회사가 전환사채를 발행하기 위해서는 주주총회의 특별결의를 요한다(대판 1999.6.25. 99다18435).

1 × **2** × **3** ×

③ ㉠ 발행회사가 주주배정의 방법, 즉 주주가 가진 주식수에 따라 신주, 전환사채나 신주인수권부사채의 배정을 하는 방법으로 신주 등을 발행하는 경우에는 발행가액 등을 반드시 시가에 의하여야 하는 것은 아니다. 따라서 회사의 이사로서는 주주배정의 방법으로 신주를 발행하는 경우 원칙적으로 액면가를 하회하여서는 아니 된다는 제약 외에는 시가보다 낮게 발행가액 등을 정하였다고 하여 배임죄의 구성요건인 임무위배, 즉 회사의 재산보호의무를 위반하였다고 볼 것은 아니다. ㉡ 상법상 전환사채를 주주 배정방식에 의하여 발행하는 경우에도 주주가 그 인수권을 잃은 때에는 회사는 이사회의 결의에 의하여 그 인수가 없는 부분에 대하여 자유로이 이를 제3자에게 처분할 수 있다. ㉢ 주주배정의 방법으로 주주에게 전환사채 인수권을 부여하였지만 주주들이 인수청약하지 아니하여 실권된 부분을 제3자에게 발행하더라도 주주의 경우와 같은 조건으로 발행할 수밖에 없고, 이러한 법리는 주주들이 전환사채의 인수청약을 하지 아니함으로써 발생하는 실권의 규모에 따라 달라지는 것은 아니다. ㉣ 이사가 주식회사의 지배권을 기존 주주의 의사에 반하여 제3자에게 이전하는 것은 기존 주주의 이익을 침해하는 행위일 뿐 지배권의 객체인 주식회사의 이익을 침해하는 것으로 볼 수는 없고, 회사 지분비율의 변화가 기존 주주 자신의 선택에 기인한 것이라면 지배권 이전과 관련하여 이사에게 임무위배가 있다고 할 수 없다(대판 2009.5.29. 2007도4949).

(2) 발행사항(제513조 제2항)
① 전환사채의 총액, ② 전환의 조건, ③ 전환으로 인하여 발행할 주식의 내용, ④ 전환청구기간, ⑤ 주주에게 전환사채 인수권을 준다는 뜻과 인수권의 목적인 전환사채의 액, ⑥ 주주외의 자에게 전환사채를 발행하는 것과 이에 대하여 발행할 전환사채의 액

(3) 주주배정 관련 청약 최고 및 청약
① 전환사채의 인수권을 가진 주주는 그가 가진 주식의 수에 따라서 전환사채의 배정을 받을 권리가 있다.
② 회사는 배정기준일을 정하여 공고하여야 한다.
③ 주주가 전환사채의 인수권을 가진 경우에는 각 주주에 대하여 그 인수권을 가지는 전환사채의 액, 발행가액, 전환의 조건, 전환으로 인하여 발행할 주식의 내용, 전환을 청구할 수 있는 기간과 일정한 기일까지 전환사채의 청약을 하지 아니하면 그 권리를 잃는다는 뜻을 통지하여야 한다.[법원직 21]
④ 이러한 통지는 청약 기일의 2주간 전에 하여야 한다. 통지에도 불구하고 그 기일까지 주식인수의 청약을 하지 아니한 때에는 신주의 인수권을 가진 자는 그 권리를 잃는다.

(4) 인수와 납입 및 등기
인수 및 납입 절차는 일반사채와 동일하다. 일반사채와 달리 전환사채를 발행한 때에는 납입이 완료된 날로부터 2주간 내에 본점의 소재지에서 전환사채의 등기를 하여야 한다.[법무사 03]

5. 수권주식과의 관계
전환사채는 발행예정주식총수의 잔여수량 내에서만 발행할 수 있다. 회사는 전환청구에 따라 발행되는 주식수에 대해서는 전환청구기간 동안 신주를 발행할 수 없다.[법무사 11, 12]

법무사 03

1 회사가 전환사채를 발행한 때에는 납입이 완료된 날로부터 20일 안에 본점의 소재지에서 전환사채의 등기를 하여야 한다.
(○, ×)

법무사 11, 12

2 회사가 전환사채를 발행하는 경우에는 전환청구기간 동안 발행예정주식총수 중 전환으로 인하여 발행할 주식의 수만큼 그 발행을 보류하여야 한다.
(○, ×)

1 × **2** ○

6. 전환가액

① 전환으로 신주식을 발행하는 경우에는 전환사채의 발행가액총액을 전환으로 발행되는 신주식의 발행가액총액으로 한다.

② 주식의 액면미달발행이 제한되므로, 전환가액은 주식의 액면가액 이상이어야 한다.

③ 전환사채 발행 이후 회사의 주식이 분할되는 경우, 현금배당이나 신주의 저가발행을 실시하는 경우, 실적감소나 경기하락으로 주식가치가 하락하는 경우(refixing 사유) 등 사채권자의 이익에 영향을 미치는 사정이 발생하는 경우 사채권자의 이익을 보호하기 위하여 전환가액을 조정할 필요가 발생하게 된다. refixing 사유에 따른 전환사채권자의 보호는 전환사채권자의 이익을 절대적으로 보장한다는 점에서 주주들의 이익을 침해할 수 있다. 판례는 refixing 조항이 유효하다고 판시하고 있다.

7. 전환사채 발행 하자에 대한 구제수단

① 회사가 법령 또는 정관에 위반하거나 현저하게 불공정한 방법으로 전환사채를 발행하는 경우, 불이익을 받을 염려가 있는 주주는 회사에 대하여 그 발행을 유지할 것을 청구할 수 있다. [법원직 21, 법무사 13]

② 전환사채발행유지청구는 전환사채발행의 효력이 생기기 전 즉, 전환사채의 납입기일까지 행사할 수 있다. [법원직 21, 법무사 13, 변호사 02]

③ 이사와 통모하여 현저하게 불공정한 발행가액으로 전환사채를 인수한 자는 회사에 대하여 공정한 발행가액과의 차액에 상당한 금액을 지급하여야 한다.

④ 이사는 회사 또는 주주에게 손해배상책임을 진다.

⑤ 상법상 전환사채발행 무효의 소는 별도로 규정되어 있지 않으나, 판례는 신주발행무효의 소에 관한 규정이 전환사채의 발행에 유추적용 된다고 본다.

⑥ 전환사채가 발행된 이후에는 일반적인 확인의 소송이나 다른 소송에서의 공격방어방법으로 전환사채발행의 무효를 주장할 수 없고, 전환사채발행 무효의 소를 제기해야 한다.

⑦ ㉠ 전환사채의 발행은 주식회사의 물적 기초와 기존 주주들의 이해관계에 영향을 미친다는 점에서 사실상 신주를 발행하는 것과 유사하므로, 전환사채의 발행의 경우에도 신주발행무효의 소에 관한 상법 제429조가 유추적용된다. [법원직 12, 21, 법무사 06, 10, 13, 20, 변호사 21] ㉡ 주주총회의 특별결의에 의해서만 변경이 가능한 정관에 전환의 조건 등을 미리 획일적으로 확정하여 규정하도록 요구할 것은 아니며, 정관에 일응의 기준을 정해 놓은 다음 이에 기하여 실제로 발행할 전환사채의 구체적인 전환의 조건 등은 그 발행시마다 정관에 벗어나지 않는 범위에서 이사회에서 결정하도록 위임하는 방법을 취하는 것도 허용된다. ㉢ 정관이 전환사채의 발행에 관하여 "전환가액은 주식의 액면금액 또는 그 이상의 가액으로 사채발행시 이사회가 정한다."라고 규정하고 있는 경우, 이는 정관에서 규정될 것을 요구하는 최소한도의 요건을 충족하고, 그 기준 또는 위임방식이 지나치게 추상적이거나 포괄적이어서 무효라고 볼 수는 없다. ㉣ 상법 제429조의 유추적용에 의한 전환사채발행무효의 소에 있어서도 전환사채를 발행한 날로부터 6월의 출소기간이 경과한 후에는 새로운 무효사유를 추가하여 주장할 수 없다.

ⓜ 전환사채발행무효의 소는 사후에 이를 무효로 함으로써 거래의 안전과 법적 안정성을 해칠 위험이 큰 점을 고려할 때, 그 무효원인은 가급적 엄격하게 해석하여야 하고, 따라서 법령이나 정관의 중대한 위반 또는 현저한 불공정이 있어 그것이 주식회사의 본질이나 회사법의 기본원칙에 반하거나 기존 주주들의 이익과 회사의 경영권 내지 지배권에 중대한 영향을 미치는 경우로서 전환사채와 관련된 거래의 안전, 주주 기타 이해관계인의 이익 등을 고려하더라도 도저히 묵과할 수 없는 정도라고 평가되는 경우에 한하여 전환사채의 발행 또는 그 전환권의 행사에 의한 주식의 발행을 무효로 할 수 있다. ⓗ 그 무효원인을 회사의 경영권분쟁이 현재 계속 중이거나 임박해 있는 등 오직 지배권의 변경을 초래하거나 이를 저지할 목적으로 전환사채를 발행하였음이 객관적으로 명백한 경우에 한정할 것은 아니다. ⓐ 전환사채의 인수인이 회사의 지배주주와 특별한 관계에 있는 자라거나 그 전환가액이 발행시점의 주가 등에 비추어 다소 낮은 가격이라는 것과 같은 사유는 일반적으로 전환사채발행유지청구의 원인이 될 수 있음은 별론으로 하고 이미 발행된 전환사채 또는 그 전환권의 행사로 발행된 주식을 무효화할 만한 원인이 되지는 못한다(대판 2004.6.25. 2000다37326).

8. 전환사채의 전환

① 전환을 청구하는 자는 청구서 2통에 채권을 첨부하여 회사에 제출하여야 한다.
② 전자등록의 경우 채권을 증명할 수 있는 자료를 첨부하여 회사에 제출하는 방법으로 한다.
③ 주주명부폐쇄기간에도 전환청구가 가능하나, 전환된 주식은 그 기간 중의 총회결의에서 의결권을 행사할 수 없다. [법무사 05, 06, 11, 12]
④ 전환청구는 형성권이므로 사채권자가 전환을 청구한 때에 효력이 발생한다.
⑤ 전환의 효력이 발생하면 사채권자는 사채권자로서의 지위를 상실하고 주주가 된다.
⑥ 전환사채권자가 전환권을 행사하면 주금의 납입 없이 전환을 청구한 때에 주주로서의 지위를 취득한다.
⑦ 전환사채권자가 전환권을 행사한 경우에는 회사의 자본금이 증가하나 회사의 자산에는 변동이 없다. [법원직 15, 법무사 05]
⑧ 전환사채권자가 전환 청구를 하면 회사는 주식을 발행해 주어야 하는데, 전환권은 형성권이므로 전환을 청구한 때에 당연히 전환의 효력이 발생하여 전환사채권자는 그 때부터 주주가 되고 사채권자로서의 지위를 상실하게 되므로 그 이후에는 주식전환의 금지를 구할 법률상 이익이 없다(대판 2004.8.16. 2003다9636).

1. 의의

① 신주인수권부사채란 발행회사의 주식을 인수할 수 있는 권리가 부여된 사채를 의미한다. 이러한 신주인수권은 회사에 대하여 신주발행을 청구할 수 있는 구체적 신주인수권이다.

② 신주인수권부사채는 신주인수권 행사로 발행되는 신주의 인수대금을 별도로 납입하여야 한다.

③ 신주인수권부사채는 신주인수권을 분리하여 신주인수권증권을 별도로 발행하는지 여부에 따라 분리형 신주인수권부사채와 비분리형 신주인수권부사채로 나뉜다.[법원직 10, 21, 법무사 09]

④ 주주 외의 자에 대하여 신주인수권부사채를 발행하는 경우에 그 발행할 수 있는 신주인수권부사채의 액, 신주인수권의 내용과 신주인수권을 행사할 수 있는 기간에 관하여 정관에 규정이 없으면 주주총회 특별결의로 이를 정해야 한다.[법원직 21]

⑤ 주주 외의 자에 대하여 신주인수원부사채를 발행하는 경우는 신기술의 도입, 재무구조의 개선 등 회사의 경영상 목적을 달성하기 위하여 필요한 경우에 한한다.[법원직 10]

2. 전환사채와의 차이점

① 전환사채는 사채발행총액이 신주의 발행가액총액과 동액이어야 하나,[법무사 16] 신주인수권부사채는 주식인수대금이 별도로 납입되므로 이러한 제한이 적용되지 않는다.

② 신주인수권부사채의 경우, 신주의 발행가액총액은 신주인수권부사채의 총액을 초과할 수 없다.[법원직 10, 21, 법무사 09, 12, 16]

③ 전환사채는 전환청구 시점에 신주의 효력이 발생하나, 신주인수권부사채는 인수대금을 납입한 때에 신주의 효력이 발생한다.[법무사 05, 16]

④ 전환사채의 질권자는 전환으로 인해 발행된 신주에 물상대위권을 행사할 수 있으나,[법무사 06, 12] 신주인수권부사채의 질권자는 대용납입이 이루어지지 않은 이상 물상대위권을 행사할 수 없다.

⑤ 분리형 신주인수권부사채의 신주인수권증권이 제3자에게 유통된 경우, 사채권자는 신주인수권을 행사할 수 없고 신주인수권증권의 소지인이 신주인수권을 행사할 수 있다.

3. 신주인수권증권

① 신주인수권증권이란 회사가 정관의 규정 또는 이사회 결의로 신주인수권만을 양도할 수 있는 것으로 정한 경우, 회사가 사채와 함께 발행하는 신주인수권을 표창하는 증권을 의미한다.

② 신주인수권증권은 무기명으로 발행되는 무기명증권이다.

③ 신주인수권은 신주인수권증권의 교부에 의하여 양도된다.

④ 신주인수권증권의 점유자는 적법한 소지인으로 추정된다.

⑤ 신주인수권증권에는 주권의 제권판결과 재발행 규정이 준용된다. 그 결과 신주인수권증권은 공시최고 절차에 의하여 이를 무효로 할 수 있고, 신주인수권증권을 상실한 자는 제권판결을 얻지 아니하면 회사에 대하여 재발행을 청구하지 못한다.

⑥ 신주인수권증권에 대해서는 수표의 선의취득에 관한 규정이 준용된다.

법무사 09

1 사채와 분리하여 신주인수권만을 양도할 수 있는 신주인수권부사채도 있다. (○, ×)

법원직 10

2 신주인수권부사채는 신주인수권증권이 발행된 경우라도 신주인수권만을 분리하여 양도할 수 없다. (○, ×)

법원직 21

3 신주인수권만의 분리 양도가 가능한 신주인수권부사채의 발행은 허용되지 않는다. (○, ×)

법무사 05

4 전환사채는 전환청구 즉시 전환의 효력이 발생하므로 그 결과 사채권자는 그 지위를 상실하고 주주가 된다. (○, ×)

법무사 16

5 사채권자의 전환권과 신주인수권은 형성권이므로, 원칙적으로 신주의 효력발생시기는 전환사채의 경우 사채권자가 회사에 전환을 청구한 때이고, 신주인수권부사채의 경우 사채권자가 회사에 신주인수권을 행사한 때이다. (○, ×)

법무사 06

6 전환사채를 목적으로 하는 채권자는 전환에 의하여 주주가 받을 주식에 대하여 물상대위권을 행사할 수 없다.(○, ×)

1 ○ **2** × **3** × **4** ○ **5** × **6** ×

4. 신주인수권의 행사

① 신주인수권을 행사하려는 자는 신주의 발행가액의 전액을 납입하여야 한다. 즉, 신주인수권의 행사는 신주의 발행가액 전액을 납입할 것을 요건으로 한다.

② 신주인수권부사채의 상환에 갈음하여 그 발행가액으로 신주 발행가액의 납입이 있는 것으로 보는 이른바 대용납입의 경우에는 별도의 납입이 요구되지 않는다.[법원직 10, 법무사 09]

③ 분리형은 신주인수권증권을 첨부하여야 하고, 비분리형은 사채권을 제시하여야 한다.

④ 분리형 신주인수권부사채의 경우 사채권자가 아닌 신주인수권증권의 정당한 소지인이 신주인수권을 행사할 수 있다.[법원직 10]

⑤ 신주인수권 분리형 신주인수권부사채를 발행한 회사가 발행조건으로 주식의 시가하락 시 신주인수권의 행사가액을 하향조정하는 조항을 둔 경우 신주인수권자는 그 발행회사를 상대로 신주인수권 행사가액 조정 절차의 이행을 구하는 소를 제기할 수 있다. 신주인수권 행사가액 조정절차의 이행을 구하는 소는 신주인수권의 행사 여부와 관계없이 허용된다(대판 2014.9.4. 2013다40858).

법무사 09

1 신주인수권을 행사할 경우에는 신주의 발행가액의 전액을 납입하여야 하며 신주인수권부사채의 상환에 갈음하여 신주의 발행가액의 납입을 대용하는 것은 허용되지 않는다.

(○, ×)

5. 신주의 효력발생

① 신주인수권을 행사한 자는 신주의 발행가액을 납입한 때에 주주가 된다.

② 신주인수권은 형성권이므로 회사의 승낙 여부와 무관하게 효력이 발생한다.

③ 대용납입의 경우에는 신주발행 청구서를 회사에 제출한 시점에 주주가 된다.

④ 신주인수권부사채의 질권자는 신주에 대하여 대용납입이 이루어지지 않는 이상 원칙적으로 물상대위권이 인정되지 않는다.

⑤ 주주명부폐쇄기간에도 신주발행 청구가 가능하나, 전환된 주식은 그 기간 중의 총회의 결의에서 의결권을 행사할 수 없다.

⑥ 신주발행 청구에 의하여 발행된 주식의 이익배당에 관하여는 신주발행을 청구한 때가 속하는 영업연도 말에 전환된 것으로 본다. 이 경우 이익배당에 관하여는 정관으로 정하는 바에 따라 신주발행을 청구한 때가 속하는 영업연도의 직전 영업연도 말에 전환된 것으로 할 수 있다는 종전 규정(제516조의10, 제350조 제3항)은 2020년 상법 개정으로 삭제되었다.

6. 신주인수권부사채 발행 하자에 대한 구제수단

① 신주인수권부사채의 발행은 주식회사의 물적 기초와 기존 주주들의 이해관계에 영향을 미친다는 점에서 신주를 발행하는 것과 유사하므로, 신주인수권부사채 발행의 경우에 신주발행무효의 소에 관한 상법 제429조가 유추적용되고 신주발행의 무효원인에 관한 법리 또한 마찬가지로 적용된다(대판 2015.12.10. 2015다202919).[법원직 21]

② 회사가 제3자에게 신주를 배정할 사유가 없음에도 경영권 분쟁이 현실화된 상황에서 경영진의 경영권이나 지배권 방어라는 목적을 달성하기 위하여 제3자에게 신주를 배정하는 것은 상법 제418조 제2항을 위반하여 주주의 신주인수권을 침해하는 것이다. 그리고 이러한 법리는 신주인수권부사채를 제3자에게 발행하는 경우에도 마찬가지로 적용된다(대판 2015.12.10. 2015다202919).

법원직 21

2 신주인수권부사채에는 신주발행무효의 소에 관하여 6개월의 출소기간을 정한 상법 제429조가 유추적용된다. (○, ×)

1 × **2** ○

1. 이익참가부사채

① 이익참가부사채란 사채권자가 사채의 이자 이외에 회사의 이익배당에도 참가할 수 있는 사채를 말한다.[법원직 20]

② 이익참가부사채는 사채의 이율에 따른 확정이자를 받는 것을 요건으로 하지 않으므로 배당가능이익이 없는 경우에는 사채 원금에 대한 반환의무만이 존재하는 이익참가부사채를 발행할 수 있다

③ 이익배당은 주주의 이해와 관계되므로 주주가 사채인수권을 가진다.

④ 제3자에게 이익참가부사채를 발행하려면 정관의 규정 또는 주주총회의 특별결의에 의해야 한다.

2. 교환사채, 상환사채

① 교환사채란 주식이나 그 밖의 다른 유가증권으로 교환할 수 있는 사채를 말한다.[법원직 20]

② 회사가 보유하는 자기주식을 대상으로 하는 교환사채의 발행도 가능하다.

③ 상환사채란 주식이나 그 밖의 유가증권으로 상환할 수 있는 사채를 말한다.

④ 상환사채는 회사의 선택으로 상환을 결정하는 것으로 발행할 수도 있고, 일정한 조건의 성취나 기한의 도래에 따라 주식이나 그 밖의 다른 유가증권으로 상환하는 것으로 발행할 수도 있다.

⑤ 교환사채는 사채권자가 교환을 청구할 수 있는 권리를 가지고, 상환사채는 회사가 사채를 상환할 수 있는 권리를 가진다.

⑥ 주주 외의 자에게 발행회사의 자기주식으로 교환하거나 상환할 수 있는 사채를 발행하는 경우에는 사채를 발행할 상대방에 관하여 정관에 규정이 없으면 이사회가 결정한다.

3. 파생결합사채

① 파생결합사채란 유가증권이나 통화 또는 그 밖의 자산이나 지표 등의 변동과 연계하여 미리 정하여진 방법에 따라 상환 또는 지급금액이 결정되는 사채를 말한다.

② 파생결합사채의 발행에 관한 사항은 이사회가 결정한다.

4. 담보부사채

① 담보부사채란 사채에 물상 담보가 제공된 사채를 의미한다.

② 담보부사채와 관련해서는 담보부사채신탁법이 제정되어 있다.

③ 사채에 물상담보를 붙이려면 그 사채를 발행하는 회사와 신탁업자 간의 신탁계약에 의하여 사채를 발행하여야 한다(담보부사채신탁법 제3조).

사채관리회사

> **제480조의2 (사채관리회사의 지정·위탁)** 회사는 사채를 발행하는 경우에 사채관리회사를 정하여 변
> 제의 수령, 채권의 보전, 그 밖에 사채의 관리를 위탁할 수 있다.
>
> **제484조 (사채관리회사의 권한)** ① 사채관리회사는 사채권자를 위하여 사채에 관한 채권을 변제받거
> 나 채권의 실현을 보전하기 위하여 필요한 재판상 또는 재판 외의 모든 행위를 할 수 있다.

1. 의의

① 회사는 사채를 발행하는 경우에 사채관리회사를 정하여 변제의 수령, 채권의 보전, 그 밖에
사채의 관리를 위탁할 수 있다.[법원직 20]

② 사채관리회사는 사채에 관한 변제의 수령, 보전조치 등 사채의 관리에 필요한 재판상 또는
재판 외의 모든 행위를 할 권한을 보유한다. 2011년 개정 상법으로 채권자보호를 위하여 도입
된 제도이다.

③ 사채관리회사가 둘 이상 있을 때에는 그 권한에 속하는 행위는 공동으로 하여야 한다.[법무사 14]

2. 선임과 해임

① 사채관리회사는 회사가 지정한다.

② 회사가 사채관리회사에 사채의 관리를 위탁할 것이 강제되는 것은 아니다. 회사는 사채관리
회사를 두지 않을 수도 있다.

③ 사채관리회사는 은행, 신탁회사, 투자매매업자, 한국예탁결제원, 증권금융회사 등 금융기관
으로 제한된다.

④ 사채의 인수인은 그 사채의 사채관리회사가 될 수 없다.

⑤ 사채발행회사의 최대주주, 주요주주 등 사채발행회사와 특수한 이해관계가 있는 자는 사채관
리회사가 될 수 없다.

⑥ 사채관리회사는 사채발행회사와 사채권자집회의 동의를 받아 사임할 수 있다. 부득이한 사유
가 있는 경우에는 법원의 허가를 받아 사임할 수 있다.

⑦ 사채관리회사는 사무 처리에 적임이 아니거나 그 밖에 정당한 사유를 이유로 사채발행회사
또는 사채권자집회가 청구하는 경우 법원에 의하여 해임될 수 있다.

⑧ 사채관리회사가 사임하거나 해임된 경우, 사채발행회사는 사무를 승계할 사채관리회사를 정
하여야 한다. 이 경우 회사는 지체 없이 사채권자집회의 동의를 받아야 한다.

3. 사채관리회사의 권한

(1) 변제의 수령, 보전조치 등 관리 행위 권한

① 사채관리회사는 사채에 관한 채권을 변제받거나 채권의 실현을 보전하기 위하여 필요한 재
판상 또는 재판 외의 모든 행위를 할 수 있다.[법무사 14]

② 사채관리회사는 사채의 변제를 받으면 지체 없이 공고하고 알고 있는 사채권자에게 통지하
여야 한다.

1 사채권자집회는 사채관리회사
를 정하여 변제의 수령, 채권의
보전, 그 밖에 사채의 관리를 위
탁할 수 있다. (○, ×)

1 ×

③ 사채관리회사가 사채의 변제를 받은 경우, 사채권자는 사채관리회사에 사채 상환액 및 이자 지급을 청구할 수 있다.

④ 사채권자도 사채관리회사와 별도로 자신의 권리를 행사할 수 있다.

(2) 사채 전부에 대한 지급유예, 면제 등

① 사채관리회사는 사채권자집회의 결의를 얻어 사채 전부에 대한 지급유예, 책임면제, 화해, 사채 전부에 관한 소송행위, 채무자회생 및 파산절차 관련 행위를 할 수 있다.[법무사 14]

② 사채권자 다수결에 의해 부동의 사채권자에게도 채무조정의 효과가 생기게 된다.

(3) 회사의 불공정한 행위에 대한 취소의 소 제기

회사가 어느 사채권자에게 한 변제, 화해, 그 밖의 행위가 현저하게 불공정한 때에는 사채관리회사는 소로써 그 행위의 취소를 청구할 수 있다.

(4) 회사 업무와 재산 상태에 대한 조사권

사채관리회사는 그 관리를 위탁받은 사채에 관하여 필요한 경우 법원의 허가를 받아 사채를 발행한 회사의 업무와 재산 상태를 조사할 수 있다.

(5) 사채권자집회의 소집과 출석 등

① 사채관리회사는 사채권자집회를 소집할 수 있다.

② 사채관리회사는 사채권자집회에 출석하거나 서면으로 의견을 제출할 수 있다.

③ 사채관리회사는 사채권자집회의 결의를 집행한다.

4. 사채관리회사의 의무와 책임

① 사채관리회사는 사채권자를 위하여 공평하고 성실하게 사채를 관리하여야 하고, 선량한 관리자의 주의로 사채를 관리하여야 한다.

② 사채관리회사가 상법 또는 사채권자집회결의를 위반한 행위를 한 경우, 사채권자에 대하여 연대하여 손해를 배상하여야 한다.

쟁점 07 사채권자집회

제491조 (소집권자) ① 사채권자집회는 사채를 발행한 회사 또는 사채관리회사가 소집한다.

② 사채의 종류별로 해당 종류의 사채 총액(상환받은 액은 제외한다)의 10분의 1 이상에 해당하는 사채를 가진 사채권자는 회의 목적인 사항과 소집 이유를 적은 서면 또는 전자문서를 사채를 발행한 회사 또는 사채관리회사에 제출하여 사채권자집회의 소집을 청구할 수 있다.

제492조 (의결권) ① 각 사채권자는 그가 가지는 해당 종류의 사채 금액의 합계액(상환받은 액은 제외한다)에 따라 의결권을 가진다.

제498조 (결의의 효력) ① 사채권자집회의 결의는 법원의 인가를 받음으로써 그 효력이 생긴다. 다만, 그 종류의 사채권자 전원이 동의한 결의는 법원의 인가가 필요하지 아니하다.

② 사채권자집회의 결의는 그 종류의 사채를 가진 모든 사채권자에게 그 효력이 있다.

법무사 14

1 사채관리회사가 해당 사채 전부에 대한 지급의 유예, 그 채무의 불이행으로 발생한 책임의 면제 또는 화해를 하는 경우에는 사채권자집회의 결의에 의하여야 한다. (○, ×)

1 ○

1. 의의 및 권한

① 사채권자집회란 사채권자들의 집단적 의사결정을 위한 회의를 의미한다.

② 사채권자집회는 자본금 감소 결의와 합병 결의에 대한 사채권자의 이의제기에 대한 결의, 회사의 불공정행위에 대한 대표자 등의 취소의 소 제기에 대한 결의, 사채권자의 이해관계 사항에 대한 결의의 권한을 가진다.

③ 사채권자집회의 권한에 속하는 사항은 사채권자가 단독으로 행사할 수 없다.

2. 소집

① 사채권자집회는 사채를 발행한 회사 또는 사채관리회사가 소집한다.[법원직 16, 법무사 14]

② 사채의 종류별로 해당 종류의 미상환 사채 총액의 10% 이상 사채권자는 목적사항과 소집 이유를 적은 서면 또는 전자문서를 사채발행회사 또는 사채관리회사에 제출하여 사채권자집회의 소집을 청구할 수 있다.[법원직 12]

③ 사채발행회사나 사채관리회사가 지체 없이 총회소집의 절차를 밟지 아니한 때에는 청구한 사채권자는 법원의 허가를 받아 사채권자집회를 소집할 수 있다.

④ 2011년 개정 상법은 사채의 종류별로 사채권자집회를 소집하고 결의하는 것으로 규정하고 있다.

3. 결의

① 각 사채권자는 그가 가지는 해당 종류의 미상환 사채 금액의 합계액에 따라 의결권을 가진다.[법원직 16]

② 사채권자집회는 출석 의결권의 3분의 2 이상, 전체 의결권의 3분의 1 이상의 동의로 결의한다(제495조 제1항).

③ 사채관리회사의 사임, 해임, 승계, 회사 대표자의 사채권자집회 출석 청구는 사채권자 의결권의 과반수로 결정할 수 있다. 서면 의결권 행사도 인정된다.

④ 사채권자집회의 결의에는 의결권 대리행사, 자기사채의 의결권 제한, 특별이해관계인의 의결권 제한, 정족수, 의결권수의 계산에 관한 주주총회 의결권행사에 관한 규정이 준용된다.

⑤ 사채권자집회의 결의는 법원의 인가를 받아야 효력이 생긴다. 다만 그 종류의 사채권자 전원이 동의한 결의는 법원의 인가가 필요 없다.[법원직 16, 법무사 03]

⑥ 사채권자집회 소집자는 결의일로부터 1주 내에 법원에 인가를 청구하여야 한다.

⑦ 사채권자집회의 결의는 그 종류의 모든 사채권자에게 효력이 있다.[법원직 16]

4. 결의의 집행

① 사채권자집회 결의는 사채관리회사가 집행하고, 사채관리회사가 없는 때에는 대표자가 집행한다.

② 사채권자집회 결의로써 따로 집행자를 정한 때에는 그 집행자가 집행한다.

제10절 회계

쟁점 01 재무제표

1. 재무제표의 의의

재무제표란 회사의 재무상태와 경영성과를 표시하는 것으로 대차대조표, 손익계산서, 자본변동표, 이익잉여금처분계산서를 의미한다.

2. 재무제표의 구성요소

① 대차대조표란 특정 시점의 회사의 자산, 부채, 자본을 기재한 것을 말한다.
② 손익계산서란 회계연도 동안의 기업의 비용과 수익을 바탕으로 산정한 순손익 즉, 영업성적을 기재한 것을 말한다.
③ 자본변동표란 회계연도 동안의 회사의 자본의 변동을 기재한 것을 말한다.
④ 이익잉여금처분계산서란 회사의 이월 이익잉여금의 처분에 관한 내용을 기재한 것을 말한다. 손익계산서는 당기순손익만 표시되므로 이익잉여금 또는 결손금의 처분 또는 경과를 표시하기 위하여 작성된다.
⑤ 현금흐름표란 회계연도 동안의 회사의 현금흐름을 기재한 것을 말한다.
⑥ 주석이란 재무제표의 각 보고서에 대한 이해를 돕기 위하여 추가적인 설명을 기재한 것을 말한다.

3. 재무제표의 작성

법원직 19

1 이사는 재무제표와 영업보고서를 정기총회에 제출하여 그 승인을 요구하여야 한다.
(○, ×)

① 이사는 결산기마다 재무제표, 손익계산서를 작성하여 이사회 승인을 받아야 한다.[법원직 19]
② 상법은 이사로 규정하고 있으나, 재무제표 작성은 업무집행에 해당하므로 대표이사가 재무제표를 작성하여야 하는 것으로 본다.

4. 영업보고서

① 영업보고서란 회사의 해당 영업연도의 영업의 경과와 성과 등 영업에 관한 중요한 사항을 기재한 것을 말한다.
② 이사는 매결산기에 영업보고서를 작성하여 이사회의 승인을 얻어야 한다.
③ 이사는 영업보고서를 주주총회에 보고하여야 한다. 즉, 영업보고서는 주주총회 보고사항일 뿐 승인사항은 아니다.

5. 재무제표의 승인

(1) 재무제표에 대한 감사

① 이사는 정기총회회일의 6주간 전에 재무제표 및 영업보고서를 감사에게 제출하여야 한다.
② 감사는 위 서류를 받은 날부터 4주 내에 감사보고서를 이사에게 제출하여야 한다.

1 ×

(2) 감사절차를 거친 재무제표의 승인

> **제449조 (재무제표 등의 승인·공고)** ① 이사는 제447조의 각 서류를 정기총회에 제출하여 그 승인을 요구하여야 한다.
>
> **제450조 (이사, 감사의 책임해제)** 정기총회에서 전조 제1항의 승인을 한 후 2년 내에 다른 결의가 없으면 회사는 이사와 감사의 책임을 해제한 것으로 본다. 그러나 이사 또는 감사의 부정행위에 대하여는 그러하지 아니하다.

① 재무제표의 승인은 주주총회 결의에 의한다.[법원직 15, 19, 법무사 06]

② 이사 또는 감사의 부정행위를 제외하고, 정기총회에서 재무제표의 승인을 한 후 2년 내에 다른 결의가 없으면 회사는 이사와 감사의 책임을 해제한 것으로 본다.[법원직 09, 10, 15, 법무사 06, 16, 18]

③ 회사는 정관으로 정하는 바에 따라 이사회 결의로 재무제표를 승인할 수 있다. 다만, 이 경우에는 재무제표가 적정하다는 외부감사인의 의견이 있어야 하고, 감사(감사위원회 설치회사의 경우에는 감사위원) 전원의 동의가 있어야 한다.[법원직 15]

④ 이사회에 의한 재무제표 승인의 경우 이사는 재무제표와 손익계산서의 내용을 주주총회에 보고하여야 한다.

⑤ 이사회에 의한 재무제표 승인의 경우, 이사와 감사의 책임은 면제되지 않는다.

⑥ 정관의 규정에 의해 재무제표를 이사회가 승인하는 회사에서는 이익배당도 이사회가 결정할 수 있지만, 이는 주식배당에는 적용되지 않으므로 이사회가 결정한 이익배당을 주식배당으로 하고자 할 경우에는 다시 주주총회의 결의가 있어야 한다.

(3) 책임해제

① 책임해제는 책임면제와 구별되는 것으로 '재무제표에 드러난 사항'에 한하여 책임이 면제되며, 책임해제를 주장하는 주식회사 이사는 회사의 정기총회에 제출 승인된 서류에 그 책임사유가 기재되어 있다는 사실을 입증하여야 한다.

② 상법 제450조에 따른 이사의 책임해제는 재무제표 등에 기재되어 정기총회에서 승인을 얻은 사항에 한정된다.[법원직 10, 15, 법무사 06, 16] 상호신용금고의 대표이사가 충분한 담보를 확보하지 아니하고 동일인 대출 한도를 초과하여 대출한 것은 재무제표 등을 통하여 알 수 있는 사항이 아니므로, 상호신용금고의 정기총회에서 재무제표 등을 승인한 후 2년 내에 다른 결의가 없었다고 하여 대표이사의 손해배상책임이 해제되었다고 볼 수 없다(대판 2002.2.26. 2001다76854).

6. 재무제표 등의 비치·공시

① 이사는 정기총회회일의 1주간 전부터 재무제표 및 영업보고서와 감사보고서를 본점에 5년간, 그 등본을 지점에 3년간 비치하여야 한다.

② 주주 및 회사채권자에게 영업시간 내에 언제든지 위 서류의 열람이 가능하고, 회사가 정한 비용을 지급하고 그 서류의 등본이나 초본의 교부를 청구할 수 있다.[변호사 17]

법무사 06

1 주식회사의 이사가 매결산기에 대차대조표, 손익계산서, 이익잉여금처분계산서 또는 결손금처리계산서와 그 부속명세서를 작성하여 이사회의 승인을 얻으면 그 연도의 재무제표는 확정된다. (○, ×)

법원직 10

2 정기총회에서 재무제표의 승인을 한 후 2년 내에 다른 결의가 없으면 회사는 재무제표 등에 그 책임사유가 기재되어 위 승인을 얻은 사항에 한하여 이사와 감사의 책임을 해제한 것으로 본다. (○, ×)

법무사 16

3 상법 제450조에 따른 이사의 책임 해제는 재무제표 등에 그 책임사유가 기재되어 정기총회에서 승인을 얻은 경우에 한정된다. (○, ×)

법무사 06

4 주식회사의 정기주주총회에서 재무제표가 승인된 후 2년 내에 다른 결의가 없으면, 회사가 이사와 감사의 모든 책임을 해제한 것으로 본다. (○, ×)

법원직 15

5 정기총회에서 재무제표를 승인한 후 2년 내에 총회에서 다른 결의가 없으면 회사는 이사 또는 감사의 부정행위에 대한 책임을 해제한 것으로 본다. (○, ×)

1 × **2** ○ **3** ○ **4** × **5** ×

1. 의의

① 준비금이란 회사가 순재산에서 자본금을 제외한 금액 가운데 주주에게 배당하지 않고 회사에 유보하여 두는 금액을 말한다.

② 준비금은 회사의 계정으로 분류되는 것일 뿐 별도로 특정되어 보관되는 것은 아니다.

③ 준비금과 자본금은 모두 배당가능이익을 계산할 때의 공제항목이고 준비금의 자본금 전입은 계정을 재분류하는 것에 불과하다. 전입으로 인하여 동액만큼 준비금이 줄고, 자본금이 늘어난 경우 배당가능이익의 변화는 생기지 않는다.

④ 준비금은 법률에 의하여 적립이 강제되는 준비금인 '법정준비금'과 회사가 정관 또는 주주총회 결의 등으로 임의로 적립하는 '임의준비금'으로 나뉜다.

⑤ 법정준비금은 배당의 재원이 될 수 없으나, 임의준비금은 배당이 가능하다.[법원직 11]

⑥ 법정준비금은 제458조의 '이익준비금'과 제459조의 '자본준비금'으로 구성된다.

⑦ 임의준비금은 적립한도에 제한이 없지만, 자본금의 전입으로 사용하지 못한다.

법원직 11

1 회사는 자본준비금과 이익준비금을 재원으로 하여 이익배당을 할 수 없다. (○, ×)

2. 이익준비금

> **제458조 (이익준비금)** 회사는 그 자본금의 2분의 1이 될 때까지 매 결산기 이익배당액의 10분의 1 이상을 이익준비금으로 적립하여야 한다. 다만, 주식배당의 경우에는 그러하지 아니하다.

법원직 11

2 회사는 자본의 2분의 1에 달할 때까지 매 결산기에 금전 및 주식에 의한 이익배당액의 10분의 1 이상의 금액을 이익준비금으로 적립하여야 한다. (○, ×)

① 회사는 자본의 2분의 1에 달할 때까지 매결산기의 이익배당액의 10분의 1 이상의 금액을 이익준비금으로 적립하여야 한다. 다만, 주식배당의 경우에는 적립할 필요가 없다.[법원직 11, 21, 법무사 04, 10]

② 이익준비금과 관련된 이익배당액이란 금전배당액과 현물배당액을 의미한다.[변호사 18]

③ 자본금의 2분의 1을 초과하여 이익배당액이 적립되는 경우 초과된 금액은 임의적립금이 된다.

3. 자본준비금

① 자본준비금이란 자본거래에서 발생한 잉여금을 의미한다.

② 회사는 자본거래에서 발생한 잉여금을 대통령령으로 정하는 바에 따라(이사회결의 ×) 자본준비금으로 적립하여야 한다(제459조 제1항).

③ 자본준비금은 이익준비금과 달리 적립한도가 없다.

4. 법정준비금의 사용

(1) 결손보전

법원직 09

3 법정준비금은 원칙적으로 자본의 결손전보에만 충당하여야 하는데, 예외적으로 이를 자본에 전입할 수 있다. 그러나 임의준비금은 자본금의 전입으로 사용하지 못한다. (○, ×)

법무사 06

4 이익준비금, 자본준비금뿐만 아니라 임의준비금의 자본전입도 허용된다는 것이 통설이다. (○, ×)

1 ○ **2** × **3** ○ **4** ×

> **제460조 (법정준비금의 사용)** 제458조 및 제459조의 준비금은 자본금의 결손 보전에 충당하는 경우 외에는 처분하지 못한다.

① 이익준비금과 자본준비금은 자본금의 결손 보전에 충당하는 경우 외에는 처분하지 못한다.
[법원직 09, 18, 21, 법무사 06]

② '결손'이란 회사 손실이 누적되어 회사의 순재산을 초과하는 경우를 말한다.

③ 법정준비금에 의한 결손보전은 회계 계정상의 이동에 불과하다.

(2) 자본금전입

> **제461조 (준비금의 자본금 전입)** ① 회사는 이사회의 결의에 의하여 준비금의 전부 또는 일부를 자본금에 전입할 수 있다. 그러나 정관으로 주주총회에서 결정하기로 정한 경우에는 그러하지 아니하다.
> ② 제1항의 경우에는 주주에 대하여 그가 가진 주식의 수에 따라 주식을 발행하여야 한다. 이 경우 1주에 미달하는 단수에 대하여는 제443조 제1항의 규정을 준용한다.
> ③ 제1항의 이사회의 결의가 있은 때에는 회사는 일정한 날을 정하여 그 날에 주주명부에 기재된 주주가 제2항의 신주의 주주가 된다는 뜻을 그 날의 2주간 전에 공고하여야 한다. 그러나 그 날이 제354조 제1항의 기간 중인 때에는 그 기간의 초일의 2주간 전에 이를 공고하여야 한다.
> ④ 제1항 단서의 경우에 주주는 주주총회의 결의가 있은 때로부터 제2항의 신주의 주주가 된다.
> ⑤ 제3항 또는 제4항의 규정에 의하여 신주의 주주가 된 때에는 이사는 지체없이 신주를 받은 주주와 주주명부에 기재된 질권자에 대하여 그 주주가 받은 주식의 종류와 수를 통지하여야 한다.

① 준비금의 자본금전입은 준비금 계정에서 자본금 계정으로 금액을 이전하는 것을 의미한다.
② 준비금의 자본금전입에 의하여 액면주식의 경우 전입금액을 주식의 액면금액으로 나눈 만큼 신주가 발행되게 된다.[법원직 09, 11]
③ 회사는 이사회 결의에 의하여 준비금의 전부 또는 일부를 자본금에 전입할 수 있다. 정관으로 준비금의 자본금 전입을 주주총회에서 결정하기로 정한 경우에는 주주총회 결의에 의한다.[법원직 09, 법무사 04, 05, 10, 변호사 16]
④ 준비금의 자본전입의 경우, 주주가 가진 주식 수에 따라 주식을 발행하여야 하고,[법무사 10] 주주는 별도의 인수절차 없이 신주의 주주가 된다.
⑤ 법정준비금의 자본금 전입에 따라 발행되는 신주에 대하여도 종전의 주식을 목적으로 한 질권을 행사할 수 있다.
⑥ 이사회 결의로 준비금의 자본전입을 결정하는 경우, 이사회 결의로 정한 배정기준일에 신주의 효력이 발생한다.[법무사 09]
⑦ 주주총회결의로 준비금의 자본전입을 결정하는 경우, 주주총회 결의가 있는 때로부터 신주의 주주가 된다.[법무사 09, 변호사 21]

(3) 준비금의 감소

① 회사는 적립된 자본준비금 및 이익준비금의 총액이 자본금의 1.5배를 초과하는 경우에 주주총회의 결의에 따라 그 초과한 금액 범위에서 자본준비금과 이익준비금을 감액할 수 있다.
[법원직 21, 변호사 18, 21]
② 결손이 있는 경우에는 준비금에서 결손을 차감한 금액이 자본금의 1.5배를 초과해야 한다.
③ 준비금이 감소되는 경우, 감액된 준비금의 금액만큼 배당가능이익이 증가하게 된다.
④ 준비금 감소의 주주총회 결의는 주주총회 보통결의에 의한다.
⑤ 정관상 이사회가 재무제표를 승인하는 경우에도 준비금 감소는 주주총회 결의에 의해야 한다.
⑥ 준비금 감소에는 채권자보호절차가 요구되지 않는다.

법원직 09, 11

1 자본준비금이나 이익준비금을 자본에 전입하는 경우 자본이 증가하고 전입액을 액면가로 나눈 수의 신주가 발행되지만 순자산에는 변동이 없다.
(○, ×)

법원직 09

2 준비금의 자본전입은 회사의 자본 및 자산의 변동을 초래하므로 변경등기를 하여야 한다.
(○, ×)

법무사 10

3 정관으로 주주총회에서 결의하기로 정한 경우가 아니면 회사는 이사회의 결의에 의하여 법정준비금의 전부 또는 일부를 자본에 전입할 수 있다.
(○, ×)

법무사 05

4 준비금의 자본전입은 이사회의 결의를 요하며, 정관의 규정에 의하여 주주총회의 결의를 요하도록 할 수 없다. (○, ×)

1 ○ **2** × **3** ○ **4** ×

쟁점 03 이익배당

1. 의의

① 회사의 이익을 주주에게 배당의 형식으로 지급하는 것을 이익배당이라 한다.

② 이익배당과 자기주식취득은 회사의 이익을 주주에게 지급한다는 점에서 동일하다. 즉, 배당 가능이익의 범위 내에서 주주평등원칙에 따라 이루어지는 자기주식취득은 주주나 채권자에게 미치는 경제적 효과가 이익배당과 동일하다.

③ 2011년 개정 상법에서도 배당가능이익으로 하는 자기주식취득을 허용하고 있다.

2. 배당가능이익

① 배당가능이익이란 회사가 이익배당을 할 수 있는 이익의 한도를 말한다.

② 배당가능이익은 일정 기간 동안 발생한 회사의 이익이 아니라 특정 시점에 회사에 존재하는 이익을 의미한다. 따라서 수년 동안 결손이 누적되어 당해 연도의 영업이익으로 누적된 결손을 모두 충당할 수 없는 경우 배당가능이익은 존재하지 않는다.

③ 회사는 대차대조표의 순자산액으로부터 ㉠ 자본금의 액, ㉡ 그 결산기까지 적립된 자본준비금과 이익준비금의 합계액, ㉢ 그 결산기에 적립하여야 할 이익준비금의 액 및 ㉣ 미실현이익의 합계액을 공제한 금액을 한도로 하여 이익배당을 할 수 있다.

④ 이익배당은 배당가능이익이 있을 것이 요구되므로 "이익배당에 관한 우선주에 대해서는 상법 제462조 제1항에 따른 배당가능이익이 없는 경우에도 배당한다."라는 정관 규정은 허용되지 않는다. [변호사 17, 20]

3. 이익배당

(1) 이익배당의 기준

① 이익배당은 각 주주가 가진 주식의 수에 따라 한다.

② 이익배당에 관하여 내용이 다른 종류주식을 발행한 경우에는 정관의 규정으로 종류주식에 대하여 배당을 달리 할 수 있다. 다만, 같은 종류주식에 대해서는 각 종류주주가 가진 주식 수에 따라야 한다.

③ 대주주가 자신이 배당받을 금액의 일부를 소액주주들에게 주기로 결의하는 것은 가능하다. 이와 달리 대주주가 반대하거나, 대주주에게 더 많은 배당을 하거나, 이사회 결의로 이익배당을 하는 경우에는 이러한 차등배당은 허용되지 않는다.

④ 회사의 모든 대주주가 참석하여 자기들이 배당 받을 몫의 일부를 스스로 떼 내어 소액주주들에게 나눠주기로 한 주주총회결의는 주주가 스스로 배당받을 권리를 포기하거나 양도하는 것과 마찬가지로서 이익배당에 있어서의 주주평등 원칙을 규정한 상법 제464조의 규정에 위반되지 않는다(서울고등 1980.4.14. 79다3882). [법무사 19]

⑤ 일할배당이란 영업연도 중간에 신주가 발행된 경우, 신주의 효력발행일부터 결산일까지의 일수를 계산해서 영업연도 전체 일수로 나눈 비율로 이익배당을 하는 것을 의미한다. 동액배당이란 신주와 구주 모두에게 동일하게 이익배당을 하는 것을 의미한다.

법무사 19

1 대주주에게는 30%, 소수주주에게는 33%의 이익배당을 하기로 하는 주주총회의 결의는 이익배당이 각 주주가 가진 주식의 수에 따라야 한다는 상법 제464조에 반하여 위법하다.
(○, ×)

1 ×

⑥ 2020년 개정 전 상법은 전환주식과 관련하여 정관으로 정하는 바에 따라 전환으로 발행되는 신주가 직전 영업연도 말에 발행된 것으로 보아 이익배당을 할 수 있다고 규정하고, 이를 상법상 신주가 발행되는 경우에 준용하고 있었다. 이러한 방식에 의한 배당을 동액배당이라 한다. 위 규정을 삭제한 취지는 배당실무에서의 혼란을 해소하고 주주총회의 분산개최를 유도하고 신주의 발행일에 상관없이 이익배당 기준일을 기준으로 구주와 신주 모두에게 동등하게 이익배당을 할 수 있음을 명확히 하기 위해 영업년도 말을 배당기준일로 전제한 규정을 삭제한 것이다.

(2) 이익배당의 결정기관

> **제462조 (이익의 배당)** ② 이익배당은 주주총회의 결의로 정한다. 다만, 제449조의2 제1항에 따라 재무제표를 이사회가 승인하는 경우에는 이사회의 결의로 정한다.
> ③ 제1항을 위반하여 이익을 배당한 경우에 회사채권자는 배당한 이익을 회사에 반환할 것을 청구할 수 있다.

① 이익배당은 주주총회의 결의로 정한다. 주주총회의 결의로 각 주주에게 구체적 이익배당청구권이 발생한다.
② 정관으로 재무제표의 승인을 이사회가 하도록 정한 경우에는 이익배당을 이사회 결의로 정한다. [법원직 15, 법무사 09]
③ 재무제표의 승인을 이사회가 하기 위해서는 외부감사인의 감사를 받아야 하며, 감사 전원의 동의가 있어야 한다.
④ 이사회 결의로 이익배당을 결정할 수 있는 경우, 이사회 결의 내용을 주주총회에 보고하여야 한다. 그러나 주주총회가 이러한 이사회 결의를 변경할 수는 없다.
⑤ 이사회결의에 의한 재무제표 승인은 현금, 현물배당에 국한하며, 주식배당에는 적용되지 않는다.

(3) 현물배당

① 현물배당이란 금전 이외에 회사가 보유하고 있는 자산으로 하는 배당을 의미한다.
② 현물배당을 하기 위해서는 정관으로 현물배당에 관해 정해야 한다. [변호사 13, 18]
③ 현물배당의 대상이 되는 자산은 가분적이어야 하므로 회사가 보유하는 다른 회사의 주식이나 사채 등이 그 대상이 된다.
④ 회사가 자회사 주식을 현물배당 하는 경우, 인적분할과 같은 효과가 발생한다.
⑤ 인적 분할은 주주총회 특별결의를 거쳐야 하고, 신설회사는 분할전 회사와 연대채무를 지는데 반하여, 현물배당은 주주총회 보통결의 또는 이사회 결의 절차에 의하여 가능하고 배당회사와 연대채무를 부담하지도 않는다.
⑥ 현물배당은 이익배당을 결정하는 주주총회 또는 이사회 결의로 정한다.
⑦ 회사는 주주가 현물배당 대신 금전배당을 회사에 청구할 수 있도록 한 경우에는 그 금액 및 청구할 수 있는 기간과 일정 수 미만의 주식을 보유한 주주에게 현물배당 대신 금전배당을 하기로 한 경우에는 그 일정 수 및 금액을 정할 수 있다. [변호사 18]
⑧ 주주가 현물배당 대신 금전배당을 요구할 수 있기 위해서는 회사가 주주총회 결의 또는 이사회 결의로 주주에게 이러한 선택권을 부여하여야 한다.

법무사 09
1 이익을 배당할 것인지 여부는 이사회의 결의사항이다.
(O, X)

1 ✕

1 회사는 주주총회나 이사회에서 이익배당의 결의를 한 날부터 1개월 내에 이익배당을 하여야 한다. 다만, 정관에서 배당금의 지급시기를 따로 정한 경우에는 그러하지 아니하다.
(○, ×)

2 주주총회에서 특정 주주를 제외한 나머지 주주들에 대하여만 배당금을 지급하기로 하는 내용으로 이익배당 결의가 이루어졌을 경우, 이익배당에서 제외된 주주는 주주평등의 원칙에 근거하여 회사를 상대로 다른 주주에게 지급된 이익배당금과 동일한 비율로 계산된 이익배당금의 지급을 구할 수 있다.
(○, ×)

3 연 1회의 결산기를 정한 회사에 한하여 중간배당을 할 수 있으므로, 연 2회 이상의 결산기를 정한 회사의 경우 매 결산기마다 이익배당을 하여야 하고 중간배당은 할 수 없다. (○, ×)

4 중간배당을 하기 위해서는 주주총회 결의가 필요하다.
(○, ×)

5 년 1회의 결산기를 정한 회사는 영업년도 중 1회 이상 이사회의 결의로 일정한 날을 정하여 그 날의 주주에 대하여 이익을 배당할 수 있음을 정관으로 정할 수 있다. (○, ×)

1 × **2** ○ **3** ○ **4** × **5** ×

(4) 이익배당금의 지급시기

① 회사는 이익배당 결의일부터 1개월 내에 이익배당금을 지급해야 한다. 다만, 주주총회 또는 이사회에서 지급시기를 따로 정할 수 있다.[법원직 14]

② 주주의 이익배당금 지급청구권의 소멸시효기간은 5년이다.[법원직 15, 법무사 07, 19]

(5) 이익배당청구권

① 주주의 이익배당청구권은 재무제표승인의 결의에 의하여 구체적 권리로 변하게 된다. 이러한 이익배당청구권은 주주권과는 독립된 채권적 권리이어서 독립적인 양도성이 긍정된다.

② 구체적 이익배당청구권으로 변하기 전의 상태를 추상적 이익배당청구권이라 한다. 이러한 추상적 이익배당청구권은 지분적 일부에 불과한 것으로서 독립적인 양도성은 부정되고, 회사에 대하여도 이익배당금의 지급을 청구할 수 없다.

③ 당기순이익이 발생하였음에도 불구하고 지배주주가 주주총회결의를 통하여 이를 사내유보시키는 경우, 소액주주들은 이익배당에 관한 권리를 침해받는 문제가 발생한다.

④ 주주의 이익배당청구권은 재무제표승인의 결의에 의하여 구체적 권리로 변하기 때문에 구체적 이익배당청구권으로 변하기 전의 상태인 추상적 이익배당청구권만을 가지고서는 이익이 발생하였다는 이유로 회사에 대하여 이익배당금의 지급을 청구할 수 없다(서울고등 1976.6.11. 75나1555).[법원직 18, 변호사 13]

⑤ 사원총회의 계산서류 승인에 의한 배당금의 확정과 배당에 관한 결의가 없는 경우에는 이익배당금 청구가 이유 없으므로, 유한회사의 사원총회에서 이익배당결의가 없이는 사원들은 이익배당청구권을 행사할 수 없다(대판 1983.3.22. 81다343).

4. 중간배당

(1) 의의

① 중간배당이란 영업연도의 중간에 실시하는 배당을 말한다.

② 중간배당은 결의 기관이 주주총회가 아니라 이사회이고, 주식배당이 허용되지 않고, 직전 결산기의 재무제표를 기준으로 한다는 점에서 이익배당과 차이가 있다.

③ 중간배당 또한 특정 시점에 회사에 존재하는 이익의 배당이라는 점은 이익배당과 동일하다.

(2) 중간배당의 요건

> **제462조의3 (중간배당)** ① 연 1회의 결산기를 정한 회사는 영업년도 중 1회에 한하여 이사회의 결의로 일정한 날을 정하여 그 날의 주주에 대하여 이익을 배당할 수 있음을 정관으로 정할 수 있다.

① 연 1회 결산기를 정한 회사는 정관으로 정하는 바에 따라 이사회 결의로 영업연도 중 1회에 한하여 중간배당을 실시할 수 있다.[법원직 09, 14, 15, 법무사 07, 11, 변호사 13]

② 중간배당은 재무제표의 승인과 무관하므로 이익배당을 주주총회에서 결정하는 회사도 중간배당은 이사회 결의에 의한다.

③ 이는 직전 결산기의 미처분 이익을 재원으로 하는 배당으로서 당해 연도의 손익이 확정되기 전에 회사재산이 유출되는 것임에도 이사회 결의만에 의하여 가능하므로 자본충실을 해할 위험이 높다.

(3) 상장회사의 분기배당

① 연 1회 결산기를 정한 상장회사는 3월, 6월, 9월 말일을 기준으로 금전으로 분기배당을 하는 것이 허용된다(자본시장법 제165조의12 제1항).

② 상장회사는 분기배당 이외에 중간배당을 추가로 할 수는 없다고 본다.

(4) 배당가능이익의 판단 기준

① 중간배당의 경우, 배당가능이익은 직전 결산기의 대차대조표를 기준으로 계산한다.[법무사 11]

② 상법은 이익배당의 경우와 달리 중간배당에 대한 배당가능이익 산정에 있어서는 미실현 이익을 공제하지 않고 있다.

③ 당해 결산기 재무제표상 배당가능이익이 없을 우려가 있으면 중간배당은 허용되지 않는다.

(5) 이사의 책임

① 당해 결산기에 배당가능이익이 없음에도 중간배당을 한 경우, 이사는 회사에 연대하여 손해를 배상할 책임이 있다.

② 회사가 중간배당을 하였으나 당해 결산기에 회사에 배당가능이익이 없는 것으로 확정되어 중간배당을 행한 이사에게 손해배상책임을 묻는 경우에는 해당 이사의 과실을 증명하지 않아도 된다.

③ 이사가 자신의 무과실을 증명한 경우 책임을 면하나 이사에게 무과실의 입증책임이 있다는 점에서 제399조에 따른 손해배상책임보다 책임이 가중된다.

④ 회사채권자는 배당을 받은 주주에게 그 배당금을 회사에 반환하도록 청구할 수 있다.

⑤ 직전 결산기의 대차대조표상 배당가능이익이 없음에도 중간배당을 한 경우는 위법배당에 따른 책임이 문제된다.

(6) 이익배당 관련 규정의 준용

① 회사는 중간배당에 관하여 내용이 다른 종류주식을 발행할 수 있다.

② 중간배당의 경우에도 이익배당액의 10% 이상을 이익준비금으로 적립하여야 한다.

③ 등록질권자는 회사로부터 중간배당에 따른 금전의 지급을 받아 다른 채권자에 우선하여 자기채권의 변제에 충당할 수 있다.

5. 위법배당

(1) 의의와 효과

① 위법배당이란 법령과 정관을 위반한 이익배당을 의미한다.

② 위법배당의 예로는 ㉠ 배당가능이익을 초과한 배당, ㉡ 배당가능이익이 없음에도 실시된 배당, ㉢ 이익배당에 관한 이사회나 주주총회 결의에 하자가 존재하는 경우, ㉣ 정관의 근거 없이 실시된 중간배당, ㉤ 주주평등원칙에 반하는 차등배당[법원직 18] 등이 존재한다.

③ 배당가능이익 없이 이익배당을 하는 것은 강행법규 위반으로 무효이다.

④ 배당가능이익이 없음에도 장부상으로 이익이 있는 것으로 해서 하는 이익배당도 무효라는 것이 일반적인 견해이다.

법무사 11

1 중간배당을 하기 위해서는 직전 결산기의 대차대조표상의 이익이 현존하고 당해 결산기에 이익이 예상되어야 하며, 중간배당은 금전배당으로만 할 수 있고, 배당재원이 당해 연도의 이익이 아니라는 점에서 이익배당과 구별된다. (○, ×)

법원직 18

2 주주총회에서 특정 주주를 제외한 나머지 주주들에 대하여만 배당금을 지급하기로 하는 내용으로 이익배당 결의가 이루어졌을 경우, 그와 같은 결의는 주주평등의 원칙에 반하여 무효이다. (○, ×)

1 ○ **2** ○

(2) 배당가능이익에 관한 제한을 위반한 배당에 대한 반환청구

① 배당가능이익에 관한 제한을 위반한 배당은 무효이므로 회사는 그러한 배당을 받은 주주에게 배당금의 반환을 청구할 수 있다.

② 배당가능이익에 관한 제한을 위반한 경우 채권자도 배당한 이익을 회사에 반환할 것을 청구할 수 있다. [법무사 07, 09, 변호사 13]

③ 채권자의 반환청구권은 회사의 권리를 대신 행사하는 것이 아니라 자신의 권리를 직접 행사하는 것이다.

④ 채권자는 위법배당 당시의 채권자가 아니어도 된다.

⑤ 채권자가 회사에 대한 반환을 청구할 수 있는 금액은 배당한 이익 전부이다.

⑥ 회사가 주주에게 위법배당금의 반환을 청구하지 않으면 회사채권자는 채권자대위권을 행사하여 반환청구를 할 수 있다.

⑦ 회사채권자가 채권자대위권의 요건을 충족시키지 못할 때에도 회사채권자는 위법배당금을 자신이 아니라 회사에 반환할 것을 청구할 수 있다.

(3) 기타 절차 또는 내용이 위법한 배당에 대한 반환청구

이익배당에 관한 절차나 내용이 위법한 경우에도 위법배당에 따라 그 효력이 부정된다. 다만, 제462조 제3항에서 배당가능이익에 대한 제한을 위반한 경우에만 채권자의 반환청구권을 인정하고 있으므로, 배당가능이익의 범위 내에서 배당이 이루어진 경우에는 다른 위법배당의 사유가 존재한다고 하더라도 채권자의 반환청구권은 인정되지 않는다.

(4) 이사 등의 책임

① 위법배당에 찬성한 이사 등은 회사에 대하여 제399조에 따른 손해배상책임을 지고, 주주 또는 채권자에 대하여 제401조에 따른 손해배상책임을 진다.

② 이사가 법령 또는 정관에 위반하여 이익배당을 한 때에는 상법상 벌칙 조항에 따라 처벌될 수 있다.

③ 배당가능이익이 없는데도 배당가능이익이 있는 것처럼 재무제표가 분식되어 이를 기초로 주주에 대한 이익배당금의 지급과 법인세의 납부가 이루어진 경우에는, 특별한 사정이 없는 한 회사는 그 분식회계로 말미암아 지출하지 않아도 될 주주에 대한 이익배당금과 법인세 납부액 상당을 지출하게 되는 손해를 입은 것이다(대판 2007.11.30. 2006다19603).

6. 주식배당

> **제462조의2 (주식배당)** ① 회사는 주주총회의 결의에 의하여 이익의 배당을 새로이 발행하는 주식으로써 할 수 있다. 그러나 주식에 의한 배당은 이익배당총액의 2분의 1에 상당하는 금액을 초과하지 못한다.
> ② 제1항의 배당은 주식의 권면액으로 하며, 회사가 종류주식을 발행한 때에는 각각 그와 같은 종류의 주식으로 할 수 있다.
> ④ 주식으로 배당을 받은 주주는 제1항의 결의가 있는 주주총회가 종결한 때부터 신주의 주주가 된다.

법무사 07

1 이익배당의 법정한도를 초과하여 배당한 때에는 회사채권자는 이를 회사에 반환할 것을 청구할 수 있다. (○, ×)

1 ○

(1) 의의 및 법적 성질

① 주식배당이란 금전 대신 회사가 발행하는 주식으로 하는 이익배당을 말한다.[법원직 18, 변호사 14]

② 주식배당은 회사가 이미 가지고 있는 자기주식으로써는 할 수 없고, 신주를 발행해서만 할 수 있다.[법원직 10, 19, 법무사 04, 07]

③ 주식배당의 경우, 신주가 발행되므로 회사의 자본금은 증가하나 주주의 지분비율에 따라 주식배당이 이루어지므로 주주의 지분비율은 그대로 유지된다.

④ 주식배당의 경우 회사재산이 유출되는 것은 아니기 때문에 이익준비금을 적립하는 것은 요구되지 않는다.

⑤ 주식배당은 이익잉여금 계정에서 자본금 계정으로 금액이 변동되고, 무상증자는 이익준비금 계정에서 자본금 계정으로 금액이 변동되고, 주식분할은 계정 변동 없이 주식의 액면이 분할된다.

⑥ 주식배당, 무상증자, 주식분할 모두 회사 자산에 실질적인 변동은 발생하지 않는다. 따라서 주식배당의 경우, 채권자보호는 문제되지 않는다.

(2) 요건

① 주식배당은 이익배당을 주식으로 하는 것이므로 이익배당에 관한 제462조 제1항이 적용된다. 따라서 주식배당은 배당가능이익이 존재해야 한다.

② 이익준비금 적립의무는 적용되지 않는다.

③ 주식배당은 이익배당총액(배당가능이익 ×)의 2분의 1을 초과할 수 없다.[법원직 09, 10, 14, 15, 21, 법무사 09, 19, 변호사 13, 18]

④ 주식배당을 하는 경우, 이익배당도 함께 이루어져야 하고 주식배당만 할 수는 없다. 다만 상장회사는 주식의 시가가 액면금액 이상일 것을 조건으로 이익배당 전부를 새로 발행하는 주식으로 할 수 있다(자본시장법 제165조의13 제1항).

⑤ 주식배당으로 발행되는 신주 이상의 미발행수권주식이 존재해야 한다.

(3) 주식배당의 절차

① 주식배당은 주주총회의 결의에 의한다. 이익배당은 정관 규정에 의하여 이사회결의로 할 수 있는 데 반하여 상법은 주식배당에 대하여 이사회결의에 관하여 규정하지 않고 있다.

② 주주총회의 보통결의에 의해 주식배당을 함에 있어서는 발행하는 주식 가액은 권면액으로 하며, 회사가 종류주식을 발행한 때에는 각각 그와 같은 종류의 주식으로 할 수 있다.[법원직 10, 15, 법무사 04, 09]

③ 주식배당 또한 주주평등의 원칙에 따라야 한다.

④ 이사는 주식배당의 결의가 있는 때에는 지체 없이 배당을 받을 주주와 주주명부에 기재된 질권자에게 그 주주가 받을 주식의 종류와 수를 통지하여야 한다.

⑤ 주식배당의 결의가 이루어지면 이익잉여금을 자본금에 전입하고 신주를 발행한다.

⑥ 주식배당을 받은 주주는 주식배당 결의가 있는 주주총회가 종결한 때(주주총회 결의시 ×)부터 주주가 된다.[법원직 14, 법무사 09, 변호사 18, 21]

⑦ 준비금의 자본전입을 주주총회 결의로 하는 경우 주주가 되는 시점은 주주총회 결의시이다.

⑧ 주식배당에 따른 신주 발행으로 발행주식총수와 자본금이 증가하므로 그에 대한 변경등기도 요구된다.

⑨ 주식배당의 경우 등록질권자는 회사에 대하여 질권의 효력이 미치는 신주에 대한 주권의 교부를 청구할 수 있다.[법무사 09]

⑩ 기명주식을 질권의 목적으로 한 경우 질권자의 권리는 주식배당에 의하여 주주가 받을 주식에 미친다.[법원직 10]

법원직 10, 19, 법무사 07

1 회사는 이사회의 결의에 의하여 이익의 배당을 새로이 발행하는 주식으로써 할 수 있다. (○, ×)

법무사 04

2 주식배당은 회사가 취득보유하고 있는 자기주식으로 할 수 있다. (○, ×)

법원직 09

3 회사는 주주총회의 결의에 의하여 이익의 배당을 새로이 발행하는 주식으로써 할 수 있다. 그러나 주식에 의한 배당은 이익배당총액의 4분의 1에 상당하는 금액을 초과하지 못한다. (○, ×)

법원직 10

4 주식에 의한 배당은 이익배당총액의 4분의 3에 상당하는 금액을 초과하지 못한다. (○, ×)

법원직 10

5 회사가 수종의 주식을 발행한 때에는 주식배당을 하지 못한다. (○, ×)

법무사 09

6 주식배당에 의한 신주발행의 경우에 신주의 주주가 되는 시기는 주식배당의 결의가 있은 때로부터이다. (○, ×)

1 × 2 × 3 × 4 × 5 × 6 ×

(4) 위법한 주식배당

① 주식배당의 경우에도 이익배당과 동일하게 위법배당에 관한 내용이 적용된다.

② 주식배당의 경우 회사의 재산이 유출되지 않으므로 채권자보호가 문제되지 않는다.

③ 위법한 주식배당에 따른 신주발행이 무효가 되더라도 주주에 대한 주금반환은 문제되지 않고, 제462조 제3항에 따른 채권자의 반환청구도 문제되지 않으며, 주주가 회사에 반환할 부당이득도 존재하지 않는다.

④ 회사가 발행한 신주가 무효로 되더라도 신주발행의 무효는 소급효가 없으므로 무효가 확정되기 전의 행위는 유효하다.

제11절 회사의 구조조정

쟁점 01 합병

1. 의의

(1) 합병의 개념

① 합병이란 두 회사가 청산절차를 거치지 않고 합쳐지면서 존속회사 또는 신설회사가 소멸하는 회사의 권리의무를 포괄적으로 승계하는 것을 말한다.

② '흡수합병'이란 어느 회사가 존속하면서 소멸하는 회사의 권리의무를 승계하는 경우를 말한다.

③ '신설합병'이란 모든 회사가 소멸하면서 새로운 회사를 설립하여 설립되는 새로운 회사가 소멸하는 회사들의 권리의무를 승계하는 경우를 말한다.

④ A 회사가 B 회사의 권리의무를 포괄적으로 승계하는 흡수합병이 이루어지게 되면 A 회사는 B 회사의 주주에게 A 회사의 주식을 새로 발행해 주거나 A 회사가 보유하고 있었던 자기주식 또는 현금 등 대가를 지급하게 된다. 위 예에서 A 회사를 '존속회사', B 회사를 '소멸회사'라 하고, A 회사가 B 회사의 주주에게 발행하는 신주를 '합병신주'라 한다.

⑤ 회사의 합병이라 함은 두 개 이상의 회사가 계약에 의하여 신회사를 설립하거나 또는 그 중의 한 회사가 다른 회사를 흡수하고, 소멸회사의 재산과 주주가 신설회사 또는 존속회사에 법정 절차에 따라 이전·수용되는 효과를 가져 오는 것으로서, 소멸회사의 주주는 합병에 의하여 1주 미만의 단주만을 취득하게 되는 경우나 혹은 합병에 반대한 주주로서의 주식매수청구권을 행사하는 경우 등과 같은 특별한 경우를 제외하고는 원칙적으로 합병계약상의 합병비율과 배정방식에 따라 존속회사 또는 신설회사의 주주권을 취득하여, 존속회사 또는 신설회사의 주주가 되는 것이다.[법원직 21]

(2) 합병 관련 상법의 규정

합병과 관련하여 상법은 ① 제3편 회사의 제1장 통칙에서 제174조와 제175조를 규정하고 있고, ② 합명회사에서 제230조부터 제240조까지 합병에 관하여 규정한 뒤 주식회사에서도 위 규정을 대부분 준용하고 있으며(제527조의5 제3항, 제530조 제2항), ③ 주식회사에서 제522조부터 제530조까지 규정하고 있다.

(3) 합병과 자산양수 및 주식양수의 비교

① 자산양수의 경우 ㉠ 원칙적으로 대상회사의 부채를 승계할 위험이 없고, ㉡ 채권자보호절차가 요구되지 않으나, ㉢ 주주총회의 특별결의를 거쳐야 하고, ㉣ 반대주주의 주식매수청구권이 인정되며, ㉤ 자산의 이전을 위해서 개별적인 이전행위가 이루어져야 한다.

② 주식양수의 경우 ㉠ 대상회사가 자회사의 형태로 존속하게 되므로 사실상 부채를 승계하게 되나, ㉡ 채권자보호절차가 요구되지 않고, ㉢ 주주총회의 특별결의도 요구되지 않으며, ㉣ 반대주주의 주식매수청구권 또한 인정되지 않고, ㉤ 자산이전 절차가 필요하지 않다.

③ 합병의 경우 ㉠ 존속회사가 소멸회사의 채무를 포괄승계하고, ㉡ 채권자보호절차가 요구되며, ㉢ 주주총회의 특별결의도 요구되고, ㉣ 반대주주의 주식매수청구권 또한 인정되나, ㉥ 소멸회사의 자산은 포괄이전 되므로 별도의 자산이전 절차가 요구되지 않는다.[법무사 05]

2. 합병절차

합병은 '① 합병계약 → ② 합병계약서 등의 공시 → ③ 합병결의 → ④ 반대주주의 주식매수청구 / 채권자보호절차 → ⑤ 주주총회에 대한 합병 보고{흡수합병의 경우} / 창립총회{신설합병의 경우} [각각 이사회 공고로 대체 가능] → ⑥ 합병등기'의 절차를 거쳐 진행된다. 합병은 합병등기에 의하여 효력이 발생하게 된다.

(1) 합병계약

1) 흡수합병 계약서의 기재사항

흡수합병 계약서에는 존속회사의 발행주식이 증가하는 경우 증가할 주식의 총수, 종류와 수, 합병비율에 관한 사항, 교부금합병의 경우 존속회사가 소멸회사의 주주에게 제공하는 금전이나 재산의 내용 및 배정에 관한 사항,[법무사 06] 합병을 할 날, 합병으로 인하여 존속회사에 취임할 이사와 감사의 성명 및 주민등록번호 등을 기재하여야 한다.[법원직 15]

2) 신설합병 계약서의 기재사항

신설합병 계약서에는 신설회사의 목적, 상호, 발행할 주식 총수, 주식 액면금액, 종류주식의 종류와 수 및 본점소재, 합병비율에 관한 사항, 합병을 할 날, 신설회사 이사와 감사의 성명 및 주민등록번호를 기재하여야 한다.

3) 합병을 할 날

합병계약서의 기재사항인 '합병을 할 날'이란 소멸회사 주주에게 주식을 발행하고 재산 및 주주에 관한 서류를 인도하고 이사회를 개최하여 합병을 공고하는 등의 실무절차를 완료하는 날로 본다.

4) 정관변경

존속회사가 합병으로 인하여 정관을 변경하기로 한 때에는 그 내용을 합병계약서에 기재하여야 하고, 정관변경에 관한 결의절차를 거쳐야 한다. 다만, 존속회사의 합병계약서에 대한 승인결의를 정관변경 결의로 본다.

(2) 합병계약서 등의 공시

① 이사는 합병결의를 위한 주주총회의 2주 전부터 합병을 한 날 이후 6개월이 지나는 날까지 아래 서면을 본점에 비치하여야 한다.[변호사 21]
㉠ 합병계약서, ㉡ 소멸회사 주주에 대한 신주 배정 또는 자기주식 이전에 관한 서면, ㉢ 각 회사의 최종의 대차대조표와 손익계산서

② 주주와 회사채권자는 영업시간 내에 위 서류의 열람 또는 그 등본 또는 초본의 교부를 청구할 수 있다(제522조의2 제2항).

1 합병의 경우 개개의 재산에 대하여 이전행위를 따로 할 필요가 없고 별도의 채무인수절차도 필요하지 않지만, 승계한 권리를 처분하기 위하여는 등기 등 공시방법을 갖추어야 할 경우가 있다. (○, ×)

제3편

2022 해커스법원직 공태용 상법의 맥

1 ○

(3) 합병승인결의

> **제522조 (합병계약서와 그 승인결의)** ① 회사가 합병을 함에는 합병계약서를 작성하여 주주총회의 승인을 얻어야 한다.
> ③ 제1항의 승인결의는 제434조의 규정에 의하여야 한다.
>
> **제522조의2 (합병계약서 등의 공시)** ① 이사는 제522조 제1항의 주주총회 회일의 2주 전부터 합병을 한 날 이후 6개월이 경과하는 날까지 합병계약서를 본점에 비치하여야 한다.

① 합병계약서는 주주총회 특별결의에 의한 승인을 얻어야 한다.[법원직 13, 19, 21, 법무사 06, 변호사 12]
② 합명, 합자, 유한책임회사에서는 총사원의 동의에 의한 승인이,[법무사 14] 물적 회사에서는 주주총회(사원총회)의 특별결의에 의한 승인이 있어야 한다.
③ 합병계약서 승인을 위한 주주총회 소집통지에는 합병계약의 요령을 기재해야 한다.
④ 회사가 종류주식을 발행한 경우 합병으로 인하여 어느 종류의 주주에게 손해를 미치게 될 경우에는 종류주주총회의 결의를 거쳐야 한다. 반대주주에게는 주식매수청구권이 주어진다. [법무사 05, 07]
⑤ 간이합병이나 소규모합병의 경우 주주총회 결의는 이사회의 승인으로 할 수 있다.

(4) 반대주주의 주식매수청구권

> **제522조의3 (합병반대주주의 주식매수청구권)** ① 제522조 제1항에 따른 결의사항에 관하여 이사회의 결의가 있는 때에 그 결의에 반대하는 주주(의결권이 없거나 제한되는 주주를 포함한다. 이하 이 조에서 같다)는 주주총회 전에 회사에 대하여 서면으로 그 결의에 반대하는 의사를 통지한 경우에는 그 총회의 결의일부터 20일 이내에 주식의 종류와 수를 기재한 서면으로 회사에 대하여 자기가 소유하고 있는 주식의 매수를 청구할 수 있다.
> ② 제527조의2 제2항의 공고 또는 통지를 한 날부터 2주내에 회사에 대하여 서면으로 합병에 반대하는 의사를 통지한 주주는 그 기간이 경과한 날부터 20일 이내에 주식의 종류와 수를 기재한 서면으로 회사에 대하여 자기가 소유하고 있는 주식의 매수를 청구할 수 있다.

① 합병계약서에 대한 주주총회 결의사항에 관하여 이사회의 결의가 있는 때에 그 결의에 반대하는 주주(의결권이 없거나 제한되는 주주를 포함)는 주주총회 전에 회사에 대하여 서면으로 그 결의에 반대하는 의사를 통지한 경우 그 총회의 결의일로부터 20일 이내에 주식의 종류와 수를 기재한 서면으로 회사에 대하여 자기가 소유하고 있는 주식의 매수를 청구할 수 있다.[변호사 12, 16]
② 간이합병의 경우, 간이합병에 대한 공고 또는 주주에 대한 통지일로부터 2주 내에 회사에 대하여 서면으로 합병에 반대하는 의사를 통지한 주주는 그 기간이 경과한 날부터 20일 이내에 주식의 종류와 수를 기재한 서면으로 회사에 대하여 자기가 소유하고 있는 주식의 매수를 청구할 수 있다.
③ 소규모합병의 경우에는 존속회사의 주주에게 주식매수청구권이 인정되지 않는다.[법원직 11, 19, 법무사 16, 18, 변호사 21]
④ 반대주주의 주식매수청구권은 형성권으로 반대주주의 청구에 의하여 계약이 체결된다. 다만 실제 주식의 이전은 제360조 제3항을 유추하여 매매대금의 지급이 있어야 한다고 본다.
⑤ 영업양도에 반대하는 주주의 주식매수청구권은 형성권으로서 그 행사로 회사의 승낙 여부와 관계없이 주식에 관한 매매계약이 성립한다(대판 2011.4.28. 2010다94953).
⑥ 회사가 주주총회 소집통지시 주식매수청구권의 내용과 행사방법을 미리 통지해야 하는데, 이를 해태하고, 주주도 서면통지를 안 한 경우, 주식매수청구권이 인정된다.

법무사 07

1 합병에 반대하는 주주는 회사에 대하여 자기가 소유하고 있는 주식의 매수를 청구할 수 있다.
(○, ×)

법무사 16

2 합병 후 존속하는 회사가 합병으로 인하여 발행하는 신주 및 이전하는 자기주식의 총수가 그 회사의 발행주식총수의 100분의 10을 초과하지 아니하는 경우 존속하는 회사의 주주는 합병에 반대하더라도 주식매수청구권을 행사할 수 없다.
(○, ×)

법원직 11

3 흡수합병에 있어서 존속회사가 소멸회사의 주주에게 발행하는 신주가 존속회사 발행주식의 5%를 초과하지 않는 경우 존속회사의 주주총회의 승인은 이사회의 결의로 갈음할 수 있으나, 그 경우에도 합병에 반대하는 주주의 주식매수청구를 위한 절차를 생략할 수는 없다.
(○, ×)

법원직 19

4 간이합병(상법 제527조의2)의 경우에는 합병반대주주의 주식매수청구권이 인정되지 않지만, 소규모합병(상법 제527조의3)의 경우에는 합병반대주주의 주식매수청구권이 인정된다.
(○, ×)

1 ○ **2** ○ **3** × **4** ×

⑦ 甲 주식회사가 주주들에게 합병반대주주의 주식매수청구권에 관한 내용과 행사방법을 명시하지 않은 소집통지서를 발송하여 임시주주총회를 개최한 다음 乙 주식회사와의 합병 승인 안건을 통과시켰는데, 총회 전 서면으로 합병에 반대하는 의사를 통지하지 않은 주주 丙이 위 안건에 대하여 기권을 한 후 총회 결의일로부터 20일 내에 甲 회사에 내용증명을 발송하여 주식매수청구를 한 경우, 丙은 주식매수청구권을 행사할 수 있다(서울고등법원 2011.12.9. 2011라1303). [변호사 20]

(5) 채권자보호절차

> **제527조의5 (채권자보호절차)** ① 회사는 제522조의 주주총회의 승인결의가 있은 날부터 2주내에 채권자에 대하여 합병에 이의가 있으면 1월 이상의 기간 내에 이를 제출할 것을 공고하고 알고 있는 채권자에 대하여는 따로따로 이를 최고하여야 한다.

① 회사는 합병계약에 대한 주주총회의 승인결의가 있은 날부터 2주 내에 채권자에 대하여 합병에 이의가 있으면 1월 이상의 기간 내에 이를 제출할 것을 공고하고 알고 있는 채권자에 대하여는 따로 최고하여야 한다. [변호사 18]

② 간이합병과 소규모합병의 경우에도 채권자보호절차를 거쳐야 하고, 이 경우 이사회 승인결의를 주주총회 승인결의로 본다.

③ 채권자가 위 기간 내에 이의를 제출하지 아니한 때에는 합병을 승인한 것으로 본다.

④ 이의를 제출한 채권자가 있는 경우 회사는 그 채권자에 대하여 변제 또는 상당한 담보를 제공하거나 상당한 재산을 신탁하여야 한다.

⑤ 위 절차는 합병결의 후의 채권자보호절차로서 이에 위반하는 경우 합병무효사유가 된다.

⑥ 개별 최고가 필요한 '회사가 알고 있는 채권자'란 채권자가 누구이고 채권이 어떠한 내용의 청구권인지가 대체로 회사에게 알려져 있는 채권자로서, 회사의 장부 기타 근거에 의하여 성명과 주소가 회사에 알려져 있는 자는 물론이고 회사 대표이사 개인이 알고 있는 채권자도 포함된다(대판 2011.9.29. 2011다38516). [법무사 14]

(6) 합병보고

① 흡수합병의 경우 존속회사의 이사는 채권자보호절차 종료 후 합병 관련 사항을 보고하기 위한 주주총회를 지체 없이 소집하여 보고하여야 한다.

② 소규모합병의 경우, 소규모합병 공고 또는 통지 절차를 종료한 후 지체 없이 주주총회를 소집하고 합병에 관한 사항을 보고하여야 한다.

③ 신설합병의 경우 설립위원이 채권자보호절차 종료 후 창립총회에 합병 관련 사항을 보고하여야 한다.

④ 이사회는 공고로써 주주총회에 대한 보고에 갈음할 수 있다.

⑤ 상법 제527조 제4항은 신설합병의 창립총회 자체를 이사회의 공고로써 갈음할 수 있음을 규정한 조항이라고 해석된다. 이러한 경우 신설합병의 창립총회를 개최하여 합병으로 인하여 설립되는 회사의 이사와 감사 등을 선임하는 절차를 거칠 필요가 없고 이사회의 공고로 갈음할 수 있다(대판 2009.4.23. 2005다22701,22718).

1 합병에 반대하는 주주의 주식매수청구권에 관하여 규율하고 있는 상법 제522조의3 제1항에 준용되는 상법 제374조의2 제2항의 '매수청구기간이 종료하는 날부터 2개월 이내'는 주식매매대금 지급의무의 이행기를 정한 것으로 해석되나, 이러한 법리는 위 2월 이내에 주식의 매수가액이 확정되지 아니한 경우에까지 마찬가지로 적용된다고 볼 수 없다. (○, ×)

2 회사는 주주총회의 합병승인결의가 있은 날부터 2주내에 채권자에 대하여 합병에 이의가 있으면 1월 이상의 기간 내에 이를 제출할 것을 공고하고 알고 있는 채권자에 대하여는 따로따로 이를 최고하여야 하는데, 개별 최고가 필요한 '회사가 알고 있는 채권자'에는 회사의 장부 기타 근거에 의하여 그 성명과 주소가 회사에 알려져 있는 자는 포함되지만 회사 대표이사 개인이 알고 있는 채권자는 포함되지 않는다. (○, ×)

1 × **2** ×

(7) 합병등기

> **제528조 (합병의 등기)** ① 회사가 합병을 한 때에는 제526조의 주주총회가 종결한 날 또는 보고에 갈음하는 공고일, 제527조의 창립총회가 종결한 날 또는 보고에 갈음하는 공고일부터 본점 소재지에서는 2주 내, 지점소재지에서는 3주 내에 합병 후 존속하는 회사에 있어서는 변경의 등기, 합병으로 인하여 소멸하는 회사에 있어서는 해산의 등기, 합병으로 인하여 설립된 회사에 있어서는 제317조에 정하는 등기를 하여야 한다.

① 합병보고 주주총회가 종결한 날 또는 이사회 공고일, 창립총회가 종결한 날 또는 이사회 공고일로부터 본점소재지에서는 2주 내, 지점소재지에서는 3주 내에 존속회사는 변경등기, 소멸회사는 해산등기, 신설회사는 설립등기를 해야 한다. [법원직 13, 법무사 06, 07, 10, 12, 16, 19]

② 합병은 존속회사 또는 설립회사가 합병에 관한 등기를 함으로써 효력이 생긴다.

3. 합병비율

(1) 의의

① 합병비율이란 합병의 대가로 소멸회사의 주식 1주에 대해 지급되는 존속회사의 주식의 비율을 의미한다.

② 합병비율은 합병계약의 핵심적인 사항으로 비상장회사의 합병비율은 당사자 간의 협상에 의하여 결정된다.

③ 합병비율은 자산가치 이외에 시장가치, 수익가치, 상대가치 등의 다양한 요소를 고려하여 결정되어야 하므로 유일한 수치로 확정할 수 없고, 제반 요소의 고려가 합리적인 범위 내에서 이루어졌다면 결정된 합병비율이 현저하게 부당하다고 할 수 없다. 합병당사자 회사의 전부 또는 일부가 주권상장법인인 경우 관련 법령이 정한 요건과 방법 및 절차 등에 기하여 합병가액을 산정하고 그에 따라 합병비율을 정하였다면, 그 합병가액 산정이 허위자료에 의한 것이라거나 터무니없는 예상 수치에 근거한 것이라는 등의 특별한 사정이 없는 한, 합병비율이 현저하게 불공정하여 합병계약이 무효로 된다고 볼 수 없다(대판 2008.1.10. 2007다64136). [법원직 13, 19, 법무사 12, 15, 19]

④ 비상장법인 간 합병의 경우 합병비율의 산정방법에 관하여는 법령에 아무런 규정이 없을 뿐만 아니라 합병비율은 자산 가치 이외에 다양한 요소를 고려하여 결정되어야 하는 만큼 엄밀한 객관적 정확성에 기하여 유일한 수치로 확정할 수 없는 것이므로, 소멸회사의 주주인 회사의 이사가 합병의 목적과 필요성, 합병 당사자인 비상장법인 간의 관계, 합병 당시 각 비상장법인의 상황, 업종의 특성 및 보편적으로 인정되는 평가방법에 의하여 주가를 평가한 결과 등 합병에 있어서 적정한 합병비율을 도출하기 위한 합당한 저보를 가지고 합병비율의 적정성을 판단하여 합병에 동의할 것인지를 결정하였고, 합병비율이 객관적으로 현저히 불합리하지 아니할 정도로 상당성이 있다면 이사는 선량한 관리자의 주의의무를 다한 것이다. [법원직 21, 법무사 15]

(2) 존속회사의 증가자본금

상법 제523조 제2호가 흡수합병계약서의 절대적 기재사항으로 '존속하는 회사의 증가할 자본'을 규정한 것은 자본충실을 도모하기 위하여 존속회사의 증가할 자본액(즉, 소멸회사의 주주들에게 배정·교부할 합병신주의 액면총액)이 소멸회사의 순자산가액 범위 내로 제한되어야 한다는 취지라고 볼 여지가 있기는 하나, 소멸회사가 주권상장법인이든 주권비상장법인이든 어느 경우나 존속회사가 발행할 합병신주의 액면총액이 소멸회사의 순자산가액을 초과할 수 있으므로 존속회사의 증가 자본액이 반드시 소멸회사의 순자산가액 범위 내로 제한된다고 할 수 없다(대판 2008.1.10. 2007다64136).

(3) 채무초과회사와의 합병

① 채무초과회사도 회사의 잠재적 가치를 고려한다면 기업가치가 없다고 할 수 없으므로 채무초과회사의 주주에게 합병신주를 제공하더라도 자본충실의 원칙에 반한다고 볼 수 없다.

② 존속회사의 반대주주는 주식매수청구권에 의하여 보호되고, 채권자는 채권자보호절차에 의하여 보호될 수 있다고 본다.

③ 상업등기선례도 채무초과회사를 합병 소멸회사로 할 수 있는 것으로 규정하고 있다.

(4) 불공정한 합병비율에 대한 구제수단

① 통설과 판례는 합병비율이 현저하게 불공정한 경우 합병비율은 합병계약의 가장 중요한 요소이므로 손해를 입은 존속회사 또는 소멸회사의 주주는 합병무효의 소를 제기할 수 있다고 본다.

② 합병비율은 합병계약의 가장 중요한 내용으로 공정해야 하므로 만일 그 비율이 어느 회사의 일방에게 불리한 경우에는 회사의 주주가 합병 전 회사재산에 대해 가지고 있던 지분비율을 합병 후에 유지할 수 없게 되어 실질적으로 주식의 일부를 상실케 되는 결과가 되므로, 현저하게 불공정한 합병비율을 정한 합병계약은 신의성실의 원칙이나 공평의 원칙 등에 비추어 무효이고, 따라서 합병비율이 현저하게 불공정한 경우 합병할 각 회사의 주주 등은 소로써 합병의 무효를 구할 수 있다(대판 2008.1.10. 2007다64136).

③ 존속회사 또는 소멸회사의 주주에게 불리하게 합병비율이 정하진 경우 그 의사결정에 참여한 존속회사 또는 소멸회사의 이사는 회사에 대하여 손해배상책임 또는 배임죄의 책임을 진다. 존속회사 또는 소멸회사 주주총회의 승인이 있었다는 이유로 이러한 책임이 면제되지 않는다.

4. 자기주식

① 존속회사가 보유하던 소멸회사 발행 주식을 '포합주식'이라고 한다. 이러한 포합주식에 대하여 합병신주를 배정하게 되면 존속회사의 입장에서는 합병으로 인하여 자기주식을 취득하게 되는 결과가 된다는 점에서 포합주식에 대해서도 합병신주가 배정되는지 문제된다.

② 판례는 "존속회사가 보유하던 소멸회사의 주식에 대하여 반드시 신주를 배정하여야 한다고 볼 수 없다(대판 2004.12.9. 2003다69355)"고 판시하여, 합병신주 배정에 대해 당사자들이 자유롭게 정할 수 있다고 보고 있다.

③ 존속회사가 보유하던 자기주식은 합병대가로 소멸회사 주주에게 배정할 수도 있고, 존속회사가 그대로 보유할 수도 있다.

④ 소멸회사가 보유하던 자기주식은 합병으로 소멸하고, 소멸회사에 대하여 존속회사의 주식을 배정할 수도 없으므로 그에 대해서 존속회사의 주식이 배정되지도 않는다.

⑤ 존속회사는 합병에 의하여 소멸회사가 보유하던 존속회사 발행 주식을 승계 취득하게 된다. 존속회사의 입장에서는 이러한 자기주식의 취득은 제341조의2 제1호에 해당된다.

5. 합병의 효과

(1) 권리의무의 포괄승계

① 존속회사 또는 신설회사는 합병으로 인하여 소멸된 회사의 권리의무를 포괄승계 한다.

② 합병의 경우, 자산양수와 달리 자산에 대한 별도의 이전행위 없이 자산이 이전된다.

③ 합병의 경우에는 피합병회사의 권리 · 의무는 사법상의 관계나 공법상의 관계를 불문하고 성질상 이전을 허용하지 않는 것을 제외하고는 모두 합병으로 인하여 존속한 회사에 승계되는 것으로 보아야 한다(대판 2019.12.12. 2018두63563).

(2) 소멸회사의 소멸

흡수합병의 경우 소멸회사가, 신설합병의 경우 각 회사가 청산절차를 거치지 않고 소멸한다.

(3) 합병대가의 제공

1) 존속회사의 신주 또는 자기주식의 제공

① 존속회사는 소멸회사의 주주에게 합병대가로 합병신주 또는 자기주식을 제공한다.

② 합병신주는 합병등기를 한 때에 효력이 발생한다.

③ 합병대가의 전부를 자기주식으로 제공하게 되면 신주가 발행되지 않는 무증자 합병이 된다.

④ 회사가 합명회사를 흡수합병하게 되면 소멸회사의 사원은 합병계약상의 합병비율과 배정방식에 따라 존속회사 또는 신설회사의 사원권(주주권)을 취득하여, 존속회사 또는 신설회사의 사원(주주)이 되기 때문에, 지분환급청구권은 행사할 수 없다(대판 2003.2.11. 2001다14351).

법원직 13

1 합병의 대가로서 소멸회사의 주주에게 존속회사나 그 모회사의 주식을 지급할 수 있지만, 합병대가의 전부 또는 일부를 금전으로 지급하는 것은 허용되지 않는다. (○, ✕)

2) 교부금합병

① 합병 후 존속하는 회사는 합병으로 소멸하는 회사의 주주에게 합병의 대가의 전부를 주식 이외의 금전이나 기타의 재산을 제공할 수 있다.[법원직 13] 이를 교부금합병이라 한다.

② 합병대가의 전부를 금전으로 지급하게 되면 신주가 발행되지 않는 무증자 합병이 된다.

③ 발행주식 총수의 95% 이상을 자기의 계산으로 보유하고 있는 주주는 회사의 경영상 목적을 달성하기 위하여 필요한 경우 다른 주주가 보유하는 주식의 매도를 청구할 수 있는데, 교부금합병을 이용하면 95%의 지분을 보유하지 않더라도 소액주주를 축출할 수 있게 된다.

3) 삼각합병(Triangular Merger)

① '삼각합병'이란 존속회사가 보유하는 모회사 발행 주식을 합병의 대가로 소멸회사 주주에게 제공하는 방식의 합병을 말한다.

법무사 16

2 주식회사의 합병에서 존속하는 회사가 소멸하는 회사의 주주에게 제공하는 재산이 존속하는 회사의 모회사 주식을 포함하는 경우에는 존속하는 회사는 그 지급을 위하여 모회사의 주식을 취득할 수 있다. (○, ✕)

② 삼각합병을 위하여 자회사가 모회사의 주식을 취득하는 것은 자회사의 모회사 주식 취득금지(제342조의2)의 예외로서 허용된다.[법무사 16]

③ 삼각합병은 실질적으로 모회사가 합병하는 것과 동일한 효과가 있지만, 삼각합병의 경우 모회사는 소멸회사의 책임이나 의무를 승계하지 않아도 되고, 주주총회 특별결의 절차, 채권자 보호절차를 거치지 않고 합병의 효과를 얻게 된다.

④ 상법상 모회사가 직접 소멸회사의 주주에게 신주를 발행하는 방식은 허용되지 않는다.

⑤ 존속회사가 삼각합병을 위해 취득한 모회사의 주식을 합병 후에도 계속 보유하고 있는 경우 합병의 효력이 발생하는 날부터 6개월 이내에 그 주식을 처분하여야 한다.

⑥ 모회사는 합병의 당사자 회사가 아니므로 소멸회사의 의무와 책임을 승계하지 않고 모회사 반대주주의 주식매수청구도 문제되지 않는다.

4) 주식의 병합 및 분할 절차의 준용

소멸회사의 주식에 대하여 존속회사 또는 신설회사의 주식이 적게 배정되는 경우에는 주식병합의 절차가 준용되고, 존속회사 또는 신설회사의 주식이 많이 배정되는 경우에는 주식분할의 절차를 준용된다.

(4) 존속회사 이사, 감사의 퇴임

존속회사의 이사와 감사 중 합병 전에 취임한 자는, 합병계약서에 달리 정한 경우를 제외하고, 합병 후 최초로 도래하는 결산기의 정기총회가 종료하는 때에 퇴임한다.[법원직 20, 법무사 14, 19]

법원직 20

3 합병을 하는 회사의 일방이 합병 후 존속하는 경우에 소멸하는 회사의 이사 및 감사로서 합병 전에 취임한 자는 합병계약서에 다른 정함이 있는 경우를 제외하고는 합병 후 최초로 도래하는 결산기의 정기총회가 종료하는 때에 퇴임한다. (○, ✕)

1 ✕ **2** ○ **3** ✕

6. 간이합병, 소규모합병

(1) 간이합병

> **제527조의2 (간이합병)** ① 합병할 회사의 일방이 합병 후 존속하는 경우에 합병으로 인하여 소멸하는 회사의 총주주의 동의가 있거나 그 회사의 발행주식총수의 100분의 90 이상을 합병 후 존속하는 회사가 소유하고 있는 때에는 합병으로 인하여 소멸하는 회사의 주주총회의 승인은 이를 이사회의 승인으로 갈음할 수 있다.

① 합병할 회사의 일방이 합병 후 존속하는 경우에 합병으로 인하여 소멸하는 회사의 총주주의 동의가 있거나 그 회사의 발행주식총수의 100분의 90 이상을 합병 후 존속하는 회사가 소유하고 있는 때에는 합병으로 인하여 소멸하는 회사의 주주총회의 승인은 이를 이사회의 승인으로 갈음할 수 있다.[법원직 20, 법무사 12, 14, 16, 19, 변호사 12, 16, 17] 이를 간이합병이라 한다.

② 존속회사는 주주총회 승인을 얻어야 하는 등 간이합병으로 인해 달라지는 것은 없다.

③ 신설합병에서는 간이합병을 할 수 없다.

④ 소멸회사는, 총주주의 동의가 있는 때를 제외하고, 합병계약서를 작성한 날부터 2주 내에 간이합병 사실을 공고하거나 주주에게 통지하여야 한다.

⑤ 소멸회사의 반대주주에게는 주식매수청구권이 인정된다.

(2) 소규모합병

> **제527조의3 (소규모합병)** ① 합병 후 존속하는 회사가 합병으로 인하여 발행하는 신주 및 이전하는 자기주식의 총수가 그 회사의 발행주식총수의 100분의 10을 초과하지 아니하는 경우에는 그 존속하는 회사의 주주총회의 승인은 이를 이사회의 승인으로 갈음할 수 있다. 다만, 합병으로 인하여 소멸하는 회사의 주주에게 제공할 금전이나 그 밖의 재산을 정한 경우에 그 금액 및 그 밖의 재산의 가액이 존속하는 회사의 최종 대차대조표상으로 현존하는 순자산액의 100분의 5를 초과하는 경우에는 그러하지 아니하다.

1) 의의

① 합병 후 존속하는 회사가 합병으로 인하여 발행하는 신주의 총수 및 합병으로 이전하는 자기주식의 총수가 존속회사의 발행주식 총수의 100분의 10을 초과하지 아니하는 때에는 존속회사의 주주총회의 승인은 이를 이사회의 승인으로 갈음할 수 있다. 이를 소규모합병이라 한다.[법원직 11, 20, 법무사 12, 14]

② 소규모합병의 경우 존속회사의 반대주주에게 주식매수청구권이 인정되지 않는다.[변호사 21]

③ 소멸회사는 주주총회 승인을 얻어야 하는 등 소규모합병으로 인해 달라지는 것은 없다.

④ 소규모합병에서 '합병으로 인하여 발행하는 신주'란 합병 당시에 실제로 발행하는 신주를 말하는 것으로, 존속회사가 그에 갈음하여 이미 보유하고 있던 자기주식을 이전하는 경우 이를 '합병으로 인하여 발행하는 신주'에 해당한다고 볼 수는 없다(대판 2004.12.9. 2003다69355).

2) 포합주식과 소규모합병

존속회사가 소멸회사의 주식을 보유하고 있는 경우, 이러한 포합주식에 합병신주 및 자기주식을 배정하지 않음으로써 합병신주와 자기주식의 비율을 10% 이하가 되도록 하여 소규모합병을 할 수 있게 된다.

법무사 16

1 주식회사가 합병을 함에는 합병계약서를 작성하여 주주총회의 승인을 얻어야 하지만, 합병으로 인하여 소멸하는 회사의 총주주의 동의가 있거나 그 회사의 발행주식총수의 100분의 90 이상을 합병 후 존속하는 회사가 소유하고 있는 때에는 합병 후 존속하는 회사의 주주총회의 승인은 이사회의 승인으로 갈음할 수 있다. (○, ×)

1 ×

3) 합병계약서의 기재 및 소규모합병의 통지

① 소규모합병의 경우 존속회사의 합병계약서에는 주주총회의 승인을 얻지 아니하고 합병을 한다는 뜻을 기재하여야 한다. [변호사 21]

② 존속회사는 합병계약서를 작성한 날부터 2주 내에 소규모합병 사실을 공고하거나 주주에게 통지하여야 한다. [변호사 21]

4) 소규모합병의 제한

법무사 06

① 소멸회사의 주주에게 지급하는 합병교부금 기타 재산의 가액이 존속회사의 순자산액의 5%를 초과하는 경우에는 소규모합병을 할 수 없다. [법무사 06]

② 합병교부금은 합병결의로 실제로 소멸회사 주주에게 지급된 금전을 말하고 존속회사가 미리 소멸회사의 주식을 취득하면서 지급한 매매대금은 이에 해당하지 않는다(대판 2004.12.9. 2003다69355).

③ 존속회사 발행주식 총수의 20% 이상 주식을 소유한 주주가 공고 또는 통지일로부터 2주 내에 회사에 대하여 서면으로 소규모합병에 반대하는 의사를 통지한 때에는 소규모합병을 할 수 없다.

7. 회사 간 합병에 대한 제한

① 합병을 하는 회사의 일방 또는 쌍방이 주식회사, 유한회사 또는 유한책임회사인 경우에는 존속회사나 신설회사는 주식회사, 유한회사 또는 유한책임회사이어야 한다.

② 해산 후 회사는 존립 중의 회사를 존속회사로 하는 경우에 한해 합병을 할 수 있다.

③ 유한회사가 주식회사와 합병하는 경우에 존속회사 또는 신설회사가 주식회사이면 법원의 인가를 얻어야 합병의 효력이 있다.

④ 합병을 하는 회사의 일방이 사채의 상환을 완료하지 아니한 주식회사인 때에는 존속회사 또는 신설회사는 유한회사로 하지 못한다.

8. 합병무효의 소

> **제529조 (합병무효의 소)** ① 합병무효는 각 회사의 주주·이사·감사·청산인·파산관재인 또는 합병을 승인하지 아니한 채권자에 한하여 소만으로 이를 주장할 수 있다.
> ② 제1항의 소는 제528조의 등기가 있는 날로부터 6월 내에 제기하여야 한다.

(1) 합병무효의 소 개요

법원직 20

① 합병무효는 합병무효의 소로써만 주장할 수 있다. 합병무효의 소는 형성의 소이다. [법원직 20]

② 합병무효 원인은 ㉠ 합병제한에 관한 법률 규정 위반, ㉡ 합병계약의 하자, ㉢ 합병비율의 불공정, ㉣ 주주총회 승인결의 하자, ㉤ 반대주주 주식매수청구권 침해, ㉥ 채권자보호절차 불이행 등이다.

③ 주식매수청구권은 분할합병에 반대하는 주주가 투하자본을 회수할 수 있도록 하기 위한 것인데 분할합병무효의 소를 제기한 소수주주가 자신이 보유하고 있던 주식을 제3자에게 매도하여 투하자본을 이미 회수하였다고 볼 수 있고, 분할합병의 목적이 상호출자관계 해소를 위한 것이어서 분할합병을 무효로 하더라도 회사와 주주들에게 이익이 되지도 않으므로 분할합병무효청구를 기각하는 것이 타당하다(대판 2010.7.22. 2008다37193).

---

1 합병 후 존속회사가 합병으로 인하여 발행하는 신주의 총수가 그 회사의 발행주식총수의 100분의 2를 초과하지 아니하고 합병으로 인하여 소멸하는 회사의 주주에게 지급할 금액이 존속하는 회사의 최종 대차대조표상으로 현존하는 순자산액의 100분의 5를 초과하지 않는 때에는, 존속회사의 주주총회의 승인은 이사회의 승인으로 갈음할 수 있다. (○, ×)

2 회사합병에 있어서 합병등기에 의하여 합병의 효력이 발생한 후에는 합병무효의 소를 제기하는 외에 합병결의무효확인청구만을 독립된 소로서 구할 수 없다. (○, ×)

1 × **2** ○

(2) 소의 당사자

① 인적회사 또는 유한책임회사의 경우 사원, 청산인, 파산관재인 또는 합병을 승인하지 아니한 채권자가 합병무효의 소를 제기할 수 있다.

② 주식회사와 유한회사의 경우 주주(사원), 이사, 감사, 청산인, 파산관재인 또는 합병을 승인하지 아니한 채권자가 합병무효의 소를 제기할 수 있다.[법원직 19, 법무사 06, 15, 변호사 20]

③ 합병무효의 소는 존속회사 또는 신설회사만이 피고가 된다.

(3) 제소기간

합병무효의 소는 합병등기가 있은 날로부터 6월 이내에 제기하여야 한다.[법무사 07, 변호사 20]

(4) 회사설립무효, 취소의 소 관련 규정의 준용

① 합병무효의 소의 관할, 판결의 효력 등에 관한 사항은 회사설립무효, 취소의 소에 관한 규정이 준용된다.

② 청구인낙은 당사자의 자유로운 처분이 허용되는 권리에 관하여만 허용되는 것으로서 회사법상 주주총회결의의 하자를 다투는 소나 회사합병무효의 소 등에 있어서는 인정되지 아니하므로 법률상 인정되지 아니하는 권리관계를 대상으로 하는 청구인낙은 효력이 없다(대판 1993. 5.27. 92누14908).

(5) 합병무효판결의 효력

① 합병무효의 판결은 제3자에 대하여도 그 효력이 있으며 장래효이다.[법무사 15]

② 판결확정 전에 생긴 회사와 주주 및 제3자 간의 권리의무에 영향을 미치지 아니한다.[법무사 15]

③ 합병무효 판결이 확정되면, 존속회사 또는 신설회사는 장래를 향하여 합병 이전의 회사로 회복된다.

④ 합병을 한 회사는 존속회사 또는 신설회사가 합병 후에 부담한 채무에 대하여 연대책임을 부담한다.

⑤ 존속회사 또는 신설회사가 합병 후에 취득한 재산은 합병을 한 회사의 공유로 한다.

⑥ 합병무효 판결이 확정되면 존속회사는 변경등기, 신설회사는 해산등기, 소멸회사는 회복등기를 하여야 한다.

⑦ 원고패소판결은 대세효가 없고 당사자 사이에서만 효력이 미친다.

⑧ 악의 또는 중과실이 있는 패소 원고는 연대하여 회사의 손해를 배상해야 한다.

(6) 합병승인 결의의 하자와 합병무효의 소

① 합병결의는 합병이 효력이 발생하기 위한 요소에 불과하므로 합병결의를 다투는 소는 합병무효의 소에 흡수된다고 보는 흡수설에 의하면, 합병등기 이전에는 합병결의 자체를 다투는 소를 제기한 뒤 합병등기 이후 합병무효의 소로 변경해야 한다.

② 합병등기 이후에는 합병무효의 소를 제기하여야 한다.

③ 주주총회결의의 하자는 합병절차의 하자에 흡수되므로, 합병무효의 소와 별개로 총회결의의 하자를 다투는 소를 제기할 수는 없다.

④ 회사합병에 있어서 합병등기에 의하여 합병의 효력이 발생한 후에는 합병무효의 소를 제기하는 외에 합병결의 무효확인청구만을 독립된 소로서 구할 수 없다(대판 1993.5.27. 92누14908).
[변호사 21]

⑤ 주주총회결의 취소 사유에 해당하는 경우, 취소의 소 제기기간 내에 합병등기가 되지 않았다면 제소기간 내에 결의취소의 소를 제기하여 합병등기 이후 합병무효의 소로 변경해야 하는데, 이 경우에는 6개월 이내에 소를 변경할 것이 요구되지는 않는다.

법무사 06

1 합병무효의 소는 소멸회사의 주주, 이사, 감사, 청산인, 파산관재인 또는 채권자에 한하여 합병등기일로부터 6개월 내에 제기하여야 한다. (○, ×)

법무사 07

2 합병의 무효는 합병결의가 있은 날로부터 6개월 내에 소만으로 주장할 수 있다.(○, ×)

법무사 15

3 합병무효의 판결은 제3자에 대해서 소급적으로 효력을 미친다. (○, ×)

1 × 2 × 3 ×

⑥ 주주총회 결의무효 · 부존재 사유에 해당하는 경우, 합병무효의 소의 제기기간만 문제된다. 합병무효의 소 제기기간 이후에는 결의무효 · 부존재 소도 제기할 수 없다.

쟁점 02 주식의 포괄적 교환

1. 의의

> **제360조의2 (주식의 포괄적 교환에 의한 완전모회사의 설립)** ② 주식의 포괄적 교환(이하 "주식교환" 이라 한다)에 의하여 완전자회사가 되는 회사의 주주가 가지는 그 회사의 주식은 주식을 교환하는 날에 주식교환에 의하여 완전모회사가 되는 회사에 이전하고, 그 완전자회사가 되는 회사의 주주 는 그 완전모회사가 되는 회사가 주식교환을 위하여 발행하는 신주의 배정을 받거나 그 회사 자기 주식의 이전을 받음으로써 그 회사의 주주가 된다.

① 주식의 포괄적 교환이란 완전자회사가 되는 회사의 주주가 가지는 주식 전부를 완전모회사 가 되는 회사에 이전하고, 완전자회사가 되는 회사의 주주는 완전모회사가 되는 회사가 발행 하는 신주를 배정받거나 그 회사의 자기주식을 이전받아 그 회사의 주주가 되는 방법으로 완 전모자관계를 형성하는 것을 의미한다. [법원직 18, 변호사 17, 20]

② 주식의 포괄적 교환은 완전모회사가 되는 회사는 자본금의 변동이 없고, 완전자회사가 되는 회사 또한 주주만 변동될 뿐 회사 자산의 변동이 없어 채권자를 해할 염려가 없으므로, 채권 자보호절차가 요구되지 않는다. [변호사 18]

③ 완전모자회사 관계가 만들어진다는 점에서 주식 포괄적 교환과 주식 포괄적 이전은 동일하 다. 다만, 주식 포괄적 교환은 기존의 회사 사이에서 완전모자회사관계를 형성하는데 반하여 주식 포괄적 이전은 완전자회사가 될 회사가 완전모회사가 될 회사를 스스로 설립하여 완전 모자관계를 형성한다는 점에서 구별된다.

④ 주식 포괄적 교환의 경우에는 회사 신설 절차가 진행되지는 않으나, 주식 포괄적 이전의 경 우에는 회사 신설 절차가 진행되고 그에 따른 법률관계가 발생하게 된다.

⑤ 주식의 포괄적 교환은 완전모회사로 되는 회사의 주식을 신주발행 또는 구주이전의 방법으 로 배정하여줌으로써 완전모자관계를 창설하기 때문에 반드시 신주발행절차가 진행되어야 하는 것은 아니나, 주식의 포괄적 이전은 완전모회사를 새로이 설립하면서 모든 구주를 완전 모회사에 이전하여 주고 그 대가로 완전모회사가 발행하는 신주를 배정받으므로 신주발행절 차가 진행되어야 한다.

2. 절차

(1) 주식교환 절차의 개요

주식의 포괄적 교환은 ① 주식교환계약 → ② 주식교환계약서 등의 공시 → ③ 주식교환계약서 승인결의 → ④ 반대주주의 주식매수청구 → ⑤ 주권실효절차 → ⑥ 등기의 절차를 거쳐 진행된다. 주식의 포괄적 교환은 등기가 효력발생요건이 아니고, 주식교환계약서에 기재된 주식교환을 할 날에 효력이 발생한다.

(2) 주식교환계약

① 상법은 주식교환 계약서에 기재할 사항에 대하여 규정하고 있는데, 내용은 합병계약서에 기재할 내용과 유사하다.

② 주식교환계약서의 기재사항인 '주식교환을 할 날'에 주식교환의 효력이 발생한다.

③ 회사의 주주 전체가 소유한 주식은 주식교환계약서에서 정한 주식을 교환할 날에 이전되며, 주권의 교부는 필요하지 않다.

④ 주식이전의 경우에는 주식이전을 할 날이 아니라 주식이전으로 설립되는 회사의 설립등기일에 주식이전의 효력이 발생하는 것과 차이가 있다.

(3) 주식교환계약서 등의 공시

① 이사는 주식교환 결의를 위한 주주총회의 2주 전부터 주식교환의 날 이후 6월이 지나는 날까지 아래 서면을 본점에 비치하여야 한다

  ㉠ 주식교환계약서

  ㉡ 완전자회사 주주에 대한 신주 배정 또는 자기주식 이전에 관한 서면

  ㉢ 각 회사의 최종의 대차대조표와 손익계산서

② 주주(채권자 ✕)는 영업시간 내에 위 서류의 열람 또는 등사를 청구할 수 있다.

(4) 주식교환계약 승인결의

① 주식교환계약서는 주주총회의 특별결의에 의한 승인을 얻어야 한다.[법원직 18]

② 주식교환계약서 승인을 위한 주주총회 소집통지에는 주식교환계약의 주요내용을 기재해야 한다.

③ 주식교환으로 인하여 주식교환에 관련되는 각 회사의 주주의 부담이 가중되는 경우에는 그 주주 전원의 동의가 있어야 한다.

④ 회사가 종류주식을 발행한 경우 주식교환으로 인하여 어느 종류의 주주에게 손해를 미치게 될 경우에는 종류주주총회의 결의를 거쳐야 한다.

⑤ 간이주식교환이나 소규모주식교환의 경우 주주총회 결의는 이사회의 승인으로 할 수 있다.

(5) 반대주주의 주식매수청구권

① 주식교환계약서에 대한 주주총회 결의사항에 관하여 이사회의 결의가 있는 때에 그 결의에 반대하는 주주(의결권이 없거나 제한되는 주주를 포함)는 주주총회 전에 회사에 대하여 서면으로 그 결의에 반대하는 의사를 통지한 경우 그 총회의 결의일로부터 20일 이내에 주식의 종류와 수를 기재한 서면으로 회사에 대하여 자기가 소유하고 있는 주식의 매수를 청구할 수 있다.[변호사 18]

② 간이주식교환에 대한 공고 또는 주주에 대한 통지일로부터 2주 내에 회사에 대하여 서면으로 주식교환에 반대하는 의사를 통지한 주주는 그 기간이 경과한 날부터 20일 이내에 주식의 종류와 수를 기재한 서면으로 회사에 대하여 자기가 소유하고 있는 주식의 매수를 청구할 수 있다.

③ 소규모주식교환의 경우 완전모회사 주주에게 주식매수청구권이 인정되지 않는다.

④ 반대주주의 주식매수청구권은 형성권으로 반대주주의 청구에 의하여 계약이 체결된다. 다만 실제 주식의 이전은 제360조 제3항을 유추하여 매매대금의 지급이 있어야 한다고 본다.

⑤ 영업양도에 반대하는 주주의 주식매수청구권은 형성권으로서 그 행사로 회사의 승낙 여부와 관계없이 주식에 관한 매매계약이 성립한다(대판 2011.4.28. 2010다94953).

(6) 주권실효

주식교환에 의하여 완전자회사가 되는 회사는 주주총회의 승인결의 이후 주식교환의 날 1월 전에 ① 주식교환의 날의 전날까지 주권을 회사에 제출할 것과 ② 주식교환의 날에 주권이 무효가 된다는 사실을 공고하고, 주주명부에 기재된 주주와 질권자에 대하여 따로 통지를 하여야 한다. 즉 완전자회사가 되는 회사의 주권은 주식교환의 날에 실효된다.

(7) 등기

주식교환으로 완전모회사의 자본금이 증가하게 되면 이를 등기하여야 한다. 완전자회사의 경우 등기사항의 변동이 없으므로 등기를 요하지 않는다.

3. 교환비율

주식교환계약서에는 완전모회사가 되는 회사가 주식교환을 위하여 발행하는 신주 또는 이전하는 자기주식의 총수·종류, 종류별 주식의 수 및 완전자회사가 되는 회사의 주주에 대한 신주의 배정비율 또는 자기주식의 이전비율 등을 규정하여야 한다.

4. 완전모회사의 자본금 증가 한도

① 완전모회사가 되는 회사의 자본금 증가액은 주식교환의 날에 완전자회사가 되는 회사에 현존하는 순자산액에서 ㉠ 완전자회사가 되는 회사의 주주에게 제공할 금전이나 그 밖의 재산의 가액 및 ㉡ 완전자회사가 되는 회사의 주주에게 이전하는 자기주식의 장부가액의 합계액을 뺀 금액을 초과할 수 없다.

② 완전모회사가 되는 회사가 주식교환 이전에 완전자회사가 되는 회사의 주식을 이미 소유하고 있는 경우에는 완전모회사가 되는 회사의 자본금 증가액은 주식교환의 날에 완전자회사가 되는 회사에 현존하는 순자산액에 그 회사의 발행주식 총수에 대한 주식교환으로 인하여 완전모회사가 되는 회사에 이전하는 주식의 수의 비율을 곱한 금액에서 위 ㉠ 및 ㉡의 금액의 합계액을 뺀 금액을 초과할 수 없다.

③ 위와 같은 제한에 비추어 보면 완전자회사가 되는 회사가 채무초과상태에 있는 경우 주식교환은 허용되지 않는다고 본다.

5. 자기주식

① 완전모회사가 되는 회사가 보유하던 자기주식은 그대로 보유할 수도 있고 완전자회사의 주주에게 교환대가로 지급할 수도 있다.

② 완전자회사가 되는 회사가 보유하던 자기주식의 경우 완전모회사가 되는 회사의 주식으로 교환되더라도 상호주에 해당하게 되므로 6개월 이내 처분의무가 발생하게 된다.

③ 완전모회사가 되는 회사가 보유하던 완전자회사가 되는 회사 발행 주식에 대해서는 신주가 발행될 수 없다.

④ 완전자회사가 되는 회사가 보유하던 완전모회사가 되는 회사 발행 주식은 그대로 유지되어 상호주에 해당하게 되고, 6개월 이내 처분의무가 발생하게 된다.

6. 주식교환의 효과

(1) 완전모자회사 관계의 형성 및 주권의 실효

① 완전모회사는 완전자회사의 주식 전부를 소유하게 되어 완전모자회사관계가 형성된다.

② 주식교환의 결과, 완전자회사의 기존 주권은 실효된다.

(2) 완전모회사 자본금과 주주의 변동

① 완전모회사가 완전자회사의 주주에게 주식교환의 대가로 신주를 발행해 주는 경우, 발행되는 신주의 액면총액에 해당하는 만큼 완전모회사의 자본금이 증가하고 주주의 구성이 변경된다.

② 완전모회사의 자본금 증가액은 앞서 살펴본 바와 같은 제한이 적용된다.

③ 완전모회사가 보유하고 있던 자기주식을 완전자회사의 주주에게 주식교환의 대가로 지급하는 경우 완전모회사의 자본금은 증가하지 않고 주주의 구성이 변경된다.

④ 주식교환의 대가를 전부 완전모회사의 자기주식으로 제공하게 되면 신주가 발행되지 않는 무증자 주식교환이 된다.

⑤ 대가 전부를 금전 등 교부금으로 제공하는 경우에도 무증자 주식교환이 이루어지게 된다.

(3) 완전모회사의 이사 · 감사의 퇴임

주식교환에 의하여 완전모회사가 되는 회사의 이사 및 감사로서 주식교환 전에 취임한 자는 주식교환계약서에 다른 정함이 있는 경우를 제외하고는 주식교환 후 최초로 도래하는 결산기에 관한 정기총회가 종료하는 때에 퇴임한다.[변호사 20]

(4) 교환대가의 지급

① 주식교환의 대가로 완전자회사가 되는 회사의 주주에게 금전이나 그 밖의 재산을 제공하는 것도 인정된다.

② 2015년 개정 상법은 삼각주식교환을 규정하였다.

③ 삼각주식교환의 경우 A 회사가 자회사인 B 회사를 만든 다음 B 회사가 취득한 A 회사 주식을 교환대가로 하여 C 회사 주주와 주식교환을 하는 거래가 이루어진다. 그 결과 B 회사는 C 회사 주식을 100% 보유하게 되고, C 회사 주주는 A 회사 주식을 보유하게 된다.

④ 완전자회사가 되는 회사의 주주에게 제공하는 재산이 완전모회사가 되는 회사의 모회사 주식을 포함하는 경우에는 완전모회사가 되는 회사는 지급을 위하여 그 모회사의 주식을 취득할 수 있다.

⑤ 삼각주식교환에서는 주식교환 당사 회사의 주주총회승인만 있으면 되고, 모회사의 주주총회 승인은 필요하지 않다.

⑥ 완전모회사가 되는 회사는 위에 따라 취득한 모회사 주식을 주식교환 후에도 계속 보유하고 있는 경우 주식교환의 효력발생일로부터 6개월 이내에 그 주식을 처분하여야 한다.

7. 간이주식교환, 소규모주식교환

(1) 간이주식교환

> 제360조의9 (간이주식교환) ① 완전자회사가 되는 회사의 총주주의 동의가 있거나 그 회사의 발행주식총수의 100분의 90 이상을 완전모회사가 되는 회사가 소유하고 있는 때에는 완전자회사가 되는 회사의 주주총회의 승인은 이를 이사회의 승인으로 갈음할 수 있다.

① 완전자회사가 되는 회사의 총주주의 동의가 있거나 그 회사의 발행주식총수의 100분의 90 이상을 완전모회사가 되는 회사가 소유하고 있는 때에는 완전자회사가 되는 회사의 주주총회의 승인은 이를 이사회의 승인으로 갈음할 수 있다.[변호사 15, 20] 이를 간이주식교환이라 한다.

② 완전모회사가 되는 회사는 주주총회 승인을 얻어야 하는 등 간이주식교환으로 달라지는 것은 없다.

③ 완전자회사가 되는 회사는, 총주주의 동의가 있는 때를 제외하고, 주식교환계약서를 작성한 날부터 2주 내에 간이주식교환 사실을 공고하거나 주주에게 통지하여야 한다.

④ 완전자회사가 되는 회사의 반대주주에게는 주식매수청구권이 인정된다.

(2) 소규모주식교환

> **제360조의10 (소규모 주식교환)** ① 완전모회사가 되는 회사가 주식교환을 위하여 발행하는 신주 및 이전하는 자기주식의 총수가 그 회사의 발행주식총수의 100분의 10을 초과하지 아니하는 경우에는 그 회사에서의 제360조의3 제1항의 규정에 의한 주주총회의 승인은 이를 이사회의 승인으로 갈음할 수 있다. 다만, 완전자회사가 되는 회사의 주주에게 제공할 금전이나 그 밖의 재산을 정한 경우에 그 금액 및 그 밖의 재산의 가액이 제360조의4 제1항 제3호에서 규정한 최종 대차대조표에 의하여 완전모회사가 되는 회사에 현존하는 순자산액의 100분의 5를 초과하는 때에는 그러하지 아니하다.

① 완전모회사가 되는 회사가 주식교환을 위하여 발행하는 신주 및 이전하는 자기주식의 총수가 그 회사의 발행주식총수의 100분의 10을 초과하지 아니하는 경우에는 주주총회의 승인은 이를 이사회의 승인으로 갈음할 수 있다.[변호사 17, 20] 이를 소규모주식교환이라 한다. 따라서 신주와 구주의 규모가 합하여 모회사 발행주식총수의 10%를 초과하면 소규모주식교환을 할 수 없다.

② 완전자회사가 되는 회사는 주주총회 승인을 얻어야 하는 등 소규모주식교환으로 달라지는 것은 없다.

③ 완전모회사가 되는 회사는 주식교환계약서를 작성한 날부터 2주 내에 소규모주식교환 사실을 공고하거나 주주에게 통지하여야 한다.

④ 완전자회사가 되는 회사의 주주에게 지급하는 교부금 기타 재산의 가액이 완전모회사가 되는 회사의 순자산액의 5%를 초과하는 경우에는 소규모주식교환을 할 수 없다.

⑤ 완전모회사가 되는 회사 발행주식 총수의 20% 이상 주식을 소유한 주주가 공고 또는 통지일로부터 2주 내에 회사에 대하여 서면으로 소규모주식교환에 반대하는 의사를 통지한 때에는 소규모주식교환을 할 수 없다.

8. 주식교환의 무효

> **제360조의14 (주식교환무효의 소)** ① 주식교환의 무효는 각 회사의 주주·이사·감사·감사위원회의 위원 또는 청산인에 한하여 주식교환의 날부터 6월내에 소만으로 이를 주장할 수 있다.

① 주식의 포괄적 교환·이전의 무효원인은 교환계약의 하자, 주주총회 승인결의의 하자, 교환비율의 불공정 등을 생각할 수 있다(채권자보호절차 불이행 ×).

② 주식교환의 무효는 각 회사의 주주, 이사, 감사, 감사위원회의 위원 또는 청산인에 한하여(채권자 ×) 주식교환의 날부터 6월 내에 소만으로 이를 주장할 수 있다.[법원직 18, 변호사 20, 21]

③ 주식교환 무효의 판결은 제3자에 대하여도 그 효력이 있다.

④ 주식교환 무효의 판결이 확정되면 주식교환은 장래를 향하여 그 효력을 잃는다.

⑤ 주식교환을 무효로 하는 판결이 확정된 때에는 완전모회사가 된 회사는 주식교환을 위하여 발행한 신주 또는 이전한 자기주식의 주주에 대하여 그가 소유하였던 완전자회사가 된 회사의 주식을 이전하여야 한다.

⑥ 원고패소판결은 대세효가 없고 당사자 사이에서만 효력이 미친다. 악의 또는 중과실이 있는 패소 원고는 연대하여 회사의 손해를 배상해야 한다.

법원직 18

1 주식교환무효의 소는 합병과 마찬가지로 채권자에게도 영향을 미치므로, 회사채권자도 이를 제기할 수 있다. (○, ×)

1 ×

쟁점 03 주식의 포괄적 이전

> **제360조의15 (주식의 포괄적 이전에 의한 완전모회사의 설립)** ② 주식이전에 의하여 완전자회사가 되는 회사의 주주가 소유하는 그 회사의 주식은 주식이전에 의하여 설립하는 완전모회사에 이전하고, 그 완전자회사가 되는 회사의 주주는 그 완전모회사가 주식이전을 위하여 발행하는 주식의 배정을 받음으로써 그 완전모회사의 주주가 된다.

1. 의의

① 주식이전에 의하여 완전자회사가 되는 회사의 주주가 소유하는 그 회사의 주식은 주식이전에 의하여 설립하는 완전모회사에 이전하고, 그 완전자회사가 되는 회사의 주주는 그 완전모회사가 주식이전을 위하여 발행하는 주식의 배정을 받음으로써 그 완전모회사의 주주가 된다.[변호사 21] 이를 주식의 포괄적 이전이라 한다.

② 주식의 포괄적 이전은 완전모회사가 되는 회사는 신설되는 회사이고, 완전자회사가 되는 회사 또한 주주만 변동될 뿐 회사 자산의 변동이 없는 관계로 채권자를 해할 염려가 없으므로, 채권자보호절차가 요구되지 않는다.[변호사 18]

③ 주식의 포괄적 이전은 지주회사 설립을 쉽게 하기 위하여 도입된 제도로, 우리금융지주와 신한금융지주가 여러 금융기관들이 참여한 주식의 포괄적 이전에 의하여 설립되었다.[법원직 18]

2. 절차

① 주식의 포괄적 이전은 ㉠ 주식이전계획서 → ㉡ 주식이전계획서 등의 공시 → ㉢ 주식이전계획서 승인결의 → ㉣ 반대주주의 주식매수청구 → ㉤ 주권실효절차 → ㉥ 등기의 절차를 거쳐 진행된다. 주식의 포괄적 이전은 완전모회사가 신설되므로 주식의 포괄적 교환의 경우와 달리 계약서가 작성되는 것이 아니라 주식이전계획서가 작성된다.

② 주식 이전의 효력은 주식이전계획서에 기재된 주식이전일이 아니라 완전모회사의 설립등기 경료일에 효력이 발생한다.

③ 주식의 포괄적 이전의 경우 주식발행절차가 진행되어야 한다.

④ 나머지 주식의 포괄적 이전 절차에 관한 사항은 주식의 포괄적 교환과 유사하다.

3. 완전모회사 자본금 증가 한도

주식이전에 의하여 설립하는 완전모회사의 자본금은 주식이전의 날에 완전자회사가 되는 회사에 현존하는 순자산액에서 그 회사의 주주에게 제공할 금전 및 그 밖의 재산의 가액을 뺀 액을 초과하지 못한다.

4. 주식의 포괄적 이전의 효과

① 주식의 포괄적 이전의 경우에는 완전모회사가 신설된다. 따라서 주식교환에 있어서의 간이주식교환이나 소규모주식교환과 같은 법리가 적용되지 않는다.

② 주식의 포괄적 이전의 효력은 포괄적 이전으로 설립된 완전모회사가 그 본점소재지에서 상법 제360조의20에 의한 설립등기를 한 날에 발생한다.

③ 주식의 포괄적 이전으로 완전자회사가 되는 회사 주식의 등록질권자는 완전모회사에 대하여 포괄적 이전으로 발행하는 주식의 주권을 자신에게 교부해줄 것을 청구 할 수 있다.

5. 주식이전무효의 소

① 주식이전의 무효는 각 회사의 주주, 이사, 감사, 감사위원회의 위원 또는 청산인에 한하여(채권자 X) 주식이전의 날부터 6월내에 소만으로 이를 주장할 수 있다.

② 주식이전 무효의 판결은 제3자에 대하여도 그 효력이 있다. 그러나 주식이전 무효의 판결은 판결확정 전에 생긴 회사와 사원 및 제3자 간의 권리의무에 영향을 미치지 아니한다.

③ 무효로 하는 판결이 확정된 때에는 완전모회사가 된 회사는 주식이전을 위하여 발행한 주식의 주주에 대하여 그가 소유하였던 완전자회사가 된 회사의 주식을 이전하여야 한다.

④ 원고패소판결은 대세효가 없고 당사자 사이에서만 효력이 미친다. 악의 또는 중과실이 있는 패소 원고는 연대하여 회사의 손해를 배상해야 한다.

쟁점 04 회사분할

1. 의의

(1) 회사분할과 분할합병

① 회사분할이란 하나의 회사의 영업이 둘 이상의 회사로 분리하여 분리된 영업재산으로 회사를 신설하거나 다른 회사와 합병시키는 방법으로 그 영업에 관한 권리의무를 신설회사 또는 승계회사에 승계시키는 것을 목적으로 하는 회사의 행위를 말한다.

② 주식회사는 분할에 의하여 1개 또는 수개의 회사를 설립할 수 있고, 1개 또는 수개의 존립 중의 회사와 분할합병 할 수 있고, 1개 또는 수개의 회사를 설립함과 동시에 분할합병 할 수 있다. 다만, 해산 후의 회사는 존립 중의 회사를 존속하는 회사로 하거나 새로 회사를 설립하는 경우에 한하여 분할 또는 분할합병 할 수 있다. 회사분할은 주식회사에 대해서만 인정된다.

(2) 분할의 유형

1) 단순분할과 분할합병

> 제530조의2 (회사의 분할·분할합병) ① 회사는 분할에 의하여 1개 또는 수개의 회사를 설립할 수 있다.
> ② 회사는 분할에 의하여 1개 또는 수개의 존립 중의 회사와 합병할 수 있다.

① 단순분할이란 회사의 영업을 수개로 분리 후 분리된 영업을 출자하여 회사를 설립하는 것과 같이 분리된 영업이 독립하여 신설회사로 남는 것을 의미한다.

② 단순분할에서 영업을 분리하는 회사를 '분할회사'라 하고, 분리된 영업으로 설립되는 회사를 '신설회사'라 한다. 단순분할은 분할회사가 소멸하는 '소멸분할'과 존속회사가 소멸하지 않는 '존속분할'로 나눌 수 있다.

③ 분할합병이란 회사에서 분리된 영업을 다른 회사가 승계하는 것과 같이 분리된 영업이 다른 회사에 흡수되는 것을 의미한다.[변호사 17]

④ 분할합병에서 영업을 분리하는 회사를 분할회사라 하고, 분리된 영업을 승계하는 회사를 '승계회사'라 한다.

⑤ 분할합병도 분할회사가 소멸하는 소멸분할합병과 분할회사가 존속하는 존속분할합병으로 나눌 수 있다. 또한 분할합병은 분할회사에서 분리된 영업을 승계회사에 흡수합병 시키는 '흡수분할합병'과 분할회사에서 분리된 영업을 가지고 다른 회사와 별도의 회사를 설립하는 '신설분할합병'으로 나눌 수 있다.

2) 인적 분할과 물적 분할[변호사 13, 17, 19]

① '인적 분할'이란 신설회사 또는 승계회사가 발행하는 분할신주를 분할회사의 주주에게 교부하는 회사분할을 의미한다.

② '물적 분할'이란 신설회사 또는 승계회사가 발행하는 분할신주를 분할회사에게 교부하는 회사분할을 의미한다. 상법은 제530조의2 이하에서 인적 분할에 대해 규정한 후 이를 물적 분할에 준용하고 있다.

3) 교부금분할합병과 삼각분할합병

① 교부금분할합병이란 승계회사가 분할대가로 승계회사의 주식 대신 분할교부금 또는 기타 재산을 교부하는 분할합병을 의미한다. 교부금분할합병은 2015년 개정 상법에 의하여 도입되었다.

② 삼각분할합병은 승계회사가 자신의 모회사의 주식을 분할대가로 지급하는 분할합병을 의미한다. 삼각분할합병 또한 2015년 개정 상법에 의하여 도입되었다.

③ 분할승계회사는 분할회사의 주주에게 제공하는 재산이 분할승계회사의 모회사 주식을 포함하는 경우 모회사 주식을 취득할 수 있다.

④ 분할승계회사가 위에 따라 취득한 모회사의 주식을 분할합병 후에도 계속 보유하고 있는 경우 분할합병의 효력이 발생하는 날부터 6개월 이내에 그 주식을 처분하여야 한다.

4) 현물출자 또는 현물배당과의 비교

① 분할회사가 영업을 현물출자 하여 완전자회사를 설립하면 물적 분할과 동일한 효과를 얻을 수 있다.

② 분할회사가 영업을 현물출자 하여 완전자회사를 설립한 후 그 주식을 분할회사의 주주에게 현물배당하면 인적분할과 동일한 효과를 얻을 수 있다. 현물배당의 경우 채권자보호절차가 요구되지 않고 제530조의9에 규정된 연대책임도 적용되지 않으므로, 위 방식을 통하여 회사분할의 규제를 회피할 가능성이 있다.

③ 분할회사가 영업을 분할승계회사에 현물출자한 후 분할승계회사로부터 지급받은 신주를 분할회사의 주주에게 현물배당 하는 경우 분할합병과 동일한 효과를 얻을 수 있다. 현물배당의 경우 채권자보호절차가 요구되지 않고 제530조의9에 규정된 연대책임도 적용되지 않으므로, 위 방식을 통하여 회사분할의 규제를 회피할 가능성이 있다.

2. 분할의 절차

(1) 분할계획서

① 회사분할을 위해서는 분할계획서 또는 분할합병계약서를 작성해야 한다.

② 분할회사의 이사는 분할계획서 또는 분할합병계약서의 승인을 위한 주주총회 회일의 2주 전부터 분할의 등기를 한 날 또는 분할합병을 한 날 이후 6개월 간 분할계획서 또는 분할합병계약서 등을 본점에 비치하여야 한다.

③ 주주 및 회사채권자는 영업시간 내에는 언제든지 위 서류의 열람을 청구하거나, 회사가 정한 비용을 지급하고 그 등본 또는 초본의 교부를 청구할 수 있다.

(2) 분할결의

> **제530조의3 (분할계획서 · 분할합병계약서의 승인)** ① 회사가 분할 또는 분할합병을 하는 때에는 분할계획서 또는 분할합병계약서를 작성하여 주주총회의 승인을 얻어야 한다.
> ② 제1항의 승인결의는 제434조의 규정에 의하여야 한다.
> ③ 제2항의 결의에 관하여는 제344조의3 제1항에 따라 의결권이 배제되는 주주도 의결권이 있다.
> ⑥ 회사의 분할 또는 분할합병으로 인하여 분할 또는 분할합병에 관련되는 각 회사의 주주의 부담이 가중되는 경우에는 제1항 및 제436조의 결의외에 그 주주 전원의 동의가 있어야 한다.

법원직 09

1 회사가 분할 또는 분할합병을 하는 때에는 분할계획서 또는 분할합병계약서를 작성하여 주주총회의 승인을 얻어야 한다. 이 경우 의결권 없는 주식의 주주는 주주총회의 승인결의에 관하여도 의결권이 없다.
(○, ×)

① 회사가 분할 또는 분할합병을 하는 때에는 분할계획서 또는 분할합병계약서를 작성하여 주주총회의 특별결의에 의한 승인을 얻어야 한다.[법무사 04, 변호사 17]

② 의결권 없는 주주도 의결권이 인정된다.[법원직 09, 변호사 13, 19]

③ 회사의 분할 또는 분할합병으로 인해 분할 또는 분할합병에 관련되는 각 회사의 주주의 부담이 가중되는 경우에는 주주총회 특별결의 이외에 그 주주 전원의 동의가 있어야 한다.[법원직 08, 법무사 04, 변호사 13, 19]

④ 회사의 분할 또는 분할합병으로 인하여 그에 관련되는 주주의 부담이 가중되는 경우에는 주주총회의 승인결의 외에 그 주주 전원의 동의가 있어야 하는데, 이 규정은 주주를 보호하기 위한 규정으로 회사 채권자는 이 규정을 근거로 분할로 인하여 신설된 회사가 분할 전 회사의 채무를 연대하여 변제할 책임이 있음을 주장할 수는 없다(대판 2010.8.19. 2008다92336).

⑤ 흡수분할합병의 경우, 승계회사가 분할회사 발행주식총수의 90% 이상을 소유하고 있거나 분할회사 총주주의 동의가 있는 경우 분할회사의 주주총회 승인은 이사회의 승인으로 갈음할 수 있다.

⑥ 흡수분할합병의 경우, 승계회사가 분할합병으로 인하여 발행하는 신주가 승계회사 발행주식총수의 10% 이하인 경우 승계회사의 주주총회승인은 이사회의 승인으로 갈음할 수 있다.

(3) 반대주주의 주식매수청구

① 분할합병에 반대하는 주주에게 주식매수청구권이 인정된다.[변호사 20] 다만, 단순분할의 경우에는 주식매수청구권이 인정되지 않는다.[법원직 08, 변호사 13]

② 단순분할의 경우에는 분할전회사의 주주가 분할후회사의 주식을 주주평등의 원칙에 따라 취득하는 관계로 주주의 이익이 침해되지 않기 때문이다.

③ 소규모합병의 경우와 마찬가지로 소규모분할합병의 경우에도 승계회사의 주주에게 주식매수청구권이 인정되지 않는다.

법원직 08

2 회사의 영업을 수개로 분할하고 분할된 영업 중의 1개 또는 수개를 각각 출자하여 1개 또는 수개의 회사를 신설하는 단순분할의 경우에는 반대주주의 주식매수청구권이 인정되지 않는다. (○, ×)

(4) 채권자보호절차

① 단순분할의 경우 단순분할 신설회사는 분할 전 분할회사의 채무에 대하여 연대책임을 부담하므로 채권자의 입장에서는 책임재산의 변동이 없고 이익이 침해되지 않으므로 채권자보호절차가 요구되지 않는다.

② 단순분할을 함에 있어서 단순분할신설회사가 분할회사의 채무 중에서 분할계획서에 승계하기로 정한 채무에 대해서만 책임을 부담하는 것으로 정할 수 있다. 이 경우 분할회사가 분할 이후에도 존속하는 경우 단순분할신설회사가 부담하지 아니하는 채무에 대한 책임만을 부담한다.

1 × **2** ○

③ 단순분할의 경우라 하더라도 위와 같은 경우에는 채권자보호절차가 요구된다.

④ 분할되는 회사와 신설회사의 채무관계가 분할채무관계로 바뀌는 것은 분할되는 회사가 자신이 알고 있는 채권자에게 개별적인 최고절차를 제대로 거쳤을 것을 요건으로 하는 것이라고 보아야 하며, 만약 그러한 개별적인 최고를 누락한 경우에는 그 채권자에 대하여 분할채무관계의 효력이 발생할 수 없고 원칙으로 돌아가 신설회사와 분할되는 회사가 연대하여 변제할 책임을 지게 된다(대판 2004.8.30. 2003다25973).

⑤ 개별 최고가 필요한 '회사가 알고 있는 채권자'란 채권자가 누구이고 채권이 어떠한 내용의 청구권인지가 대체로 회사에게 알려져 있는 채권자를 말하는 것이고, 회사에 알려져 있는지 여부는 개개의 경우에 제반 사정을 종합적으로 고려하여 판단하여야 하는데, 회사의 장부 기타 근거에 의하여 성명과 주소가 회사에 알려져 있는 자는 물론이고 회사 대표이사 개인이 알고 있는 채권자도 이에 포함된다고 봄이 타당하다(대판 2011.9.29. 2011다38516).

⑥ 분합합병의 경우, 분할회사와 분할합병승계회사 모두 채권자보호절차를 거쳐야 한다.

(5) 보고총회, 창립총회

① 분할합병의 경우, 흡수합병의 보고총회에 관한 규정이 준용된다.

② 단순분할로 회사가 신설되는 경우 회사설립에 관한 규정이 준용되나 창립총회에 관해서는 신설합병의 창립총회에 관한 규정이 준용된다.

(6) 회사설립

① 분할로 인한 신설회사의 설립에 관하여는 회사설립에 관한 규정이 준용된다.

② 분할회사의 출자만으로 회사가 설립되는 경우, 현물출자에 대한 검사절차가 적용되지 않는다.

(7) 분할등기

① 회사의 분할은 분할회사 또는 합병신설회사가 그 본점소재지에서 분할등기를 하여야 효력이 발생한다.

② 분할회사는 변경등기, 신설회사는 설립등기, 소멸회사는 해산등기를 해야 한다.

3. 회사분할의 효과

(1) 권리의무의 부분적 포괄승계 및 주식의 배정

① 단순분할신설회사, 분할승계회사 또는 분할합병신설회사는 분할회사의 권리와 의무를 분할계획서 또는 분할합병계약서에서 정하는 바에 따라 승계한다.[법원직 09. 10. 법무사 04]

② 회사분할에 따른 재산이전은 개별적인 이전절차 없이 분할등기일에 자동으로 이전된다.

③ 인적 분할의 경우 분할회사의 주주가 단순분할신설회사, 분할승계회사, 분할합병신설회사의 주식을 배정받게 된다.

④ 물적 분할의 경우 분할회사가 단순분할신설회사, 분할승계회사, 분할합병신설회사의 주식을 배정받게 된다.

(2) 분할 전 분할회사 채무에 대한 연대책임

> **제530조의9 (분할 및 분할합병 후의 회사의 책임)** ① 분할회사, 단순분할신설회사, 분할승계회사 또는 분할합병신설회사는 분할 또는 분할합병 전의 분할회사 채무에 관하여 연대하여 변제할 책임이 있다.
> ② 제1항에도 불구하고 분할회사가 제530조의3 제2항에 따른 결의로 분할에 의하여 회사를 설립하는 경우에는 단순분할신설회사는 분할회사의 채무 중에서 분할계획서에 승계하기로 정한 채무에 대한 책임만을 부담하는 것으로 정할 수 있다. 이 경우 분할회사가 분할 후에 존속하는 경우에는 단순분할신설회사가 부담하지 아니하는 채무에 대한 책임만을 부담한다.

1) 연대책임의 주체

분할회사, 단순분할신설회사, 분할승계회사 또는 분할합병신설회사는 분할 또는 분할합병 전의 분할회사 채무를 연대하여 변제할 책임이 있다.

2) 연대책임의 대상이 되는 채무의 범위

① 분할 전이란 분할등기 전을 의미한다. 따라서 회사분할에 대한 주주총회 특별결의 이후 분할등기 전에 발생한 분할 전 회사의 채무 또한 연대책임의 대상이 된다.

② 채무가 분할 전에 발생한 이상 변제기가 분할 이후에 도래하더라도 연대책임이 인정된다.

③ 분할 전에 단순히 채무발생의 가능성 또는 기초적 사실관계만 있고 분할 이후에 채무가 구체적으로 발생한 경우에는 연대책임이 인정되지 않는다.

④ 분할회사의 위법행위가 분할 전에 있었으나 과징금이 분할등기 이후 부과된 경우 판례는 분할 후 신설회사에 대해서는 분할 전의 위법행위를 이유로 과징금을 부과할 수 없다고 하였다. 다만 2012년 개정된 공정거래법 제55조의3 제3항은 위의 경우 신설회사 또는 승계회사에 과징금을 부과할 수 있도록 규정하였다.

⑤ 회사의 분할 또는 분할합병으로 인하여 설립되는 회사와 존속하는 회사가 회사 채권자에게 연대하여 변제할 책임이 있는 분할 또는 분할합병 전의 회사 채무에는 분할 또는 분할합병의 효력발생 전에 발생하였으나 분할 또는 분할합병 당시에는 아직 그 변제기가 도래하지 아니한 채무도 포함된다(대판 2008.2.14. 2007다73321).[법원직 10]

3) 연대책임의 법적 성질

① 연대책임의 법적 성질에 대하여 판례는 부진정연대책임으로 본다.[법원직 18, 법무사 04]

② ⊙ 분할 또는 분할합병으로 인해 설립되는 회사 또는 존속하는 회사(이하 '분할당사회사'라고 한다)가 분할계획서나 분할합병계약서에 부담하기로 정한 채무 이외의 채무에 대하여 부담하는 연대책임은 채권자에 대하여 개별 최고를 거쳤는지 여부와 관계없이 부담하게 되는 법정책임이다. ⓒ 따라서 채권자에 대하여 개별 최고를 하였는데 채권자가 이의제출을 하지 아니하였다거나 채권자가 분할 또는 분할합병에 동의하였기 때문에 개별 최고를 생략하였다는 등의 사정은 상법 제530조의9 제1항이 규정하는 분할당사회사의 연대책임의 성부에 영향을 미치지 못한다(대판 2010.8.26. 2009다95769).

③ 분할합병에 따른 출자를 받는 존립 중의 회사가 분할되는 회사의 채무 중에서 출자한 재산에 관한 채무만을 부담한다는 취지가 기재된 분할합병계약서를 작성하여 이에 대한 주주총회의 승인을 얻어야 분할 또는 분할합병으로 인하여 설립되는 회사 또는 존속하는 회사가 연대책임을 면하고 각자 분할합병계약서에 본래 부담하기로 정한 채무에 대한 변제책임만을 지는 분할채무관계를 형성하게 된다. 이러한 요건이 충족되었다는 점에 관한 주장·증명책임은 분할당사회사가 연대책임관계가 아닌 분할채무관계에 있음을 주장하는 측에게 있다(대판 2010.8.26. 2009다95769).

④ ㉠ 신설회사 또는 승계회사가 부담하는 채무는 분할 이전의 분할회사의 채무와 동일성을 유지하는 것으로서 그 소멸시효나 기산점도 본래 채무를 기준으로 판단하여야 한다.[법원직 18, 변호사 19] ㉡ 상법상 분할회사와 분할합병신설회사 등이 동일한 분할회사 채무에 관해 부담하는 연대책임은 회사분할로 채무자의 책임재산에 변동이 생겨 채권 회수에 불리한 영향을 받는 채권자를 보호하기 위하여 부과된 법정책임으로, 분할회사와 분할합병신설회사와 분할 또는 분할합병 전의 회사가 부담하는 연대책임은 부진정연대책임이다(대판 2017.5.30. 2016다34687).

⑤ 채권자가 분할 또는 분할합병이 이루어진 후에 분할회사를 상대로 분할 또는 분할합병 전의 분할회사 채무에 관한 소를 제기하여 분할회사에 대한 관계에서 시효가 중단되거나 확정판결을 받아 소멸시효 기간이 연장되는 경우 그와 같은 소멸시효 중단이나 연장의 효과는 다른 채무자인 분할 또는 분할합병으로 인하여 설립되는 회사 또는 존속하는 회사에 효력이 미치지 아니한다(대판 2017.5.30. 2016다34687).[법원직 18, 법무사 19]

⑥ 분할회사와 신설회사의 채무관계가 분할채무관계로 바뀌는 것은 분할회사가 자신이 알고 있는 채권자에게 개별적인 최고절차를 제대로 거쳤을 것을 요건으로 하는 것이며, 만약 그러한 개별적인 최고를 누락한 경우에는 그 채권자에 대하여 분할채무관계의 효력이 발생할 수 없고 신설회사와 분할회사가 연대하여 변제할 책임을 지게 된다(대판 2004.8.30. 2003다25973).[법원직 08]

4) 연대책임의 배제

① 분할회사가 주주총회 특별결의로 분할로 회사를 설립하는 경우 단순분할신설회사는 분할회사의 채무 중 분할계획서 또는 분할계약서에서 승계하기로 정한 채무에 대한 책임만을 부담하는 것으로 정할 수 있다.[변호사 19]

② 2015년 개정 상법 이전에는 연대책임의 배제와 관련하여 '출자한 재산에 관한 채무만을 부담할 것'을 정할 수 있다고 규정하고 있었기에 판례는 신설회사, 승계회사가 출자한 재산에 관한 채무조차 승계하지 않도록 하는 분할계획, 분할합병계약은 채권자에 대하여 무효라고 보면서(대판 2009.4.23. 2008다96291), 출자한 재산에 관한 채무란 분할로 승계한 영업에 관한 채무로서 영업에 필요한 재산과 관련된 모든 채무가 포함된다고 보았다(대판 2010.8.19. 2008다92336). 이러한 판례에 대해서는 어떠한 채무가 포함되는지 여부가 불분명하다는 비판이 있었다. 이에 2015년 개정 상법은 분할에 따른 우발채무 발생가능성을 감소시켜 구조조정을 활성화하기 위하여, 분할계획서 또는 분할합병계약서에서 승계하기로 정한 채무만을 부담할 수 있도록 규정하였다.

③ 이 경우 분할회사가 분할 후에 존속하는 경우에는 단순분할신설회사, 분할승계회사 또는 분할합병신설회사가 부담하지 않는 채무에 대한 책임만을 부담한다.

④ 분할회사는 채권자보호절차를 거쳐야 한다.[변호사 13, 18]

법원직 18, 법무사 19

1 채권자가 분할 또는 분할합병이 이루어진 후에 분할회사를 상대로 분할 또는 분할합병 전의 분할회사 채무에 관한 소를 제기하여 분할회사에 대한 관계에서 시효가 중단된 경우, 소멸시효 중단의 효과는 분할 또는 분할합병으로 인하여 설립되는 회사 또는 존속하는 회사에 대하여도 효력이 미친다. (○, ×)

법원직 09, 11

2 분할합병으로 인하여 설립되는 회사는 분할합병 전의 회사채무에 관하여 연대하여 변제할 책임이 있으나, 신설회사가 분할되는 회사의 채무 중 출자받은 재산에 관한 채무만을 부담할 것을 분할되는 회사의 주주총회 특별결의로 정한 경우에는 그러하지 아니하다. (○, ×)

1 × **2** ×

제3편

2022 해커스법원직 공태용 상법의 맥

⑤ 채권자가 회사분할에 관여되어 있고 회사분할을 미리 알고 있는 지위에 있으며, 사전에 회사분할에 대한 이의제기를 포기하였다고 볼만한 사정이 있는 등 예측하지 못한 손해를 입을 우려가 없다고 인정되는 경우에는 개별적인 최고를 누락하였다고 하여 그 채권자에 대하여 신설회사와 분할되는 회사가 연대하여 변제할 책임이 되살아난다고 할 수 없다(대판 2010.2.25. 2008다74963).

⑥ 분할합병 설립되는 회사 또는 존속하는 회사(이하 '분할당사회사'라고 한다)가 상법 제530조의9 제1항에 의한 연대책임을 면하고 각자 분할합병계약서에 본래 부담하기로 정한 채무에 대한 책임만 지는 분할채무관계를 형성하기 위해서는, 분할합병에 따른 출자를 받는 존립 중의 회사가 분할되는 회사의 채무 중에서 출자한 재산에 관한 채무만을 부담한다는 취지가 기재된 분할합병계약서를 작성하여 이에 대한 주주총회의 승인을 얻어야 하고, 이러한 요건에 관한 주장·증명책임은 분할당사회사가 분할채무관계에 있음을 주장하는 측에게 있다. 단순히 분할합병계약서에 '분할되는 회사가 분할합병의 상대방 회사에 이전할 재산과 그 가액'의 사항 등을 기재하여 주주총회의 승인을 얻었다는 사정만으로는 위와 같이 분할책임관계를 형성하기 위한 요건이 충족되었다고 할 수 없으므로, 분할당사회사는 각자 분할합병계약서에 본래 부담하기로 정한 채무 이외의 채무에 대하여 연대책임을 면할 수 없다(대판 2010.8.26. 2009다95769).

4. 회사분할무효의 소

① 회사분할의 무효는 각 회사의 주주, 이사, 감사, 청산인, 파산관재인 또는 합병을 승인하지 아니한 채권자에 한하여 소만으로 이를 주장할 수 있다.[변호사 20] 따라서 주식 전부를 양도한 주주는 분할합병무효의 소를 제기할 원고적격이 없다.[변호사 20]

② 피고적격에 대하여는 명시적인 규정이 없으나 분할무효의 소의 승소판결에 대세적 효력이 있으므로 분할 회사를 공동피고로 하여야 한다.[법원직 11. 변호사 13. 19]

③ 분할무효의 소는 분할등기의 날로부터 6월내에 제기하여야 한다.[법원직 11. 변호사 13. 19]

④ 회사분할무효의 판결은 제3자에 대하여도 그 효력이 있다.[법원직 11] 그러나 판결확정 전에 생긴 회사와 사원 및 제3자간의 권리의무에 영향을 미치지 아니한다. 즉 대세효 및 장래효를 가진다.

⑤ 주주가 회사를 상대로 제기한 분할합병무효의 소에서 당사자 사이에 분할합병계약을 승인한 주주총회결의 자체가 있었는지 및 그 결의에 이를 부존재로 볼 만한 중대한 하자가 있는지 등 주주총회결의의 존부에 관하여 다툼이 있는 경우, ㉠ 주주총회결의 자체가 있었다는 점에 관해서는 회사가 증명책임을 부담하고 ㉡ 그 결의에 이를 부존재로 볼 만한 중대한 하자가 있다는 점에 관해서는 주주가 증명책임을 부담한다(대판 2010.7.22. 2008다37193).[변호사 20]

⑥ ㉠ 법원이 분할합병무효의 소를 재량기각하기 위해서는 원칙적으로 그 소 제기 전이나 그 심리 중에 원인이 된 하자가 보완되어야 할 것이나, 그 하자가 추후 보완될 수 없는 성질의 것인 경우에는 그 하자가 보완되지 아니하였다고 하더라도 회사의 현황 등 제반 사정을 참작하여 분할합병무효의 소를 재량기각할 수 있다. ㉡ 분할합병계약의 승인을 위한 주주총회를 개최하면서 소수주주들에게 소집통지를 하지 않음으로 인하여 위 주주들이 주식매수청구권 행사 기회를 갖지 못하였더라도, 분할합병무효의 소를 제기한 소수주주가 자신이 보유하고 있던 주식을 제3자에게 매도하였고 위 분할합병을 무효로 함으로 인하여 당사자 회사와 그 주주들에게 이익이 되지 않는 경우 분할합병무효청구를 재량기각할 수 있다(대판 2010.7.22. 2008다37193).[변호사 20]

제3장 주식회사 이외의 회사

쟁점 01 합명회사

1. 의의

① 합명회사는 인적회사로서 2인 이상의 무한책임사원으로만 구성되는 회사를 말한다.

② 회사재산으로 회사채권자에 대한 책임을 우선적으로 부담하나, 모든 사원이 보충적으로 회사채무에 대하여 직접, 연대, 무한책임을 진다.

③ 상법상 합명회사는 회사의 하나로 법인격을 가지지만, 경제적 실질은 개인사업 또는 조합이라고 볼 수 있다.

④ 합명회사는 원칙적으로 각 사원이 회사의 채권자에 대하여 직접·연대·무한책임을 부담하고 직접 업무집행을 담당하는 회사로, 실질은 조합적 성질이 있어 내부관계에서는 민법의 조합에 관한 규정이 준용된다.[법원직 07, 11, 21, 법무사 04, 07, 12, 16, 18]

2. 설립

(1) 개관

① 합명회사는 인적 회사이므로 설립 과정에서 회사의 재산적 기초를 마련할 것이 요구되지 않는다는 특징을 가진다.

② 합명회사에는 물적 회사의 자본금에 해당하는 개념이 없으며, 합명회사의 설립절차도 정관의 작성 및 설립등기만으로 이루어진다.

③ 사원의 출자의무의 이행과 상관없이 정관의 작성만으로 회사의 실체가 형성된다.

④ 회사의 설립에 관한 사원 개인의 주관적 하자로 인해 회사 설립이 취소, 무효가 될 수 있다.

(2) 합명회사의 사원자격 및 출자

회사는 합명회사의 사원이 될 수 없다. 사원이 무한책임을 지기 때문에 출자의 목적도 금전 또는 현물에 한하지 않고, 노무와 신용의 출자도 인정된다.

(3) 정관작성

> **제178조 (정관의 작성)** 합명회사의 설립에는 2인 이상의 사원이 공동으로 정관을 작성하여야 한다.

① 사원이 되고자 하는 2인 이상이 정관을 작성해야 한다.[법원직 11]

② 합명회사에서는 정관에서 사원과 출자가 확정되고, 기관의 선임절차 없이 사원이 당연히 회사의 업무집행기관과 대표기관이 된다. 따라서 합명회사는 정관의 작성만으로 사원, 출자, 기관이 모두 확정된다.

(4) 설립등기

합명회사는 설립등기를 함으로써 성립한다.

법원직 11

1 합명회사를 설립하기 위해서는 사원이 될 자 2인 이상이 정관을 작성하고 그 정관에 사원의 성명·주민등록번호 및 주소를 기재하고 이를 등기해야 한다. (○, ×)

1 ○

(5) 설립의 취소와 무효

1) 설립 무효, 취소 사유

① 정관의 절대적 기재사항의 흠결, 법령위반, 설립등기 무효 등 객관적 무효원인은 설립무효사유이다.[변호사 21]

② 사원의 의사무능력, 상대방이 알고 있는 비진의 표시, 통정허위표시 등 사원 개인의 설립행위의 주관적 무효원인도 설립무효사유에 해당한다.

③ 피성년후견인의 설립행위, 미성년자 또는 피한정후견인의 법정대리인 동의 없는 설립행위, 사기 또는 강박에 의한 설립행위 등 사원개인의 설립행위에 취소사유가 존재하는 경우에는 설립취소의 소가 인정된다.

2) 설립 취소, 무효의 소

법원직 14, 법무사 07

1 주식회사 설립의 취소는 그 취소권 있는 자에 한하여 회사성립의 날로부터 2년 내에 소로써만 이를 주장할 수 있다.

(○, ×)

① 회사 설립의 무효는 그 사원에 한하여, 설립의 취소는 그 취소권 있는 자에 한하여 회사성립의 날로부터 2년 내에 소로써만 주장할 수 있다.[법원직 14, 법무사 07, 변호사 21]

② 채무자가 강제집행을 면하거나 재산을 은닉하기 위해서 재산을 출자하여 회사를 설립하는 경우, 채권자가 사원과 회사를 상대로 설립취소의 소를 제기할 수 있다.

③ 채권자가 설립취소의 소를 제기하는 대신 민법상 채권자취소권을 행사하는 것은 허용되지 않는다.

④ 피고는 사해행위를 한 사원과 회사가 공동피고가 된다.

⑤ 설립무효 또는 취소의 소는 본점소재지의 지방법원의 관할에 전속한다.

⑥ 설립무효의 소 또는 설립취소의 소가 제기된 때에는 회사는 지체 없이 공고하여야 한다.

⑦ 설립 무효, 취소의 소의 심리 중에 원인이 된 하자가 보완되고 회사의 현황과 제반사정을 참작하여 설립을 무효 또는 취소하는 것이 부적당하다고 인정한 때에는 법원은 청구를 기각할 수 있다. 이를 재량기각이라 한다.

⑧ 설립무효의 판결 또는 설립취소의 판결이 확정된 때에는 해산의 경우에 준하여 청산하여야 한다.[변호사 21]

3) 회사의 계속

① 설립무효의 판결 또는 설립취소의 판결이 확정된 경우에 그 무효나 취소의 원인이 특정한 사원에 한한 것인 때에는 다른 사원 전원의 동의로써 회사를 계속할 수 있다.[법무사 12] 이때 그 무효 또는 취소의 원인이 있는 사원은 퇴사한 것으로 본다.

② 사원의 퇴사로 사원이 1인으로 된 경우 새로 사원을 가입시킬 수 있다.

3. 지분

(1) 지분의 의의 및 양도

법무사 12

2 합명회사의 사원의 지분은 다른 사원의 동의가 있는 때에 한하여 지분을 양도할 수 있다.

(○, ×)

법무사 16

3 합명회사의 사원은 다른 사원의 동의를 얻지 아니하면 그 지분을 타인에게 양도하지 못하지만, 사원이 사망한 경우에는 원칙적으로 그 상속인에게 사원의 지분이 상속된다.

(○, ×)

1 × **2** ○ **3** ×

① 합명회사 사원은 각자 1개의 지분을 가지되, 그 지분의 크기가 서로 다를 수 있다.

② 합명회사의 사원은 다른 사원의 동의를 얻지 아니하면 그 지분의 전부 또는 일부를 타인에게 양도하지 못한다.[법무사 06, 07, 12]

③ 지분 양도로 사원이 변동되지 않는 경우에도 다른 사원의 동의를 얻어야 한다.

④ 사원의 성명은 정관기재사항이므로, 지분의 양도로 사원이 변동되면 정관변경절차를 거쳐야 한다. 지분양도에 관한 총사원의 동의는 이러한 정관변경 결의를 포함하는 것으로 본다.

⑤ 지분양도를 제3자에게 대항하기 위해서는 지분양도에 따른 정관 변경의 등기를 하여야 한다.

⑥ 지분양도와 정관변경이 있었더라도 등기가 경료 되지 않았다면, 선의의 채권자는 종전의 사원인 양도인에게 여전히 무한책임을 물을 수 있다.

⑦ 양도인은 등기 후 2년간 등기 이전의 회사 채무에 대하여 무한책임을 진다.

(2) 지분의 상속

① 원칙적으로 지분의 상속은 인정되지 않는다. 합명회사의 사원이 사망한 경우 그 지분은 원칙적으로 상속인에게 상속되지 않고 그 사원은 퇴사된다.[법무사 16, 변호사 19]

② 상속인이 지분환급청구권을 상속할 뿐이다. 다만 정관으로 지분을 상속할 수 있다고 정할 수 있다.[법무사 06, 07]

(3) 지분의 압류

① 채권자는 사원의 지분을 압류할 수 있지만, 압류로 사원이 변경되는 것은 아니다.

② 사원이 이익배당청구권, 지분환급청구권을 행사하면 압류권자는 전부명령 또는 추심명령을 받아 채권의 만족을 얻을 수 있다.

③ 사원의 지분을 압류한 채권자는 영업연도 말에 그 사원을 퇴사시킬 수 있다. 다만, 채권자는 회사와 그 사원에게 6월 전에 예고를 해야 하는데, 사원이 그 예고를 받고 6월 내에 변제를 하거나 담보를 제공하는 경우에는 퇴사시킬 수 없다.

④ 회사가 임의청산을 하는 경우에는 압류채권자의 동의를 얻어야 한다.

4. 내부관계

(1) 사원의 출자의무

① 출자란 사원이 회사재산을 구성할 금전 기타 재산을 회사에 제공하는 것을 말한다.

② 합명회사 사원의 출자의무는 정관으로도 달리 정할 수 없다.

③ 합명회사의 사원은 무한책임을 지므로 노무 또는 신용도 출자할 수 있고,[법원직 11, 법무사 06, 16] 상계도 허용된다.

④ 출자의무는 사원이 회사의 설립 또는 입사에 의하여 사원자격 취득과 동시에 발생하고 사원자격 상실과 동시에 소멸한다.

⑤ 사원이 회사의 최고에도 불구하고 출자의무를 이행하지 않은 경우, 채무불이행의 일반적인 효과 이외에 제명, 업무집행권 상실, 대표권 상실 사유가 된다.

⑥ 합명회사의 사원이 출자한 채권이 변제기에 변제되지 아니한 때에는 그 사원은 그 채권액을 변제할 책임을 지며, 이 경우 이자를 지급하는 이외에 이로 인하여 생긴 손해를 배상하여야 한다(제196조).

(2) 의사결정

① 회사의 일상적인 업무에 대한 의사결정은 업무집행기관인 사원 각자 또는 업무집행사원이 하지만, 중요한 사안에 대해서는 사원의 결의가 필요하다.

② 합명회사에 있어서 사원총회는 필수기관이 아니다. 따라서 사원의 결의가 필요한 경우에도 각 사원의 의사를 파악할 수 있는 방법에 의하면 충분하고 반드시 사원총회의 형식을 거쳐야 하는 것은 아니다.

③ 사원결의의 절차 또는 내용에 하자가 있는 경우, 민사소송법에 따라 회사를 상대로 무효확인의 소를 제기할 수밖에 없다.

④ 사원의 의결권은 출자와 상관없이 1인 1의결권에 의한다.

⑤ 의사결정은 의결권의 과반수로 정하는 것이 원칙이다.

법무사 16

1 합명회사의 사원은 다른 사원의 동의를 얻지 아니하면 그 지분을 타인에게 양도하지 못하지만, 사원이 사망한 경우에는 원칙적으로 그 상속인에게 사원의 지분이 상속된다.

(○, ×)

법원직 11, 법무사 06, 16

2 합명회사 사원의 출자의 목적은 재산, 노무 또는 신용의 어느 것이라도 무방한데, 그 목적과 가격 또는 평가의 표준은 정관의 절대적 기재사항에 해당한다.

(○, ×)

1 × 2 ○

⑥ 지분의 양도, 정관의 변경, 회사의 해산 등 회사의 기본구조를 변경하거나 사원 전체의 중대한 이해관계가 걸린 사안에 대해서는 총 사원의 동의를 요한다.

(3) 업무집행

1) 업무집행기관
① 합명회사의 업무집행기관은 원칙적으로 각 사원이다.
② 각 사원은 특별한 선임절차 없이 당연히 업무집행기관이 된다.
③ 합명회사에서는 정관이나 총사원의 동의로도 사원 아닌 자에게 업무집행을 하도록 할 수 없다. 예외적으로, 정관으로 업무집행사원을 둘 수 있다.
④ 이 경우 업무집행사원만 업무집행권을 가지고, 다른 사원은 감시권을 가진다.
⑤ 업무집행사원은 정당한 사유가 없이는 사임할 수 없으며, 다른 사원의 일치가 아니면 해임할 수 없다.

2) 업무집행방법
① 사원은 각자 독립하여 회사의 업무를 집행한다. 각 사원의 업무집행에 관한 행위에 대하여 다른 사원의 이의가 있는 경우, 총사원 과반수의 결의에 의한다. [법무사 07]
② 지배인의 선임과 해임은 정관에 다른 정함이 없으면 업무집행사원이 있는 경우에도 총사원 과반수의 결의에 의하여야 한다. [법무사 12]
③ 수인의 업무집행사원을 둔 경우에는 업무집행사원의 과반수 결의에 의한다.
④ 정관으로 수인의 사원을 공동업무집행사원으로 정한 때에 그 전원의 동의가 없으면 업무집행에 관한 행위를 하지 못한다.

3) 업무집행감독 및 업무집행사원의 권한상실선고
① 합명회사는 따로 감사를 두지 않는다.
② 합명회사는 각 사원이 회사의 업무와 재산 상태를 검사할 권한을 가진다.
③ 사원의 감독권한은 당연히 부여되는 것이고, 정관으로도 배제할 수 없다.
④ 사원이 업무를 집행함에 현저하게 부적임하거나 중대한 의무에 위반한 행위가 있는 때에는 법원은 사원의 청구에 의하여 업무집행권한의 상실을 선고할 수 있다. [법원직 21, 법무사 06] 이러한 판결이 확정된 때에는 본점과 지점의 소재지에서 등기하여야 한다.
⑤ 상법 제195조에 비추어 볼 때, 합명회사의 내부관계에 관한 상법 규정은 원칙적으로 임의규정이고, 정관에서 상법 규정과 달리 정하는 것이 허용된다. [법원직 21, 법무사 20]
⑥ 상법상 합명회사의 사원 또는 업무집행사원의 업무집행권한을 상실시키는 방법으로는 다음의 두 가지를 상정할 수 있다. 첫째, 상법 제205조 제1항에 따라 다른 사원의 청구에 의하여 법원의 선고로써 권한을 상실시키는 방법이다. 둘째, 상법 제195조에 의하여 준용되는 민법 제708조에 따라 법원의 선고절차를 거치지 않고 총사원이 일치하여 업무집행사원을 해임함으로써 권한을 상실시키는 방법이다. 두 가지 방법은 요건과 절차가 서로 다르므로, 상법 제205조 제1항이 민법 제708조의 준용을 배제하고 있다고 보기 어렵다. 따라서 정관에서 달리 정하고 있지 않는 이상, 합명회사의 사원은 두 가지 방법 중 어느 하나의 방법으로 다른 사원 또는 업무집행사원의 업무집행권한을 상실시킬 수 있다(대판 2015.5.29. 2014다51541).

(4) 사원의 경업 및 자기거래 금지
① 합명회사의 사원은 다른 사원의 동의가 없으면 자기 또는 제3자의 계산으로 회사의 영업부류에 속하는 거래를 하지 못하며 동종영업을 목적으로 하는 다른 회사의 무한책임사원 또는 이사가 되지 못한다. [법원직 09, 법무사 06, 07, 11]

법무사 07

1 합명회사 각 사원의 업무집행에 관한 행위에 대하여 다른 사원의 이의가 있는 때에는 곧 행위를 중지하고 총사원 과반수의 결의에 의하여야 한다. (○, ×)

법원직 21

2 합명회사의 사원은 업무집행권한 상실제도를 통하여 업무집행에 현저히 부적합하거나 중대하게 의무를 위반한 사원이나 업무집행사원을 업무집행에서 배제함으로써 자신의 책임을 부당하게 발생·증대되는 것으로부터 자신을 보호할 수 있다. (○, ×)

법무사 06

3 합명회사의 업무집행사원이 업무를 집행함에 현저하게 부적임하거나 중대한 업무에 위반한 때에는 사원 3분의 2 이상의 결의에 의하여 업무집행권을 상실시킬 수 있다. (○, ×)

법원직 21

4 합명회사의 정관에 상법 제205조 제1항의 적용을 배제한다는 명시적 규정은 없으나, "업무집행사원이 업무를 집행함에 현저하게 부적임하거나 중대한 업무에 위반한 행위가 있는 때에는 총사원의 결의로써 업무집행권한을 상실하게 할 수 있다"라고 정하고 있는 경우, 그 업무집행사원의 업무집행권한은 총사원의 결의로써만 상실시킬 수 있다. (○, ×)

1 ○ **2** ○ **3** × **4** ×

② 사원이 전항의 규정에 위반하여 거래를 한 경우에 그 거래가 자기의 계산으로 한 것인 때에는 회사는 이를 회사의 계산으로 한 것으로 볼 수 있고 제3자의 계산으로 한 것인 때에는 그 사원에 대하여 회사는 이로 인한 이득의 양도를 청구할 수 있다(제198조 제2항).[법무사 16]

③ 사원은 다른 사원 과반수의 결의가 있는 때에 한하여 자기 또는 제삼자의 계산으로 회사와 거래를 할 수 있다. 이 경우에는 민법 제124조의 규정을 적용하지 아니한다.

④ 경업의 승인기관은 다른 모든 사원, 자기거래의 승인기관은 다른 모든 사원의 과반수이다.

(5) 이익의 분배

합명회사에서는 사원이 무한책임을 부담하기 때문에, 회사 이익을 사원에게 어떻게 분배하고 손실을 어떻게 부담시킬 것인지의 문제는 전적으로 사원 사이의 내부관계에 불과하다. 따라서 이익분배 및 손실부담은 정관 또는 총사원의 동의로 정하는 바에 따른다.

(6) 사원의 변동

> **제213조 (신입사원의 책임)** 회사성립 후에 가입한 사원은 그 가입 전에 생긴 회사채무에 대하여 다른 사원과 동일한 책임을 진다.
>
> **제217조 (사원의 퇴사권)** ① 정관으로 회사의 존립기간을 정하지 아니하거나 어느 사원의 종신까지 존속할 것을 정한 때에는 사원은 영업년도말에 한하여 퇴사할 수 있다. 그러나 6월 전에 이를 예고하여야 한다.
> ② 사원이 부득이한 사유가 있을 때에는 언제든지 퇴사할 수 있다.

1) 입사

① 입사란 회사성립 후 지분을 신규로 취득하는 것을 말한다.

② 지분의 신규 취득으로 인해 사원이 변동되게 되면 정관기재사항이 변경되게 되므로, 이러한 입사에는 총사원의 동의가 있어야 한다.

③ 회사성립 후에 가입한 사원은 가입 전에 생긴 회사 채무에 대하여 다른 사원과 동일한 책임을 진다.[법무사 12, 16]

2) 퇴사

① 퇴사란 회사가 존속하는 중에 특정사원이 사원의 지위를 절대적으로 상실하는 것을 말한다. 사원의 입장에서는 지분을 환급받아 투하자금을 회수하게 된다.

② 사원은 영업연도 말에 한하여 퇴사할 수 있으나, 6월 전에 예고해야 한다. 다만, 사원이 부득이한 사유가 있을 때에는 언제든지 퇴사할 수 있다.[법원직 15]

③ 강제퇴사는 사원의 압류채권자가 그 사원을 퇴사시키는 것을 말한다.

④ 당연퇴사 사유에는 정관에 정한 사유의 발생, 총사원의 동의, 사망, 성년후견개시, 파산, 제명이 있다.

3) 제명

① 제명이란 사원의 의사에 반하여 사원의 지위를 박탈하는 것을 말한다. 제명 결과 사원이 1인만 남게 되는 등 해산사유가 발생하는 경우에는 제명이 허용되지 않는다.

② 상법상 제명사유는 아래와 같다(제220조 제1항).

ㄱ 출자의무 불이행, ㄴ 경업금지의무 위반, ㄷ 회사의 업무집행 또는 대표에 관한 부정행위, ㄹ 권한 없는 업무집행 또는 회사대표행위, ㅁ 기타 중요한 사유

③ 제명사유 중 기타 중요한 사유라 함은 다른 사유와 같은 정도로 사원간의 신뢰를 파괴하는 행위를 의미한다.

법무사 16

1 사원은 다른 사원의 동의가 없으면 자기의 계산으로 회사의 영업부류에 속하는 거래를 하지 못하는데, 이를 위반하여 거래를 한 경우에 회사는 이를 회사의 계산으로 한 것으로 볼 수 있다.　　　(O, X)

법원직 15

2 합명회사의 사원은 부득이한 사유가 있을 때에는 언제든지 퇴사할 수 있으나, 다만 그 퇴사로 인하여 사원이 1인이 되는 경우에는 퇴사할 수 없다.　　　(O, X)

1 O **2** X

④ 정관으로 제명사유 중 일부를 배제하는 것은 허용되지만, 반대로 정관으로 새로운 제명사유를 추가할 수는 없다.

⑤ 제명사유가 있는 경우 자동으로 제명되는 것은 아니고, 다른 사원 과반수의 결의에 의한 제명청구와 법원의 제명선고가 있어야 한다.

⑥ 판례는 합자회사 사원의 제명과 관련된 사안에서 제명은 당해 사원의 개인적 사정을 고려하여 이루어지는 것이므로 일괄제명은 할 수 없고, 사원 1인씩 개별적으로 제명하는 것이므로, 다른 사원이란 제명의 대상이 되는 사원 1인을 제외한 나머지 사원 전부를 말한다고 판시하였다(대판 1976.6.22. 75다1503).

4) 퇴사의 효과

① 퇴사한 사원은 본점소재지에서 퇴사등기를 하기 전에 생긴 회사 채무에 대하여는 등기 후 2년 내에는 다른 사원과 동일한 책임이 있다.

② 퇴사한 사원은 회사에 대해 지분 환급을 청구할 수 있다.

③ 사원은 노무 또는 신용을 출자한 경우에도 지분을 환급받을 수 있으며, 출자의 종류가 무엇이든 지분의 환급은 금전으로 한다.

④ 퇴사 당시 회사가 손실이 많이 누적되어 있다면 지분이 음으로 나올 수 있는데, 음의 경우에는 손실분담의무에 따라 회사에 그 전액을 납입하여야 한다.

⑤ 퇴사한 사원의 성명이 회사의 상호 중에 사용된 경우에는 그 사원은 회사에 대하여 그 사용의 폐지를 청구할 수 있다.

5. 외부관계

(1) 회사의 대표

① 각 사원이 업무집행권을 가진 대표기관이다.

② 정관으로 수인의 업무집행사원을 정한 경우에는 원칙적으로 각 업무집행사원이 대표권을 가진다. 이 경우 대표권을 가지는 대표사원을 따로 정할 수도 있고, 수인의 사원이 공동으로만 대표할 수 있도록 공동대표사원을 정할 수도 있다.

③ 회사를 대표하는 사원은 회사 영업에 관하여 재판상 또는 재판외의 모든 행위를 할 권한이 있다.

④ 대표권의 제한을 가지고 선의의 제3자에게 대항할 수 없다.

⑤ 회사를 대표하는 사원이 그 업무집행으로 인하여 타인에게 손해를 가한 때에는 회사는 그 사원과 연대하여 배상할 책임이 있다.

(2) 사원의 책임

1) 직접, 연대, 무한책임

① 회사의 재산으로 회사의 채무를 완제할 수 없는 때에는 각 사원은 연대하여 변제할 책임이 있다. [변호사 13]

② 합명회사의 사원은 회사채권자에게 직접, 연대, 무한책임을 진다.

③ 사원의 책임은 정관이나 총사원의 동의로도 면제할 수 없다.

2) 책임의 부종성, 보충성

① 합명회사 사원의 책임에 부종성과 보충성이 있다.

② '부종성'이란 사원이 회사가 회사채권자에게 가지는 항변사유를 원용할 수 있으며, 회사가 상계권, 취소권, 해제권을 가지고 있는 경우, 사원이 그 권리를 직접 행사할 수는 없지만, 이를 근거로 채무이행을 거절할 수 있다는 것을 의미한다.

③ '보충성'이란 회사채권자는 회사재산이 채무의 변제에 부족하거나 회사재산에 대한 강제집행으로 만족을 얻지 못할 경우에만 보충적으로 사원에게 채무이행을 청구할 수 있다는 것을 의미한다. 그 입증책임은 사원에게 채무이행을 구하는 회사채권자에게 있다.

④ 합명회사 사원은 모두 무한책임사원으로서 무한책임사원의 책임은 회사가 채무를 부담하면 법률의 규정에 기해 당연히 발생하는 것이고, 회사의 재산으로 회사의 채무를 완제할 수 없는 때 또는 회사재산에 대한 강제집행이 주효하지 못한 때에 비로소 발생하는 것은 아니며, 이는 회사채권자가 그와 같은 경우에 해당함을 증명하여 무한책임사원에게 보충적으로 책임의 이행을 청구 할 수 있다는 책임이행 요건을 정한 것으로 봄이 타당하다(대판 2012.4.12. 2010다27847).[법원직 15]

3) 책임의 대상이 되는 채무

① 책임의 대상이 되는 채무는 회사 모든 채무이다.

② 대체성이 없는 채무라 하더라도 회사가 채무를 이행하지 않아 손해배상채무로 된 경우에는 사원이 손해배상책임을 진다.

③ 회사의 재산으로 회사의 채무를 완제할 수 없는 때에는 각 사원은 연대하여 변제할 책임이 있다고 규정한 상법 제212조 제1항의 적용을 위하여 회사의 자산 총액을 산정할 때 실제 가치로 평가한 자산총액을 기준으로 판단하여야 하고, 대차대조표 등 재무제표에 기재된 명목상 부채 및 자산 총액을 기준으로 판단할 것은 아니며, 회사의 신용·노력·기능(기술)·장래 수입 등은 원칙적으로 회사의 자산 총액을 산정하면서 고려할 대상이 아니다(대판 2012.4.12. 2010다27847).[법원직 15]

4) 사원의 구상권

① 회사의 채무를 이행한 사원은 민법 제481조의 변제자대위의 법리에 따라 회사에 대하여 구상권을 가진다.

② 회사에 대한 구상권은 사원이 제3자의 지위에서 회사에 대하여 가지는 채권이므로 각 사원이 손실분담비율에 따라 책임을 진다. 이 경우 다른 사원은 회사에 자력이 있음을 이유로 이행을 거부할 수 없다.

5) 사원범위의 확대

① 사원으로서의 책임은 모든 사원에게 인정된다.

② 입사·퇴사한 사원, 자칭사원도 사원으로 본다.

③ 입사한 사원은 입사 전에 생긴 회사 채무에 대해서도 무한책임을 진다.

④ 퇴사 또는 지분을 전부 양도한 사원도 2년간 동일한 책임을 부담한다.

⑤ 자칭사원도 같은 책임을 지는데, 이는 외관법리에 따른 표현책임에 해당한다.

6) 책임의 소멸

사원의 책임은 해산의 경우에는 해산등기로부터 5년, 퇴사 또는 지분양도의 경우에는 그 등기로부터 2년의 제척기간이 경과함으로써 소멸한다.

법원직 15

1 합명회사 사원의 회사 채무에 대한 책임은 보충적이어서 '회사의 재산으로 회사의 채무를 완제할 수 없는 때' 또는 '회사 재산에 대한 강제집행이 주효하지 못한 때'에 비로소 발생하므로, 위와 같은 요건이 충족되지 아니하는 한 회사 채권자의 합명회사 사원에 대한 채권은 채권자취소권의 피보전채권이 될 수 없다. (○, ×)

법원직 15

2 "회사의 재산으로 회사의 채무를 완제할 수 없는 때에는 각 사원은 연대하여 변제할 책임이 있다"고 규정한 상법 제212조 제1항의 적용을 위하여 회사의 자산 총액을 산정할 때 회사의 신용·노력·기능(기술)·장래 수입 등도 원칙적으로 고려되어야 한다. (○, ×)

1 × 2 ×

쟁점 02 | 합자회사

1. 의의와 설립

① 합자회사는 무한책임사원과 유한책임사원으로 구성된 인적회사이다.

② 합자회사의 조직과 운영은 무한책임사원을 중심으로 이루어진다.

③ 합자회사의 법률관계는 합명회사와 유사하고, 합명회사에 관한 규정이 준용된다.[변호사 21]

④ 합자회사는 무한책임사원이 존재하므로 회사 설립 단계에서 재산적 기초를 요구하지 않는다.

⑤ 합자회사는 합명회사와 마찬가지로 정관작성과 설립등기만으로 회사가 설립된다.

⑥ 합자회사가 설립등기를 할 때에는 각 사원의 무한책임 또는 유한책임인 것을 등기하여야 한다.[법원직 11, 15]

2. 내부관계

(1) 사원의 출자의무

유한책임사원은 신용 또는 노무를 출자의 목적으로 하지 못한다.[법원직 11, 19, 법무사 12, 14] 무한책임사원은 합명회사의 사원과 같이 노무와 신용도 출자 할 수 있다.

(2) 업무집행

1) 업무집행기관

① 합자회사의 업무집행권은 무한책임사원만 가질 수 있다. 원칙적으로 각 무한책임사원이 업무집행을 담당하지만,[법원직 15, 법무사 07, 10] 정관으로 무한책임사원 가운데 업무집행사원을 정하는 것도 가능하다.

② 유한책임사원은 업무집행권이 없고, 회사의 재산 및 영업상태에 대한 감시권을 가진다.

③ 유한책임사원은 중요한 사유가 있는 경우 언제든지 법원 허가를 얻어 열람과 검사를 할 수 있다.

④ 정관 또는 총사원의 동의로 유한책임사원에게 업무집행권을 부여할 수 있다(대판 1977.4.26. 75다1341).

⑤ 유한책임 사원의 업무집행이나 대표행위를 인정하지 않고 있는 상법 제278조에 불구하고 정관 또는 내부규정으로서 유한책임사원에게 업무집행권을 부여할 수는 있는 것이라고 하더라도 유한책임사원에게 대표권까지를 부여할 수는 없다(대판 1977.4.26. 75다1341).

⑥ 상법 제205조가 규정하고 있는 합자회사의 업무집행 사원의 권한상실선고 제도는 회사의 운영에 있어서 장애사유를 제거하는데 목적이 있고 회사를 해산상태로 몰고 가자는데 목적이 있는 것이 아니므로 무한책임사원 1인뿐인 합자회사에서 업무집행사워에 대한 권한상실신고는 회사의 업무집행사원 및 대표사원이 없는 상태로 돌아가게 되어 권한상실제도의 취지에 어긋나게 되어 회사를 운영할 수 없으므로 이를 할 수 없다(대판 1977.4.26. 75다1341).

⑦ 합자회사의 경우 무한책임사원 뿐만 아니라 유한책임사원도 각자 업무집행사원에 대한 권한상실선고를 청구할 수 있다고 해석하는 것이 타당하다(대판 2012.12.13. 2010다82189).

2) 경업 또는 자기거래 금지

① 무한책임사원에게 합명회사 사원의 경업 또는 자기거래의 금지가 적용된다.

② 유한책임사원은 다른 사원의 동의 없이 자기 또는 제3자의 계산으로 회사의 영업부류에 속하는 거래를 할 수 있고 동종영업을 목적으로 하는 다른 회사의 무한책임사원 또는 이사가 될 수 있다.[법원직 09, 15, 19, 법무사 07, 09, 10, 12]

법원직 09, 15, 19, 법무사 10

1 합자회사의 유한책임사원은 다른 사원의 동의가 없으면 자기 또는 제3자의 계산으로 회사의 영업부류에 속하는 거래를 하지 못하며 동종영업을 목적으로 하는 다른 회사의 무한책임사원 또는 이사가 되지 못한다.

(O, X)

법무사 09

2 유한책임사원은 동종영업을 목적으로 하는 다른 회사의 무한책임사원 또는 이사가 될 수 없다.

(O, X)

1 X **2** X

③ 유한책임사원은 업무집행권이 없기 때문이다. 자기거래제한 역시 업무집행권을 전제로 하므로 유한책임사원에게 적용되지 않는다.

3) 손익의 분배
① 유한책임사원에게도 각 사원의 출자액에 비례하여 이익이 분배된다.
② 유한책임사원은 원칙적으로 출자액을 한도로 손실을 분담한다.
③ 유한책임사원이 대외적으로 유한책임을 부담하면서, 내부관계에서는 정관으로 출자액 이상의 손실분담의무를 지는 것은 무방하다.

4) 지분의 양도
① 무한책임사원 지분의 양도는 총사원의 동의를 요하므로 유한책임사원의 동의도 필요하다. [법원직 15, 19, 법무사 07, 08, 10, 변호사 19]
② 유한책임사원 지분의 양도는 무한책임사원 전원의 동의만 있으면 된다. 지분의 양도에 따라 정관을 변경하여야 할 경우에도 같다. [법무사 20]
③ 합자회사의 무한책임사원으로 甲이 등재되어 있는 상태에서 총사원의 동의로 乙을 무한책임사원으로 가입시키기로 합의하였으나 그에 관한 변경등기가 이루어지기 전에 甲이 등기부상의 총사원의 동의를 얻어 제3자에게 자신의 지분 및 회사를 양도하고 사원 및 지분 변경등기까지 마친 경우, 총사원의 동의로 乙이 무한책임사원으로서의 지위를 취득하였다고 하더라도 그에 관한 등기가 마쳐지기 전에는 등기 당사자인 회사나 乙로서는 선의의 제3자에게 乙이 무한책임사원이라는 사실을 주장할 수 없으므로, 만약 제3자가 甲만이 유일한 무한책임사원이라고 믿은 데 대하여 선의라면, 회사나 乙로서는 제3자가 乙의 동의를 받지 아니하였음을 주장하여 그 지분양도계약이 효력이 없다고 주장할 수 없다(대판 1996.10.29. 96다19321).
④ 상법 제270조는 합자회사 정관에는 각 사원이 무한책임사원인지 또는 유한책임사원인지를 기재하도록 규정하고 있으므로, 정관에 기재된 합자회사 사원의 책임 변경은 정관변경의 절차에 의하여야 하고, 이를 위해서는 정관에 그 의결정족수 내지 동의정족수 등에 관하여 별도로 정하고 있다는 등의 특별한 사정이 없는 한 상법 제269조에 의하여 준용되는 상법 제204조에 따라 총 사원의 동의가 필요하다. 합자회사의 유한책임사원이 한 지분양도가 합자회사의 정관에서 규정하고 있는 요건을 갖추지 못한 경우에는 그 지분양도는 무효이다(대판 2010.9.30. 2010다21337).

5) 사원의 변동
① 새로운 사원이 입사한 경우 정관변경의 절차를 거쳐야 한다.
② 합자회사 유한책임사원의 사망 또는 성년후견개시는 당연퇴사의 원인이 되지 않는다.
③ 합자회사 유한책임사원이 사망하면 상속인이 사원의 지위를 승계하고, 성년후견이 개시되면 계속 사원의 지위를 유지한다. [법원직 19, 법무사 10]
④ 합자회사에서 무한책임사원과 유한책임사원이 각 1인인 경우에는 한 사람의 의사에 의하여 다른 사원을 제명할 수 없다. [법무사 08, 12]

3. 외부관계

(1) 대표권
① 합자회사는 각 무한책임사원이 회사를 대표한다.
② 유한책임사원은 어떠한 경우에도 대표권을 가질 수 없다.
③ 유한책임사원은 설사 정관 또는 총사원의 동의로써 회사 대표자로 지정되어 그와 같은 등기까지 경유되었다 하더라도 회사 대표권을 가질 수 없다(대판 1966.1.25. 65다2128). [법무사 08]

1 합자회사의 경우 무한책임사원의 지분 양도는 유한책임사원을 포함한 모든 사원의 동의를 요하지만, 유한책임사원의 지분 양도는 유한책임사원 전원의 동의만 있으면 충분하고 다른 무한책임사원의 동의를 요하지 않는다. (O, X)

2 무한책임사원과 유한책임사원 각 1인만으로 된 합자회사에 있어서는 무한책임사원은 유한책임사원을 제명할 수 있으나, 유한책임사원이 무한책임사원을 제명할 수는 없다. (O, X)

1 × **2** ×

(2) **사원의 책임**

① 상법상 합자회사의 장에 다른 규정이 없는 사항은 합명회사에 관한 규정을 준용하므로, 합자회사의 무한책임사원의 회사 채권자에 대한 책임은 합명회사의 사원의 책임과 동일하다.

② 따라서 무한책임사원은 회사 채무에 대하여 합명회사 사원과 같이 직접, 연대, 무한책임을 부담한다.

③ 유한책임사원은 직접, 유한책임을 부담한다. 유한책임사원은 출자의무를 부담하는 금액 중에서 아직 회사에 출자하지 않은 금액을 한도로 채권자에 대하여 직접 변제할 책임을 부담한다. [법원직 14, 법무사 14, 18]

④ 회사에 이익이 없음에도 불구하고 유한책임사원이 배당을 받은 금액은 변제책임을 정함에 있어서 이를 가산한다.

⑤ 유한책임사원의 책임도 부종성과 보충성을 가진다고 본다.

⑥ 합자회사의 무한책임사원 책임은 회사가 채무를 부담하면 법률의 규정에 기해 당연히 발생하는 것이고, 회사의 재산으로 회사의 채무를 완제할 수 없는 때 또는 회사재산에 대한 강제집행이 주효하지 못한 때에 비로소 발생하는 것은 아니다(대판 2012.4.12. 2010다27847).

쟁점 03 유한책임회사

1. 의의

① 유한책임회사는 2011년 상법 개정 당시 도입된 것으로, 출자금액을 한도로 유한책임을 지는 사원만으로 구성된 회사를 말한다.

② 유한책임회사는 업무집행, 지분양도, 손익분배, 사원의 가입과 퇴사 등 내부관계는 인적회사와 유사하면서 대외적으로는 유한책임을 부담하는 형태이다.

③ 사원이 모두 유한책임사원으로만 구성되므로 채권자의 보호를 위하여 회사재산의 확보가 중요하다. 인적회사와 달리 설립절차에서 출자의 이행이 강제된다.

④ 사원이 출자한 금전이나 그 밖의 재산의 가액을 유한책임회사의 자본금으로 한다.

⑤ 대차대조표상의 순자산액으로부터 자본금의 액을 뺀 금액인 잉여금을 한도로 하여 잉여금을 분배할 수 있다.

⑥ 유한책임회사의 내부관계에 관하여는 정관이나 이 법에 다른 규정이 없으면 합명회사에 관한 규정을 준용한다. [법원직 15, 법무사 18]

2. 설립

(1) **개관**

① 유한책임회사는 정관의 작성으로 사원이 특정된다.

② 유한책임회사는 내부 법률관계에서 합명회사와 마찬가지로 민법상 조합의 법리에 따라 운영되나, 유한책임회사 설립시 1인의 사원도 가능하며, 법인도 사원이 될 수 있고, 사원의 총수에 제한이 없다. [법무사 13, 변호사 13]

③ 기관의 구성이 요구되지 않으므로 유한회사보다 설립절차가 간소하다.

④ 유한책임회사에서도 사원의 개성이 중요하므로 설립의 무효 이외에 사원의 주관적 하자로 인한 설립의 취소가 인정된다.

(2) 설립절차

1) 정관의 작성

① 사원의 인적사항을 정관에 기재함으로써 사원이 확정된다. 합명회사와 달리 정관에 자본금의 액을 기재한다.

② 유한책임회사에서는 주식회사와 달리 따로 출자된 재산 전부를 자본금으로 하기 때문에, 실제로 출자된 금액과 정관에 기재된 자본금의 액이 동일하게 된다.

③ 유한책임회사에서는 '사원의 출자의 목적 및 가액'이 정관의 절대적 기재사항이나, 유한회사에는 '각 사원의 출자좌수'가 정관의 절대적 기재사항이다. [법원직 18]

2) 출자의 이행

① 사원은 신용이나 노무를 출자의 목적으로 하지 못한다. [법원직 13, 15, 20, 법무사 13]

② 사원은 정관의 작성 후 설립등기를 하는 때까지 금전이나 그 밖의 재산의 출자를 전부 이행하여야 한다.

③ 사원의 현물출자도 가능하다. 다만 상법은 현물출자 관련 원칙만을 정하고 있을 뿐 검사인의 조사, 현물출자 불이행시 설립관여자의 책임에 대해서는 규정하지 않고 있다.

④ 사원이 출자의무를 이행하지 않은 경우 제명사유가 된다.

3) 설립등기

① 유한책임회사는 본점의 소재지에서 등기함으로써 성립한다.

② 사원은 등기사항이 아니지만, 업무집행자 또는 대표자의 인적사항은 등기사항이다.

3. 내부관계

(1) 지분의 양도와 사원의 변동

1) 지분의 양도

① 사원은 다른 사원의 동의를 받지 아니하면 그 지분의 전부 또는 일부를 타인에게 양도하지 못한다. 다만 정관에서 다르게 정할 수 있다. [법원직 13, 법무사 13, 변호사 19]

② 업무를 집행하지 아니한 사원은 업무를 집행하는 사원 전원의 동의가 있으면 지분의 전부 또는 일부를 타인에게 양도할 수 있다. 다만, 업무를 집행하는 사원이 없는 경우에는 사원 전원의 동의를 받아야 한다(제287조의8 제2항). [법원직 13, 법무사 13, 변호사 19]

③ 지분양도에 따라 사원이 변동되는 경우 별도의 정관변경 절차가 요구되지 않기 때문에 지분의 양도로 정관은 자동적으로 변경된다고 본다.

2) 입사

① 사원은 정관 기재사항이므로, 새로운 사원을 가입키기 위해서는 정관을 변경해야 한다. [법원직 13]

② 정관 변경은 총사원의 동의에 의하지만 정관으로 다르게 정할 수 있다.

③ 새로운 사원의 가입은 정관을 변경한 때에 효력이 발생한다. 다만, 정관을 변경한 때에 해당 사원이 출자에 관한 납입 또는 재산의 전부 또는 일부의 출자를 이행하지 아니한 경우에는 그 납입 또는 이행을 마친 때에 사원이 된다.

④ 사원이 설립시에 출자를 완납하지 않더라도 정관에 기재된 이상 사원의 지위를 가진다.

법원직 13

1 유한책임회사는 사원의 인적사항을 정관에 기재함으로써 사원이 확정되므로, 새로운 사원을 가입시키려면 정관을 변경하여야 한다. (O, X)

1 O

3) 퇴사

유한책임회사 사원의 퇴사에 관한 사항은 대부분 합명회사의 규정을 준용한다. 다만 유한책임회사 사원의 임의퇴사절차나 제명요건은 정관으로 달리 정할 수 있다.

4) 사원의 사망

① 사원이 사망한 경우, 지분이 상속되지 않고 사망한 사원은 퇴사하게 된다.

② 정관으로 사원이 사망한 경우 상속인이 회사에 대한 피상속인의 권리의무를 승계하여 사원이 될 수 있음을 정한 때에는, 상속인은 상속의 개시를 안 날로부터 3월내에 회사에 대하여 승계 또는 포기의 통지를 발송해야 한다. 상속인이 통지 없이 3월을 경과하면 사원이 될 권리를 포기한 것으로 본다.

(2) 지분환급과 채권자보호

① 유한책임회사는 그 지분의 전부 또는 일부를 양수할 수 없다.

② 유한책임회사가 지분을 취득하는 경우에 그 지분은 취득한 때에 소멸한다.[법원직 15]

③ 유한책임회사의 채권자는 퇴사하는 사원에게 환급하는 금액이 잉여금을 초과한 경우에는 그 환급에 대하여 회사에 이의를 제기할 수 있다.

④ 회사채권자가 이의를 하게 되면 회사는 변제 또는 담보제공 등의 채권자보호절차를 진행해야 한다. 다만, 잉여금을 초과하여 환급하더라도 채권자에게 손해를 끼칠 우려가 없는 경우에는 채권자보호조치를 취하지 않아도 된다.

⑤ 사원 지분의 압류는 잉여금의 배당을 청구하는 권리에 대하여도 효력이 있다.

⑥ 사원의 지분을 압류한 채권자의 권리는 이익배당청구권과 지분환급청구권에 미친다.

(3) 업무집행자

1) 업무집행자의 선임

법원직 20

1 유한책임회사는 사원이 아닌 자를 업무집행자로 정할 수 없다.
(○, ×)

법원직 15

2 법인도 유한책임회사의 업무집행사원이 될 수 있다.(○, ×)

① 유한책임회사는 정관으로 사원 또는 사원이 아닌 자를 업무집행자로 정하여야 한다(제287조의12 제1항).[법원직 20, 변호사 13]

② 사원의 전부를 업무집행자로 할 수도 있다.

③ 법인이 업무집행자인 경우 그 법인은 업무집행자의 직무를 행할 자를 선임하고, 그 자의 성명과 주소를 다른 사원에게 통지해야 한다.[변호사 13, 18]

④ 업무집행권을 가지지 못한 사원은 그 대신 업무집행자에 대한 감시권을 가진다.

2) 업무집행자의 변경 및 공동업무집행자

① 업무집행자는 정관의 필수적 기재사항이다.

② 정관에 기재된 업무집행자를 변경하는 경우 정관 기재사항을 변경해야 하므로 총사원의 동의가 있어야 한다.

③ 정관으로 둘 이상을 공동업무집행자로 정한 경우에는 전원의 동의가 없으면 업무집행에 관한 행위를 하지 못한다.

④ 1명 또는 둘 이상의 업무집행자를 정한 경우에는 업무집행자 각자가 회사의 업무를 집행할 권리와 의무가 있다. 업무집행자의 업무집행에 관한 행위에 대하여 다른 업무집행자가 이의가 있는 때에는 곧 그 행위를 중지하고 업무집행자 과반수의 결의에 의하여야 한다.[법원직 20]

3) 업무집행자의 의무와 책임

① 업무집행자는 회사와 위임 관계에 있으므로 회사의 수임인으로서 선관주의의무를 진다.

② 업무집행자는 사원 전원의 동의를 받지 아니하고는 자기 또는 제3자의 계산으로 회사의 영업부류에 속한 거래를 하지 못하며, 같은 종류의 영업을 목적으로 하는 다른 회사의 업무집행자·이사 또는 집행임원이 되지 못한다.[변호사 18]

1 × **2** ○

③ 업무집행자는 다른 사원 과반수의 결의가 있는 경우에만 자기 또는 제3자의 계산으로 회사와 거래를 할 수 있다. 이 경우에는 민법 제124조를 적용하지 아니한다. [법원직 13, 20, 변호사 18]

④ 법인이 업무집행자인 경우 선임된 직무수행자에 대하여 자기거래승인 규정과 업무집행자에 관한 규정이 준용된다.

⑤ 유한책임회사의 사원에 대해서도 대표소송이 인정된다.

⑥ 유한책임회사의 사원에게 인정되는 대표소송은 단독사원권이다. 유한회사의 사원에게 인정되는 대표소송은 자본금 총액의 3% 이상이 요구되는 소수사원권이다.

⑦ 업무집행사원이 업무를 집행함에 현저하게 부적임하거나 중대한 업무 위반행위가 있는 경우 법원은 사원의 청구에 의해 업무집행권한의 상실을 선고할 수 있다. [변호사 18]

(4) 의사결정

① 업무집행자의 경업승인, 대표자의 선임, 자본금의 감소 등은 총사원의 동의로 정한다.

② 또한 정관에 다른 규정이 없는 경우 정관을 변경하려면 총사원의 동의가 있어야 한다. 따라서 아래와 같은 정관 규정 사항의 경우 총사원의 동의가 있어야 한다.
   ㉠ 업무집행자의 선임, ㉡ 대표자의 선임, ㉢ 사원의 가입, ㉣ 사원의 사망시 상속인의 승계에 관한 사항, ㉤ 제명의 결의방법, ㉥ 잉여금의 분배 등

③ 업무집행자의 자기거래의 승인, 사원과의 소에서 회사대표의 선정 등은 다른 사원 과반수의 결의로 할 수 있다.

④ 총 사원의 동의 등은 별도로 사원총회를 개최하여야 하는 것은 아니고, 어떠한 방법으로든 사원의 의사가 파악되면 된다.

⑤ 사원 과반수의 동의 여부 등은 상법에 달리 규정을 두고 있지 않으므로 합명회사의 법리에 따라 사원수를 기준으로 하나, 정관으로 달리 정할 수 있다.

(5) 회계

① 유한책임회사도 결산기마다 재무상태표, 손익계산서, 기타 회사의 재무 상태와 경영성과를 표시하는 재무제표를 작성해야 한다.

② 위 서류를 본점에 5년간, 재무제표의 등본을 지점에 3년간 비치해야 한다.

③ 유한책임회사는 사원이 출자한 재산 전부를 자본금으로 한다.

④ 유한책임회사에는 준비금의 개념이 존재하지 않는다.

⑤ 사원이 새로 가입하거나 추가로 출자하게 되면 자본금이 증가하는데, 자본금은 정관의 필요적 기재사항이므로, 이러한 가입 또는 추가 출자는 원칙적으로 총사원의 동의사항이다.

⑥ 자본금의 감소도 정관변경사항이고, 책임재산을 감소시키므로 채권자보호절차를 거쳐야 한다.

⑦ 유한책임회사는 대차대조표상의 순자산액으로부터 자본금의 액을 뺀 액인 잉여금을 한도로 하여 잉여금을 분배할 수 있다.

4. 외부관계

(1) 업무집행자

① 업무집행자는 유한책임회사를 대표한다.

② 업무집행자가 둘 이상인 경우 정관 또는 총사원의 동의로 유한책임회사를 대표할 업무집행자를 정할 수 있다. [변호사 18]

1 업무집행자는 사원 전원의 동의가 있는 경우에만 자기 또는 제3자의 계산으로 회사와 거래를 할 수 있으며, 이 때 자기계약 및 쌍방대리에 관한 민법 규정의 적용이 배제된다.
(○, ×)

1 ×

③ 업무집행자가 아닌 자를 대표자로 선임할 수 없다. 유한책임회사는 사원이 아닌 자를 업무집행자로 선임할 수 있다. 그 결과 사원이 아닌 자가 업무집행자가 되면 대표자로 될 수 있다.
④ 정관 또는 총사원의 동의로 둘 이상의 업무집행자가 공동으로 회사를 대표할 것을 정할 수 있다.

(2) 사원의 책임

① 유한책임회사의 사원은 회사채권자에 대하여 간접, 유한책임을 진다.
② 유한회사의 사원이 부담하는 출자전보책임도 없고, 합자회사의 유한책임사원이 출자를 이행하지 않은 범위에서 직접, 연대책임을 지는 것과도 다르다.
③ 유한책임회사 사원의 유한책임은 주식회사의 주주와 같이 단순히 회사에 대한 출자의무만을 의미할 뿐이다.
④ 유한회사와 유한책임회사의 사원의 책임은 상법에 다른 규정이 있는 경우 외에는 그 출자금액을 한도로 한다. [법원직 18, 법무사 13]

쟁점 04 유한회사

Ⅰ. 유한회사의 개요

1. 의의

① 유한회사는 사원이 균등액 단위로 출자하여 자본금을 형성하고, 사원은 회사에 대해 출자금액을 한도로 유한책임을 부담하며, 채권자에게 직접적으로 어떠한 책임도 부담하지 않는 회사를 말한다.
② 유한회사의 사원은 출자전보책임을 진다는 점, 설립이 용이하고 기관구조가 간소화되어 있는 등 소규모 폐쇄적 회사에 적합한 형태라는 점에서 주식회사와 차이가 있다.

2. 물적 회사

① 유한회사도 물적 회사이므로 사원이 출자한 재산이 회사채권자의 보호를 위한 책임재산을 형성한다.
② 주식회사와 마찬가지로 자본금확정, 자본금충실, 자본금불변의 원칙이 적용된다. 유한회사의 자본금은 정관의 기재사항이다.
③ 자본금 증감은 사원총회 결의에 의한 정관변경 절차를 요한다. 다만 주식회사의 수권주식과 같은 개념은 존재하지 않는다.
④ 설립 이후 출자는 정관변경 절차를 거쳐야 하므로 자본금확정·자본금불변의 원칙은 주식회사보다 더 강하게 적용된다.
⑤ 출자 1좌의 금액은 100원 이상으로 균일해야 한다(제546조).

3. 설립절차 및 기관

① 유한회사는 모집설립은 인정되지 않고, 발기설립만 가능하다.[법무사 14]

② 설립경과에 대한 검사인의 조사절차가 없다.

③ 유한회사에는 1인 또는 수인의 이사를 두어야 한다.

④ 원칙적으로 대표이사가 없고 각 이사가 회사를 대표한다.

⑤ 감사는 임의기관이며, 사원총회의 소집절차도 주식회사보다 간소하고, 사원총회의 결의는 서면결의로 가능하다.

Ⅱ. 설립

1. 사원의 확정 및 개요

① 주식회사와 달리 발기인이 별도로 존재하지 않고 정관을 작성함으로써 사원이 확정된다.

② 1인 회사의 설립이 가능하다.

③ 사원의 자격과 수에는 아무 제한이 없다.

2. 설립절차

① 유한회사를 설립하기 위해서는 사원이 정관을 작성하여 기명날인 또는 서명 후 공증을 받아야 한다.

② 현물출자 또는 재산인수와 같은 변태설립사항의 경우에도 법원이 선임한 검사인의 조사가 없다는 점에서 주식회사의 설립보다 간소화되어 있다.

③ 다만 이를 회피하기 위한 사후설립의 경우 사원총회의 특별결의를 거쳐야 한다.

④ 유한회사의 이사는 정관으로 직접 정할 수 있으나, 정관에서 따로 정하지 않은 경우에는 사원총회에서 선임한다.[법원직 10, 14]

⑤ 사원총회는 각 사원이 소집할 수 있다. 감사는 임의기관이다.

⑥ 정관에 사원의 출자좌수를 기재하여야 하므로, 정관을 작성하면 바로 사원이 인수할 출자좌수가 확정된다.

⑦ 출자는 전액 납입되어야 하는데, 그 취지상 노무출자나 신용출자는 허용되지 않는다.

⑧ 출자 이행일로부터 2주 이내에 설립등기 해야 한다. 설립등기로 유한회사가 성립한다.

3. 설립에 관한 책임

① 사원 등에게 출자전보책임을 두고 있다.

② 현물출자 또는 재산인수의 목적인 재산이 과대평가된 경우, 사원은 연대하여 부족분을 납입해야 한다.

③ 사원의 이러한 책임은 무과실 책임이며 어떠한 경우에도 면제하지 못한다.

④ 출자가 이루어지지 않은 부분은 사원·이사·감사가 연대하여 납입할 책임이 있다. 무과실책임이며, 사원은 어떠한 경우에도 그 책임이 면제되지 않지만, 이사·감사는 유한회사의 수임자에 불과하므로 총사원의 동의가 있으면 면책된다.

4. 설립의 하자

① 유한회사의 설립무효도 2년 내에 소로써만 주장할 수 있다.[변호사 13]

② 제552조 제1항은 설립의 무효뿐만 아니라 취소도 인정하고 있다.

1 유한회사는 광고 기타의 방법에 의하여 출자 인수인을 공모하지 못한다. (○, ×)

2 유한회사의 설립의 무효는 그 사원, 이사와 감사에 한하여 회사성립의 날로부터 2년 내에 소만으로 이를 주장할 수 있다. (○, ×)

1 ○ **2** ○

③ 설립취소의 소 역시 제186조 이하의 일반 규정이 준용된다.

④ 유한회사의 경우 설립무효의 소 이외에 설립취소의 소가 인정된다는 점에서 인적회사와 유사한 점이 존재하다.

Ⅲ. 지분의 양도와 입질

1. 지분의 양도

① 사원은 그 지분의 전부 또는 일부를 양도하거나 상속할 수 있다.

② 정관으로 지분의 양도를 제한할 수 있다. 따라서 정관으로 정하기만 하면 사원의 지분 양도에 다른 사원의 동의를 얻어야 하는 것으로도 할 수 있다. [변호사 13]

③ 상법 제556조에 의하면 사원의 지분 양도는 정관변경의 절차 없이 가능하다. 이와 관련하여 사원의 지분이 양도되면 정관은 자동적으로 변경된 것으로 본다.

④ 유한회사는 사원의 지분에 관하여 지시식 또는 무기명식의 증권을 발행하지 못한다. [법원직 11. 14. 20. 법무사 11. 14]

⑤ 지분의 이전은 취득자의 성명, 주소와 그 목적이 되는 출자좌수를 사원명부에 기재하지 아니하면 이로써 회사와 제3자에게 대항하지 못한다.

⑥ 지분양도는 당사자의 의사표시만으로 이루어지지만, 양수인이 사원명부에 명의개서를 하지 않으면 회사에 대하여 사원권을 주장할 수 없다.

⑦ 유한회사는 자기지분취득이 원칙적으로 금지된다. 유한회사의 경우 배당가능이익에 의한 자기지분 취득도 인정되지 않는다.

⑧ 유한회사의 지분(사원권)에 관한 명의신탁 해지의 경우에도 사원의 변경을 가져오므로 사원총회의 특별결의가 있어야 그 효력이 생긴다. [법원직 18]

2. 지분의 입질

① 사원은 정관에 제한이 없는 한 자유롭게 지분에 질권을 설정할 수 있다. [법원직 14. 법무사 11. 변호사 19]

② 이러한 질권의 설정을 회사에 대항하기 위해서는 질권의 내용이 사원명부에 기재되어야 한다.

③ 주식의 입질과 달리 유한회사 지분의 경우 약식질은 인정되지 않고 등록질만 인정된다.

Ⅳ. 사원의 권리와 의무

1. 사원의 권리

① 사원은 자익권으로 이익배당청구권, 잔여재산분배청구권, 증자시의 출자인수권을 가진다. 정관변경 또는 사원총회 특별결의로 제3자에게 출자인수권을 부여할 수 있다.

② 사원은 공익권 중 단독사원권으로 의결권, 사원총회결의의 무효·취소·변경의 소 제기권, 회사설립 무효·취소, 증자무효, 감자무효, 합병무효 등의 소 제기권을 가진다.

③ 사원은 공익권 중 소수사원권으로 사원총회의 소집청구권, 이사의 위법행위에 대한 유지청구권, 대표소송 제기권, 이사 해임청구의 소 제기권, 회계장부열람권, 회사의 업무·재산상태에 대한 검사청구권, 해산청구권을 가진다.

④ 소수사원권은 자본금의 3% 이상에 해당하는 출자좌수를 가진 사원에게 인정된다.

법원직 14

1 유한회사는 사원의 지분에 관하여 지시식 또는 무기명식의 증권을 발행하지 못한다. 다만, 정관으로 이를 달리 정할 수 있다.
(O, ×)

1 ×

2. 사원의 출자의무 및 출자전보책임

① 사원은 자신이 인수한 출자에 대한 출자의무를 부담한다.[변호사 18]

② 유한회사의 사원은 회사 설립시, 증자시, 유한회사의 주식회사로의 조직변경시 출자가 납입되지 않거나 재산의 실제가액이 평가액에 현저히 미달하는 경우, 그 부족액을 연대하여 납입할 책임을 진다.

③ 유한회사의 재산으로 유한회사의 채무를 변제하기에 부족한 경우에도 유한회사의 채권자는 출자금액의 납입을 완료하지 아니한 사원에 대하여 납입부족액을 한도로 자신에게 직접 변제할 것을 청구할 수 없다.

Ⅴ. 기관

1. 개관

① 유한회사의 의사결정기관은 사원총회이고, 업무집행기관은 이사이다.

② 유한회사에는 이사회가 없다. 다만, 이사가 수인인 경우 다수결에 의하여 업무를 집행한다.

③ 유한회사에는 대표이사가 없으므로 이사가 회사를 대표하고, 감사는 임의기관이다.

2. 사원총회

(1) 의의

① 사원총회는 사원으로 구성된 유한회사의 필요적 최고의사결정기관이다.

② 사원총회의 권한에는 제한이 없으므로 법령 또는 정관에 위반하지 않는 한 구체적인 업무집행을 포함한 모든 사항에 관하여 의사결정을 할 수 있다.

③ 이사회가 없고 감사도 임의기관이므로, 사원총회가 이사의 업무집행을 직접적으로 감독한다.

(2) 소집

① 사원총회는 원칙적으로 이사가 소집한다.

② 이사가 수인인 경우에도, 개별이사가 단독으로 결정하여 집행할 수 있다.

③ 감사, 자본금총액의 3% 이상을 가진 소수사원, 법원 등도 임시총회를 소집할 권한을 가진다.

④ 자본금 총액의 100분의 3 이상에 해당하는 출자좌수를 가진 사원은 회의의 목적사항과 소집의 이유를 기재한 서면을 이사에게 제출하여 총회의 소집을 청구할 수 있다. 다만 정관으로 달리 정할 수 있다.[법원직 20] 청구가 있은 후 지체 없이 총회소집의 절차를 밟지 아니한 때에는 청구한 사원은 법원의 허가를 받아 총회를 소집할 수 있다.

⑤ 사원총회를 소집할 때에는 사원총회일의 1주 전에 각 사원에게 서면으로 통지서를 발송하거나 각 사원의 동의를 받아 전자문서로 통지서를 발송하여야 한다.

⑥ 총사원의 동의가 있을 때에는 소집절차 없이 총회를 열 수 있다.

(3) 의결권

① 각 사원은 출자1좌마다 1개의 의결권을 가진다. 그러나 정관으로 의결권의 수에 관하여 다른 정함을 할 수 있다.[법원직 20]

② 정관으로 1사원 1의결권을 택하거나, 일정 좌수 이상의 사원에 대해서는 의결권을 제한하거나, 출자 1좌에 대하여 복수의결권을 부여하는 것도 가능하다. 다만, 사원의 의결권을 완전히 박탈하는 것은 허용되지 않는다.

법원직 20

1 유한회사 자본금 총액의 100분의 3 이상에 해당하는 출자좌수를 가진 사원은 회의의 목적사항과 소집의 이유를 기재한 서면을 이사에게 제출하여 총회의 소집을 청구할 수 있는데, 이러한 요건은 정관으로 달리 정할 수도 있다. (O, X)

1 O

③ 사원총회에서의 의결권과 관련하여, 주주총회의 의결권의 대리행사, 특별이해관계인의 의결권제한, 자기지분의 의결권제한 등의 규정을 준용하고 있다. 다만 지분의 상호보유의 경우에도 의결권이 제한되지 않는다.

(4) 결의

1) 보통결의
보통결의는 총사원의 의결권의 과반수를 가지는 사원이 출석하고 그 의결권의 과반수로써 하여야 한다.

2) 특별결의
① 특별결의는 총사원의 반수 이상, 총사원의 의결권의 4분의 3 이상을 가지는 자의 동의로 한다(제585조 제1항).
② 특별결의 요건을 적용함에 있어서는 의결권을 행사할 수 없는 사원은 이를 총사원의 수에, 그 행사할 수 없는 의결권은 이를 의결권의 수에 산입하지 아니한다.
③ 주식회사에서의 특별결의사항과 같으나, 유한회사의 경우 증자시 제3자에 대한 출자인수권을 부여함에 있어 사원총회의 특별결의를 요한다.

3) 특수결의
① 특수결의는 총사원의 동의로 하는 결의를 말한다. 특수결의는 조직변경의 경우 요구된다.
② 이사와 감사의 출자전보책임을 면제하기 위한 경우에도 총사원의 동의가 필요하다.

4) 결의방법
① 총회의 결의를 하여야 할 경우에 총사원의 동의가 있는 때에는 서면에 의한 결의를 할 수 있다.
② 서면결의는 사원총회 자체를 개최하지 않아도 된다.
③ 서면결의의 경우 동의는 특정사항에 관한 것이어야 하고, 사전에 일반적으로 서면결의에 의한다고 동의하는 것은 허용되지 않는다. 다만, 결의의 목적사항에 대하여 총사원이 서면동의를 한 경우에는 서면결의가 가능하다.

5) 결의의 하자
사원총회결의의 하자에 대하여는 주주총회결의의 하자에 관한 규정을 준용하고 있다.

3. 이사

(1) 선임·종임
① 유한회사의 이사는 회사의 업무집행기관이며 동시에 대표기관이다. 이사의 선임은 원칙적으로 사원총회의 결의에 의한다. 다만, 초대이사는 정관으로 정할 수 있다.
② 이사의 자격과 임기에 관하여는 아무 제한이 없다. 이사의 해임에 관해서는 주식회사의 규정을 준용하고 있다.

(2) 권한
① 이사는 유한회사의 업무집행기관이다.
② 주식회사와 달리 업무집행의 의사결정과 현실적인 집행이 분리되어 있지 않다.
③ 이사가 수인인 경우 정관에 다른 규정이 없으면, 회사 업무집행, 지배인의 선임 또는 해임과 지점의 설치·이전 또는 폐지는 이사 과반수의 결의로 정한다.
④ 이사는 각자 회사를 대표한다. [법무사 14]
⑤ 사원총회에서 회사를 대표할 이사를 선정할 수 있고, 수인의 이사를 공동대표로 정할 수도 있다. [법무사 14]

⑥ 회사가 이사에 대하여 또는 이사가 회사에 대하여 소를 제기하는 경우에는 사원총회는 그 소에 관하여 회사를 대표할 자를 선정하여야 한다.[법무사 14]

(3) 의무와 책임

① 이사는 회사와 위임관계에 있으므로, 회사에 대해 선관주의의무를 진다.
② 주식회사의 이사와 마찬가지로 경업금지의무, 자기거래금지의무 등을 부담한다.
③ 유한회사에는 이사회가 없기 때문에 경업의 승인은 사원총회가, 자기거래의 승인은 감사 또는 사원총회가 한다.
④ 유한회사 이사의 손해배상 책임에 관하여 주식회사의 규정을 준용하고 있다. 유지청구권, 대표소송 관련 규정도 주식회사와 같다.
⑤ 회사의 설립, 자본금의 증가, 조직변경 등에서 이사의 출자전보책임이 부여된다.

4. 감사

① 유한회사에서 감사는 주식회사와 달리 임의기관이다.[법원직 07, 11, 18, 20, 법무사 14] 그러나 감사를 두는 경우 그 내용은 주식회사와 큰 차이가 없다.
② 감사는 언제든지 회사의 업무와 재산상태를 조사할 수 있고 이사에 대하여 영업에 관한 보고를 요구할 수 있다.
③ 유한회사의 감사는 회사의 설립, 자본금의 증가, 조직변경 등의 경우 출자전보책임을 지고, 임시총회를 소집할 권한이 있으며, 이사의 자기거래를 승인할 수 있다.

Ⅵ. 유한회사의 재무

1. 자본금의 증가

(1) 출자인수권

① 사원은 증가할 자본금에 대하여 그 지분에 따라 출자를 인수할 권리가 있다.
② 정관변경의 사원총회에서 제3자에게 출자인수권을 부여하기로 한 경우 또는 미리 사원총회의 특별결의로 장래의 출자시 특정한 제3자에게 출자인수권을 부여하기로 한 경우 등에는 제3자가 출자하는 것도 허용된다.
③ 정관에 규정이 없어도 제3자 출자가 가능하다는 것과 제3자 출자에 신기술의 도입 등 회사의 경영상 목적이 요구되지 않는다는 점에서 주식회사와 차이가 있다.

(2) 자본금 증가 절차 및 효력 발생

① 자본금증가는 정관변경에 해당하므로 사원총회의 특별결의를 요한다.
② 정관에 정함이 없더라도 현물출자, 재산인수, 제3자 배정이 가능하다.
③ 자본금 증가의 경우에 출자를 인수하고자 하는 자는 인수를 증명하는 서면에 그 인수할 출자의 좌수와 주소를 기재하고 기명날인 또는 서명하여야 한다.
④ 유한회사는 광고 기타의 방법에 의하여 인수인을 공모하지 못한다. 이러한 출자방식에 의하지 않는 출자의 인수는 무효이다.
⑤ 유한회사의 증자는 증자결의로 정관상 자본금총액이 변경되기 때문에 증자액에 해당하는 출자좌수의 인수와 납입이 반드시 이루어져야 한다.
⑥ 이사는 출자인수인으로 하여금 출자전액을 납입시켜야 한다. 유한회사의 납입에는 회사가 동의하는 경우 상계도 허용된다.

법원직 07

1 유한회사의 경우 의사기관인 사원총회와 업무집행기관인 이사, 그리고 감사기관인 감사가 필수기관이다. (○, ×)

법원직 11

2 유한회사에도 반드시 감사를 두어야 한다. (○, ×)

법원직 20, 법무사 14

3 유한회사 역시 주식회사와 마찬가지로 적어도 1인 이상의 감사를 두어야 한다. (○, ×)

1 × 2 × 3 ×

⑦ 자본금 증가의 경우에 출자의 인수를 한 자는 출자의 납입의 기일 또는 현물출자의 목적인 재산의 급여의 기일로부터 이익배당에 관하여 사원과 동일한 권리를 가진다.

⑧ 자본금증가의 효력은 변경 등기시에 발생한다.

(3) 자본금 증가에 관한 책임

① 자본금증가의 경우, 사원, 이사, 감사는 출자전보책임을 진다.

② 설립시와 마찬가지로 사원의 책임은 면제되지 않으나, 이사, 감사의 책임은 총사원의 동의로 면제될 수 있다.

2. 자본금의 감소

① 유한회사의 자본금 감소는 정관의 변경에 관한 사원총회의 특별결의가 필요하다.

② 회사의 책임재산을 감소시키는 것이므로 채권자보호절차를 거쳐야 한다.

③ 유한회사의 자본금 감소도 변경등기사항이다.

④ 자본금 감소는 자본금 감소 절차가 종료함으로써 효력이 발생한다.

⑤ 자본금 감소등기는 자본금 증가등기와 달리 효력발생요건이 아니라 대항요건에 불과하다.

3. 자본금 증가와 감소의 무효

① 자본금의 증가와 감소의 무효는 소로써만 다툴 수 있다.

② 자본금 증가의 무효는 사원, 이사 또는 감사에 한하여 본점소재지에서의 등기를 한 날로부터 6월내에 소만으로 이를 주장할 수 있다.

③ 주식회사의 신주발행무효의 소에 관한 규정과 감자무효의 소에 관한 규정이 준용된다.

4. 회사의 계산

① 유한회사에서도 주식회사의 계산에 관한 대부분의 규정이 준용된다.

② 이익배당은 배당가능 이익이 있는 경우에만 가능하고, 출자의 환급을 의미하는 자기지분취득이 금지되며, 준비금 제도, 재무제표의 작성 및 보고의무 모두 존재한다.

Ⅶ. 합병

1. 합병의 상대회사

① 유한회사는 어떠한 회사와도 합병할 수 있다.

② 유한회사가 주식회사, 유한책임회사 이외의 회사와 합병을 하는 경우, 합병 후 존속회사 또는 신설회사는 유한회사가 되어야 한다.

③ 유한회사가 주식회사, 유한책임회사와 합병을 하는 경우, 합병 후 존속회사 또는 신설회사가 유한회사이든 주식회사, 유한책임회사이든 상관없다.

④ 합병 후 존속회사 또는 신설회사가 주식회사가 될 경우 법원의 인가를 얻어야 한다.

⑤ 합병 후 존속회사 또는 신설회사가 유한회사가 될 경우 주식회사의 사채를 모두 상환해야 한다.

2. 합병 절차

① 합병 절차 등은 주식회사의 합병 절차와 비슷하다.

② 유한회사 합병의 경우 사원총회 특별결의가 요구된다.

③ 신설합병의 경우 회사의 설립을 담당할 설립사원이 사원총회의 특별결의로 선임되어야 한다.

3. 합병에 따른 물상대위

① 유한회사가 주식회사와 합병하는 경우에 합병후 존속하는 회사 또는 합병으로 인하여 설립되는 회사가 유한회사인 경우 질권자는 존속 또는 신설된 유한회사의 지분에 대하여 물상대위를 할 수 있다.

② 질권자가 질권으로써 회사 기타 제3자에 대항하기 위해서는 질권의 내용을 사원명부에 기재하여야 한다.

판례 색인

대법원 판례

대법원 결정

기타

2022 대비 최신판

해커스법원직

공태용 상법의 맥

초판 1쇄 발행 2021년 7월 1일

지은이	공태용
펴낸곳	해커스패스
펴낸이	해커스공무원 출판팀

주소	서울특별시 강남구 강남대로 428 해커스공무원
고객센터	02-598-5000
교재 관련 문의	gosi@hackerspass.com
	해커스공무원 사이트(gosi.Hackers.com) 교재 Q&A 게시판
	카카오톡 플러스 친구 [해커스공무원강남역], [해커스공무원노량진]
학원 강의 및 동영상강의	gosi.Hackers.com

ISBN	979-11-6662-505-3 (13360)
Serial Number	01-01-01

최단기 합격 공무원학원 1위,
해커스공무원 gosi.Hackers.com

해커스공무원

· '회독'의 방법과 공부 습관을 제시하는 **해커스 회독증강 콘텐츠**(교재 내 할인쿠폰 수록)
· **해커스공무원 학원 및 인강**(교재 내 인강 할인쿠폰 수록)
· 해커스공무원 스타강사의 **무료 공무원 상법 동영상강의**

합격을 위한 **확실한 해답!**

해커스법원직 교재

보카

공무원 보카

기초

공무원
기초 영문법/독해

입문서

공무원 처음 헌법
해설집/판례집

기본서

공무원 영어/국어/한국사
기본서

법원직 헌법/민법/민사소송법/
형법/형사소송법/상법/부동산등기법 기본서

연표·필기·빈칸노트

공무원 한국사
연표노트

공무원 영문법/국어/한국사
합격생 필기노트

공무원 한국사
빈칸노트

한자성어 어휘

공무원 국어
한자성어

핵심정리/요약

공무원 국어/한국사
핵심정리

공무원 헌법
핵심요약집

워크북

공무원 한국사
워크북

기출문제집

공무원 영어/국어/한국사
기출문제집

공무원 헌법
기출문제집

예상문제집

공무원 국어
영역별 문제집

공무원 국어
매일학습 문제집

공무원 영어/국어/한국사
적중문제집

모의고사

공무원 영어
하프모의고사

공무원 영어/국어/한국사
실전동형모의고사

공무원 헌법
실전동형모의고사

공무원 영어/국어/한국사
봉투모의고사

공무원 필수과목 통합
봉투모의고사

면접

공무원
면접마스터